AF331038

17889

NOUVELLES TABLES

POUR LES

CALCULS D'INTÉRÊTS COMPOSÉS,

D'ANNUITÉS ET D'AMORTISSEMENT;

PAR P.-A. VIOLEINE,

MEMBRE DE L'ORDRE DE LA LÉGION D'HONNEUR, CHEF DE BUREAU AU MINISTÈRE DES FINANCES,
AUTEUR DE PLUSIEURS OUVRAGES SUR LES OPÉRATIONS INDUSTRIELLES.

TROISIÈME ÉDITION

REVUE ET AUGMENTÉE

PAR M. LAASS D'AGUEN, GENDRE DE L'AUTEUR.

PARIS,

GAUTHIER-VILLARS, IMPRIMEUR-LIBRAIRE

DU BUREAU DES LONGITUDES, DE L'ÉCOLE POLYTECHNIQUE,

SUCCESSEUR DE MALLET-BACHELIER,

Quai des Augustins, 55.

1873

LISTE DES PREMIERS SOUSCRIPTEURS

à la 3ᵉ édition des **TABLES de VIOLEINE.**

PRÉFACE

DE LA TROISIÈME ÉDITION.

Cette troisième Édition a non-seulement été revue et corrigée d'après la précédente, mais elle a reçu des modifications et développements dont l'idée première est due à FÉDOR THOMAN, ami de VIOLEINE, et grand admirateur de ses *Tables*. Aussi c'est un devoir pour nous de rendre, ici même, un hommage reconnaissant à la mémoire de Fédor Thoman, dont la Science regrette la mort prématurée (1).

Les Tables des intérêts simples, qui sont tout à fait hors d'usage, n'ont pas été reproduites.

Les trois Tables qui forment le corps de l'Ouvrage sont maintenant placées en tête du Livre, et les nouvelles lettres employées dans les formules rappellent plus facilement à l'esprit ce qu'elles désignent. C'est ainsi que les Tables des deux Éditions précédentes

$$\text{XIII,}\ m = pb^n; \quad \text{XVI,}\ M = \frac{R(b^n - 1)}{b - 1}; \quad \text{XX,}\ R = \frac{pb^n(b-1)}{b^n - 1}$$

sont devenues ici les Tables

$$\text{I,}\ M = Cr^n; \quad \text{II,}\ S = \frac{a}{t}(r^n - 1); \quad \text{III,}\ a = \frac{Vt}{1 - r^{-n}}.$$

---

(1) Fédor Thoman a publié des *Tables de logarithmes à 27 décimales pour les calculs de précision* (grand in-8 ; Paris, 1867 ; 5 fr.), dont l'emploi est recommandé à la page 136. L'usage de ces Tables et de la machine à calculer de THOMAS, de Colmar, m'a rendu de très-grands services pour les nouveaux calculs que nécessitait cette Édition. Cette machine à calculer est particulièrement utile pour dresser un Tableau d'amortissement ; et, si le calculateur a devant lui la Table III, elle lui dicte, pour ainsi dire, le restant dû à la fin de chaque année.

Je les ai augmentées de vingt et un taux, savoir : onze entre 0 et 1 p. 100, par $\frac{1}{8}$ et $\frac{1}{6}$, et dix de 10 à 15 p. 100, par $\frac{1}{2}$.

J'ai dû calculer entièrement à nouveau l'ancienne Table XIV pour les mois, qui n'avait que cinq décimales, afin de lui donner l'étendue des autres Tables. C'est ici la Table I *bis*, $M = Cr^{\frac{n}{12}}$.

L'ancienne Table XV pour les jours, qui n'avait, comme celle des mois, que cinq décimales, a été supprimée et remplacée par une colonne de la Table I *bis,* avec la formule $M = Cr^{\frac{n}{360}}$, donnant, avec dix décimales, la valeur de 1 fr. et ses intérêts pour 1 jour, aux 106 taux des autres Tables.

L'ancienne Table XXI, donnant la durée d'un amortissement avec un tant p. 100 disponible à un taux donné, a été supprimée, parce qu'on peut la lire facilement dans la Table III, qui n'est que la somme de la 100e partie d'un taux désigné avec la 100e partie d'un tant p. 100 disponible qu'on appelle *Amortissement;* cela connu, la colonne *n* donne la durée demandée.

Les autres Tables des précédentes Éditions n'ont fait que changer de place.

Les Tables nouvellement introduites sont les suivantes :

Table IV, valeur actuelle de la Table I $= r^{-n}$, pour les taux 3, $3\,^1/_2$, 4, $4\,^1/_2$, 5 et 6 p. 100

Table V,   »   Table III $= \dfrac{1 - r^{-n}}{t}$,   »   »   »

Table A, suite de la Table I, de 101 à 200 ans, pour les taux $1\,^1/_2$, $1\,^3/_4$, 2, $2\,^1/_4$, $2\,^1/_2$ et 3 p. 100
Table B,   »   Table II,   »   »   »   »
Table C,   »   Table III,   »   »   »   »

Elles ont pour but de faciliter les calculs des opérations où les intérêts se payent par semestres et par trimestres, opérations qui prennent tous les jours plus d'extension.

L'Ouvrage se termine par quelques types de Tableaux d'amortissement.

L. D'A.

NOUVELLES TABLES

POUR LES

CALCULS D'INTÉRÊTS COMPOSÉS,

D'ANNUITÉS ET D'AMORTISSEMENT.

INTRODUCTION

DÉCOMPTE D'UN PAYEMENT ANNUEL POUR UN NOMBRE DE JOURS.

1. Pour faciliter les opérations, les banquiers, les commerçants et autres divisent l'année en 12 mois de 30 jours. Ils comptent donc l'année de 360 jours.

2. Il s'ensuit qu'on peut aisément obtenir le nombre de jours entre deux époques données. Par exemple : Combien y a-t-il de jours entre le 15 janvier et le 7 mai?

3. On peut poser :

Janvier	15 jours.
Février	30
Mars	30
Avril	30
Mai	7
Nombre de jours	112

4. Pour obtenir le décompte :

Prenez (Table IX) *le nombre décimal qui correspond au nombre de jours ; multipliez-le par la somme donnée : le produit sera la somme cherchée.*

5. Exemple. — Si l'on demandait ce qui revient à une personne que l'on paye 422 fr. par an, pour 229 jours.

Table IX pour 229 jours	0,63611
Somme annuelle	422 fr.
Décompte	268 fr. 44 c.

6. On pourrait aussi s'en servir pour les escomptes.

Par exemple : Quel est l'escompte de 2346 fr. pour 38 jours à 5 p. 100?

L'intérêt annuel à 5 p. 100 de 2346 fr, est...	117 fr. 30 c.
Table IX pour 38 jours...................	0,10556
Escompte.................	12 fr. 38 c.

7. Cette Table est d'une grande utilité pour le décompte des arrérages de rentes, de rentes viagères, des pensions, et pour une infinité de questions qui sont de la même nature.

8. Il faut bien remarquer que le jour du payement ne doit pas être compté. Ainsi, lorsque les arrérages des rentes sont payés le 22, on doit ne compter que le 21.

9. On a compté longtemps l'année de 365 jours. Quelques administrations ne se sont pas départies de ce système. Pour me conformer à leurs habitudes, j'ai calculé la Table X, dont on pourra se servir comme on le fait de la Table IX ; mais il faudra d'abord déterminer le nombre de jours, au moyen de la Table XI.

10. EXEMPLE. — Une personne possède un titre de 4246 fr. 25 c., sur lequel elle doit prélever sa part depuis le 5 février jusqu'au 19 septembre; combien lui revient-il ?

Table XI, du 5 février au 19 septembre, on trouve 226 jours.

Table X pour 226 jours..................	0,61918
Somme annuelle.......................	4246 fr. 25 c.
Décompte............................	2629 fr. 19 c.

11. S'il y a des années, on remplace le zéro qui précède la partie décimale des Tables IX et X par le chiffre qui indique le nombre d'années, et l'on opère comme ci-dessus.

DES INTÉRÊTS.

12. L'*intérêt* est non-seulement une rétribution payée par l'emprunteur pour l'usage de l'argent, mais aussi une compensation pour les risques que court le prêteur, en confiant ses fonds. L'intérêt est *simple* ou *composé*. L'*intérêt simple* est

celui qui provient du capital, sans jamais pouvoir devenir capital lui-même ni rapporter intérêt. L'*intérêt composé* est celui qui, lorsqu'il est échu et non payé, se joint au capital et rapporte lui-même intérêt.

Nous allons d'abord nous occuper des intérêts simples.

DE L'INTÉRÊT SIMPLE

13. Puisque l'intérêt est une rétribution payée par l'emprunteur, il faut que celui-ci convienne de cette rétribution, c'est-à-dire de la somme qu'il ajoutera à la somme prêtée pour un laps de temps convenu. La somme que l'on paye ainsi, pour chaque 100 fr. et pour chaque année, est *le taux de l'intérêt* ou *l'intérêt annuel*. La loi a fixé ce taux à 5 p. 100.

14. Avant de passer outre, donnons l'explication de quelques expressions usitées et reçues.

15. Par *principal* ou *capital*, on entend la somme placée ou un fonds de plusieurs sommes égales, payables à des époques déterminées.

16. Par *montant*, nous entendons la somme totale du capital et des intérêts réunis à l'expiration du temps pendant lequel on a placé.

17. Par *annuité*, on entend la somme payable pendant un certain nombre d'années, au bout desquelles le capital est absorbé, sans qu'on fasse le remboursement.

18. Par *rente viagère*, on entend la somme payable tous les ans ou tous les six mois, pendant l'existence de la personne sur la tête de laquelle la rente est constituée.

19. Par *rente* ou *rente perpétuelle*, la somme payable tous les ans; en sorte que, pour éteindre cette rente, il faut rembourser le capital.

20. D'après ces explications, si l'on place 100 fr. à 5 p. 100 pendant deux ans, on recevra 110 fr., ou 100 fr. plus 10 fr.; alors 100 fr. sont *le principal;* 5 fr. *le taux;* 10 fr. *les intérêts*, et 110 fr. *le montant*.

21. On se sert aussi, dans les affaires, des expressions : *action, dividende, obligation, prime, amortissement*, etc.

22. Par *action*, on entend un titre qui donne droit à la propriété du matériel de l'entreprise pour laquelle on a créé des actions, et aux bénéfices de l'exploitation. L'action est donc une fraction du capital social.

23. Le *dividende* est une part que l'on paye aux actionnaires dans les bénéfices, en sus de l'intérêt annuel que rapporte l'action.

24. L'*obligation* est un titre privilégié qui rapporte un intérêt déterminé et fixe, qui est remboursable par tirage au sort; mais elle ne confère aucun droit soit à la propriété, soit aux bénéfices.

25. La *prime* est une portion d'intérêt accordée aux porteurs d'obligations, en accroissement du capital.

26. L'*amortissement* est la somme que l'on rembourse chaque année aux porteurs d'actions ou d'obligations. Cette somme est la différence qui existe entre l'annuité fixe ou le payement annuel et l'intérêt de la somme due au commencement de l'année.

PROBLÈME 1.

D'un placement à intérêts simples connaissant le capital placé, le temps *et* le taux de l'intérêt, *déterminer* les intérêts *et* le montant.

$$I = Ctn, \qquad M = C(1 + tn) \; (^*).$$

RÈGLES.

27. 1° Si l'on demande les intérêts pour un nombre de jours (**), *on multipliera le capital par la 100ᵉ partie du taux et par le nombre de jours, puis on divisera ce produit par* 360 *ou par* 365, *nombre de jours convenu pour l'année : le quotient exprimera les intérêts.*

28. *Quand on a les intérêts, on obtient le montant en ajoutant le capital avec les intérêts.*

(*) Représentons le capital par C, la 100ᵉ partie du taux ou l'intérêt de 1 fr. par *t*, le temps par *n*, l'intérêt par I, le montant par M, nous aurons la proportion

$$1 : 1t :: C : Ct = \text{l'intérêt pour un an;}$$

ainsi, pour un temps quelconque *n*, il sera C*tn*. Mais le montant est égal au capital plus l'intérêt; donc

$$M = C + Ctn = C(1 + tn),$$

ce que démontre la formule.

(**) Si au lieu du nombre de jours on donnait deux époques, on commencerait par chercher, Table XI, (2 et 9) le nombre de jours entre ces deux époques.

EXEMPLE. — Quel est l'intérêt de 4644 fr., à 4 $^1/_2$ p. 100 par an, pour 23 jours?

$$C = 4644; \qquad t = 0,045; \qquad n = \frac{23}{360}.$$

$$\text{L'intérêt} = \frac{4644 \times 0,045 \times 23}{360} = \quad 13 \text{ fr. } 35 \text{ c.} = Ctn.$$

Ajoutant (28) le capital et l'intérêt, on a le montant..... 4657 fr. 35 c. $= C(1 + tn)$.

29. 2° Si l'on demande l'intérêt pour un nombre de mois ou d'années, *multipliez le capital par la* 100e *partie du taux et par le nombre de mois, puis divisez par 12 : le quotient donnera les intérêts ; pour les années, le produit du capital, par la* 100e *partie du taux et par le nombre d'années, donne les intérêts.*

EXEMPLE I. — Quel est l'intérêt de 547 fr., à 5 p. 100 par an, pour 7 mois?

$$C = 547; \qquad t = 0,05; \qquad n = \frac{7}{12}.$$

$$\text{L'intérêt} = \frac{547 \times 0,05 \times 7}{12} = \quad 15 \text{ fr. } 95 \text{ c.} = Ctn.$$

Et (28) le montant.......... 562 fr. 95 c. $= C(1 + tn)$.

EXEMPLE II. — Quel est l'intérêt de 3456 fr. 25 c., à 4 $^7/_8$ p. 100, pendant 8 ans?

$$C = 3456,25; \qquad t = 0,04875; \qquad n = 8.$$

On a l'intérêt $= 3456 \times 0,04875 \times 8 = 1347$ fr. 94 c. $= Ctn.$

Et le montant..................... 4804 fr. 19 c. $= C(1 + tn)$.

30. 3° Si le temps est donné en mois et jours; en années, mois ou jours; en années, mois et jours, *on réduira les mois en jours; les années en mois ou en jours; les années et les mois en jours, pour n'avoir qu'un nombre de mois ou de jours.*

EXEMPLE I. — Quel est l'intérêt de 1200 fr., à 7 p. 100 par an, pour 4 mois et 21 jours?

$$C = 1200; \qquad t = 0,07.$$

4 mois de 30 jours $= 120$ jours.
En y ajoutant les $\quad 21$ jours donnés,

On a.......... 141 jours; $\qquad$ d'où $\qquad n = \frac{141}{360}.$

On a l'intérêt (27) $= \dfrac{1200 \times 0,07 \times 141}{360} = \quad 32$ fr. 90 c. $= Ctn.$

Et le montant..................... 1232 fr. 90 c. $= C(1 + tn)$.

La division de l'année en 365 jours donnerait $\dfrac{1200 \times 0,07 \times 143}{365} = 32$ fr. 91 c. pour $Ctn.$

EXEMPLE II. — Quel est l'intérêt de 4728 fr., à 4 $\frac{1}{2}$ p. 100 par an, pour 4 ans 4 mois 23 jours?

$$C = 4728; \qquad t = 0,045.$$

$$
\begin{aligned}
\text{4 années de 360 jours} &= \text{1440 jours,} \\
\text{4 mois de 30 jours} &= \text{120 jours,} \\
\text{et} \dots\dots\dots\dots\dots &\quad \text{23 jours,} \\
\hline
\text{donnent 1583 jours;} &\quad \text{d'où} \quad n = \frac{1583}{360}.
\end{aligned}
$$

On a l'intérêt (27) $= \dfrac{4728 \times 0,045 \times 1583}{360} = \quad$ 935 fr. 55 c. $= Ctn.$

Et le montant $\dots\dots\dots\dots\dots\dots\dots\dots\dots\dots\dots\dots$ 5663 fr. 55 c. $= C(1 + tn).$

La division de l'année de 365 jours, plus une année bissextile par 4 ans, donnerait

$$\frac{4728 \times 0,045 \times 1605^{j}}{365} = \text{935 fr. 56 c. pour } Ctn.$$

Preuve arithmétique.

31. L'intérêt de 4728 fr., à 4 $\frac{1}{2}$ p. 100 par an, donne 212 fr. 76 c.

$$
\begin{aligned}
&\text{Je pose} \dots\dots\dots\dots\dots\dots\dots\dots\dots\dots\dots\dots\dots & 4728^{f}\,00^{c} \\
&\text{1}^{re}\text{ année} \dots\dots\dots\dots\dots\dots\dots\dots\dots\dots & 212,76 \\
&\text{2}^{e}\text{ année} \dots\dots\dots\dots\dots\dots\dots\dots\dots\dots & 212,76 \\
&\text{3}^{e}\text{ année} \dots\dots\dots\dots\dots\dots\dots\dots\dots\dots & 212,76 \\
&\text{4}^{e}\text{ année} \dots\dots\dots\dots\dots\dots\dots\dots\dots\dots & 212,76 \\
&\text{Pour 4 mois, je prends le tiers, ci} \dots\dots\dots\dots & 70,92 \\
&\text{La 360}^{e}\text{ partie de 212 fr. 76 c. est 0,591 ; cette} & \\
&\quad\text{somme multipliée par 23 jours} \dots\dots\dots\dots & 13,59 \\
\hline
&\qquad\qquad\qquad\qquad \text{Total} \dots\dots\dots\dots & 5663^{f}\,55^{c}
\end{aligned}
$$

$\dfrac{212,76}{365} = 583;\ 583 \times 23 = 13,41$, d'où 0 fr. 18 c. de perte avec l'année de 365 jours, puisque toutes les autres parties sont communes dans la preuve arithmétique.

Cette preuve servira pour les quatre premiers problèmes.

AUTRES EXEMPLES.

	C		t			n	Intérêts.	Montants.
On demande l'intérêt et le montant de.......	3020^f		4			4 ans.............	483^f 20^c	3503^f 20^c
	1500	placés à	5	p. 100, après		9 mois...........	56,25	1556,25
	700		8			7 mois 4 jours......	33,29	733,29
	1470		6			4 ans 1 mois 10 jours.	362,60	1834,60
	7680		4 $\frac{1}{2}$			3 ans 28 jours.......	1152,32	8832,32

PROBLÈME II.

D'un placement à intérêts simples, connaissant le montant, le temps *et* le taux de l'intérêt, *déterminer* le capital.

$$C = \frac{M}{1 + tn} \quad (^*).$$

RÈGLES.

32. *On divisera le montant par le produit, augmenté d'une unité, de la 100ᵉ partie du taux multiplié par le temps, et le quotient exprimera le capital.*

33. On obtiendra les intérêts en prenant la différence entre le montant et le capital.

EXEMPLE I. — Quelle somme faut-il placer, à 4 ¹/₂ p. 100 par an, pour avoir 2544 fr. 25 c., au bout de 25 jours?

$$t = 0,045; \qquad M = 2544,25; \qquad n = \frac{25}{360}.$$

$$1 + \frac{0,045 \times 25}{360} = 1,003125 = 1 + tn.$$

$$\text{Le capital} = \frac{2544,25}{1,003125} = 2536 \text{ fr. } 32 \text{ c.} = \frac{M}{1 + tn} = C.$$

L'intérêt $= 2544^f,25 - 2536^f,32 = 7^f,93 = M - C = I.$

34. Si, au lieu de jours, on avait des mois ou des années, on opérerait de même en se conformant à ce qui a été dit au n° 30.

EXEMPLE II. — Quelle somme faut-il placer, à 7 p. 100 par an, pendant 4 mois et 21 jours, pour avoir 1232 fr. 90 c.?

$$t = 0,07; \qquad M = 1232,90.$$

4 mois à 30 jours $=$ 120 jours, et 120 + 21 $=$ 141 jours, d'où $n = \frac{141}{360}.$

$$1 + \frac{0,07 \times 141}{360} = 1,02742 = 1 + tn.$$

$$\text{Le capital} = \frac{1232,90}{1,02742} = 1200 \text{ (comme au n° 30, Ex. I)} = \frac{M}{1 + tn} = C.$$

EXEMPLE III. — Quelle somme faut-il placer, à 6 p. 100 par an, pour avoir

---

(*) Cette formule se tire de celle donnée au Problème I.

5900 fr., après 7 ans et 11 mois?

$$t = 0,06; \qquad M = 5900.$$

7 années de 12 mois $= 84$ mois, et $84 + 11 = 95$ mois, d'où $n = \dfrac{95}{12}$.

$$1 + \frac{0,06 \times 95}{12} = 1,475 = 1 + tn.$$

Divisant 5900 par 1,475, on a le capital 4000 fr. $= \dfrac{M}{1 + tn} = C$.

EXEMPLE IV. — On reçoit 1003 fr. 90 c. au bout de 5 ans 8 mois et 27 jours; on fait payer 5 p. 100 d'intérêt; quelle somme avait-on placée?

$$M = 1003,90; \qquad t = 0,05.$$

5 années de 360 jours $= 1800$ jours; 8 mois de 30 jours $= 240$ et $27 = 267$ qui, ajoutés au 1800 jours

des 5 années, donnent $n = \dfrac{2067}{360}$.

$$1 + \frac{0,05 \times 2067}{360} = 1,28708 = 1 + tn.$$

Divisant 1003 fr. 90 c. par 1,28708, on a le capital 779 fr. 98 c. $= \dfrac{M}{1 + tn} = C$.

AUTRES EXEMPLES.

Réponses.

	t		M		n	C
Quelle somme faut-il placer à	4		$3503^f\,20^c$		4 ans.................	$3020^f\,00^c$
	5		1556,25		9 mois...............	1500,00
	3	p. 100,	9338,85		2 ans 15 jours..........	8799,86
	8	pour	733,28	après	7 mois 4 jours..........	700,00
	3 ½	avoir	1025,86		8 mois 26 jours.........	1000,00
	6		1832,60		4 ans 1 mois 10 jours....	1470,00
	4 ¾		8831,92		3 ans 28 jours..........	7679,66

PROBLÈME III.

D'un placement à intérêts simples, connaissant le taux de l'intérêt, le montant *et* le capital, *déterminer* le temps.

$$n = \frac{\dfrac{M}{C} - 1}{t}; \qquad I = M - C.$$

RÈGLES.

35. *Divisez le montant par le capital; du quotient retranchez 1. Divisez le reste*

par la 100ᵉ partie du taux; enfin cherchez ce quotient dans la Table IX, *et vous aurez le nombre de jours.*

36. *Dans le cas où ce dernier quotient contiendrait des unités, elles indiqueraient les années, et la partie décimale donnerait les jours comme ci-dessus.*

EXEMPLE I. — Pendant combien de temps faut-il laisser 250 fr. placés à 7 p. 100 pour recevoir 267 fr. 30 c.?

$$\text{La division du montant } 267,30 \text{ par le capital } 250 \text{ donne.....} \quad 1,0692 = \frac{M}{C}$$
$$\text{Retranchant.......... } 1$$
$$\text{Reste............... } 0,0692 = \frac{M}{C} - 1$$

Divisant 0,0692 par 0,07, on a 0,989; ce nombre (Table IX) correspond à 356 jours.

EXEMPLE II. — Pendant combien de temps devra-t-on laisser 7680 fr. placés à 4 $^7/_8$ p. 100, pour toucher 8831 fr. 90 c.?

$$\text{La division de } 8831,90 \text{ par } 7680 \text{ donne...... } 1,1499 = \frac{M}{C}$$
$$\text{Retranchant........ } 1$$
$$\text{Reste............. } 0,1499 = \frac{M}{C} - 1$$

Divisant 0,1499 par 0,04875, on a 3,0748; les 3 unités (40) donnent 3 ans; la partie décimale, prise Table IX, indique 27 jours.

AUTRES EXEMPLES.

	C		t		M	Réponses. n	
Après quel temps	4644ᶠ	placés à	4 $^1/_2$	p. 100 par an vaudront-ils	4714ᶠ 40ᶜ	o ans	121 jours.
	8800		3		9338,85 ?	2	15
	800		5 $^3/_4$		816,35	o	128
	2500		6 $^1/_3$		5000,00	15	284

37. Ce problème fait connaitre après quel temps une somme est doublée, triplée, etc. S'il s'agit de doubler, on divisera 1 par la 100ᵉ partie du taux; si l'on veut tripler, on divisera 2 par la 100ᵉ partie du taux; le reste comme aux nᵒˢ 35 et 36. Pour éviter ces calculs, je donne ici le tableau du temps après lequel une somme est doublée.

TAUX de L'INTÉRÊT.	TEMPS après lequel UNE SOMME est doublée.		TAUX de L'INTÉRÊT.	TEMPS après lequel UNE SOMME est doublée.		TAUX de L'INTÉRÊT.	TEMPS après lequel UNE SOMME est doublée.		TAUX de L'INTÉRÊT.	TEMPS après lequel UNE SOMME est doublée.	
	Ans.	Jours.		Ans.	Jours.		Ans.	Jours.		Ans.	Jours.
1	100	0	3	33	120	5	20	0	8	12	180
1/8	88	320	1/8	32	0	1/8	19	184	1/4	12	44
1/6	85	257	1/6	31	208	1/6	19	128	1/3	12	0
1/4	80	0	1/4	30	277	1/4	19	17	1/2	11	275
1/3	75	0	1/3	30	0	1/3	18	270	2/3	11	194
3/8	72	262	3/8	29	227	3/8	18	218	3/4	11	154
1/2	66	240	1/2	28	206	1/2	18	65	9	11	40
5/8	61	194	5/8	27	211	5/8	17	280	1/4	10	292
2/3	60	0	2/3	27	98	2/3	17	233	1/3	10	257
3/4	57	51	3/4	26	240	3/4	17	141	1/2	10	189
5/6	54	196	5/6	26	31	5/6	17	51	2/3	10	124
7/8	53	120	7/8	25	290	7/8	17	8	3/4	10	92
2	50	0	4	25	0	6	16	240	10	10	0
1/8	47	21	1/8	24	87	1/4	16	0			
1/6	46	55	1/6	24	0	1/3	15	284			
1/4	44	160	1/4	23	191	1/2	15	138			
1/3	42	308	1/3	23	28	2/3	15	0			
3/8	42	38	3/8	22	308	3/4	14	293			
1/2	40	0	1/2	22	80	7	14	103			
5/8	38	34	5/8	21	224	1/4	13	286			
2/3	37	180	2/3	21	154	1/3	13	229			
3/4	36	131	3/4	21	19	1/2	13	120			
5/6	35	106	5/6	20	248	2/3	13	16			
7/8	34	282	7/8	20	185	3/4	12	325			

Pour avoir le temps après lequel une somme est triplée, on doublera les résultats ci-dessus. Pour quadrupler, on les multipliera par 4; et ainsi de suite.

PROBLÈME IV.

D'un placement à intérêt simple, connaissant le capital, le montant *et le* temps, *déterminer* le taux.

$$I = M - C, \qquad t = \frac{\dfrac{M}{C} - 1}{n}.$$

RÈGLES.

38. *Divisez le montant par le capital; du quotient retranchez* 1; *et divisez par les années. Le quotient donnera la* 100e *partie du taux.*

39. *S'il y a des mois et des jours, on commencera par les réduire en parties décimales au moyen de la* Table IX, *et l'on aura le nombre par lequel il faut diviser le reste, comme au numéro précédent.*

40. *Si le temps est composé d'années, de mois et de jours, on réduira les mois et les jours comme il est dit* (39); *on y ajoutera les années, et l'on aura le nombre par lequel il faut diviser le reste.*

EXEMPLE I. — A quel taux faut-il placer 2500 fr., pendant 6 ans, pour avoir 3268 fr. 75 c.?

Je divise 3268,75 par 2500, et j'ai.......... $1,3075 = \dfrac{M}{C}$

Retranchant.......... 1

Reste.............. $0,3075 = \dfrac{M}{C} - 1$

Divisant $0,3075$ par le nombre d'années 6, on trouve $0,05125$, ou $5\,{}^{1}/_{8}$ p. 100 $= \dfrac{\dfrac{M}{C} - 1}{n} = t.$

EXEMPLE II. — A quel taux faut-il placer 4644 fr., pendant 123 jours, pour recevoir 4715 fr. 40 c.?

Divisant $4715,40$ par 4644, on a $1,01537$; retranchant 1, on a $0,01537$. Dans la Table IX, 123 jours donnent $0,34167$; divisant $0,01537$ par $0,34167$, ou $0,0153700$ par 34167, on trouve $0,045 = t$.

EXEMPLE III. — A quel taux faut-il placer 1470 fr., pendant 4 ans, 1 mois et 10 jours, pour avoir 1832 fr. 60 c.?

Divisant $1832,60$ par 1470, on a $1,24667$; ôtant 1, on a $0,24667$; 1 mois et 10 jours ou 40 jours donnent $0,11111$ (Table IX); divisant (40) $0,24667$ par $4,1111$, on a $0,06 = t$.

AUTRES EXEMPLES.,

Réponses.

	C		n	M		t	
A quel taux faut-il placer........	250^f	pendant	0 ans 261 jours	262^f 95^c	?	7	p. 100.
	4644		10 123	6805,20		4 ${}^{1}/_{2}$	
	3020		4 »	3503,20		4	
	700		0 214	733,30		8	

41. Les personnes qui achètent des rentes désirent quelquefois savoir à quel taux elles placent leur argent; pour ne rien négliger, on devra commencer par déduire du cours d'achat le nombre de la Table XIII qui correspond à la date et à la nature de la rente; ensuite on emploiera la Table XII, pour avoir le taux.

Par exemple, le 19 mai on achète du 3 p. 100 à...................... 62^f 45^c

Le 19 mai, Table XIII, le 3 p. 100 a déjà acquis 0^f,53^c; retranchant ce ... 0,53

Il reste.................... 61^f 92^c

qui, Table XII, col. 3 p. 100, se trouve vis-à-vis $4\,{}^{5}/_{6}$ = le taux demandé.

DE L'INTÉRÊT COMPOSÉ.

42. J'ai défini (12) ce que c'est que l'intérêt composé, et (15 et suiv.) ce qu'on doit entendre par *principal* ou *capital, montant, taux, rente* et *annuité*. Nous pouvons passer à la résolution des questions sur les intérêts composés.

PROBLÈME 1.

D'un placement à intérêts composés, *connaissant* le capital, *ou la somme placée,* le temps, *ou la durée du placement, et* le taux de l'intérêt par an, *déterminer* le montant, *c'est-à-dire la somme totale du capital et des intérêts sur intérêts à l'expiration du temps.*

$$M = C r^n \; (^*).$$

(*) Nous représentons par C le capital, par t la 100° partie du taux, par M le montant. On a la proportion

$$1 : t :: C : Ct = \text{intérêt de C pour un an};$$

joignant les intérêts au capital, on aura

$$C + Ct = C(1 + t) \text{ pour la somme acquise à la fin de la première année.}$$

Mettant cette somme à intérêt, on a

$$1 : t :: C(1 + t) : Ct(1 + t) = \text{intérêt de } C(1 + t) \text{ pour un an.}$$

Réunissant les intérêts et le capital $C(1 + t)$, on a

$$C(1 + t) + Ct(1 + t) = C(1 + t)(1 + t) = C(1 + t)^2.$$

Mettant cette somme à intérêt, on a

$$1 : t :: C(1 + t)^2 : Ct(1 + t)^2 = \text{intérêt du capital } C(1 + t)^2.$$

Joignant les intérêts et le capital, on a

$$C(1 + t)^2 + Ct(1 + t)^2 = C(1 + t)^3 = \text{la somme acquise à la fin de la troisième année.}$$

Avec un peu d'attention, on voit que l'exposant de $(1 + t)$ est toujours égal au nombre d'années; en sorte que, après n années, la quantité devient $C(1 + t)^n$. Enfin, faisant, pour simplifier, $1 + t = r$, on trouve

$$M = C r^n.$$

43. *Multipliez le capital par le nombre de la* Table I *qui correspond au taux et aux années; le produit sera la somme cherchée.*

Exemple. — Quelle somme recevra-t-on, au bout de 5 ans, pour 2400 fr. placés à 5 $\frac{1}{8}$ p. 100 par an?

Table I, colonne 5 $\frac{1}{8}$, pour 5 ans...... 1,283897 $= r''$

Multipliant par le capital........... 2400 $= C$

On a le montant.............. ...... 3081 fr. 35 c. $= Cr''$.

Preuve arithmétique.

Somme placée............................. 2400^f 00^c

Intérêt de 2400 fr. à 5 $\frac{1}{8}$ p. 100.............. 123,00

Somme acquise à la fin de la 1re année.......... 2523,00

Intérêt de 2523 fr. à 5 $\frac{1}{8}$ p. 100.............. 129,30

Somme acquise à la fin de la 2e année.......... 2652,30

Intérêt de 2652 fr. 30 c. à 5 $\frac{1}{8}$ p. 100.......... 135,93

Somme acquise à la fin de la 3e année.......... 2788,23

Intérêt de 2788 fr. 23 c. à 5 $\frac{1}{8}$ p. 100.......... 142,90

Somme acquise à la fin de la 4e année.......... 2931,13

Intérêt de 2931 fr. 13 c. à 5 $\frac{1}{8}$ p. 100.......... 150,22

Somme acquise à la fin de la 5e année.......... 3081^f 35^c

Cette preuve servira pour les quatre premiers problèmes.

44. *Si, outre les années, on a des mois et des jours, on multipliera le résultat trouvé* (43) *par les nombres de la* Table I bis *correspondant au taux, aux mois et aux jours, multipliant la fraction d'un jour par le nombre de jours.*

Exemple. — Quel est le montant de 2000 fr. placés à 7 p. 100 par an, après 4 ans et 105 jours, ou 3 mois 15 jours?

Table I, col. 7 p. 100, pour 4 ans..................................... 1,310796

Multipliant par le capital... 2000^f 00^c

On a le montant après 4 ans... 2621^f 59^c,2

Table I^{bis}, pour 3 mois, ligne 7 p. 100............................. 1,017059

Multipliant, on a le montant, après 4 ans et 3 mois..................... 2666^f 31^c,4

Même Table et même ligne, col. *Jour*, pour 15 jours, 1+15×0,0001.879583 $=$ 1,0028194

Multipliant, on a le montant demandé.............................. 2673^f 83^c,2

AUTRES EXEMPLES.

Réponses.

	n			C	t		M
Quelle somme recevra-t-on après......	8 ans 0 mois 0 jours		pour	2360o^f	5	p. 100?	34867^f 95^c
	18 6 0			1000	9		4924,82
	12 0 19		placés à	40000	4 ¹/₂		67993,14
	13 0 142			12400	6		27063,27

PROBLÈME II.

D'un placement à intérêts composés, connaissant le montant, le taux de l'intérêt *et* le temps, *déterminer* le capital.

$$C = \frac{M}{r^n}.$$

RÈGLES.

45. *Divisez le montant par le nombre de la* Table I *qui correspond au taux et au temps; le quotient sera le capital.*

Exemple. — Quelle somme faut-il placer à 5 p. 100, pour recevoir 1087 fr. 28 c. dans 15 ans?

Table I, colonne 5 p. 100, pour 15 ans, on trouve 2,07892818.
Divisant 1087,28 par 2,07893, on trouve 523 fr.

46. *Si, outre les années, on a des mois et des jours, on divisera le quotient trouvé* (30) *par les nombres de la* Table I *bis qui correspondent aux mois et aux jours.*

Exemple. — Quelle somme faut-il placer à 4 ⁵/₆ p. 100, pendant 8 ans 2 mois 4 jours, pour recevoir 4183 fr. 80 c.?

Table I, col. 4 ⁵/₆ p. 100, pour 8 ans, on trouve 1,458798; divisant 4183 fr. 80 c. par ce nombre, on a 2867 fr. 97 c. Divisant ce nombre par 1,007898 (Table I *bis*, ligne 4 ⁵/₆ pour 2 mois), on a 2845 fr. 50,3 c. Divisant ce dernier nombre par 1,0005245 = (1 + 4 × 0,0001.3112) (Table I *bis*, ligne 4 ⁵/₆, col. *Jour*), on trouve 2844 fr. 01 c.

AUTRES EXEMPLES.

Réponses.

	t		M		n			C
Quelle somme faut-il placer à........	5 ¹/₈	p. 100, pour recevoir	25000^f	dans	9 ans 3 mois 25 jours		?	15691^f 03^c
	4 ¹/₂		14542		12 4 0			8450,63
	7 ¹/₄		8792		0 10 0			8293,86
	8 ¹/₃		2000		46 0 18			50,15

47. En se conformant aux règles du problème, on peut résoudre la question suivante, qui est d'une application fréquente.

On doit 2000 fr. payables dans 1 an ; 2400 fr. payables dans 3 ans, et 1600 fr. payables dans 4 ans. Les créanciers proposent une remise de 5 p. 100 avec intérêts des intérêts, si l'on paye de suite. Combien doit-on leur donner ?

On trouvera (45) que

$$
\begin{matrix} \mathrm{M} \end{matrix} \qquad\qquad \begin{matrix} n \end{matrix}
$$

$$
\left.\begin{matrix} 2000^{\mathrm{f}} \\ 2400 \\ 1600 \end{matrix}\right\} \ \text{payables dans} \ \left.\begin{matrix} 1 \\ 3 \\ 4 \end{matrix}\right\} \ \text{ans valent actuellement} \ \left.\begin{matrix} 1904^{\mathrm{f}}\,76^{\mathrm{c}} \\ 2073,21 \\ 1316,32 \end{matrix}\right\}
$$

$$
\text{Somme à payer de suite} \ldots\ldots\ldots \ 5294^{\mathrm{f}}\,29^{\mathrm{c}}
$$

PROBLÈME III.

D'un placement à intérêts composés, connaissant le montant, le capital *et* le taux, *déterminer* le temps.

$$
r^{n} = \frac{\mathrm{M}}{\mathrm{C}} ; \qquad n \log r = \log \mathrm{M} - \log \mathrm{C} ; \qquad n = \frac{\log \mathrm{M} - \log \mathrm{C}}{\log r}.
$$

RÈGLES.

48. 1.° *Divisez le montant par le capital ; cherchez le quotient dans la* Table I, *col. du taux donné : vous aurez le nombre d'années dans la colonne des ans.*

Exemple. — Dans combien d'années 2500 fr., placés à 5 $^3/_8$ p. 100, vaudront-ils 6760 fr. 12 c. ?

Divisant 6760 fr. 12 c. par 2500, on trouve 2,70404799, etc., et Table I, col. 5 $^3/_8$, ce nombre correspond à 19 ans.

49. 2.° *Si le quotient trouvé tombe entre deux nombres de la* Table I, *col. du taux, on divisera ce quotient par le plus petit de ces deux nombres ; on cherchera le quotient* Table I *bis, ligne du taux, et l'on aura les mois ; ainsi de suite pour les jours.*

Exemple. — On place 12400 fr. à 6 p. 100 ; dans combien de temps aura-t-on 27063 fr. 25 c. ?

Divisant 27063,25 par 12400, on a 2,18252016, Table I, col. 6 p. 100 ; ce nombre tombe entre 13 et 14 ans, et le plus petit nombre est 2,13292826 : je note 13 ans ; je divise 2,1825 par 2,1329 : j'ai 1,02325062 ; dans la Table I *bis*, ligne 6 p. 100, ce nombre tombe entre 4 et 5 mois, et le plus petit nombre est 1,01961282 : je note 4 mois. Divisant 1,02325062 par 1,01961282, on a 1,00356782, et divisant la fraction de ce nombre 35,6782 par 1,6187 (Table I *bis*, ligne 6 p. 100, col. *Jour*), on trouve 22 jours. Ainsi, le temps demandé est 13 ans 4 mois 22 jours.

50. 3° *Si le quotient trouvé par la division du montant par le capital est plus petit que le nombre de la* Table I *qui correspond à 1 an, on n'aura que des mois et des jours; dans ce cas, on fera usage de la* Table I *bis, comme il est dit* 2° (49).

EXEMPLE. — Dans combien de temps 2000 fr., placés à 7 p. 100, vaudront-ils 2039 fr. 30 c.?

Divisant 2039,30 par 2000, on a 1,01965. Ce nombre est plus petit que 1,07, qui, Table I, col. 7 p. 100, correspond à 1 an; je cherche Table I *bis*, ligne 7 p. 100; le quotient tombe entre 3 et 4 mois : je note 3 mois et divise 1,01965 par 1,01705853 : j'ai 1,00254800; divisant 25,4800 par 1,8796, fraction pour 1 jour, ligne 7 p. 100, on trouve pour quotient 13^j,55 ou 14 jours. Ainsi, 2000 fr. à 7 p. 100 vaudront 2039 fr. 30 c. dans 3 mois et 14 jours.

AUTRES EXEMPLES.

Réponses.

	C		t		M		n		
Dans combien de temps...	20000^f	placés à	7 ¹/₂	p. 100, vaudront-ils	63615^f 85^c	?	16 ans	0 mois	0 jours
	3000		6 ¹/₄		17457,03		29	0	18
	4237		9 ¹/₃		389416,75		50	7	29
	147		5 ⁷/₈		154,04		0	9	25

51. On peut ajouter la question suivante, dont la solution dépend de ce problème.

Un débiteur doit 2000 fr. payables dans 1 an; 2400 fr. payables dans 3 ans, et 1600 fr. payables dans 4 ans; dans combien de temps devrait-il payer 6000 fr., si ses créanciers lui accordent une remise de 5 p. 100 par an?

On trouvera, comme au n° 47, que toutes ces sommes valent aujourd'hui 5294 fr. 29 c.; ainsi il ne s'agit plus que de calculer dans combien de temps 5294 fr. 29 c. à 5 p. 100 vaudront 6000 fr. On trouvera 2 ans 6 mois 23 jours.

52. C'est aussi par ce problème qu'on détermine après quel temps une somme placée à un taux donné est doublée, triplée, quadruplée, etc.; mais, pour éviter ces calculs, je donne la Table VI, où on les trouvera (*).

(*) Cette Table est calculée par la formule ci-après. On a trouvé, Problème I (28), $M = Cr^n$; dans le cas actuel, M devient 2C, 3C, 4C,...; on peut donc écrire

$$kC = Cr^n \quad \text{ou} \quad k = r^n; \quad \text{d'où} \quad n = \frac{\log k}{\log r}$$

PROBLÈME IV.

D'un placement à intérêts composés, connaissant le capital, le montant *et* le temps, *déterminer* le taux de l'intérêt.

$$r^n = \frac{M}{C}; \qquad r = \sqrt[n]{\frac{M}{C}}; \qquad \log r = \frac{\log M - \log C}{n}.$$

RÈGLES.

53. *Divisez le montant par le capital, et cherchez le quotient,* Table I, *sur l'alignement du nombre d'années; la colonne où il se trouvera indiquera le taux.*

54. Il est bien entendu que, *si l'on n'avait que des mois ou des jours,* on se servirait de la Table I *bis*.

EXEMPLE I. — A quel taux faut-il placer 32000 fr. pour avoir 65896 fr. 10 c. dans 19 ans?

Divisant 65896,10 par 32000, on a 2,059253, qui, Table I, sur l'alignement de 19 ans, se trouve dans la colonne 3 ⁷/₈; ainsi le taux de l'intérêt est 3 ⁷/₈ p. 100.

EXEMPLE II. — Pour 1200 fr. on veut faire payer 1235 fr. 80 c. après 7 mois; quel est le taux?

Divisant 1235,80 par 1200, on a 1,02982, qui (54), Table I *bis*, dans la colonne 7 mois, se trouve sur la ligne 5 ¹/₆ p. 100.

55. Comme il arrive presque toujours que le quotient obtenu ne se trouve pas exactement dans les Tables, et qu'alors on n'a le taux que par approximation, voici la marche qu'il faudra suivre (*).

1° *Divisez le montant par le capital, et sur l'alignement du nombre d'années,* Table I, *cherchez ce quotient; arrêtez-vous à la colonne où vous trouverez un nombre*

(*) Pour s'en rendre compte, on prendra l'équation $M = Cr^n$; la différentiant, on a

$$dM = nCr^{n-1} dr;$$

réunissant l'équation et la différentielle, on a

$$M + dM = Cr^n + nCr^{n-1} dr;$$

d'où l'on tire

$$dr = \frac{M + dM - Cr^n}{nCr^{n-1}};$$

divisant les deux termes de la fraction par C, reste

$$dr = \frac{\dfrac{M + dM}{C} - r^n}{nr^{n-1}}.$$

immédiatement plus petit; prenez note du taux qui lui correspond : ce sera le taux approché.

2° *Prenez la différence entre le quotient trouvé* (1°) *et le nombre auquel vous vous êtes arrêté : vous aurez un reste.*

3° *Multipliez le nombre qui, dans la colonne du taux, correspond au nombre d'années diminué d'une unité par le nombre d'années proposé.*

4° *Divisez le reste trouvé* (2°) *par le produit obtenu* (3°); *multipliez le quotient par 100 et ajoutez le résultat au taux approché : vous aurez le taux exact.*

Exemple. — Pour 2500 fr. on reçoit 4228 fr. 50 c. après 8 ans ; quel est le taux de l'intérêt?

1° Divisant 4228 fr. 50 c. par 2500 fr., on a 1,6914   1,69140000
Cherchant ce quotient dans la Table I, sur l'alignement de 8 ans,
je trouve, colonne 6 $^3/_4$ (taux approché)   1,68633195

2° Prenant la différence, on a le *reste*   0,00506805

3° Le nombre qui, colonne du taux approché, correspond au nombre d'années diminué d'une unité, c'est-à-dire ici à 7 ans, est 1,57970207 ; multipliant ce nombre par 8 (nombre d'années proposé), on a 12,63761656.

4° Divisant le reste (2°) 0,00506805 par 12,63761656, on trouve 0,0004, etc., qui, multiplié par 100, donne (19) 0,04 ; ajoutant 0,04 au taux approché 6 $^3/_4$ ou 6,75, on a 6 fr. 79 c. pour le taux demandé.

AUTRES EXEMPLES.

	C		M		n		Réponses. t
Quel sera le taux, si pour	5000^f	on reçoit	22100^f 25^c	après	21 ans	?	7 $^1/_3$ p. 100
	8000		8377,75		6 mois		9 $^2/_3$
	3510		5000,00		10 ans		3,6311

PROBLÈME V.

Connaissant un placement annuel, le temps *pendant lequel on le fait et* le taux, *déterminer* le montant.

Ou bien, *connaissant* une rente, le temps *pendant lequel elle n'a pas été payée, et le taux auquel on fait payer les intérêts composés des arrérages, déterminer* le montant.

$$S = \frac{a}{t}(r^n - 1) \quad (*).$$

(*) Admettons qu'une rente a soit restée sans être payée pendant un temps n ; la première année d'arrérages ne rapportera intérêt que pendant $(n-1)$ années, car les intérêts d'arrérages ne peuvent commencer à courir qu'à partir d'un an après la cessation du payement; ainsi la première année d'arrérages vaudra (Problème I, 43) ar^{n-1}. Par un raisonnement semblable, on voit que la seconde, la troi-

RÈGLES.

56. *Multipliez le placement annuel* ou *la rente par le nombre de la* Table II, *qui correspond au taux et au temps : le produit sera le montant demandé.*

Exemple. — Une rente de 1000 fr. a été 5 ans sans payement; combien doit-on recevoir si l'on fait payer 5 p. 100 d'intérêt pour les arrérages?

Table II, colonne 5 p. 100, pour 5 ans. ...	5,52563125
Multipliant par la rente.................	1000
On a la somme à recevoir..............	5525 fr. 63 c.

Preuve arithmétique.

Rente de la 1re année..........................	1000^f 00^c
Intérêts de 1000 fr. à 5 p. 100...................	50,00
Rente de la 2e année..........................	1000,00
	2050,50
Intérêts de 2050 fr. à 5 p. 100.................	102,50
Rente de la 3e année.........................	1000,00
	3152,50
Intérêts de 3152 fr. 50 c. à 5 p. 100..............	157,62
Rente de la 4e année...........................	1000,00
	4310,12
Intérêts de 4310 fr. 12 c. à 5 p. 100.............	215,51
Rente de la 5e et dernière année.................	1000,00
Somme à recevoir..............	5525^f 63^c

57. Cette preuve arithmétique sert aux trois problèmes suivants.

58. Dans les opérations du Trésor, où les rentes se payent tous les trois mois, on prendra le quart du taux fixé par le cours de la rente auquel on sera arrêté, et l'on considérera le trimestre comme un annuel; mais alors il faudra prendre le quadruple d'années, car quatre trimestres font un an.

---

sième, etc., année d'arrérages vaudra ar^{u-2}, ar^{n-3},..., et que la dernière année vaudra $ar^{u-u} = a$. Réunissant toutes ces quantités, on aura

$$a\left(r^{n-1} + r^{n-2} + r^{n-3} + \dots + 1\right),$$

que l'on sait être égal à $a\dfrac{(r^n - 1)}{r - 1}$ ou $a\dfrac{(r^u - 1)}{t}$. Donc, appelant S la somme totale des rentes dues et des intérêts composés des arrérages, on a la formule ci-dessus.

Le même raisonnement s'applique à un placement annuel.

Exemple. — *Rente*. On possède une rente de 3000 fr. en 3 p. 100 ; on a employé pendant 6 ans les arrérages au cours moyen de 56 fr. 25 c. ; combien aura-t-on à recevoir ?

Au cours de 56 fr. 25 c., on trouve, Table XII, que l'argent rapporte 5 $\frac{1}{3}$ p. 100, dont le quart est 1 $\frac{1}{3}$; ainsi la question se borne à celle-ci :

On doit recevoir 750 fr. pendant 24 ans, à la fin de chaque année, et on les fait valoir à 1 $\frac{1}{3}$ p. 100 ; combien aura-t-on à toucher ?

Table II, colonne 1 $\frac{1}{3}$ p. 100, pour 24 ans,	28,20687380
Multipliant par la rente................	750
On a.................................	21049 fr. 81 c.

59. Il ne faut pas confondre une *rente* avec un *versement* ou un *placement annuel*, par la raison que la rente est un placement fait à la fin de l'année, tandis que le versement annuel se fait au commencement. La Table II n'en sert pas moins dans les deux cas ; seulement, pour le versement annuel, il faut retrancher 1 du nombre donné par la Table II.

Exemple. — *Placement annuel.* Au commencement de chaque année on place 1400 fr. à 6 $\frac{1}{3}$ p. 100, combien aura-t-on au commencement de la 4e année ou à la fin de la 3e année ?

Table II, colonne 6 $\frac{1}{3}$, pour 4 ans........	4,39629848
Retranchant.	1
Reste................................	3,39629848
Multipliant par le versement............	1400
On a le montant.......................	4754 fr. 82 c.

Preuve arithmétique.

Commencement de la 1re année........	1400^f 00^c	
Intérêt à 6 $\frac{1}{3}$ p. 100.................	88,67	
	1488,67	à la fin de la 1re année.
Commencement de la 2e année........	1400,00	
	2888,67	
Intérêts à 6 $\frac{1}{3}$ p. 100.................	182,95	
	3071,62	à la fin de la 2e année.
Commencement de la 3e année........	1400,00	
	4471,62	
Intérêts à 6 $\frac{1}{3}$ p. 100.................	283,20	
	4754^f 82^c	à la fin de la 3e année.

PROBLÈME VI.

D'un placement à intérêts composés, connaissant le montant, le temps *et* le taux, *déterminer* le placement annuel, *ou* la rente, *ou* l'annuité.

$$a = \frac{S}{r^n - 1}\, t.$$

RÈGLES.

60. *Divisez le montant par le nombre de la* Table II, *qui correspond au temps et au taux, vous aurez l'annuité ou la rente.*

61. *S'il s'agit d'un placement annuel, on retranchera* 1 *du nombre de la* Table II *avant de faire la division.*

Exemple. — *Rente.* Quelle rente ou quelle annuité faut-il laisser sans payement pendant 15 ans, pour recevoir 25,000 fr., en faisant payer 5 $^1/_8$ p. 100 d'intérêt pour les arrérages?

Table II, colonne 5 $^1/_8$, à 15 ans, on trouve 21,782689. Divisant 25000 par ce nombre, on a 1147 fr. 70 c.

Exemple. — *Placement annuel.* Quelle somme faudra-t-il placer à 4 $^3/_8$ p. 100, au commencement de chaque année, pour avoir 2460 fr. dans 6 ans?

Table II, colonne 4 $^3/_8$ pour 6 ans, on trouve 6,69580950. Donc (61) divisant 2460 par 5,5958095, on a 431 fr. 90 c.

PROBLÈME VII.

Connaissant une rente *ou* une annuité, le temps *pendant lequel elle n'a pas été payée, déterminer* le taux de l'intérêt *qu'il faudrait faire payer pour les arrérages afin de recevoir* une somme donnée.

$$\frac{S}{a} = \frac{r^n - 1}{t}\,; \qquad r^n - \frac{S}{a}t - 1 = -Q\,; \qquad z = \frac{Q}{nr^{n-1} - \dfrac{S}{a}}\ (^*).$$

(*) De l'équation $S = \dfrac{a}{t}(r^n - 1)$, ou tire

$$r^n - \frac{S}{a}t - 1 = 0\,;$$

RÈGLES.

62. *Divisez le montant par la rente, et* Table II, *sur l'alignement du nombre d'années donné, cherchez le quotient; la colonne dans laquelle il se trouvera indiquera le taux.*

63. *S'il s'agit d'un placement annuel, on ajoutera* 1 *au quotient trouvé par la division du montant par le placement, et l'on cherchera comme il est dit* n° 62.

EXEMPLE I. — *Rente.* Pour une rente de 5o fr. 39 c., on reçoit 1087 fr. 34 c. au bout de 15 ans; quel taux fait-on payer pour les arrérages?

Divisant 1087,34 par 5o,39, on a 21,578, etc.; sur l'alignement de 15 ans, Table II, dans la colonne 5 p. 100, on trouve ce nombre; donc le taux est 5 p. 100.

EXEMPLE II. — *Placement annuel.* On désirerait recevoir 112075 fr. en plaçant 1000 fr. chaque année pendant 33 ans; à quel taux devra-t-on placer?

Divisant 112075 par 1000, on a 112,075; ajoutant 1, on aura 113,075, qui, Table II, sur l'alignement de 33, se trouve dans la colonne 6 $^3/_4$ p. 100.

64. Il est rare que le quotient se trouve exactement dans la Table II, et dans ce cas, on n'obtient le taux de l'intérêt que par approximation. Lorsqu'on voudra l'avoir exactement, voici la marche qu'il faudra suivre :

1° *Divisez le montant par la rente et cherchez le taux approché* Table II, en prenant toujours le nombre de la Table immédiatement plus petit que le quotient.

---

soit Q le résultat que l'on obtient en mettant pour r sa valeur approximative : on a

$$r^n - \frac{S}{a}t - 1 = -Q;$$

soit z la quantité qu'il faut ajouter à r pour réduire l'équation à o : on a

$$(r+z)^n - \frac{S}{a}(t+z) - 1 = 0.$$

Développant le binôme, en ne conservant que la première puissance de z, on a

$$r^n + nzr^{n-1} - \frac{S}{a}t - \frac{S}{a}z - 1 = 0.$$

Dans cette équation, $r^n - \frac{S}{a}t - 1 = -Q$; donc

$$nzr^{n-1} - \frac{S}{a}z - Q = 0, \qquad \text{d'où} \qquad z = \frac{Q}{nr^{n-1} - \frac{S}{a}}.$$

2° *Multipliez ce quotient par la* 100e *partie du taux approché; ajoutez* 1 *à ce produit.*

3° *Avec le nombre d'années et le taux approché, cherchez le nombre qui correspond* Table I.

4° *Prenez la différence entre les résultats trouvés* 2° *et* 3°.

5° *Multipliez le nombre de la* Table I *qui correspond au nombre d'années diminué d'une unité et au taux approché par le nombre d'années; de ce produit retranchez le quotient trouvé* 1°.

6° *Divisez le reste trouvé* 4° *par le reste trouvé* 5°, *et vous aurez un quotient qu'il faudra toujours multiplier par* 100 *et ajouter au taux approché pour avoir le taux exact.*

65. Tout ceci s'applique au placement annuel, en ayant soin seulement d'ajouter 1 au quotient trouvé 1°.

Exemple. — *Rente.* Pour 1500 fr. de rente, on reçoit 99888 fr. 20 c., au bout de 29 ans; quel taux fait-on payer pour les arrérages ?

1° Divisant 99888,20 par 1500. . . . . 66,592139 $66,592139 = \dfrac{S}{a}.$

Le nombre le plus approché, Table II, pour 29 ans, se trouve dans la colonne 5 ³/₈ p. 100, qui donne 66,3156, etc. ; donc le taux approché est 5 ³/₈.

2° Je multiplie par la 100e partie du taux, ou. . . . . . 0,0537.5 . . . . $= t$

Et j'ai. . . . . 3,5793.2947 . . . . $= \dfrac{S}{a}t'$

J'ajoute. 1

Somme. . . . . 4,5793.2747 . . . . $= \left(\dfrac{S}{a}t' + 1\right)$

3° Table I, col. 5 ³/₈, pour 29 ans. . . . . 4,5644.6668 . . . . $= +r'^{n}$

4° Je prends la différence. . . . . 0,0148.6079 . . . . $= -Q$

5° Table I, col. 5 ³/₈, pour 28 ans. . . . . 4,3316.4098 . . . . $= r'^{n-1}$

Je multiplie par les années. . . . . 29 . . . . $= n$

Et j'ai. . . . . 125,6175.8842 $125,617588 = nr'^{n-1}$

Différence. 59,025449 $= nr'^{n-1} - \dfrac{S}{a}$

6° Divisant la différence (4°) 0,014861 par la différence (5°) 59,0254, on a   0,0002518 $= z = \dfrac{Q}{nr'^{n-1} - \dfrac{S}{a}}$

Multipliant par 100. 0,02518

Taux approché 5 ³/₈, ou. 5,37500

Taux exact. . . . . 5ᶠ 40ᶜ,018 p. 100.

EXEMPLE. — *Placement annuel.* Pour un placement annuel de 2000 fr., on offre 32854 fr. 80 c. au bout de 12 ans; quel est le taux de l'intérêt?

1° Divisant 32854,80 par 2000 .... 16,427400 .... $= \dfrac{S}{a}$

Ajoutant (65) 1

On a 17,427400   17,427400 $= \dfrac{S}{a} + 1.$

Le nombre de la Table II qui est le plus rapproché se trouve être 17,3707, etc., vis-à-vis de 12 ans, dans la col. 6 $\frac{1}{2}$, qui est le taux approché.

2° Je multiplie par .... 0,065 .... $= t'$

Et j'ai, en augmentant d'une unité .... 2,132781 .... $= \left(\dfrac{S}{a} + 1\right) t' - 1$

3° Table I, col. 6 $\frac{1}{2}$, pour 12 ans .... 2,129096 .... $= r'^{n}$

4° La différence est .... 0,003685 .... $= - Q$

5° Table I, col. 6 $\frac{1}{2}$, pour 11 ans .... 1,9991.5140 .... $= r'^{n-1}$

Multipliant par les années .... 12 .... $= n$

On a .... 23,989817 $23,989817 = nr'^{n-1}$

Différence .... 6,562417 $= nr'^{n-1} - \dfrac{S}{a}$

6° Divisant la différence (4°) 0,003685 par la différence (5°) 6,562417, on a 0,00056 $= z = \dfrac{Q}{nr'^{n-1} - \dfrac{S}{a}}$

Qui, multiplié par 100, donne 0,056

Taux approché 6,500

Taux exact .... 6,556 p. 100.

AUTRES EXEMPLES.

Réponses.

Pour une rente de $\left\{\begin{array}{c}1100^{r}\\2500\\3600\end{array}\right.$ restée sans payement pendant $\left\{\begin{array}{c}6\\3\\7\end{array}\right\}$ ans, on offre $\left\{\begin{array}{c}7500^{r}\\8150\\32000\end{array}\right\}$. Quel est le taux? $\left\{\begin{array}{c}5^{f}09^{c}69\\8,43,05\\7,87,80\end{array}\right\}$

PROBLÈME VIII.

Connaissant une rente, le taux de l'intérêt *que l'on fait payer pour les arrerages, déterminer* le temps *pendant lequel il faudrait être sans la recevoir pour toucher* une somme donnée *ou* un montant proposé.

$$n = \frac{\log\left(\dfrac{S}{a} t + 1\right)}{\log r}.$$

RÈGLES.

66. *Divisez le montant par la rente, et,* Table II, *dans la colonne du taux, cherchez le quotient; sur son alignement, vous aurez le nombre d'années.*

67. *S'il s'agit d'un placement annuel, on ajoutera* 1 *au quotient, et l'on se conformera au* n° 66.

EXEMPLE. — *Rente.* Pendant combien d'années faudra-t-il laisser sans payement une rente de 960 fr., pour recevoir 76 270 fr. 45 c., en faisant payer $4\frac{3}{8}$ p. 100 d'intérêt pour les arrérages ?

Divisant 76 270,45 par 960, on trouve 79,4483 85, etc. Table II, col. $4\frac{3}{8}$, ce nombre correspond à 35 ans.

EXEMPLE. — *Placement annuel.* Pendant combien d'années faudrait-il placer 500 fr. à $6\frac{3}{4}$ tous les ans, pour avoir 4 583 fr. 95 c. ?

Divisant 4 583,95 par 500, on a 9,1679; augmentant de 1 (67), on a 10,1679, qui, col. $6\frac{3}{4}$, Table II, donnent 8 ans.

68. Il est bien rare que le quotient se trouve exactement dans la Table; ainsi ce problème ne peut avoir d'utilité pour déterminer le temps qu'autant qu'on fera varier ensuite la rente ou le montant. Par exemple, si l'on demandait pendant quel temps il faudrait laisser sans payement une rente de 800 fr., pour avoir 25 000 fr., comptant l'intérêt à $7\frac{1}{3}$, on commencerait par diviser 25 000 par 800, ce qui donnerait 31,25. Ce nombre n'est pas Table II, col. $7\frac{1}{3}$; mais, à 17 ans, on trouve 31,7773, etc., en sorte qu'on poserait de nouveau la question, en disant : Combien aura-t-on après 17 ans, pour une rente de 800 fr., en comptant l'intérêt à $7\frac{1}{3}$ p. 100? Par le problème V (56), on trouve 25 421 fr. 88 c.

PROBLÈME IX.

Connaissant le capital, la somme retirée à la fin de chaque année *ou* l'annuité, le taux *et* le temps, *déterminer* la somme restante.

$$R = C r^n - \frac{a(r^n - 1)}{t}.$$

RÈGLES.

69. 1° *Calculez* (43 et suiv.) *le montant de la somme placée ;*

2° *Calculez* (56 et suiv.) *le montant de l'annuité ou de la somme retirée à la fin de chaque année.*

70. 3° *Prenez la différence entre les deux résultats, et vous aurez la situation respective du prêteur et de l'emprunteur; c'est-à-dire que, si le premier résultat est le plus grand, l'emprunteur redoit au prêteur; si, au contraire, il est plus petit, c'est le prêteur qui redoit; enfin, si les deux résultats sont égaux, ils sont quittes.*

EXEMPLE I. — On place 25 000 fr. à 8 p. 100; à la fin de la première année et de chaque année suivante, on retire 2 400 fr.; comment est-on au bout de 8 ans?

On trouve (probl. I, n° 43) que 25 000 fr. à 8 p. 100 après 8 ans valent... $46\,273^f\,26^c = Cr^n$.

On trouve (probl. V, n° 56) que l'annuité aura retiré.................. $25\,527,91 = a\,\dfrac{r^n-1}{t}$.

$\qquad\qquad\qquad$ Reste dû par l'emprunteur (70). .... $20\,745^f\,35^c = R$.

On peut poser la question de la manière suivante : On place 25 000 fr. à 8 p. 100 pour se faire une annuité de 2 400 fr.; au bout de 8 ans, le rentier propose de rentrer dans ses fonds et de faire cesser l'annuité; combien le débiteur lui doit-il ? Réponse : 20 745 fr. 35 c.

On pourrait encore dire : On doit 25 000 fr. empruntés à 8 p. 100, et l'on a payé 2 400 fr. à la fin de chaque année; combien aura-t-on amorti au bout de 8 ans? Il est clair que, puisqu'on ne redoit plus que 20 745 fr. 35 c., la différence 4 254 fr. 65 c. entre 25 000 fr. et 20 745 fr. 35 c. représentera la somme amortie.

Preuve arithmétique.

Somme placée......................		$25\,000^f\,00^c$
Intérêt à 8 p. 100....................	$2\,000^f\,00^c$	
Retrait............................	$2\,400,00$	$400,00$
Reste à la fin de la 1re année..........		$24\,600,00$
Intérêt à 8 p. 100....................	$1\,968,00$	
Retrait............................	$2\,400,00$	$432,00$
Reste à la fin de la 2e année..........		$24\,168,00$
Intérêt à 8 p. 100....................	$1\,933,44$	
Retrait............................	$2\,400,00$	$466,56$
Reste à la fin de la 3e année..........		$23\,701,44$
Intérêt à 8 p. 100....................	$1\,896,12$	
Retrait............................	$2\,400,00$	$503,88$
Reste à la fin de la 4e année..........		$23\,197,56$
Intérêt à 8 p. 100....................	$1\,855,80$	
Retrait............................	$2\,400,00$	$544,20$
Reste à la fin de la 5e année...........		$22\,653,36$
A reporter........		$22\,653,36$

Report............	22 653^f 36^c	
Intérêt à 8 p. 100....	1 812^f 27^c }	587,73
Retrait............................	2 400,00 }	
Reste à la fin de la 6e année.........	22 065,63	
Intérêt à 8 p. 100...................	1 765,25 }	634,75
Retrait............................	2 400,00 }	
Reste à la fin de la 7e année.........	21 430,88	
Intérêt à 8 p. 100...................	1 714,47 }	685,53
Retrait............................	2 400,00 }	
Reste à la fin de la 8e année...........	20 745^f 35^c	

Cette preuve servira pour les problèmes suivants.

EXEMPLE II. — On emprunte 10 000 000 fr. à 9 p. 100, on paye 930 000 à la fin de chaque année ; comment est-on après 40 ans ?

Les 10 000 000 fr. à 9 p. 100 pendant 40 ans valent (43)........ $314\,094\,200^f\,50^c = C r^n$.

Les 930 000 fr. payés à la fin de chaque année valent (56)....... $314\,230\,673,90 = a\dfrac{r^n - 1}{l}$.

Différence ou somme due par le prêteur (70).............. $136\,473^f\,40^c = R$.

EXEMPLE III. — On place 15 400 fr. à 6 p. 100 ; on retire 2 264 fr. 14 c. à la fin de chaque année ; comment est-on au bout de 9 ans ?

15 400 fr. à 6 p. 100, après 9 ans, valent (42)..................... $26\,017^f\,98^c = C r^n$.

2 264 fr. 14 c., retirés à la fin de chaque année, valent (56).......... $26\,017,93 = a\dfrac{r^n - 1}{l}$.

Différence.... .... $» \quad » = R$.

Ainsi le prêteur et l'emprunteur sont quittes.

AUTRES EXEMPLES.

On place $\begin{Bmatrix} 40\,000^f \\ 24\,600 \end{Bmatrix}$ à $\begin{Bmatrix} 7 \\ 6 \end{Bmatrix}$ p. 100 ; on retire $\begin{Bmatrix} 2\,000^f \\ 4\,500 \end{Bmatrix}$ chaque année ; comment est-on après $\begin{Bmatrix} 6 \\ 8 \end{Bmatrix}$ ans ?

Réponse. $\begin{Bmatrix}\end{Bmatrix}$ L'emprunteur redoit.............. 45 722^f 63^c }
Le prêteur redoit................ 5 329,95 }

PROBLÈME X.

Connaissant la somme retirée à la fin de chaque année *ou* l'annuité, la somme restante, le temps *et* le taux de l'intérêt, *déterminer* le capital.

$$C = \dfrac{R + \dfrac{a(r^n - 1)}{l}}{r^n},$$

RÈGLES.

71. 1° *Calculez* (probl. V, n° 56) *le montant de l'annuité ou de la somme retirée, et ajoutez-y la somme restante.*

72. 2° *Divisez la somme trouvée* 1° *par le nombre de la* Table I *qui correspond au temps et au taux; le quotient sera la somme cherchée.*

EXEMPLE I. — Quelle somme faut-il placer à 6 ¹/₃ p. 100, pendant 13 ans, pour retirer 8 400 fr. à la fin de chaque année, et qu'il reste 22 500 fr. ?

On trouve (probl. V, n° 56) que les 8 400 fr. retirés à la fin de chaque

année valent, à 6 ¹/₃, après 13 ans. . . . . $162\,047^{\mathrm{f}}\,64^{\mathrm{c}} = a\,\dfrac{r^{n}-1}{t}$.

Ajoutant la somme restante. . . . . $22\,500,00 = \mathrm{R}$.

Somme. . . . . $184\,547^{\mathrm{f}}\,64^{\mathrm{c}} = a\,\dfrac{r^{n}-1}{t} + \mathrm{R}$.

Divisant cette somme par le nombre 2,2217 8775, qui, Table I, correspond à 13 ans, col. 6 ¹/₃, on a 83 062 fr. 68 c. pour la somme à placer.

73. Cette question peut s'appliquer à l'amortissement partiel; car, dans cet exemple, puisqu'on aurait emprunté 83 062 fr. 68 c., et que, par un payement annuel de 8 400 fr., on ne devrait plus que 22 500 fr., il est évident qu'on a amorti 60 562 fr. 68 c., ou la différence entre la somme empruntée et la somme restante.

PROBLÈME XI.

Connaissant le capital, le taux de l'intérêt, le temps *et* la somme restante, *déterminer* la somme que l'on doit retirer à la fin de chaque année *ou* l'annuité.

$$a = (\mathrm{C}r^{n} - \mathrm{R})\,\frac{t}{r^{n}-1}.$$

RÈGLES.

74. *Calculez* (probl. I, n° 43) *le montant du capital et retranchez-en la somme restante; divisez le reste par le nombre de la* Table II *qui correspond au taux et au temps; le quotient donnera l'annuité.*

EXEMPLE. — Quelle somme pourrait-on retirer à la fin de chaque année pendant 6 ans, en plaçant 40 000 fr., à 7 p. 100, pour toucher 45 722 fr. 65 c. au bout de ce temps?

Les 40 000 fr. à 7 p. 100, pendant 6 ans, vaudront . . . . $60\,029^f\,21^c = Cr^n$.
Retranchant la somme restante . . . . $45\,722,65 = R$.

$\qquad\qquad\qquad\qquad$ Reste . . . . $14\,306^f\,56^c = Cr^n - R$.

Divisant ce reste par le nombre 7,15329, etc., qui, Table II, correspond à 7 p. 100 et à 6 ans, on trouvera 2000 fr. pour l'annuité.

PROBLÈME XII.

Connaissant le capital, l'annuité, la somme restante *et* le temps, *déterminer* le taux de l'intérêt.

$$r^{n+1} - r^n\left(1 + \frac{a}{C}\right) - \frac{R}{C}t + \frac{a}{C} = -Q, \quad \text{et} \quad z = \frac{Q}{(n+1)r^n - n\left(1 + \frac{a}{C}\right)r^{n-1} - \frac{R}{C}}\;(^*).$$

RÈGLES.

75. On ne peut résoudre ce problème que par le tâtonnement. On commencera par multiplier le capital par plusieurs nombres de la Table I qui correspondent au nombre d'années donné et à des taux supposés; on multipliera l'annuité par les nombres de la Table II qui correspondent au nombre d'années donné et aux mêmes taux supposés; on retranchera les seconds produits des pre-

---

(*) De la formule générale on tire aisément

$$r^{n+1} - r^n\left(1 + \frac{a}{C}\right) - \frac{R}{C}t + \frac{a}{C} = 0.$$

Supposons qu'on ait une valeur approchée de r, que sa substitution dans la formule donne $-Q$, et que z soit la quantité dont il faille augmenter r pour réduire l'équation à zéro, on a

$$(r+z)^{n+1} - (r+z)^n\left(1 + \frac{a}{C}\right) - \frac{R}{C}(t+z) + \frac{a}{C} = 0.$$

Développant les binômes, en ne conservant que les deux premiers termes, on a

$$r^{n+1} + (n+1)zr^n - r^n\left(1 + \frac{a}{C}\right) - nz\left(1 + \frac{a}{C}\right)r^{n-1} - \frac{R}{C}t - \frac{R}{C}z + \frac{a}{C} = 0;$$

mais on a eu

$$r^{n+1} - r^n\left(1 + \frac{a}{C}\right) - \frac{R}{C}t + \frac{a}{C} = -Q;$$

donc

$$(n+1)zr^n - nz\left(1 + \frac{a}{C}\right)r^{n-1} - \frac{R}{C}z - Q = 0, \quad \text{d'où} \quad z = \frac{Q}{(n+1)r^n - n\left(1 + \frac{a}{C}\right)r^{n-1} - \frac{R}{C}}.$$

miers, et l'on continuera jusqu'à ce qu'on arrive à deux restes, l'un plus grand, l'autre plus petit que la somme restante ; alors on saura entre quels taux tombe le taux cherché.

EXEMPLE. — On place 120 000 fr. pendant 10 ans ; on retire 5 000 fr. tous les ans, et il reste 123 425 fr. ; quel est le taux de l'intérêt ?

		4	$4\,^1/_4$	$4\,^1/_2$
Table I, les nombres qui correspondent à 10 ans, multipliés par 120 000 fr.	donnent...	177 629	181 946	186 354 $= Cr^n$.
Table II, les nombres qui correspondent à 10 ans, multipliés par 5 000 fr.....	donnent...	60 031	60 731	61 441 $= S = \dfrac{ar^n - 1}{t}$.
	Restes..........	117 598	121 215	124 915 $= Cr^n - S$.

On est déjà assuré que le taux tombe entre $4\,^1/_4$ et $4\,^1/_2$, car les restes 121 215 et 124 915 sont, l'un plus grand, l'autre plus petit que la somme restante 123 425. Essayant $4\,^3/_8$, on trouve le reste 123 054 ; ce nombre ne diffère plus de 123 425 que de 371 fr. ; donc on peut prendre $4\,^3/_8$ pour le taux approché.

76. Si l'on a besoin du taux exact, on se conduira comme il va être dit, en observant qu'*il s'agira toujours de la* Table I *et de la colonne du taux approché*, qui sera celui donné par le nombre immédiatement plus petit que la somme restante.

1° *Multipliez le capital par le nombre de la Table qui correspond au nombre d'années augmenté d'une unité ; ajoutez l'annuité à ce produit ;*

2° *Faites une somme du capital et de l'annuité, et multipliez-la par le nombre de la Table qui correspond au nombre d'années ;*

3° *Multipliez la somme restante par la* 100e *partie du taux approché, et ajoutez à ce produit le résultat trouvé* 2° ;

4° *Prenez la différence entre les résultats* 3° *et* 1° ;

5° *Multipliez le capital par le nombre d'années augmenté d'une unité, et ce produit par le nombre de la Table qui correspond aux années ;*

6° *Multipliez la somme du capital et de l'annuité par le nombre d'années, et le produit par le nombre de la Table qui correspond au nombre d'années diminué d'une unité ; ajoutez la somme restante à ce produit, et* retranchez le tout *du résultat trouvé* 5° ;

7° *Divisez la différence trouvée* 4° *par la différence trouvée* 6°, *multipliez le quotient par* 100, *et ajoutez toujours le produit au taux approché, vous aurez le taux exact.*

1° Table I, col. 4 $^3/_8$, pour 11 ans.... .... $1,6016\,2697 = r'^{n+1}$.
  Multipliant par le capital........................ $120\,000 = C$.

  $$192\,195,236 = C\,r'^{n+1}.$$
  Ajoutant l'annuité......................... $5\,000\quad = a$.

  $$197\,195,236 = C\,r'^{n+1} + a.$$

2° Capital....... $120\,000$ |
  Annuité...... $5\,000$ } $\quad 125\,000 = C + a$
  Table I, col. 4 $^3/_8$, pour
    10 ans........... $1,5344\,9291 = r'^n$

  Multipliant, on a...... $191\,811,614 = (C + a)\,r'^n$ |
3° Somme restante $123\,425$ } $\quad$ $197\,211,458 = R\,t' + (C + a)\,r'^n.$
  100° partie du } $\quad 5\,399,844 = R\,t'$
    taux....... $0,04375$)

4° Différence......... :.................. .... $16,222 = -\,Q.$

5° Le capital $120\,000$ mul-
    tiplié par 11...... $1\,320\,000 = C(n+1)$ }
  Table I, col. 4 $^3/_8$, pour $\quad$ $2\,025\,530,641 = r'^n\,C(n+1).$
    10 ans........... $1,5344\,9291 = r'^n$

6° Capital et annuité mul-
    tiplié par 10...... $1\,250\,000 = n(C + a)$
  Table I, col. 4 $^3/_8$, pour
    9 ans........... $1,4701\,7284 = r'^{n-1}$

  Multipliant, on a...... $1\,837\,716,050 = n(C+a)\,r'^{n-1}$ |
  Ajoutant la somme res- $\quad$ $1\,961\,141,050 = n(C + a)\,r'^{n-1} + R.$
    tante........... $123\,425,000 = R$)

    Différence...... $64\,389,591 = 11\,C\,r'^{10} - 10(C+a)\,r'^9 + R = D.$

7° Divisant $16,222$ par $64\,389,591$, on a......... $0,0002\,5 = \dfrac{Q}{D} = z.$

  Multipliant par 100........................ $0,025\quad = z \times 100.$
  Ajoutant le taux approché 4 $^3/_8$... .... $4,375\quad = t' \times 100.$

    On a le taux exact........... $4^f\,400\quad = t \times 100.$
        ou $4\,^2/_5$ p. 100.

AUTRES EXEMPLES.

On place $\left\{\begin{array}{c} 24\,000^f \\ 18\,500 \\ 500\,000 \end{array}\right\}$, on retire $\left\{\begin{array}{c} 2\,000^f \\ 1\,200 \\ 20\,000 \end{array}\right\}$ tous les ans ; il reste $\left\{\begin{array}{c} 27\,960^f \\ 15\,920 \\ 2\,477\,625 \end{array}\right\}$ au bout de $\left\{\begin{array}{c} 15 \\ 28 \\ 50 \end{array}\right\}$ ans.

Quel est le taux ? *Réponse :* Taux approché $\left\{\begin{array}{c} 5\,^3/_4 \\ 6\,^1/_4 \\ 5\,^1/_2 \end{array}\right\}$; taux exact $\left\{\begin{array}{c} 8,90 \\ 6,293 \\ 5,57 \end{array}\right\}$ p. 100.

PROBLÈME XIII.

Connaissant le capital, l'annuité, la somme restante *et* le taux de l'intérêt, *déterminer* le temps.

$$n = \frac{\log(a - Rt) - \log(a - Ct)}{\log r}.$$

RÈGLES.

77. On ne peut encore résoudre ce problème que par le tâtonnement. Pour cela, on multipliera le capital par plusieurs nombres de la Table I, qui correspondent au taux donné et à plusieurs nombres d'années supposés ; on multipliera l'annuité par les nombres de la Table II, qui correspondent au taux donné et aux mêmes nombres d'années supposés ; on retranchera les seconds produits des premiers, et l'on continuera jusqu'à ce qu'on arrive à trouver une différence approchant de la somme restante : alors on aura le nombre d'années.

Mais, comme il arrivera très-rarement qu'on parvienne à une différence égale à la somme restante, on n'aura le nombre d'années que par approximation ; alors il faudra s'en servir en reposant la question, comme au Problème IX (69), de manière à faire retomber l'erreur du nombre d'années sur la somme restante.

Exemple. — On place 80 000 fr. à 6 p. 100, on retire tous les ans 5 000 fr.; dans combien de temps restera-t-il 54 000 fr.?

	20 ans.	30 ans.	35 ans.	37 ans.	38 ans.
Table I, nombres de la col. 6 p. 100, multipliés par 80 000............	256 568	459 480	614 888	690 888	732 344
Table II, nombres de la col. 6 p. 100, multipliés par 5 000............	183 928	395 290	557 174	636 340	679 521
	72 640	64 190	57 714	54 548	52 823

La différence qui approche le plus de la somme restante est 54 548, qui se trouve sous 37 ans ; ainsi il faudra reposer la question en disant :

On place 80 000 fr. à 6 p. 100, on retire tous les ans 5000 fr.; combien restera-t-il dans 37 ans?

Par le problème IX (69 et suiv.), on trouvera le reste 54 546 fr. 38 c.

PROBLÈME XIV.

Connaissant le capital *ou* une somme empruntée, le temps *et* le taux de l'intérêt, *déterminer* l'annuité *ou* la somme à payer *à la fin de chaque année* pour amortir l'emprunt.

$$a = V \frac{r^{n}t}{r^{n} - 1} = \frac{Vt}{1 - \dfrac{1}{r^{n}}} = \frac{Vt}{1 - r^{-n}}.$$

RÈGLES.

78. *Multipliez le capital par le nombre de la* Table III *qui correspond au temps et au taux; le produit donnera l'annuité.*

EXEMPLE. — Quelle somme doit-on payer à la fin de chaque année pour amortir, en 4 ans, 15 000 fr. empruntés à 7 p. 100? ou quelle annuité aura-t-on pendant 4 ans, en plaçant 15 000 fr. à 7 p. 100?

Table III, col. 7 p. 100, pour 4 ans....................	$0,29522812 = \dfrac{t}{1 - r^{-n}}.$
Multipliant par le capital...........................	$15000 = V.$
Somme à payer annuellement..........	$4428^{f} 42^{c} = a.$

Preuve arithmétique.

Somme empruntée..............................		$15000^{f} 00^{c}$
Intérêts de 15 000 fr. à 7 p. 100.........	$1050^{f} 00^{c}$	$3378,42$
Payement............................	$4428,42$	
Somme due à la fin de la 1ʳᵉ année....................		$11621,58$
Intérêts de 11 621 fr. 58 c. à 7 p. 100....	$813,51$	$3614,91$
Payement......................	$4428,42$	
Somme due à la fin de la 2ᵉ année............		$8006,67$
Intérêts de 8 006 fr. 67 c. à 7 p. 100.....	$560,46$	$3867,96$
Payement........................	$4428,42$	
Somme due à la fin de la 3ᵉ année....................		$4138,71$
Intérêts de 4 138 fr. 71 c. à 7 p. 100.....	$289,71$	$4138,71$
Payement...................... ..	$4428,42$	
Somme due à la fin de la 4ᵉ année....................		" "

Cette preuve servira pour les problèmes XV, XVI, XVII.

79. Cette question s'applique au remboursement des rentes. Par exemple, on

doit une rente de 4 200 fr. constituée à 6 p. 100; quelle somme faudra-t-il payer à la fin de chaque année pour se libérer en 12 ans?

On capitalisera la rente de 4 200 fr. à 6 p. 100, en divisant 420 000 par 6; ce qui donnera 70 000 fr. de capital; ainsi la question se réduit à savoir combien il faut payer annuellement pour amortir 70 000 fr., empruntés à 6 p. 100. D'après la règle (78), on trouvera 8 349 fr. 39 c.

80. S'il s'agissait des rentes de l'État, qui généralement se rachètent à un autre taux que celui de constitution, il faudrait capitaliser avec le taux de rachat, et ne s'occuper nullement du taux auquel la rente a été constituée.

Par exemple, admettons que le Gouvernement doive 28 740 000 fr. de rentes 3 p. 100; qu'il prévoie pouvoir les racheter en 25 ans, au cours moyen de 85 fr. 70 c. (*); combien devra-t-il payer chaque année?

On trouve, Table XII, que le 3 p. 100 à 85 fr. 70 c. met le taux à 3 ½ p. 100. Capitalisant 28 740 000 fr., on a 821 142 857 fr. La question se pose ainsi: on doit 821 142 857 fr., dont on paye l'intérêt à 3 ½ p. 100; combien doit-on payer chaque année pour amortir en 25 ans?

On trouvera (78) 49 822 055 fr.

81. Si l'on voulait opérer par semestres, on prendrait la moitié du taux et le double d'années; ainsi l'on se servirait du taux 1 ¾ de 50 ans, et (78) on trouverait 24 777 091 fr. pour le payement par semestre.

Nota. — Doublant 24 777 091, on a 49 554 182 fr. par an; mais on avait trouvé 49 822 055 fr.; il y a donc une économie de 267 873 fr. par an, en amortissant par semestres.

PROBLÈME XV.

Connaissant l'annuité, le taux *et* le temps, *déterminer* le capital *ou* la valeur actuelle de l'annuité, *ou* la somme à emprunter.

$$V = \frac{a(r^n - 1)}{r^n t} = \frac{a(1 - r^{-n})}{t}.$$

RÈGLE.

82. *Divisez l'annuité ou le payement annuel par le nombre de la* Table III *qui correspond au taux et au temps.*

(*) Le cours moyen étant hypothétique, on le prendra, dans la Table XII, le plus approché possible de celui auquel on se sera arrêté; cela donnera, pour l'argent, un des taux qui se trouvent dans le système d'après lequel l'ensemble des Tables est calculé.

Exemple I. — Quelle est la valeur actuelle d'une annuité de 50 fr. 39 c. exigible encore pendant 15 ans, l'argent étant compté à 6 p. 100?

Table III, col. 6 p. 100, pour 15 ans, on trouve 0,1029 6266; divisant (82) 50,39 par 0,10296, on a 489 fr. 40 c.

Exemple II. — Quelle somme pourrait-on emprunter ou amortir à 8 p. 100, en 9 ans, en payant tous les ans 16 008 fr?

Table III, col. 8 p. 100, pour 9 ans, on trouve 0,1600 7971; divisant 16 008 par ce nombre, on trouve 100 000 fr.

83. On peut encore appliquer ce problème au remboursement d'une rente par payements égaux, en opérant comme il suit.

Exemple III. — Quelle rente constituée à 5 $^3/_4$ p. 100 éteindrait-on en 22 ans, en payant 8 600 fr. tous les ans, comptant l'argent au même taux ?

Table III, col. 5 $^3/_4$, pour 22 ans, 0,0812 4034; divisant 8 600 fr. par ce nombre, on a 105 847 fr. 01 c.; mettant ce capital en rente, à 5 $^3/_4$ p. 100, on a 6 086 fr. 20 c.

84. S'il s'agit des rentes de l'État, on commencera par établir le taux, avec le cours moyen auquel on croit pouvoir racheter.

Exemple IV. — On peut disposer de 4 500 000 fr. par an, pendant 10 ans, on peut négocier du 4 $^1/_2$ à 94 fr. 74 c., et l'on présume pouvoir racheter au même cours; quel emprunt peut-on faire, pour qu'il soit amorti au bout de 10 ans?

Du 4 $^1/_2$, à 94 fr. 74 c., Table XII, met l'argent à 4 $^3/_4$ p. 100. Table III, colonne 4 $^3/_4$, pour 10 ans, on trouve 0,1279 3700; divisant 4 500 000 par ce nombre, on a pour l'emprunt 35 173 562; mettant ce capital en rentes à 4 $^3/_4$ p. 100, on trouve qu'il faut créer 1 670 744 de rentes 4 $^1/_2$ p. 100.

85. Si l'on opérait par semestres, on se servirait de 2 $^3/_8$ p. 100, de 20 ans, et de 2 250 000 fr.; le nombre 0,0633 9215, Table III, correspond à 20 ans, colonne 2 $^3/_8$ p. 100; la division de 2 250 000 par ce nombre donne 35 493 354 pour l'emprunt, et 1 685 934 fr. de rentes à créer.

En retranchant le premier résultat du second, on voit que l'opération par semestres donne le moyen d'emprunter 319 792 fr. de plus, sans rien changer aux autres conditions.

PROBLÈME XVI.

Connaissant l'annuité, le capital *ou* la valeur actuelle de l'annuité *et* le temps, *déterminer* le taux de l'intérêt.

$$r^{n+1} - \left(\frac{a}{V} + 1\right) r^n + \frac{a}{V} = -Q, \quad z = \cfrac{Q}{(n+1)r^n - n\left(\frac{a}{V} + 1\right) r^{n-1}} \quad (^*),$$

(*) Ces formules se démontrent comme celles du Problème VII, n° 62

RÈGLES.

86. *Divisez l'annuité par le capital; sur l'alignement du nombre d'années donné,* Table III, *cherchez le quotient; la colonne où vous le trouverez indiquera le taux.*

EXEMPLE I. — Pour 4 400 fr. on achète une annuité de 295 fr. 75 c., qui doit encore être payée pendant 20 ans; on demande le taux de l'intérêt ?

Divisant 295 fr. 75 c. par 4 400 fr., on a 0,06721, etc. Cherchant ce quotient sur l'alignement de 20 ans, on le trouve dans la colonne 3 p. 100 ; donc le taux est 3 p. 100.

EXEMPLE II. — A quel taux faudrait-il emprunter 70 000 fr., pour les amortir en 12 ans, en payant 8 349 fr. 40 c. chaque année ?

Divisant 8 349 fr. 40 c. par 70 000, on a 0,119277, etc., sur l'alignement de 12 ans; ce quotient se trouve colonne 6 p. 100.

87. Il arrive très-rarement que le quotient se trouve exactement dans la Table III ; alors on n'a que le taux approché; on pourra quelquefois s'en contenter; mais, pour les opérations importantes, voici la marche qu'il faudra suivre :

88. *On calculera le taux approché, comme il vient d'être dit, ayant soin de toujours prendre le plus bas.* (Tout ce qui va être dit sera pour la colonne de ce taux.)

1° *Divisez l'annuité par le capital,* vous aurez un quotient.

2° *Ajoutez au quotient le nombre de la* Table I *qui correspond au nombre d'années augmenté d'une unité.*

3° *A ce même quotient, ajoutez* 1, *et multipliez cette somme par le nombre de la* Table I, *pour les années.*

4° *Prenez la différence entre les résultats* 2° *et* 3°.

5° *Multipliez le nombre de la* Table I, *pour les années, par le nombre d'années augmenté d'une unité.*

6° *Augmentez d'une unité le quotient trouvé* 1°; *multipliez cette somme par le nombre d'années et le produit par le nombre de la* Table I *qui correspond au nombre d'années diminué d'une unité.*

7° *Prenez la différence entre les résultats* 5° *et* 6°; *divisez la différence* 4° *par celle-ci, multipliez le quotient par* 100, *et ajoutez toujours le produit au taux approché.*

Exemple I. — On place 15 000 fr. pour lesquels on reçoit, pendant 4 ans, une annuité de 4 500 fr.; quel est le taux de l'intérêt ?

Divisant 4 500 fr. par 15 000 fr., on a 0,3 ; Table III, le nombre immédiatement plus petit est 0,2996, etc., col. 7 $^2/_3$; ainsi le taux approché est 7 $^2/_3$ p. 100.

1° Table I, colonne 7 $^2/_3$, pour 5 ans................. $1,4467\,9280 = r'^{n+1}$.

2° Quotient de 4 500 par 15 000.................... $0,3 \qquad = \dfrac{a}{V}.$

$\qquad\qquad\qquad$ Somme............... $1,7467\,9280 = \dfrac{a}{V} + r'^{n+1}.$

3° Table I, col. 7 $^2/_3$, pour 4 ans....... $1,3437\,7040$
Quotient 0,3 augmenté de 1........ $1,3$ $\qquad \Big\} \quad 1,7469\,0152 = \left(\dfrac{a}{V} + 1\right) r'^{n}.$

4° Différence.................................... $0,0001\,0872 = -Q.$

5° Table I, col. 7 $^2/_3$, pour 4 ans........ $1,3437\,7040$
Nombre d'années augmenté de 1..... 5 $\qquad \Big\} \quad 6,7188\,5200 = (n+1) r'^{n}.$

6° Table I, col. 7 $^2/_3$, pour 3 ans....... $1,2480\,8396$
1,3 multiplié par le nombre d'années 4. $5,2$ $\quad \Big\} \quad 6,4900\,3659 = \left(\dfrac{a}{V} + 1\right) n r'^{n-1}.$

7° Différence.................................. $0,2288\,1541 = 5r'^{4} - 4r'^{3}\left(\dfrac{a}{V} + 1\right) = D.$

Divisant 0,0001 0872 par 0,2288 1541, on a........... $0,0004\,74 \qquad = \dfrac{Q}{D} = z.$

Multipliant par 100................ .... $0,0474 \qquad = z \times 100.$

Ajoutant le taux approché 7 $^2/_3$ ou.................. $7,6667 \qquad = t' \times 100.$

$\qquad\qquad$ On a le taux exact............. $7^f\,71^c\,41\,\text{p. }100 = t \times 100.$

Exemple II. — On emprunte 100 000 fr.; on paye tous les ans 14 000 fr., et la somme est amortie au bout de 9 ans; quel est le taux de l'intérêt ?

Divisant 14 000 par 100 000, on a 0,14. Table III, le nombre immédiatement plus petit, vis-à-vis de 9 ans, est 0,1399, etc., col. 4 $^7/_8$; ainsi le taux approché est 4 $^7/_8$ p. 100.

1° Quotient de 14 000 par 100 000.................... $0,14 \qquad = \dfrac{a}{V}.$

2° Table I, col. 4 $^7/_8$ p. 100, pour 10 ans............. $1,6096\,0658 = r'^{n+1}.$

$\qquad\qquad\qquad$ Somme .... $1,7496\,0658 = \dfrac{a}{V} + r'^{n+1}.$

3° Table I, col. 4 $^7/_8$, pour 9 ans......... $1,5347\,8577$
Quotient 0,14 augmenté de 1........ $1,14$ $\quad \Big\} \quad 1,7496\,5578 = \left(\dfrac{a}{V} + 1\right) r'^{n}.$

4° Différence.................................... $0,0000\,4920 = -Q.$

5° Table I, col. 4 $^7/_8$, pour 9 ans........ 1,5347 8577 }
Nombre d'années augmenté de 1..... 10 } $15,3478\,5770 = 10\,r'^n$.

6° Table I, col. 4 $^7/_8$, pour 8 ans........ 1,4634 4293 }
1,14 mult. par le nombre d'années 9.. 10,26 } $15,0149\,2446 = \left(\dfrac{a}{V}+1\right)n\,r'^{n-1}$.

7° Différence................................. $0,3329\,3324 = 10\,r'^n - 9\,r'^n\left(\dfrac{a}{V}+1\right) = D.$

Divisant 0,0000 4920 par 0,3329 3324, on a........... $0,0001\,48 \quad = \dfrac{Q}{D} = z.$

Multipliant par 100............................... $0,0148 \quad\quad = z \times 100.$

Ajoutant le taux approché 4 $^7/_8$ ou................... $4,8750 \quad . \quad = t' \times 100.$

On a le taux vrai........... $4^f 88^c 98\,p.100 = t \times 100.$

EXEMPLE III. — *Pour les opérations du Trésor* (*), on emprunte 80 000 000 fr.
en rentes 4 $^1/_2$ p. 100 au pair ; on créera donc 3 600 000 fr. de rentes ; à quel
cours moyen pourrait-on les racheter, en ajoutant 2 400 000 fr. pour l'amortissement, c'est-à-dire en payant tous les ans 6 000 000 pendant 21 ans ?

Divisant 6 000 000 par 80 000 000, on a 0,075. Le nombre immédiatement plus petit, vis-à-vis de
21 ans, Table III, est 0,0746, etc., col. 4 $^1/_2$; ainsi le taux approché est 4 $^1/_2$ p. 100.

(*) Pour le rachat des emprunts d'État, M. Fédor Thoman (*Theory of compound interest and annuities*)
donne une formule beaucoup plus simple qu'il tire de la formule de la Table III, $a = \dfrac{V\,t}{1 - \dfrac{1}{r^n}}$, en en dé-
duisant successivement

$$a\left(1 - \frac{1}{r^n}\right) = a - \frac{a}{r^n} = V\,t, \quad a = V\,t + \frac{a}{r^n} = V\,t + s, \quad \text{où} \quad s = \frac{a}{r^n} = \text{l'amortissement.}$$

De là on tire facilement

$$s\,r^n = a,\ldots, \quad r^n = \frac{a}{s} \quad \text{et} \quad \log r = \log a - \log s.$$

r étant connu,

$$r - 1 = t = 4,4599, \quad \text{et le cours demandé} = 100^{fr},899.$$

Si l'on ne veut pas se servir de logarithmes, on peut chercher Table I, sur la ligne n, le nombre le plus
approché du quotient $\dfrac{a}{s}$, et l'on divisera le taux de la rente $\times 100$ par l'entête de la colonne où l'on
aura trouvé $\dfrac{a}{s}$; le résultat sera le cours demandé, trop fort si $\dfrac{a}{s}$ approché est trop faible, et *vice versá*.
Dans le cas présent, $\dfrac{60}{24} = \dfrac{10}{4} = 2,50$ se trouve Table I, ligne 21, entre 2,4577, col. 4 $^3/_8 = 4,375$, et
2,5202, col. 4 $^1/_2 = 4,50$.

Divisant le taux 4,50 $\times 100$ par 4,375, on a 102,86 trop fort,

et par 4,50, on a 100   trop faible.

1° Quotient de 6 000 000 par 80 000 000. . . . .   0,075 $= \dfrac{a}{V}$.

2° Table I, colonne 4 $^1/_2$, pour 22 ans. . . . .   2,6336 5201 $= r'^{n+1}$.

Somme. . . . .   2,7086 5201 $= \dfrac{a}{V} + r'^{n+1}$.

3° Table I, colonne 4 $^1/_2$, pour 21 ans. . . .   2,5202 4116 $\Bigg\}$ 2,7092 5925 $= \left(\dfrac{a}{V}+1\right) r'^{n}$.
Quotient 0,075 augmenté de 1.   1,075

4° Différence. . . . .   0,0006 0724 $= -\,Q$.

5° Table I, colonne 4 $^1/_2$, pour 21 ans. . . .   2,5202 4116 $\Bigg\}$ 55,4453 0552 $= (n+1) r'^{n}$.
Nombre d'années augmenté de 1   22

6° Table I, colonne 4 $^1/_2$, pour 20 ans. . . .   2,4117 1402 $\Bigg\}$ 54,4444 4400 $= \left(\dfrac{a}{V}+1\right) n r'^{n-1}$.
1,075 multipliés par les années 21. . .   22,575

7° Différence. . . . .   1,0008 6152 $= 22\,r^{21} - 21\,r^{20}\left(\dfrac{a}{V}+1\right) = D$.

Divisant 0,0006 0724 par 1,0008 6152, on a. . . . .   0,0006 07 $= \dfrac{Q}{D} = z$.

Multipliant par 100. . . . .   0,0607 $= z \times 100$.
Ajoutant le taux approché. . . . .   4,5000 $= t' \times 100$.

On a le taux exact. . . . .   4,5607 p. 100 $= t \times 100$.

89. Avec ce taux, faisant la proportion : Le taux : 100 :: la nature de la rente : cours; ou ici, 4,5607 : 100 :: 4 $^1/_2$: au quatrième terme, on trouve 98 fr. 67 c. pour le cours moyen auquel il faudra racheter pour amortir les 80 000 000 en payant 6 000 000 chaque année.

90. Si l'on voulait opérer par semestres, on prendrait le même capital; 3 000 000 de payement annuel et 42 ans. En se servant de ces éléments, on trouve le taux approché 2 $^1/_4$; la différence de 4° 0,0006 9008; celle de 7° 0,9773 1717; la quantité 0,0706 à ajouter à 2 $^1/_4$; ce qui donne le taux vrai 2,3206 p. 100 par semestre, ou 4 fr.,6412 par an, et le cours moyen 96 fr. 96 c.

PROBLÈME XVII.

Connaissant l'annuité, le capital, *ou* la valeur actuelle de l'annuité *et* le taux de l'intérêt, *déterminer* le temps.

$$\frac{a}{V} = \frac{r^n\,t}{r^n - 1} = \frac{t}{1 - r^{-n}} \quad \text{ou} \quad n = \frac{\log a - \log(a - V\,t)}{\log r} \quad (^*).$$

(*) On a aussi de $\dfrac{a}{s} = r^n$, d'où $n = \dfrac{\log a - \log s}{\log r}$.

RÈGLES.

91. *Divisez l'annuité par le capital, et dans la* Table III, *colonne du taux, cherchez le quotient qui fera connaître le temps.*

EXEMPLE I. — Pour une somme de 100 000 fr. empruntés à 8 p. 100, pendant combien d'années faudra-t-il payer 16 008 fr. pour ne plus rien devoir ?

Divisant 16 008 fr. par 100 000 fr., on a 0,16008, et colonne 8 p. 100, Table III, ce quotient correspond à 9 ans.

EXEMPLE II. — On doit une rente de 50 fr., constituée à 5 p. 100 ; on demande pendant combien d'années il faudrait payer 367 fr. 20 c. pour éteindre la rente ?

Le capital d'une rente de 50 fr., constituée à 5 p. 100, est 1000 fr. ; divisant 367 fr. 20 c. par 1000, on a 0,36720 ; cherchant ce quotient Table III, col. 5 p. 100, on le trouve vis-à-vis de 3 ans.

92. Il est extrêmement rare que le quotient se trouve dans la Table III ; on n'aura donc le temps que par approximation. Alors on pourra faire varier l'annuité, en se fixant sur le temps trouvé approximativement. Par exemple, si l'on demandait pendant combien de temps il faut payer 7500 fr. tous les ans pour amortir 100 000 fr. empruntés à 6 ¼ p. 100, on diviserait 7500 par 100 000 fr., et l'on aurait 0,075. Ce nombre n'est pas exactement Table III, colonne 6 ¼ : mais on y trouve 0,0746, etc., vis-à-vis 30 ans ; alors on reposerait la question en disant : combien faudra-t-il payer chaque année pour amortir en 30 ans une somme de 100 000 fr. empruntés à 6 ¼ p. 100 ?

Par le problème XIV (78), on trouve 7 460 fr. 28 c.

93. Les problèmes qu'on vient de résoudre sont à peu près ceux que l'on rencontre fréquemment ; mais, comme les exemples se présentent sous des formes différentes, je vais en donner quelques-uns dont la solution dépend de ce qui précède.

94. 1ʳᵉ QUESTION. — Pendant combien d'années et quelle somme faudrait-il placer à 5 p. 100 pour toucher 108 734 fr., ou pour recevoir une annuité de 5 039 fr. ?

Problème VIII (66), on trouve 15 ans. Avec 15 ans, 5 p. 100 et 108 734 fr., on trouve, problème II (48), 52 302 fr. 91 c.

On aurait pu se servir de l'annuité 5 039 fr., de 15 ans et de 5 p. 100, et l'on aurait eu le même résultat par le problème XV (82).

95. 2ᵉ QUESTION. — On place 1000 fr. à 5 p. 100, pour lesquels on doit toucher une annuité de 367 fr. 20 c. ; pendant combien de temps recevrait-on cette annuité, et quelle somme aurait-on droit d'exiger si l'on ne percevait pas l'annuité ?

Par le problème XVII (91), avec 1000 fr., 5 p. 100 et 367 fr. 21 c., on trouvera 3 ans.
Par le problème I (42), avec 1000 fr., 5 p. 100 et 3 ans, on trouve 1157 fr. 63 c.
Ou par le problème V (56), avec 367 fr. 21 c., 5 p. 100 et 3 ans, on trouve encore 1157 fr. 63 c.

96. 3ᵉ Question. — A quel taux faudrait-il emprunter 523 fr. pendant 15 ans, pour amortir une annuité de 50 fr. 39 c., et quelle somme devrait-on si l'on ne servait pas l'annuité ?

Avec 523 fr., l'annuité 50 fr. 39 c. et 15 ans, on trouve 5 p. 100, problème XVI (86).
Avec 523 fr., 15 ans et 5 p. 100, on a 1087 fr. 28 c. pour la somme à payer, problème I (42).
Ou avec 50 fr. 39 c., 15 ans et 5 p. 100, problème V (56), on a le même résultat.

97. 4ᵉ Question. — Quelle somme faut-il emprunter pour devoir 11 576 fr. dans 3 ans, ou pour payer pendant ce temps une annuité de 3 672 fr. et amortir cette dette ?

Avec 3 ans, le montant 11 576 fr. et l'annuité 3 672 fr., on trouvera, problème VII (62), le taux 5 p. 100.
Avec 5 p. 100, 3 ans et le montant 11 576 fr., on déterminera le capital 10 000 fr., problème I (42).
Ou avec 5 p. 100, 3 ans et l'annuité 3 672 fr., on trouve le même résultat, problème XV (82).

98. 5ᵉ Question. — Quelle annuité recevra-t-on pendant 14 ans, au lieu de toucher 630 452 fr. au bout de ce temps, en plaçant 278 849 fr. 50 c.?

Avec le capital 278 849 fr. 50 c., le montant 630 452 fr. et 14 ans, on trouvera le taux 6 p. 100, problème IV (53).
Avec 6 p. 100, 14 ans et le montant 630 452 fr., on aura, problème VI (60), l'annuité 30 000 fr.
Ou bien avec 6 p. 100, 14 ans et le capital 278 849 fr. 50 c., par le problème XIV (78), on a le même résultat.

99. 6ᵉ Question. — On place 10 535 fr. 37 c. à 7 p. 100; mais l'emprunteur, au lieu de payer 20 724 fr. 67 c., offre de constituer une annuité pendant tout le temps qu'il devrait garder les 10 535 fr. 37 c.; quelle doit être cette annuité ?

Avec le capital 10 535 fr. 37 c., 7 p. 100 et le montant 20 724 fr. 67 c., on trouvera, problème III (48), 10 ans.
Avec le capital 10 535 fr. 37 c., 10 ans et 7 p. 100, problème XIV (78), on trouve l'annuité 1500 fr.
Ou bien avec le montant 20 724 fr. 67 c., 7 p. 100 et 10 ans, on a le même résultat par le problème VI (60).

100. 7ᵉ Question. — On place 2 788 fr. 50 c., pour lesquels on veut avoir une annuité de 300 fr., ou 6 304 fr. 50 c. payables dans un certain temps. On demande quel serait le taux de l'intérêt et pendant combien d'années l'annuité serait exigible ?

Cette question ne peut se résoudre que par des essais, en employant les Tables; mais voici un calcul arithmétique assez simple (*) :

Divisez l'annuité par le capital et par le montant; prenez la différence entre les deux quotients; multipliez cette différence par 100, vous aurez le taux.

Ici, 300 divisé par 2 788 fr. 50 c. et par 6 304 fr. 50 c. donne 0,1075 et 0,0475, dont la différence est 0,06; multipliant par 100, on trouve 6 p. 100 pour le taux.

Avec le capital 2 788 fr. 50 c., le montant 6 304 fr. 50 c. et 6 p. 100, on trouve, problème III (48), 14 ans. On eût eu le même résultat par le problème XVII (91), en se servant de l'annuité 300 fr., du capital 2 788 fr. 50 c. et de 6 p. 100.

101. **8ᵉ Question.** — On doit payer pendant 15 ans une annuité de 503 fr. 90 c., constituée à 5 p. 100; on demande quelle somme il faudrait payer actuellement pour se liquider, ou bien ce qu'on devrait payer dans 15 ans, si l'on ne servait pas l'annuité ?

Par le problème XV (82), avec 503 fr. 90 c., 15 ans et 5 p. 100, on trouve 5 230 fr. 31 c. pour le payement à faire de suite.

Par le problème V (56), avec les mêmes données, on trouve 10 873 fr. 44 c. pour le payement à faire dans 15 ans.

102. **9ᵉ Question.** — On emprunte 280 000 fr. à 6 p. 100; on veut se libérer en 14 ans; on demande quelle somme il faudrait payer chaque année et quelle somme on devrait dans 14 ans en ne payant pas l'annuité ?

Problème I (42), avec 280 000 fr., 6 p. 100 et 14 ans, on a 633 053 fr. 11 c. pour le payement dans 14 ans.

Problème XIV (78), avec les mêmes éléments, on a 30 123 fr. 77 c. pour l'annuité.

103. **10ᵉ Question.** — On doit 20 000 fr. payables dans 10 ans; on propose de payer de suite, moyennant une remise de 7 p. 100 par an, ou de constituer une annuité au même taux, pendant les 10 ans; combien devrait-on payer de suite et quelle serait l'annuité ?

Problème II (45), avec 20 000 fr., 10 ans et 7 p. 100, on trouve 10 166 fr. 99 c. pour le payement à effectuer de suite.

Problème VI (60), avec les mêmes données, on a 1 447 fr. 55 c. pour l'annuité.

(*) On a eu (47 et 91)

$$n = \frac{\log M - \log C}{\log r} = \frac{\log a - \log(a - Ct)}{\log r};$$

d'où

$$\log M - \log C = \log a - \log(a - Ct), \quad \text{et par suite} \quad \frac{M}{C} = \frac{a}{a - Ct};$$

on en tirera aisément

$$t = a\left(\frac{1}{C} - \frac{1}{M}\right) = \frac{a}{C} - \frac{a}{M} = t.$$

104. 11ᵉ Question. — On a une annuité de 1200 fr., exigible encore pendant 5 ans; combien faudrait-il placer à 7 p. 100 pour la recevoir pendant 6 ans de plus?

Une annuité de 1200 fr. à 7 p. 100, pour 6 ans, vaut 5719 fr. 85 c., problème XV (82); mais on ne commencera à toucher cette annuité que dans 5 ans. Ainsi la question se réduit à savoir combien il faut placer à 7 p. 100, pendant 5 ans, pour avoir 5719 fr. 85 c.? Problème II (45), on trouvera 4078 fr. 17 c.

105. 12ᵉ Question. — Antoine doit recevoir une annuité de 2000 fr. pendant 3 ans; après ces 3 ans, Bernard la recevra pendant 4 ans; après les 7 ans, Charles la recevra pendant 5 ans, et après les 12 ans, Denis la recevra pendant 7 ans. Ils veulent vendre; combien revient-il à chacun? L'argent à 5 p. 100.

L'annuité de 3 ans vaut actuellement...	5446ᶠ 50ᶜ	problème XV (82).
L'annuité de 4 ans vaut...............	7091,90	payables dans 3 ans.
L'annuité de 5 ans vaut...............	8658,95	payables dans 7 ans.
L'annuité de 7 ans vaut...............	11572,75	payables dans 12 ans.

Problème II (45), on trouve que

5446ᶠ 50ᶜ	payables de suite, valent.........	5446ᶠ 50ᶜ	part d'Antoine.
7091,90	payables dans 3 ans, valent.......	6126,25	part de Bernard.
8658,95	payables dans 7 ans, valent.......	6153,75	part de Charles.
11572,75	payables dans 12 ans, valent......	6444,14	part de Denis.

106. 13ᵉ Question. — Quelle annuité recevra-t-on pendant 4 ans, en plaçant actuellement 30600 fr. à 5 p. 100, et ne commençant à toucher que dans 3 ans?

30600 fr., placés à 5 p. 100 pour 3 ans, vaudront, problème I (42), 35423 fr. 33 c.; et, par le problème XIV (78), on a 9989 fr. 80 c. pour l'annuité.

107. 14ᵉ Question. — Pour 4078 fr. 17 c. à 7 p. 100, on achète une annuité de 1200 fr., à condition de n'en jouir que dans 5 ans; on demande pendant combien d'années on recevra l'annuité?

On trouvera, par le problème I (42), que 4078 fr. 17 c. à 7 p. 100 vaudront 5719 fr. 85 c. dans 5 ans.

Avec 5719 fr. 85 c., 7 p. 100 et l'annuité 1200 fr., on trouvera 6 ans, problème XVII (91).

108. 15ᵉ Question. — On place 2646 fr. à 5 p. 100, et l'on désire avoir une annuité de 1000 fr. pendant 4 ans; combien faudra-t-il attendre sans rien toucher?

Problème XV (82), une annuité de 1000 fr. à 5 p. 100 pour 4 ans vaut 3545 fr. 95 c.; et, problème III (48), 2646 à 5 p. 100 vaudront 3545 fr. 95 c. dans 6 ans.

109. 16ᵉ Question. — Un bien rapporte 1500 fr. de rente constituée à 5 p. 100;

mais on sait que la rente que l'on payait primitivement a été 4 ans sans être payée, et que c'est ce défaut de payement qui a porté la rente actuelle à 1500 fr.; on demande la valeur du bien ?

Par la proportion, 5 fr. : 100 fr. :: 1500 fr. : x, on trouve 30000 fr. pour le capital; et, problème II (45), on trouve qu'à 5 p. 100, en 4 ans, 24681 fr. 20 c. valent 30000 fr.

110. 17ᵉ QUESTION. — On possède une propriété de 50000 fr. qu'on fait valoir à 6 p. 100; on n'en a pas touché le revenu depuis 7 ans; on veut joindre la somme des intérêts composés au capital pour augmenter la rente; de combien sera cette nouvelle rente ?

Les 50000 fr. à 6 p. 100 produisent 3000 fr. de revenu; problème V (56), une rente de 3000 fr., restée 7 ans sans payement, vaut 25181 fr. 51 c.; en y ajoutant le capital 50000 fr., on a 75181 fr. 51 c., dont la rente à 6 p. 100 est 4510 fr. 90 c.

111. 18ᵉ QUESTION. — Une propriété rapporte aujourd'hui 1500 fr. de revenu, et a coûté 24681 fr. 20 c., qui étaient placés à 5 p. 100; on a donc réuni des années d'arrérages au capital primitif; quel est ce nombre d'années ?

1500 fr. de revenu à 5 p. 100 représentent un capital de 30000 fr.; et, problème III (48), on trouvera qu'à 5 p. 100, 24681 fr. 20 c. vaudront 30000 fr. dans 4 ans.

112. 19ᵉ QUESTION. — Un débiteur doit 1000 fr., 1500 fr. et 2000 fr., payables respectivement dans 2, 4 et 6 ans; il veut s'acquitter de suite en un seul payement de 4500 fr., moyennant la remise de 5 p. 100 à intérêts composés; dans combien doit-il le faire ?

$$\text{A 5 p. 100 (probl. II, 45)} \left\{ \begin{array}{l} 1000^f \\ 1500 \\ 2000 \end{array} \right\} \text{payables dans} \left\{ \begin{array}{l} 2 \\ 4 \\ 6 \end{array} \right\} \text{ans, valent actuellement} \left\{ \begin{array}{l} 907^f\,03^c \\ 1234,05 \\ 1492,43 \end{array} \right\}$$

Payement total....... 4500ᶠ   Somme due de suite....... 3633ᶠ 51ᶜ

Par le problème III (48), on trouve que 3633 fr. 51 c. vaudront 4500 fr. dans 4 ans 138 jours.

113. 20ᵉ QUESTION. — On doit 800 fr., 1100 fr., 1700 fr. et 2400 fr., payables dans 2, 3, 4 et 5 ans; on propose aux créanciers de les payer dans 3 ans en un seul payement, en mettant le taux de l'intérêt à 7 p. 100; combien payera-t-on ?

$$\text{A 7 p. 100 (probl. II, 45)} \left\{ \begin{array}{l} 800^f \\ 1100 \\ 1700 \\ 2400 \end{array} \right\} \text{payables dans} \left\{ \begin{array}{l} 2 \\ 3 \\ 4 \\ 5 \end{array} \right\} \text{ans, valent actuellement} \left\{ \begin{array}{l} 698^f\,75^c \\ 897,93 \\ 1296,92 \\ 1711,16 \end{array} \right\}$$

Somme ou capital......... 4604ᶠ 76ᶜ

Par le problème I (42), on trouve que 4604 fr. 76 c. vaudront 5641 fr. 03 c. dans 3 ans, à 7 p. 100.

114. 21ᵉ Question. — Une annuité de 700 fr. devant être payée pendant 10 ans, au bout de quel temps doit-on payer en une seule fois 7000 fr., pour que les intérêts à 6 p. 100, provenant des arrérages, soient compensés par le bénéfice des avances ?

$$r^{n'} = n \frac{t}{1 - r^{-n}} \quad (^*).$$

Prenez le nombre de la Table III *qui convient au temps et au taux ; multipliez-le par le nombre d'années, et avec ce nombre calculez le temps, comme au problème III* (48).

Ici l'on trouve, Table III, 0,1358 6796 ; multipliant par 10, on a 1,3586 7960 ; dans la Table I, col. 6 p. 100, le nombre immédiatement plus petit est 1,3382 2558, qui donne 5 ans ; divisant 1,3586 7960 par 1,3382 2558, on a 1,0152 8 ; Table I *bis*, ligne 6 p. 100, le nombre immédiatement plus petit est 1,0146 7 pour 3 mois ; divisant 1,0152 8 par 1,0146 7, on a 1,0005 9 ; et Table I *bis*, ligne 6 p. 100, on trouve 1,0001 6 ; divisant 5,9 par 1,6, on a pour quotient 4 jours à peu près. Ainsi le temps demandé sera 5 ans 94 jours (**).

115. 22ᵉ Question. — Une annuité de 1800 fr. doit être payée pendant 14 ans ; après quel temps doit-on payer en une seule fois 20 000 fr., pour que les intérêts composés à 8 p. 100, provenant des arrérages, soient compensés par le bénéfice des avances ?

$$r^{n'} = \frac{M}{a} \frac{t}{1 - r^{-n}} \quad (^*).$$

Divisez la somme à payer par l'annuité ; multipliez le quotient par le nombre de la Table III *qui correspond au taux et au temps. Avec ce produit et à l'aide des* Tables I *et* I *bis, déterminez le temps demandé, comme au problème III* (48).

20000 fr. divisés par 1800 fr. donnent 11,1111, etc. Multipliant ce quotient par 0,1212 9685 (Table III, 8 p. 100, 14 ans), on a 1,3477 4278. Avec ce nombre, on trouvera (problème III, 48), 3 ans 316 jours.

Remarque. — La somme à payer ne peut pas être plus petite qu'une certaine somme. Pour connaître ce minimum, il faut diviser l'annuité par le nombre de la Table III qui correspond au taux et au temps que l'annuité est encore exigible. Toutes les fois que la somme proposée sera plus grande que ce quotient, la question sera admissible.

116. 23ᵉ Question. — Une annuité de 6000 fr. est encore payable pendant

---

(*) Cette formule est tirée des Tables de Callet.

(**) Il faut que les 5 ans 94 jours courent à partir du dernier payement de l'annuité, que l'on suppose ici avoir été effectué. On fera la même observation pour les deux questions suivantes.

6 ans; quelle somme devrait-on payer dans 3 ans, pour que les intérêts composés à 6 p. 100, provenant des arrérages, soient compensés par le bénéfice des avances ?

Table I, 6 p. 100, 3 ans...................... 1,1910 16
Multipliant par l'annuité...................... 6000

On a...................................... 7 146^f 10^c

Divisant ce produit par 0,2033 6263 (Table III, 6 p. 100, 6 ans), on a 35 139 fr. 69 c. pour la somme à payer dans 3 ans.

Preuve arithmétique.

Première annuité..	6 000^f 00^c
Intérêt à 6 p. 100...	360,00
Seconde annuité..	6 000,00
Somme due à la fin de la deuxième année....	12 360,00
Intérêts à 6 p. 100...	741,60
Troisième annuité..	6 000,00
Somme due à la fin de la troisième année.........................	19 101,60
Payement..	35 139,67
Somme redue par le rentier à la fin de la troisième année..............	16 038,07
Intérêts à 6 p. 100, dus par le rentier.................. 962^f 29^c	5 037,71
Quatrième annuité due au rentier..................... 6 000,00	
Somme redue par le rentier à la fin de la quatrième année.............	11 000,36
Intérêts à 6 p. 100, dus par le rentier. 660,02	5 339,98
Cinquième annuité due au rentier..................... 6 000,00	
Somme redue par le rentier à la fin de la cinquième année.............	5 660,38
Intérêts à 6 p. 100, dus par le rentier................. 339,62	5 660,38
Sixième annuité due au rentier....................... 6 000,00	
Fin de la sixième année..	» »

117. Dans toutes les Tables pour l'intérêt composé, les fractions décimales sont calculées avec huit chiffres, bien que quatre ou cinq suffisent pour répondre avec exactitude à la plupart des questions; mais j'ai cru devoir donner huit chiffres décimaux pour obtenir des résultats exacts, dans le cas où l'on opère sur de fortes sommes, comme des *millions*, comme on va le voir par les exemples ci-après.

Quelle somme faut-il payer, à la fin de chaque année, pour amortir, en 41 ans, une dette de 50 000 000 fr., dont on paye l'intérêt à 5 $^1/_6$ p. 100 ?

Problème XIV (78).

Table III, col. 5 $\frac{1}{6}$ p. 100, pour 41 ans........... 0,0591 6693
Multipliant par la somme due.................. 50 000 000

On a le payement annuel...................... 2 958 346^f 50^c

Pour prouver l'exactitude, prenons l'exemple inverse, et demandons en combien de temps on amortirait 50 000 000 fr., empruntés à 5 $\frac{1}{6}$ p. 100, en payant annuellement 2 958 346 fr. 50 c. ?

Résolvons ce problème par la formule $\dfrac{a}{V} = \dfrac{t}{1 - r^{-n}}$ (problème XVII, 91) :

Divisant l'annuité 2 958 346 par le capital dû 50 000 000, on a 0,0591 669, que l'on trouve Table III. 5 $\frac{1}{6}$, en face de 41 ans ;

Ou par celle-ci : $r^n = \dfrac{a}{s}$, problème XVII (91), où $s = a - Vt$.

Payement annuel............................ 2 958 346^f $= a$.
Intérêt de 50 000 000 à 5 $\frac{1}{6}$ p. 100............ 2 583 333 $= Vt$.

Amortissement......................... 375 013 $= s$,

Divisant 2 958 346 par 375 013, on a 7,88865 $= r^n$, que l'on trouve Table I, 5 $\frac{1}{6}$, en face 41 ans.

118. Prenons un autre exemple. Supposons qu'on ait emprunté 10 000 000 fr. à 6 p. 100 par an ; l'intérêt est 600 000 fr. Mais admettons que, par suite d'événements ou d'arrangements financiers, on réduise le taux de l'intérêt de 6 à 4 p. 100, et qu'on paye toujours 600 000 fr. ; on demande au bout de quel temps on aura amorti ?

Problème XVII (91). Divisant l'annuité 600 000 fr. par le capital 10 000 000, on a 0,06, et ce nombre, Table III, se trouve, col. 4 p. 100, vis-à-vis de 28 ans, car il y a 0,0600 1298.

119. Supposons maintenant qu'on veuille prouver l'opération par d'autres problèmes. Si l'on ne payait pas d'intérêts, les 10 000 000 à 4 p. 100, après 28 ans, vaudraient 29 987 033 (problème I, **42**). Les 600 000 fr. placés chaque année à 4 p. 100 pendant 28 ans vaudront 20 980 550 fr., qui ne diffèrent de 29 987 033 que de 6483 fr. ; et, par conséquent, deux jours de plus suffiraient pour amortir la dette.

Ceci montre clairement la différence qu'il y a entre payer un fort intérêt et un intérêt modéré ; puisque, en diminuant 2 p. 100, on amortit, en 28 ans, 10 000 000 qui seraient restés dus.

120. NOTA. Plus le taux de l'intérêt est élevé, plus tôt une dette est amortie par une telle réduction. Par exemple, en réduisant le taux de 10 à 8, on amortit une dette en moins de 21 ans ; en le réduisant de 8 à 6, on l'amortit en moins de 24 ans ; et nous venons de voir qu'en le réduisant de 6 à 4 il faut 28 ans pour l'amortissement.

121. En donnant ces exemples, je n'ai pas eu la prétention d'instruire les personnes qui s'occupent de ces calculs; car, quoique les Tables puissent leur être utiles, je suis loin de penser qu'elles aient besoin d'être guidées pour en faire des applications. Je n'ai donné ces exemples que pour faire connaître le motif qui m'a engagé à porter les Tables jusqu'à huit décimales.

Les personnes qui connaissent l'Algèbre pourront toujours faire tous les calculs auxquels donnent lieu les diverses combinaisons qui peuvent se présenter, en se souvenant que les formules des Tables

$$\text{I}\ldots (M = C r^n), \quad \text{II}\ldots \left(S = \frac{a r^n - 1}{t}\right) \quad \text{et} \quad \text{III}\ldots \left(a = \frac{V t}{1 - r^{-n}}\right)$$

donnent la solution de tous les problèmes.

Soit la question 4e (97), dans laquelle on demande quelle somme il faudrait emprunter pour devoir 11 576 fr. dans 3 ans, ou pour payer pendant ce temps une annuité de 3 672 fr. et amortir la dette.

On a $M = 11576$; $n = 3$; $a = 3672$; la formule $\dfrac{S}{a} = \dfrac{r^n - 1}{t}$ fera connaître le taux de l'intérêt 5 p. 100, et la formule $C = \dfrac{M}{r^n}$ donne le capital 10 000 fr.

122. Des propriétaires possèdent une mine de houille qui leur rapporte 80 000 fr. par an et qui doit fournir encore pendant 25 ans. On propose à ces propriétaires de céder leur mine moyennant une annuité de 50 000 fr. pendant 99 ans. Quel serait le taux de l'intérêt?

Il est évident que le capital doit être le même de part et d'autre. Faisons $a = 80\,000$, $a' = 50\,000$; $a'' = a - a' = 30\,000$; nous aurons

$$C = \frac{a(r^{25} - 1)}{r^{25} t} = \frac{a'(r^{99} - 1)}{r^{99} t}, \quad \text{d'où} \quad a(r^{25} - 1) = \frac{a'(r^{99} - 1)}{r^{74}}, \quad \text{et enfin} \quad a'' r^{99} - a r^{74} + a' = 0.$$

En se conformant à la méthode donnée n° 62, on aura, pour déterminer r,

$$r^{99} - \frac{a}{a''} r^{74} + \frac{a'}{a''} = -q \quad \text{et} \quad z = \frac{q}{99\, r^{98} - 74\, \dfrac{a}{a''} r^{73}}.$$

Pour obtenir le taux approximatif, on calculera le capital de chaque annuité (problème XV, 82), jusqu'à ce que la différence change de signe.

	3 p. 100.	3 $^1/_2$ p. 100.	3 $^3/_4$ p. 100.	3 $^5/_6$ p. 100.
Capital de l'annuité de 50 000 fr. pour 99 ans..	— 1 577 341	— 1 381 168	— 1 298 489	— 1 272 867
» 80 000 fr. pour 25 ans..	+ 1 393 052	+ 1 318 521	+ 1 283 456	+ 1 272 077
Différence.......	— 184 289	— 62 647	— 15 033	— 790

Puisque la différence changerait de signe entre $3^5/_6$ et $3^7/_8$ p. 100, je prendrai $3^5/_6$ pour taux approché.

$$r^{33} = +41,4326\,6144 \qquad -\frac{a}{a''}r^{74} = -16,1779\,2897 \times \frac{8}{3} = -43,1411\,4392$$

$$\frac{a'}{a''} = +1,6666\,6667 \qquad\qquad\qquad\qquad +43,0993\,2811$$

$$\overline{+43,0993\,2811} \qquad\qquad\qquad\qquad \overline{-0,0418\,1581} = -q.$$

$$39\,r^{98} = 39,9030\,4473 \times 99 = 3950,4014\,2827$$

$$-74\,\frac{a}{a''}r^{23} = -15,5806\,6996 \times 74 \times \frac{8}{3} = -3074,5855\,3877$$

$$\overline{875,8158\,8950}$$

$$\text{Donc}\ldots\ldots\ldots\ldots\ldots\ldots \frac{0,0418\,1581}{875,8158\,8950} = 0,0000\,4774 = z.$$

$$\text{Le taux approché}\ldots\ldots\ldots\ldots\ldots\ldots\ldots 0,0383\,3333$$

$$\overline{0,0383\,8107}$$

En sorte que le taux exact sera 3 fr. 84 p. 100.

123. Une personne doit 30 000 fr., dont elle paye l'intérêt à 5 p. 100, et elle doit rembourser les 30 000 fr. dans 12 ans.

Un capitaliste propose de payer les intérêts pendant les 12 ans, de rembourser le capital lors de l'échéance et demande en payement une annuité de 40 ans, calculée de manière que son argent lui rapporte $4^3/_4$ p. 100. Bien entendu que l'annuité commencera immédiatement. On demande de quelle somme elle doit être ?

Faisons $C = 30\,000$, $r' = 1,05$, $t' = 0,05$, $r = 1,0475$, $t = 0,0475$, $a = $ l'annuité.
L'intérêt de C sera exprimé par Ct'.

On payera Ct' pendant 12 ans, ce qui vaudra (56) $Ct'\,\dfrac{r'^{12} - 1}{t}$.

Arrivé à cette époque, le prêteur rembourse C; donc l'emprunteur devra $C + Ct'\,\dfrac{r'^{12} - 1}{t}$, dont la

$$\text{valeur actuelle} = \frac{C + Ct'\,\dfrac{r'^{12} - 1}{t}}{r^{12}} = V; \quad a = \frac{Vt}{1 - r^{-40}} \ (\text{Table III}).$$

$$\frac{30\,000 + 1\,500 \times 15,6886\,8969}{1,7452\,1276} = V = 30\,674,2167 \quad \text{et} \quad 30\,674,2167 \times 0,0562,9675 = 1\,726,86 = a.$$

Preuve.

Le prêteur payera pendant 12 ans.	1 500ᶠ 00ᶜ
Soit à $4^3/_4$ p. 100.	23 533,0345
La 12ᵉ année il payera.	30 000,00
Soit ensemble.	53 533,0345
Qui valent actuellement.	30 674,2162
En calculant l'annuité de ce capital pour 40 ans, on trouve.	1 726ᶠ 86ᶜ

124. On émet des obligations de 1000 fr. à 3 $^2/_3$, remboursables en 50 ans; mais on ne peut les négocier à la Bourse qu'à 920 fr. Quel taux d'intérêt p. 100 l'acquéreur retirera-t-il de son argent ?

L'annuité (78) de 1 000 fr. à 3 $^2/_3$ pour 50 ans est $43^f,92336$, mais on l'achète pour 920 fr. On a donc déterminer le taux (85) en faisant

$$V = 920, \quad a = 43,92336, \quad \frac{a}{V} = 0,047743 \quad \text{et} \quad n = 50;$$

en faisant usage de

$$r^{51} - 1,047743\, r^{50} + 0,047743 = -Q, \quad z = \frac{Q}{51\, r^{50} - 50 \times 1,047743\, r^{49}},$$

avec $\dfrac{a}{V}$, on a le taux approché 4 $^1/_8$ p. 100.

$$r^{51} = +7,857886 \qquad\qquad 51\, r^{50} = 384,876059$$
$$\frac{a}{V} = +0,047743 \qquad -50 \times 1,047743\, r^{49} = 379,682411$$
$$\overline{+7,905629} \qquad\qquad \overline{5,193648}$$
$$-1,047743\, r^{50} = -7,906886$$
$$\overline{-Q = -0,001257}$$

$$\frac{0,001257}{5,193648} = 0,00024$$
$$\text{Taux approché}\ldots\ldots\ldots\quad 0,04125$$
$$\overline{0,04149}$$

Donc, le taux est 4 fr. 15 p. 100 à peu près.

125. Si, au lieu d'avoir placé les obligations au-dessous du pair, on les eût vendues au-dessus, à 1050 fr. par exemple, la valeur de V deviendrait 1050 fr., et l'on aurait $\dfrac{a}{V} = 0,041831$, et le taux approché 3 $^3/_8$ p. 100.

$$r^{51} = 5,434901$$
$$\frac{a}{V} = 0,041831 \qquad\qquad 51\, r^{50} = 268,130553$$
$$\qquad\qquad\qquad\qquad -50 \times 1,041831\, r^{49} = -264,928015$$
$$\overline{5,476732} \qquad\qquad \overline{3,202538}$$
$$1,041831\, r^{50} = -5,477387$$
$$\overline{-q = -0,000655}$$

$$\frac{0,000655}{3,202528} = 0,00020$$
$$\text{Taux approché}\ldots\ldots\ldots\quad 0,03375$$
$$\overline{0,03395}$$

Donc, le taux cherché est 3 fr. 40 p. 100 à peu près.

126. *L'intérêt composé* est, comme on l'a dit précédemment, *une série de progressions géométriques;* c'est pourquoi le montant, en un temps donné, étant multiplié par lui-même, donne le montant en un temps double; et les montants de deux temps donnés, multipliés l'un par l'autre, donnent au produit le montant pendant les deux temps réunis.

Par exemple, le montant de 1 fr. à un taux quelconque, pour 50 ans, étant multiplié par lui-même, donne le montant de 1 fr. après 100 ans. Le produit sera le même si l'on multiplie le montant de 1 fr. après 60 ans par le montant de 1 fr. après 40 ans.

Ainsi, dans une question, si le nombre d'années donné excédait 100 ans, on y suppléerait aisément au moyen de la multiplication de deux nombres de la Table I. Par exemple, si l'on demandait quel est le montant de 1 fr. à 5 p. 100, après 1000 ans; par le problème I (**42**), on trouverait 131^f,50125784 dans 100 ans. Mais, pour éviter des calculs inutiles, supposons seulement 131 fr. 50 c.

Le montant pour 100 ans.	131^f 50^c
Multiplié par lui-même.	131,50
Donne le montant après 200 ans.	17292,25
Étant multiplié par lui-même.	17292,25
Donne le montant après 400 ans.	299021910,0625
Étant multiplié par lui-même.	299021910,0625
Donne le montant après 800 ans.	89414102697425828, etc., etc.
Étant multiplié par le montant de 200 ans.	17292,25
Donne le montant après 1000 ans.	1546171017369561960192, etc., etc.

Ce montant approche assez de la vérité pour l'usage qu'on en peut faire ; mais on conçoit que la fraction 0,00125784 qui a été négligée dans la première multiplication, et par suite dans les autres, a nécessairement rendu la somme totale trop faible de plusieurs millions; en effet, le montant aurait dû être 1546318921, etc., etc.

De cette manière, on peut trouver combien une somme vaudra après plus de 100 ans; mais comme il n'eût pas été très-utile de prolonger les Tables (excepté la Table I) au delà de ce terme, je terminerai par les citations suivantes :

127. Quel sera le montant de 1 fr., à 5 p. 100 par an, dans 1000 ans ?

On trouve, Table VI, qu'il faut 14 ans 2 mois 14 jours pour doubler une somme placée à 5 p. 100. Ces 14 ans 2 mois 14 jours ont été produits par la fraction décimale 14,20669908; donc, en divisant 1 000 par 14,20669908, on trouvera 70 au quotient et un reste 5,53106440; c'est-à-dire que 1 fr. sera doublé 70 fois en 994 ans et 171 jours environ, temps qui diffère de 1000 ans, de 5 ans, 194 jours à peu près (*).

Par la Table VII, on voit que 1 fr., doublé 70 fois, vaut......... 1 180 591 620 717 411 303 424
Multipliant cette somme par (nombre pour 5 ans 194 jours)..... 130 981 136

Le produit sera..................................... 1 546 352 316 336 476 675 017

Ce résultat approche assez de la vérité ; mais si le montant trouvé **126** est trop faible, celui-ci est un peu trop grand, par la raison qu'il s'en faut d'environ 4 heures que le reste soit 5 ans 194 jours.

128. Il paraîtra sans doute surprenant à ceux qui n'ont pas approfondi ce genre de calculs, que l'omission de 4 heures fasse une grande différence dans le montant de 1 fr.; mais ce qui suit les surprendra encore davantage.

Supposons que la Terre soit un globe parfait, et que son diamètre soit, en milles anglais, de (**)... 8 000
Multipliant par.. 8 000

On a le carré... 64 000 000
Multipliant encore par.. 8 000

On a la solidité d'un cube de 8 000 milles........................... 512 000 000 000
Le rapport d'une sphère au cube est................................. 5 235,9877 5598

Le produit donne les milles cubiques de la Terre..................... 26 082,5731 06

La longueur de milles est en pouces................................. 63 360
Multipliant par.. 63 360

On a le carré... 4 014 489 600
Multipliant de nouveau par... 63 360

On a les pouces cubes contenus dans un mille........... 254 358 061 056 000
Multipliant par les milles cubes contenus dans une sphère. 26 082,5731 06

On a les pouces cubes d'une sphère.................. 68 188 963 498 145 531 559 936 000
On sait qu'un pouce cube d'or vaut en livres sterling.... 35

Multipliant, on a la valeur.......................... 2 386 613 722 435 093 604 597 760 000

qui exprime ce que vaudrait une sphère en or du volume de la Terre.

Maintenant, une livre sterling, placée à 10 p. 100, est doublée en 7 ans et 0,2725 4090 d'année ; par conséquent, elle se doublera 91 fois en un peu moins de 662 ans.

(*) Dans cet exemple, j'ai rapporté le texte de **M. Smart**, qui compte l'année de 365 jours.

(**) Cet exemple n'étant que curieux, ainsi que le suivant, j'ai conservé les mesures anglaises.

Mais une livre sterling, doublée 91 fois, Table VII,

donne................. 2 475 880 078 570 760 549 798 248 448.

Donc, une livre sterling, placée à 10 p. 100 pendant 662 ans, s'élèvera à une somme plus considérable que la valeur d'un corps solide en or, aussi gros que la Terre.

129. Le docteur Wallis rapporte, d'après Alsephad, écrivain arabe, qu'un nommé Sessa, Indien de naissance, inventa le jeu d'échecs, et qu'il l'enseigna à son roi Shehram. Le roi en fut tellement émerveillé qu'il donna à Sessa la liberté de fixer la récompense qu'il désirait. Celui-ci dit qu'il se contenterait d'un grain de blé pour le premier carré du damier; de deux grains pour le second; de quatre grains pour le troisième, et ainsi de suite en doublant toujours pour les 64 carrés qui forment le damier. Le roi, qui lui destinait une noble récompense, se fâcha de lui voir demander ce qui lui semblait une bagatelle; mais Sessa déclara qu'il s'en contenterait, et le roi ordonna donc qu'on le satisfît. Quel fut l'étonnement du monarque lorsqu'il apprit qu'il fallait une si grande quantité de blé que la terre entière ne pourrait pas la lui fournir! Pour en convaincre le lecteur, en voici le calcul.

Puisque le damier a 64 carrés, on doublera 63 fois; or on sait que la somme des termes d'une progression géométrique, commençant par l'unité et dont la raison est 2, est égale au nombre 2 multiplié par lui-même autant de fois plus 1 qu'il y a de termes, et ce résultat augmenté d'une unité. On voit aisément que ce sera le 64ᵉ terme de la Table VII. Le nombre de cette Table, vis-à-vis 64, est 18 446 744 073 709 551 615.

D'après les lois anglaises sur les poids et mesures, il faut 3 932 160 grains de blé pour faire un quart, qui vaut 20 schellings; ainsi la récompense valait 4 691 249 611 844 livres sterling, et en francs, 117 281 240 296 100.

130. Soit encore, comme amusement, le problème du cheval vendu à 1 sou le clou de ses fers. Un cheval a 24 clous; ainsi, Table VII, vis-à-vis 24, on trouve 16 777 216 sous, ou 838 860 fr.

131. Quand on considère à quelle somme immense monte une très-petite somme par la suite des temps, on ne doit pas être surpris que, dans les pays soumis au pape, le clergé ait fait de si grandes acquisitions; on doit plutôt être étonné qu'il n'ait pas acheté toutes les possessions territoriales, puisque, plaçant toujours le revenu en acquisitions et ne vendant jamais, leur richesse suivait le même mouvement que les placements à intérêts composés.

La Table VII démontre jusqu'à l'évidence la folie de ceux qui croient gagner aux jeux de hasard, en doublant toujours; ils se convaincront qu'aucune fortune ne pourrait aller au 30ᵉ coup, même en commençant par 1 fr., puisqu'à ce terme il faudrait avoir déboursé 1 073 741 824 fr.

DU REMBOURSEMENT DES EMPRUNTS PAR TIRAGE AU SORT.

132. Pour traiter convenablement les emprunts remboursables par tirage au sort, sous toutes les formes qu'ils peuvent prendre, il faut commencer par voir le mécanisme de l'amortissement simple.

Soit proposé de rembourser en 8 ans un emprunt de 100 000 fr. fait à 5 p. 100, au moyen de huit payements égaux.

Par le problème XIV (78), on trouve qu'il faut payer chaque année 15 472 fr. 18 c. — Formons-en le tableau arithmétique.

ANNÉES.	SOMME DUE au commencement DE L'ANNÉE.	INTÉRÊT à 5 p. 100.	SOMME DUE à la fin DE L'ANNÉE.	PAYEMENT ANNUEL.	OBSERVATIONS.
	fr c	fr c	fr c	fr c	
1	100000 00	5000 00	105000 00	15472 18	À la fin de la 8ᵉ année,
2	89527 82	4476 39	94004 21	15472 18	on doit 15472 fr. 18 c.; mais
3	78532 03	3926 60	82458 63	15472 18	on paye la même somme :
4	66986 45	3349 32	70335 77	15472 18	l'emprunt est donc amorti.
5	54863 59	2743 18	57606 77	15472 18	
6	42134 59	2106 73	44241 32	15472 18	
7	28769 14	1438 45	30207 59	15472 18	
8	14735 41	736 77	15472 18	15472 18	

133. Si les 100 000 fr. étaient partagés en actions ou obligations de 1000 fr., remboursables par tirage au sort, le payement annuel, restant toujours le même, s'augmenterait des restes qu'on n'aurait pas employés. En effet, le nombre d'actions remboursables est subordonné à la somme disponible, et cette somme est égale à la différence qui existe entre le payement annuel et les intérêts de la somme due au commencement de l'année. Ainsi, la première année, nous avons en caisse 15 472 fr. 18 c. et 5 000 fr. d'intérêt; la différence 10 472 fr. 18 c. représente la somme disponible. Mais, les actions étant de 1000 fr., on ne peut rembourser que 10 actions ou 10 000 fr.; il restera en caisse 472 fr. 18 c., dont on ne dispose qu'à la fin de l'année; il faut donc les mettre à intérêt, ce qui

donne 23 fr. 61 c.; en sorte que la somme disponible à la fin de la seconde année
sera 15 967 fr. 97 c., composés de 15 472 fr. 18 c., 472 fr. 18 c. et 23 fr. 61 c.
Puisqu'on a remboursé 10 000 fr., on ne doit plus que 90 000 fr., dont l'intérêt est
4 500 fr. Prélevant cette somme sur 15 967 fr. 97 c., il restera 11 467 fr. 97 c.,
avec lesquels on pourra rembourser 11 actions, ou 11 000 fr., et ainsi de suite;
on formera le tableau arithmétique suivant :

ANNÉES.	SOMME DUE au commencement DE L'ANNÉE.	INTÉRÊT à 5 p. 100.	SOMME DISPONIBLE chaque année.	DIFFÉRENCE entre la somme DISPONIBLE et les intérêts.	NOMBRE D'ACTIONS que l'on peut rembourser.	SOMME à REMBOURSER.	RESTE sur la somme DISPONIBLE.	INTÉRÊT DU RESTE à 5 p. 100.	SOMME DU RESTE et de l'intérêt.	PAYEMENT ANNUEL.	SOMME DISPONIBLE.
	fr	fr	fr c	fr c		fr	fr c	fr c	fr c	fr c	fr c
1	100000	5000	15472 18	10472 18	10	10000	472 18	23 61	495 79	15472 18	15967 97
2	90000	4500	15967 97	11467 97	11	11000	467 97	23 40	491 37	15472 18	15963 55
3	79000	3950	15963 55	12013 55	12	12000	13 55	0 68	14 23	15472 18	15486 41
4	67000	3350	15486 41	12136 41	12	12000	136 41	6 82	143 23	15472 18	15615 41
5	55000	2750	15615 41	12865 41	12	12000	865 41	43 27	908 68	15472 18	16380 86
6	43000	2150	16380 86	14230 86	14	14000	230 86	11 54	242 40	15472 18	15714 58
7	29000	1450	15714 58	14264 58	14	14000	264 58	13 24	277 82	15472 18	15750 00
8	15000	750	15750 00	15000 00	15	15000					

134. Comme on le voit, le nombre d'actions remboursées chaque année ne
suit pas une marche régulière, car on en rembourse 10 la première année, 11 la
seconde, 12 pendant les troisième, quatrième et cinquième, 14 pendant les
sixième et septième, enfin 15 à la huitième. Cette méthode de procéder est mauvaise, surtout lorsqu'il y a des primes attachées aux actions qui sortent (*).

(*) Avec la Table III on peut déterminer avec sûreté le reste à rembourser au commencement de
chaque année, en multipliant le nombre de titres émis par le nombre a_n, soit ici 100 × 0,1547218,
col. 5 p. 100, ligne 8e, et en divisant ce produit successivement par a_8, a_7, a_6,..., a_2, a_1, comme suit :

Diviseurs :	0,15 4722	0,17 2820	0,19 7017	0,23 0975	0,28 2012	0,36 7209	0,53 7805	1,05 0000
Dividendes :	15,4722	15,4722	15,4722	15,4722	15,4722	15,4722	15,4722	15,4722
	0 0000	1 6466	1 6810	1 6137	1 3716	7838	4 7161	4 9722
		912	1048	2279	2436	494	4137	7722
		48	63	200	180	127	372	372
		—4/17	4/20	—8/23	11/28	17/37	—4/54	—48/105
Quotients :	100,00	89,53	78,53	66,99	54,86	42,13	28,77	14,74

Différences des quotients ou titres à amortir :

10,47	11,00	11,54	12,13	12,73	13,36	14,03	14,74

Soit en supprimant les fractions :

10	11	12	12	13	13	14	15

En multipliant le produit 100 × 0,1547218 par les nombres de la Table V correspondant aux huit

135. La méthode que je vais indiquer exige quelques connaissances de l'Algèbre ; mais je pense qu'avec un peu d'application on pourra suivre la marche que j'indique. On sait que, si a représente le premier terme d'une progression par différence, u le dernier terme, n le nombre de termes, d la raison et s la somme de tous les termes, on a

$$u = a + (n - 1)d \quad \text{et} \quad s = \frac{n}{2}(a + u).$$

---

premières années, on obtiendrait le même résultat, et faisant usage de la multiplication abrégée, on peut établir le calcul comme il suit :

Multiplicat. renversés :	123 64,6	736 87,5	965 70,5	849 23,4	695 45,3	423 27,2	149 58,1	832 59,0
Multiplicande :	15,47 2	15,47 2	15,47 2	15,47 2	15,47 2	15,47 2	15,47 2	15,47 2
	92,83 2	77,36 0	77,36 0	61,88 8	46,41 6	30,94 4	15,47 2	13,92 5
	6 18 9	10 83 0	1 08 3	4 64 2	7 73 6	10 83 0	12 37 8	77 4
	92 8	1 23 8	77	30 9	61 9	30 9	77 4	3 1
	4 6	9 3	9	13 9	7 7	4 6	13 9	5
	3	5	1	6	1 4	3	6	1
		1		1	1	1		
Produits.............. =	100,00	89,53	78,53	66,99	54,86	42,13	28,77	14,74
Différences des produits =	10,47	11,00	11,54	12,13	12,73	13,36	14,03	14,74
Et en arrondissant.. =	10	11	12	12	13	13	14	15

Connaissant le nombre de titres restant à amortir, l'intérêt à payer pour chacun d'eux, la valeur et le nombre des titres à rembourser, il est facile de dresser les tableaux d'amortissement qui suivent :

1° Sans prime.

ANNÉES.	NOMBRE DE TITRES		INTÉRÊTS 50 fr. par titre.	AMORTIS- SEMENT à 1000 fr.	TOTAL. Annuité moyenne 15 472f 18c
	à amortir.	à rembourser.			
1	100	10	5 000	10 000	15 000
2	90	11	4 500	11 000	15 500
3	79	12	3 950	12 000	15 950
4	67	12	3 350	12 000	15 350
5	55	13	2 750	13 000	15 750
6	42	13	2 100	13 000	15 100
7	29	14	1 450	14 000	15 500
8	15	15	750	15 000	15 750

2° Avec prime.

ANNÉES.	NOMBRE DE TITRES		INTÉRÊTS 50 fr. par titre.	AMORTIS- SEMENT à 1040 fr.	TOTAL. Annuité moyenne 15 982f 83c
	à amortir.	à rembourser.			
1	100	10	5 000	10 400	15 400
2	90	11	4 500	11 440	15 940
3	79	12	3 950	12 480	16 430
4	67	12	3 350	12 480	15 830
5	55	13	2 750	13 520	16 270
6	42	13	2 100	13 520	15 620
7	29	14	1 450	14 560	16 010
8	15	15	750	15 600	16 350

Pour établir l'annuité moyenne de l'amortissement avec prime, on a cherché d'abord quel taux 50 fr. représentent pour la valeur nominale 1 040 fr. ; et ayant trouvé 104 : 5 :: 100 : $x = 4,8077$ p. 100, on a pris a, Table III, col. 4 ¹/₆, que l'on a multiplié par le capital nominal 104 000 fr.

Si nous prenons l'exemple ci-dessus, dans lequel il s'agit de 100 actions et de 8 ans, nous ferons $n = 8$, $s = 100$, et nous aurons

$$u = a + 7\,d \quad \text{et} \quad 100 = \frac{8}{2}(a + u), \quad \text{ou} \quad 25 = a + u.$$

On tire $u = 25 - a$; égalant les deux valeurs de u, on a

$$a + 7\,d = 25 - a,$$

et par suite

$$2\,a = 25 - 7\,d,$$

d'où

$$a = \frac{25 - 7\,d}{2} = 12 - 3\,d + \frac{1 - d}{2};$$

mais la quantité a est un nombre entier. Il faut que $\frac{1 - d}{2}$ soit aussi un nombre entier, ce qui aura lieu en faisant $d = 1$; on aura alors

$$d = 1, \quad a = 12 - 3 = 9, \quad u = 25 - 9 = 16.$$

Nous aurons donc à rembourser chaque année 9, 10, 11, 12, 13, 14, 15, 16 actions. Le tableau se ferait comme au n° **133**.

136. Il arrive quelquefois qu'on ne peut pas trouver un nombre entier pour la raison d. Par exemple, s'il s'agissait de rembourser 1 000 actions en 50 ans, on aurait

$$n = 50, \quad s = 1\,000,$$

et l'on trouverait

$$a = 20 - \frac{49\,d}{2} \quad \text{et} \quad u = 20 + \frac{49\,d}{2},$$

dans lesquels aucun nombre mis à la place de d ne donnerait des valeurs convenables pour a et u. Dans ce cas, on peut rembourser deux ans de suite le même nombre d'actions. Pour cela, on prendra la moitié de 50 et de 1 000; on fera $n = 25$, $s = 500$, et l'on trouvera

$$a = 20 - 12\,d, \quad u = 20 + 12\,d;$$

faisant $d = 1$, on a

$$a = 8 \quad \text{et} \quad u = 32;$$

en sorte que le nombre d'actions à rembourser chaque année sera 8, 8, 9, 9, 10, 10, ..., 32, 32.

137. Cette dernière méthode devient impossible lorsque le nombre d'années est impair; mais on pourra toujours rentrer dans la marche régulière en reportant à la dernière année un certain nombre d'actions. Par exemple, un chemin de fer a émis 400 000 actions de 400 fr. remboursables en 39 ans; $s = 400\,000$, $n = 39$, on aura

$$u = a + 38\,d, \quad 400\,000 = (a + u)\,\frac{39}{2};$$

de cette dernière on tire

$$u = \frac{800\,000 - 39\,a}{39};$$

égalant les deux valeurs de u, on a

$$\frac{800\,000 - 39\,a}{39} = a + 38\,d,$$

ou

$$800\,000 - 39\,a = 39\,a + 1482\,d,$$

d'où

$$a = \frac{800\,000 - 1482\,d}{78} = \frac{400\,000 - 741\,d}{39} = 10\,256 - 19\,d + \frac{16}{39};$$

or, la fraction $\frac{16}{39}$ ne pouvant jamais devenir un entier, je reporterai 16 actions à la dernière année, et j'aurai

$$a = \frac{399\,984 - 741\,d}{39} = 10\,256 - 19\,d \quad \text{et} \quad u = 10\,256 + 19\,d.$$

Quant à la valeur à donner à d, elle dépend de la somme disponible la première année. Pour l'obtenir, remarquons que 399 984 actions à 400 fr. valent 159 993 600 fr. Pour amortir ce capital en 39 ans, à 4 p. 100, il faut (**78**) 8 169 406 fr. L'intérêt de 159 993 600 fr., à 4 p. 100, est de 6 399 744 fr.; la différence entre 8 169 406 fr. et 6 399 744 fr. est 1 769 662; l'action est de 400 fr.; ce serait donc, à la rigueur, 4 424 actions à rembourser la première année. Pour obtenir le nombre exact et la raison, je reprends $a = 10\,256 - 19\,d$ ou $4\,424 = 10\,256 - 19\,d$, d'où

$$19\,d = 6832$$

ou

$$d = \frac{6832}{19}.$$

Le plus grand quotient de 6 832 par 19 est 359. Nous ferons donc $d = 359$, et nous aurons

$$a = 10\,256 - 19 \times 359 = 3435 \quad \text{et} \quad u = 17\,077.$$

Ainsi le nombre d'actions à rembourser chaque année est 3 435, 3 794, 4 153, etc., etc., jusqu'à la 39ᵉ année, qui sera de 17 077 actions.

Il faut aussi, dès le principe, faire une réserve pour les 16 actions reportées à la fin de l'opération. Or 16 actions à 400 fr. valent 6 400 fr. Pour avoir 6 400 fr. après 39 ans, à 4 p. 100, il faut (60) placer annuellement 71 fr. à peu près. Le payement annuel sera de 8 169 406 fr. plus 71 fr. ou 8 169 477.

Nota. On trouvera le nombre d'actions à reporter à la fin de l'opération en divisant le nombre d'actions par le nombre d'années ; le reste de la division indiquera le nombre cherché.

DES PRIMES.

138. Il arrive souvent qu'on accorde une prime de tant p. 100 à chaque action sortie. On comprend qu'alors l'annuité trouvée (n° 132) ne peut plus suffire à éteindre le capital et à payer la prime. On peut opérer de deux manières : par exemple, dans le calcul n° 132, nous avons employé 15 472 fr. 18 c.; si l'on voulait donner 4 p. 100 de prime, on porterait arbitrairement cette somme à 16 000 fr. et l'on essayerait si cette somme convient en faisant le tableau suivant :

ANNÉES.	SOMME DUE au commencement DE L'ANNÉE.	INTÉRÊT à 5 p. 100.	SOMME DISPONIBLE chaque année.	DIFFÉRENCE entre la somme DISPONIBLE et l'intérêt.	NOMBRE D'ACTIONS à rembourser tous les ans.	SOMME à rembourser on actions de 1000 fr. et avec prime de 4 p. 100.	RESTE sur la somme DISPONIBLE.	INTÉRÊT à 5 p. 100.	TOTAL DU RESTE et de l'intérêt.	PAYEMENT ANNUEL.	SOMME DISPONIBLE à la fin de l'année.
	fr	fr	fr c	fr c		fr	fr c	fr c	fr c	fr	fr c
1	100000	5000	16000 00	11000 00	9	9360	1640 00	82 00	1722 00	16000	17722 00
2	91000	4550	17712 00	13172 00	10	10400	2772 00	138 60	2910 60	16000	18910 60
3	81000	4050	18910 60	14860 60	11	11440	3420 60	171 03	3591 63	16000	19591 63
4	70000	3500	19591 63	16091 63	12	12480	3611 63	180 58	3792 21	16000	19792 21
5	58000	2900	19792 21	16892 21	13	13520	3372 21	168 61	3540 82	16000	19540 82
6	45000	2250	19540 82	17290 82	14	14560	2730 82	136 54	2867 36	16000	18867 36
7	31000	1550	18867 36	17317 36	15	15600	1717 36	85 87	1803 23	16000	17803 23
8	16000	800	17803 23	17003 23	16	16640	363 23				

Il reste à la huitième année 363 fr. 23 c. Pour avoir la somme à employer tous les ans, au lieu de 16 000 fr., on remarquera que 363 fr. 23 c. doivent être répartis sur 8 années; au moyen du problème VI, n° 60, on trouvera que, pour avoir 363 fr. 23 c. après 8 ans et à 5 p. 100, il faut placer annuellement 38 fr. 04 c.; or, la somme 363 fr. 23 c. étant en trop, je retranche 38 fr. 04 c. de 16 000 et j'ai 15 961 fr. 96 c. pour le véritable payement annuel.

139. Ce procédé est bon quand on agit sur un petit nombre d'années; mais, lorsque le remboursement aura lieu en 50 ans et plus, on conçoit que le tableau arithmétique est long et pénible. On fera mieux d'employer la méthode suivante, qui est exprimée par la formule

$$R = \frac{(Ct+af+aft')\dfrac{r^n-1}{t} - \left(\dfrac{aft-dfr'}{t}\right)\left(\dfrac{r^n-1}{t} - n\right) - df\left\{\dfrac{1}{t}\left[\dfrac{r^n-1}{t} - r - (n-1)\right] - \dfrac{n^2-n-2}{2}\right\}}{\dfrac{r^n-1}{t}},$$

dans laquelle C = la somme empruntée,

t = la 100e partie du taux,

$r = 1 + t$,

f = la valeur d'une action ou obligation,

a = nombre d'actions remboursées la première année,

d = la raison de la progression,

t' = la 100e partie du taux de la prime,

$r' = 1 + t'$,

R = payement annuel.

1° *Multipliez la somme empruntée par la* 100e *partie du taux;*

2° *Multipliez la valeur d'une action par le nombre d'actions de la première année;*

3° *Multipliez le produit* 2° *par la* 100e *partie du taux de la prime;*

4° *Ajoutez ces trois résultats et multipliez la somme par le nombre de la* Table II *qui correspond au taux et au temps;*

5° *Multipliez la valeur d'une action par le nombre d'actions de la première année et par le taux de* 1 *franc;*

6° *Multipliez la raison par la valeur d'une action et par l'unité augmentée du taux de la prime pour* 1 *franc.*

7° *Retranchez le résultat* 5° *du résultat* 6°, *divisez le reste par le taux de* 1 *franc et multipliez le quotient par le nombre de la* Table II *diminué du nombre d'années;*

8° *Du nombre précité, retranchez l'unité augmentée de la* 100e *partie du taux de l'intérêt et le nombre d'années diminué de* 1, *selon que le* n° 6 *est plus grand ou plus petit que le* n° 5. *Divisez le reste par la* 100e *partie du taux;*

9° *Du carré du nombre d'années, retranchez le nombre d'années augmenté de* 2, *et divisez le reste par* 2;

10° *Prenez la différence entre les résultats* 8° *et* 9° *et multipliez-la par la raison et par la valeur d'une action;*

11° *Faites une somme ou prenez la différence des résultats* 4° *et* 7°; *retranchez-en le* 10° *et divisez le reste par le nombre précité de la* Table II. *Le quotient donnera le payement annuel cherché.*

Faisons l'application à l'exemple du n° 135 dans lequel on emprunte 100 000 fr. à 5 p. 100, remboursables en 8 ans avec prime de 4 p. 100. — La raison est 1, le nombre d'actions de la première année est 9, et le nombre de la Table II est 9,5491 0888.

$$1°\ 100\,000 \times 0{,}05 \ldots = 5\,000 \qquad = Ct.$$

$$2°\ 1\,000 \times 9 \ldots = 9\,000 \qquad = af.$$

$$3°\ 9\,000 \times 0{,}04 \ldots = 360 \qquad = aft'.$$

$$4°\qquad \text{Somme} \ldots = 14\,360 \qquad \times \frac{r^n - 1}{t}$$

$$= 14\,360 \times 9{,}5491\,0888 \ldots = 137\,125{,}2035\,17 \qquad = (Ct + af + aft')\,\frac{r^n - 1}{t}.$$

$$5°\ 1\,000 \times 9 \times 0{,}05 \ldots = 450 \qquad = aft.$$

$$6°\ 1 \times 1\,000 \times 1{,}04 \ldots = 1\,040 \qquad = dfr'.$$

$$7°\qquad \text{Différence} \ldots = 590$$

$$\frac{590}{0{,}05} \ldots = 11\,800 \qquad \times \left(\frac{r^n - 1}{t} - 8\right)$$

$$= 11\,800 \times 1{,}5491\,0888 \ldots = 18\,279{,}4847\,85 \qquad = \left(\frac{aft - dfr'}{t}\right)\left(\frac{r^n - 1}{t} - n\right)$$

$$8°\ \ldots \qquad 9{,}5491\,0888 = \frac{r^n - 1}{t}.$$

$$\left.\begin{array}{l} 1{,}05 \\ 7 \end{array}\right\} \ldots \qquad 8{,}05 \qquad = r + (n - 1).$$

$$1{,}4991\,0888$$

$$\frac{1,4991\,0888}{0,05} \ldots\ldots\ldots = 29,9821\,776 = \frac{\dfrac{r^n-1}{t} - [r+(n-1)]}{t}$$

$$9^\circ \quad 8 \times 8 \ldots\ldots\ldots = 64 \qquad\qquad = n^2.$$

$$8 + 2 \ldots\ldots\ldots = 10 \qquad\qquad = n + 2.$$

$$\text{Différence.} \ldots = 54 \qquad\qquad = n^2 - (n+2).$$

$$10^\circ \quad \frac{54}{2} \ldots\ldots\ldots = 27 \qquad\qquad = \frac{n^2-(n+2)}{2}.$$

$$2,9821\,776$$

$$2,9821\,776 \times 1\,000 \times 1 \ldots\ldots = 2982,1776 = df\left[\frac{\dfrac{r^n-1}{t}-[r+(n-1)]}{t} - \frac{n^2-(n+2)}{2}\right].$$

$$11^\circ \quad \text{Le } 4^e \text{ donne} \ldots\ldots 137\,125,203517$$

$$\text{Le } 7^e \text{ donne} \ldots\ldots 18\,279,484785$$

$$\text{Somme} \ldots\ldots 155\,404,688302$$

$$\text{Le } 10^\circ \text{ donne} \ldots\ldots 2982,177600$$

$$\text{Différence} \ldots\ldots 152\,422,510702 \;\Big|\; 9,5491\,0888$$

$$15\,961,96, \text{ comme nous avons trouvé 138.}$$

Cette formule s'applique au cas nᵒ 137.

140. Il est évident que la règle du nᵒ 139 changera lorsque l'on fera le même payement pendant deux années consécutives. Voici la marche à suivre, basée sur la formule

$$R = \frac{1}{\dfrac{r^n-1}{t}}\left\{ \begin{array}{l} (Ct + af + aft')\dfrac{r^n-1}{t} - af\left(\dfrac{r^n-1}{t} - n\right) \\[2ex] + dfr'\left(\dfrac{r^{n-2}-1}{t} + \dfrac{r^{n-4}-1}{t} + \ldots\right) \\[2ex] - df\left(\dfrac{r^{n-2}-1}{t} + \dfrac{r^{n-4}-1}{t} + \ldots\right) - \dfrac{(n-4)(n-5)(n-6)}{2} \end{array} \right\},$$

dans laquelle les lettres ont la même valeur qu'au nᵒ 139.

1° Multipliez la somme empruntée par la 100ᵉ partie du taux ;

2° Multipliez la valeur d'une action par le nombre d'actions de la première année ;

3° Multipliez le produit 2° par la 100ᵉ partie du taux de la prime ;

4° Ajoutez ces trois résultats et multipliez la somme par le nombre de la Table II qui correspond au taux et au temps ;

5° Multipliez la valeur d'une action par le nombre d'actions de la première année et le produit par le nombre précité diminué du nombre d'années ;

6° Multipliez la raison par la valeur d'une action et le produit par l'unité augmentée de la 100ᵉ partie du taux de la prime ;

7° Faites une somme des nombres de la Table II qui correspondent à 2, 4,

6 ans, etc., en vous arrêtant à deux ans au-dessous du nombre d'années du pro-
blème;

8° *Multipliez les résultats 6° et 7° l'un par l'autre;*

9° *Multipliez la raison par la valeur d'une action;*

10° *Multipliez l'un par l'autre le nombre d'années du problème diminué de 4,*
de 5, de 6, etc., en vous arrêtant à deux ans au-dessous et divisez le produit par 2;

11° *Retranchez le produit de ce dernier résultat du n° 7 et multipliez le reste par*
le résultat 9°;

12° *Retranchez le résultat 5° du résultat 4°, ajoutez le résultat 8°, retranchez le*
résultat 11°, enfin divisez par le nombre précité.

Faisons l'application à un emprunt de 100 000 fr. à 5 p. 100 remboursables
en 8 ans, en payant 8 actions la première et la seconde année; 11 la troisième
et la quatrième, etc., et une prime de 4 p. 100, la raison sera 3. Le nombre de
la Table II qui correspond au taux et au temps est 9,5491 0888.

$$1° \quad 100\,000 \times 0,05 \dots\dots\dots\dots\dots\dots\dots\dots\dots = 5\,000$$
$$2° \quad 1\,000 \times 8 \dots\dots\dots\dots\dots\dots\dots\dots\dots\dots = 8\,000$$
$$3° \quad 8\,000 \times 0,04 \dots\dots\dots\dots\dots\dots\dots\dots\dots = 320$$
$$\text{Somme} \dots\dots\dots\dots\dots \quad \overline{13\,320}$$
$$4° \quad 13\,320 \times 9,5491\,0888 \dots\dots\dots\dots\dots\dots = 127\,194,1302\,8$$
$$5° \quad 1\,000 \times 8 \dots\dots\dots\dots\dots\dots\dots\dots\dots = 8\,000$$
$$8\,000 \times 1,5491\,0888 \dots\dots\dots\dots\dots\dots = 12\,392,8710\,4$$
$$6° \quad 3 \times 1\,000 \times 1,04 \dots\dots\dots\dots\dots\dots\dots = 3\,120$$

7° Table II, 2 ans. 2,05
Id. 4 ans. 4,3101 25
Id. 6 ans. 6,8019 1281

$$8° \quad \dots\dots\dots\dots\dots\dots \quad 13,1620\,3781 \times 3\,120 = 41\,065,55797$$
$$9° \quad 3 \times 1\,000 \dots\dots\dots\dots\dots\dots\dots\dots\dots = 3\,000$$
$$10° \quad \frac{4 \times 3 \times 2}{2} \dots\dots\dots\dots\dots\dots = 12$$

11° Du 7°. 13,1620 3781
Différence. . . . . 1,1620 3781 × 3 000 = 3 486,11343
Du 4°. 127 194,1302 8
Du 5°. 12 392,8710 4
Différence. 114 801,2592 4
Du 8°. 41 065,55797
Somme. 155 866,8172 1
Du 11°. 3 486,11343
Différence. . . . . 152 380,7037 8 | 9,5491 0888
| 15 957,5837 = l'annuité.

ANNÉES.	SOMME DUE au commencement DE L'ANNÉE.	INTÉRÊT à 5 p. 100.	SOMME DISPONIBLE chaque année.	DIFFÉRENCE entre la somme DISPONIBLE et l'intérêt.	ACTIONS à rembourser tous les ans.	SOMME à rembourser en actions et avec prime de 5 p. 100.	RESTE sur la somme DISPONIBLE.	INTÉRÊT à 5 p. 100.	SOMME DU RESTE et de l'intérêt.	PAYEMENT ANNUEL.	SOMME DISPONIBLE.
	fr	fr	fr c	fr c		fr	fr c	fr c	fr c	fr c	fr c
1	100000	5000	15957 58	10957 58	8	8320	2637 58	131 88	2769 46	15957 58	18727 05
2	92000	4600	18727 05	14127 05	8	8320	5807 05	290 35	6097 40	15957 58	22054 98
3	84000	4200	22054 98	17854 98	11	11440	6414 98	320 75	6735 73	15957 58	22693 32
4	73000	3650	22693 32	19043 32	11	11440	7603 32	380 17	7983 49	15957 58	23941 07
5	62000	3100	23941 07	20841 07	14	14560	6281 07	314 05	6595 12	15957 58	22552 70
6	48000	2400	22552 70	20152 70	14	14560	5592 70	279 64	5872 34	15957 58	21829 92
7	34000	1700	21829 92	20129 92	17	17680	2449 92	122 50	2572 42	15957 58	18530 00
8	17000	850	18530 00	17680 00	17	17680					

141. Il nous reste à traiter une question qui se présente quelquefois : c'est l'opération dans laquelle l'emprunteur doit rembourser une somme plus forte que celle qu'il a reçue. Par exemple, si l'on faisait un emprunt de 10 000 000 à 3 p. 100, remboursable en 40 ans à condition que l'action de 1 000 fr. sera remboursée à 1 250 fr. lorsqu'elle sortira, on demande quel taux d'intérêt payera l'emprunteur.

Il y aura 10 000 actions et 40 ans. En nous reportant au n° **135**, on aura

$$u = a + 39\,d, \quad 10\,000 = \frac{40}{2}\,(a + u), \quad \text{ou} \quad 500 = a + u;$$

de cette dernière, on tire

$$u = 500 - a.$$

Égalant les deux valeurs de u, on arrive à

$$a = \frac{500 - 39\,d}{2}.$$

Cherchons quelle doit être la valeur de d en déterminant le nombre d'actions qu'on pourra rembourser la première année. On trouve, Problème XIV (**78**), que, pour amortir 10 000 000 à 3 p. 100 en 40 ans, il faut une annuité de 432 624 fr. L'intérêt de 10 000 000 à 3 p. 100 est 300 000, la différence entre l'annuité et l'amortissement est 132 624; or, les actions étant de 1 000 fr., on pourra en rembourser 132. Faisant donc $\dfrac{500 - 39\,d}{2} = 132$, on en tirera

$$d = 6.$$

Mais, en prenant $d = 6$, a devient égal à 133 qui est trop grand; nous ferons

donc
$$d = 8 \quad \text{et} \quad a = 94,$$

en sorte que le nombre d'actions remboursables chaque année sera 94, 102, 110, 118,..., 406, etc.

La quantité d ou la raison étant déterminée, voyons le taux de la prime. Puisqu'on accorde 250 fr. en sus des 1000 fr., ce sera 25 p. 100 de prime. Nous pouvons calculer l'annuité ou le payement annuel (139). Le nombre de la Table II, pour 3 p. 100 et 40 ans, est 75,4012 5973.

$$1° \quad 10\,000\,000 \times 0{,}03 \dots = 300\,000$$
$$2° \quad 1\,000 \times 94 \dots = 94\,000$$
$$3° \quad 94\,000 \times 0{,}25 \dots = 23\,500$$

$$4° \qquad \text{Somme} \dots \quad 417\,500 \times 75{,}4012\,5973 = 31\,480\,025^{\mathrm{f}}\,9373$$

$$5° \quad 1\,000 \times 94 \times 0{,}03 \dots = 2\,820$$
$$6° \quad 8 \times 1\,000 \times 1{,}25 \dots = 10\,000$$

$$\text{Différence} \dots \quad 7\,180$$

$$7° \quad \frac{7\,180}{0{,}03} \dots = 239\,333{,}3333 \times 35{,}4012\,5973 = 8\,472\,701^{\mathrm{f}}\,4954$$
$$8° \quad \dots \qquad 75{,}4012\,5973$$

$$\left.\begin{array}{c} 1{,}03 \\ 39 \end{array}\right\} \dots = \quad 40{,}03$$

$$35{,}3712\,5973$$

$$\frac{35{.}3712\,5973}{0{,}03} \dots = 1\,179{,}041991$$

$$9° \quad 40 \times 40 \dots = 1\,600$$
$$40 + 2 \dots = 42$$

$$\text{Différence} \dots = 1\,558$$

$$10° \quad \frac{1\,558}{2} \dots = 779 \dots 779$$

$$400{,}041991 \times 1\,000 \times 8 = 3\,200\,335^{\mathrm{f}}\,9280$$

$$11° \quad \text{Le } 4° \text{ donne} \dots \quad 31\,480\,025{,}9373$$
$$\text{Le } 7° \text{ donne} \dots \quad 8\,472\,701{,}4954$$

$$\text{Somme} \dots \quad 39\,952\,727{,}4327$$
$$\text{Le } 10° \text{ donne} \dots \quad 3\,200\,335{,}9280$$

$$\text{Différence} \dots \quad 36\,752\,391{,}5047 \;\Big|\; 75{,}4012\,5973$$

$$487\,424^{\mathrm{f}}\,10^{\mathrm{c}}\,46 = \text{l'annuité cherchée.}$$

Maintenant on connait le capital $C = 10\,000\,000$; l'annuité $R = 487\,424$ fr. 10 c. et le temps $n = 40$; avec $\dfrac{A}{C} = \dfrac{487\,424,10}{10\,000\,000} = 0,04874241$, on a (86) le taux approché $3\,^3/_4$ p. 100.

En employant les formules

$$r^{n+1} - \left(\frac{a}{C} + 1\right) r^n + \frac{a}{C} = -Q$$

et

$$z = \frac{Q}{(n+1)r^n - n\left(\dfrac{a}{C} + 1\right) r^{n-1}},$$

on trouvera le taux exact 3 fr. 7613 p. 100.

142. Sans qu'il soit besoin de le démontrer, on comprendra que l'intérêt que paye l'emprunteur sera d'autant plus grand que le nombre d'années sera plus petit.

143. Cette partie donne à l'emprunteur le moyen de connaitre le taux qu'il paye. Bien que le prêteur en ait moins besoin, il est bien de faire voir que plus tôt il sera remboursé, plus son argent lui rapportera.

Si son obligation sort la première année, il recevra son capital (f), l'intérêt de ce capital (tf) et la prime $(t'f)$, en tout $f + tf + t'f$.

Si elle sort la seconde année, il recevra son capital (f), la prime $(t'f)$ et pendant deux années l'intérêt du capital $tf\left(\dfrac{r^2 - 1}{t}\right)$; en tout $f + tf\left(\dfrac{r^2 - 1}{t}\right) + t'f$.

Si l'on représente par n l'année dans laquelle il sera remboursé, on aura

$$f + tf\left(\frac{r^n - 1}{t}\right) + t'f, \quad \text{ou} \quad f + f(r^n - 1) + t'f, \quad \text{ou} \quad f + fr^n - f + t'f, \quad \text{ou} \quad f(r^n + t').$$

Ainsi, après n années, son capital f lui sera remboursé par $f(r^n + t')$. Remplaçant C par f et M par $f(r^n + t')$ dans la formule du n° 53, problème IV, et appelant t'' le taux p. 100 d'intérêt qu'il retire, et, par suite, $r'' = 1 + \dfrac{100}{t''}$, on aura

$$r''^n = \frac{f(r^n + t')}{f} = r^n + t'.$$

Faisant usage des logarithmes, on tirera

$$\log r'' = \frac{\log(r^n + t')}{n}.$$

C'est avec cette formule que nous avons calculé le Tableau suivant :

ANNÉE du REMBOURSEMENT.	TAUX d'intérêt que retire LE PRÊTEUR.	ANNÉE du REMBOURSEMENT.	TAUX d'intérêt que retire LE PRÊTEUR.	ANNÉE du REMBOURSEMENT.	TAUX d'intérêt que retire LE PRÊTEUR.	ANNÉE du REMBOURSEMENT.	TAUX d'intérêt que retire LE PRÊTEUR.	ANNÉE du REMBOURSEMENT.	TAUX d'intérêt que retire LE PRÊTEUR.
	fr c		fr c		fr c		fr c		fr c
1	28 00	9	5 o3	17	3 86	25	3 47	33	3 28
2	14 49	10	4 77	18	3 79	26	3 44	34	3 27
3	10 32	11	4 57	19	3 73	27	3 41	35	3 25
4	8 3o	12	4 4o	20	3 67	28	3 38	36	3 24
5	7 11	13	4 24	21	3 62	29	3 36	37	3 22
6	6 32	14	4 13	22	3 58	30	3 34	38	3 21
7	5 77	15	4 o3	23	3 54	31	3 32	39	3 20
8	5 35	16	3 94	24	3 5o	32	3 3o	40	3 19

144. Comme on le voit, dans les quinze dernières années, le prêteur retire moins de $3\,{}^1/_2$ p. 100 de ses fonds. Pourtant, il faut l'avouer, la personne qui achète une obligation ne considère la prime que comme une éventualité et tient surtout à avoir un intérêt raisonnable de son capital. Il y a deux manières d'augmenter le taux que retire le prêteur de ses fonds, c'est en augmentant la prime, ou en élevant le taux de l'intérêt. La formule $r'' = \sqrt[n]{r'' + t'}$ en fournit les moyens et devient

$$t' = r''^n - r^n.$$

Voyons les deux systèmes :

$1°$ *Admettons que le taux de l'intérêt soit* 4 p. 100 *au minimum; quel sera le taux de la prime?*

Dans ce cas : $r'' = 1,04$, $r = 1,o3$, $t' = (1,04)^{40} - (1,o3)^{40}$.

$$\text{Table I.} \qquad (1,04)^{40} = 4,8010\,2063$$
$$(1,o3)^{40} = 3,2620\,3779$$

$$\text{Prime p. 100} \dots\dots \quad 1,5389\,8584$$

Voyons quel sera le résultat pour l'emprunteur, opérant comme il est dit n° 139 ; en faisant $t' = 1,54$, on trouve le payement annuel 770 193 fr. 78 c. ; avec cette annuité, le nombre d'années 4o ans, la somme empruntée 10 000 000, on aura (86) le taux approximatif $7\,{}^1/_4$ p. 100.

2° A quel taux faudrait-il élever le taux 3 p. 100 pour que le prêteur reçût 4 p. 100 de ses fonds au minimum, la prime restant la même, 25 p. 100?

De la formule $r'' = \sqrt[n]{r''^n + t'}$, on tire

$$\log r = \frac{\log(r''^n - t')}{n} = \frac{\log(4,8010\,2063 - 0,25)}{40} = 0,0164\,527,$$

logarithme qui correspond à 1,0386 1 ; il suffit donc de prendre le taux 3 fr. 861 p. 100 ou plus simplement 3 ⅛ p. 100. Voyons quel sera le résultat pour l'emprunteur?

On trouve que le payement annuel sera 548 614 fr. 77 c., et le taux approché entre 4 ½ et 4 ⅝ p. 100.

145. Il est bien entendu que, dans le cas où les obligations seront émises au-dessus ou au-dessous du pair, cette considération devrait entrer dans le calcul du taux de l'intérêt que paye l'emprunteur.

DES PLACEMENTS VIAGERS.

146. Je n'entrerai pas dans de grands détails sur les placements viagers; on trouve partout des Tables sur cette matière. En outre, ce genre de placement est presque abandonné pour les opérations majeures; et, comme il ne se fait guère de placement à fonds perdus que par l'entremise des notaires, mon but a été, en donnant la Table VIII, de mettre ces messieurs à même de juger de suite combien ils peuvent accorder p. 100 à celui qui place, eu égard à son âge. Voici sur quelles bases j'ai établi mes calculs :

J'ai pris la Table de mortalité donnée par le Bureau des Longitudes; j'en ai déduit la vie probable pour tous les âges, depuis 1 an jusqu'à 100 ans, en ne conservant que des nombres entiers. Maintenant, un placement viager n'est autre qu'un amortissement qui s'opère pendant la vie probable de celui qui place. Donc la Table III, qui donne la somme à payer chaque année pour amortir 1 fr. à un taux donné, en un nombre d'*années connu*, m'a fourni le taux p. 100 qu'on devait accorder pour ne faire tort ni au prêteur, ni à l'emprunteur, selon les probabilités.

Le taux de l'argent variant selon les pays et les temps, j'ai cru devoir indiquer ce qui revient au rentier lorsque l'argent rapporte 3, 4, 5 et 6 p. 100.

147. Exemple I. — Combien devrait-on faire de rente viagère à un prêteur âgé de 44 ans, qui placerait 1 200 fr.? J'admets que le taux de l'argent soit 5 p. 100.

Vis-à-vis 44 ans, je trouve, Table VIII, la vie probable 21 ans; et, col. 5 p. 100, je vois 7,80; et

$$\frac{1\,200 \times 7,80}{100} = 1\,200 \times 0,0780 = 93^f,60^c$$

pour la rente viagère.

148. Exemple II. — Combien une personne âgée de 57 ans devrait-elle placer, dans un temps où l'argent vaut 4 p. 100, pour avoir 1 400 fr. de rente viagère?

Table VIII, 56 et 57 ans, col. 4 p. 100 = 10,01; divisant 1 400 par 0,1001, je trouve 13 986.

149. Exemple III. — Quel âge une personne doit-elle avoir pour recevoir 1 800 fr. de rente viagère en plaçant 20 000 fr., l'argent rapportant 6 p. 100?

Je multiplie 1 800 fr. par 100, et je divise le produit 180 000 par 20 000 fr.; j'ai au quotient 9. Cherchant ce quotient, Table VIII, col. 6 p. 100, je trouve 8,96 vis-à-vis 46 et 47 ans; ce qui prouve que la personne doit avoir au moins 46 et moins de 47 ans.

150. Exemple IV. — Une personne, âgée de 44 ans, veut se faire 100 fr. de rente viagère avec 1 280 fr.; quel est le rapport de l'argent?

La rente viagère 100 fr., multipliée par 100 fr., donne 10 000 fr., qui, divisés par le capital 1 280 fr., donne 7^f,81^c. Ce quotient, Table VIII, vis-à-vis 44 ans, se trouve colonne 5 p. 100; donc l'argent rapporte 5 p. 100.

151. Exemple V. — A 30 ans, on place 1 000 fr. à 4 $^1/_2$ p. 100; lorsque l'on aura atteint 48 ans, quelle rente viagère pourra-t-on se faire en laissant cumuler les intérêts, et en supposant que l'argent vaille alors 4 p. 100?

De 30 à 48 ans, il y a 18 ans; on trouvera, problème I (42), que 100 fr., à 4 $^1/_2$ p. 100, vaudront 2 208 fr. 40 c.; et, exemple I (147), on multipliera 2 208 fr. 48 c. par 7,90 (Table VIII, col. 4 p. 100, vis-à-vis 48 ans), et l'on aura 174^f,47^c pour la rente cherchée, après avoir divisé le produit par 100.

152. Exemple VI. — Quel capital faudrait-il placer à 34 ans pour se faire, à 54 ans, une rente viagère de 800 fr., l'intérêt de l'argent étant 5 p. 100?

On trouvera, comme à l'exemple II (148), qu'à 54 ans, pour se faire 800 fr. de rente viagère, il faut donner 7 920 fr. 80 c., l'argent rapportant 5 p. 100.

De 34 à 54 ans, il y a 20 ans; par le problème II (45), on trouve qu'à 5 p. 100, pour avoir 7 920 fr. 80 c. au bout de 20 ans, il faut placer de suite 2 985 fr. 30 c.

153. Exemple VII. — A quel âge faudrait-il placer 5 777 fr. à 5 p. 100 pour se faire une rente viagère de 1 200 fr. quand on aura 50 ans, l'argent rapportant 4 p. 100 ?

Comme à l'exemple II (148), on trouvera qu'à 50 ans, pour se faire 1 200 fr., lorsque l'argent vaut 4 p. 100, il faut placer 14 598 fr. 54 c.

Et, par le problème III (48), on trouvera que 5 777 fr. vaudront, à 5 p. 100, 14 598 fr. après 19 ans; or la personne veut se faire 1 200 fr. à 50 ans, il faudra donc qu'elle place 19 ans auparavant, c'est-à-dire à 31 ans.

154. Exemple VIII. — Une personne, âgée de 34 ans, place 10 000 fr. à 5 p. 100; à quelle âge devra-t-elle mettre son capital et ses intérêts cumulés en viager, pour se faire 1 100 fr. de rente, l'argent rapportant alors 6 p. 100 ?

Cette question ne peut se résoudre que par le tâtonnement; voici de quelle manière on procédera :

Problème I (43) : 10 000 fr. vaudront à 5 p. 100 après 4 ans . . . .   12 155 fr.

                     »   5 » 12 763

                     »   6 » 13 401

Exemple II (148) : 1 100 fr. vaudront à 6 p. 100 à l'âge de 38 ans . . .   13 802 fr.

                     »   39 » . . .   13 802

                     »   40 » . . .   13 530

Je cherche combien les 10 000 fr., à 5 p. 100, vaudront après 4, 5, 6,... ans, j'en déduis les âges 38, 39, 40,... ans qu'aura la personne, et je calcule combien une rente de 1 100 fr. vaut à ces âges. Comme on le voit, à 6 ans, les 10 000 fr. monteraient à 13 401 fr., et la rente 1 100 fr. à 40 ans vaudrait 13 530 fr.; ainsi, l'on peut en conclure que la personne devra laisser ses fonds pendant 6 ans, c'est-à-dire jusqu'à ce qu'elle ait atteint sa 40ᵉ année.

155. Exemple IX. — On place 1 500 fr. à 5 p. 100 chaque année; on est âgé de 37 ans; quelle rente viagère pourra-t-on se faire lorsqu'on aura atteint 47 ans, l'argent rapportant 4 p. 100 ?

La différence entre 37 et 47 est 10 ans. Or, problème V (56), on trouve que 1 500 fr., placés chaque année à 5 p. 100 pendant 10 ans, valent 18 866 fr. 84 c.; et, exemple I (147), à 47 ans, pour cette somme, on doit avoir 1 435 fr. 77 c., l'argent rapportant 4 p. 100.

156. Exemple X. — Quelle somme faudrait-il placer annuellement, à 30 ans, pour se faire 1 250 fr. de rente à 45 ans, l'argent compté à 4 p. 100 ?

De 30 à 45 ans, il y a 15 ans. Table VIII, à 45 ans, il y a 20 ans de vie probable, et l'on donne, colonne 4 p. 100, 7 fr. 36 c. p. 100. Comme, exemple II (148), on a $\frac{1\,250 \times 100}{7,36} = 16\,983$ fr. 70 c.; et par le problème VI (60), on trouve que, pour avoir cette somme en 15 ans à 4 p. 100, il faut placer 848 fr. 18 c. chaque année.

157. Exemple XI. — Admettons maintenant qu'il s'agisse d'un placement sur deux têtes du même âge, et que l'on veuille savoir combien deux personnes âgées de 3o ans devraient placer à 5 p. 100 pour avoir 5oo fr. de rente sur leurs têtes.

Il faut d'abord fixer l'extrémité de la vie. On prend ordinairement 86 ans (on peut prendre tout autre nombre).

1° De l'extrémité de la vie	86	
Je retranche l'âge du prêteur.........	3o	
Reste.........................	56	dont la moitié est 28 ans.
2° A l'âge du prêteur.................	3o	
J'ajoute le nombre trouvé 1°.........	28	
J'ai...........................	58	
3° De l'extrémité de la vie......	86	
Je retranche le nombre trouvé 2°.....	58	
Reste.......	28	dont la moitié est 14
Additionnant les deux moitiés, on a.......................		42 ans

pour le temps probable pendant lequel la rente de 5oo fr. sera payée; or, par l'exemple II (148), on trouve qu'à 5 p. 100 une rente de 5oo fr., qui doit être payée pendant 42 ans, vaut 8 712 fr.

158. Exemple XII. — Quelle rente viagère devrait-on faire sur la tête de deux personnes âgées de 46 ans, pour 12 000 fr., l'intérêt étant compté à 5 p. 100?

On trouvera, comme à l'exemple précédent, que le temps probable pendant lequel la rente sera payée est 3o ans.

Par l'exemple I (147), on aura 781 fr. 20 c.

159. Exemple XIII. — Quelle somme une personne de 4o ans devrait-elle placer à 5 p. 100 pour laisser 10 000 fr. à ses héritiers?

Table VIII, à 4o ans, il reste 23 ans de vie probable. Or, par le problème II (45), on trouve que, pour avoir 10 000 fr. après 23 ans, à 5 p. 100, il faut placer 3 255 fr. 71 c.

160. Exemple XIV. — Quelle somme une personne de 55 ans laissera-t-elle à ses héritiers en plaçant 4 000 fr. à 4 ¹/₂ p. 100?

Table VIII, à 55 ans, on a 14 ans de vie probable. Par le problème I (43), on trouve que 4 000 fr., placés à 4 ¹/₂ p. 100 pendant 14 ans, valent 7 407 fr. 78 c.

161. Exemple XV. — A quel âge devrait-on placer 25 000 fr. pour laisser 48 000 fr. à ses héritiers, l'intérêt étant à 6 p. 100?

Par le problème III (48), on trouve 12 ans environ; et, Table VIII, la vie probable 12 ans correspond à l'âge de 58 ou 59 ans.

162. Les questions qui pourront se présenter sur cette matière seront aisément résolues par les personnes qui font ces opérations, en se conformant à la marche suivie dans les exemples que je viens de donner.

TABLE I.

(Pages 2 à 39.)

$$M = C\,r^n.$$

MONTANT DE 1 FRANC PLACÉ A UN DES TAUX INDIQUÉS EN HAUT DE CHAQUE COLONNE APRÈS UN NOMBRE D'ANNÉES DONNÉ.

$C = \dfrac{M}{r^n} = $ le capital (*voir* la Table IV);

$r\ \begin{cases} = 1^{\text{fr}} + \text{son intérêt, pendant l'unité de temps convenu (année, semestre, mois, etc.);} \\ = \text{la raison de la progression géométrique formée par la Table ;} \end{cases}$

$n = $ la durée du placement ou le nombre d'années, de semestres, de mois, de jours, etc.;

$r^n = \dfrac{M}{C}.$

$$n \log r = \log r^n = \log \left(\frac{M}{C} \right) = \log M - \log C;$$

d'où

$$\log r = \frac{\log M - \log C}{n} \qquad \text{et} \qquad n = \frac{\log M - \log C}{\log r}.$$

Si l'on a besoin de $n > 100$ et < 200, on appliquera la Remarque de la page 44 ci-après.

TABLE I BIS.

(Pages 40 à 43.)

$$M = C\,r^{\frac{n}{12}} \qquad \text{et} \qquad M = C\,r^{\frac{n}{360}}.$$

MONTANT DE 1 FRANC PLACÉ A UN DES TAUX INDIQUÉS DANS LA COLONNE DES TAUX APRÈS UN NOMBRE DE MOIS INDIQUÉ EN HAUT DE CHAQUE COLONNE.

La colonne *Jour* donne le montant de 1 franc après 1 jour.

(*Voir* ci-après, page 44, comment on peut se servir de cette colonne.)

TABLE I.

M = Cr".   **MONTANT DE 1 FRANC APRÉS UN NOMBRE D'ANNÉES DONNÉ.**

ANS.	$1/8$	$1/6$	$1/4$	$1/3$	$3/8$	ANS.
1	1,0012.5000	1,0016.6667	1,0025.0000	1,0033.3333	1,0037.5000	1
2	1,0025.0156	1,0033.3611	1,0050.0625	1,0066.7778	1,0075.1406	2
3	1,0037.5469	1,0050.0834	1,0075.1877	1,0100.3337	1,0112.9224	3
4	1,0050.0938	1,0066.8335	1,0100.3756	1,0134.0015	1,0150.8459	4
5	1,0062.6564	1,0083.6116	1,0125.6266	1,0167.7815	1,0188.9115	5
6	1,0075.2348	1,0100.4176	1,0150.9406	1,0201.6741	1,0227.1200	6
7	1,0087.8288	1,0117.2516	1,0176.3180	1,0235.6797	1,0265.4717	7
8	1,0100.4386	1,0134.1137	1,0201.7588	1,0269.7986	1,0303.9672	8
9	1,0113.0641	1,0151.0039	1,0227.2632	1,0304.0313	1,0342.6070	9
10	1,0125.7055	1,0167.9222	1,0252.8313	1,0338.3780	1,0381.3918	10
11	1,0138.3626	1,0184.8688	1,0278.4634	1,0372.8393	1,0420.3220	11
12	1,0151.0356	1,0201.8436	1,0304.1596	1,0407.4154	1,0459.3983	12
13	1,0163.7244	1,0218.8466	1,0329.9200	1,0442.1068	1,0498.6210	13
14	1,0176.4290	1,0235.8780	1,0355.7448	1,0476.9138	1,0537.9908	14
15	1,0189.1495	1,0252.9378	1,0381.6341	1,0511.8369	1,0577.5083	15
16	1,0201.8860	1,0270.0261	1,0407.5882	1,0546.8763	1,0617.1739	16
17	1,0214.6383	1,0287.1428	1,0433.6072	1,0582.0326	1,0656.9883	17
18	1,0227.4066	1,0304.2880	1,0459.6912	1,0617.3060	1,0696.9521	18
19	1,0240.1909	1,0321.4618	1,0485.8404	1,0652.6971	1,0737.0656	19
20	1,0252.9911	1,0338.6643	1,0512.0550	1,0688.2060	1,0777.3296	20
21	1,0265.8074	1,0355.8954	1,0538.3352	1,0723.8334	1,0817.7446	21
22	1,0278.6396	1,0373.1552	1,0564.6810	1,0759.5795	1,0858.3111	22
23	1,0291.4879	1,0390.4438	1,0591.0927	1,0795.4448	1,0899.0298	23
24	1,0304.3523	1,0407.7612	1,0617.5704	1,0831.4296	1,0939.9012	24
25	1,0317.2327	1,0425.1075	1,0644.1144	1,0867.5344	1,0980.9258	25
26	1,0330.1293	1,0442.4826	1,0670.7247	1,0903.7595	1,1022.1043	26
27	1,0343.0419	1,0459.8868	1,0697.4015	1,0940.1053	1,1063.4372	27
28	1,0355.9707	1,0477.3199	1,0724.1450	1,0976.5724	1,1104.9251	28
29	1,0368.9157	1,0494.7821	1,0750.9553	1,1013.1609	1,1146.5685	29
30	1,0381.8768	1,0512.2734	1,0777.8327	1,1049.8715	1,1188.3682	30
31	1,0394.8542	1,0529.7939	1,0804.7773	1,1086.7044	1,1230.3245	31
32	1,0407.8478	1,0547.3435	1,0831.7892	1,1123.6601	1,1272.4383	32
33	1,0420.8576	1,0564.9224	1,0858.8687	1,1160.7389	1,1314.7099	33
34	1,0433.8836	1,0582.5307	1,0886.0159	1,1197.9414	1,1357.1401	34
35	1,0446.9260	1,0600.1682	1,0913.2309	1,1235.2679	1,1399.7293	35
36	1,0459.9847	1,0617.8351	1,0940.5140	1,1272.7187	1,1442.4783	36
37	1,0473.0596	1,0635.5315	1,0967.8653	1,1310.2945	1,1485.3876	37
38	1,0486.1510	1,0653.2574	1,0995.2850	1,1347.9955	1,1528.4578	38
39	1,0499.2586	1,0671.0129	1,1022.7732	1,1385.8221	1,1571.6895	39
40	1,0512.3827	1,0688.7979	1,1050.3301	1,1423.7748	1,1615.0834	40
41	1,0525.5232	1,0706.6125	1,1077.9559	1,1461.8541	1,1658.6399	41
42	1,0538.6801	1,0724.4569	1,1105.6508	1,1500.0603	1,1702.3598	42
43	1,0551.8535	1,0742.3310	1,1133.4149	1,1538.3938	1,1746.2437	43
44	1,0565.0433	1,0760.2349	1,1161.2485	1,1576.8551	1,1790.2921	44
45	1,0578.2496	1,0778.1686	1,1189.1516	1,1615.4446	1,1834.5057	45
46	1,0591.4724	1,0796.1322	1,1217.1245	1,1654.1628	1,1878.8851	46
47	1,0604.7117	1,0814.1258	1,1245.1673	1,1693.0100	1,1923.4309	47
48	1,0617.9676	1,0832.1493	1,1273.2802	1,1731.9867	1,1968.1438	48
49	1,0631.2401	1,0850.2029	1,1301.4634	1,1771.0933	1,2013.0243	49
50	1,0644.5291	1,0868.2866	1,1329.7171	1,1810.3303	1,2058.0732	50

MONTANT DE 1 FRANC APRÈS UN NOMBRE D'ANNÉES DONNÉ. $M = Cr^n$.

ANS.	$\frac{1}{8}$	$\frac{1}{6}$	$\frac{1}{4}$	$\frac{1}{3}$	$\frac{3}{8}$	ANS.
51	1,0657.8348	1,0886.4004	1,1358.0414	1,1849.6981	1,2103.2909	51
52	1,0671.1571	1,0904.5444	1,1386.4365	1,1889.1971	1,2148.6783	52
53	1,0684.4960	1,0922.7186	1,1414.9026	1,1928.8277	1,2194.2358	53
54	1,0697.8516	1,0940.9231	1,1443.4398	1,1968.5905	1,2239.9642	54
55	1,0711.2240	1,0959.1580	1,1472.0484	1,2008.4858	1,2285.8641	55
56	1,0724.6130	1,0977.4233	1,1500.7285	1,2048.5141	1,2331.9361	56
57	1,0738.0188	1,0995.7190	1,1529.4804	1,2088.6758	1,2378.1808	57
58	1,0751.4413	1,1014.0452	1,1558.3041	1,2128.9714	1,2424.5990	58
59	1,0764.8806	1,1032.4019	1,1587.1998	1,2169.4013	1,2471.1912	59
60	1,0778.3367	1,1050.7893	1,1616.1678	1,2209.9659	1,2517.9582	60
61	1,0791.8096	1,1069.2072	1,1645.2082	1,2250.6658	1,2564.9005	61
62	1,0805.2994	1,1087.6559	1,1674.3213	1,2291.5014	1,2612.0189	62
63	1,0818.8060	1,1106.1354	1,1703.5071	1,2332.4730	1,2659.3140	63
64	1,0832.3295	1,1124.6456	1,1732.7658	1,2373.5813	1,2706.7864	64
65	1,0845.8699	1,1143.1867	1,1762.0977	1,2414.8266	1,2754.4369	65
66	1,0859.4272	1,1161.7586	1,1791.5030	1,2456.2093	1,2802.2660	66
67	1,0873.0015	1,1180.3616	1,1820.9817	1,2497.7300	1,2850.2745	67
68	1,0886.5928	1,1198.9955	1,1850.5342	1,2539.3891	1,2898.4630	68
69	1,0900.2010	1,1217.6605	1,1880.1605	1,2581.1871	1,2946.8323	69
70	1,0913.8263	1,1236.3566	1,1909.8609	1,2623.1244	1,2995.3829	70
71	1,0927.4686	1,1255.0839	1,1939.6356	1,2665.2015	1,3044.1156	71
72	1,0941.1279	1,1273.8423	1,1969.4847	1,2707.4188	1,3093.0310	72
73	1,0954.8043	1,1292.6321	1,1999.4084	1,2749.7769	1,3142.1299	73
74	1,0968.4978	1,1311.4531	1,2029.4069	1,2792.2761	1,3191.4129	74
75	1,0982.2084	1,1330.3055	1,2059.4804	1,2834.9170	1,3240.8807	75
76	1,0995.9362	1,1349.1894	1,2089.6291	1,2877.7001	1,3290.5340	76
77	1,1009.6811	1,1368.1047	1,2119.8532	1,2920.6258	1,3340.3735	77
78	1,1023.4432	1,1387.0515	1,2150.1528	1,2963.6945	1,3390.3999	78
79	1,1037.2225	1,1406.0300	1,2180.5282	1,3006.9068	1,3440.6139	79
80	1,1051.0190	1,1425.0400	1,2210.9795	1,3050.2632	1,3491.0162	80
81	1,1064.8328	1,1444.0817	1,2241.5070	1,3093.7641	1,3541.6075	81
82	1,1078.6639	1,1463.1552	1,2272.1108	1,3137.4099	1,3592.3885	82
83	1,1092.5122	1,1482.2605	1,2302.7910	1,3181.2013	1,3643.3600	83
84	1,1106.3778	1,1501.3976	1,2333.5480	1,3225.1386	1,3694.5226	84
85	1,1120.2608	1,1520.5666	1,2364.3819	1,3269.2224	1,3745.8770	85
86	1,1134.1611	1,1539.7675	1,2395.2928	1,3313.4532	1,3797.4241	86
87	1,1148.0788	1,1559.0005	1,2426.2811	1,3357.8314	1,3849.1644	87
88	1,1162.0139	1,1578.2655	1,2457.3468	1,3402.3575	1,3901.0988	88
89	1,1175.9664	1,1597.5626	1,2488.4901	1,3447.0320	1,3953.2279	89
90	1,1189.9364	1,1616.8918	1,2519.7114	1,3491.8554	1,4005.5525	90
91	1,1203.9238	1,1636.2533	1,2551.0106	1,3536.8283	1,4058.0733	91
92	1,1217.9287	1,1655.6471	1,2582.3882	1,3581.9510	1,4110.7911	92
93	1,1231.9511	1,1675.0732	1,2613.8441	1,3627.2242	1,4163.7066	93
94	1,1245.9911	1,1694.5316	1,2645.3787	1,3672.6483	1,4216.8205	94
95	1,1260.0486	1,1714.0225	1,2676.9922	1,3718.2238	1,4270.1335	95
96	1,1274.1236	1,1733.5459	1,2708.6847	1,3763.9512	1,4323.6465	96
97	1,1288.2163	1,1753.1018	1,2740.4564	1,3809.8310	1,4377.3602	97
98	1,1302.3266	1,1772.6903	1,2772.3075	1,3855.8638	1,4431.2753	98
99	1,1316.4545	1,1792.3114	1,2804.2383	1,3902.0500	1,4485.3926	99
100	1,1330.6000	1,1811.9653	1,2836.2489	1,3948.3902	1,4539.7128	100

TABLE I.

$M = Cr^n.$ **MONTANT DE 1 FRANC APRÈS UN NOMBRE D'ANNÉES DONNÉ.**

ANS.	$^1/_2$	$^5/_8$	$^2/_3$	$^3/_4$	$^5/_6$	$^7/_8$	ANS.
1	1,0050.0000	1,0062.5000	1,0066.6667	1,0075.0000	1,0083.3333	1,0087.5000	1
2	1,0100.2500	1,0125.3906	1,0133.7778	1,0150.5625	1,0167.3611	1,0175.7656	2
3	1,0150.7513	1,0188.6743	1,0201.3363	1,0226.6917	1,0252.0891	1,0264.8036	3
4	1,0201.5050	1,0252.3535	1,0269.3452	1,0303.3919	1,0337.5232	1,0354.6206	4
5	1,0252.5125	1,0316.4307	1,0337.8075	1,0380.6673	1,0423.6692	1,0445.2235	5
6	1,0303.7751	1,0380.9084	1,0406.7262	1,0458.5224	1,0510.5331	1,0536.6192	6
7	1,0355.2940	1,0445.7891	1,0476.1044	1,0536.9613	1,0598.1209	1,0628.8147	7
8	1,0407.0704	1,0511.0753	1,0545.9451	1,0615.9885	1,0686.4386	1,0721.8168	8
9	1,0459.1058	1,0576.7695	1,0616.2514	1,0695.6084	1,0775.4922	1,0815.6327	9
10	1,0511.4013	1,0642.8743	1,0687.0264	1,0775.8255	1,0865.2880	1,0910.2695	10
11	1,0563.9583	1,0709.3923	1,0758.2732	1,0856.6441	1,0955.8321	1,1005.7343	11
12	1,0616.7781	1,0776.3260	1,0829.9951	1,0938.0690	1,1047.1307	1,1102.0345	12
13	1,0669.8620	1,0843.6780	1,0902.1950	1,1020.1045	1,1139.1901	1,1199.1773	13
14	1,0723.2113	1,0911.4510	1,0974.8763	1,1102.7553	1,1232.0167	1,1297.1701	14
15	1,0776.8274	1,0979.6476	1,1048.0422	1,1186.0259	1,1325.6168	1,1396.0203	15
16	1,0830.7115	1,1048.2704	1,1121.6958	1,1269.9211	1,1419.9970	1,1495.7355	16
17	1,0884.8651	1,1117.3221	1,1195.8404	1,1354.4455	1,1515.1636	1,1596.3232	17
18	1,0939.2894	1,1186.8053	1,1270.4794	1,1439.6039	1,1611.1233	1,1697.7910	18
19	1,0993.9858	1,1256.7229	1,1345.6159	1,1525.4009	1,1707.8827	1,1800.1467	19
20	1,1048.9558	1,1327.0774	1,1421.2533	1,1611.8414	1,1805.4483	1,1903.3980	20
21	1,1104.2006	1,1397.8716	1,1497.3950	1,1698.9302	1,1903.8271	1,2007.5527	21
22	1,1159.7216	1,1469.1083	1,1574.0443	1,1786.6722	1,2003.0256	1,2112.6188	22
23	1,1215.5202	1,1540.7902	1,1651.2046	1,1875.0723	1,2103.0509	1,2218.6042	23
24	1,1271.5978	1,1612.9202	1,1728.8793	1,1964.1353	1,2203.9096	1,2325.5170	24
25	1,1327.9558	1,1685.5009	1,1807.0718	1,2053.8663	1,2305.6089	1,2433.3653	25
26	1,1384.5955	1,1758.5353	1,1885.7857	1,2144.2703	1,2408.1556	1,2542.1572	26
27	1,1441.5185	1,1832.0262	1,1965.0242	1,2235.3523	1,2511.5569	1,2651.9011	27
28	1,1498.7261	1,1905.9763	1,2044.7911	1,2327.1175	1,2615.8199	1,2762.6052	28
29	1,1556.2197	1,1980.3887	1,2125.0897	1,2419.5709	1,2720.9517	1,2874.2780	29
30	1,1614.0008	1,2055.2661	1,2205.9236	1,2512.7176	1,2826.9596	1,2986.9280	30
31	1,1672.0708	1,2130.6115	1,2287.2964	1,2606.5630	1,2933.8510	1,3100.5636	31
32	1,1730.4312	1,2206.4278	1,2369.2117	1,2701.1122	1,3041.6331	1,3215.1935	32
33	1,1789.0833	1,2282.7180	1,2451.6731	1,2796.3706	1,3150.3133	1,3330.8265	33
34	1,1848.0288	1,2359.4850	1,2534.6843	1,2892.3434	1,3259.8993	1,3447.4712	34
35	1,1907.2689	1,2436.7318	1,2618.2489	1,2989.0359	1,3370.3984	1,3565.1366	35
36	1,1966.8052	1,2514.4614	1,2702.3705	1,3086.4537	1,3481.8184	1,3683.8315	36
37	1,2026.6393	1,2592.6767	1,2787.0530	1,3184.6021	1,3594.1669	1,3803.5650	37
38	1,2086.7725	1,2671.3810	1,2872.3000	1,3283.4866	1,3707.4516	1,3924.3462	38
39	1,2147.2063	1,2750.5771	1,2958.1153	1,3383.1128	1,3821.6804	1,4046.1843	39
40	1,2207.9424	1,2830.2682	1,3044.5028	1,3483.4861	1,3936.8611	1,4169.0884	40
41	1,2268.9821	1,2910.4574	1,3131.4661	1,3584.6123	1,4053.0016	1,4293.0679	41
42	1,2330.3270	1,2991.1477	1,3219.0092	1,3686.4969	1,4170.1099	1,4418.1322	42
43	1,2391.9786	1,3072.3424	1,3307.1360	1,3789.1456	1,4288.1942	1,4544.2909	43
44	1,2453.9385	1,3154.0446	1,3395.8502	1,3892.5642	1,4407.2625	1,4671.5534	44
45	1,2516.2082	1,3236.2573	1,3485.1559	1,3996.7584	1,4527.3230	1,4799.9295	45
46	1,2578.7892	1,3318.9839	1,3575.0569	1,4101.7341	1,4648.3840	1,4929.4289	46
47	1,2641.6832	1,3402.2276	1,3665.5573	1,4207.4971	1,4770.4539	1,5060.0614	47
48	1,2704.8916	1,3485.9915	1,3756.6610	1,4314.0533	1,4893.5410	1,5191.8370	48
49	1,2768.4161	1,3570.2790	1,3848.3721	1,4421.4087	1,5017.6538	1,5324.7655	49
50	1,2832.2581	1,3655.0932	1,3940.6946	1,4529.5693	1,5142.8009	1,5458.8572	50

MONTANT DE 1 FRANC APRÈS UN NOMBRE D'ANNÉES DONNÉ. $M = Cr^n$.

ANS.	$\frac{1}{2}$	$\frac{5}{8}$	$\frac{2}{3}$	$\frac{3}{4}$	$\frac{5}{6}$	$\frac{7}{8}$	ANS.
51	1,2896.4194	1,3740.4375	1,4033.6325	1,4638.5411	1,5268.9910	1,5594.1222	51
52	1,2960.9015	1,3826.3153	1,4127.1901	1,4748.3301	1,5396.2325	1,5730.5708	52
53	1,3025.7060	1,3912.7297	1,4221.3713	1,4858.9426	1,5524.5345	1,5868.2133	53
54	1,3090.8346	1,3999.6843	1,4316.1805	1,4970.3847	1,5653.9056	1,6007.0602	54
55	1,3156.2887	1,4087.1823	1,4411.6217	1,5082.6626	1,5784.3548	1,6147.1219	55
56	1,3222.0702	1,4175.2272	1,4507.6992	1,5195.7825	1,5915.8911	1,6288.4093	56
57	1,3288.1805	1,4263.8224	1,4604.4172	1,5309.7509	1,6048.5235	1,6430.9328	57
58	1,3354.6214	1,4352.9713	1,4701.7799	1,5424.5740	1,6182.2612	1,6574.7035	58
59	1,3421.3946	1,4442.6773	1,4799.7918	1,5540.2583	1,6317.1134	1,6719.7322	59
60	1,3488.5015	1,4532.9441	1,4898.4571	1,5656.8103	1,6453.0893	1,6866.0298	60
61	1,3555.9440	1,4623.7750	1,4997.7801	1,5774.2363	1,6590.1984	1,7013.6076	61
62	1,3623.7238	1,4715.1736	1,5097.7653	1,5892.5431	1,6728.4501	1,7162.4766	62
63	1,3691.8424	1,4807.1434	1,5198.4171	1,6011.7372	1,6867.8538	1,7312.6483	63
64	1,3760.3016	1,4899.6881	1,5299.7399	1,6131.8252	1,7008.4193	1,7464.1340	64
65	1,3829.1031	1,4992.8111	1,5401.7381	1,6252.8139	1,7150.1561	1,7616.9452	65
66	1,3898.2486	1,5086.5162	1,5504.4164	1,6374.7100	1,7293.0741	1,7771.0934	66
67	1,3967.7399	1,5180.8069	1,5607.7792	1,6497.5203	1,7437.1830	1,7926.5905	67
68	1,4037.5785	1,5275.6869	1,5711.8310	1,6621.2517	1,7582.4929	1,8083.4482	68
69	1,4107.7664	1,5371.1600	1,5816.5766	1,6745.9111	1,7729.0137	1,8241.6783	69
70	1,4178.3053	1,5467.2297	1,5922.0204	1,6871.5055	1,7876.7554	1,8401.2930	70
71	1,4249.1968	1,5563.8999	1,6028.1672	1,6998.0418	1,8025.7284	1,8562.3043	71
72	1,4320.4428	1,5661.1743	1,6135.0217	1,7125.5271	1,8175.9428	1,8724.7245	72
73	1,4392.0450	1,5759.0566	1,6242.5885	1,7253.9685	1,8327.4090	1,8888.5658	73
74	1,4464.0052	1,5857.5507	1,6350.8724	1,7383.3733	1,8480.1374	1,9053.8408	74
75	1,4536.3252	1,5956.6604	1,6459.8782	1,7513.7486	1,8634.1385	1,9220.5619	75
76	1,4609.0069	1,6056.3896	1,6569.6107	1,7645.1017	1,8789.4230	1,9388.7418	76
77	1,4682.0519	1,6156.7420	1,6680.0748	1,7777.4400	1,8946.0016	1,9558.3933	77
78	1,4755.4622	1,6257.7216	1,6791.2753	1,7910.7708	1,9103.8849	1,9729.5292	78
79	1,4829.2395	1,6359.3324	1,6903.2172	1,8045.1015	1,9263.0839	1,9902.1626	79
80	1,4903.3857	1,6461.5782	1,7015.9053	1,8180.4398	1,9423.6096	2,0076.3066	80
81	1,4977.9026	1,6564.4631	1,7129.3446	1,8316.7931	1,9585.4731	2,0251.9742	81
82	1,5052.7921	1,6667.9910	1,7243.5403	1,8454.1691	1,9748.6853	2,0429.1790	82
83	1,5128.0561	1,6772.1659	1,7358.4972	1,8592.5753	1,9913.2577	2,0607.9343	83
84	1,5203.6964	1,6876.9920	1,7474.2205	1,8732.0196	2,0079.2015	2,0788.2537	84
85	1,5279.7148	1,6982.4732	1,7590.7153	1,8872.5098	2,0246.5282	2,0970.1510	85
86	1,5356.1134	1,7088.6136	1,7707.9868	1,9014.0536	2,0415.2493	2,1153.6398	86
87	1,5432.8940	1,7195.4175	1,7826.0400	1,9156.6590	2,0585.3764	2,1338.7341	87
88	1,5510.0585	1,7302.8888	1,7944.8803	1,9300.3339	2,0756.9212	2,1525.4481	88
89	1,5587.6087	1,7411.0319	1,8064.5128	1,9445.0865	2,0929.8955	2,1713.7957	89
90	1,5665.5468	1,7519.8508	1,8184.9429	1,9590.9246	2,1104.3113	2,1903.7914	90
91	1,5743.8745	1,7629.3499	1,8306.1758	1,9737.8565	2,1280.1806	2,2095.4496	91
92	1,5822.5939	1,7739.5333	1,8428.2170	1,9885.8905	2,1457.5154	2,2288.7848	92
93	1,5901.7069	1,7850.4054	1,8551.0718	2,0035.0346	2,1636.3280	2,2483.8117	93
94	1,5981.2154	1,7961.9704	1,8674.7456	2,0185.2974	2,1816.6308	2,2680.5450	94
95	1,6061.1215	1,8074.2328	1,8799.2439	2,0336.6871	2,1998.4360	2,2878.9998	95
96	1,6141.4271	1,8187.1967	1,8924.5722	2,0489.2123	2,2181.7563	2,3079.1910	96
97	1,6222.1342	1,8300.8667	1,9050.7360	2,0642.8814	2,2366.6043	2,3281.1340	97
98	1,6303.2449	1,8415.2471	1,9177.7409	2,0797.7030	2,2552.9926	2,3484.8439	98
99	1,6384.7611	1,8530.3424	1,9305.5925	2,0953.6858	2,2740.9343	2,3690.3363	99
100	1,6466.6849	1,8646.1570	1,9434.2965	2,1110.8384	2,2930.4420	2,3862.6267	100

TABLE I.

| M = C rⁿ. | | | MONTANT DE 1 FRANC APRÈS UN NOMBRE D'ANNÉES DONNÉ. | | | | |

ANS.	1	1 $^1/_8$	1 $^1/_6$	1 $^1/_4$	1 $^1/_3$	1 $^3/_8$	ANS.
1	1,0100.0000	1,0112.5000	1,0116.6667	1,0125.0000	1,0133.3333	1,0137.5000	1
2	1,0201.0000	1,0226.2656	1,0234.6944	1,0251.5625	1,0268.4444	1,0276.8906	2
3	1,0303.0100	1,0341.3111	1,0354.0992	1,0379.7070	1,0405.3570	1,0418.1979	3
4	1,0406.0401	1,0457.6509	1,0474.8970	1,0509.4534	1,0544.0951	1,0561.4481	4
5	1,0510.1005	1,0575.2994	1,0597.1042	1,0640.8215	1,0684.6831	1,0706.6680	5
6	1,0615.2015	1,0694.2716	1,0720.7371	1,0773.8318	1,0827.1455	1,0853.8847	6
7	1,0721.3535	1,0814.5821	1,0845.8123	1,0908.5047	1,0971.5074	1,1003.1256	7
8	1,0828.5671	1,0936.2462	1,0972.3468	1,1044.8610	1,1117.7942	1,1154.4186	8
9	1,0936.8527	1,1059.2789	1,1100.3575	1,1182.9218	1,1266.0315	1,1307.7918	9
10	1,1046.2213	1,1183.6958	1,1229.8617	1,1322.7083	1,1416.2452	1,1463.2740	10
11	1,1156.6835	1,1309.5124	1,1360.8767	1,1464.2422	1,1568.4618	1,1620.8940	11
12	1,1268.2503	1,1436.7444	1,1493.4203	1,1607.5452	1,1722.7080	1,1780.6813	12
13	1,1380.9328	1,1565.4078	1,1627.5102	1,1752.6395	1,1879.0108	1,1942.6656	13
14	1,1494.7421	1,1695.5186	1,1763.1645	1,1899.5475	1,2037.3976	1,2106.8773	14
15	1,1609.6896	1,1827.0932	1,1900.4014	1,2048.2918	1,2197.8962	1,2273.3469	15
16	1,1725.7864	1,1960.1480	1,2039.2394	1,2198.8955	1,2360.5348	1,2442.1054	16
17	1,1843.0443	1,2094.6997	1,2179.6972	1,2351.3817	1,2525.3419	1,2613.1843	17
18	1,1961.4748	1,2230.7650	1,2321.7937	1,2505.7739	1,2692.3465	1,2786.6156	18
19	1,2081.0895	1,2368.3611	1,2465.5479	1,2662.0961	1,2861.5778	1,2962.4316	19
20	1,2201.9004	1,2507.5052	1,2610.9793	1,2820.3723	1,3033.0655	1,3140.6650	20
21	1,2323.9194	1,2648.2146	1,2758.1074	1,2980.6270	1,3206.8397	1,3321.3492	21
22	1,2447.1586	1,2790.5071	1,2906.9520	1,3142.8848	1,3382.9309	1,3504.5177	22
23	1,2571.6302	1,2934.4003	1,3057.5331	1,3307.1709	1,3561.3700	1,3690.2048	23
24	1,2697.3465	1,3079.9123	1,3209.8710	1,3473.5105	1,3742.1882	1,3878.4451	24
25	1,2824.3199	1,3227.0613	1,3363.9862	1,3641.9294	1,3925.4174	1,4069.2738	25
26	1,2952.5631	1,3375.8657	1,3519.8993	1,3812.4535	1,4111.0897	1,4262.7263	26
27	1,3082.0888	1,3526.3442	1,3677.6315	1,3985.1092	1,4299.2375	1,4458.8388	27
28	1,3212.9097	1,3678.5156	1,3837.2039	1,4159.9230	1,4489.8940	1,4657.6478	28
29	1,3345.0388	1,3832.3989	1,3998.6379	1,4336.9221	1,4683.0926	1,4859.1905	29
30	1,3478.4892	1,3988.0134	1,4161.9553	1,4516.1336	1,4878.8672	1,5063.5043	30
31	1,3613.2740	1,4145.3785	1,4327.1782	1,4697.5853	1,5077.2521	1,5270.6275	31
32	1,3749.4068	1,4304.5140	1,4494.3286	1,4881.3051	1,5278.2821	1,5480.5986	32
33	1,3886.9009	1,4465.4398	1,4663.4291	1,5067.3214	1,5481.9925	1,5693.4569	33
34	1,4025.7699	1,4628.1760	1,4834.5024	1,5255.6629	1,5688.4191	1,5909.2419	34
35	1,4166.0276	1,4792.7430	1,5007.5716	1,5446.3587	1,5897.5980	1,6127.9940	35
36	1,4307.6878	1,4959.1613	1,5182.6599	1,5639.4382	1,6109.5660	1,6349.7539	36
37	1,4450.7647	1,5127.4519	1,5359.7910	1,5834.9312	1,6324.3602	1,6574.5630	37
38	1,4595.2724	1,5297.6357	1,5538.9885	1,6032.8678	1,6542.0183	1,6802.4633	38
39	1,4741.2251	1,5469.7341	1,5720.2767	1,6233.2787	1,6762.5786	1,7033.4971	39
40	1,4888.6373	1,5643.7687	1,5903.6800	1,6436.1946	1,6986.0796	1,7267.7077	40
41	1,5037.5237	1,5819.7611	1,6089.2229	1,6641.6471	1,7212.5607	1,7505.1387	41
42	1,5187.8989	1,5997.7334	1,6276.9305	1,6849.6677	1,7442.0615	1,7745.8343	42
43	1,5339.7779	1,6177.7079	1,6466.8280	1,7060.2885	1,7674.6223	1,7989.8396	43
44	1,5493.1757	1,6359.7071	1,6658.9410	1,7273.5421	1,7910.2839	1,8237.1999	44
45	1,5648.1075	1,6543.7538	1,6853.2953	1,7489.4614	1,8149.0877	1,8487.9614	45
46	1,5804.5885	1,6729.8710	1,7049.9171	1,7708.0797	1,8391.0756	1,8742.1708	46
47	1,5962.6344	1,6918.0821	1,7248.8328	1,7929.4306	1,8636.2899	1,8999.8757	47
48	1,6122.2608	1,7108.4105	1,7450.0692	1,8153.5485	1,8884.7738	1,9261.1240	48
49	1,6283.4834	1,7300.8801	1,7653.6533	1,8380.4679	1,9136.5708	1,9525.9644	49
50	1,6446.3182	1,7495.5150	1,7859.6126	1,8610.2237	1,9391.7250	1,9794.4464	50

TABLE I.

MONTANT DE 1 FRANC APRÈS UN NOMBRE D'ANNÉES DONNÉ. $\quad M = Cr^n$.

ANS.	1	1 1/8	1 1/6	1 1/4	1 1/3	1 3/8	ANS.
51	1,6610.7814	1,7692.3395	1,8067.9748	1,8842.8515	1,9650.2814	2,0066.6201	51
52	1,6776.8892	1,7891.3784	1,8278.7678	1,9078.3872	1,9912.2851	2,0342.5361	52
53	1,6944.6581	1,8092.6564	1,8492.0201	1,9316.8670	2,0177.7823	2,0622.2460	53
54	1,7114.1047	1,8296.1988	1,8707.7603	1,9558.3279	2,0446.8194	2,0905.8019	54
55	1,7285.2457	1,8502.0310	1,8926.0175	1,9802.8070	2,0719.4436	2,1193.2566	55
56	1,7458.0982	1,8710.1788	1,9146.8211	2,0050.3420	2,0995.7029	2,1484.6639	56
57	1,7632.6792	1,8920.6684	1,9370.2006	2,0300.9713	2,1275.6456	2,1780.0780	57
58	1,7809.0060	1,9133.5259	1,9596.1863	2,0554.7335	2,1559.3208	2,2079.5541	58
59	1,7987.0960	1,9348.7780	1,9824.8085	2,0811.6676	2,1846.7784	2,2383.1480	59
60	1,8166.9670	1,9566.4518	2,0056.0979	2,1071.8135	2,2138.0688	2,2690.9163	60
61	1,8348.6367	1,9786.5744	2,0290.0857	2,1335.2111	2,2433.2431	2,3002.9164	61
62	1,8532.1230	2,0009.1733	2,0526.8034	2,1601.9013	2,2732.3530	2,3319.2065	62
63	1,8717.4443	2,0234.2765	2,0766.2828	2,1871.9250	2,3035.4510	2,3639.8456	63
64	1,8904.6187	2,0461.9121	2,1008.5561	2,2145.3241	2,3342.5904	2,3964.8934	64
65	1,9093.6649	2,0692.1087	2,1253.6559	2,2422.1407	2,3653.8249	2,4294.4107	65
66	1,9284.6015	2,0924.8949	2,1501.6152	2,2702.4174	2,3969.2092	2,4628.4589	66
67	1,9477.4475	2,1160.2999	2,1752.4674	2,2986.1976	2,4288.7987	2,4967.1002	67
68	1,9672.2220	2,1398.3533	2,2006.2462	2,3273.5251	2,4612.6493	2,5310.3978	68
69	1,9868.9442	2,1639.0848	2,2262.9857	2,3564.4442	2,4940.8180	2,5658.4158	69
70	2,0067.6337	2,1882.5245	2,2522.7206	2,3858.9997	2,5273.3622	2,6011.2190	70
71	2,0268.3100	2,2128.7029	2,2785.4856	2,4157.2372	2,5610.3404	2,6368.8732	71
72	2,0470.9931	2,2377.6508	2,3051.3163	2,4459.2027	2,5951.8116	2,6731.4453	72
73	2,0675.7031	2,2629.3994	2,3320.2483	2,4764.9427	2,6297.8358	2,7099.0026	73
74	2,0882.4601	2,2883.9801	2,3592.3179	2,5074.5045	2,6648.4736	2,7471.6139	74
75	2,1091.2847	2,3141.4249	2,3867.5616	2,5387.9358	2,7003.7866	2,7849.3486	75
76	2,1302.1975	2,3401.7659	2,4146.0165	2,5705.2850	2,7363.8371	2,8232.2771	76
77	2,1515.2195	2,3665.0358	2,4427.7200	2,6026.6011	2,7728.6882	2,8620.4710	77
78	2,1730.3717	2,3931.2675	2,4712.7101	2,6351.9336	2,8098.4041	2,9014.0024	78
79	2,1947.6754	2,4200.4942	2,5001.0250	2,6681.3327	2,8473.0494	2,9412.9450	79
80	2,2167.1522	2,4472.7498	2,5292.7036	2,7014.8494	2,8852.6901	2,9817.3730	80
81	2,2388.8237	2,4748.0682	2,5587.7852	2,7352.5350	2,9237.3926	3,0227.3618	81
82	2,2612.7119	2,5026.4840	2,5886.3093	2,7694.4417	2,9627.2245	3,0642.9881	82
83	2,2838.8390	2,5308.0319	2,6188.3163	2,8040.6222	3,0022.2542	3,1064.3291	83
84	2,3067.2274	2,5592.7473	2,6493.8466	2,8391.1300	3,0422.5509	3,1491.4637	84
85	2,3297.8997	2,5880.6657	2,6802.9415	2,8746.0191	3,0828.1849	3,1924.4713	85
86	2,3530.8787	2,6171.8232	2,7115.6425	2,9105.3444	3,1239.2274	3,2363.4328	86
87	2,3766.1875	2,6466.2562	2,7431.9917	2,9469.1612	3,1655.7504	3,2808.4300	87
88	2,4003.8494	2,6764.0016	2,7752.0316	2,9837.5257	3,2077.8271	3,3259.5459	88
89	2,4243.8879	2,7065.0966	2,8075.8053	3,0210.4948	3,2505.5315	3,3716.8646	89
90	2,4486.3267	2,7369.5789	2,8403.3563	3,0588.1260	3,2938.9386	3,4180.4715	90
91	2,4731.1900	2,7677.4867	2,8734.7288	3,0970.4775	3,3378.1244	3,4650.4530	91
92	2,4978.5019	2,7988.8584	2,9069.9673	3,1357.6085	3,3823.1661	3,5126.8967	92
93	2,5228.2869	2,8303.7331	2,9409.1169	3,1749.5786	3,4274.1416	3,5609.8916	93
94	2,5480.5698	2,8622.1501	2,9752.2233	3,2146.4483	3,4731.1302	3,6099.5276	94
95	2,5735.3755	2,8944.1492	3,0099.3326	3,2548.2789	3,5194.2119	3,6595.8961	95
96	2,5992.7293	2,9269.7709	3,0450.4915	3,2955.1324	3,5663.4681	3,7099.0897	96
97	2,6252.6565	2,9599.0559	3,0805.7472	3,3367.0716	3,6138.9810	3,7609.2021	97
98	2,6515.1831	2,9932.0452	3,1165.1476	3,3784.1600	3,6620.8340	3,8126.3287	98
99	2,6780.3349	3,0268.7807	3,1528.7410	3,4206.4620	3,7109.1118	3,8650.5657	99
100	2,7048.1383	3,0609.3045	3,1896.5763	3,4634.0427	3,7603.9000	3,9182.0110	100

TABLE I.

M = Cr".   **MONTANT DE 1 FRANC APRÈS UN NOMBRE D'ANNÉES DONNÉ.**

ANS.	1 ½	1 ⅝	1 ⅔	1 ¾	1 ⅚	1 ⅞	ANS.
1	1,0150.0000	1,0162.5000	1,0166.6667	1,0175.0000	1,0183.3333	1,0187.5000	1
2	1,0302.2500	1,0327.6406	1,0336.1111	1,0353.0625	1,0370.0278	1,0378.5156	2
3	1,0456.7837	1,0495.4648	1,0508.3796	1,0534.2411	1,0560.1450	1,0573.1128	3
4	1,0613.6355	1,0666.0161	1,0683.5193	1,0718.5903	1,0753.7476	1,0771.3587	4
5	1,0772.8400	1,0839.3388	1,0861.5779	1,0906.1656	1,0950.8997	1,0973.3216	5
6	1,0934.4326	1,1015.4781	1,1042.6042	1,1097.0235	1,1151.6661	1,1179.0714	6
7	1,1098.4491	1,1194.4796	1,1226.6476	1,1291.2215	1,1356.1134	1,1388.6790	7
8	1,1264.9259	1,1376.3899	1,1413.7584	1,1488.8178	1,1564.3c88	1,1602.2167	8
9	1,1433.8998	1,1561.2563	1,1603.9877	1,1689.8721	1,1776.3211	1,1819.7583	9
10	1,1605.4083	1,1749.1267	1,1797.3875	1,1894.4449	1,1992.2203	1,2041.3788	10
11	1,1779.4894	1,1940.0500	1,1994.0107	1,2102.5977	1,2212.C777	1,2267.1546	11
12	1,1956.1817	1,2134.0758	1,2193.9108	1,2314.3931	1,2435.9658	1,2497.1638	12
13	1,2135.5244	1,2331.2545	1,2397.1427	1,2529.8950	1,2663.9585	1,2731.4856	13
14	1,2317.5573	1,2531.6374	1,2603.7617	1,2749.1682	1,2896.1311	1,2970.2009	14
15	1,2502.3207	1,2735.2765	1,2813.8244	1,2972.2786	1,3132.5601	1,3213.3922	15
16	1,2689.8555	1,2942.2248	1,3027.3882	1,3199.2935	1,3373.3237	1,3461.1433	16
17	1,2880.2033	1,3152.5359	1,3244.5113	1,3430.2811	1,3618.5013	1,3713.5398	17
18	1,3073.4064	1,3366.2646	1,3465.2532	1,3665.3111	1,3868.1739	1,3970.6686	18
19	1,3269.5075	1,3583.4664	1,3689.6741	1,3904.4540	1,4122.4237	1,4232.6187	19
20	1,3468.5501	1,3804.1977	1,3917.8353	1,4147.7820	1,4381.3348	1,4499.4803	20
21	1,3670.5783	1,4028.5160	1,4149.7992	1,4395.3681	1,4644.9926	1,4771.3455	21
22	1,3875.6370	1,4256.4793	1,4385.6292	1,4647.2871	1,4913.4841	1,5048.3082	22
23	1,4083.7715	1,4488.1471	1,4625.3897	1,4903.6146	1,5186.8980	1,5330.4640	23
24	1,4295.0281	1,4723.5795	1,4869.1462	1,5164.4279	1,5465.3245	1,5617.9102	24
25	1,4509.4535	1,4962.8377	1,5116.9653	1,5429.8054	1,5748.8554	1,5910.7460	25
26	1,4727.0953	1,5205.9838	1,5368.9147	1,5699.8269	1,6037.5845	1,6209.0725	26
27	1,4948.0018	1,5453.0810	1,5625.0633	1,5974.5739	1,6331.6068	1,6512.9926	27
28	1,5172.2218	1,5704.1936	1,5885.4810	1,6254.1290	1,6631.0196	1,6822.6112	28
29	1,5399.8051	1,5959.3868	1,6150.2390	1,6538.5762	1,6935.9217	1,7138.0352	29
30	1,5630.8022	1,6218.7268	1,6419.4097	1,6828.0013	1,7246.4135	1,7459.3734	30
31	1,5865.2642	1,6482.2811	1,6693.0665	1,7122.4913	1,7562.5978	1,7786.7366	31
32	1,6103.2432	1,6750.1182	1,6971.2843	1,7422.1349	1,7884.5788	1,8120.2379	32
33	1,6344.7918	1,7022.3076	1,7254.1390	1,7727.0223	1,8212.4627	1,8459.9924	33
34	1,6589.9637	1,7298.9201	1,7541.7080	1,8037.2452	1,8546.3579	1,8806.1172	34
35	1,6838.8132	1,7580.0275	1,7834.0698	1,8352.8970	1,8886.3744	1,9158.7319	35
36	1,7091.3954	1,7865.7030	1,8131.3043	1,8674.0727	1,9232.6246	1,9517.9582	36
37	1,7347.7663	1,8156.0207	1,8433.4927	1,9000.8689	1,9585.2227	1,9883.9199	37
38	1,7607.9828	1,8451.0560	1,8740.7176	1,9333.3841	1,9944.2851	2,0256.7434	38
39	1,7872.1025	1,8750.8857	1,9053.0629	1,9671.7184	2,0309.9304	2,0636.5573	39
40	1,8140.1841	1,9055.5875	1,9370.6139	2,0015.9734	2.0682.2791	2,1023.4928	40
41	1,8412.2868	1,9365.2408	1,9693.4575	2,0366.2530	2,1061.4542	2,1417.6833	41
42	1,8688.4712	1,9679.9260	2,0021.6818	2,0722.6624	2,1447.5809	2,1819.2648	42
43	1,8968.7982	1,9999.7248	2,0355.3765	2,1085.3090	2,1840.7865	2,2228.3760	43
44	1,9253.3302	2,0324.7203	2,0694.6327	2,1454.3019	2,2241.2009	2,2645.1581	44
45	1,9542.1301	2,0654.9970	2,1039.5433	2,1829.7522	2,2648.9563	2,3069.7548	45
46	1,9835.2621	2,0990.6407	2,1390.2023	2,2211.7728	2,3064.1872	2,3502.3127	46
47	2,0132.7910	2,1331.7387	2,1746.7057	2,2600.4789	2,3487.0306	2,3942.9811	47
48	2,0434.7829	2,1678.3794	2,2109.1508	2,2995.9872	2,3917.6261	2,4391.9120	48
49	2,0741.3046	2,2030.6531	2,2477.6367	2,3398.4170	2,4356.1160	2,4849.2603	49
50	2,1052.4242	2,2388.6512	2,2852.2639	2,3807.8893	2,4802.6448	2,5315.1839	50

MONTANT DE 1 FRANC APRÈS UN NOMBRE D'ANNÉES DONNÉ. $M = Cr^n$.

ANS.	$1\,{}^{1}/_{2}$	$1\,{}^{5}/_{8}$	$1\,{}^{2}/_{3}$	$1\,{}^{3}/_{4}$	$1\,{}^{5}/_{6}$	$1\,{}^{7}/_{8}$	ANS.
51	2,1368.2106	2,2752.4668	2,3233.1350	2,4224.5274	2,5257.3599	2,5789.8436	51
52	2,1688.7337	2,3122.1944	2,3620.3539	2,4648.4566	2,5720.4115	2,6273.4032	52
53	2,2014.0647	2,3497.9300	2,4014.0265	2,5079.8046	2,6191.9524	2,6766.0295	53
54	2,2344.2757	2,3879.7714	2,4414.2603	2,5518.7012	2,6672.1382	2,7267.8926	54
55	2,2679.4398	2,4267.8177	2,4821.1646	2,5965.2785	2,7161.1274	2,7779.1656	55
56	2,3019.6314	2,4662.1697	2,5234.8507	2,6419.6708	2,7659.0814	2,8300.0249	56
57	2,3364.9259	2,5062.9300	2,5655.4315	2,6882.0151	2,8166.1645	2,8830.6504	57
58	2,3715.3998	2,5470.2026	2,6083.0220	2,7352.4503	2,8682.5442	2,9371.2251	58
59	2,4071.1308	2,5884.0934	2,6517.7391	2,7831.1182	2,9208.3909	2,9921.9355	59
60	2,4432.1978	2,6304.7099	2,6959.7014	2,8318.1628	2,9743.8780	3,0482.9718	60
61	2,4798.6807	2,6732.1614	2,7409.0297	2,8813.7306	3,0289.1825	3,1054.5276	61
62	2,5170.6609	2,7166.5590	2,7865.8469	2,9317.9709	3,0844.4841	3,1636.8000	62
63	2,5548.2208	2,7608.0156	2,8330.2777	2,9831.0354	3,1409.9663	3,2229.9900	63
64	2,5931.4442	2,8056.6459	2,8802.4490	3,0353.0785	3,1985.8157	3,2834.3023	64
65	2,6320.4158	2,8512.5664	2,9282.4898	3,0884.2574	3,2572.2224	3,3449.9454	65
66	2,6715.2221	2,8975.8956	2,9770.5313	3,1424.7319	3,3169.3798	3,4077.1319	66
67	2,7115.9504	2,9446.7539	3,0266.7068	3,1974.6647	3,3777.4851	3,4716.0781	67
68	2,7522.6896	2,9925.2636	3,0771.1519	3,2534.2213	3,4396.7390	3,5367.0046	68
69	2,7935.5300	3,0411.5492	3,1284.0045	3,3103.5702	3,5027.3458	3,6030.1359	69
70	2,8354.5629	3,0905.7368	3,1805.4045	3,3682.8827	3,5669.5138	3,6705.7010	70
71	2,8779.8814	3,1407.9551	3,2335.4946	3,4272.3331	3,6323.4549	3,7393.9329	71
72	2,9211.5796	3,1918.3343	3,2874.4195	3,4872.0990	3,6989.3849	3,8095.0691	72
73	2,9649.7533	3,2437.0073	3,3422.3265	3,5482.3607	3,7667.5237	3,8809.3517	73
74	3,0094.4996	3,2964.1086	3,3979.3653	3,6103.3020	3,8358.0949	3,9537.0270	74
75	3,0545.9171	3,3499.7754	3,4545.6881	3,6735.1098	3,9061.3267	4,0278.3463	75
76	3,1004.1059	3,4044.1467	3,5121.4495	3,7377.9742	3,9777.4510	4,1033.5653	76
77	3,1469.1674	3,4597.3641	3,5706.8070	3,8032.0888	4,0506.7043	4,1802.9446	77
78	3,1941.2050	3,5159.5713	3,6301.9205	3,8697.6503	4,1249.3272	4,2586.7498	78
79	3,2420.3230	3,5730.9143	3,6906.9525	3,9374.8592	4,2005.5648	4,3385.2514	79
80	3,2906.6279	3,6311.5417	3,7522.0683	4,0063.9192	4,2775.6669	4,4198.7248	80
81	3,3400.2273	3,6901.6042	3,8147.4362	4,0765.0378	4,3559.8874	4,5027.4509	81
82	3,3901.2307	3,7501.2553	3,8783.2268	4,1478.4260	4,4358.4853	4,5871.7156	82
83	3,4409.7492	3,8110.6507	3,9429.6139	4,2204.2984	4,5171.7242	4,6731.8103	83
84	3,4925.8954	3,8729.9488	4,0086.7741	4,2942.8737	4,5999.8725	4,7608.0317	84
85	3,5449.7838	3,9359.3104	4,0754.8870	4,3694.3740	4,6843.2035	4,8500.6823	85
86	3,5981.5306	3,9998.8992	4,1434.1351	4,4459.0255	4,7701.9956	4,9410.0701	86
87	3,6521.2535	4,0648.8813	4,2124.7040	4,5237.0584	4,8576.5322	5,0336.5089	87
88	3,7069.0723	4,1309.4257	4,2826.7824	4,6028.7070	4,9467.1019	5,1280.3185	88
89	3,7625.1084	4,1980.7038	4,3540.5621	4,6834.2093	5,0373.9988	5,2241.8245	89
90	3,8189.4851	4,2662.8903	4,4266.2382	4,7653.8080	5,1297.5221	5,3221.3587	90
91	3.8762.3273	4,3356.1622	4,5004.0088	4,8487.7496	5,2237.9767	5,4219.2591	91
92	3,9343.7622	4,4060.6999	4,5754.0756	4.9336.2853	5,3195.6729	5,5235.8703	92
93	3,9933.9187	4,4776.6863	4,6516.6436	5,0199.6703	5,4170.9269	5,6271.5428	93
94	4,0532.9275	4,5504.3074	4,7291.9209	5,1078.1645	5,5164.0606	5,7326.6343	94
95	4,1140.9214	4,6243.7524	4,8080.1196	5,1972.0324	5,6175.4017	5,8401.5086	95
96	4,1758.0352	4,6995.2134	4,8881.4550	5,2881.5429	5,7205.2841	5,9496.5369	96
97	4,2384.4057	4,7758.8856	4,9696.1459	5,3806.9699	5,8254.0476	6,0612.0970	97
98	4,3020.1718	4,8534.9675	5,0524.4150	5,4748.5919	5,9322.0385	6,1748.5738	98
99	4,3665.4744	4,9323.6607	5,1366.4886	5,5706.6923	6,0409.6092	6,2906.3596	99
100	4,4320.4565	5,0125.1702	5,2222.5967	5,6681.5594	6,1517.1187	6,4085.8538	100

$M = Cr^n.$ **MONTANT DE 1 FRANC APRÈS UN NOMBRE D'ANNÉES DONNÉ.**

ANS.	2	$2\,^1/_8$	$2\,^1/_6$	$2\,^1/_4$	$2\,^1/_3$	$2\,^3/_8$	ANS.
1	1,0200.0000	1,0212.5000	1,0216.6667	1,0225.0000	1,0233.3333	1,0237.5000	1
2	1,0404.0000	1,0429.5156	1,0438.0278	1,0455.0625	1,0472.1111	1,0480.6406	2
3	1,0612.0800	1,0651.1428	1,0664.1850	1,0690.3014	1,0716.4604	1,0729.5558	3
4	1,0824.3216	1,0877.4796	1,0895.2424	1,0930.8332	1,0966.5111	1,0984.3828	4
5	1,1040.8080	1,1108.6261	1,1131.3060	1,1176.7769	1,1222.3964	1,1245.2619	5
6	1,1261.6242	1,1344.6844	1,1372.4843	1,1428.2544	1,1484.2523	1,1512.3369	6
7	1,1486.8567	1,1585.7589	1,1618.8881	1,1685.3901	1,1752.2182	1,1785.7549	7
8	1,1716.5938	1,1831.9563	1,1870.6307	1,1948.3114	1,2026.4366	1,2065.6665	8
9	1,1950.9257	1,2083.3854	1,2127.8277	1,2217.1484	1,2307.0535	1,2352.2261	9
10	1,2189.9442	1,2340.1573	1,2390.5973	1,2492.0343	1,2594.2180	1,2645.5915	10
11	1,2433.7431	1,2602.3856	1,2659.0602	1,2773.1050	1,2888.0831	1,2945.9243	11
12	1,2682.4179	1,2870.1863	1,2933.3398	1,3060.4999	1,3188.8051	1,3253.3900	12
13	1,2936.0663	1,3143.6778	1,3213.5622	1,3354.3612	1,3496.5438	1,3568.1580	13
14	1,3194.7876	1,3422.9809	1,3499.8561	1,3654.8343	1,3811.4632	1,3890.4017	14
15	1,3458.6834	1,3708.2193	1,3792.3529	1,3962.0680	1,4133.7307	1,4220.2988	15
16	1,3727.8570	1,3999.5189	1,4091.1873	1,4276.2146	1,4463.5177	1,4558.0309	16
17	1,4002.4142	1,4297.0087	1,4396.4963	1,4597.4294	1,4800.9998	1,4903.7841	17
18	1,4282.4625	1,4600.8202	1,4708.4204	1,4925.8716	1,5146.3565	1,5257.7490	18
19	1,4568.1117	1,4911.0876	1,5027.1028	1,5261.7037	1,5499.7715	1,5620.1205	19
20	1,4859.4740	1,5227.9482	1,5352.6901	1,5605.0920	1,5861.4328	1,5991.0984	20
21	1,5156.6634	1,5551.5421	1,5685.3317	1,5956.2066	1,6231.5329	1,6370.8870	21
22	1,5459.7967	1,5882.0124	1,6025.1805	1,6315.2212	1,6610.2686	1,6759.6955	22
23	1,5768.9926	1,6219.5051	1,6372.3928	1,6682.3137	1,6997.8416	1,7157.7383	23
24	1,6084.3725	1,6564.1696	1,6727.1280	1,7057.6658	1,7394.4579	1,7565.2346	24
25	1,6406.0599	1,6916.1582	1,7089.5491	1,7441.4632	1,7800.3286	1,7982.4089	25
26	1,6734.1811	1,7275.6266	1,7459.8226	1,7833.8962	1,8215.6696	1,8409.4911	26
27	1,7068.8648	1,7642.7336	1,7838.1188	1,8235.1588	1,8640.7019	1,8846.7165	27
28	1,7410.2421	1,8017.6417	1,8224.6114	1,8645.4499	1,9075.6516	1,9294.3261	28
29	1,7758.4469	1,8400.5166	1,8619.4779	1,9064.9725	1,9520.7501	1,9752.5663	29
30	1,8113.6158	1,8791.5276	1,9022.9000	1,9493.9344	1,9976.2343	2,0221.6898	30
31	1,8475.8882	1,9190.8476	1,9435.0628	1,9932.5479	2,0442.3464	2,0701.9549	31
32	1,8845.4059	1,9598.6531	1,9856.1558	2,0381.0303	2,0919.3345	2,1193.6263	32
33	1,9222.3140	2,0015.1245	2,0286.3725	2,0839.6034	2,1407.4523	2,1696.9749	33
34	1,9606.7603	2,0440.4458	2,0725.9106	2,1308.4945	2,1906.9595	2,2212.2781	34
35	1,9998.8955	2,0874.8053	2,1174.9720	2,1787.9356	2,2418.1219	2,2739.8197	35
36	2,0398.8734	2,1318.3949	2,1633.7631	2,2278.1642	2,2941.2114	2,3279.8904	36
37	2,0806.8509	2,1771.4108	2,2102.4946	2,2779.4229	2,3476.5064	2,3832.7878	37
38	2,1222.9879	2,2234.0533	2,2581.3820	2,3291.9599	2,4024.2915	2,4398.8165	38
39	2,1647.4477	2,2706.5269	2,3070.6453	2,3816.0290	2,4584.8583	2,4978.2884	39
40	2,2080.3966	2,3189.0406	2,3570.5092	2,4351.8897	2,5158.5050	2,5571.5228	40
41	2,2522.0046	2,3681.8077	2,4081.2036	2,4899.8072	2,5745.5368	2,6178.8464	41
42	2,2972.4447	2,4185.0462	2,4602.9630	2,5460.0528	2,6346.2660	2,6800.5940	42
43	2,3431.8936	2,4698.9784	2,5136.0272	2,6032.9040	2,6961.0122	2,7437.1081	43
44	2,3900.5314	2,5223.8317	2,5680.6411	2,6618.6444	2,7590.1025	2,8088.7395	44
45	2,4378.5421	2,5759.8381	2,6237.0550	2,7217.5639	2,8233.8715	2,8755.8470	45
46	2,4866.1129	2,6307.2347	2,6805.5245	2,7829.9590	2,8892.6619	2,9438.7984	46
47	2,5363.4351	2,6866.2634	2,7386.3109	2,8456.1331	2,9566.8240	3,0137.9699	47
48	2,5870.7039	2,7437.1715	2,7979.6810	2,9096.3961	3,0256.7165	3,0853.7466	48
49	2,6388.1179	2,8020.2114	2,8585.9074	2,9751.0650	3,0962.7066	3,1586.5231	49
50	2,6915.8803	2,8615.6409	2,9205.2687	3,0420.4640	3,1685.1697	3,2336.7030	50

MONTANT DE 1 FRANC APRÉS UN NOMBRE D'ANNÉES DONNÉ. $M = C r^n$.

ANS.	2	$2\,^1/_8$	$2\,^1/_6$	$2\,^1/_4$	$2\,^1/_3$	$2\,^3/_8$	ANS.
51	2,7454.1979	2,9223.7233	2,9838.0496	3,1104.9244	3,2424.4904	3,3104.6997	51
52	2,8003.2819	2,9844.7274	3,0484.5406	3,1804.7852	3,3181.0618	3,3890.9364	52
53	2,8563.3475	3,0478.9278	3,1145.0390	3,2520.3929	3,3955.2866	3,4695.8461	53
54	2,9134.6144	3,1126.6051	3,1819.8482	3,3252.1017	3,4747.5766	3,5519.8724	54
55	2,9717.3067	3,1788.0454	3,2509.2782	3,4000.2740	3,5558.3534	3,6363.4694	55
56	3,0311.6529	3,2463.5414	3,3213.6459	3,4765.2802	3,6388.0483	3,7227.1018	56
57	3,0917.8859	3,3153.3916	3,3933.2749	3,5547.4990	3,7237.1028	3,8111.2455	57
58	3,1536.2436	3,3857.9012	3,4668.4959	3,6347.3177	3,8105.9685	3,9016.3876	58
59	3,2166.9685	3,4577.3816	3,5419.6466	3,7165.1324	3,8995.1077	3,9943.0268	59
60	3,2810.3079	3,5312.1510	3,6187.0723	3,8001.3479	3,9904.9936	4,0891.6737	60
61	3,3466.5140	3,6062.5342	3,6971.1255	3,8856.3782	4,0836.1101	4,1862.8509	61
62	3,4135.8443	3,6828.8630	3,7772.1666	3,9730.6467	4,1788.9527	4,2857.0936	62
63	3,4818.5612	3,7611.4764	3,8590.5635	4,0624.5862	4,2764.0282	4,3874.9496	63
64	3,5514.9324	3,8410.7202	3,9426.6924	4,1538.6394	4,3761.8556	4,4916.9796	64
65	3,6225.2311	3,9226.9480	4,0280.9374	4,2473.2588	4,4782.9655	4,5983.7579	65
66	3,6949.7357	4,0060.5207	4,1153.6910	4,3428.9071	4,5827.9014	4,7075.8722	66
67	3,7688.7304	4,0911.8067	4,2045.3544	4,4406.0576	4,6897.2191	4,8193.9241	67
68	3,8442.5050	4,1781.1826	4,2956.3370	4,5405.1939	4,7991.4875	4,9338.5298	68
69	3,9211.3551	4,2669.0328	4,3887.0577	4,6426.8107	4,9111.2889	5,0510.3199	69
70	3,9995.5822	4,3575.7497	4,4837.9439	4,7471.4140	5,0257.2190	5,1709.9400	70
71	4,0795.4939	4,4501.7344	4,5809.4327	4,8539.5208	5,1429.8874	5,2938.0511	71
72	4,1611.4037	4,5447.3963	4,6801.9704	4,9631.6600	5,2629.9181	5,4195.3298	72
73	4,2443.6318	4,6413.1534	4,7816.0131	5,0748.3723	5,3857.9496	5,5482.4689	73
74	4,3292.5045	4,7399.4329	4,8852.0267	5,1890.2107	5,5114.6351	5,6800.1775	74
75	4,4158.3545	4,8406.6709	4,9910.4873	5,3057.7405	5,6400.6432	5,8149.1817	75
76	4,5041.5216	4,9435.3126	5,0991.8812	5,4251.5396	5,7716.6582	5,9530.2248	76
77	4,5942.3521	5,0485.8130	5,2096.7053	5,5472.1993	5,9063.3802	6,0944.0676	77
78	4,6861.1991	5,1558.6366	5,3225.4672	5,6720.3237	6,0441.5258	6,2391.4892	78
79	4,7798.4231	5,2654.2576	5,4378.6857	5,7996.5310	6,1851.8280	6,3873.2871	79
80	4,8754.3916	5,3773.1606	5,5556.8905	5,9301.4530	6,3295.0374	6,5390.2777	80
81	4,9729.4794	5,4915.8402	5,6760.6232	6,0635.7357	6,4771.9216	6,6943.2968	81
82	5,0724.0690	5,6082.8018	5,7990.4367	6,2000.0397	6,6283.2664	6,8533.2001	82
83	5,1738.5504	5,7274.5614	5,9246.8961	6,3395.0406	6,7829.8760	7,0160.8636	83
84	5,2773.3214	5,8491.6458	6,0530.5789	6,4821.4290	6,9412.5731	7,1827.1841	84
85	5,3828.7878	5,9734.5933	6,1842.0748	6,6279.9112	7,1032.1998	7,3533.0797	85
86	5,4905.3635	6,1003.9534	6,3181.9864	6,7771.2092	7,2689.6178	7,5279.4903	86
87	5,6003.4708	6,2300.2874	6,4550.9294	6,9296.0614	7,4385.7088	7,7067.3782	87
88	5,7123.5402	6,3624.1685	6,5949.5329	7,0855.2228	7,6121.3754	7,8897.7285	88
89	5,8266.0110	6,4976.1821	6,7378.4394	7,2449.4653	7,7897.5408	8,0771.5495	89
90	5,9431.3313	6,6356.9259	6,8838.3056	7,4079.5782	7,9715.1501	8,2689.8738	90
91	6,0619.9579	6,7767.0106	7,0329.8022	7,5746.3688	8,1575.1703	8,4653.7583	91
92	6,1832.3570	6,9207.0596	7,1853.6146	7,7450.6621	8,3478.5909	8,6664.2851	92
93	6,3069.0042	7,0677.7096	7,3410.4429	7,9193.3020	8,5426.4247	8,8722.5618	93
94	6,4330.3843	7,2179.6109	7,5001.0025	8,0975.1512	8,7419.7079	9,0829.7227	94
95	6,5616.9919	7,3713.4277	7,6626.0243	8,2797.0921	8,9459.5011	9,2986.9286	95
96	6,6929.3318	7,5279.8380	7,8286.2548	8,4660.0267	9,1546.8895	9,5195.3682	96
97	6,8267.9184	7,6879.5346	7,9982.4570	8,6564.8773	9,3682.9836	9,7456.2581	97
98	6,9633.2768	7,8513.2247	8,1715.4102	8,8512.5871	9,5868.9199	9,9770.8443	98
99	7,1025.9423	8,0181.6307	8,3485.9108	9,0504.1203	9,8105.8613	10,2140.4018	99
100	7,2446.4612	8,1885.4904	8,5294.7722	9,2540.4630	10,0394.9981	10,4566.2364	100

TABLE I.

M = Cr^n. **MONTANT DE 1 FRANC APRÈS UN NOMBRE D'ANNÉES DONNÉ.**

ANS.	2 $^1/_2$	2 $^3/_8$	2 $^2/_3$	2 $^3/_4$	2 $^2/_6$	2 $^7/_8$	ANS.
1	1,0250.0000	1,0262.5000	1,0266.6667	1,0275.0000	1,0283.3333	1,0287.5000	1
2	1,0506.2500	1,0531.8906	1,0540.4444	1,0557.5625	1,0574.6944	1,0583.2656	2
3	1,0768.9062	1,0808.3528	1,0821.5230	1,0847.8955	1,0874.3108	1,0887.5345	3
4	1,1038.1289	1,1092.0720	1,1110.0969	1,1146.2126	1,1182.4163	1,1200.5511	4
5	1,1314.0821	1,1383.2389	1,1406.3662	1,1452.7334	1,1499.2514	1,1522.5670	5
6	1,1596.9342	1,1682.0489	1,1710.5359	1,1767.6836	1,1825.0635	1,1853.8408	6
7	1,1886.8575	1,1988.7027	1,2022.8169	1,2091.2949	1,2160.1070	1,2194.6387	7
8	1,2184.0290	1,2303.4062	1,2343.4253	1,2423.8055	1,2504.6433	1,2545.2346	8
9	1,2488.6297	1,2626.3706	1,2672.5833	1,2765.4602	1,2858.9416	1,2905.9101	9
10	1,2800.8454	1,2957.8128	1,3010.5189	1,3116.5103	1,3223.2782	1,3276.9550	10
11	1,3120.8666	1,3297.9554	1,3357.4661	1,3477.2144	1,3597.9378	1,3658.6674	11
12	1,3448.8882	1,3647.0267	1,3713.6652	1,3847.8378	1,3983.2127	1,4051.3541	12
13	1,3785.1104	1,4005.2612	1,4079.3629	1,4228.6533	1,4379.4037	1,4455.3305	13
14	1,4129.7382	1,4372.8993	1,4454.8126	1,4619.9413	1,4786.8202	1,4870.9213	14
15	1,4482.9817	1,4750.1879	1,4840.2742	1,5021.9896	1,5205.7801	1,5298.4603	15
16	1,4845.0562	1,5137.3803	1,5236.0149	1,5435.0944	1,5636.6105	1,5738.2910	16
17	1,5216.1826	1,5534.7365	1,5642.3086	1,5859.5595	1,6079.6478	1,6190.7669	17
18	1,5596.5872	1,5942.5234	1,6059.4369	1,6295.6973	1,6535.2378	1,6656.2514	18
19	1,5986.5019	1,6361.0146	1,6487.6885	1,6743.8290	1,7003.7362	1,7135.1187	19
20	1,6386.1644	1,6790.4912	1,6927.3602	1,7204.2843	1,7485.5088	1,7627.7533	20
21	1,6795.8185	1,7231.2416	1,7378.7565	1,7677.4021	1,7980.9315	1,8134.5512	21
22	1,7215.7140	1,7683.5617	1,7842.1900	1,8163.5307	1,8490.3912	1,8655.9196	22
23	1,7646.1068	1,8147.7552	1,8317.9817	1,8663.0278	1,9014.2856	1,9192.2773	23
24	1,8087.2595	1,8624.1338	1,8806.4612	1,9176.2610	1,9553.0237	1,9744.0552	24
25	1,8539.4410	1,9113.0173	1,9307.9669	1,9703.6082	2,0107.0261	2,0311.6968	25
26	1,9002.9270	1,9614.7340	1,9822.8460	2,0245.4575	2,0676.7252	2,0895.6581	26
27	1,9478.0002	2,0129.6208	2,0351.4552	2,0802.2075	2,1262.5657	2,1496.4083	27
28	1,9964.9502	2,0658.0233	2,0894.1607	2,1374.2682	2,1865.0051	2,2114.4300	28
29	2,0464.0739	2,1200.2964	2,1451.3383	2,1962.0606	2,2484.5135	2,2750.2199	29
30	2,0975.6758	2,1756.8042	2,2023.3740	2,2566.0173	2,3121.5748	2,3404.2887	30
31	2,1500.0677	2,2327.9203	2,2610.6639	2,3186.5828	2,3776.6860	2,4077.1620	31
32	2,2037.5694	2,2914.0282	2,3213.6150	2,3824.2138	2,4450.3588	2,4769.3804	32
33	2,2588.5086	2,3515.5215	2,3832.6447	2,4479.3797	2,5143.1190	2,5481.5001	33
34	2,3153.2213	2,4132.8039	2,4468.1819	2,5152.5626	2,5855.5073	2,6214.0932	34
35	2,3732.0519	2,4766.2900	2,5120.6668	2,5844.2581	2,6588.0801	2,6967.7484	35
36	2,4325.3532	2,5416.4051	2,5790.5512	2,6554.9752	2,7341.4090	2,7743.0712	36
37	2,4933.4870	2,6083.5858	2,6478.2992	2,7285.2370	2,8116.0822	2,8540.6845	37
38	2,5556.8242	2,6768.2799	2,7184.3872	2,8035.5810	2,8912.7046	2,9361.2291	38
39	2,6195.7448	2,7470.9472	2,7909.3042	2,8806.5595	2,9731.8979	3,0205.3645	39
40	2,6850.6384	2,8192.0596	2,8653.5523	2,9598.7399	3,0574.3016	3,1073.7687	40
41	2,7521.9043	2,8932.1012	2,9417.6470	3,0412.7052	3,1440.5735	3,1967.1396	41
42	2,8209.9520	2,9691.5688	3,0202.1176	3,1249.0546	3,2331.3898	3,2886.1948	42
43	2,8915.2008	3,0470.9725	3,1007.5074	3,2108.4036	3,3247.4458	3,3831.6729	43
44	2,9638.0808	3,1270.8355	3,1834.3743	3,2991.3847	3,4189.4568	3,4804.3335	44
45	3,0379.0328	3,2091.6950	3,2683.2910	3,3898.6478	3,5158.1581	3,5804.9581	45
46	3,1138.5086	3,2934.1020	3,3554.8454	3,4830.8606	3,6154.3059	3,6834.3507	46
47	3,1916.9713	3,3798.6221	3,4449.6413	3,5788.7093	3,7178.6779	3,7893.3382	47
48	3,2714.8956	3,4685.8360	3,5368.2984	3,6772.8988	3,8232.0737	3,8982.7717	48
49	3,3532.7680	3,5596.3392	3,6311.4530	3,7784.1535	3,9315.3158	4,0103.5264	49
50	3,4371.0872	3,6530.7431	3,7279.7584	3,8823.2177	4,0429.2498	4,1256.5028	50

TABLE I.

MONTANT DE 1 FRANC APRÈS UN NOMBRE D'ANNÉES DONNÉ. $M = Cr^n$.

ANS.	$2\,^1/_2$	$2\,^5/_8$	$2\,^2/_3$	$2\,^3/_4$	$2\,^5/_6$	$2\,^7/_8$	ANS.
51	3,5230.3644	3,7489.6751	3,8273.8853	3,9890.8562	4,1574.7452	4,2442.6272	51
52	3,6111.1235	3,8473.7791	3,9294.5222	4,0987.8547	4,2752.6963	4,3662.8528	52
53	3,7013.9016	3,9483.7158	4,0342.3761	4,2115.0208	4,3964.0227	4,4918.1598	53
54	3,7939.2491	4,0520.1633	4,1418.1728	4,3273.1838	4,5209.6700	4,6209.5569	54
55	3,8887.7303	4,1583.8176	4,2522.6575	4,4463.1964	4,6490.6107	4,7538.0816	55
56	3,9859.9236	4,2675.3928	4,3656.5950	4,5685.9343	4,7807.8446	4,8904.8015	56
57	4,0856.4217	4,3795.6219	4,4820.7709	4,6942.2975	4,9162.4002	5,0310.8145	57
58	4,1877.8322	4,4945.2569	4,6015.9914	4,8233.2107	5,0555.3349	5,1757.2504	58
59	4,2924.7780	4,6125.0699	4,7243.0845	4,9559.6239	5,1987.7361	5,3245.2714	59
60	4,3997.8975	4,7335.8530	4,8502.9001	5,0922.5136	5,3460.7219	5,4776.0729	60
61	4,5097.8449	4,8578.4191	4,9796.3108	5,2322.8828	5,4975.4424	5,6350.8850	61
62	4,6225.2910	4,9853.6027	5,1124.2124	5,3761.7620	5,6533.0799	5,7970.9730	62
63	4,7380.9233	5,1162.2597	5,2487.5247	5,5240.2105	5,8134.8505	5,9637.6385	63
64	4,8565.4464	5,2505.2690	5,3887.1920	5,6759.3162	5,9782.0046	6,1352.2206	64
65	4,9779.5826	5,3883.5324	5,5324.1838	5,8320.1974	6,1475.8281	6,3116.0969	65
66	5,1024.0721	5,5297.9751	5,6799.4954	5,9924.0029	6,3217.6432	6,4930.6847	66
67	5,2299.6739	5,6749.5469	5,8314.1486	6,1571.9130	6,5008.8097	6,6797.4419	67
68	5,3607.1658	5,8239.2225	5,9869.1926	6,3265.1406	6,6850.7260	6,8717.8683	68
69	5,4947.3449	5,9768.0021	6,1465.7044	6,5004.9319	6,8744.8299	7,0693.5070	69
70	5,6321.0286	6,1336.9122	6,3104.7898	6,6792.5676	7,0692.6001	7,2725.9454	70
71	5,7729.0543	6,2947.0061	6,4787.5842	6,8629.3632	7,2695.5571	7,4816.8163	71
72	5,9172.2806	6,4599.3650	6,6515.2531	7,0516.6706	7,4755.2646	7,6967.7998	72
73	6,0651.5876	6,6295.0984	6,8288.9932	7,2455.8791	7,6873.3304	7,9180.6240	73
74	6,2167.8773	6,8035.3447	7,0110.0330	7,4448.4158	7,9051.4081	8,1457.0670	74
75	6,3722.0743	6,9821.2725	7,1979.6339	7,6495.7472	8,1291.1980	8,3798.9576	75
76	6,5315.1261	7,1654.0809	7,3899.0908	7,8599.3802	8,3594.4486	8,6208.1777	76
77	6,6948.0043	7,3535.0005	7,5869.7332	8,0760.8632	8,5962.9580	8,8686.6628	77
78	6,8621.7044	7,5465.2943	7,7892.9261	8,2981.7869	8,8398.5751	9,1236.4043	78
79	7,0337.2470	7,7446.2583	7,9970.0708	8,5263.7861	9,0903.2014	9,3859.4510	79
80	7,2095.6782	7,9479.2225	8,2102.6061	8,7608.5402	9,3478.7921	9,6557.9102	80
81	7,3898.0701	8,1565.5521	8,4292.0089	9,0017.7750	9,6127.3579	9,9333.9501	81
82	7,5745.5219	8,3706.6479	8,6539.7958	9,2493.2639	9,8850.9664	10,2189.8012	82
83	7,7639.1599	8,5903.9474	8,8847.5237	9,5036.8286	10,1651.7437	10,5127.7579	83
84	7,9580.1389	8,8158.9260	9,1216.7910	9,7650.3414	10,4531.8765	10,8150.1810	84
85	8,1569.6424	9,0473.0978	9,3649.2387	10,0335.7258	10,7493.6130	11,1259.4987	85
86	8,3608.8834	9,2848.0166	9,6146.5518	10,3094.9583	11,0539.2653	11,4458.2093	86
87	8,5699.1055	9,5285.2771	9,8710.4598	10,5930.0696	11,3671.2112	11,7748.8828	87
88	8,7841.5832	9,7786.5156	10,1342.7387	10,8843.1465	11,6891.8955	12,1134.1632	88
89	9,0037.6227	10,0353.4116	10,4045.2118	11,1836.3331	12,0203.8325	12,4616.7704	89
90	9,2288.5633	10,2987.6887	10,6819.7508	11,4911.8322	12,3609.6078	12,8199.5025	90
91	9,4595.7774	10,5691.1155	10,9668.2774	11,8071.9076	12,7111.8800	13,1885.2382	91
92	9,6960.6718	10,8465.5073	11,2592.7648	12,1318.8851	13,0713.3833	13,5676.9388	92
93	9,9384.6886	11,1312.7268	11,5595.2386	12,4655.1544	13,4416.9291	13,9577.6508	93
94	10,1869.3058	11,4234.6859	11,8677.7783	12,8083.1711	13,8225.4088	14,3590.5082	94
95	10,4416.0385	11,7233.3464	12,1842.5190	13,1605.4584	14,2141.7954	14,7718.7354	95
96	10,7026.4395	12,0310.7218	12,5091.6529	13,5224.6085	14,6169.1463	15,1965.6490	96
97	10,9702.1004	12,3468.8782	12,8427.4303	13,8943.2852	15,0310.6054	15,6334.6614	97
98	11,2444.6530	12,6709.9363	13,1852.1617	14,2764.2255	15,4569.4059	16,0829.2829	98
99	11,5255.7693	13,0036.0721	13,5368.2194	14,6690.2417	15,8948.8724	16,5453.1248	99
100	11,8137.1635	13,3449.5190	13,8978.0386	15,0724.2234	16,3452.4238	17,0209.9021	100

TABLE I.

M = Cr^x.   MONTANT DE 1 FRANC APRÈS UN NOMBRE D'ANNÉES DONNÉ.

ANS.	3	3 1/8	3 1/6	3 1/4	3 1/3	3 3/8	ANS.
1	1,0300.0000	1,0312.5000	1,0316.6667	1,0325.0000	1,0333.3333	1,0337.5000	1
2	1,0609.0000	1,0634.7656	1,0643.3611	1,0660.5625	1,0677.7778	1,0686.3906	2
3	1,0927.2700	1,0967.1021	1,0980.4009	1,1007.0308	1,1033.7034	1,1047.0563	3
4	1,1255.0881	1,1309.8240	1,1328.1136	1,1364.7593	1,1401.4938	1,1419.8945	4
5	1,1592.7407	1,1663.2560	1,1686.8372	1,1734.1140	1,1781.5436	1,1805.3159	5
6	1,1940.5230	1,2027.7327	1,2056.9203	1,2115.4727	1,2174.2617	1,2203.7453	6
7	1,2298.7387	1,2403.5994	1,2438.7228	1,2509.2255	1,2580.0705	1,2615.6217	7
8	1,2667.7008	1,2791.2119	1,2832.6157	1,2915.7754	1,2999.4061	1,3041.3989	8
9	1,3047.7318	1,3190.9372	1,3238.9819	1,3335.5381	1,3432.7197	1,3481.5462	9
10	1,3439.1638	1,3603.1540	1,3658.2163	1,3768.9430	1,3880.4770	1,3936.5483	10
11	1,3842.3387	1,4028.2526	1,4090.7265	1,4216.4337	1,4343.1596	1,4406.9068	11
12	1,4257.6089	1,4466.6355	1,4536.9328	1,4678.4678	1,4821.2649	1,4893.1400	12
13	1,4685.3371	1,4918.7178	1,4997.2690	1,5155.5180	1,5315.3071	1,5395.7834	13
14	1,5125.8972	1,5384.9278	1,5472.1826	1,5648.0723	1,5825.8173	1,5915.3911	14
15	1,5579.6742	1,5865.7068	1,5962.1350	1,6156.6347	1,6353.3445	1,6452.5356	15
16	1,6047.0644	1,6361.5101	1,6467.6026	1,6681.7253	1,6898.4560	1,7007.8086	16
17	1,6528.4763	1,6872.8073	1,6989.0767	1,7223.8814	1,7461.7379	1,7581.8222	17
18	1,7024.3306	1,7400.0825	1,7527.0641	1,7783.6575	1,8043.7958	1,8175.2087	18
19	1,7535.0605	1,7943.8351	1,8082.0878	1,8361.6264	1,8645.2557	1,8788.6220	19
20	1,8061.1123	1,8504.5800	1,8654.6873	1,8958.3792	1,9266.7642	1,9422.7380	20
21	1,8602.9457	1,9082.8481	1,9245.4190	1,9574.5266	1,9908.9897	2,0078.2554	21
22	1,9161.0341	1,9679.1871	1,9854.8573	2,0210.6987	2,0572.6227	2,0755.8965	22
23	1,9735.8651	2,0294.1617	2,0483.5944	2,0867.5464	2,1258.3768	2,1456.4080	23
24	2,0327.9411	2,0928.3542	2,1132.2416	2,1545.7416	2,1966.9893	2,2180.5618	24
25	2,0937.7793	2,1582.3653	2,1801.4293	2,2245.9782	2,2699.2223	2,2929.1557	25
26	2,1565.9127	2,2256.8142	2,2491.8078	2,2968.9725	2,3455.8630	2,3703.0147	26
27	2,2212.8901	2,2952.3397	2,3204.0484	2,3715.4641	2,4237.7251	2,4502.9915	27
28	2,2879.2768	2,3669.6003	2,3938.8433	2,4486.2167	2,5045.6493	2,5329.9674	28
29	2,3565.6551	2,4409.2753	2,4696.9067	2,5282.0188	2,5880.5043	2,6184.8539	29
30	2,4272.6247	2,5172.0651	2,5478.9754	2,6103.6844	2,6743.1878	2,7068.5927	30
31	2,5000.8035	2,5958.6922	2,6285.8096	2,6952.0541	2,7634.6274	2,7982.1577	31
32	2,5750.8276	2,6769.9013	2,7118.1936	2,7827.9959	2,8555.7816	2,8926.5555	32
33	2,6523.3524	2,7606.4607	2,7976.9364	2,8732.4058	2,9507.6410	2,9902.8267	33
34	2,7319.0530	2,8469.1626	2,8862.8727	2,9666.2089	3,0491.2290	3,0912.0471	34
35	2,8138.6245	2,9358.8239	2,9776.8637	3,0630.3607	3,1507.6033	3,1955.3287	35
36	2,8982.7833	3,0276.2872	3,0719.7977	3,1625.8475	3,2557.8568	3,3033.8211	36
37	2,9852.2668	3,1222.4212	3,1692.5913	3,2653.6875	3,3643.1187	3,4148.7125	37
38	3,0747.8348	3,2198.1218	3,2696.1900	3,3714.9323	3,4764.5560	3,5301.2316	38
39	3,1670.2698	3,3204.3131	3,3731.5693	3,4810.6676	3,5923.3745	3,6492.6482	39
40	3,2620.3779	3,4241.9479	3,4799.7357	3,5942.0143	3,7120.8203	3,7724.2750	40
41	3,3598.9893	3,5312.0088	3,5901.7273	3,7110.1298	3,8358.1810	3,8997.4693	41
42	3,4606.9589	3,6415.5091	3,7038.6154	3,8316.2090	3,9636.7870	4,0313.6339	42
43	3,5645.1677	3,7553.4937	3,8211.5048	3,9561.4858	4,0958.0132	4,1674.2190	43
44	3,6714.5227	3,8727.0404	3,9421.5358	4,0847.2341	4,2323.2803	4,3080.7239	44
45	3,7815.9584	3,9937.2604	4,0669.8845	4,2174.7692	4,3734.0563	4,4534.6984	45
46	3,8950.4372	4,1185.2998	4,1957.7641	4,3545.4492	4,5191.8582	4,6037.7444	46
47	4,0118.9503	4,2472.3404	4,3286.4267	4,4960.6763	4,6698.2535	4,7591.5183	47
48	4,1322.5188	4,3799.6011	4,4657.1635	4,6421.8983	4,8254.8619	4,9197.7321	48
49	4,2562.1944	4,5168.3386	4,6071.3070	4,7930.6100	4,9863.3573	5,0858.1555	49
50	4,3839.0602	4,6579.8492	4,7530.2317	4,9488.3548	5,1525.4693	5,2574.6183	50

MONTANT DE 1 FRANC APRÈS UN NOMBRE D'ANNÉES DONNÉ. $\quad M = C r^n.$

ANS.	3	3 ¹/₈	3 ¹/₆	3 ¹/₄	3 ¹/₃	3 ³/₈	ANS.
51	4,5154.2320	4,8035.4695	4,9035.3558	5,1096.7263	5,3242.9849	5,4349.0116	51
52	4,6508.8590	4,9536.5779	5,0588.1420	5,2757.3700	5,5017.7511	5,6183.2908	52
53	4,7904.1247	5,1084.5959	5,2190.0998	5,4471.9845	5,6851.6761	5,8079.4768	53
54	4,9341.2485	5,2680.9896	5,3842.7863	5,6242.3240	5,8746.7320	6,0039.6592	54
55	5,0821.4859	5,4327.2705	5,5547.8079	5,8070.1995	6,0704.9564	6,2065.9977	55
56	5,2346.1305	5,6024.9977	5,7306.8218	5,9957.4810	6,2728.4549	6,4160.7251	56
57	5,3916.5144	5,7775.7789	5,9121.5379	6,1906.0991	6,4819.4034	6,6326.1496	57
58	5,5534.0098	5,9581.2720	6,0993.7199	6,3918.0473	6,6980.0502	6,8564.6571	58
59	5,7200.0301	6,1443.1867	6,2925.1877	6,5995.3839	6,9212.7185	7,0878.7143	59
60	5,8916.0310	6,3363.2863	6,4917.8186	6,8140.2339	7,1519.8092	7,3270.8709	60
61	6,0683.5120	6,5343.3890	6,6973.5495	7,0354.7915	7,3903.8028	7,5743.7628	61
62	6,2504.0173	6,7385.3699	6,9094.3786	7,2641.3222	7,6367.2629	7,8300.1148	62
63	6,4379.1379	6,9491.1627	7,1282.3673	7,5002.1651	7,8912.8383	8,0942.7437	63
64	6,6310.5120	7,1662.7615	7,3539.6422	7,7439.7355	8,1543.2663	8,3674.5613	64
65	6,8299.8273	7,3902.2228	7,5868.3976	7,9956.5269	8,4261.3751	8,6498.5777	65
66	7,0348.8222	7,6211.6673	7,8270.8968	8,2555.1140	8,7070.0876	8,9417.9047	66
67	7,2459.2868	7,8593.2819	8,0749.4752	8,5238.1552	8,9972.4239	9,2435.7590	67
68	7,4633.0654	8,1049.3220	8,3306.5419	8,8008.3953	9,2971.5047	9,5555.4659	68
69	7,6872.0574	8,3582.1133	8,5944.5824	9,0868.6681	9,6070.5548	9,8780.4628	69
70	7,9178.2191	8,6194.0543	8,8666.1609	9,3821.8999	9,9272.9067	10,2114.3034	70
71	8,1553.5657	8,8887.6185	9,1473.9226	9,6871.1116	10,2582.0036	10,5560.6612	71
72	8,4000.1727	9,1665.3566	9,4370.5969	10,0019.4227	10,6001.4037	10,9123.3335	72
73	8,6520.1778	9,4529.8990	9,7358.9991	10,3270.0540	10,9534.7838	11,2806.2460	73
74	8,9115.7832	9,7483.9583	10,0442.0341	10,6626.3307	11,3185.9433	11,6613.4568	74
75	9,1789.2567	10,0530.3320	10,3622.6985	11,0091.6865	11,6958.8080	12,0549.1610	75
76	9,4542.9344	10,3671.9049	10,6904.0839	11,3669.6663	12,0857.4350	12,4617.6952	76
77	9,7379.2224	10,6911.6519	11,0289.3799	11,7363.9304	12,4886.0161	12,8823.5424	77
78	10,0300.5991	11,0252.6410	11,3781.8770	12,1178.2582	12,9048.8833	13,3171.3369	78
79	10,3309.6171	11,3698.0361	11,7384.9697	12,5116.5516	13,3350.5128	13,7665.8696	79
80	10,6408.9056	11,7251.0997	12,1102.1604	12,9182.8395	13,7795.5299	14,2312.0927	80
81	10,9601.1727	12,0915.1966	12,4937.0622	13,3381.2818	14,2388.7142	14,7115.1258	81
82	11,2889.2079	12,4693.7965	12,8893.4025	13,7716.1734	14,7135.0047	15,2080.2613	82
83	11,6275.8842	12,8590.4776	13,2975.0269	14,2191.9491	15,2039.5048	15,7212.9701	83
84	11,9764.1607	13,2608.9300	13,7185.9027	14,6813.1874	15,7107.4883	16,2518.9078	84
85	12,3357.0855	13,6752.9591	14,1530.1230	15,1584.6160	16,2344.4046	16,8003.9210	85
86	12,7057.7981	14,1026.4891	14,6011.9102	15,6511.1160	16,7755.8848	17,3674.0533	86
87	13,0869.5320	14,5433.5668	15,0635.6207	16,1597.7273	17,3347.7476	17,9535.5526	87
88	13,4795.6180	14,9978.3658	15,5405.7487	16,6849.6534	17,9126.0058	18,5594.8775	88
89	13,8839.4865	15,4665.1897	16,0326.9308	17,2272.2672	18,5096.8727	19,1858.7046	89
90	14,3004.6711	15,9498.4769	16,5403.9502	17,7871.1159	19,1266.7685	19,8333.9359	90
91	14,7294.8112	16,4482.8043	17,0641.7420	18,3651.9271	19,7642.3274	20,5027.7062	91
92	15,1713.6556	16,9622.8919	17,6045.3971	18,9620.6147	20,4230.4050	21,1947.3913	92
93	15,6265.0652	17,4923.6073	18,1620.1681	19,5783.2847	21,1038.0852	21,9100.6158	93
94	16,0953.0172	18,0389.9700	18,7371.4734	20,2146.2415	21,8072.6880	22,6495.2616	94
95	16,5781.6077	18,6027.1566	19,3304.9034	20,8715.9943	22,5341.7776	23,4139.4766	95
96	17,0755.0559	19,1840.5053	19,9426.2253	21,5499.2641	23,2853.1702	24,2041.6840	96
97	17,5877.7076	19,7835.5210	20,5741.3891	22,2502.9902	24,0614.9425	25,0210.5908	97
98	18,1154.0388	20,4017.8811	21,2256.5331	22,9734.3374	24,8635.4406	25,8655.1982	98
99	18,6588.6600	21,0393.4399	21,8977.9900	23,7200.7034	25,6923.2886	26,7384.8112	99
100	19,2186.3198	21,6968.2349	22,5912.2930	24,4909.7262	26,5487.3982	27,6409.0486	100

TABLE I.

$M = Cr^n.$ **MONTANT DE 1 FRANC APRÈS UN NOMBRE D'ANNÉES DONNÉ.**

ANS.	$3\frac{1}{2}$	$3\frac{5}{8}$	$3\frac{2}{3}$	$3\frac{3}{4}$	$3\frac{5}{6}$	$3\frac{7}{8}$	ANS.
1	1,0350.0000	1,0362.5000	1,0366.6667	1,0375.0000	1,0383.3333	1,0387.5000	1
2	1,0712.2500	1,0738.1406	1,0746.7778	1,0764.0625	1,0781.3611	1,0790.0156	2
3	1,1087.1787	1,1127.3982	1,1140.8263	1,1167.7148	1,1194.6466	1,1208.1287	3
4	1,1475.2300	1,1530.7664	1,1549.3233	1,1586.5042	1,1623.7747	1,1642.4437	4
5	1,1876.8631	1,1948.7567	1,1972.7984	1,2020.0981	1,2069.3528	1,2093.5884	5
6	1,2292.5533	1,2381.8991	1,2411.8011	1,2471.7855	1,2532.0113	1,2562.2150	6
7	1,2722.7926	1,2830.7430	1,2866.9004	1,2939.4774	1,3012.4051	1,3049.0008	7
8	1,3168.0904	1,3295.8574	1,3338.6868	1,3424.7078	1,3511.2139	1,3554.6496	8
9	1,3628.9735	1,3777.8322	1,3827.7720	1,3928.1344	1,4029.1438	1,4079.8922	9
10	1,4105.9876	1,4277.2786	1,4334.7903	1,4450.4394	1,4566.9276	1,4625.4881	10
11	1,4599.6972	1,4794.8300	1,4860.3992	1,4992.3309	1,5125.3265	1,5192.2257	11
12	1,5110.6866	1,5331.1426	1,5405.2805	1,5554.5433	1,5705.1307	1,5780.9245	12
13	1,5639.5606	1,5886.8965	1,5970.1408	1,6137.8387	1,6307.1607	1,6392.4353	13
14	1,6186.9452	1,6462.7965	1,6555.7127	1,6743.0076	1,6932.2685	1,7027.6422	14
15	1,6753.4883	1,7059.5729	1,7162.7555	1,7370.8704	1,7581.3388	1,7687.4633	15
16	1,7339.8604	1,7677.9824	1,7792.0565	1,8022.2781	1,8255.2902	1,8372.8525	16
17	1,7946.7555	1,8318.8093	1,8444.4319	1,8698.1135	1,8955.0763	1,9084.8005	17
18	1,8574.8920	1,8982.8661	1,9120.7277	1,9399.2927	1,9681.6875	1,9824.3366	18
19	1,9225.0132	1,9670.9950	1,9821.8211	2,0126.7662	2,0436.1522	2,0592.5296	19
20	1,9897.8886	2,0384.0686	2,0548.6212	2,0881.5200	2,1219.5381	2,1390.4901	20
21	2,0594.3147	2,1122.9910	2,1302.0706	2,1664.5770	2,2032.9537	2,2219.3716	21
22	2,1315.1158	2,1888.6995	2,2083.1466	2,2476.9986	2,2877.5503	2,3080.3723	22
23	2,2061.1448	2,2682.1648	2,2892.8619	2,3319.8860	2,3754.5230	2,3974.7367	23
24	2,2833.2849	2,3504.3933	2,3732.2669	2,4194.3818	2,4665.1131	2,4903.7577	24
25	2,3632.4498	2,4356.4275	2,4602.4500	2,5101.6711	2,5610.6091	2,5868.7784	25
26	2,4459.5856	2,5239.3480	2,5504.5398	2,6042.9838	2,6592.3491	2,6871.1935	26
27	2,5315.6711	2,6154.2744	2,6439.7063	2,7019.5956	2,7611.7225	2,7912.4523	27
28	2,6201.7196	2,7102.3669	2,7409.1622	2,8032.8305	2,8670.1718	2,8994.0598	28
29	2,7118.7798	2,8084.8277	2,8414.1648	2,9084.0616	2,9769.1951	3,0117.5796	29
30	2,8067.9370	2,9102.9027	2,9456.0175	3,0174.7139	3,0910.3476	3,1284.6358	30
31	2,9050.3148	3,0157.8829	3,0536.0715	3,1306.2657	3,2095.2442	3,2496.9155	31
32	3,0067.0759	3,1251.1061	3,1655.7274	3,2480.2507	3,3325.5619	3,3756.1709	32
33	3,1119.4235	3,2383.9587	3,2816.4374	3,3698.2601	3,4603.0418	3,5064.2226	33
34	3,2208.6033	3,3557.8772	3,4019.7068	3,4961.9448	3,5929.4917	3,6422.9612	34
35	3,3335.9045	3,4774.3503	3,5267.0961	3,6273.0178	3,7306.7889	3,7834.3509	35
36	3,4502.6611	3,6034.9205	3,6560.2229	3,7633.2559	3,8736.8825	3,9300.4320	36
37	3,5710.2543	3,7341.1864	3,7900.7644	3,9044.5030	4,0221.7963	4,0823.3238	37
38	3,6960.1132	3,8694.8044	3,9290.4591	4,0508.6719	4,1763.6318	4,2405.2276	38
39	3,8253.7171	4,0097.4910	4,0731.1093	4,2027.7471	4,3364.5710	4,4048.4301	39
40	3,9592.5972	4,1551.0251	4,2224.5833	4,3603.7876	4,5026.8796	4,5755.3068	40
41	4,0978.3381	4,3057.2497	4,3772.8180	4,5238.9296	4,6752.9100	4,7528.3249	41
42	4,2412.5799	4,4618.0750	4,5377.8213	4,6935.3895	4,8545.1049	4,9370.0475	42
43	4,3897.0202	4,6235.4802	4,7041.6748	4,8695.4666	5,0406.0006	5,1283.1369	43
44	4,5433.4160	4,7911.5164	4,8766.5362	5,0521.5466	5,2338.2306	5,3270.3584	44
45	4,7023.5855	4,9648.3089	5,0554.6425	5,2416.1046	5,4344.5294	5,5334.5848	45
46	4,8669.4110	5,1448.0601	5,2408.3128	5,4381.7085	5,6427.7364	5,7478.8000	46
47	5,0372.8404	5,3313.0523	5,4329.9509	5,6421.0226	5,8590.7996	5,9706.1035	47
48	5,2135.8898	5,5245.6504	5,6322.0491	5,8536.8109	6,0836.7803	6,2019.7150	48
49	5,3960.6459	5,7248.3052	5,8387.1909	6,0731.9413	6,3168.8568	6,4422.9789	49
50	5,5849.2686	5,9323.5563	6,0528.0546	6,3009.3891	6,5590.3297	6,6919.3694	50

MONTANT DE 1 FRANC APRÈS UN NOMBRE D'ANNÉES DONNÉ. $M = C r''$.

ANS.	$3\,^1/_2$	$3\,^5/_8$	$3\,^2/_3$	$3\,^3/_4$	$3\,^5/_6$	$3\,^7/_8$	ANS.
51	5,7803.9930	6,1474.0352	6,2747.4166	6,5372.2412	6,8104.6256	6,9512.4949	51
52	5,9827.1327	6,3702.4690	6,5048.1552	6,7823.7003	7,0715.3030	7,2206.1041	52
53	6,1921.0824	6,6011.6835	6,7433.2542	7,0367.0890	7,3426.0562	7,5004.0906	53
54	6,4088.3202	6,8404.6070	6,9905.8068	7,3005.8549	7,6240.7217	7,7910.4992	54
55	6,6331.4114	7,0884.2740	7,2469.0198	7,5743.5744	7,9163.2827	8,0929.5310	55
56	6,8653.0108	7,3453.8289	7,5126.2171	7,8583.9585	8,2197.8752	8,4065.5503	56
57	7,1055.8662	7,6116.5302	7,7880.8451	8,1530.8569	8,5348.7938	8,7323.0904	57
58	7,3542.8215	7,8875.7545	8,0736.4761	8,4588.2640	8,8620.4975	9,0706.8601	58
59	7,6116.8203	8,1735.0006	8,3696.8135	8,7760.3239	9,2017.6166	9,4221.7510	59
60	7,8780.9090	8,4697.8943	8,6765.6967	9,1051.3361	9,5544.9586	9,7872.8438	60
61	8,1538.2408	8,7768.1930	8,9947.1056	9,4465.7612	9,9207.5153	10,1665.4165	61
62	8,4392.0793	9,0949.7900	9,3245.1661	9,8008.2272	10,3010.4701	10,5604.9514	62
63	8,7345.8020	9,4246.7199	9,6664.1556	10,1683.5358	10,6959.2048	10,9697.1433	63
64	9,0402.9051	9,7663.1635	10,0208.5079	10,5496.6684	11,1059.3076	11,3947.9076	64
65	9,3567.0068	10,1203.4532	10,3882.8199	10,9452.7934	11,5316.5811	11,8363.3890	65
66	9,6841.8520	10,4872.0783	10,7691.8566	11,3557.2732	11,9737.0500	12,2949.9703	66
67	10,0231.3168	10,8673.6912	11,1640.5580	11,7815.6709	12,4326.9703	12,7714.2817	67
68	10,3739.4129	11,2613.1125	11,5734.0451	12,2233.7586	12,9092.8375	13,2663.2101	68
69	10,7370.2924	11,6695.3378	11,9977.6268	12,6817.5245	13,4041.3962	13,7803.9095	69
70	11,1128.2526	12,0925.5438	12,4376.8065	13,1573.1817	13,9179.6498	14,3143.8110	70
71	11,5017.7414	12,5309.0948	12,8937.2894	13,6507.1760	14,4514.8697	14,8690.6337	71
72	11,9043.3624	12,9851.5494	13,3664.9900	14,1626.1951	15,0054.6063	15,4452.3957	72
73	12,3209.8801	13,4558.6681	13,8566.0396	14,6937.1774	15,5806.6996	16,0437.4260	73
74	12,7522.2259	13,9436.4198	14,3646.7944	15,2447.3216	16,1779.2897	16,6654.3763	74
75	13,1985.5038	14,4490.9901	14,8913.8435	15,8164.0961	16,7980.8292	17,3112.2334	75
76	13,6604.9964	14,9728.7884	15,4374.0178	16,4095.2497	17,4420.0943	17,9820.3324	76
77	14,1386.1713	15,5156.4570	16,0034.3984	17,0248.8216	18,1106.1979	18,6788.3703	77
78	14,6334.6873	16,0780.8786	16,5902.3263	17,6633.1524	18,8048.6022	19,4026.4197	78
79	15,1456.4013	16,6609.1854	17,1985.4117	18,3256.8956	19,5257.1319	20,1544.9434	79
80	15,6757.3754	17,2648.7684	17,8291.5434	19,0129.0292	20,2741.9886	20,9354.8100	80
81	16,2243.8835	17,8907.2863	18,4828.9000	19,7258.8678	21,0513.7649	21,7467.3089	81
82	16,7922.4195	18,5392.6754	19,1605.9597	20,4656.0754	21,8583.4592	22,5894.1671	82
83	17,3799.7041	19,2113.1599	19,8631.5115	21,2330.6782	22,6962.4918	23,4647.5661	83
84	17,9882.6938	19,9077.2619	20,5914.6670	22,0293.0786	23,5662.7206	24,3740.1592	84
85	18,6178.5881	20,6293.8127	21,3464.8714	22,8554.0691	24,4696.4583	25,3185.0904	85
86	19,2694.8386	21,3771.9634	22,1291.9167	23,7124.8466	25,4076.4892	26,2996.0127	86
87	19,9439.1580	22,1521.1971	22,9405.9537	24,6017.0284	26,3816.0879	27,3187.1082	87
88	20,6419.5285	22,9551.3404	23,7817.5053	25,5242.6670	27,3929.0380	28,3773.1086	88
89	21,3644.2120	23,7872.5765	24,6537.4805	26,4814.2670	28,4429.6511	29,4769.3166	89
90	22,1121.7595	24,6495.4574	25,5577.1881	27,4744.8020	29,5332.7877	30,6191.6276	90
91	22,8861.0210	25,5430.9178	26,4948.3517	28,5047.7321	30,6653.8779	31,8056.5531	91
92	23,6871.1568	26,4690.2885	27,4663.1246	29,5737.0220	31,8408.9432	33,0381.2446	92
93	24,5161.6473	27,4285.3115	28,4734.1058	30,6827.1603	33,0614.6194	34,3183.5178	93
94	25,3742.3049	28,4228.1540	29,5174.3563	31,8333.1789	34,3288.1798	35,6481.8791	94
95	26,2623.2856	29,4531.4246	30,5997.4161	33,0270.6731	35,6447.5600	37,0295.5519	95
96	27,1815.1006	30,5208.1888	31,7217.3213	34,2655.8233	37,0111.3831	38,4644.5046	96
97	28,1328.6291	31,6271.9856	32,8848.6231	35,5505.4167	38,4298.9862	39,9549.4791	97
98	29,1175.1311	32,7736.8451	34,0906.4059	36,8836.8698	39,9030.4473	41,5032.0214	98
99	30,1366.2607	33,9617.3057	35,3406.3075	38,2668.2524	41,4326.6144	43,1114.5123	99
100	31,1914.0798	35,1928.4331	36,6364.5388	39,7018.3119	43,0209.1347	44,7820.1996	100

TABLE I.

M = Cr". **MONTANT DE 1 FRANC APRÈS UN NOMBRE D'ANNÉES DONNÉ.**

ANS.	4	4 1/8	4 1/6	4 1/4	4 1/3	4 3/8	ANS.
1	1,0400.0000	1,0412.5000	1,0416.6667	1,0425.0000	1,0433.3333	1,0437.5000	1
2	1,0816.0000	1,0842.0156	1,0850.6944	1,0868.0625	1,0885.4444	1,0894.1406	2
3	1,1248.6400	1,1289.2488	1,1302.8067	1,1329.9552	1,1357.1470	1,1370.7593	3
4	1,1698.5856	1,1754.9303	1,1773.7570	1,1811.4783	1,1849.2901	1,1868.2300	4
5	1,2166.5290	1,2239.8212	1,2264.3302	1,2313.4661	1,2362.7593	1,2387.4651	5
6	1,2653.1902	1,2744.7138	1,2775.3440	1,2836.7884	1,2898.4789	1,2929.4167	6
7	1,3159.3178	1,3270.4332	1,3307.6500	1,3382.3519	1,3457.4130	1,3495.0786	7
8	1,3685.6905	1,3817.8386	1,3862.1354	1,3951.1018	1,4040.5675	1,4085.4883	8
9	1,4233.1181	1,4387.8244	1,4439.7243	1,4544.0237	1,4648.9921	1,4701.7284	9
10	1,4802.4428	1,4981.3222	1,5041.3795	1,5162.1447	1,5283.7818	1,5344.9291	10
11	1,5394.5406	1,5599.3017	1,5668.1037	1,5806.5358	1,5946.0790	1,6016.2697	11
12	1,6010.3222	1,6242.7729	1,6320.9413	1,6478.3136	1,6637.0757	1,6716.9815	12
13	1,6650.7351	1,6912.7873	1,7000.9805	1,7178.6419	1,7358.0157	1,7448.3494	13
14	1,7316.7645	1,7610.4398	1,7709.3547	1,7908.7342	1,8110.1964	1,8211.7147	14
15	1,8009.4351	1,8336.8704	1,8447.2445	1,8669.8554	1,8894.9716	1,9008.4773	15
16	1,8729.8125	1,9093.2663	1,9215.8797	1,9463.3243	1,9713.7537	1,9840.0981	16
17	1,9479.0050	1,9880.8636	2,0016.5414	2,0290.5156	2,0568.0163	2,0708.1024	17
18	2,0258.1652	2,0700.9492	2,0850.5639	2,1152.8625	2,1459.2970	2,1614.0819	18
19	2,1068.4918	2,1554.8633	2,1719.3374	2,2051.8591	2,2389.1999	2,2559.6980	19
20	2,1911.2314	2,2444.0015	2,2624.3098	2,2989.0631	2,3359.3986	2,3546.6848	20
21	2,2787.6807	2,3369.8165	2,3566.9894	2,3966.0983	2,4371.6392	2,4576.8522	21
22	2,3699.1879	2,4333.8215	2,4548.9473	2,4984.6575	2,5427.7435	2,5652.0895	22
23	2,4647.1555	2,5337.5916	2,5571.8201	2,6046.5054	2,6529.6124	2,6774.3684	23
24	2,5633.0417	2,6382.7672	2,6637.3126	2,7153.4819	2,7679.2289	2,7945.7471	24
25	2,6658.3633	2,7471.0564	2,7747.2006	2,8307.5049	2,8878.6622	2,9168.3735	25
26	2,7724.6979	2,8604.2375	2,8903.3340	2,9510.5739	3,0130.0709	3,0444.4898	26
27	2,8833.6858	2,9784.1623	3,0107.6395	3,0764.7732	3,1435.7073	3,1776.4363	27
28	2,9987.0332	3,1012.7590	3,1362.1245	3,2072.2761	3,2797.9213	3,3166.6553	28
29	3,1186.5145	3,2292.0353	3,2668.8797	3,3435.3478	3,4219.1645	3,4617.6965	29
30	3,2433.9751	3,3624.0817	3,4030.0830	3,4856.3501	3,5701.9950	3,6132.2207	30
31	3,3731.3341	3,5011.0751	3,5448.0032	3,6337.7450	3,7249.0814	3,7713.0054	31
32	3,5080.5875	3,6455.2819	3,6925.0033	3,7882.0992	3,8863.2083	3,9362.9494	32
33	3,6483.8110	3,7959.0623	3,8463.5451	3,9492.0884	4,0547.2807	4,1085.0784	33
34	3,7943.1634	3,9524.8736	4,0066.1928	4,1170.5021	4,2304.3295	4,2882.5506	34
35	3,9460.8899	4,1155.2747	4,1735.6175	4,2920.2485	4,4137.5171	4,4758.6622	35
36	4,1039.3255	4,2852.9298	4,3474.6016	4,4744.3590	4,6050.1429	4,6716.8537	36
37	4,2680.8986	4,4620.6131	4,5286.0433	4,6645.9943	4,8045.6490	4,8760.7160	37
38	4,4388.1345	4,6461.2134	4,7172.9618	4,8628.4491	5,0127.6272	5,0893.9973	38
39	4,6163.6599	4,8377.7384	4,9138.5019	5,0695.1581	5,2299.8243	5,3120.6097	39
40	4,8010.2063	5,0373.3202	5,1185.9394	5,2849.7024	5,4566.1501	5,5444.6364	40
41	4,9930.6145	5,2451.2196	5,3318.6869	5,5095.8147	5,6930.6832	5,7870.3392	41
42	5,1927.8391	5,4614.8324	5,5540.2989	5,7437.3868	5,9397.6795	6,0402.1666	42
43	5,4004.9527	5,6867.6943	5,7854.4780	5,9878.4758	6,1971.5790	6,3044.7614	43
44	5,6165.1508	5,9213.4866	6,0265.0812	6,2423.3110	6,4657.0140	6,5802.9697	44
45	5,8411.7568	6,1656.0430	6,2776.1263	6,5076.3017	6,7458.8180	6,8681.8496	45
46	6,0748.2271	6,4199.3547	6,5391.7982	6,7842.0445	7,0382.0334	7,1686.6805	46
47	6,3178.1562	6,6847.5781	6,8116.4565	7,0725.3314	7,3431.9215	7,4822.9728	47
48	6,5705.2824	6,9605.0407	7,0954.6422	7,3731.1580	7,6613.9715	7,8096.4778	48
49	6,8333.4937	7,2476.2487	7,3911.0856	7,6864.7322	7,9933.9102	8,1513.1987	49
50	7,1066.8335	7,5465.8939	7,6990.7141	8,0131.4834	8,3397.7130	8,5079.4012	50

MONTANT DE 1 FRANC APRÈS UN NOMBRE D'ANNÉES DONNÉ. $M = Cr''$.

ANS.	4	$4\frac{1}{8}$	$4\frac{1}{6}$	$4\frac{1}{4}$	$4\frac{1}{3}$	$4\frac{3}{8}$	ANS.
51	7,3909.5068	7,8578.8620	8,0198.6606	8,3537.0714	8,7011.6139	8,8801.6250	51
52	7,6865.8871	8,1820.2401	8,3540.2714	8,7087.3969	9,0782.1172	9,2686.6961	52
53	7,9940.5226	8,5195.3250	8,7021.1161	9,0788.6113	9,4716.0089	9,6741.7390	53
54	8,3138.1435	8,8709.6322	9,0646.9959	9,4647.1273	9,8820.3693	10,0974.1901	54
55	8,6463.6692	9,2368.9045	9,4423.9541	9,8669.6302	10,3102.5853	10,5391.8109	55
56	8,9922.2160	9,6179.1218	9,8358.2855	10,2863.0895	10,7570.3640	11,0002.7027	56
57	9,3519.1046	10,0146.5106	10,2456.5474	10,7234.7708	11,2231.7465	11,4815.3209	57
58	9,7255.8688	10,4277.5541	10,6725.5702	11,1792.2485	11,7095.1221	11,9838.4912	58
59	10,1150.2635	10,8579.0032	11,1172.4689	11,6543.4191	12,2169.2441	12,5081.4252	59
60	10,5196.2741	11,3057.8871	11,5804.6551	12,1496.5144	12,7463.2447	13,0553.7375	60
61	10,9404.1250	11,7721.5250	12,0629.8491	12,6660.1163	13,2986.6520	13,6265.4636	61
62	11,3780.2900	12,2577.5379	12,5656.0928	13,2043.1712	13,8749.4069	14,2227.0776	62
63	11,8331.5016	12,7633.8613	13,0891.7634	13,7655.0060	14,4761.8812	14,8449.5122	63
64	12,3064.7517	13,2898.7581	13,6345.5868	14,3505.3438	15,1034.8960	15,4944.1784	64
65	12,7987.3522	13,8380.8319	14,2026.6529	14,9604.3209	15,7579.7415	16,1722.9862	65
66	13,3106.8463	14,4089.0412	14,7944.4302	15,5962.5045	16,4408.1970	16,8798.3669	66
67	13,8431.1201	15,0032.7141	15,4108.7814	16,2590.9109	17,1532.5522	17,6183.2954	67
68	14,3968.3649	15,6221.5636	16,0529.9806	16,9501.0247	17,8965.6294	18,3891.3146	68
69	14,9727.0995	16,2665.7031	16,7218.7298	17,6704.8182	18,6720.8067	19,1936.5596	69
70	15,5716.1835	16,9375.6633	17,4186.1769	18,4214.7730	19,4812.0417	20,0333.7841	70
71	16,1944.8308	17,6362.4094	18,1443.9343	19,2043.9008	20,3253.8968	20,9098.3871	71
72	16,8422.6241	18,3637.3588	18,9004.0982	20,0205.7666	21,2061.5657	21,8246.4416	72
73	17,5159.5290	19,1212.3999	19,6879.2690	20,8714.5117	22,1250.9002	22,7794.7234	73
74	18,2165.9102	19,9099.9114	20,5082.5718	21,7584.8784	23,0838.4392	23,7760.7425	74
75	18,9452.5466	20,7312.7827	21,3627.6790	22,6832.2358	24,0841.4382	24,8162.7750	75
76	19,7030.6485	21,5864.4350	22,2528.8323	23,6472.6058	25,1277.9006	25,9019.8964	76
77	20,4911.8744	22,4768.8429	23,1800.8670	24,6522.6915	26,2166.6096	27,0352.0169	77
78	21,3108.3494	23,4040.5577	24,1459.2364	25,6999.9059	27,3527.1627	28,2179.9176	78
79	22,1632.6834	24,3694.7307	25,1520.0379	26,7922.4019	28,5380.0064	29,4525.2890	79
80	23,0497.9907	25,3747.1384	26,2000.0395	27,9309.1040	29,7746.4733	30,7410.7704	80
81	23,9717.9103	26,4214.2078	27,2916.7078	29,1179.7409	31,0648.8205	32,0859.9916	81
82	24,9306.6267	27,5113.0439	28,4288.2373	30,3554.8799	32,4110.2694	33,4897.6163	82
83	25,9278.8918	28,6461.4570	29,6133.5806	31,6455.9623	33,8155.0477	34,9549.3870	83
84	26,9650.0475	29,8277.9921	30,8472.4797	32,9905.3407	35,2808.4331	36,4842.1726	84
85	28,0436.0494	31,0581.9592	32,1325.4997	34,3926.3177	36,8096.7986	38,0804.0177	85
86	29,1653.4914	32,3393.4650	33,4714.0622	35,8543.1862	38,4047.6598	39,7464.1935	86
87	30,3319.6311	33,6733.4455	34,8660.4815	37,3781.2716	40,0689.7251	41,4853.2519	87
88	31,5452.4163	35,0623.7001	36,3188.0015	38,9666.9757	41,8052.9465	43,3003.0817	88
89	32,8070.5129	36,5086.9277	37,8320.8349	40,6227.8221	43,6168.5742	45,1946.9665	89
90	34,1193.3334	38,0146.7635	39,4084.2031	42,3492.5046	45,5069.2124	47,1719.6463	90
91	35,4841.0668	39,5827.8175	41,0504.3782	44,1490.9360	47,4788.8783	49,2357.3808	91
92	36,9034.7094	41,2155.7150	42,7608.7273	46,0254.3008	49,5363.0630	51,3898.0163	92
93	38,3796.0978	42,9157.1382	44,5425.7576	47,9815.1086	51,6828.7957	53,6381.0545	93
94	39,9147.9417	44,6859.8702	46,3985.1641	50,0207.2507	53,9224.7102	55,9847.7256	94
95	41,5113.8594	46,5292.8398	48,3317.8793	52,1466.0588	56,2591.1143	58,4341.0636	95
96	43,1718.4138	48,4486.1694	50,3456.1243	54,3628.3664	58,6970.0626	60,9905.9851	96
97	44,8987.1503	50,4471.2239	52,4433.4628	56,6732.5719	61,2405.4320	63,6589.3720	97
98	46,6946.6363	52,5280.6619	54,6284.8571	59,0818.7062	63,8943.0007	66,4440.1570	98
99	48,5624.5018	54,6948.4892	56,9046.7261	61,5928.5012	66,6630.5307	69,3509.4139	99
100	50,5049.4818	56,9510.1144	59,2757.0064	64,2105.4625	69,5517.8537	72,3850.4507	100

TABLE I.

$M = Cr^n.$ **MONTANT DE 1 FRANC APRÈS UN NOMBRE D'ANNÉES DONNÉ.**

ANS.	$4\,^1/_2$	$4\,^5/_8$	$4\,^2/_3$	$4\,^3/_4$	$4\,^5/_6$	$4\,^7/_8$	ANS.
1	1,0450.0000	1,0462.5000	1,0466.6667	1,0475.0000	1,0483.3333	1,0487.5000	1
2	1,0920.2500	1,0946.3906	1,0955.1111	1,0972.5625	1,0990.0278	1,0998.7656	2
3	1,1411.6612	1,1452.6612	1,1466.3496	1,1493.7592	1,1521.2125	1,1534.9554	3
4	1,1925.1860	1,1982.3468	1,2001.4459	1,2039.7128	1,2078.0711	1,2097.2845	4
5	1,2461.8194	1,2536.5303	1,2561.5134	1,2611.5991	1,2661.8445	1,2687.0271	5
6	1,3022.6012	1,3116.3448	1,3147.7174	1,3210.6501	1,3273.8336	1,3305.5197	6
7	1,3608.6183	1,3722.9758	1,3761.2775	1,3838.1560	1,3915.4023	1,3954.1638	7
8	1,4221.0061	1,4357.6634	1,4403.4705	1,4495.4684	1,4587.9800	1,4634.4293	8
9	1,4860.9514	1,5021.7053	1,5075.6324	1,5184.0031	1,5293.0657	1,5347.8577	9
10	1,5529.6942	1,5716.4592	1,5779.1619	1,5905.2433	1,6032.2306	1,6096.0658	10
11	1,6228.5305	1,6443.3455	1,6515.5228	1,6660.7423	1,6807.1217	1,6880.7490	11
12	1,6958.8143	1,7203.8502	1,7286.2472	1,7452.1276	1,7619.4660	1,7703.6855	12
13	1,7721.9610	1,7999.5283	1,8092.9388	1,8281.1037	1,8471.0735	1,8566.7402	13
14	1,8519.4492	1,8832.0064	1,8937.2759	1,9149.4561	1,9363.8420	1,9471.8688	14
15	1,9352.8244	1,9702.9867	1,9821.0155	2,0059.0552	2,0299.7611	2,0421.1224	15
16	2,0223.7015	2,0614.2499	2,0745.9962	2,1011.8604	2,1280.9162	2,1416.6521	16
17	2,1133.7681	2,1567.6589	2,1714.1427	2,2009.9237	2,2309.4938	2,2460.7139	17
18	2,2084.7877	2,2565.1632	2,2727.4693	2,3055.3951	2,3387.7860	2,3555.6737	18
19	2,3078.6031	2,3608.8020	2,3788.0846	2,4150.5264	2,4518.1956	2,4704.0128	19
20	2,4117.1402	2,4700.7090	2,4898.1952	2,5297.6764	2,5703.2418	2,5908.3334	20
21	2,5202.4116	2,5843.1168	2,6060.1110	2,6499.3160	2,6945.5651	2,7171.3646	21
22	2,6336.5201	2,7038.3610	2,7276.2495	2,7758.0335	2,8247.9341	2,8495.9687	22
23	2,7521.6635	2,8288.8852	2,8549.1411	2,9076.5401	2,9613.2509	2,9885.1471	23
24	2,8760.1383	2,9597.2461	2,9881.4344	3,0457.6758	3,1044.5580	3,1342.0480	24
25	3,0054.3446	3,0966.1188	3,1275.9013	3,1904.4154	3,2545.0450	3,2869.9729	25
26	3,1406.7901	3,2398.3018	3,2735.4434	3,3419.8751	3,4118.0555	3,4472.3841	26
27	3,2820.0956	3,3896.7232	3,4263.0974	3,5007.3192	3,5767.0949	3,6152.9128	27
28	3,4296.9999	3,5464.4467	3,5862.0419	3,6670.1668	3,7495.8378	3,7915.3673	28
29	3,5840.3649	3,7104.6773	3,7535.6039	3,8411.9998	3,9308.1366	3,9763.7414	29
30	3,7453.1813	3,8820.7686	3,9287.2654	4,0236.5698	4,1208.0299	4,1702.2238	30
31	3,9138.5745	4,0616.2292	4,1120.6711	4,2147.8068	4,3199.7513	4,3735.2073	31
32	4,0899.8104	4,2494.7298	4,3039.6358	4,4149.8276	4,5287.7393	4,5867.2986	32
33	4,2740.3018	4,4460.1110	4,5048.1521	4,6246.9445	4,7476.6467	4,8103.3294	33
34	4,4663.6154	4,6516.3912	4,7150.3992	4,8443.6743	4,9771.3513	5,0448.3667	34
35	4,6673.4781	4,8667.7743	4,9350.7512	5,0744.7488	5,2176.9666	5,2907.7246	35
36	4,8773.7846	5,0918.6588	5,1653.7862	5,3155.1244	5,4698.8533	5,5486.9762	36
37	5,0968.6049	5,3273.6468	5,4064.2962	5,5679.9928	5,7342.6312	5,8191.9663	37
38	5,3262.1921	5,5737.5530	5,6587.2967	5,8324.7925	6,0114.1918	6,1028.8246	38
39	5,5658.9908	5,8315.4148	5,9228.0372	6,1095.2201	6,3019.7110	6,4003.9798	39
40	5,8163.6454	6,1012.5027	6,1992.0123	6,3997.2431	6,6065.6637	6,7124.1738	40
41	6,0781.0094	6,3834.3310	6,4884.9729	6,7037.1121	6,9258.8375	7,0396.4773	41
42	6,3516.1548	6,6786.6688	6,7912.9383	7,0221.3750	7,2606.3479	7,3828.3056	42
43	6,6374.3818	6,9875.5522	7,1082.2087	7,3556.8903	7,6115.6548	7,7427.4355	43
44	6,9361.2290	7,3107.2965	7,4399.3785	7,7050.8426	7,9794.5781	8,1202.0230	44
45	7,2482.4843	7,6488.5090	7,7871.3495	8,0710.7576	8,3651.3160	8,5160.6216	45
46	7,5744.1961	8,0026.1025	8,1505.3458	8,4544.5186	8,7694.4630	8,9312.2019	46
47	7,9152.6849	8,3727.3097	8,5308.9286	8,8560.3832	9,1933.0287	9,3666.1717	47
48	8,2714.5557	8,7599.6978	8,9290.0119	9,2767.0014	9,6376.4584	9,8232.3976	48
49	8,6436.7107	9,1651.1838	9,3456.8791	9,7173.4340	10,1034.6539	10,3021.2270	49
50	9,0326.3627	9,5890.0511	9,7818.2002	10,1789.1721	10,5917.9955	10,8043.5118	50

MONTANT DE 1 FRANC APRÈS UN NOMBRE D'ANNÉES DONNÉ. $M = Cr^{n}$.

ANS.	$4\,{}^{1}/_{2}$	$4\,{}^{5}/_{8}$	$4\,{}^{2}/_{3}$	$4\,{}^{3}/_{4}$	$4\,{}^{5}/_{6}$	$4\,{}^{7}/_{8}$	ANS.
51	9,4391.0490	10,0324.9660	10,2383.0495	10,6624.1577	11,1037.3653	11,3310.6330	51
52	9,8638.6463	10,4964.9956	10,7160.9252	11,1688.8052	11,6404.1713	11,8834.5264	52
53	10,3077.3853	10,9819.6267	11,2161.7683	11,6994.0235	12,2030.3729	12,4627.7095	53
54	10,7715.8677	11,4898.7844	11,7395.9842	12,2551.2396	12,7928.5076	13,0703.3103	54
55	11,2563.0817	12,0212.8532	12,2874.4635	12,8372.4235	13,4111.7188	13,7075.0967	55
56	11,7628.4204	12,5772.6977	12,8608.6051	13,4470.1136	14,0593.7852	14,3757.5077	56
57	12,2921.6993	13,1589.6849	13,4610.3400	14,0857.4440	14,7389.1514	15,0765.6862	57
58	12,8453.1758	13,7675.7079	14,0892.1559	14,7548.1726	15,4512.9604	15,8115.5134	58
59	13,4233.5687	14,4043.2093	14,7467.1231	15,4556.7108	16,1981.0868	16,5823.6447	59
60	14,0274.0793	15,0705.2078	15,4348.9222	16,1898.1545	16,9810.1727	17,3907.5474	60
61	14,6586.4129	15,7675.3236	16,1551.8719	16,9588.3169	17,8017.6644	18,2385.5403	61
62	15,3182.8014	16,4967.8074	16,9090.9593	17,7643.7619	18,6621.8515	19,1276.8354	62
63	16,0076.0275	17,2597.5684	17,6981.8707	18,6081.8406	19,5641.9077	20,0601.5811	63
64	16,7279.4487	18,0580.2060	18,5241.0247	19,4920.7281	20,5097.9332	21,0380.9082	64
65	17,4807.0239	18,8932.0405	19,3885.6058	20,4179.4626	21,5011.0000	22,0636.9775	65
66	18,2673.3400	19,7670.1474	20,2933.6007	21,3877.9871	22,5403.1983	23,1393.0301	66
67	19,0893.6403	20,6812.3917	21,2403.8355	22,4037.1915	23,6297.6862	24,2673.4403	67
68	19,9483.8541	21,6377.4648	22,2316.0144	23,4678.9581	24,7718.7411	25,4503.7705	68
69	20,8460.6276	22,6384.9226	23,2690.7618	24,5826.2086	25,9691.8135	26,6910.8293	69
70	21,7841.3558	23,6855.2252	24,3549.6640	25,7502.9535	27,2243.5845	27,9922.7323	70
71	22,7644.2168	24,7809.7794	25,4915.3150	26,9734.3438	28,5402.0244	29,3568.9655	71
72	23,7888.2066	25,9270.9817	26,6811.3630	28,2546.7251	29,9196.4556	30,7880.4525	72
73	24,8593.1759	27,1262.2646	27,9262.5600	29,5967.6946	31,3657.6176	32,2889.6246	73
74	25,9779.8688	28,3808.1443	29,2294.8128	31,0026.1601	32,8817.7358	33,8630.4938	74
75	27,1469.9629	29,6934.2710	30,5935.2373	32,4752.4027	34,4710.5931	35,5138.7304	75
76	28,3686.1112	31,0667.4811	32,0212.2151	34,0178.1418	36,1371.6051	37,2451.7435	76
77	29,6451.9862	32,5035.8521	33,5155.4518	35,6336.6035	37,8837.8993	39,0608.7660	77
78	30,9792.3256	34,0068.7602	35,0796.0395	37,3262.5922	39,7148.3978	40,9650.9433	78
79	32,3732.9802	35,5796.9404	36,7166.5214	39,0992.5653	41,6343.9037	42,9621.4268	79
80	33,8300.9643	37,2252.5489	38,4300.9591	40,9564.7122	43,6467.1923	45,0565.4714	80
81	35,3524.5077	38,9469.2292	40,2235.0038	42,9019.0360	45,7563.1066	47,2530.5381	81
82	36,9433.1106	40,7482.1811	42,1005.9707	44,9397.4402	47,9678.6568	49,5566.4018	82
83	38,6057.6006	42,6328.2320	44,0652.9160	47,0743.8186	50,2863.1252	51,9725.2639	83
84	40,3430.1926	44,6045.9127	46,1216.7187	49,3104.1500	52,7168.1763	54,5061.8705	84
85	42,1584.5513	46,6675.5362	48,2740.1656	51,6526.5971	55,2647.9714	57,1633.6367	85
86	44,0555.8561	48,8259.2797	50,5268.0400	54,1061.6105	57,9359.2901	59,9500.7765	86
87	46,0380.8696	51,0841.2714	52,8847.2152	56,6762.0370	60,7361.6558	62,8726.4394	87
88	48,1098.0087	53,4467.6802	55,3526.7519	59,3683.2338	63,6717.4691	65,9376.8533	88
89	50,2747.4191	55,9186.8104	57,9358.0003	62,1883.1874	66,7492.1468	69,1521.4749	89
90	52,5371.0530	58,5049.2004	60,6394.7070	65,1422.6388	69,9754.2672	72,5233.1468	90
91	54,9012.7503	61,2107.7259	63,4693.1267	68,2365.2141	73,3575.7235	76,0588.2627	91
92	57,3718.3241	64,0417.7082	66,4312.1392	71,4777.5618	76,9031.8834	79,7666.9405	92
93	59,9535.6487	67,0037.0272	69,5313.3724	74,8729.4960	80,6201.7578	83,6553.2038	93
94	62,6514.7529	70,1026.2398	72,7761.3297	78,4294.1470	84,5168.1761	87,7335.1725	94
95	65,4707.9168	73,3448.7033	76,1723.5251	82,1548.1190	88,6017.9713	92,0105.2622	95
96	68,4169.7730	76,7370.7059	79,7270.6230	86,0571.6547	92,8842.1732	96,4960.3937	96
97	71,4957.4128	80,2861.6010	83,4476.5854	90,1448.8083	97,3736.2116	101,2002.2129	97
98	74,7130.4964	83,9993.9501	87,3418.8260	94,4267.6267	102,0800.1285	106,1337.3208	98
99	78,0751.3687	87,8843.6703	91,4178.3712	98,9120.3389	107,0138.8014	111,3077.5152	99
100	81,5885.1803	91,9490.1900	95,6840.0286	103,6103.5550	112,1862.1768	116,7340.0441	100

TABLE I.

$M = Cr''$.   **MONTANT DE 1 FRANC APRÈS UN NOMBRE D'ANNÉES DONNÉ.**

ANS.	5	5 $^1/_8$	5 $^1/_6$	5 $^1/_4$	5 $^1/_3$	5 $^3/_8$	ANS.
1	1,0500.0000	1,0512.5000	1,0516.6667	1,0525.0000	1,0533.3333	1,0537.5000	1
2	1,1025.0000	1,1051.2656	1,1060.0278	1,1077.5625	1,1095.1111	1,1103.8906	2
3	1,1576.2500	1,1617.6430	1,1631.4625	1,1659.1345	1,1686.8504	1,1700.7247	3
4	1,2155.0625	1,2213.0472	1,2232.4214	1,2271.2391	1,2310.1491	1,2329.6387	4
5	1,2762.8156	1,2838.9659	1,2864.4299	1,2915.4791	1,2966.6903	1,2992.3568	5
6	1,3400.9564	1,3496.9629	1,3529.0921	1,3593.5418	1,3658.2472	1,3690.6960	6
7	1,4071.0042	1,4188.6822	1,4228.0952	1,4307.2027	1,4386.6870	1,4426.5709	7
8	1,4774.5544	1,4915.8522	1,4963.2134	1,5058.3309	1,5153.9770	1,5201.9991	8
9	1,5513.2822	1,5680.2896	1,5736.3128	1,5848.8933	1,5962.1891	1,6019.1065	9
10	1,6288.9463	1,6483.9044	1,6549.3556	1,6680.9602	1,6813.5058	1,6880.1335	10
11	1,7103.3936	1,7328.7045	1,7404.4057	1,7556.7106	1,7710.2261	1,7787.4406	11
12	1,7958.5633	1,8216.8006	1,8303.6333	1,8478.4379	1,8654.7715	1,8743.5156	12
13	1,8856.4914	1,9150.4117	1,9249.3210	1,9448.5559	1,9649.6927	1,9750.9795	13
14	1,9799.3160	2,0131.8703	2,0243.8693	2,0469.6050	2,0697.6763	2,0812.5947	14
15	2,0789.2818	2,1163.6286	2,1289.8025	2,1544.2593	2,1801.5524	2,1931.2717	15
16	2,1828.7459	2,2248.2646	2,2389.7756	2,2675.3329	2,2964.3018	2,3110.0775	16
17	2,2920.1832	2,3388.4882	2,3546.5807	2,3865.7879	2,4189.0646	2,4352.2442	17
18	2,4066.1923	2,4587.1482	2,4763.1541	2,5118.7418	2,5479.1480	2,5661.1773	18
19	2,5269.5020	2,5847.2395	2,6042.5837	2,6437.4757	2,6838.0359	2,7040.4656	19
20	2,6532.9771	2,7171.9105	2,7388.1172	2,7825.4432	2,8269.3979	2,8493.8906	20
21	2,7859.6259	2,8564.4710	2,8803.1699	2,9286.2789	2,9777.0991	3,0025.4372	21
22	2,9252.6072	3,0028.4001	3,0291.3337	3,0823.8086	3,1365.2110	3,1639.3045	22
23	3,0715.2376	3,1567.3556	3,1856.3859	3,2442.0585	3,3038.0223	3,3339.9171	23
24	3,2250.9994	3,3185.1826	3,3502.2992	3,4145.2666	3,4800.0501	3,5131.9376	24
25	3,3863.5494	3,4885.9232	3,5233.2513	3,5937.8931	3,6656.0528	3,7020.2793	25
26	3,5556.7269	3,6673.8267	3,7053.6360	3,7824.6325	3,8611.0423	3,9010.1193	26
27	3,7334.5632	3,8553.3604	3,8968.0738	3,9810.4257	4,0670.2979	4,1106.9132	27
28	3,9201.2914	4,0529.2201	4,0981.4243	4,1900.4731	4,2839.3804	4,3316.4098	28
29	4,1161.3550	4,2606.3426	4,3098.7979	4,4100.2479	4,5124.1474	4,5644.6668	29
30	4,3219.4238	4,4789.9177	4,5325.5691	4,6415.5109	4,7530.7686	4,8098.0677	30
31	4,5380.3949	4,7085.4010	4,7667.3902	4,8852.3252	5,0065.7429	5,0683.3388	31
32	4,7649.4147	4,9498.5278	5,0130.2053	5,1417.0723	5,2735.9159	5,3407.5683	32
33	5,0031.8854	5,2035.3273	5,2720.2659	5,4116.4686	5,5548.4980	5,6278.2251	33
34	5,2533.4797	5,4702.1378	5,5444.1464	5,6957.5832	5,8511.0846	5,9303.1797	34
35	5,5160.1537	5,7505.6224	5,8308.7606	5,9947.8563	6,1631.6758	6,2490.7256	35
36	5,7918.1614	6,0452.7855	6,1321.3799	6,3095.1188	6,4918.6985	6,5849.6021	36
37	6,0814.0694	6,3550.9908	6,4489.6512	6,6407.6125	6,8381.0291	6,9389.0182	37
38	6,3854.7729	6,6807.9791	6,7821.6165	6,9894.0122	7,2028.0173	7,3118.6779	38
39	6,7047.5115	7,0231.8880	7,1325.7333	7,3563.4478	7,5869.5115	7,7048.8068	39
40	7,0399.8871	7,3831.2723	7,5010.8962	7,7425.5288	7,9915.8855	8,1190.1802	40
41	7,3919.8815	7,7615.1250	7,8886.4592	8,1490.3691	8,4178.0661	8,5554.1524	41
42	7,7615.8755	8,1592.9001	8,2962.2596	8,5768.6135	8,8667.5629	9,0152.6881	42
43	8,1496.6693	8,5774.5362	8,7248.6430	9,0271.4657	9,3396.4996	9,4998.3951	43
44	8,5571.5028	9,0170.4812	9,1756.4896	9,5010.7176	9,8377.6462	10,0104.5588	44
45	8,9850.0779	9,4791.7184	9,6497.2415	9,9998.7803	10,3624.4540	10,5485.1788	45
46	9,4342.5818	9,9649.7940	10,1482.9323	10,5248.7163	10,9151.0916	11,1155.0072	46
47	9,9059.7109	10,4756.8459	10,6726.2172	11,0774.2739	11,4972.4831	11,7129.5888	47
48	10,4012.6965	11,0125.6343	11,2240.4051	11,6589.9232	12,1104.3489	12,3425.3042	48
49	10,9213.3313	11,5769.5730	11,8039.4926	12,2710.8942	12,7563.2475	13,0059.4143	49
50	11,4673.9978	12,1702.7636	12,4138.1998	12,9153.2162	13,4366.6207	13,7050.1079	50

TABLE I.

MONTANT DE 1 FRANC APRÈS UN NOMBRE D'ANNÉES DONNÉ. $M = C r^n.$

ANS.	5	5 $^{1}/_{8}$	5 $^{1}/_{6}$	5 $^{1}/_{4}$	5 $^{1}/_{3}$	5 $^{3}/_{8}$	ANS.
51	12,0407.6977	12,7940.0303	13,0552.0068	13,5933.7600	14,1532.8405	14,4416.5511	51
52	12,6428.0826	13,4496.9568	13,7297.1938	14,3070.2824	14,9081.2587	15,2178.9408	52
53	13,2749.4868	14,1389.9258	14,4390.8821	15,0581.4722	15,7032.2591	16,0358.5588	53
54	13,9386.9611	14,8636.1595	15,1851.0777	15,8486.9995	16,5407.3129	16,8977.8314	54
55	14,6356.3092	15,6253.7627	15,9696.7167	16,6807.5670	17,4229.0363	17,8060.3898	55
56	15,3674.1246	16,4261.7681	16,7947.7137	17,5564.9643	18,3521.2516	18,7631.1358	56
57	16,1357.8308	17,2680.1837	17,6625.0123	18,4782.1249	19,3309.0516	19,7716.3093	57
58	16,9425.7224	18,1530.0431	18,5750.6379	19,4483.1864	20,3618.8677	20,8343.5609	58
59	17,7897.0085	19,0833.4578	19,5347.7542	20,4693.5537	21,4478.5407	21,9542.0273	59
60	18,6791.8589	20,0613.6725	20,5440.7215	21,5439.9653	22,5917.3962	23,1342.4113	60
61	19,6131.4519	21,0895.1232	21,6055.1588	22,6750.5635	23,7966.3240	24,3777.0659	61
62	20,5938.0245	22,1703.4983	22,7218.0087	23,8654.9681	25,0657.8613	25,6880.0832	62
63	21,6234.9257	23,3065.8026	23,8957.6058	25,1184.3539	26,4026.2805	27,0687.3877	63
64	22,7046.6720	24,5010.4250	25,1303.7487	26,4371.5325	27,8107.6822	28,5236.8348	64
65	23,8399.0056	25,7567.2092	26,4287.7758	27,8251.0379	29,2940.0919	30,0568.3146	65
66	25,0318.9559	27,0767.5287	27,7942.6442	29,2859.2174	30,8563.5634	31,6723.8615	66
67	26,2834.9036	28,4644.3646	29,2303.0141	30,8234.3263	32,5020.2868	33,3747.7691	67
68	27,5976.6488	29,9232.3882	30,7405.3365	32,4416.6285	34,2354.7021	35,1686.7117	68
69	28,9775.4813	31,4568.0481	32,3287.9456	34,1448.5015	36,0613.6196	37,0589.8724	69
70	30,4264.2553	33,0689.6606	33,9991.1561	35,9374.5478	37,9846.3459	39,0509.0781	70
71	31,9477.4681	34,7637.5057	35,7557.3658	37,8241.7115	40,0104.8177	41,1498.9410	71
72	33,5451.3415	36,5453.9279	37,6031.1630	39,8099.4014	42,1443.7413	43,3617.0091	72
73	35,2223.9086	38,4183.4417	39,5459.4398	41,8999.6200	44,3920.7409	45,6923.9234	73
74	36,9835.1040	40,3872.8431	41,5891.5109	44,0997.1000	46,7596.5137	48,1483.5842	74
75	38,8326.8592	42,4571.3263	43,7379.2389	46,4149.4478	49,2534.9944	50,7363.3269	75
76	40,7743.2022	44,6330.6068	45,9977.1663	48,8517.2938	51,8803.5275	53,4634.1057	76
77	42,8130.3623	46,9205.0504	48,3742.6532	51,4164.4517	54,6473.0489	56,3370.6889	77
78	44,9536.8804	49,3251.8092	50,8736.0236	54,1158.0854	57,5618.2782	59,3651.8634	78
79	47,2013.7244	51,8530.9644	53,5020.7182	56,9568.8849	60,6317.9197	62,5560.6511	79
80	49,5614.4106	54,5105.6763	56,2663.4553	59,9471.2514	63,8654.8754	65,9184.5361	80
81	52,0395.1312	57,3042.3422	59,1734.4005	63,0943.4921	67,2716.4688	69,4615.7049	81
82	54,6414.8877	60,2410.7623	62,2307.3445	66,4068.0254	70,8594.6805	73,1951.2990	82
83	57,3735.6321	63,3284.3139	65,4459.8906	69,8931.5967	74,6386.3968	77,1293.6814	83
84	60,2422.4137	66,5740.1349	68,8273.6516	73,5625.5055	78,6193.6713	81,2750.7167	84
85	63,2543.5344	69,9859.3169	72,3834.4570	77,4245.8446	82,8124.0004	85,6436.0678	85
86	66,4170.7111	73,5727.1068	76,1232.5706	81,4893.7514	87,2290.6138	90,2469.5064	86
87	69,7379.2467	77,3433.1211	80,0562.9200	85,7675.6734	91,8812.7798	95,0977.2424	87
88	73,2248.2090	81,3071.5685	84,1925.3376	90,2703.6462	96,7816.1281	100,2092.2691	88
89	76,8860.6195	85,4741.4864	88,5424.8134	95,0095.5877	101,9432.9882	105,5954.7286	89
90	80,7303.6504	89,8546.9876	93,1171.7620	99,9975.6060	107,3802.7476	111,2712.2953	90
91	84,7668.8329	94,4597.5207	97,9282.3031	105,2474.3253	113,1072.2275	117,2520.5811	91
92	89,0052.2746	99,3008.1436	102,9878.5554	110,7729.2274	119,1396.0796	123,5543.5624	92
93	93,4554.8883	104,3899.8110	108,3088.9474	116,5885.0118	125,4937.2039	130,1954.0289	93
94	98,1282.6327	109,7399.6763	113,9048.5431	122,7093.9750	132,1867.1681	137,1934.0579	94
95	103,0346.7644	115,3641.4097	119,7899.3844	129,1516.4086	139,2366.7714	144,5675.5135	95
96	108,1864.1026	121,2765.5320	125,9790.8526	135,9321.0201	146,6626.3326	152,3380.5724	96
97	113,5957.3077	127,4919.7655	132,4880.0467	143,0685.3737	154,4846.4036	160,5262.2781	97
98	119,2755.1731	134,0259.4035	139,3332.1824	150,5796.3558	162,7238.2118	169,1545.1256	98
99	125,2392.9318	140,8947.6979	146,5321.0119	158,4850.6644	171,4024.2498	178,2465.6761	99
100	131,5012.5784	148,1156.2674	154,1029.2641	166,8055.3243	180,5438.8765	187,8273.2062	100

TABLE I.

$\mathrm{M} = \mathrm{C}r^n.$ **MONTANT DE 1 FRANC APRÈS UN NOMBRE D'ANNÉES DONNÉ.**

ANS.	$5\,^1/_2$	$5\,^5/_8$	$5\,^2/_3$	$5\,^3/_4$	$5\,^5/_6$	$5\,^7/_8$	ANS.
1	1,0550.0000	1,0562.5000	1,0566.6667	1,0575.0000	1,0583.3333	1,0587.5000	1
2	1,1130.2500	1,1156.6406	1,1165.4444	1,1183.0625	1,1200.6944	1,1209.5156	2
3	1,1742.4137	1,1784.2017	1,1798.1530	1,1826.0886	1,1854.0683	1,1868.0747	3
4	1,2388.2465	1,2447.0630	1,2466.7150	1,2506.0887	1,2545.5556	1,2565.3241	4
5	1,3069.6001	1,3147.2103	1,3173.1621	1,3225.1888	1,3277.3797	1,3303.5368	5
6	1,3788.4281	1,3886.7409	1,3919.6413	1,3985.6371	1,4051.8935	1,4085.1196	6
7	1,4546.7916	1,4667.8701	1,4708.4210	1,4789.8113	1,4871.5873	1,4912.6204	7
8	1,5346.8651	1,5492.9377	1,5541.8982	1,5640.2254	1,5739.0965	1,5788.7369	8
9	1,6190.9427	1,6364.4155	1,6422.6058	1,6539.5384	1,6657.2105	1,6716.3252	9
10	1,7081.4446	1,7284.9139	1,7353.2201	1,7490.5618	1,7628.8811	1,7698.4093	10
11	1,8020.9240	1,8257.1903	1,8336.5692	1,8496.2692	1,8657.2325	1,8738.1908	11
12	1,9012.0749	1,9284.1572	1,9375.6415	1,9559.8046	1,9745.5711	1,9839.0595	12
13	2,0057.7390	2,0368.8911	2,0473.5945	2,0684.4934	2,0897.3961	2,1004.6043	13
14	2,1160.9146	2,1514.6412	2,1633.7649	2,1873.8518	2,2116.4108	2,2238.6248	14
15	2,2324.7649	2,2724.8397	2,2859.6782	2,3131.5982	2,3406.5348	2,3545.1440	15
16	2,3552.6270	2,4003.1120	2,4155.0600	2,4461.6651	2,4771.9160	2,4928.4212	16
17	2,4848.0215	2,5353.2870	2,5523.8467	2,5868.2109	2,6216.9444	2,6392.9659	17
18	2,6214.6627	2,6779.4094	2,6970.1980	2,7355.6330	2,7746.2662	2,7943.5527	18
19	2,7656.4691	2,8285.7512	2,8498.5092	2,8928.5819	2,9364.7984	2,9585.2364	19
20	2,9177.5749	2,9876.8247	3,0113.4248	3,0591.9754	3,1077.7449	3,1323.3690	20
21	3,0782.3415	3,1557.3961	3,1819.8522	3,2351.0140	3,2890.6134	3,3163.6169	21
22	3,2475.3703	3,3332.4996	3,3622.9771	3,4211.1973	3,4809.2325	3,5111.9794	22
23	3,4261.5157	3,5207.4527	3,5528.2791	3,6178.3411	3,6839.7711	3,7174.8082	23
24	3,6145.8990	3,7187.8720	3,7541.5483	3,8258.5957	3,8988.7577	3,9358.8282	24
25	3,8133.9235	3,9279.6898	3,9668.9027	4,0458.4650	4,1263.1019	4,1671.1594	25
26	4,0231.2893	4,1489.1723	4,1916.8072	4,2784.8267	4,3670.1162	4,4119.3400	26
27	4,2444.0102	4,3822.9382	4,4292.0929	4,5244.9542	4,6217.5397	4,6711.3512	27
28	4,4778.4307	4,6287.9785	4,6801.9782	4,7846.5391	4,8913.5628	4,9455.6431	28
29	4,7241.2444	4,8891.6773	4,9454.0903	5,0597.7151	5,1766.8640	5,2361.1621	29
30	4,9839.5129	5,1641.8342	5,2256.4887	5,3507.0837	5,4786.5871	5,5437.3804	30
31	5,2580.6861	5,4546.6873	5,5217.6898	5,6583.7410	5,7982.4714	5,8694.3265	31
32	5,5472.6238	5,7614.9385	5,8346.6922	5,9837.3061	6,1364.7822	6,2142.6182	32
33	5,8523.6181	6,0855.7788	6,1653.0048	6,3277.9512	6,4944.3945	6,5793.4970	33
34	6,1742.4171	6,4278.9163	6,5146.6750	6,6916.4334	6,8732.8175	6,9658.8649	34
35	6,5138.2501	6,7894.6054	6,8838.3199	7,0764.1284	7,2742.2319	7,3751.3233	35
36	6,8720.8538	7,1713.6769	7,2739.1581	7,4833.0657	7,6985.5287	7,8084.2135	36
37	7,2500.5008	7,5747.5713	7,6861.0437	7,9135.9670	8,1476.3512	8,2671.6610	37
38	7,6488.0283	8,0008.3722	8,1216.5028	8,3686.2851	8,6229.1384	8,7528.6211	38
39	8,0694.8699	8,4508.8431	8,5818.7713	8,8498.2465	9,1259.1714	9,2670.9276	39
40	8,5133.0877	8,9262.4655	9,0681.8350	9,3586.8957	9,6582.6231	9,8115.3446	40
41	8,9815.4076	9,4283.4792	9,5820.4724	9,8968.1422	10,2216.6095	10,3879.6211	41
42	9,4755.2550	9,9586.9249	10,1250.2991	10,4658.8104	10,8179.2450	10,9982.5488	42
43	9,9966.7940	10,5188.6894	10,6987.8161	11,0676.6920	11,4489.7010	11,6444.0236	43
44	10,5464.9677	11,1105.5532	11,3050.4590	11,7040.6018	12,1168.2669	12,3285.1100	44
45	11,1265.5409	11,7355.2406	11,9456.6517	12,3770.4364	12,8236.4158	13,0528.1102	45
46	11,7385.1456	12,3956.4729	12,6225.8619	13,0887.2365	13,5716.8733	13,8196.6367	46
47	12,3841.3287	13,0929.0245	13,3378.6608	13,8413.2526	14,3633.6910	14,6315.6891	47
48	13,0652.6017	13,8293.7821	14,0936.7849	14,6372.0146	15,2012.3229	15,4911.7358	48
49	13,7838.4948	14,6072.8073	14,8923.2027	15,4788.4054	16,0879.7084	16,4012.8003	49
50	14,5419.6120	15,4289.4027	15,7362.1842	16,3688.7387	17,0264.3581	17,3648.5523	50

MONTANT DE 1 FRANC APRÈS UN NOMBRE D'ANNÉES DONNÉ. $M = Cr^n$.

ANS.	$5\,^1/_2$	$5\,^5/_8$	$5\,^2/_3$	$5\,^3/_4$	$5\,^5/_6$	$5\,^7/_8$	ANS.
51	15,3417.6907	16,2968.1816	16,6279.3746	17,3100.8412	18,0196.4456	18,3850.4047	51
52	16,1855.6637	17,2135.1419	17,5701.8725	18,3054.1396	19,0707.9050	19,4651.6160	52
53	17,0757.7252	18,1817.7436	18,5658.3119	19,3579.7526	20,1832.5328	20,6087.3985	53
54	18,0149.4001	19,2044.9917	19,6178.9496	20,4710.5884	21,3606.0972	21,8195.0331	54
55	19,0057.6171	20,2847.5225	20,7295.7568	21,6481.4472	22,6066.4528	23,1013.9913	55
56	20,0510.7860	21,4257.6956	21,9042.5163	22,8929.1304	23,9253.6626	24,4586.0633	56
57	21,1538.8793	22,6309.6910	23,1454.9256	24,2092.5554	25,3210.1262	25,8955.4945	57
58	22,3173.5176	23,9039.6111	24,4570.7047	25,6012.8774	26,7980.7169	27,4169.1298	58
59	23,5448.0611	25,2485.5892	25,8429.7113	27,0733.6178	28,3612.9254	29,0276.5662	59
60	24,8397.7045	26,6687.9036	27,3074.0616	28,6300.8008	30,0157.0128	30,7330.3145	60
61	26,2059.5782	28,1689.0982	28,8548.2584	30,2763.0969	31,7666.1718	32,5385.9704	61
62	27,6472.8550	29,7534.1100	30,4899.3264	32,0171.9750	33,6196.6985	34,4502.3962	62
63	29,1678.8620	31,4270.4036	32,2176.9549	33,8581.8635	35,5808.1726	36,4741.9120	63
64	30,7721.1994	33,1948.1138	34,0433.6490	35,8050.3207	37,6563.6493	38,6170.4993	64
65	32,4645.8654	35,0620.1952	35,9724.8891	37,8638.2141	39,8529.8622	40,8858.0161	65
66	34,2501.3880	37,0342.5812	38,0109.2995	40,0409.9114	42,1777.4375	43,2878.4246	66
67	36,1338.9643	39,1174.3514	40,1648.8265	42,3433.4813	44,6381.1214	45,8310.0320	67
68	38,1212.6074	41,3177.9087	42,4408.9266	44,7780.9065	47,2420.0201	48,5235.7464	68
69	40,2179.3008	43,6419.1661	44,8458.7658	47,3528.3086	49,9977.8546	51,3743.3465	69
70	42,4299.1623	46,0967.7441	47,3871.4292	50,0756.1864	52,9143.2295	54,3925.7681	70
71	44,7635.6163	48,6897.1798	50,0724.1435	52,9549.6671	56,0009.9179	57,5881.4070	71
72	47,2255.5751	51,4285.1461	52,9098.5116	55,9998.7729	59,2677.1631	60,9714.4397	72
73	49,8229.6318	54,3213.6856	55,9080.7606	59,2198.7024	62,7249.9976	64,5535.1630	73
74	52,5632.2615	57,3769.4554	59,0762.0037	62,6250.1278	66,3839.5808	68,3460.3538	74
75	55,4542.0359	60,6043.9873	62,4238.5173	66,2259.5101	70,2563.5563	72,3613.6496	75
76	58,5041.8479	64,0133.9616	65,9612.0333	70,0339.4320	74,3546.4304	76,6125.9515	76
77	61,7219.1495	67,6141.4969	69,6990.0485	74,0608.9493	78,6919.9722	81,1135.8512	77
78	65,1166.2027	71,4174.4561	73,6486.1512	78,3193.9639	83,2823.6373	85,8790.0824	78
79	68,6980.3439	75,4346.7692	77,8220.3665	82,8227.6168	88,1405.0161	90,9243.9998	79
80	72,4764.2628	79,6778.7750	82,2319.5206	87,5850.7048	93,2820.3087	96,2662.0847	80
81	76,4626.2973	84,1597.5811	86,8917.6267	92,6212.1203	98,7234.8267	101,9218.4822	81
82	80,6680.7436	88,8937.4450	91,8156.2922	97,9469.3172	104,4823.5249	107,9097.5681	82
83	85,1048.1845	93,8940.1763	97,0185.1488	103,5788.8029	110,5771.5639	114,2494.5502	83
84	89,7855.8347	99,1755.5613	102,5162.3072	109,5346.6591	117,0274.9051	120,9616.1050	84
85	94,7237.9056	104,7541.8116	108,3254.8380	115,8329.0920	123,8540.9412	128,0681.0512	85
86	99,9335.9904	110,6466.0385	114,4639.2788	122,4933.0148	131,0789.1628	135,5921.0629	86
87	105,4299.4698	116,8704.7531	120,9502.1713	129,5366.6632	138,7251.8640	143,5581.4254	87
88	111,2285.9407	123,4444.3955	127,8040.6276	136,9850.2463	146,8174.8894	151,9921.8341	88
89	117,3461.6674	130,3881.8927	135,0462.9299	144,8616.6354	155,3818.4246	160,9217.2419	89
90	123,8002.0591	137,7225.2492	142,6989.1626	153,1912.0920	164,4457.8327	170,3758.7548	90
91	130,6092.1724	145,4694.1695	150,7851.8818	161,9997.0373	174,0384.5396	180,3854.5817	91
92	137,7927.2419	153,6520.7165	159,3296.8217	171,3146.8669	184,1906.9711	190,9831.0384	92
93	145,3713.2402	162,2950.0068	168,3583.6416	181,1652.8118	194,9351.5444	202,2033.6119	93
94	153,3667.4684	171,4240.9447	177,8986.7147	191,5822.8484	206,3063.7178	214,0828.0866	94
95	161,8019.1791	181,0666.9978	187,9795.9618	202,5982.6622	218,3409.1013	226,6601.7366	95
96	170,7010.2340	191,2517.0165	198,6317.7330	214,2476.6653	231,0774.6323	239,9764.5887	96
97	180,0895.7969	202,0096.0986	209,8875.7379	226,5669.0736	244,5569.8191	254,0750.7583	97
98	189,9945.0657	213,3726.5042	221,7812.0297	239,5945.0453	258,8228.0586	269,0019.8653	98
99	200,4442.0443	225,3748.6201	234,3488.0447	253,3711.8854	273,9208.0287	284,8058.5324	99
100	211,4686.3567	238,0521.9799	247,6285.7006	267,9400.3188	289,8995.1637	301,5381.9712	100

TABLE I.

$M = Cr^n$. **MONTANT DE 1 FRANC APRÈS UN NOMBRE D'ANNÉES DONNÉ.**

ANS.	6	6 1/4	6 1/3	6 1/2	6 2/3	6 3/4	ANS.
1	1,0600.0000	1,0625.0000	1,0633.3333	1,0650.0000	1,0666.6667	1,0675.0000	1
2	1,1236.0000	1,1289.0625	1,1306.7778	1,1342.2500	1,1377.7778	1,1395.5625	2
3	1,1910.1600	1,1994.6289	1,2022.8737	1,2079.4962	1,2136.2963	1,2164.7630	3
4	1,2624.7696	1,2744.2932	1,2784.3224	1,2864.6635	1,2945.3827	1,2985.8845	4
5	1,3382.2558	1,3540.8115	1,3593.9961	1,3700.8666	1,3808.4082	1,3862.4317	5
6	1,4185.1911	1,4387.1123	1,4454.9492	1,4591.4230	1,4728.9688	1,4798.1458	6
7	1,5036.3026	1,5286.3068	1,5370.4293	1,5539.8655	1,5710.9000	1,5797.0207	7
8	1,5938.4807	1,6241.7009	1,6343.8899	1,6549.9567	1,6758.2934	1,6863.3195	8
9	1,6894.7896	1,7256.8073	1,7379.0029	1,7625.7039	1,7875.5129	1,8001.5936	9
10	1,7908.4770	1,8335.3577	1,8479.6731	1,8771.3747	1,9067.2138	1,9216.7012	10
11	1,8982.9856	1,9481.3176	1,9650.0523	1,9991.5140	2,0338.3614	2,0513.8285	11
12	2,0121.9647	2,0698.8999	2,0894.5557	2,1290.9624	2,1694.2521	2,1898.5119	12
13	2,1329.2826	2,1992.5812	2,2217.8775	2,2674.8750	2,3140.5356	2,3376.6615	13
14	2,2609.0396	2,3367.1175	2,3625.0098	2,4148.7418	2,4683.2380	2,4954.5861	14
15	2,3965.5819	2,4827.5623	2,5121.2604	2,5718.4101	2,6328.7872	2,6639.0207	15
16	2,5403.5168	2,6379.2850	2,6712.2735	2,7390.1067	2,8084.0397	2,8437.1546	16
17	2,6927.7279	2,8027.9903	2,8404.0509	2,9170.4637	2,9956.3090	3,0356.6625	17
18	2,8543.3915	2,9779.7397	3,0202.9741	3,1066.5438	3,1953.3962	3,2405.7373	18
19	3,0255.9950	3,1640.9734	3,2115.8291	3,3085.8691	3,4083.6226	3,4593.1245	19
20	3,2071.3547	3,3618.5342	3,4149.8316	3,5236.4506	3,6355.8642	3,6928.1604	20
21	3,3995.6360	3,5719.6926	3,6312.6543	3,7526.8199	3,8779.5884	3,9420.8113	21
22	3,6035.3742	3,7952.1734	3,8612.4557	3,9966.0632	4,1364.8943	4,2081.7160	22
23	3,8197.4966	4,0324.1843	4,1057.9113	4,2563.8573	4,4122.5540	4,4922.2319	23
24	4,0489.3464	4,2844.4458	4,3658.2456	4,5330.5081	4,7064.0575	4,7954.4825	24
25	4,2918.7072	4,5522.2236	4,6423.2679	4,8276.9911	5,0201.6614	5,1191.4101	25
26	4,5493.8296	4,8367.3626	4,9363.4082	5,1414.9955	5,3548.4388	5,4646.8303	26
27	4,8223.4594	5,1390.3228	5,2489.7573	5,4756.9702	5,7118.3347	5,8335.4913	27
28	5,1116.8670	5,4602.2180	5,5814.1086	5,8316.1733	6,0926.2237	6,2273.1370	28
29	5,4183.8790	5,8014.8566	5,9349.0022	6,2106.7245	6,4987.9720	6,6476.5737	29
30	5,7434.9117	6,1640.7851	6,3107.7723	6,6143.6616	6,9320.5034	7,0963.7424	30
31	6,0881.0064	6,5493.3342	6,7104.5979	7,0442.9996	7,3941.8703	7,5753.7950	31
32	6,4533.8668	6,9586.6676	7,1354.5558	7,5021.7946	7,8871.3283	8,0867.1762	32
33	6,8405.8988	7,3935.8343	7,5873.6777	7,9898.2113	8,4129.4169	8,6325.7106	33
34	7,2510.2528	7,8556.8239	8,0679.0106	8,5091.5950	8,9738.0447	9,2152.6961	34
35	7,6860.8679	8,3466.6254	8,5788.6812	9,0622.5487	9,5720.5810	9,8373.0031	35
36	8,1472.5200	8,8683.2895	9,1221.9644	9,6513.0143	10,2101.9531	10,5013.1808	36
37	8,6360.8712	9,4225.9951	9,6999.3555	10,2786.3603	10,8908.7499	11,2101.5705	37
38	9,1542.5235	10,0115.1198	10,3142.6480	10,9467.4737	11,6169.3333	11,9668.4265	38
39	9,7035.0749	10,6372.3148	10,9675.0157	11,6582.8595	12,3913.9555	12,7746.0453	39
40	10,2857.1794	11,3020.5845	11,6621.1000	12,4160.7453	13,2174.8859	13,6368.9033	40
41	10,9028.6101	12,0084.3710	12,4007.1030	13,2231.1938	14,0986.5449	14,5573.8043	41
42	11,5570.3267	12,7589.6442	13,1860.8862	14,0826.2214	15,0385.6479	15,5400.0361	42
43	12,2504.5463	13,5563.9970	14,0212.0757	14,9979.9258	16,0411.3578	16,5889.5385	43
44	12,9854.8191	14,4036.7468	14,9092.1738	15,9728.6209	17,1105.4483	17,7087.0824	44
45	13,7646.1083	15,3039.0434	15,8534.6781	17,0110.9813	18,2512.4782	18,9040.4604	45
46	14,5904.8748	16,2603.9837	16,8575.2077	18,1168.1951	19,4679.9767	20,1800.6915	46
47	15,4659.1673	17,2766.7326	17,9251.6376	19,2944.1278	20,7658.6418	21,5422.2382	47
48	16,3938.7173	18,3564.6534	19,0604.2413	20,5485.4961	22,1502.5513	22,9963.2392	48
49	17,3775.0403	19,5037.4443	20,2675.8432	21,8842.0533	23,6269.3880	24,5485.7579	49
50	18,4201.5427	20,7227.2845	21,5511.9800	23,3066.7868	25,2020.6806	26,2056.0466	50

MONTANT DE 1 FRANC APRÈS UN NOMBRE D'ANNÉES DONNÉ. $M = C r^n$.

ANS.	6	6 ¹/₄	6 ¹/₃	6 ¹/₂	6 ²/₃	6 ³/₄	ANS.
51	19,5253.6353	22,0178.9898	22,9161.0720	24,8216.1279	26,8822.0593	27,9744.8297	51
52	20,6968.8534	23,3940.1767	24,3674.6066	26,4350.1762	28,6743.5299	29,8627.6057	52
53	21,9386.9846	24,8561.4377	25,9107.3317	28,1532.9377	30,5859.7652	31,8784.9691	53
54	23,2550.2037	26,4096.5276	27,5517.4627	29,9832.5786	32,6250.4162	34,0302.9545	54
55	24,6503.2159	28,0602.5606	29,2966.9020	31,9321.6963	34,8000.4440	36,3273.4039	55
56	26,1293.4089	29,8140.2206	31,1521.4724	34,0077.6065	37,1200.4736	38,7794.3587	56
57	27,6971.0134	31,6773.9844	33,1251.1657	36,2182.6509	39,5947.1718	41,3970.4779	57
58	29,3589.2742	33,6572.3584	35,2230.4062	38,5724.5233	42,2343.6499	44,1913.4852	58
59	31,1204.6307	35,7608.1308	37,4538.3319	41,0796.6173	45,0499.8933	47,1742.6454	59
60	32,9876.9085	37,9958.6390	39,8259.0929	43,7498.3974	48,0533.2195	50,3585.2740	60
61	34,9669.5230	40,3706.0539	42,3482.1688	46,5935.7932	51,2568.7674	53,7577.2800	61
62	37,0649.6944	42,8937.6823	45,0302.7062	49,6221.6198	54,6740.0186	57,3863.7464	62
63	39,2888.6761	45,5746.2874	47,8821.8775	52,8476.0251	58,3189.3532	61,2599.5492	63
64	41,6461.9967	48,4230.4304	50,9147.2631	56,2826.9667	62,2068.6434	65,3950.0188	64
65	44,1449.7165	51,4494.8323	54,1393.2565	59,9410.7195	66,3539.8863	69,8091.6451	65
66	46,7936.6994	54,6650.7593	57,5681.4960	63,8372.4163	70,7775.8787	74,5212.8311	66
67	49,6012.9014	58,0816.4318	61,2141.3241	67,9866.6234	75,4960.9373	79,5514.6972	67
68	52,5773.6755	61,7117.4587	65,0910.2746	72,4057.9539	80,5291.6664	84,9211.9393	68
69	55,7320.0960	65,5687.2999	69,2134.5920	77,1121.7209	85,8977.7775	90,6533.7452	69
70	59,0759.3018	69,6667.7562	73,5969.7829	82,1244.6327	91,6242.9627	96,7724.7730	70
71	62,6204.8599	74,0209.4909	78,2581.2024	87,4625.5339	97,7325.8269	103,3046.1952	71
72	66,3777.1515	78,6472.5841	83,2144.6786	93,1476.1936	104,2480.8820	110,2776.8134	72
73	70,3603.7806	83,5627.1206	88,4847.1749	99,2022.1461	111,1979.6075	117,7214.2483	73
74	74,5820.0074	88,7853.8156	94,0887.4960	105,6503.5856	118,6111.5813	125,6676.2100	74
75	79,0569.2079	94,3344.6791	100,0477.0374	112,5176.3187	126,5185.6867	134,1501.8542	75
76	83,8003.3603	100,2303.7216	106,3840.5831	119,8312.7794	134,9531.3992	143,2053.2293	76
77	88,8283.5619	106,4947.7042	113,1217.1534	127,6203.1101	143,9500.1591	152,8716.8223	77
78	94,1580.5757	113,1506.9357	120,2860.9064	135,9156.3122	153,5466.8364	163,1905.2078	78
79	99,8075.4102	120,2226.1191	127,9042.0972	144,7501.4725	163,7831.2921	174,2058.8094	79
80	105,7959.9348	127,7365.2516	136,0048.0966	154,1589.0683	174,7020.0450	185,9647.7790	80
81	112,1437.5309	135,7200.5798	144,6184.4761	164,1792.3577	186,3488.0480	198,5174.0041	81
82	118,8723.7828	144,2025.6161	153,7776.1596	174,8508.8609	198,7720.5845	211,9173.2494	82
83	126,0047.2097	153,2152.2171	163,5168.6497	186,2161.9369	212,0235.2901	226,2217.4437	83
84	133,5650.0423	162,7911.7306	173,8729.3308	198,3202.4628	226,1584.3095	241,4917.1211	84
85	141,5789.0448	172,9656.2138	184,8848.8551	211,2110.6229	241,2356.5968	257,7924.0268	85
86	150,0736.3875	183,7759.7272	196,5942.6160	224,9397.8134	257,3180.3699	275,1933.8986	86
87	159,0780.5708	195,2619.7101	209,0452.3150	239,5608.6712	274,4725.7279	293,7689.4368	87
88	168,6227.4050	207,4658.4420	222,2847.6282	255,1323.2349	292,7707.4431	313,5983.4738	88
89	178,7401.0493	220,4324.5946	236,3627.9780	271,7159.2451	312,2887.9393	334,7662.3582	89
90	189,4645.1123	234,2094.8818	251,3324.4166	289,3774.5961	333,1080.4685	357,3629.5674	90
91	200,8323.8190	248,8475.8119	267,2501.6297	308,1869.9448	355,3152.4998	381,4849.5632	91
92	212,8823.2482	264,4005.5501	284,1760.0662	328,2191.4912	379,0029.3331	407,2351.9087	92
93	225,6552.6431	280,9255.8970	302,1738.2038	349,5533.9382	404,2697.9553	434,7235.6626	93
94	239,1945.8017	298,4834.3906	321,3114.9567	372,2743.6441	431,2211.1523	464,0674.0698	94
95	253,5462.5498	317,1386.5400	341,6612.2373	396,4721.9810	459,9691.8958	495,3919.5695	95
96	268,7590.3027	336,9598.1987	363,2997.6790	422,2428.9098	490,6338.0222	528,8309.1405	96
97	284,8845.7209	358,0198.0861	386,3087.5320	449,6886.7889	523,3427.2237	564,5270.0074	97
98	301,9776.4642	380,3960.4665	410,7749.7423	478,9184.4302	558,2322.3719	602,6325.7329	98
99	320,0963.0520	404,1707.9957	436,7907.2260	510,0481.4181	595,4477.1967	643,3102.7199	99
100	339,3020.8351	429,4314.7454	464,4541.3503	543,2012.7103	635,1442.3432	686,7337.1535	100

TABLE I.

M = Cr^n.   MONTANT DE 1 FRANC APRÈS UN NOMBRE D'ANNÉES DONNÉ.

ANS.	7	7 ¼	7 ⅓	7 ½	7 ⅔	7 ¾	ANS.
1	1,0700.0000	1,0725.0000	1,0733.3333	1,0750.0000	1,0766.6667	1,0775.0000	1
2	1,1449.0000	1,1502.5625	1,1520.4444	1,1556.2500	1,1592.1111	1,1610.0625	2
3	1,2250.4300	1,2336.4983	1,2365.2770	1,2422.9688	1,2480.8396	1,2509.8423	3
4	1,3107.9601	1,3230.8944	1,3272.0640	1,3354.6914	1,3437.7040	1,3479.3551	4
5	1,4025.5173	1,4190.1343	1,4245.3487	1,4356.2933	1,4467.9280	1,4524.0051	5
6	1,5007.3035	1,5218.9190	1,5290.0076	1,5433.0153	1,5577.1358	1,5649.6155	6
7	1,6057.8148	1,6322.2906	1,6411.2748	1,6590.4914	1,6771.3829	1,6862.4608	7
8	1,7181.8618	1,7505.6567	1,7614.7683	1,7834.7783	1,8057.1889	1,8169.3015	8
9	1,8384.5921	1,8774.8168	1,8906.5180	1,9172.3866	1,9441.5734	1,9577.4223	9
10	1,9671.5136	2,0135.9910	2,0292.9960	2,0610.3156	2,0932.0940	2,1094.6726	10
11	2,1048.5195	2,1595.8504	2,1781.1490	2,2156.0893	2,2536.8879	2,2729.5097	11
12	2,2521.9159	2,3161.5495	2,3378.4333	2,3817.7960	2,4264.7159	2,4491.0467	12
13	2,4098.4500	2,4840.7618	2,5092.8517	2,5604.1307	2,6125.0108	2,6389.1028	13
14	2,5785.3415	2,6641.7171	2,6932.9942	2,7524.4405	2,8127.9283	2,8434.2583	14
15	2,7590.3154	2,8573.2416	2,8908.0804	2,9588.7735	3,0284.4028	3,0637.9133	15
16	2,9521.6375	3,0644.8016	3,1028.0063	3,1807.9315	3,2606.2070	3,3012.3516	16
17	3,1588.1521	3,2866.5497	3,3303.3935	3,4193.5264	3,5106.0162	3,5570.8088	17
18	3,3799.3228	3,5249.3745	3,5745.6423	3,6758.0409	3,7797.4775	3,8327.5465	18
19	3,6165.2753	3,7804.9542	3,8366.9894	3,9514.8940	4,0695.2841	4,1297.9313	19
20	3,8696.8446	4,0545.8134	4,1180.5687	4,2478.5110	4,3815.2559	4,4498.5210	20
21	4,1405.6237	4,3485.3849	4,4200.4770	4,5664.3993	4,7174.4255	4,7947.1564	21
22	4,4304.0174	4,6638.0753	4,7441.8453	4,9089.2293	5,0791.1314	5,1663.0610	22
23	4,7405.2986	5,0019.3357	5,0920.9140	5,2770.9215	5,4685.1182	5,5666.9482	23
24	5,0723.6695	5,3645.7375	5,4655.1144	5,6728.7406	5,8877.6439	5,9981.1367	24
25	5,4274.3264	5,7535.0535	5,8663.1561	6,0983.3961	6,3391.5966	6,4629.6748	25
26	5,8073.5292	6,1706.3449	6,2965.1209	6,5557.1508	6,8251.6190	6,9638.4746	26
27	6,2138.6763	6,6180.0549	6,7582.5631	7,0473.9371	7,3484.2431	7,5035.4564	27
28	6,6488.3836	7,0978.1089	7,2538.6177	7,5759.4824	7,9118.0351	8,0850.7043	28
29	7,1142.5705	7,6124.0218	7,7858.1163	8,1441.4436	8,5183.7511	8,7116.6339	29
30	7,6122.5504	8,1643.0134	8,3567.7115	8,7549.5519	9,1714.5054	9,3868.1730	30
31	8,1451.1290	8,7562.1318	8,9696.0104	9,4115.7683	9,8745.9508	10,1142.9564	31
32	8,7152.7080	9,3910.3864	9,6273.7178	10,1174.4509	10,6316.4737	10,8981.5355	32
33	9,3253.3975	10,0718.8894	10,3333.7904	10,8762.5347	11,4467.4034	11,7427.6045	33
34	9,9781.1354	10,8021.0089	11,0911.6017	11,6919.7248	12,3243.2376	12,6528.2439	34
35	10,6765.8148	11,5852.5320	11,9045.1192	12,5688.7042	13,2691.8858	13,6334.1828	35
36	11,4239.4219	12,4251.8406	12,7775.0946	13,5115.3570	14,2864.9304	14,6900.0819	36
37	12,2236.1814	13,3260.0990	13,7145.2682	14,5249.0088	15,3817.9084	15,8284.8383	37
38	13,0792.7141	14,2921.4562	14,7202.5879	15,6142.6844	16,5610.6147	17,0551.9132	38
39	13,9948.2041	15,3283.2618	15,7997.4443	16,7853.3858	17,8307.4285	18,3769.6865	39
40	14,9744.5784	16,4396.2983	16,9583.9236	18,0442.3897	19,1977.6647	19,8011.8372	40
41	16,0226.6989	17,6315.0299	18,2020.0780	19,3975.5689	20,6695.9523	21,3357.7546	41
42	17,1442.5678	18,9097.8696	19,5368.2170	20,8523.7366	22,2542.6420	22,9892.9806	42
43	18,3443.5475	20,2807.4651	20,9695.2196	22,4163.0168	23,9604.2446	24,7709.6866	43
44	19,6284.5959	21,7511.0063	22,5072.8690	24,0975.2431	25,7973.9033	26,6907.1873	44
45	21,0024.5176	23,3280.5543	24,1578.2127	25,9048.3863	27,7751.9026	28,7592.4943	45
46	22,4726.2338	25,0193.3945	25,9293.9483	27,8477.0153	29,9046.2151	30,9880.9126	46
47	24,0457.0702	26,8332.4156	27,8308.8379	29,9362.7915	32,1973.0916	33,3896.6833	47
48	25,7289.0651	28,7786.5157	29,8718.1527	32,1815.0008	34,6657.6953	35,9773.6763	48
49	27,5299.2997	30,8651.0381	32,0624.1505	34,5951.1259	37,3234.7853	38,7656.1362	49
50	29,4570.2506	33,1028.2384	34,4136.5882	37,1897.4603	40,1849.4521	41,7699.4868	50

MONTANT DE 1 FRANC APRÈS UN NOMBRE D'ANNÉES DONNÉ. $M = C r^n$.

ANS	7	7 ¼	7 ⅓	7 ½	7 ⅔	7 ¾	ANS
51	31,5190.1682	35,5027.7856	36,9373.2714	39,9789.7698	43,2657.9101	45,0071.1970	51
52	33,7253.4799	38,0767.3001	39,6460.6446	42,9774.0026	46,5828.3499	48,4951.7148	52
53	36,0861.2235	40,8372.9294	42,5534.4252	46,2007.0528	50,1541.8567	52,2535.4726	53
54	38,6121.5092	43,7979.9667	45,6740.2831	49,6657.5817	53,9993.3991	56,3031.9718	54
55	41 3150.0148	46,9733.5143	49,0234.5705	53,3906.9004	58,1392.8930	60,6666.9496	55
56	44,2070.5159	50,3789.1941	52,6185.1057	57,3949.9179	62,5966.3482	65,3683.6382	56
57	47,3015.4520	54,0313.9107	56,4772.0134	61,6996.1617	67,3957.1015	70,4344.1201	57
58	50,6126.5336	57,9486.6692	60,6188.6277	66,3270.8739	72,5627.1460	75,8930.7895	58
59	54,1555.3910	62,1499.4527	65,0642.4604	71,3016.1894	78,1258.5605	81,7747.9256	59
60	57,0464.2683	66,6558.1630	69,8356.2409	76,6492.4036	84,1155.0501	88,1123.3899	60
61	62,0026.7671	71,4883.6299	74,9569.0319	82,3979.3339	90,5643.6040	94,9410.4526	61
62	66,3428.6408	76,6712.6930	80,4537.4275	88,5777.7839	97,5076.2803	102,2989.7627	62
63	70,9868.6457	82,2299.3633	86,3536.8389	95,2211.1177	104,9832.1284	110,2271.4693	63
64	75,9559.4509	88,1916.0671	92,6862.8737	102,3626.9515	113,0319.2583	118,7697.5081	64
65	81,2728.6124	94,5854.9820	99,4832.8178	110,0398.9729	121.6977.0681	127.9744.0650	65
66	86,9619.6153	101,4429.4682	106,7787.2244	118,2928.8959	131,0278.6433	137,8924.2301	66
67	93,0492.9884	108,7975.6046	114,6091.6209	127,1648.5631	141,0733.3393	148,5790.8579	67
68	99,5627.4976	116,6853.8360	123,0138.3398	136,7022.2053	151,8889.5620	160,0939.6494	68
69	106,5321.4224	125,1450.7391	132,0348.4847	146,9548.8707	163,5337.7617	172,5012.4722	69
70	113,9893.9220	134,2180.9176	141,7174.0402	157,9765.0360	176,0713.6568	185,8700.9388	70
71	121,9686.4965	143,9489.0342	152,1100.1365	169,8247.4137	189,5701.7038	200,2750.2616	71
72	130,5064.5513	154,3851.9891	163,2647.4798	182,5615.9697	204,1038.8344	215,7963.4068	72
73	139,6419.0699	165,5781.2584	175,2374.9617	196,2537.1675	219,7518.4784	232,5205.5709	73
74	149,4168.4047	177,5825.3996	188,0882.4589	210,9727.4550	236,5994.8951	250,5409.0026	74
75	159,8760.1931	190,4572.7411	201,8813.8392	226,7957.0141	254,7387.8370	269,9578.2003	75
76	171,0673.4066	204,2654.2648	216,6860.1874	243,8053.7902	274,2687.5712	290,8795.5108	76
77	183,0420.5450	219,0746.6990	232,5763.2678	262,0907.8245	295,2960.2850	313,4227.1629	77
78	195,8549.9832	234,9575.8347	249,6319.2408	281,7475.9113	317,9353.9068	337,7129.7680	78
79	209,5648.4820	251,9920.0827	267,9382.6518	302,8786.6046	342,3104.3730	363,8857.3251	79
80	224,2343.8758	270,2614.2887	287,5870.7129	325,5945.6000	368,5542.3749	392,0868.7677	80
81	239.9307.9471	289,8553.8246	308,6767.8985	350,0141.5200	396,8100.6237	422,4736.0972	81
82	256,7259.5034	310,8698.9769	331,3130.8778	376,2652.1340	427,2321.6715	455,2153.1448	82
83	274,6967.6686	333,4079.6527	355,6093.8088	404,4851.0440	459,9866.3330	490,4945.0135	83
84	293,9255.4054	357,5800.4275	381,6874.0215	434,8214.8723	495,2522.7519	528,5078.2521	84
85	314,5003.2838	383,5045.9585	409,6778.1164	467,4330.9878	533,2216.1628	569,4671.8166	85
86	336,5153.5136	411,3086.7905	439,7208.5116	502,4905.8119	574,1019.4020	613,6008.8824	86
87	360,0714.2596	441,1285.5828	471,9670.4691	540,1773.7477	618,1164.2228	661,1549.5708	87
88	385,2764.2578	473,1103.7876	506,5779.6368	580,6906.7788	665,5053.4799	712,3944.6625	88
89	412,2457.7558	507,4108.8122	543,7270.1435	624,2424.7872	716,5274.2467	767,6050.3738	89
90	441,1029.7987	544,1981.7011	583,6003.2874	671,0606.6463	771,4611.9389	827,0944.2778	90
91	471,9801.8846	583,6525.3744	626,3976.8618	721,3902.1447	830,6065.5209	891,1942.4593	91
92	505,0188.0166	625,9673.4640	672,4335.1650	775,4944.8056	894,2863.8775	960,2617.9999	92
93	540,3701.1777	671,3499.7902	721,6379.7437	833,6565.6660	962,8483.4414	1034,6820.8949	93
94	578,1960.2602	720,0228.5250	774,5580.9249	896,1808.0910	1036,6667.1720	1114,8699.5143	94
95	618,6697.4784	772,2245.0930	831,3590.1928	963,3943.6978	1116,1444.9885	1201,2723.7266	95
96	661,9766.3019	828,2107.8623	892,3253.4736	1035,6489.4751	1201,7155.7709	1294,3709.8155	96
97	708,3149.9430	888,2560.6823	957,7625.3950	1113,3226.1858	1293,8471.0467	1394,6847.3262	97
98	757,8970.4390	952,6546.3317	1027,9984.5906	1196,8218.1497	1393,0420.4936	1502,7727.9939	98
99	810,9498.3697	1021,7220.9408	1103,3850.1272	1286,5834.5109	1499,8419.3981	1619,2376.9135	99
100	867,7163.2556	1095,7969.4590	1184,2999.1366	1383,0772.0993	1614,8298.2186	1744,7286.1243	100

TABLE I.

$M = Cr^n.$ **MONTANT DE 1 FRANC APRÈS UN NOMBRE D'ANNÉES DONNÉ.**

ANS.	8	8 1/4	8 1/3	8 1/2	8 2/3	8 3/4	ANS.
1	1,0800.0000	1,0825.0000	1,0833.3333	1,0850.0000	1,0866.6667	1,0875.0000	1
2	1,1664.0000	1,1718.0625	1,1736.1111	1,1772.2500	1,1808.4444	1,1826.5625	2
3	1,2597.1200	1,2684.8027	1,2714.1204	1,2772.8913	1,2831.8430	1,2861.3867	3
4	1,3604.8896	1,3731.2989	1,3773.6304	1,3858.5870	1,3943.9360	1,3986.7581	4
5	1,4693.2808	1,4864.1310	1,4921.4329	1,5036.5669	1,5152.4105	1,5210.5994	5
6	1,5868.7432	1,6090.4218	1,6164.8857	1,6314.6751	1,6465.6194	1,6541.5268	6
7	1,7138.2427	1,7417.8816	1,7511.9595	1,7701.4225	1,7892.6397	1,7988.9104	7
8	1,8509.3021	1,8854.8569	1,8971.2894	1,9206.0434	1,9443.3352	1,9562.9401	8
9	1,9990.0463	2,0410.3826	2,0552.2302	2,0838.5571	2,1128.4242	2,1274.6974	9
10	2,1589.2500	2,2094.2391	2,2264.9161	2,2609.8344	2,2959.5543	2,3136.2334	10
11	2,3316.3900	2,3917.0139	2,4120.3258	2,4531.6703	2,4949.3824	2,5160.6538	11
12	2,5181.7012	2,5890.1675	2,6130.3529	2,6616.8623	2,7111.6622	2,7362.2110	12
13	2,7196.2373	2,8026.1063	2,8307.8823	2,8879.2956	2,9461.3396	2,9756.4045	13
14	2,9371.9362	3,0338.2601	3,0666.8725	3,1334.0357	3,2014.6556	3,2360.0898	14
15	3,1721.6911	3,2841.1666	3,3222.4452	3,3997.4288	3,4789.2591	3,5191.5977	15
16	3,4259.4264	3,5550.5628	3,5990.9823	3,6887.2102	3,7804.3283	3,8270.8625	16
17	3,7000.1805	3,8483.4842	3,8990.2308	4,0022.6231	4,1080.7034	4,1619.5630	17
18	3,9960.1950	4,1658.3717	4,2239.4167	4,3424.5461	4,4641.0310	4,5261.2747	18
19	4,3157.0106	4,5095.1873	4,5759.3681	4,7115.6325	4,8609.9204	4,9221.6363	19
20	4,6609.5714	4,8815.5403	4,9572.6488	5,1120.4612	5,2714.1135	5,3528.5295	20
21	5,0338.3372	5,2842.8224	5,3703.7029	5,5465.7005	5,7282.6700	5,8212.2758	21
22	5,4365.4041	5,7202.3552	5,8179.0115	6,0180.2850	6,2247.1680	6,3305.8499	22
23	5,8714.6365	6,1921.5495	6,3027.2624	6,5295.6092	6,7641.9226	6,8845.1118	23
24	6,3411.8074	6,7030.0774	6,8279.5343	7,0845.7360	7,3504.2225	7,4869.0591	24
25	6,8484.7520	7,2560.0587	7,3969.4955	7,6867.6236	7,9874.5885	8,1420.1017	25
26	7,3963.5321	7,8546.2636	8,0133.6201	8,3401.3716	8,6797.0528	8,8544.3606	26
27	7,9880.6147	8,5026.3303	8,6811.4218	9,0490.4881	9,4319.4641	9,6291.9922	27
28	8,6271.0639	9,2041.0026	9,4045.7069	9,8182.1796	10,2493.8176	10,4717.5415	28
29	9,3172.7490	9,9634.3853	10,1882.8492	10,6527.6649	11,1376.6152	11,3880.3264	29
30	10,0626.5689	10,7854.2221	11,0373.0866	11,5582.5164	12,1029.2551	12,3844.8549	30
31	10,8676.6944	11,6752.1954	11,9570.8438	12,5407.0303	13,1518.4572	13,4681.2797	31
32	11,7370.8300	12,6384.2515	12,9535.0808	13,6066.6279	14,2916.7235	14,6465.8917	32
33	12,6760.4963	13,6810.9523	14,0329.6709	14,7632.2913	15,5302.8396	15,9281.6573	33
34	13,6901.3361	14,8097.8558	15,2023.8101	16,0181.0360	16,8762.4190	17,3218.8023	34
35	14,7853.4429	16,0315.9290	16,4692.4609	17,3796.4241	18,3388.4953	18,8375.4475	35
36	15,9681.7184	17,3541.9931	17,8416.8327	18,8569.1201	19,9282.1649	20,4858.2991	36
37	17,2456.2558	18,7859.2075	19,3284.9021	20,4597.4953	21,6553.2859	22,2783.4003	37
38	18,6252.7563	20,3357.5921	20,9391.9772	22,1988.2824	23,5321.2373	24,2276.9478	38
39	20,1152.9768	22,0134.5935	22,6841.3087	24,0857.2865	25,5715.7445	26,3476.1807	39
40	21,7245.2150	23,8295.6975	24,5744.7511	26,1330.1558	27,7877.7757	28,6530.3466	40
41	23,4624.8322	25,7955.0925	26,6223.4803	28,3543.2190	30,1960.5163	31,1601.7519	41
42	25,3394.8187	27,9236.3876	28,8408.7703	30,7644.3927	32,8130.4277	33,8866.9052	42
43	27,3666.4042	30,2273.3896	31,2442.8345	33,3794.1660	35,6568.3981	36,8517.7594	43
44	29,5559.7166	32,7210.9442	33,8479.7374	36,2166.6702	38,7470.9926	40,0763.0633	44
45	31,9204.4939	35,4205.8471	36,6686.3822	39,2950.8371	42,1051.8120	43,5829.8314	45
46	34,4740.8534	38,3427.8295	39,7243.5807	42,6351.6583	45,7542.9690	47,3964.9416	46
47	37,2320.1217	41,5060.6255	43,0347.2124	46,2591.5492	49,7196.6930	51,5436.8740	47
48	40,2105.7314	44,9303.1271	46,6209.4801	50,1911.8309	54,0287.0731	56,0537.6005	48
49	43,4274.1899	48,6370.6351	50,5060.2702	54,4574.3365	58,7111.9527	60,9584.6405	49
50	46,9016.1251	52,6496.2124	54,7148.6260	59,0863.1551	63,7994.9886	66,2923.2966	50

MONTANT DE 1 FRANC APRÈS UN NOMBRE D'ANNÉES DONNÉ. $M = Cr^n$.

ANS	8	8 $^1/_4$	8 $^1/_3$	8 $^1/_2$	8 $^2/_3$	8 $^3/_4$	ANS
51	50,6537.4151	56,9932.1500	59,2744.3448	64,1086.5233	69,3287.8877	72,0929.0850	51
52	54,7060.4084	61,6951.5523	64,2139.7069	69,5578.8778	75,3372.8379	78,4010.3799	52
53	59,0825.2410	66,7850.0554	69,5651.3491	75,4703.0824	81,8665.1505	85,2611.2882	53
54	63,8091.2603	72,2947.6850	75,3622.2949	81,8852.8444	88,9616.1303	92,7214.7759	54
55	68,9138.5611	78,2590.8690	81,6424.1528	88,8455.3362	96,0716.1949	100,8346.0688	55
56	74,4269.6460	84,7154.6157	88,4459.4989	96,3974.0398	105,0498.2651	109,6576.3498	56
57	80,3811.2177	91,7044.8715	95,8164.4571	104,5911.8332	114,1541.4481	119,2526.7804	57
58	86,8116.1151	99,2701.0734	103,8011.4952	113,4814.3390	124,0475.0402	129,6872.8737	58
59	93,7565.4043	107,4598.9119	112,4512.4532	123,1273.5578	134,7982.8771	141,0349.2502	59
60	101,2570.6367	116,3253.3222	121,8221.8243	133,5931.8102	146,4808.0597	153,3754.8096	60
61	109,3576.2876	125,9221.7213	131,9740.3096	144,9486.0141	159,1758.0916	166,7958.3554	61
62	118,1062.3906	136,3107.5133	142,9718.6687	157,2692.3253	172,9710.4595	181,3904.7115	62
63	127,5547.3819	147,5563.8831	154,8861.8911	170,6371.1729	187,9618.6993	197,2621.3737	63
64	137,7591.1724	159,7297.9035	167,7933.7154	185,1412.7226	204,2518.9866	214,5225.7439	64
65	148,7798.4662	172,9074.9805	181,7761.5250	200,8782.8041	221,9537.2988	233,2932.9965	65
66	160,6822.3435	187,1723.6664	196,9241.6521	217,9529.3424	241,1897.1980	253,7064.6337	66
67	173,5368.1310	202,6140.8689	213,3345.1231	236,4789.3365	262,0928.2885	275,9057.7892	67
68	187,4197.5814	219,3297.4905	231,1123.8834	256,5796.4301	284,8075.4069	300,0475.3457	68
69	202,4133.3880	237,4244.5335	250,3717.5403	278,3889.1267	309,4908.6088	326,3016.9385	69
70	218,6064.0590	257,0119.7075	271,2360.6687	302,0519.7024	336,3134.0215	354,8530.9206	70
71	236,0949.1837	278,2154.5834	293,8390.7244	327,7263.8771	365,4605.6367	385,9027.3762	71
72	254,9825.1184	301,1682.3365	318,3256.6181	355,5831.3067	397,1338.1253	419,6692.2716	72
73	275,3811.1279	326,0146.1293	344,8528.0029	385,8076.9678	431,5520.7628	456,3902.8454	73
74	297,4116.0181	352,9108.1850	373,5905.3365	418,6013.5100	468,9532.5622	496,3244.3443	74
75	321,2045.2996	382,0259.6102	404,7230.7812	454,1824.6584	509,5958.7176	539,7528.2245	75
76	346,9008.9235	413,5431.0281	438,4500.0130	492,7879.7543	553,7608.4732	586,9811.9441	76
77	374,6529.6374	447,6604.0879	474,9875.0141	534,6749.5335	601,7534.5408	638,3420.4892	77
78	404,6252.0084	484,5923.9251	514,5697.9319	580,1223.2438	653,9054.2010	694,1969.7820	78
79	436,9952.1691	524,5712.6490	557,4506.0929	629,4327.2195	710,5772.2318	754,9392.1379	79
80	471,9548.3426	567,8483.9425	603,9048.2673	682,9345.0332	772,1605.8252	820,9963.9500	80
81	509,7112.2100	614,6958.8677	654,2302.2896	740,9839.3610	839,0811.6634	892,8335.7956	81
82	550,4881.1868	665,4082.9743	708,7494.1471	803,9675.7067	911,8015.3409	970,9565.1777	82
83	594,5271.6818	720,3044.8197	767,8118.6593	872,3048.1418	990,8243.3371	1055,9152.1308	83
84	642,0893.4163	779,7296.0173	831,7961.8809	946,4507.2338	1076,6957.7596	1148,3077.9422	84
85	693,4564.8896	844,0572.9388	901,1125.3710	1026,8990.3487	1170,0094.0988	1248,7847.2722	85
86	748,9330.0808	913,6920.2062	976,2052.4853	1114,1854.5283	1271,4102.2540	1358,0533.8976	86
87	808,8476.4873	989,0716.1232	1057,5556.8590	1208,8912.1633	1381,5991.1161	1476,8830.6137	87
88	873,5554.6062	1070,6700.2034	1145,6853.2639	1311,6469.6971	1501,3377.0128	1606,1103.2924	88
89	943,4398.9747	1159,0002.9702	1241,1591.0359	1423,1369.6214	1631,4536.3539	1746,6449.8304	89
90	1018,9150.8927	1254,6178.2152	1344,5890.2889	1544,1036.0392	1772,8462.8379	1899,4764.1906	90
91	1100,4282.9641	1358,1237.9180	1456,6381.1463	1675,3524.1025	1926,4929.6172	2065,6806.0573	91
92	1188,4625.6013	1470,1690.0462	1578,0246.2419	1817,7573.6512	2093,4556.8507	2246,4276.5873	92
93	1283,5395.6494	1591,4579.4750	1709,5266.7620	1972,2667.4116	2274,8885.1111	2442,9900.7887	93
94	1386,2227.3013	1722,7532.2817	1851,9872.3255	2139,9094.1416	2472,0455.1540	2656,7517.1077	94
95	1497,1205.4854	1864,8803.6950	2006,3195.0193	2321,8017.1436	2686,2894.6007	2889,2174.8546	95
96	1616,8901.9242	2018,7329.9998	2173,5127.9376	2519,1548.6008	2919,1012.1328	3142,0240.1544	96
97	1746,2414.0782	2185,2784.7248	2354,6388.5991	2733,2830.2319	3172,0899.8509	3416,9511.1679	97
98	1885,9407.2044	2365,5639.4646	2550,8587.6490	2965,6120.8016	3447,0044.5047	3715,9343.3951	98
99	2036,8159.7808	2560,7229.7204	2763,4303.2864	3217,6891.0698	3745,7448.3618	4041,0785.9422	99
100	2199,7612.5632	2771,9826.1723	2993,7161.8936	3491,1926.8107	4070,3760.5531	4394,6729.7121	100

TABLE I.

$M = Cr^n.$ **MONTANT DE 1 FRANC APRÉS UN NOMBRE D'ANNÉES DONNÉ.**

ANS.	9	9 1/4	9 1/3	9 1/2	9 2/3	ANS.
1	1,0900.0000	1,0925.0000	1,0933.3333	1,0950.0000	1,0966.6667	1
2	1,1881.0000	1,1935.5625	1,1953.7778	1,1990.2500	1,2026.7778	2
3	1,2950.2900	1,3039.6020	1,3069.4637	1,3129.3238	1,3189.3663	3
4	1,4115.8161	1,4245.7652	1,4289.2803	1,4376.6095	1,4464.3384	4
5	1,5386.2395	1,5563.4985	1,5622.9465	1,5742.3874	1,5862.5577	5
6	1,6771.0011	1,7003.1221	1,7081.0882	1,7237.9142	1,7395.9383	6
7	1,8280.3912	1,8575.9109	1,8675.3230	1,8875.5161	1,9077.5457	7
8	1,9925.6264	2,0294.1827	2,0418.3532	2,0668.6901	2,0921.7085	8
9	2,1718.9328	2,2171.3946	2,2324.0662	2,2632.2156	2,2944.1403	9
10	2,3673.6367	2,4222.2486	2,4407.6457	2,4782.2761	2,5162.0738	10
11	2,5804.2641	2,6462.8066	2,6685.6926	2,7136.5924	2,7594.4076	11
12	2,8126.6478	2,8910.6162	2,9176.3572	2,9714.5686	3,0261.8670	12
13	3,0658.0461	3,1584.8482	3,1899.4839	3,2537.4527	3,3187.1809	13
14	3,3417.2703	3,4506.4466	3,4876.7691	3,5628.5107	3,6395.2750	14
15	3,6424.8246	3,7698.2929	3,8131.9342	3,9013.2192	3,9913.4849	15
16	3,9703.0588	4,1185.3850	4,1690.9147	4,2719.4750	4,3771.7885	16
17	4,3276.3341	4,4995.0331	4,5582.0668	4,6777.8251	4,8003.0613	17
18	4,7171.2042	4,9157.0737	4,9836.3930	5,1221.7185	5,2643.3573	18
19	5,1416.6125	5,3704.1030	5,4487.7897	5,6087.7818	5,7732.2151	19
20	5,6044.1077	5,8671.7325	5,9573.3167	6,1416.1210	6,3312.9959	20
21	6,1088.0774	6,4098.8678	6,5133.4929	6,7250.6525	6,9433.2522	21
22	6,6586.0043	7,0028.0131	7,1212.6189	7,3639.4645	7,6145.1333	22
23	7,2578.7447	7,6505.6043	7,7859.1300	8,0635.2137	8,3505.8295	23
24	7,9110.8317	8,3582.3727	8,5125.9822	8,8295.5590	9,1578.0597	24
25	8,6230.8066	9,1313.7421	9,3071.0738	9,6683.6371	10,0430.6054	25
26	9,3991.5792	9,9760.2633	10,1757.7074	10,5868.5826	11,0138.8973	26
27	10,2450.8213	10,8988.0877	11,1255.0934	11,5926.0979	12,0785.6574	27
28	11,1671.3952	11,9069.4858	12,1638.9022	12,6939.0772	13,2461.6042	28
29	12,1721.8208	13,0083.4132	13,2991.8664	13,8998.2896	14,5266.2260	29
30	13,2676.7847	14,2116.1289	14,5404.4405	15,2203.1271	15,9308.6278	30
31	14,4617.6953	15,5261.8708	15,8975.5217	16,6662.4241	17,4708.4618	31
32	15,7633.2879	16,9623.5939	17,3813.2370	18,2495.3544	19,1596.9465	32
33	17,1820.2838	18,5313.7763	19,0035.8058	19,9832.4131	21,0117.9846	33
34	18,7284.1093	20,2455.3006	20,7772.4810	21,8816.4924	23,0429.3898	34
35	20,4139.6792	22,1182.4159	22,7164.5792	23,9604.0591	25,2704.2308	35
36	22,2512.2503	24,1641.7894	24,8366.6066	26,2366.4448	27,7132.3065	36
37	24,2538.3528	26,3993.6549	27,1547.4899	28,7291.2570	30,3921.7628	37
38	26,4366.8046	28,8413.0680	29,6891.9223	31,4583.9264	33,3300.8665	38
39	28,8159.8170	31,5091.2768	32,4601.8351	34,4469.3994	36,5519.9503	39
40	31,4094.2005	34,4237.2199	35,4898.0063	37,7193.9924	40,0853.5455	40
41	34,2362.6786	37,6079.1628	38,8021.8203	41,3027.4216	43,9602.7215	41
42	37,3175.3197	41,0866.4853	42,4237.1902	45,2265.0267	48,2097.6513	42
43	40,6761.0984	44,8871.6352	46,3832.6612	49,5230.2042	52,8700.4243	43
44	44,3369.5973	49,0392.2615	50,7123.7096	54,2277.0736	57,9808.1319	44
45	48,3272.8610	53,5753.5456	55,4455.2559	59,3793.3956	63,5856.2514	45
46	52,6767.4185	58,5310.7486	60,6204.4131	65,0203.7682	69,7322.3556	46
47	57,4176.4862	63,9451.9929	66,2783.4916	71,1973.1262	76,4730.1834	47
48	62,4852.3700	69,8601.3022	72,4643.2842	77,9610.5732	83,8654.1011	48
49	68,2179.0833	76,3221.9227	79,2276.6574	85,3673.5777	91,9723.9975	49
50	74,3575.2008	83,3819.9505	86,6222.4787	93,4772.5675	100,8630.6506	50

MONTANT DE 1 FRANC APRÈS UN NOMBRE D'ANNÉES DONNÉ. $M = Cr^n$.

ANS.	9	9 ¹/₄	9 ¹/₃	9 ¹/₂	9 ²/₃	ANS.
51	81,0496.9688	91,0948.2959	94,7069.9101	102,3575.9614	110,6131.6135	51
52	88,3441.6960	99,5211.0133	103,5463.1017	112,0815.6778	121,3057.6695	52
53	96,2951.4487	108,7268.0320	113,2106.3245	122,7293.1672	133,0319.9109	53
54	104,9617.0790	118,7840.3250	123,7769.5814	134,3886.0181	145,8917.5023	54
55	114,4082.6162	129,7715.5551	135,3294.7424	147,1555.1898	159,9946.1941	55
56	124,7050.0516	141,7754.2439	147,9602.2517	161,1352.9328	175,4607.6596	56
57	135,9284.5563	154,8896.5115	161,7698.4618	176,4431.4614	192,4219.7333	57
58	148,1620.1663	169,2169.4388	176,8683.6516	193,2052.4502	211,0227.6409	58
59	161,4965.9813	184,8695.1119	193,3760.7924	211,5597.4330	231,4216.3128	59
60	176,0312.9196	201,9699.4097	211,4245.1330	231,6579.1892	253,7923.8897	60
61	191,8741.0824	220,6521.6051	231,1574.6788	253,6654.2121	278,3256.5324	61
62	209,1427.7798	241,0624.8536	252,7321.6488	277,7636.3623	305,2304.6639	62
63	227,9656.2800	263,3607.6525	276,3205.0027	304,1511.8167	334,7360.7814	63
64	248,4825.3452	287,7216.3604	302,1104.1363	333,0455.4393	367,0938.9903	64
65	270,8459.6262	314,3358.8737	330,3073.8556	364,6848.7060	402,5796.4260	65
66	295,2220.9926	343,4119.5696	361,1360.7488	399,3299.3331	441,4956.7472	66
67	321,7920.8819	375,1775.6297	394,8421.0854	437,2662.7697	484,1735.8994	67
68	350,7533.7613	409,8814.8755	431,6940.3867	478,8065.7329	530,9770.3697	68
69	382,3211.7998	447,7955.2515	471,9854.8228	524,2931.9775	582,3048.1721	69
70	416,7300.8618	489,2166.1122	516,0374.6062	574,1010.5153	638,5942.8287	70
71	454,2357.9393	534,4691.4776	564,2009.5695	628,6406.5143	700,3250.6355	71
72	495,1170.1539	583,9075.4393	616,8597.1293	688,3615.1331	768,0231.5302	72
73	539,6775.4677	637,9189.9174	674,4332.8614	753,7558.5708	842,2653.9115	73
74	588,2485.2598	696,9264.9848	737,3803.9284	825,3626.6350	923,6843.7896	74
75	641,1908.9332	761,3921.9959	806,2025.6284	903,7721.1653	1012,2738.6893	75
76	698,8980.7372	831,8209.7805	881,4481.3538	989,6304.6761	1110,8946.7626	76
77	761,7989.0035	908,7644.1852	963,7166.2801	1083,6453.6203	1218,2811.6163	77
78	830,3608.0139	992,8251.2724	1053,6635.1329	1186,5916.7142	1336,0483.4059	78
79	905,0932.7351	1084,6614.5150	1152,0054.4120	1299,3178.8021	1465,1996.8018	79
80	986,5516.6813	1184,9926.3577	1259,5259.4904	1422,7530.7883	1606,8356.4926	80
81	1075,3413.1826	1294,6044.5458	1377,0817.0429	1557,9146.2131	1762,1630.9535	81
82	1172,1220.3690	1414,3553.6663	1505,6093.3002	1705,9165.1034	1932,5055.2791	82
83	1277,6130.2022	1545,1832.3804	1646,1328.6749	1867,9785.7882	2119,3143.9560	83
84	1392,5981.9204	1688,1126.8756	1799,7719.3512	2045,4365.4381	2324,1814.5384	84
85	1517,9320.2933	1844,2631.1116	1967,7506.4907	2239,7530.1547	2548,8523.2772	85
86	1654,5459.1196	2014,8574.4894	2151,4073.7631	2452,5295.5194	2795,2413.8606	86
87	1803,4550.4404	2201,2317.6296	2352,2053.9810	2685,5198.5938	3065,4480.5338	87
88	1965,7659.9801	2404,8457.0104	2571,7445.6859	2940,6442.4602	3361,7746.9854	88
89	2142,6849.3783	2627,2939.2839	2811,7740.6166	3220,0054.4939	3686,7462.5273	89
90	2335,5265.8223	2870,3186.1676	3074,2063.0742	3525,9059.6708	4043,1317.2383	90
91	2545,7239.7463	3135,8230.8881	3361,1322.2944	3860,8670.3395	4433,9677,9047	91
92	2774,8391.3235	3425,8867.2453	3674,8379.0419	4227,6494.0218	4862,5846.7688	92
93	3024,5746.5426	3742,7812.4654	4017,8227.7525	4629,2760.9538	5332,6345.2898	93
94	3296,7863.7314	4088,9885.1185	4392,8195.6760	5069,0573.2445	5848,1225.3345	94
95	3593,4971.4672	4467,2199.4920	4802,8160.6058	5550,6177.7027	6413,4410.4501	95
96	3916,9118.8993	4880,4377.9450	5251,0788.9290	6077,9264.5844	7033,4070.1270	96
97	4269,4339.6002	5331,8782.9049	5741,1795.8957	6655,3294.7199	7713,3030.2393	97
98	4653,6830.1643	5825,0770.3236	6277,0230.1793	7287,5857.7183	8458,9223.1624	98
99	5072,5144.8790	6363,8966.5785	6862,8784.9961	7979,9064.2016	9276,6181.4014	99
100	5529,0407.9181	6952,5570.9870	7503,4138.2624	8737,9975.3007	10173,3578.9369	100

TABLE I.

$M = Cr^n.$ **MONTANT DE 1 FRANC APRÈS UN NOMBRE D'ANNÉES DONNÉ.**

ANS.	$9\,^3/_4$	10	$10\,^1/_2$	11	ANS.
1	1,0975.0000	1,1000.0000	1,1050.0000	1,1100.0000	1
2	1,2045.0625	1,2100.0000	1,2210.2500	1,2321.0000	2
3	1,3219.4561	1,3310.0000	1,3492.3263	1,3676.3100	3
4	1,4508.3531	1,4641.0000	1,4909.0205	1,5180.7041	4
5	1,5922.9175	1,6105.1000	1,6474.4677	1,6850.5816	5
6	1,7475.4019	1,7715.6100	1,8204.2868	1,8704.1455	6
7	1,9179.2536	1,9487.1710	2,0115.7369	2,0761.6015	7
8	2,1049.2309	2,1435.8881	2,2227.8892	2,3045.3777	8
9	2,3101.5309	2,3579.4769	2,4561.8176	2,5580.3692	9
10	2,5353.9301	2,5937.4246	2,7140.8085	2,8394.2099	10
11	2,7825.9383	2,8531.1671	2,9990.5934	3,1517.5729	11
12	3,0538.9673	3,1384.2838	3,3139.6057	3,4984.5060	12
13	3,3516.5166	3,4522.7121	3,6619.2643	3,8832.8016	13
14	3,6784.3770	3,7974.9834	4,0464.2870	4,3104.4098	14
15	4,0370.8537	4,1772.4817	4,4713.0371	4,7845.8949	15
16	4,4307.0120	4,5949.7299	.4,9407.9060	5,3108.9433	16
17	4,8626.9456	5,0544.7028	5,4595.7362	5,8950.9271	17
18	5,3368.0728	5,5599.1731	6,0328.2885	6,5435.5291	18
19	5,8571.4599	6,1159.0904	6,6662.7588	7,2633.4373	19
20	6,4282.1773	6,7274.9995	7,3662.3484	8,0623.1154	20
21	7,0549.6896	7,4002.4994	8,1396.8950	8,9491.6581	21
22	7,7428.2843	8,1402.7494	8,9943.5690	9,9335.7404	22
23	8,4977.5420	8,9543.0243	9,9387.6437	11,0262.6719	23
24	9,3262.8524	9,8497.3268	10,9823.3463	12,2391.5658	24
25	10,2355.9805	10,8347.0594	12,1354.7977	13,5854.6380	25
26	11,2335.6886	11,9181.7654	13,4097.0514	15,0798.6482	26
27	12,3288.4182	13,1099.9419	14,8177.2418	16,7386.4995	27
28	13,5309.0390	14,4209.9361	16,3735.8522	18,5799.0145	28
29	14,8501.6703	15,8630.9297	18,0928.1167	20,6236.9061	29
30	16,2980.5832	17,4494.0227	19,9925.5690	22,8922.9657	30
31	17,8871.1900	19,1943.4250	22,0917.7537	25,4104.4919	31
32	19,6311.1310	21,1137.7675	24,4114.1178	28,2055.9861	32
33	21,5451.4663	23,2251.5442	26,9746.1002	31,3082.1445	33
34	23,6457.9843	25,5476.6986	29,8069.4407	34,7521.1804	34
35	25,9512.6378	28,1024.3685	32,9366.7320	38,5748.5103	35
36	28,4815.1199	30,9126.8053	36,3950.2389	42,8180.8464	36
37	31,2584.5941	34,0039.4859	40,2165.0140	47,5280.7395	37
38	34,3061.5921	37,4043.4344	44,4392.3404	52,7561.6209	38
39	37,6510.0973	41,1447.7779	49,1053.5362	58,5593.3991	39
40	41,3219.8318	45,2592.5557	54,2614.1575	65,0008.6731	40
41	45,3508.7654	49,7851.8112	59,9588.6440	72,1509.6271	41
42	49,7725.8700	54,7636.9924	66,2545.4516	80,0875.6861	42
43	54,6254.1423	60,2400.6916	73,2112.7240	88,8972.0115	43
44	59,9513.9212	66,2640.7608	80,8984.5601	98,6758.9328	44
45	65,7966.5285	72,8904.8369	89,3927.9389	109,5302.4154	45
46	72,2118.2650	80,1795.3205	98,7790.3724	121,5785.6811	46
47	79,2524.7959	88,1974.8526	109,1508.3616	134,9522.1060	47
48	86,9795.9635	97,0172.3378	120,6116.7395	149,7969.5377	48
49	95,4601.0699	106,7189.5716	133,2758.9972	166,2746.1868	49
50	104,7674.6742	117,3908.5288	147,2698.6919	184,5648.2674	50

MONTANT DE 1 FRANC APRÈS UN NOMBRE D'ANNÉES DONNÉ. $M = Cr^n$.

ANS.	$9\,^3/_4$	10	$10\,^1/_2$	11	ANS.
51	114,9822.9550	129,1299.3817	162,7332.0545	204,8669.5768	51
52	126,1930.6931	142,0429.3198	179,8201.9202	227,4023.2303	52
53	138,4968.9357	156,2472.2518	198,7013.1219	252,4165.7856	53
54	152,0003.4069	171,8719.4770	219,5649.4997	280,1824.0220	54
55	166,8203.7391	189,0591.4247	242,6192.6971	311,0024.6644	55
56	183,0853.6036	207,9650.5672	268,0942.9303	345,2127.3775	56
57	200,9361.8300	228,7615.6239	296,2441.9380	383,1861.3890	57
58	220,5274.6084	251,6377.1863	327,3498.3415	425,3366.1418	58
59	242,0288.8827	276,8014.9049	361,7215.6674	472,1236.4174	59
60	265,6267.0488	304,4816.3954	399,7023.3124	524,0572.4234	60
61	291,5253 0861	334,9298.0350	441,6710.7602	581,7035.3899	61
62	319,9490.2620	368,4227.8385	488,0465.3901	644,6909.2828	62
63	351,1440.5625	405,2650.6223	539,2914.2560	716,7169.3039	63
64	385,3806.0173	445,7915.6845	595,9170.2529	795,5557.9274	64
65	422,9552.1040	490,3707.2530	658,4883.1295	883,0669.2994	65
66	464,1933.4342	539,4077.9783	727,6295.8581	980,2042.9223	66
67	509,4521.9440	593,3485.7761	804,0306.9231	1088,0267.6438	67
68	559,1237.8335	652.6834.3537	888,4539.1501	1207,7097.0846	68
69	613,6383.5223	717,9517.7891	981,7415.7608	1340,5577.7639	69
70	673,4680.9157	789,7469.5680	1084,8244.4157	1488,0191.3179	70
71	739,1312.3050	868,7216.5248	1198,7310.0794	1651,7012.3629	71
72	811,1965.2548	955,5938.1773	1324,5977.6377	1833,3883.7228	72
73	890,2881.8671	1051,1531.9950	1463,6805.2897	2035,0610.9323	73
74	977,0912.8491	1156,2685.1945	1617,3669.8451	2258,9178.1349	74
75	1072,3576.8519	1271,8953.7140	1787,1905.1788	2507,3987.7297	75
76	1176,9125.5950	1399,0849.0853	1974,8455.2226	2783,2126.3800	76
77	1291,6615.3405	1538,9933.9939	2182,2043.0210	3089,3660.2818	77
78	1417,5985.3362	1692,8927.3933	2411,3357.5382	3429,1962.9128	78
79	1555,8143.9065	1862,1820.1326	2664,5260.0797	3805,4078.8332	79
80	1707,5062.9374	2048,4002.1459	2944,3012.3880	4225,1127.5048	80
81	1873,9881.5738	2253,2402.3604	3253,4528.6888	4689,8751.5303	81
82	2056,7020.0272	2478,5642.5965	3595,0654.2011	5205,7614.1987	82
83	2257,2394.4799	2726,4206.8561	3972,5472.8922	5778,3951.7605	83
84	2477,3104.1667	2999,0627.5417	4389,6647.5459	6414,0186.4542	84
85	2718,8481.8229	3298,9690.2959	4850,5795.5382	7119,5606.9641	85
86	2983,9358.8006	3628,8659.3255	5359,8904.0697	7902,7123.7302	86
87	3274,8696.2837	3991,7525.2581	5922,6788.9971	8772,0107.3405	87
88	3594,1694.1714	4390,9277.7839	6544,5601.8417	9736,9319.1480	88
89	3944,6009.3531	4830,0205.5623	7231,7390.0351	10807,9944.2542	89
90	4329,1995.2650	5313,0226.1185	7991,0715.9888	11996,8738.1222	90
91	4751,2964.8033	5844,3248.7303	8830,1341.1676	13316,5299.3157	91
92	5214,5478.8716	6428,7573.6034	9757,2981.9902	14781,3482.2404	92
93	5722,9663.0616	7071,6330.9637	10781,8145.0992	16407,2965.2868	93
94	6280,9555.2101	7778,7964.0601	11913,9050.3346	18212,0991.4684	94
95	6893,3486.8431	8556,6760.4661	13164,8650.6198	20215,4300.5299	95
96	7565,4501.8103	9412,3436.5127	14547,1758.9349	22438,1273.5882	96
97	8303,0815.7368	10353,5780.1640	16074,6293.6230	24907,4313.6829	97
98	9112,6320.2712	11388,9358.1803	17762,4654.4534	27647,2488.1880	98
99	10001,1136.4976	12527,8293.9984	19627,5243.1710	30688,4461.8887	99
100	10976,2222.3061	13780,6123.3982	21688,4143.7040	34064,1752.6964	100

TABLE I.

$M = Cr^n.$ **MONTANT DE 1 FRANC APRÈS UN NOMBRE D'ANNÉES DONNÉ.**

ANS.	11 ¹/₂	12	12 ¹/₂	13	ANS.
1	1,1150.0000	1,1200.0000	1,1250.0000	1,1300.0000	1
2	1,2432.2500	1,2544.0000	1,2656.2500	1,2769.0000	2
3	1,3861.9588	1,4049.2800	1,4238.2813	1,4428.9700	3
4	1,5456.0840	1,5735.1936	1,6018.0664	1,6304.7361	4
5	1,7233.5337	1,7623.4168	1,8020.3247	1,8424.3518	5
6	1,9215.3900	1,9738.2269	2,0272.8653	2,0819.5175	6
7	2,1425.1599	2,2106.8141	2,2806.9735	2,3526.0548	7
8	2,3889.0533	2,4759.6318	2,5657.8451	2,6584.4419	8
9	2,6636.2944	2,7730.7876	2,8865.0758	3,0040.4194	9
10	2,9699.4683	3,1058.4821	3,2473.2103	3,3945.6739	10
11	3,3114.9071	3,4785.4999	3,6532.3615	3,8358.6115	11
12	3,6923.1214	3,8959.7599	4,1098.9067	4,3345.2310	12
13	4,1169.2804	4,3634.9311	4,6236.2701	4,8980.1110	13
14	4,5903.7476	4,8871.1229	5,2015.8038	5,5347.5255	14
15	5,1182.6786	5,4735.6576	5,8517.7793	6,2542.7038	15
16	5,7068.6867	6,1303.9365	6,5832.5017	7,0673.2553	16
17	6,3631.5856	6,8660.4089	7,4061.5644	7,9860.7785	17
18	7,0949.2180	7,6899.6580	8,3319.2599	9,0242.6797	18
19	7,9108.3780	8,6127.6169	9,3734.1675	10,1974.2280	19
20	8,8205.8415	9,6462.9309	10,5450.9384	11,5230.8776	20
21	9,8349.5133	10,8038.4826	11,8632.3057	13,0210.8917	21
22	10,9659.7073	12,1003.1006	13,3461.3439	14,7138.3077	22
23	12,2270.5737	13,5523.4726	15,0144.0119	16,6266.2877	23
24	13,6331.6896	15,1786.2893	16,8912.0134	18,7880.9051	24
25	15,2009.8340	17,0000.6441	19,0026.0151	21,2305.4227	25
26	16,9490.9649	19,0400.7214	21,3779.2670	23,9905.1277	26
27	18,8982.4258	21,3248.8079	24,0501.6754	27,1092.7943	27
28	21,0715.4048	23,8838.6649	27,0564.3848	30,6334.8575	28
29	23,4947.6763	26,7499.3047	30,4384.9329	34,6158.3890	29
30	26,1966.6591	29,9599.2212	34,2433.0495	39,1158.9795	30
31	29,2092.8249	33,5551.1278	38,5237.1807	44,2009.6469	31
32	32,5683.4998	37,5817.2631	43,3391.8283	49,9470.9010	32
33	36,3137.1022	42,0915.3347	48,7565.8068	56,4402.1181	33
34	40,4897.8690	47,1425.1748	54,8511.5327	63,7774.3935	34
35	45,1461.1239	52,7996.1958	61,7075.4742	72,0685.0647	35
36	50,3379.1532	59,1355.7393	69,4209.9085	81,4374.1231	36
37	56,1267.7558	66,2318.4280	78,0986.1471	92,0242.7591	37
38	62,5813.5477	74,1796.6394	87,8609.4155	103,9874.3178	38
39	69,7782.1057	83,0812.2361	98,8435.5924	117,5057.9791	39
40	77,8027.0479	93,0509.7044	111,1990.0415	132,7815.5163	40
41	86,7500.1584	104,2170.8689	125,0988.7966	150,0431.5335	41
42	96,7262.6766	116,7231.3732	140,7362.3962	169,5487.6328	42
43	107,8497.8844	130,7299.1380	158,3282.6958	191,5901.0251	43
44	120,2525.1411	146,4175.0346	178,1193.0327	216,4968.1583	44
45	134,0815.5323	163,9876.0387	200,3842.1618	244,6414.0189	45
46	149,5009.3186	183,6661.1634	225,4322.4320	276,4447.8414	46
47	166,6935.3902	205,7060.5030	253,6112.7360	312,3826.0608	47
48	185,8632.9601	230,3907.7633	285,3126.8280	352,9923.4487	48
49	207,2375.7505	258,0376.6949	320,9767.6816	398,8813.4970	49
50	231,0698.9618	289,0021.8983	361,0988.6417	450,7359.2516	50

MONTANT DE 1 FRANC APRÈS UN NOMBRE D'ANNÉES DONNÉ. $M = Cr^n$.

ANS.	11 ½	12	12 ½	13	ANS.
51	257,6429.3424	323,6824.5261	406,2362.2220	509,3315.9543	51
52	287,2718.7167	362,5243.4692	457,0157.4997	575,5447.0283	52
53	320,3081.3692	406,0272.6855	514,1427.1872	650,3655.1420	53
54	357,1435.7266	454,7505.4078	578,4105.5856	734,9130.3105	54
55	398,2150.8352	509,3206.0567	650,7118.7838	830,4517.2509	55
56	444,0098.1812	570,4390.7835	732,0508.6317	938,4104.4935	56
57	495,0709.4721	638,8917.6776	823,5572.2107	1060,4038.0776	57
58	552,0041.0614	715,5587.7989	926,5018.7370	1198,2563.0277	58
59	615,4845.7834	801,4258.3347	1042,3146.0792	1354,0296.2213	59
60	686,2653.0485	897,5969.3349	1172,6039.3391	1530,0534.7301	60
61	765,1858.1491	1005,3085.6551	1319,1794.2565	1728,9604.2450	61
62	853,1821.8362	1125,9455.9337	1484,0768.5385	1953,7252.7969	62
63	951,2981.3474	1261,0590.6458	1669,5864.6658	2207,7095.6604	63
64	1060,6974.2023	1412,3861.5232	1878,2847.6816	2494,7118.0963	64
65	1182,6776.2356	1581,8724.9060	2113,0703.6417	2819,0243.4488	65
66	1318,6855.5027	1771,6971.8948	2377,2041.5970	3185,4975.0972	66
67	1470,3343.8855	1984,3008.5221	2674,3546.7966	3599,6121.8598	67
68	1639,4228.4324	2222,4169.5448	3008,6490.1462	4067,5617.7016	68
69	1827,9564.7021	2489,1069.8902	3384,7301.4144	4596,3448.0028	69
70	2038,1714.8428	2787,7998.2770	3807,8214.0912	5193,8696.2431	70
71	2272,5611.8267	3122,3358.0702	4283,7990.8526	5869,0726.7548	71
72	2533,9057.1868	3497,0161.0386	4819,2739.7092	6632,0521.2329	72
73	2825,3048.7633	3916,6580.3633	5421,6832.1729	7494,2188.9931	73
74	3150,2159.3711	4386,6570.0069	6099,3936.1945	8468,4673.5622	74
75	3512,4896.5487	4913,0558.4077	6861,8178.2188	9569,3681.1253	75
76	3916,4259.6518	5502,6225.4166	7719,5450.4961	10813,3859.6716	76
77	4366,8149.5118	6162,9372.4666	8684,4881.8082	12219,1261.4289	77
78	4868,9986.7057	6902,4897.1626	9770,0492.0342	13807,6125.4147	78
79	5428,9335.1768	7730,7884.8221	10991,3053.5384	15602,6021.7186	79
80	6053,2608.7222	8658,4831.0008	12365,2185.2308	17630,9404.5420	80
81	6749,3858.7252	9697,5010.7209	13910,8708.3846	19922,9627.1325	81
82	7525,5652.4786	10861,2012.0074	15649,7296.9327	22512,9478.6597	82
83	8391,0052.5136	12164,5453.4483	17605,9459.0493	25439,6310.8855	83
84	9355,9708.5527	13624,2907.8621	19806,6891.4304	28746,7831.3006	84
85	10431,9075.0363	15259,2056.8055	22282,5252.8592	32483,8649.3697	85
86	11630,5768.6654	17090,3163.6222	25067,8409.4666	36706,7673.7878	86
87	12969,2082.0620	19141,1476.0569	28201,3210.6499	41478,6471.3802	87
88	14460,6671.4991	21438,0853.1837	31726,4861.9812	46870,8712.6596	88
89	16123,6438.7215	24010,6555.5657	35692,2969.7288	52964,0845.3053	89
90	17977,8629.1745	26891,9342.2336	40153,8340.9449	59849,4155.1950	90
91	20045,3171.5295	30118,9663.3016	45173,0633.5631	67629,8395.3704	91
92	22350,5286.2554	33733,2422.8978	50819,6962.7584	76421,7186.7685	92
93	24920,8394.1748	37781,2313.6456	57172,1583.1033	86356,5421.0484	93
94	27786,7359.5049	42314,9791.2830	64318,6780.9912	97582,8925.7847	94
95	30982,2105.8480	47392,7766.2370	72358,5128.6151	110268,6686.1368	95
96	34545,1648.0205	53079,9098.1855	81403,3269.6919	124603,5955.3345	96
97	38517,8587.5428	59449,4989.9677	91578,7428.4034	140802,0629.5280	97
98	42947,4125.1103	66583,4388.7638	103026,0856.9539	159106,3311.3667	98
99	47886,3649.4979	74573,4515.4155	115904,3464.0731	179790,1541.8443	99
100	53393,2969.1902	83522,2657.2654	130392,3897.0822	203162,8742.2841	100

TABLE I.

M = Cr".   MONTANT DE 1 FRANC APRÈS UN NOMBRE D'ANNÉES DONNÉ.

ANS.	13 ¹/₂	14	14 ¹/₂	15	ANS.
1	1,1350.0000	1,1400.0000	1,1450.0000	1,1500.0000	1
2	1,2882.2500	1,2996.0000	1,3110.2500	1,3225.0000	2
3	1,4621.3538	1,4815.4400	1,5011.2363	1,5208.7500	3
4	1,6595.2365	1,6889.6016	1,7187.8655	1,7490.0625	4
5	1,8835.5934	1,9254.1458	1,9680.1060	2,0113.5719	5
6	2,1378.3985	2,1949.7262	2,2533.7214	2,3130.6077	6
7	2,4264.4824	2,5022.6879	2,5801.1110	2,6600.1988	7
8	2,7540.1875	2,8525.8642	2,9542.2721	3,0590.2286	8
9	3,1258.1128	3,2519.4852	3,3825.9015	3,5178.7629	9
10	3,5477.9580	3,7072.2131	3,8730.6572	4,0455.5774	10
11	4,0267.4823	4,2262.3230	4,4346.6025	4,6523.9140	11
12	4,5703.5924	4,8179.0482	5,0776.8599	5,3502.5011	12
13	5,1873.5774	5,4924.1149	5,8139.5046	6,1527.8762	13
14	5,8876.5104	6,2613.4910	6,6569.7328	7,0757.0576	14
15	6,6824.8393	7,1379.3798	7,6222.3440	8,1370.6163	15
16	7,5846.1926	8,1372.4930	8,7274.5839	9,3576.2087	16
17	8,6085.4286	9,2764.6420	9,9929.3985	10,7612.6400	17
18	9,7706.9614	10,5751.6918	11,4419.1613	12,3754.5361	18
19	11,0897.4012	12,0556.9287	13,1009.9397	14,2317.7165	19
20	12,5868.5504	13,7434.8987	15,0006.3810	16,3665.3739	20
21	14,2860.8047	15,6675.7845	17,1757.3062	18,8215.1800	21
22	16,2147.0134	17,8610.3944	19,6662.1156	21,6447.4570	22
23	18,4036.8602	20,3615.8496	22,5178.1224	24,8914.5756	23
24	20,8881.8363	23,2122.0685	25,7828.9502	28,6251.7619	24
25	23,7080.8842	26,4619.1581	29,5214.1479	32,9189.5262	25
26	26,9086.8035	30,1665.8403	33,8020.1994	37,8567.9551	26
27	30,5413.5220	34,3899.0579	38,7033.1283	43,5353.1484	27
28	34,6644.3475	39,2044.9260	44,3152.9319	50,0656.1207	28
29	39,3441.3344	44,6931.2156	50,7410.1070	57,5754.5388	29
30	44,6555.9145	50,9501.5858	58,0984.5725	66,2117.7196	30
31	50,6840.9630	58,0831.8078	66,5227.3355	76,1435.3775	31
32	57,5264.4930	66,2148.2609	76,1685.2992	87,5650.6841	32
33	65,2925.1996	75,4849.0175	87,2129.6676	100,6998.2867	33
34	74,1070.1015	86,0527.8799	99,8588.4694	115,8048.0298	34
35	84,1114.5652	98,1001.7831	114,3383.7974	133,1755.2342	35
36	95,4665.0315	111,8342.0328	130,9174.4481	153,1518.5194	36
37	108,3544.8108	127,4909.9173	149,9004.7430	176,1246.2973	37
38	122,9823.3602	145,3397.3058	171,6360.4308	202,5433.2419	38
39	139,5849.5138	165,6872.9286	196,5232.6932	232,9248.2281	39
40	158,4289.1982	188,8835.1386	225,0191.4337	267,8635.4623	40
41	179,8168.2400	215,3272.0580	257,6469.1916	308,0480.7817	41
42	204,0920.9523	245,4730.1461	295,0057.2244	354,2495.3990	42
43	231,6445.2809	279,8392.3665	337,7815.5220	407,3869.7088	43
44	262,9165.3938	319,0167.2979	386,7598.7726	468,4950.1651	44
45	298,4102.7220	363,6790.7196	442,8400.5947	538,7692.6899	45
46	338,6956.5895	414,5941.4203	507,0518.6809	618,5846.5934	46
47	384,4195.7291	472,6373.2191	580,5743.8896	712,5223.5824	47
48	436,3162.1525	538,8065.4698	664,7576.7536	819,4007.1197	48
49	495,2189.0431	614,2394.6356	761,1475.3829	942,3108.1877	49
50	562,0734.5639	700,2329.8846	871,5139.3134	1083,6574.4158	50

MONTANT DE 1 FRANC APRÈS UN NOMBRE D'ANNÉES DONNÉ. $M = Cr^n$.

ANS.	13 $^1/_2$	14	14 $^1/_2$	15	ANS.
51	637,9533.7300	798,2656.0684	997,8834.5139	1246,2060.5782	51
52	724,0770.7835	910,0227.9180	1142,5765.5184	1433,1369.6649	52
53	821,8274.8393	1037,4259.8265	1308,2501.5186	1648,1075.1147	53
54	932,7741.9426	1182,6656.2023	1497,9464.2388	1895,3236.3819	54
55	1058,6987.1049	1348,2388.0706	1715,1486.5534	2179,6221.8392	55
56	1201,6230.3641	1536,9922.4004	1963,8452.1036	2506,5655.1151	56
57	1363,8421.4632	1752,1711.5365	2248,6027.6586	2882,5503.3823	57
58	1547,9608.3607	1997,4751.1516	2574,6501.6692	3314,9328.8897	58
59	1756,9355.4894	2277,1216.3128	2947,9744.4112	3812,1728.2231	59
60	1994,1218.4805	2595,9186.5966	3375,4307.3508	4383,9987.4566	60
61	2263,3282.9754	2959,3472.7202	3864,8681.9167	5041,5985.5751	61
62	2568,8776.1770	3373,6558.9010	4425,2740.7947	5797,8383.4113	62
63	2915,6760.9609	3845,9677.1471	5066,9388.2098	6667,5140.9230	63
64	3309,2923.6907	4384,4031.9477	5801,6449.5002	7667,6412.0615	64
65	3756,0478.3889	4998,2196.4204	6642,8834.6778	8817,7873.8707	65
66	4263,1131.6214	5697,9703.9193	7606,1015.7060	10140,4554.9513	66
67	4838,6334.3903	6495,6862.4680	8708,9862.9834	11661,5238.1940	67
68	5491,8489.5330	7405,0823.2135	9971,7893.1160	13410,7523.9231	68
69	6233,2485.6200	8441,7938.4634	11417,6987.6178	15422,3652.5115	69
70	7074,7371.1787	9623,6449.8483	13073,2650.8224	17735,7200.3883	70
71	8029,8266.2878	10970,9552.8270	14968,8885.1916	20396,0780.4465	71
72	9113,8532.2366	12506,8890.2228	17139,3773.5444	23455,4897.5135	72
73	10344,2234.0886	14257,8534.8540	19624,5870.7084	26973,8132.1405	73
74	11740,6935.6905	16253,9529.7336	22470,1521.9611	31019,8851.9616	74
75	13325,6872.0087	18529,5063.8963	25728,3242.6454	35672,8679.7558	75
76	15124,6549.7299	21123,6372.8418	29458,9312.8290	41022,7981.7192	76
77	17166,4833.9435	24080,9465.0396	33730,4763.1892	47176,3678.9771	77
78	19483,9586.5258	27452,2790.1451	38621,3953.8517	54253,9730.8237	78
79	22113,2930.7068	31295,5980.7655	44221,4977.1602	62392,0690.4472	79
80	25099,7226.3522	35676,9818.0726	50633,6148.8484	71750,8794.0143	80
81	28488,1851.9098	40671,7592.6028	57975,4890.4314	82513,5113.1165	81
82	32334,0901.9176	46365,8055.5672	66381,9349.5440	94890,5380.0839	82
83	36699,1923.6765	52857,0183.3466	76007,3155.2279	109124,1187.0965	83
84	41653,5833.3728	60257,0009.0151	87028,3762.7359	125492,7365.1610	84
85	47276,8170.8781	68692,9810.2772	99647,4908.3326	144316,6469.9351	85
86	53659,1873.9467	78309,9983.7160	114096,3770.0408	165964,1440.4254	86
87	60903,1776.9295	89273,3981.4363	130640,3516.6968	190858,7656.4892	87
88	69125,1066.8149	101771,6738.8374	149583,2026.6178	219487,5804.9626	88
89	78456,9960.8350	116019,7082.2746	171272,7670.4774	252410,7175.7070	89
90	89048,6905.5477	132262,4673.7930	196107,3182.6966	290272,3252.0630	90
91	101070,2637.7966	150779,2128.1241	224542,8794.1876	333813,1739.8725	91
92	114714,7493.8992	171888,3026.0614	257101,5969.3448	383885,1500.8534	92
93	130201,2405.5756	195952,6649.7100	294381,3284.8998	441467,9225.9814	93
94	147778,4080.3283	223386,0380.6694	337066,6211.2103	507688,1109.8786	94
95	167728,4931.1726	254660,0833.9632	385941,2811.8358	583841,3276.3604	95
96	190371,8396.8809	290312,4950.7180	441902,7669.5520	671417,5267.8144	96
97	216072,0380.4598	330956,2443.8185	505978,6681.6370	772130,1557.9866	97
98	245241,7631.8219	377290,1185.9531	579345,5750.4744	887949,6791.6846	98
99	278349,4012.1178	430110,7351.9865	663350,6834.2931	1021142,1310.4373	99
100	315926,5703.7537	490326,2381.2647	759536,5325.2656	1174313,4507.0029	100

$$M = C\,r^{\frac{n}{12}}$$ **VALEUR DE 1 FRANC APRÈS UN NOMBRE DE MOIS DONNÉ.**

TAUX.	1 MOIS.	2 MOIS.	3 MOIS.	4 MOIS.	5 MOIS.	6 MOIS.
$0\ \frac{1}{8}$	1,0001.0411	1,0002.0822	1,0003.1235	1,0004.1649	1,0005.2064	1,0006.2480
$\frac{1}{6}$	1,0001.3878	1,0002.7759	1,0004.1641	1,0005.5525	1,0006.9411	1,0008.3299
$\frac{1}{4}$	1,0002.0810	1,0004.1623	1,0006.2441	1,0008.3264	1,0010.4091	1,0012.4922
$\frac{1}{3}$	1,0002.7736	1,0005.5479	1,0008.3229	1,0011.0988	1,0013.8754	1,0016.6528
$\frac{3}{8}$	1,0003.1196	1,0006.2403	1,0009.3618	1,0012.4844	1,0015.6079	1,0018.7325
$0\ \frac{1}{2}$	1,0004.1571	1,0008.3160	1,0012.4766	1,0016.6390	1,0020.8030	1,0024.9688
$\frac{5}{8}$	1,0005.1935	1,0010.3896	1,0015.5885	1,0020.7901	1,0025.9944	1,0031.2013
$\frac{2}{3}$	1,0005.5387	1,0011.0804	1,0016.6252	1,0022.1730	1,0027.7240	1,0033.2780
$\frac{3}{4}$	1,0006.2286	1,0012.4611	1,0018.7975	1,0024.9978	1,0031.1819	1,0037.4300
$\frac{5}{6}$	1,0006.9181	1,0013.8409	1,0020.7685	1,0027.7010	1,0034.6382	1,0041.5802
$\frac{7}{8}$	1,0007.2626	1,0014.5304	1,0021.8036	1,0029.0820	1,0036.3657	1,0043.6547
1	1,0008.2954	1,0016.5976	1,0024.9068	1,0033.2228	1,0041.5458	1,0049.8756
$\frac{1}{8}$	1,0009.3270	1,0018.6627	1,0028.0071	1,0037.3602	1,0046.7221	1,0056.0927
$\frac{1}{6}$	1,0009.6706	1,0019.3506	1,0029.0399	1,0038.7386	1,0048.4467	1,0058.1642
$\frac{1}{4}$	1,0010.3575	1,0020.7256	1,0031.1046	1,0041.4943	1,0051.8947	1,0062.3059
$\frac{1}{3}$	1,0011.0438	1,0022.0998	1,0033.1680	1,0044.2484	1,0055.3410	1,0066.4459
$\frac{3}{8}$	1,0011.3868	1,0022.7865	1,0034.1992	1,0045.6249	1,0057.0636	1,0068.5153
$1\ \frac{1}{2}$	1,0012.4149	1,0024.8452	1,0037.2909	1,0049.7521	1,0062.2287	1,0074.7208
$\frac{5}{8}$	1,0013.4418	1,0026.9018	1,0040.3798	1,0053.8759	1,0067.3901	1,0080.9226
$\frac{2}{3}$	1,0013.7839	1,0027.5868	1,0041.4088	1,0055.2497	1,0069.1098	1,0082.9890
$\frac{3}{4}$	1,0014.4677	1,0028.9562	1,0043.4658	1,0057.9963	1,0072.5479	1,0087.1205
$\frac{5}{6}$	1,0015.1509	1,0030.3247	1,0045.5216	1,0060.7414	1,0075.9843	1,0091.2503
$\frac{7}{8}$	1,0015.4923	1,0031.0086	1,0046.5490	1,0062.1134	1,0077.7019	1,0093.3146
2	1,0016.5158	1,0033.0589	1,0049.6293	1,0066.2271	1,0082.8523	1,0099.5049
$\frac{1}{8}$	1,0017.5382	1,0035.1071	1,0052.7068	1,0070.3374	1,0087.9990	1,0105.6915
$\frac{1}{6}$	1,0017.8787	1,0035.7894	1,0053.7320	1,0071.7068	1,0089.7137	1,0107.7528
$\frac{1}{4}$	1,0018.5594	1,0037.1532	1,0055.7815	1,0074.4444	1,0093.1420	1,0111.8742
$\frac{1}{3}$	1,0019.2395	1,0038.5161	1,0057.8298	1,0077.1806	1,0096.5686	1,0115.9939
$\frac{3}{8}$	1,0019.5794	1,0039.1972	1,0058.8534	1,0078.5481	1,0098.2813	1,0118.0532
$2\ \frac{1}{2}$	1,0020.5984	1,0041.2392	1,0061.9225	1,0082.6484	1,0103.4170	1,0124.2284
$\frac{5}{8}$	1,0021.6161	1,0043.2790	1,0064.9887	1,0086.7453	1,0108.5490	1,0130.3998
$\frac{2}{3}$	1,0021.9552	1,0043.9585	1,0066.0102	1,0088.1103	1,0110.2589	1,0132.4561
$\frac{3}{4}$	1,0022.6328	1,0045.3168	1,0068.0522	1,0090.8390	1,0113.6774	1,0136.5675
$\frac{5}{6}$	1,0023.3099	1,0046.6743	1,0070.0929	1,0093.5662	1,0117.0943	1,0140.6772
$\frac{7}{8}$	1,0023.6483	1,0047.3525	1,0071.1128	1,0094.9293	1,0118.8021	1,0142.7314
3	1,0024.6627	1,0049.3862	1,0074.1707	1,0099.0163	1,0123.9232	1,0148.8916
$\frac{1}{8}$	1,0025.6760	1,0051.4178	1,0077.2258	1,0103.1001	1,0129.0407	1,0155.0480
$\frac{1}{6}$	1,0026.0135	1,0052.0946	1,0078.2436	1,0104.4606	1,0130.7458	1,0157.0993
$\frac{1}{4}$	1,0026.6881	1,0053.4474	1,0080.2781	1,0107.1805	1,0134.1546	1,0161.2007
$\frac{1}{3}$	1,0027.3622	1,0054.7993	1,0082.3115	1,0109.8989	1,0137.5618	1,0165.3005
$\frac{3}{8}$	1,0027.6991	1,0055.4749	1,0083.3277	1,0111.2576	1,0139.2649	1,0167.3497
$3\ \frac{1}{2}$	1,0028.7090	1,0057.5004	1,0086.3745	1,0115.3314	1,0144.3715	1,0173.4950
$\frac{5}{8}$	1,0029.7178	1,0059.5238	1,0089.4185	1,0119.4020	1,0149.4746	1,0179.6365
$\frac{2}{3}$	1,0030.0538	1,0060.1979	1,0090.4325	1,0120.7581	1,0151.1748	1,0181.6829
$\frac{3}{4}$	1,0030.7254	1,0061.5452	1,0092.4598	1,0123.4693	1,0154.5740	1,0185.7744
$\frac{5}{6}$	1,0031.3966	1,0062.8917	1,0094.4857	1,0126.1790	1,0157.9717	1,0189.8642
$\frac{7}{8}$	1,0031.7320	1,0063.5646	1,0095.4983	1,0127.5333	1,0159.6699	1,0191.9086
4	1,0032.7374	1,0065.5820	1,0098.5341	1,0131.5940	1,0164.7622	1,0198.0390
$\frac{1}{8}$	1,0033.7417	1,0067.5973	1,0101.5671	1,0135.6515	1,0169.8510	1,0204.1658
$\frac{1}{6}$	1,0034.0763	1,0068.2686	1,0102.5775	1,0137.0033	1,0171.5464	1,0206.2073
$\frac{1}{4}$	1,0034.7450	1,0069.6106	1,0104.5974	1,0139.7058	1,0174.9362	1,0210.2889
$\frac{1}{3}$	1,0035.4132	1,0070.9517	1,0106.6161	1,0142.4068	1,0178.3243	1,0214.3690
$\frac{3}{8}$	1,0035.7471	1,0071.6219	1,0107.6250	1,0143.7568	1,0180.0178	1,0216.4084

VALEUR DE 1 FRANC APRÈS UN NOMBRE DE MOIS DONNÉ. M = $Cr^{\frac{n}{12}}$

7 MOIS.	8 MOIS.	9 MOIS.	10 MOIS.	11 MOIS.	1 JOUR = $Cr^{\frac{n}{360}}$.	TAUX.
1,0007.2898	1,0008.3316	1,0009.3735	1,0010.4156	1,0011.4577	1,0000.034701	0 1/8
1,0009.7188	1,0011.1080	1,0012.4974	1,0013.8870	1,0015.2767	1,0000.046258	1/6
1,0014.5757	1,0016.6597	1,0018.7441	1,0020.8290	1,0022.9143	1,0000.069358	1/4
1,0019.4310	1,0022.2099	1,0024.9896	1,0027.8701	1,0030.5515	1,0000.092439	1/3
1,0021.8579	1,0024.9844	1,0028.1118	1,0031.2402	1,0034.3696	1,0000.103972	3/8
1,0029.1364	1,0033.4058	1,0037.4766	1,0041.6494	1,0045.8238	1,0000.138544	0 1/2
1,0036.4110	1,0041.6234	1,0046.8385	1,0052.0563	1,0057.2768	1,0000.173072	5/8
1,0038.8350	1,0044.3952	1,0049.9584	1,0055.5248	1,0061.0942	1,0000.184572	2/3
1,0043.6819	1,0049.9377	1,0056.1974	1,0062.4611	1,0068.7286	1,0000.207558	3/4
1,0048.5270	1,0055.4787	1,0062.4351	1,0069.3964	1,0076.3624	1,0000.230525	5/6
1,0050.9490	1,0058.2486	1,0065.5555	1,0072.8637	1,0080.1792	1,0000.242001	7/8
1,0058.2124	1,0066.5560	1,0074.9066	1,0083.2642	1,0091.6286	1,0000.276402	1
1,0065.4720	1,0074.8601	1,0084.2569	1,0093.6625	1,0103.0769	1,0000.310760	1/8
1,0067.8910	1,0077.6273	1,0087.3730	1,0097.1281	1,0106.8927	1,0000.322203	1/6
1,0072.7279	1,0083.1607	1,0093.6043	1,0104.0587	1,0114.5239	1,0000.345076	1/4
1,0077.5631	1,0088.6925	1,0099.8343	1,0110.9883	1,0122.1546	1,0000.367930	1/3
1,0079.9800	1,0091.4579	1,0102.9488	1,0114.4527	1,0125.9698	1,0000.379350	3/8
1,0087.2285	1,0099.7517	1,0112.2904	1,0124.8447	1,0137.4145	1,0000.413581	1 1/2
1,0094.4732	1,0108.0420	1,0121.6291	1,0135.2344	1,0148.8581	1,0000.447771	5/8
1,0096.8873	1,0110.8047	1,0124.7414	1,0138.6972	1,0152.6723	1,0000.459158	2/3
1,0101.7142	1,0116.3290	1,0130.9650	1,0145.6221	1,0160.3004	1,0000.481918	3/4
1,0106.5395	1,0121.8518	1,0137.1873	1,0152.5460	1,0167.9280	1,0000.504660	5/6
1,0108.9515	1,0124.6126	1,0140.2980	1,0156.0076	1,0171.7416	1,0000.516024	7/8
1,0116.1851	1,0132.8928	1,0149.6281	1,0166.3910	1,0183.1816	1,0000.550088	2
1,0123.4150	1,0141.1696	1,0158.9554	1,0176.7723	1,0194.6205	1,0000.584111	1/8
1,0125.8241	1,0143.9278	1,0162.0638	1,0180.2323	1,0198.4332	1,0000.595442	1/6
1,0130.6412	1,0149.4431	1,0168.2798	1,0187.1515	1,0206.0582	1,0000.618092	1/4
1,0135.4566	1,0154.9568	1,0174.4945	1,0194.0697	1,0213.6827	1,0000.640723	1/3
1,0137.8638	1,0157.7131	1,0177.6014	1,0197.5285	1,0217.4947	1,0000.652031	3/8
1,0145.0826	1,0165.9798	1,0186.9201	1,0207.9035	1,0228.9301	1,0000.685929	2 1/2
1,0152.2978	1,0174.2432	1,0196.2360	1,0218.2763	1,0240.3643	1,0000.719787	5/8
1,0154.7021	1,0176.9969	1,0199.3406	1,0221.7334	1,0244.1754	1,0000.731063	2/3
1,0159.5094	1,0182.5032	1,0205.5490	1,0228.6470	1,0251.7973	1,0000.753603	3/4
1,0164.3150	1,0188.0080	1,0211.7561	1,0235.5597	1,0259.4187	1,0000.776124	5/6
1,0166.7172	1,0190.7598	1,0214.8592	1,0239.0157	1,0263.2292	1,0000.787377	7/8
1,0173.9215	1,0199.0131	1,0224.1666	1,0249.3822	1,0274.6599	1,0000.821111	3
1,0181.1221	1,0207.2631	1,0233.4712	1,0259.7466	1,0286.0895	1,0000.854805	1/8
1,0183.5215	1,0210.0123	1,0236.5721	1,0263.2009	1,0289.8991	1,0000.866027	1/6
1,0188.3190	1,0215.5097	1,0242.7729	1,0270.1089	1,0297.5179	1,0000.888457	1/4
1,0193.1150	1,0221.0056	1,0248.9725	1,0277.0160	1,0305.1362	1,0000.910870	1/3
1,0195.5123	1,0223.7530	1,0252.0719	1,0280.4692	1,0308.9452	1,0000.922070	3/8
1,0202.7020	1,0231.9930	1,0261.3680	1,0290.8273	1,0320.3713	1,0000.955641	3 1/2
1,0209.8881	1,0240.2296	1,0270.6613	1,0301.1834	1,0331.7962	1,0000.989172	5/8
1,0212.2827	1,0242.9745	1,0273.7585	1,0304.6350	1,0335.6043	1,0001.000340	2/3
1,0217.0706	1,0248.4630	1,0279.9518	1,0311.5374	1,0343.2200	1,0001.022663	3/4
1,0221.8569	1,0253.9500	1,0286.1439	1,0318.4389	1,0350.8353	1,0001.044967	5/6
1,0224.2495	1,0256.6930	1,0289.2395	1,0321.8893	1,0354.6427	1,0001.056113	7/8
1,0231.4248	1,0264.9198	1,0298.5245	1,0332.2391	1,0360.0642	1,0001.089523	4
1,0238.5964	1,0273.7432	1,0307.8066	1,0342.5869	1,0377.4846	1,0001.122894	1/8
1,0240.9862	1,0275.8836	1,0310.9000	1,0346.0357	1,0381.2911	1,0001.134009	1/6
1,0245.7645	1,0281.3634	1,0317.0859	1,0352.9326	1,0388.9038	1,0001.156225	1/4
1,0250.5413	1,0286.8417	1,0323.2706	1,0359.8286	1,0396.5160	1,0001.178423	1/3
1,0252.9290	1,0289.5803	1,0326.3625	1,0363.2762	1,0400.3219	1,0001.189515	3/8

$$M = C\,r^{\frac{n}{12}}$$

VALEUR DE 1 FRANC APRÈS UN NOMBRE DE MOIS DONNÉ.

TAUX.	1 MOIS.	2 MOIS.	3 MOIS.	4 MOIS.	5 MOIS.	6 MOIS.
$4\frac{1}{2}$	1,0036.7481	1,0073.6312	1,0110.6499	1,0147.8046	1,0185.0959	1,0222.5242
$\frac{5}{8}$	1,0037.7480	1,0075.6385	1,0113.6721	1,0151.8492	1,0190.1704	1,0228.6363
$\frac{2}{3}$	1,0038.0811	1,0076.3072	1,0114.6789	1,0153.1966	1,0191.8611	1,0230.6728
$\frac{3}{4}$	1,0038.7468	1,0077.6438	1,0116.6915	1,0155.8905	1,0195.2414	1,0234.7447
$\frac{5}{6}$	1,0039.4121	1,0078.9796	1,0118.7030	1,0158.5830	1,0198.6201	1,0238.8150
$\frac{7}{8}$	1,0039.7446	1,0079.6471	1,0119.7083	1,0159.9286	1,0200.3089	1,0240.8496
5	1,0040.7412	1,0081.6485	1,0122.7223	1,0163.9636	1,0205.3728	1,0246.9508
$\frac{1}{8}$	1,0041.7368	1,0083.6478	1,0125.7337	1,0167.9953	1,0210.4332	1,0253.0483
$\frac{1}{6}$	1,0042.0684	1,0084.3138	1,0126.7369	1,0169.3385	1,0212.1193	1,0255.0800
$\frac{1}{4}$	1,0042.7313	1,0085.6452	1,0128.7424	1,0172.0238	1,0215.4902	1,0259.1423
$\frac{1}{3}$	1,0043.3937	1,0086.9756	1,0130.7467	1,0174.7077	1,0218.8595	1,0263.2029
$\frac{3}{8}$	1,0043.7247	1,0087.6405	1,0131.7484	1,0176.0491	1,0220.5436	1,0265.2326
$5\frac{1}{2}$	1,0044.7170	1,0089.6339	1,0134.7517	1,0180.0713	1,0225.5935	1,0271.3193
$\frac{5}{8}$	1,0045.7082	1,0091.6254	1,0137.7524	1,0184.0903	1,0230.6400	1,0277.4024
$\frac{2}{3}$	1,0046.0384	1,0092.2888	1,0138.7520	1,0185.4292	1,0232.3213	1,0279.4293
$\frac{3}{4}$	1,0046.6984	1,0093.6149	1,0140.7504	1,0188.1061	1,0235.6829	1,0283.4819
$\frac{5}{6}$	1,0047.3579	1,0094.9401	1,0142.7476	1,0190.7815	1,0239.0429	1,0287.5329
$\frac{7}{8}$	1,0047.6875	1,0095.6024	1,0143.7458	1,0192.1187	1,0240.7224	1,0289.5578
6	1,0048.6755	1,0097.5879	1,0146.7385	1,0196.1282	1,0245.7584	1,0295.6301
$\frac{1}{4}$	1,0050.6483	1,0101.5532	1,0152.7159	1,0204.1378	1,0255.8200	1,0307.7641
$\frac{1}{3}$	1,0051.3050	1,0102.8733	1,0154.7061	1,0206.8048	1,0259.1708	1,0311.8055
$\frac{1}{2}$	1,0052.6169	1,0105.5107	1,0158.6828	1,0212.1347	1,0265.8679	1,0319.8837
$\frac{2}{3}$	1,0053.9270	1,0108.1448	1,0162.6550	1,0217.4591	1,0272.5588	1,0327.9556
$\frac{3}{4}$	1,0054.5813	1,0109.4605	1,0164.6393	1,0220.1192	1,0275.9019	1,0331.9892
7	1,0056.5415	1,0113.4026	1,0170.5853	1,0228.0912	1,0285.9223	1,0344.0804
$\frac{1}{4}$	1,0058.4974	1,0117.3370	1,0176.5208	1,0236.0508	1,0295.9291	1,0356.1576
$\frac{1}{3}$	1,0059.1485	1,0118.6468	1,0178.4970	1,0238.7013	1,0299.2616	1,0360.1802
$\frac{1}{2}$	1,0060.4492	1,0121.2638	1,0182.4460	1,0243.9981	1,0305.9222	1,0368.2207
$\frac{2}{3}$	1,0061.7481	1,0123.8774	1,0186.3904	1,0249.2894	1,0312.5768	1,0376.2549
$\frac{3}{4}$	1,0062.3968	1,0125.1830	1,0188.3609	1,0251.9330	1,0315.9018	1,0380.2697
8	1,0064.3403	1,0129.0946	1,0194.2655	1,0259.8557	1,0325.8679	1,0392.3048
$\frac{1}{4}$	1,0066.2797	1,0132.9986	1,0200.1598	1,0267.7661	1,0335.8205	1,0404.3260
$\frac{1}{3}$	1,0066.9252	1,0134.2983	1,0202.1223	1,0270.4002	1,0339.1351	1,0408.3300
$\frac{1}{2}$	1,0068.2149	1,0136.8952	1,0206.0440	1,0275.6644	1,0345.7598	1,0416.3333
$\frac{2}{3}$	1,0069.5028	1,0139.4887	1,0209.9611	1,0280.9232	1,0352.3785	1,0424.3305
$\frac{3}{4}$	1,0070.1461	1,0140.7843	1,0211.9179	1,0283.5506	1,0355.6857	1,0428.3268
9	1,0072.0732	1,0144.6659	1,0217.7818	1,0291.4247	1,0365.5983	1,0440.3065
$\frac{1}{4}$	1,0073.9963	1,0148.5402	1,0223.6356	1,0299.2867	1,0375.4976	1,0452.2725
$\frac{1}{3}$	1,0074.6364	1,0149.8299	1,0225.5846	1,0301.9047	1,0378.7945	1,0456.2581
$\frac{1}{2}$	1,0075.9153	1,0152.4070	1,0229.4793	1,0307.1368	1,0385.3838	1,0464.2248
$\frac{2}{3}$	1,0077.1925	1,0154.9808	1,0233.3696	1,0312.3635	1,0391.9672	1,0472.1854
$\frac{3}{4}$	1,0077.8304	1,0156.2665	1,0235.3131	1,0314.9749	1,0395.2568	1,0476.1634
10	1,0079.7414	1,0160.1187	1,0241.1369	1,0322.8012	1,0405.1166	1,0488.0885
$\frac{1}{2}$	1,0083.5516	1,0167.8012	1,0252.7548	1,0338.4181	1,0424.7972	1,0511.8980
11	1,0087.3459	1,0175.4548	1,0264.3333	1,0353.9881	1,0444.4259	1,0535.6538
$\frac{1}{2}$	1,0091.1247	1,0183.0797	1,0275.8727	1,0369.5113	1,0464.0031	1,0559.3560
12	1,0094.8879	1,0190.6762	1,0287.3734	1,0384.9882	1,0483.5292	1,0583.0052
$\frac{1}{2}$	1,0098.6358	1,0198.2445	1,0298.8357	1,0400.4191	1,0503.0045	1,0606.6017
13	1,0102.3684	1,0205.7848	1,0310.2598	1,0415.8044	1,0522.4293	1,0630.1458
$\frac{1}{2}$	1,0106.0860	1,0213.2974	1,0321.6461	1,0431.1443	1,0541.8041	1,0653.6379
14	1,0109.7885	1,0220.7824	1,0332.9948	1,0446.4393	1,0561.1292	1,0677.0783
$\frac{1}{2}$	1,0113.4762	1,0228.2401	1,0344.3063	1,0461.6896	1,0580.4049	1,0700.4673
15	1,0117.1492	1,0235.6707	1,0355.5808	1,0476.8955	1,0599.6315	1,0723.8053

VALEUR DE 1 FRANC APRÈS UN NOMBRE DE MOIS DONNÉ. $\qquad M = Cr^{\frac{n}{12}}$

7 MOIS.	8 MOIS.	9 MOIS.	10 MOIS.	11 MOIS.	1 JOUR $= Cr^{\frac{n}{360}}$.	TAUX.
1,0260.0900	1,0297.7939	1,0335.6363	1,0373.6178	1,0411.7388	1,0001.222766	4 1/2
1,0267.2473	1,0306.0042	1,0344.9073	1,0383.9573	1,0423.1547	1,0001.255977	5/8
1,0269.6323	1,0308.7402	1,0347.9970	1,0387.4033	1,0426.9597	1,0001.267039	2/3
1,0274.4012	1,0314.2112	1,0354.1755	1,0394.2947	1,0434.5693	1,0001.289149	3/5
1,0279.1684	1,0319.6808	1,0360.3528	1,0401.1852	1,0442.1785	1,0001.311242	5/6
1,0281.5514	1,0322.4150	1,0363.4410	1,0404.6301	1,0445.9829	1,0001.322281	7/8
1,0288.6981	1,0330.6155	1,0372.7037	1,0414.9634	1,0457.3953	1,0001.355374	5
1,0295.8413	1,0338.8128	1,0381.9637	1,0425.2947	1,0468.8066	1,0001.388428	1/8
1,0298.2215	1,0341.5445	1,0385.0498	1,0428.7380	1,0472.6101	1,0001.399437	1/4
1,0302.9809	1,0347.0068	1,0391.2209	1,0435.6239	1,0480.2167	1,0001.421442	1/4
1,0307.7387	1,0352.4677	1,0397.3909	1,0442.5090	1,0487.8228	1,0001.443430	1/3
1,0310.1170	1,0355.1976	1,0400.4754	1,0445.9511	1,0491.6257	1,0001.454418	3/8
1,0317.2495	1,0363.3852	1,0409.7271	1,0456.2763	1,0503.0336	1,0001.487354	5 1/2
1,0324.3786	1,0371.5695	1,0418.9761	1,0466.5996	1,0514.4404	1,0001.520252	5/8
1,0326.7541	1,0374.2969	1,0422.0585	1,0470.0400	1,0518.2424	1,0001.531209	2/3
1,0331.5041	1,0379.7506	1,0428.2223	1,0476.9205	1,0525.8460	1,0001.553110	3/4
1,0336.2525	1,0385.2028	1,0434.3850	1,0483.8000	1,0533.4491	1,0001.574995	5/6
1,0338.6261	1,0387.9284	1,0437.4658	1,0487.2395	1,0537.2505	1,0001.585930	7/8
1,0345.7446	1,0396.1031	1,0446.7066	1,0497.5565	1,0548.6539	1,0001.618712	6
1,0359.9712	1,0412.4427	1,0465.1800	1,0518.1844	1,0571.4573	1,0001.684159	1/4
1,0364.7103	1,0417.8864	1,0471.3354	1,0525.0586	1,0579.0575	1,0001.705941	1/3
1,0374.1838	1,0428.7696	1,0483.6426	1,0538.8043	1,0594.2563	1,0001.749453	1/2
1,0383.6511	1,0439.6470	1,0495.9449	1,0552.5464	1,0609.4531	1,0001.792897	2/3
1,0388.3825	1,0445.0837	1,0502.0943	1,0559.4161	1,0617.0508	1,0001.814594	3/4
1,0402.5674	1,0461.3850	1,0520.5352	1,0580.0198	1,0639.8408	1,0001.879583	7
1,0416.7384	1,0477.6736	1,0538.9653	1,0600.6155	1,0662.6264	1,0001.944422	1/4
1,0421.4591	1,0483.1004	1,0545.1063	1,0607.4790	1,0670.2206	1,0001.966001	1/3
1,0430.8957	1,0493.9497	1,0557.3847	1,0621.2033	1,0685.4076	1,0002.009109	1/2
1,0440.3263	1,0504.7933	1,0569.6584	1,0634.9240	1,0700.5926	1,0002.052151	2/3
1,0445.0393	1,0510.2130	1,0575.7934	1,0641.7830	1,0708.1843	1,0002.073647	3/4
1,0459.1692	1,0526.4639	1,0594.1914	1,0662.3548	1,0730.9567	1,0002.138035	8
1,0473.2856	1,0542.7021	1,0612.5788	1,0682.9186	1,0753.7247	1,0002.202275	1/4
1,0477.9880	1,0548.1121	1,0618.7056	1,0689.7715	1,0761.3130	1,0002.223656	1/3
1,0487.3883	1,0558.9279	1,0630.9556	1,0703.4746	1,0776.4883	1,0002.266368	1/2
1,0496.7826	1,0569.7382	1,0643.2009	1,0717.1741	1,0791.6616	1,0002.309014	2/3
1,0501.4775	1,0575.1413	1,0649.3218	1,0724.0226	1,0799.2475	1,0002.330313	3/4
1,0515.5532	1,0591.3422	1,0667.6774	1,0744.5628	1,0822.0023	1,0002.394111	9
1,0529.6154	1,0607.5307	1,0686.0225	1,0765.0951	1,0844.7528	1,0002.457764	1/4
1,0534.2999	1,0612.9241	1,0692.1352	1,0771.9375	1,0852.3354	1,0002.478950	1/3
1,0543.6643	1,0623.7069	1,0704.3571	1,0785.6196	1,0867.4990	1,0002.521272	1/2
1,0553.0228	1,0634.4842	1,0716.5744	1,0799.2983	1,0882.6607	1,0002.563531	2/3
1,0557.6998	1,0639.8708	1,0722.6813	1,0806.1363	1,0890.2409	1,0002.584636	3/4
1,0571.7220	1,0656.0224	1,0740.9950	1,0826.6452	1,0912.9784	1,0002.647856	10
1,0599.7266	1,0688.2889	1,0777.5912	1,0867.6397	1,0958.4405	1,0002.773866	1/2
1,0627.6784	1,0720.5069	1,0814.1461	1,0908.6033	1,1003.8855	1,0002.899310	11
1,0655.5778	1,0752.6765	1,0850.6599	1,0949.5362	1,1049.3135	1,0003.024191	1/2
1,0683.4252	1,0784.7980	1,0887.1327	1,0990.4385	1,1094.7245	1,0003.148515	12
1,0711.2208	1,0816.8718	1,0923.5649	1,1031.3103	1,1140.1185	1,0003.272286	1/2
1,0738.9650	1,0848.8981	1,0959.9566	1,1072.1519	1,1185.4958	1,0003.395510	13
1,0766.6580	1,0880.8772	1,0996.3080	1,1112.9634	1,1230.8564	1,0003.518192	1/2
1,0794.3003	1,0912.8093	1,1032.6195	1,1153.7450	1,1276.2003	1,0003.640797	14
1,0821.8921	1,0944.6949	1,1068.8911	1,1194.4967	1,1321.5276	1,0003.761947	1/2
1,0849.4338	1,0976.5340	1,1105.1232	1,1235.2188	1,1366.8384	1,0003.883030	15

EMPLOI DE LA COLONNE *JOUR* DE LA TABLE I bis.

Dans presque tous les cas il suffira de connaître la fraction indiquant l'intérêt d'un jour, que l'on multipliera par le nombre de jours, pour avoir le *montant ;* ou, le montant étant connu, de le diviser par la susdite fraction pour obtenir le nombre de jours, comme il a été dit aux n°⁵ 44, 46 et 50. Cependant, comme ce résultat peut ne pas être exact au delà de la 4ᵉ décimale, si le taux est trop élevé ou le nombre de jours trop grand, voici un moyen d'obtenir le nombre correspondant aux 3o jours du mois :

ORDRE ET DÉSIGNATION DES PUISSANCES à multiplier entre elles pour obtenir le montant de 1 franc pour...............	UN NOMBRE de jours.	ORDRE ET DÉSIGNATION DES PUISSANCES à multiplier entre elles pour obtenir le montant de 1 franc pour...............	UN NOMBRE de jours.
1...............................	1	1.1.2.4.8.......................	16
1.1.............................	2	1.1.2.4.8.1 = 1.1.1.2.5.5.2......	17
1.1.1...........................	3	1.1.2.2.6.6 = 1.1.1.3.6.6........	18
1.1.2...........................	4	1.1.2.2.6.6.1 = 1.1.1.3.6.6.1....	19
1.1.1.2.........................	5	1.1.1.2.5.10....................	20
1.1.2.2 = 1.1.1.3...............	6	1.1.1.2.2.7.7....................	21
1.1.2.2.1.......................	7	1.1.1.3.3.2.11..................	22
1.1.2.4.........................	8	1.1.1.2.2.7.7.2.................	23
1.1.1.3.3.......................	9	1.1.2.4.4.12 = 1.1.1.3.6.12.....	24
1.1.1.2.5.......................	10	1.1.2.4.8.8.1 = 1.1.1.2.5.10.5...	25
1.1.1.3.3.2.....................	11	1.1.1.2.5.3.13..................	26
1.1.2.4.4 = 1.1.1.3.6...........	12	1.1.1.3.3.9.9..................	27
1.1.1.2.5.3 = 1.1.1.3.6.1.......	13	1.1.1.2.2.7.14.................	28
1.1.1.1.3.7.....................	14	1.1.1.2.2.7.14.1...............	29
1.1.1.2.5.5.....................	15	1.1.1.2.5.10.10................	30

Remarque sur n.

On voit par la formule $M = Cr^n$ que n, ou le nombre d'unités de temps, est un exposant connu ou à connaître ; or un exposant indique le degré de la puissance à laquelle un nombre est élevé, et le simple examen du tableau ci-dessus démontre que, pour obtenir un exposant quelconque, il suffit de connaître quelques puissances de degrés inférieurs dont la somme de degrés égale le nombre de degrés de l'exposant demandé. Ainsi, pour la 16ᵉ puissance,

La 1ʳᵉ × 1ʳᵉ = 2ᵉ,
qui × 2ᵉ = 4ᵉ,
qui × 4ᵉ = 8ᵉ,
qui × 8ᵉ = la 16 demandée   et   1 + 1 + 2 + 4 + 8 = 16.

D'où l'on peut conclure que, connaissant, comme dans la Table I, les cent premiers termes d'une progression géométrique, on peut facilement obtenir une puissance supérieure à la 100ᵉ, en multipliant entre eux deux termes quelconques dont la somme de degrés égale la puissance demandée.

Ainsi la 120ᵉ puissance = la 100ᵉ × 20ᵉ = la 60ᵉ × 60ᵉ = la 50ᵉ × 70ᵉ....
et la 175ᵉ puissance = la 100ᵉ × 75ᵉ = la 88ᵉ × 87ᵉ = la 95ᵉ × 80ᵉ....

Mais, dans ces produits, la Table I n'ayant que 8 décimales, dont la 8ᵉ n'est qu'approximative, on ne peut compter sur l'exactitude de la 8ᵉ décimale ; c'est pourquoi j'en ai calculé dix pour la colonne *Jour*, qui peut fréquemment subir ces transformations.

TABLE II.

(Pages 46 à 84.)

$$S = \frac{a}{t}(r^n - 1) = a\left(\frac{r^n - 1}{t}\right) = a\left(\frac{r^n - 1}{r - 1}\right).$$

SOMME DE TOUS LES TERMES DE LA TABLE I + 1, OU MONTANT DE 1 FRANC PLACÉ A LA FIN DE CHAQUE ANNÉE, A UN DES TAUX INDIQUÉS AU HAUT DE CHAQUE COLONNE, APRÈS UN NOMBRE D'ANNÉES DONNÉ.

$S =$ la somme, le montant demandé ou le capital à amortir ;

$a =$ la rente, l'amortissement ou la somme placée à la fin de chaque année ;

$t =$ le taux pour 1 franc ou l'intérêt de 1 franc pendant l'unité de temps ;

$r = 1 + t$;

$n =$ le nombre d'unité de temps (années, semestres, mois ou jours).

Pour bien comprendre cette Table, il suffira de développer le quotient de $\frac{r^n - 1}{r - 1}$, qui égale

$$r^{n-1} + r^{n-2} + r^{n-3} + \ldots + r^{n-(n-3)} + r^{n-(n-2)} + r^{n-(n-1)} + r^{n-n},$$
$$\text{ou} \quad + r^3 \qquad + r^2 \qquad + r^1 \qquad + r^0,$$
$$\text{ou} \quad + 1 ;$$

et si $n = 5$, pour $\frac{r^n - 1}{r - 1}$, on a

$$r^4 + r^3 + r^2 + r + 1, \qquad \text{ou} \qquad 1 + r + r^2 + r^3 + r^4,$$

ce qui démontre clairement que le résultat de la Table II appartient au commencement de la $n^{ième}$ année et non pas à la fin.

Si l'on veut un nombre correspondant à $n > 100$ et < 200, on cherchera r^n en se conformant à la remarque sur n, page 44 ci-contre ; et, après avoir diminué le résultat d'une unité, on n'aura plus qu'à le diviser par t.

TABLE II.

$$S = \frac{a}{i}(r^n - 1).$$

MONTANT DE 1 FRANC PLACÉ A LA FIN DE CHAQUE ANNÉE, APRÈS UN NOMBRE D'ANNÉES DONNÉ.

ANS.	$1/8$	$1/6$	$1/4$	$1/3$	$5/8$	ANS.
1	1,0000.0000	1,0000.0000	1,0000.0000	1,0000.0000	1,0000.0000	1
2	2,0012.5000	2,0016.6667	2,0025.0000	2,0033.3333	2,0037.5000	2
3	3,0037.5156	3,0050.0278	3,0075.0625	3,0100.1111	3,0112.6406	3
4	4,0075.0625	4,0100.1112	4,0150.2502	4,0200.4448	4,0225.5630	4
5	5,0125.1563	5,0166.9447	5,0250.6258	5,0334.4463	5,0376.4089	5
6	6,0187.8128	6,0250.5563	6,0376.2523	6,0502.2278	6,0565.3204	6
7	7,0263.0476	7,0350.9738	7,0527.1930	7,0703.9019	7,0792.4404	7
8	8,0350.8764	8,0468.2255	8,0703.5110	8,0939.5816	8,1057.9120	8
9	9,0451.3150	9,0602.3392	9,0905.2697	9,1209.3802	9,1361.8792	9
10	10,0564.3791	10,0753.3431	10,1132.5329	10,1513.4114	10,1704.4862	10
11	11,0690.0846	11,0921.2653	11,1385.3642	11,1851.7895	11,2085.8781	11
12	12,0828.4472	12,1106.1341	12,1663.8277	12,2224.6288	12,2506.2001	12
13	13,0979.4827	13,1307.9776	13,1967.9872	13,2632.0442	13,2965.5984	13
14	14,1143.2071	14,1526.8243	14,2297.9072	14,3074.1510	14,3464.2194	14
15	15,1319.6361	15,1762.7023	15,2653.6520	15,3551.0648	15,4002.2102	15
16	16,1508.7857	16,2015.6402	16,3035.2861	16,4062.9017	16,4579.7185	16
17	17,1710.6716	17,2285.6662	17,3442.8743	17,4609.7781	17,5196.8924	17
18	18,1925.3100	18,2572.8090	18,3876.4815	18,5191.8107	18,5853.8808	18
19	19,2152.7166	19,2877.0970	19,4336.1727	19,5809.1167	19,6550.8328	19
20	20,2392.9075	20,3198.5588	20,4822.0131	20,6461.8137	20,7287.8984	20
21	21,2645.8986	21,3537.2231	21,5334.0682	21,7150.0198	21,8065.2280	21
22	22,2911.7060	22,3893.1185	22,5872.4033	22,7873.8532	22,8882.9727	22
23	23,3190.3456	23,4266.2737	23,6437.0843	23,8633.4327	23,9741.2838	23
24	24,3481.8336	24,4656.7175	24,7028.1770	24,9428.8775	25,0640.3136	24
25	25,3786.1859	25,5064.4787	25,7645.7475	26,0260.3071	26,1580.2148	25
26	26,4103.4186	26,5489.5861	26,8289.8619	27,1127.8414	27,2561.1406	26
27	27,4433.5479	27,5932.0688	27,8960.5865	28,2031.6009	28,3583.2449	27
28	28,4776.5898	28,6391.9555	28,9657.9880	29,2971.7062	29,4646.6820	28
29	29,5132.5606	29,6869.2755	30,0382.1330	30,3948.2786	30,5751.6071	29
30	30,5501.4763	30,7364.0576	31,1133.0883	31,4961.4395	31,6898.1756	30
31	31,5883.3531	31,7876.3310	32,1910.9210	32,6011.3110	32,8086.5438	31
32	32,6278.2073	32,8406.1249	33,2715.6983	33,7098.0154	33,9316.8683	32
33	33,6686.0550	33,8953.4685	34,3547.4876	34,8221.6754	35,0589.3066	33
34	34,7106.9126	34,9518.3909	35,4406.3563	35,9382.4143	36,1904.0165	34
35	35,7540.7963	36,0100.9216	36,5292.3722	37,0580.3557	37,3261.1565	35
36	36,7987.7223	37,0701.0898	37,6205.6031	38,1815.6236	38,4660.8859	36
37	37,8447.7069	38,1318.9249	38,7146.1171	39,3088.3423	39,6103.3642	37
38	38,8920.7665	39,1954.4564	39,8113.9824	40,4398.6368	40,7588.7518	38
39	39,9406.9175	40,2607.7139	40,9109.2673	41,5746.6322	41,9117.2096	39
40	40,9906.1761	41,3278.7267	42,0132.0405	42,7132.4543	43,0688.8992	40
41	42,0418.5589	42,3967.5246	43,1182.3706	43,8556.2292	44,2303.9825	41
42	43,0944.0821	43,4674.1372	44,2260.3265	45,0018.0833	45,3962.6225	42
43	44,1482.7622	44,5398.5940	45,3365.9773	46,1518.1436	46,5664.9823	43
44	45,2034.6156	45,6140.9250	46,4499.3923	47,3056.5374	47,7411.2260	44
45	46,2599.6589	46,6901.1599	47,5660.6408	48,4633.3925	48,9201.5181	45
46	47,3177.9085	47,7679.3285	48,6849.7924	49,6248.8371	50,1036.0238	46
47	48,3769.3808	48,8475.4607	49,8066.9169	50,7902.9999	51,2914.9089	47
48	49,4374.0926	49,9289.5865	50,9312.0842	51,9596.0099	52,4838.3398	48
49	50,4992.0602	51,0121.7358	52,0585.3644	53,1327.9966	53,6806.4836	49
50	51,5623.3063	52,0971.9387	53,1886.8278	54,3099.0899	54,8819.5079	50

MONTANT DE 1 FRANC PLACÉ A LA FIN DE CHAQUE ANNÉE,
APRÈS UN NOMBRE D'ANNÉES DONNÉ.

$$S = \frac{a}{t}(r^n - 1).$$

ANS.	$\frac{1}{8}$	$\frac{1}{6}$	$\frac{1}{4}$	$\frac{1}{3}$	$\frac{3}{8}$	ANS.
51	52,6267.8294	53,1840.2253	54,3216.5449	55,4909.4202	56,0877.5810	51
52	53,6925.6642	54,2726.6256	55,4574.5862	56,6759.1183	57,2980.8720	52
53	54,7596.8213	55,3631.1700	56,5961.0227	57,8648.3154	58,5129.5502	53
54	55,8281.3173	56,4553.8886	57,7375.9252	59,0577.1431	59,7323.7860	54
55	56,8979.1689	57,5494.8118	58,8819.3650	60,2545.7336	60,9563.7502	55
56	57,9690.3929	58,6453.9698	60,0291.4135	61,4554.2194	62,1849.6143	56
57	59,0415.0059	59,7431.3931	61,1792.1420	62,6602.7334	63,4181.5504	57
58	60,1153.0246	60,8427.1121	62,3321.6223	63,8691.4092	64,6559.7312	58
59	61,1904.4659	61,9441.1573	63,4879.9264	65,0820.3806	65,8984.3302	59
60	62,2669.3465	63,0473.5592	64,6467.1262	66,2989.7818	67,1455.5214	60
61	63,3447.6832	64,1524.3485	65,8083.2940	67,5199.7478	68,3973.4796	61
62	64,4239.4928	65,2593.5557	66,9728.5023	68,7450.4136	69,6538.3802	62
63	65,5044.7922	66,3681.2116	68,1402.8235	69,9741.9150	70,9150.3991	63
64	66,5863.5981	67,4787.3470	69,3106.3306	71,2074.3880	72,1809.7131	64
65	67,6695.9276	68,5911.9926	70,4839.0964	72,4447.9693	73,4516.4995	65
66	68,7541.7976	69,7055.1792	71,6601.1942	73,6862.7959	74,7270.9364	66
67	69,8401.2248	70,8216.9378	72,8392.6971	74,9319.0052	76,0073.2024	67
68	70,9274.2263	71,9397.2994	74,0213.6789	76,1816.7352	77,2923.4769	68
69	72,0160.8191	73,0596.2949	75,2064.2131	77,4356.1243	78,5821.9399	69
70	73,1061.0201	74,1813.9554	76,3944.3736	78,6937.3114	79,8768.7722	70
71	74,1974.8464	75,3050.3120	77,5854.2345	79,9560.4358	81,1764.1551	71
72	75,2902.3150	76,4305.3958	78,7793.8701	81,2225.6372	82,4808.2707	72
73	76,3843.4429	77,5579.2382	79,9763.3548	82,4933.0560	83,7901.3017	73
74	77,4798.2472	78,6871.8702	81,1762.7632	83,7682.8329	85,1043.4316	74
75	78,5766.7450	79,8183.3233	82,3792.1701	85,0475.1090	86,4234.8444	75
76	79,6748.9534	80,9513.6289	83,5851.6505	86,3310.0260	87,7475.7251	76
77	80,7744.8896	82,0862.8183	84,7941.2797	87,6187.7261	89,0766.2591	77
78	81,8754.5707	83,2230.9230	86,0061.1329	88,9108.3519	90,4106.6326	78
79	82,9778.0139	84,3617.9745	87,2211.2857	90,2072.0464	91,7497.0324	79
80	84,0815.2364	85,5024.0045	88,4391.8139	91,5078.9532	93,0937.6463	80
81	85,1866.2555	86,6449.0445	89,6602.7934	92,8129.2164	94,4428.6625	81
82	86,2931.0883	87,7893.1262	90,8844.3004	94,1222.9804	95,7970.2700	82
83	87,4009.7522	88,9356.2814	92,1116.4112	95,4360.3904	97,1562.6585	83
84	88,5102.2644	90,0838.5419	93,3419.2022	96,7541.5917	98,5206.0184	84
85	89,6208.6422	91,2339.9395	94,5752.7502	98,0766.7303	99,8900.5410	85
86	90,7328.9030	92,3860.5060	95,8117.1321	99,4035.9527	101,2646.4180	86
87	91,8463.0641	93,5400.2735	97,0512.4249	100,7349.4059	102,6443.8421	87
88	92,9611.1429	94,6959.2740	98,2938.7060	102,0707.2373	104,0293.0065	88
89	94,0773.1569	95,8537.5394	99,5396.0527	103,4109.5947	105,4194.1053	89
90	95,1949.1233	97,0135.1020	100,7884.5429	104,7556.6267	106,8147.3332	90
91	96,3139.0597	98,1751.9938	102,0404.2542	106,1048.4821	108,2152.8857	91
92	97,4342.9836	99,3388.2472	103,2955.2649	107,4585.3104	109,6210.9590	92
93	98,5560.9123	100,5043.8943	104,5537.6530	108,8167.2614	111,0321.7501	93
94	99,6792.8634	101,6718.9674	105,8151.4972	110,1794.4856	112,4485.4567	94
95	100,8038.8545	102,8413.4990	107,0796.8759	111,5467.1339	113,8702.2771	95
96	101,9298.9031	104,0127.5215	108,3473.8681	112,9185.3577	115,2972.4107	96
97	103,0573.0267	105,1861.0674	109,6182.5528	114,2949.3089	116,7296.0572	97
98	104,1861.2430	106,3614.1692	110,8923.0091	115,6759.1399	118,1673.4174	98
99	105,3163.5695	107,5386.8594	112,1695.3167	117,0615.0037	119,6104.6927	99
100	106,4480.0240	108,7179.1709	113,4499.5550	118,4517.0537	121,0590.0853	100

TABLE II.

	MONTANT DE 1 FRANC PLACÉ A LA FIN DE CHAQUE ANNÉE, APRÈS UN NOMBRE D'ANNÉES DONNÉ.

$$S = \frac{a}{t}(r^n - 1).$$

ANS.	$^1/_2$	$^5/_8$	$^2/_3$	$^3/_4$	$^5/_6$	$^7/_8$	ANS.
1	1,0000.0000	1,0000.0000	1,0000.0000	1,0000.0000	1,0000.0000	1,0000.0000	1
2	2,0050.0000	2,0062.5000	2,0066.6667	2,0075.0000	2,0083.3333	2,0087.5000	2
3	3,0150.2500	3,0187.8906	3,0200.4444	3,0225.5625	3,0250.6944	3,0263.2656	3
4	4,0301.0013	4,0376.5649	4,0401.7807	4,0452.2542	4,0502.7836	4,0528.0692	4
5	5,0502.5063	5,0628.9185	5,0671.1259	5,0755.6461	5,0840.3068	5,0882.6898	5
6	6,0755.0188	6,0945.3492	6,1008.9335	6,1136.3135	6,1263.9760	6,1327.9133	6
7	7,1058.7939	7,1326.2576	7,1415.6597	7,1594.8358	7,1774.5091	7,1864.5326	7
8	8,1414.0879	8,1772.0468	8,1891.7641	8,2131.7971	8,2372.6300	8,2493.3472	8
9	9,1821.1583	9,2283.1220	9,2437.7092	9,2747.7856	9,3059.0686	9,3215.1640	9
10	10,2280.2641	10,2859.8916	10,3053.9606	10,3443.3940	10,3834.5608	10,4030.7967	10
11	11,2791.6654	11,3502.7659	11,3740.9870	11,4219.3194	11,4699.8489	11,4941.0662	11
12	12,3355.6237	12,4212.1582	12,4499.2602	12,5075.8636	12,5655.6809	12,5946.8005	12
13	13,3972.4018	13,4988.4842	13,5329.2553	13,6013.9325	13,6702.8116	13,7048.8350	13
14	14,4642.2639	14,5832.1622	14,6231.4503	14,7034.0370	14,7842.0017	14,8248.0123	14
15	15,5365.4752	15,6743.6132	15,7206.3266	15,8136.7923	15,9074.0184	15,9545.1824	15
16	16,6142.3026	16,7723.2608	16,8254.3688	16,9322.8183	17,0399.6352	17,0941.2028	16
17	17,6973.0141	17,8771.5312	17,9376.0646	18,0592.7394	18,1819.6322	18,2436.9383	17
18	18,7857.8791	18,9888.8532	19,0571.9051	19,1947.1849	19,3334.7958	19,4033.2615	18
19	19,8797.1685	20,1075.6586	20,1842.3844	20,3386.7888	20,4945.9191	20,5731.0526	19
20	20,9791.1544	21,2332.3814	21,3188.0003	21,4912.1897	21,6653.8017	21,7531.1993	20
21	22,0840.1101	22,3659.4588	22,4609.2536	22,6524.0312	22,8459.2501	22,9434.5973	21
22	23,1944.3107	23,5057.3304	23,6106.6487	23,8222.9614	24,0363.0772	24,1442.1500	22
23	24,3104.0322	24,6526.4387	24,7680.6930	25,0009.6336	25,2366.1028	25,3554.7688	23
24	25,4319.5524	25,8067.2290	25,9331.8976	26,1884.7059	26,4469.1537	26,5773.3730	24
25	26,5591.1502	26,9680.1492	27,1060.7769	27,3848.8412	27,6673.0633	27,8098.8900	25
26	27,6919.1059	28,1365.6501	28,2867.8488	28,5902.7075	28,8978.6721	29,0532.2553	26
27	28,8303.7015	29,3124.1854	29,4753.6344	29,8046.9778	30,1386.8277	30,3074.4126	27
28	29,9745.2200	30,4956.2116	30,6718.6586	31,0282.3301	31,3898.3846	31,5726.3137	28
29	31,1243.9461	31,6862.1879	31,8763.4497	32,2609.4476	32,6514.2045	32,8488.9189	29
30	32,2800.1658	32,8842.5766	33,0888.5394	33,5029.0184	33,9235.1562	34,1363.1970	30
31	33,4414.1665	34,0897.8427	34,3094.4630	34,7541.7361	35,2062.1158	35,4350.1249	31
32	34,6086.2375	35,3028.4542	35,5381.7594	36,0148.2991	36,4995.9668	36,7450.6885	32
33	35,7816.6686	36,5234.8820	36,7750.9711	37,2849.4113	37,8037.5999	38,0665.8820	33
34	36,9605.7520	37,7517.6000	38,0202.6443	38,5645.7819	39,1187.9132	39,3996.7085	34
35	38,1453.7807	38,9877.0850	39,2737.3286	39,8538.1253	40,4447.8125	40,7444.1797	35
36	39,3361.0496	40,2313.8168	40,5355.5774	41,1527.1612	41,7818.2109	42,1009.3163	36
37	40,5327.8549	41,4828.2782	41,8057.9479	42,4613.6149	43,1300.0293	43,4693.1478	37
38	41,7354.4942	42,7420.9549	43,0845.0009	43,7798.2170	44,4894.1962	44,8496.7128	38
39	42,9441.2666	44,0092.3359	44,3717.3009	45,1081.7037	45,8601.6479	46,2421.0591	39
40	44,1588.4730	45,2842.9130	45,6675.4163	46,4464.8164	47,2423.3283	47,6467.2433	40
41	45,3796.4153	46,5673.1812	46,9719.9191	47,7948.3026	48,6360.1893	49,0636.3317	41
42	46,6065.3974	47,8583.6386	48,2851.3852	49,1572.9148	50,0413.1909	50,4929.3996	42
43	47,8395.7244	49,1574.7863	49,6070.3944	50,5219.4117	51,4583.3008	51,9347.5319	43
44	49,0787.7030	50,4647.1287	50,9377.5304	51,9008.5573	52,8871.4950	53,3891.8228	44
45	50,3241.6415	51,7801.1733	52,2773.3806	53,2901.1215	54,3278.7575	54,8563.3762	45
46	51,5757.8497	53,1037.4306	53,6258.5365	54,6897.8799	55,7806.0805	56,3363.3058	46
47	52,8336.6390	54,4356.4146	54,9833.5934	56,0999.6140	57,2454.4645	57,8292.7347	47
48	54,0978.3222	55,7758.6421	56,3499.1507	57,5207.1111	58,7224.9183	59,3352.7961	48
49	55,3683.2138	57,1244.6337	57,7255.8117	58,9521.1644	60,2118.4593	60,8544.6331	49
50	56,6451.6299	58,4814.9126	59,1104.1837	60,3942.5732	61,7136.1131	62,3869.3986	50

MONTANT DE 1 FRANC PLACÉ A LA FIN DE CHAQUE ANNÉE, APRÈS UN NOMBRE D'ANNÉES DONNÉ.

$$S = \frac{a}{t}(r^n - 1).$$

ANS.	$^1/_2$	$^5/_3$	$^2/_3$	$^3/_4$	$^5/_6$	$^7/_8$	ANS.
51	57,9283.8880	59,8470.0058	60,5044.8783	61,8472.1424	63,2278.9141	63,9328.2559	51
52	59,2180.3075	61,2210.4434	61,9078.5108	63,3110.6835	64,7547.9050	65,4922.3781	52
53	60,5141.2090	62,6036.7586	63,3205.7009	64,7859.0136	66,2944.1376	67,0652.9489	53
54	61,8166.9150	63,9949.4884	64,7427.0722	66,2717.9562	67,8468.6721	68,6521.1622	54
55	63,1257.7496	65,3949.1727	66,1743.2527	67,7688.3409	69,4122.5777	70,2528.2224	55
56	64,4414.0384	66,8036.3550	67,6154.8744	69,2771.0035	70,9906.9325	71,8675.3443	56
57	65,7636.1086	68,2211.5822	69,0662.5736	70,7966.7860	72,5822.8236	73,4963.7536	57
58	67,0924.2891	69,6475.4046	70,5266.9907	72,3276.5369	74,1871.3471	75,1394.6864	58
59	68,4278.9105	71,0828.3759	71,9968.7706	73,8701.1109	75,8053.6083	76,7969.3900	59
60	69,7700.3051	72,5271.0532	73,4768.5625	75,4241.3693	77,4370.7217	78,4689.1221	60
61	71,1188.8066	73,9803.9973	74,9667.0195	76,9898.1795	79,0823.8111	80,1555.1519	61
62	72,4744.7507	75,4427.7723	76,4664.7997	78,5672.4159	80,7414.0095	81,8568.7595	62
63	73,8368.4744	76,9142.9459	77,9762.5650	80,1564.9590	82,4142.4596	83,5731.2362	63
64	75,2060.3168	78,3950.0893	79,4960.9821	81,7576.6962	84,1010.3134	85,3043.8845	64
65	76,5820.6184	79,8849.7774	81,0260.7220	83,3708.5214	85,8018.7327	87,0508.0185	65
66	77,9649.7215	81,3842.5885	82,5662.4601	84,9961.3353	87,5168.8888	88,8124.9636	66
67	79,3547.9701	82,8929.1046	84,1166.8765	86,6336.0453	89,2461.9629	90,5896.0571	67
68	80,7515.7099	84,4109.9115	85,6774.6557	88,2833.5657	90,9899.1459	92,3822.6476	68
69	82,1553.2885	85,9385.5985	87,2486.4867	89,9454.8174	92,7481.6388	94,1906.0957	69
70	83,5661.0549	87,4756.7585	88,8303.0633	91,6200.7285	94,5210.6524	96,0147.7741	70
71	84,9839.3602	89,0223.9882	90,4225.0837	93,3072.2340	96,3087.4079	97,8549.0671	71
72	86,4088.5570	90,5787.8882	92,0253.2510	95,0070.2758	98,1113.1363	99,7111.3714	72
73	87,8408.9998	92,1449.0625	93,6388.2726	96,7195.8028	99,9289.0791	101,5836.0959	73
74	89,2801.0448	93,7208.1191	95,2630.8611	98,4449.7714	101,7616.4881	103,4724.6618	74
75	90,7265.0500	95,3065.6698	96,8981.7335	100,1833.1446	103,6096.6255	105,3778.5025	75
76	92,1801.3752	96,9022.3303	98,5441.6118	101,9346.8932	105,4730.7640	107,2999.0644	76
77	93,6410.3821	98,5078.7198	100,2011.2225	103,6991.9949	107,3520.1870	109,2387.8063	77
78	95,1092.4340	100,1235.4618	101,8691.2973	105,4769.4349	109,2466.1886	111,1946.1996	78
79	96,5847.8962	101,7493.1835	103,5482.5726	107,2680.2056	111,1570.0735	113,1675.7288	79
80	98,0677.1357	103,3852.5159	105,2385.7898	109,0725.3072	113,0833.1575	115,1577.8914	80
81	99,5580.5214	105,0314.0941	106,9401.6950	110,8905.7470	115,0256.7671	117,1654.1980	81
82	101,0558.4240	106,6878.5572	108,6531.0397	112,7222.5401	116,9842.2402	119,1906.1722	82
83	102,5611.2161	108,3546.5482	110,3774.5799	114,5676.7091	118,9590.9255	121,2335.3512	83
84	104,0739.2722	110,0318.7141	112,1133.0771	116,4269.2845	120,9504.1832	123,2943.2855	84
85	105,5942.9685	111,7195.7061	113,8607.2977	118,3001.3041	122,9583.3847	125,3731.5393	85
86	107,1222.6834	113,4178.1792	115,6198.0130	120,1873.8139	124,9829.9129	127,4701.6903	86
87	108,6578.7968	115,1266.7928	117,3905.9997	122,0887.8675	127,0245.1622	129,5855.3301	87
88	110,2011.6908	116,8462.2103	119,1732.0397	124,0044.5265	129,0830.5386	131,7194.0642	88
89	111,7521.7492	118,5765.0991	120,9676.9200	125,9344.8604	131,1587.4597	133,8719.5123	89
90	113,3109.3580	120,3176.1310	122,7741.4328	127,8789.9469	133,2517.3552	136,0433.3080	90
91	114,8774.9048	122,0695.9818	124,5926.3757	129,8380.8715	135,3621.6665	138,2337.0994	91
92	116,4518.7793	123,8325.3317	126,4232.5515	131,8118.7280	137,4901.8471	140,4432.5491	92
93	118,0341.3732	125,6064.8650	128,2660.7685	133,8004.6185	139,6359.3625	142,6721.3339	93
94	119,6243.0800	127,3915.2704	130,1211.8403	135,8039.6531	141,7995.6905	144,9205.1455	94
95	121,2224.2954	129,1877.2408	131,9886.5859	137,8224.9505	143,9812.3212	147,1885.6906	95
96	122,8285.4169	130,9951.4736	133,8685.8298	139,8561.6377	146,1810.7572	149,4764.6903	96
97	124,4426.8440	132,8138.6703	135,7610.4020	141,9050.8499	148,3992.5136	151,7843.8813	97
98	126,0648.9782	134,6439.5370	137,6661.1380	143,9693.7313	150,6359.1178	154,1125.0153	98
99	127,6952.2231	136,4854.7841	139,5838.8790	146,0491.4343	152,8912.1105	156,4609.8592	99
100	129,3336.9842	138,3385.1265	141,5144.4715	148,1445.1201	155,1653.0447	158,8300.1955	100

TABLE II.

$$S = \frac{a}{t}(r^n - 1).$$

MONTANT DE 1 FRANC PLACÉ A LA FIN DE CHAQUE ANNÉE, APRÈS UN NOMBRE D'ANNÉES DONNE.

ANS.	1	1 $^1/_8$	1 $^1/_6$	1 $^1/_4$	1 $^1/_3$	1 $^3/_8$	ANS.
1	1,0000.0000	1,0000.0000	1,0000.0000	1,0000.0000	1,0000.0000	1,0000.0000	1
2	2,0100.0000	2,0112.5000	2,0116.6667	2,0125.0000	2,0133.3333	2,0137.5000	2
3	3,0301.0000	3,0338.7656	3,0351.3611	3,0376.5625	3,0401.7778	3,0414.3906	3
4	4,0604.0100	4,0680.0767	4,0705.4603	4,0756.2695	4,0807.1348	4,0832.5885	4
5	5,1010.0501	5,1137.7276	5,1180.3574	5,1265.7229	5,1351.2299	5,1394.0366	5
6	6,1520.1506	6,1713.0270	6,1777.4615	6,1906.5444	6,2035.9130	6,2100.7046	6
7	7,2135.3521	7,2407.2986	7,2498.1986	7,2680.3762	7,2680.3762	7,2954.5893	7
8	8,2856.7056	8,3221.8807	8,3344.0109	8,3588.8809	8,3834.5660	8,3957.7149	8
9	9,3685.2727	9,4158.1269	9,4316.3577	9,4633.7420	9,4952.3602	9,5112.1335	9
10	10,4622.1254	10,5217.4058	10,5416.7152	10,5816.6637	10,6218.3916	10,6419.9253	10
11	11,5668.3467	11,6401.1016	11,6646.5769	11,7139.3720	11,7634.6369	11,7883.1993	11
12	12,6825.0301	12,7710.6140	12,8007.4536	12,8603.6142	12,9203.0987	12,9504.0933	12
13	13,8093.2804	13,9147.3584	13,9500.8739	14,0211.1594	14,0925.8067	14,1284.7745	13
14	14,9474.2132	15,0712.7662	15,1128.3841	15,1963.7988	15,2804.8174	15,3227.4402	14
15	16,0968.9554	16,2408.2848	16,2891.5486	16,3863.3463	16,4842.2150	16,5334.3175	15
16	17,2578.6449	17,4235.3780	17,4791.9500	17,5911.6382	17,7040.1112	17,7607.6644	16
17	18,4304.4314	18,6195.5260	18,6831.1894	18,8110.5336	18,9400.6460	19,0049.7697	17
18	19,6147.4757	19,8290.2257	19,9010.8866	20,0461.9153	20,1925.9880	20,2662.9541	18
19	20,8108.9504	21,0520.9907	21,1332.6803	21,2967.6893	21,4618.3345	21,5449.5697	19
20	22,0190.0399	22,2889.3519	22,3798.2282	22,5629.7854	22,7479.9123	22,8412.0013	20
21	23,2391.9403	23,5396.8571	23,6409.2075	23,8450.1577	24,0512.9778	24,1552.6663	21
22	24,4715.8598	24,8045.0717	24,9167.3150	25,1430.7847	25,3719.8175	25,4874.0155	22
23	25,7163.0183	26,0835.5788	26,2074.2670	26,4573.6695	26,7102.7484	26,8378.5332	23
24	26,9734.6485	27,3769.9790	27,5131.8001	27,7880.8403	28,0664.1183	28,2068.7380	24
25	28,2431.9950	28,6849.8913	28,8341.6711	29,1354.3508	29,4406.3066	29,5947.1832	25
26	29,5256.3150	30,0076.9526	30,1705.6573	30,4996.2802	30,8331.7240	31,0016.4569	26
27	30,8208.8781	31,3452.8183	31,5225.5566	31,8808.7337	32,2442.8137	32,4279.1832	27
28	32,1290.9669	32,6979.1625	32,8903.1881	33,2793.8429	33,6742.0512	33,8738.0220	28
29	33,4503.8766	34,0657.6781	34,2740.3919	34,6953.7659	35,1231.9452	35,3395.6698	29
30	34,7848.9153	35,4490.0769	35,6739.0298	36,1290.6880	36,5915.0378	36,8254.8602	30
31	36,1327.4045	36,8478.0903	37,0900.9852	37,5806.8216	38,0793.9050	38,3318.3646	31
32	37,4940.6785	38,2623.4688	38,5228.1634	39,0504.4069	39,5871.1570	39,8588.9921	32
33	38,8690.0853	39,6927.9829	39,9722.4919	40,5385.7120	41,1149.4391	41,4069.5907	33
34	40,2576.9862	41,1393.4227	41,4385.9210	42,0453.0334	42,6631.4316	42,9763.0476	34
35	41,6602.7560	42,6021.5987	42,9220.4234	43,5708.6963	44,2319.8507	44,5672.2895	35
36	43,0768.7836	44,0814.3417	44,4227.9950	45,1155.0550	45,8217.4487	46,1800.2835	36
37	44,5076.4714	45,5773.5030	45,9410.6550	46,6794.4932	47,4327.0147	47,8150.0374	37
38	45,9527.2361	47,0900.9549	47,4770.4459	48,2629.4243	49,0651.3749	49,4724.6004	38
39	47,4122.5085	48,6198.5906	49,0309.4345	49,8662.2921	50,7193.3933	51,1527.0636	39
40	48,8863.7336	50,1668.3248	50,6029.7112	51,4895.5708	52,3955.9718	52,8560.5608	40
41	50,3752.3709	51,7312.0934	52,1933.3912	53,1331.7654	54,0942.0515	54,5828.2685	41
42	51,8789.8946	53,3131.8545	53,8022.6141	54,7973.4125	55,8154.6121	56,3333.4072	42
43	53,3977.7936	54,9129.5879	55,4299.5446	56,4823.0801	57,5596.6736	58,1079.2415	43
44	54,9317.5715	56,5307.2957	57,0766.3726	58,1883.3687	59,3271.2959	59,9069.0811	44
45	56,4810.7472	58,1667.0028	58,7425.3136	59,9156.9108	61,1181.5799	61,7306.2810	45
46	58,0458.8547	59,8210.7566	60,4278.6089	61,6646.3721	62,9330.6676	63,5794.2423	46
47	59,6263.4432	61,4940.6276	62,1328.5260	63,4354.4518	64,7721.7432	65,4536.4131	47
48	61,2226.0777	63,1858.7097	63,8577.3588	65,2283.8824	66,6358.0331	67,3536.2888	48
49	62,8348.3385	64,8967.1201	65,6027.4280	67,0437.4310	68,5242.8069	69,2797.4128	49
50	64,4631.8218	66,6268.0002	67,3681.0813	68,8817.8989	70,4379.3776	71,2323.3772	50

MONTANT DE 1 FRANC PLACÉ A LA FIN DE CHAQUE ANNÉE,
APRÈS UN NOMBRE D'ANNÉES DONNÉ.

$$S = \frac{a}{i}(r^n - 1).$$

ANS.	1	1 $^1/_8$	1 $^1/_6$	1 $^1/_4$	1 $^1/_3$	1 $^3/_8$	ANS.
51	66,1078.1401	68,3763.5152	69,1540.6940	70,7428.1226	72,3771.1026	73,2117.8237	51
52	67,7688.9215	70,1455.8548	70,9608.6687	72,6270.9741	74,3421.3840	75,2184.4437	52
53	69,4465.8107	71,9347.2332	72,7887.4365	74,5349.3613	76,3333.6692	77,2526.9798	53
54	71,1410.4688	73,7439.8895	74,6379.4566	76,4666.2283	78,3511.4514	79,3149.2258	54
55	72,8524.5735	75,5736.0883	76,5087.2169	78,4224.5562	80,3958.2708	81,4055.0277	55
56	74,5809.8192	77,4238.1193	78,4013.2345	80,4027.3631	82,4677.7144	83,5248.2843	56
57	76,3267.9174	79,2948.2981	80,3160.0555	82,4077.7052	84,5673.4172	85,6732.9482	57
58	78,0900.5966	81,1868.9665	82,2530.2562	84,4378.6765	86,6949.0628	87,8513.0262	58
59	79,8709.6025	83,1002.4923	84,2126.4425	86,4933.4099	88,8508.3836	90,0592.5804	59
60	81,6696.6986	85,0351.2704	86,1951.2510	88,5745.0776	91,0355.1621	92,2975.7283	60
61	83,4863.6655	86,9917.7222	88,2007.3489	90,6816.8910	93,2493.2309	94,5666.6446	61
62	85,3212.3022	88,9704.2966	90,2297.4347	92,8152.1022	95,4926.4740	96,8669.5610	62
63	87,1744.4252	90,9713.4699	92,2824.2381	94,9754.0034	97,7658.8270	99,1988.7674	63
64	89,0461.8695	92,9947.7464	94,3590.5209	97,1625.9285	100,0694.2780	101,5628.6130	64
65	90,9366.4882	95,0409.6586	96,4599.0769	99,3771.2526	102,4036.8684	103,9593.5064	65
66	92,8460.1531	97,1101.7672	98,5852.7328	101,6193.3933	104,7690.6933	106,3887.9171	66
67	94,7744.7546	99,2026.6621	100,7354.3480	103,8895.8107	107,1659.9025	108,8516.3760	67
68	96,7222.2021	101,3186.9621	102,9106.8154	106,1882.0083	109,5948.7012	111,3483.4761	68
69	98,6894.4242	103,4585.3154	105,1113.0616	108,5155.5334	112,0561.3506	113,8793.8739	69
70	100,6763.3684	105,6224.4002	107,3376.0473	110,8719.9776	114,5502.1686	116,4452.2897	70
71	102,6831.0021	107,8106.9247	109,5898.7679	113,2578.9773	117,0775.5308	119,0463.5087	71
72	104,7099.3121	110,0235.6276	111,8684.2535	115,6736.2145	119,6385.8713	121,6832.3819	72
73	106,7570.3052	112,2613.2784	114,1735.5698	118,1195.4172	122,2337.6829	124,3563.8272	73
74	108,8246.0083	114,5242.6778	116,5055.8181	120,5960.3599	124,8635.5186	127,0662.8298	74
75	110,9128.4684	116,8126.6579	118,8648.1360	123,1034.8644	127,5283.9922	129,8134.4437	75
76	113,0219.7530	119,1268.0828	121,2515.6976	125,6422.8002	130,2287.7788	132,5983.7923	76
77	115,1521.9506	121,4669.8487	123,6661.7141	128,2128.0852	132,9651.6158	135,4216.0695	77
78	117,3037.1701	123,8334.8845	126,1089.4341	130,8154.6863	135,7380.3040	138,2836.5404	78
79	119,4767.5418	126,2266.1520	128,5802.1441	133,4506.6199	138,5478.7081	141,1850.5429	79
80	121,6715.2172	128,6466.6462	131,0803.1691	136,1187.9526	141,3951.7575	144,1263.4878	80
81	123,8882.3694	131,0939.3960	133,6095.8728	138,8202.8020	144,2804.4476	147,1080.8608	81
82	126,1271.1931	133,5687.4642	136,1683.6580	141,5555.3370	147,2041.8403	150,1308.2226	82
83	128,3883.9050	136,0713.9481	138,7569.9673	144,3249.7787	150,1669.0648	153,1951.2107	83
84	130,6722.7440	138,6021.9801	141,3758.2836	147,1290.4010	153,1691.3190	156,3015.5398	84
85	132,9789.9715	141,1614.7273	144,0252.1302	149,9681.5310	156,2113.8699	159,4507.0035	85
86	135,3087.8712	143,7495.3930	146,7055.0718	152,8427.5501	159,2942.0549	162,6431.4748	86
87	137,6618.7499	146,3667.2162	149,4170.7143	155,7532.8945	162,4181.2823	165,8794.9076	87
88	140,0384.9374	149,0133.4724	152,1602.7059	158,7002.0557	165,5837.0327	169,1603.3375	88
89	142,4388.7868	151,6897.4739	154,9354.7375	161,6839.5814	168,7914.8598	172,4862.8834	89
90	144,8632.6746	154,3962.5705	157,7430.5428	164,7050.0762	172,0420.3913	175,8579.7481	90
91	147,3119.0014	157,1332.1494	160,5833.8991	167,7638.2021	175,3359.3298	179,2760.2196	91
92	149,7850.1914	159,9009.6361	163,4568.6279	170,8608.6796	178,6737.4542	182,7410.6726	92
93	152,2828.6933	162,6998.4945	166,3638.5952	173,9966.2881	182,0560.6203	186,2537.5694	93
94	154,8056.9803	165,5302.2276	169,3047.7122	177,1715.8667	185,4834.7619	189,8147.4610	94
95	157,3537.5501	168,3924.3776	172,2799.9355	180,3862.3151	188,9565.8920	193,4246.9886	95
96	159,9272.9256	171,2868.5269	175,2899.2681	183,6410.5940	192,4760.1039	197,0842.8847	96
97	162,5265.6548	174,2138.2978	178,3349.7595	186,9365.7264	196,0423.5720	200,7941.9743	97
98	165,1518.3114	177,1737.3537	181,4155.5067	190,2732.7980	199,6562.5529	204,5551.1765	98
99	167,8033.4945	180,1669.3989	184,5320.6543	193,6516.0580	203,3183.3870	208,3677.5051	99
100	170,4813.8294	183,1938.1796	187,6849.3953	197,0723.4200	207,0292.4988	212,2328.0708	100

TABLE II.

$$S = \frac{a}{i}(r^n - 1).$$

MONTANT DE 1 FRANC PLACÉ A LA FIN DE CHAQUE ANNÉE, APRÈS UN NOMBRE D'ANNÉES DONNÉ.

ANS.	$1\,^{1}/_{2}$	$1\,^{5}/_{8}$	$1\,^{2}/_{3}$	$1\,^{3}/_{4}$	$1\,^{5}/_{6}$	$1\,^{7}/_{8}$	ANS.
1	1,0000.0000	1,0000.0000	1,0000.0000	1,0000.0000	1,0000.0000	1,0000.0000	1
2	2,0150.0000	2,0162.5000	2,0166.6667	2,0175.0000	2,0183.3333	2,0187.5000	2
3	3,0452.2500	3,0490.1406	3,0502.7778	3,0528.0625	3,0553.3611	3,0566.0156	3
4	4,0909.0337	4,0985.6054	4,1011.1574	4,1062.3036	4,1113.5061	4,1139.1284	4
5	5,1522.6693	5,1651.6215	5,1694.6767	5,1780.8939	5,1867.2537	5,1910.4871	5
6	6,2295.5093	6,2490.9603	6,2556.2546	6,2687.0596	6,2818.1533	6,2883.8087	6
7	7,3229.9419	7,3506.4385	7,3598.8589	7,3784.0831	7,3969.8195	7,4062.8802	7
8	8,4328.3911	8,4700.9181	8,4825.5065	8,5075.3045	8,5325.9328	8,5451.5591	8
9	9,5593.3169	9,6077.3080	9,6239.2650	9,6564.1224	9,6890.2416	9,7053.7759	9
10	10,7027.2167	10,7638.5642	10,7843.2527	10,8253.9945	10,8666.5627	10,8873.5342	10
11	11,8632.6249	11,9387.6909	11,9640.6403	12,0148.4394	12,0658.7830	12,0914.9129	11
12	13,0412.1143	13,1327.7409	13,1634.6509	13,2251.0371	13,2870.8607	13,3182.0675	12
13	14,2368.2960	14,3461.8167	14,3828.5618	14,4565.4303	14,5306.8265	14,5679.2313	13
14	15,4503.8205	15,5793.0712	15,6225.7045	15,7095.3253	15,7970.7850	15,8410.7169	14
15	16,6821.3778	16,8324.7086	16,8829.4662	16,9844.4935	17,0866.9160	17,1380.9178	15
16	17,9323.6984	18,1059.9851	18,1643.2907	18,2816.7721	18,3999.4761	18,4594.3100	16
17	19,2013.5539	19,4002.2098	19,4670.6788	19,6016.0656	19,7372.7999	19,8055.4534	17
18	20,4893.7572	20,7154.7458	20,7915.1902	20,9446.3468	21,0991.3012	21,1768.9931	18
19	21,7967.1636	22,0521.0104	22,1380.4433	22,3111.6578	22,4859.4751	22,5739.6617	19
20	23,1236.6710	23,4104.4768	23,5070.1174	23,7016.1119	23,8981.8J88	23,9972.2804	20
21	24,4705.2211	24,7908.6746	24,8987.9527	25,1163.8938	25,3363.2336	25,4471.7606	21
22	25,8375.7994	26,1937.1905	26,3137.7518	26,5559.2620	26,8008.2262	26,9243.1062	22
23	27,2251.4364	27,6193.6699	27,7523.3811	28,0206.5490	28,2921.7103	28,4291.4144	23
24	28,6335.2080	29,0681.8170	29,2148.7708	29,5110.1637	29,8108.6084	29,9621.8784	24
25	30,0630.2361	30,5405.3966	30,7017.9169	31,0274.5915	31,3573.9329	31,5239.7886	25
26	31,5139.6896	32,0368.2343	32,2134.8822	32,5704.3969	32,9322.7883	33,1150.5347	26
27	32,9866.7850	33,5574.2181	33,7503.7969	34,1404.2238	34,5360.3727	34,7359.6072	27
28	34,4814.7867	35,1027.2991	35,3128.8602	35,7378.7977	36,1691.9796	36,3872.5998	28
29	35,9987.0085	36,6731.4927	36,9014.3412	37,3632.9267	37,8322.9992	38,0695.2111	29
30	37,5386.8137	38,2690.8795	38,5164.5802	39,0171.5029	39,5258.9209	39,7833.2463	30
31	39,1017.6159	39,8909.6063	40,1583.9899	40,6999.5042	41,2505.3344	41,5292.6197	31
32	40,6882.8801	41,5391.8874	41,8277.0564	42,4121.9955	43,0067.9322	43,3079.3563	32
33	42,2986.1233	43,2142.0055	43,5248.3407	44,1544.1305	44,7952.5110	45,1199.5942	33
34	43,9330.9152	44,9164.3131	45,2502.4797	45,9271.1527	46,6164.9737	46,9659.5866	34
35	45,5920.8789	46,6463.2332	47,0044.1877	47,7308.3979	48,4711.3315	48,8465.7038	35
36	47,2759.6921	48,4043.2607	48,7878.2575	49,5661.2949	50,3597.7059	50,7624.4358	36
37	48,9851.0874	50,1908.9637	50,6009.5618	51,4335.3675	52,2830.3305	52,7142.3940	37
38	50,7198.8538	52,0064.9844	52,4443.0545	53,3336.2365	54,2415.5533	54,7026.3138	38
39	52,4806.8366	53,8516.0404	54,3183.7720	55,2669.6206	56,2359.8384	56,7283.0572	39
40	54,2678.9391	55,7266.9261	56,2236.8349	57,2341.3390	58,2669.7688	58,7919.6146	40
41	56,0819.1232	57,6322.5136	58,1607.4488	59,2357.3124	60,3352.0479	60,8943.1073	41
42	57,9231.4100	59,5687.7544	60,1300.9063	61,2723.5654	62,4413.5021	63,0360.7906	42
43	59,7919.8812	61,5367.6805	62,1322.5881	63,3446.2278	64,5861.0829	65,2180.0554	43
44	61,6888.6794	63,5367.4053	64,1677.9645	65,4531.5367	66,7701.8695	67,4408.4315	44
45	63,6142.0096	65,5692.1256	66,2372.5973	67,5985.8386	68,9943.0704	69,7053.5895	45
46	65,5684.1398	67,6347.1226	68,3412.1406	69,7815.5908	71,2592.0267	72,0123.3444	46
47	67,5519.4018	69,7337.7634	70,4802.3429	72,0027.3637	73,5656.2139	74,3625.6571	47
48	69,5652.1929	71,8669.5020	72,6549.0486	74,2627.8425	75,9143.2444	76,7568.6381	48
49	71,6086.9758	74,0347.8814	74,8658.1994	76,5623.8298	78,3060.8706	79,1960.5501	49
50	73,6828.2804	76,2378.5345	77,1135.8361	78,9022.2468	80,7416.9865	81,6809.8104	50

MONTANT DE 1 FRANC PLACÉ A LA FIN DE CHAQUE ANNÉE, APRÈS UN NOMBRE D'ANNÉES DONNÉ.

$$S = \frac{a}{i}\left(r^{n} - 1\right).$$

ANS.	$1\,^{1}/_{2}$	$1\,^{5}/_{8}$	$1\,^{2}/_{3}$	$1\,^{3}/_{4}$	$1\,^{5}/_{6}$	$1\,^{7}/_{8}$	ANS.
51	75,7880.7046	78,4767.1857	79,3988.1000	81,2830.1361	83,2219.6313	84,2124.9943	51
52	77,9248.9152	80,7519.6525	81,7221.2350	83,7054.6635	85,7476.9912	86,7914.8380	52
53	80,0937.6489	83,0641.8468	84,0841.5890	86,1703.1201	88,3197.4027	89,4188.2412	53
54	82,2951.7136	85,4139.7768	86,4855.6154	88,6782.9247	90,9389.3551	92,0954.2707	54
55	84,5295.9893	87,8019.5482	88,9269.8757	91,2301.6259	93,6061.4933	94,8222.1633	55
56	86,7975.4292	90,2287.3659	91,4091.0403	93,8266.9043	96,3222.6207	97,6001.3289	56
57	89,0995.0606	92,6949.5356	93,9325.8910	96,4686.5752	99,0881.7020	100,4301.3538	57
58	91,4359.9865	95,2012.4655	96,4981.3225	99,1568.5902	101,9047.8666	103,3132.0042	58
59	93,8075.3863	97,7482.6681	99,1064.3445	101,8921.0405	104,7730.4108	106,2503.2293	59
60	96,2146.5171	100,3366.7614	101,7582.0836	104,6752.1588	107,6938.8017	109,2425.1648	60
61	98,6578.7149	102,9671.4713	104,4541.7850	107,5070.3215	110,6682.6797	112,2908.1366	61
62	101,1377.3956	105,6403.6327	107,1950.8147	110,3884.0522	113,6971.8621	115,3962.6642	62
63	103,6548.0565	108,3570.1918	109,9816.6617	113,3202.0231	116,7816.3463	118,5599.4641	63
64	106,2096.2774	111,1178.2074	112,8146.9393	116,3033.0585	119,9226.3126	121,7829.4541	64
65	108,8027.7215	113,9234.8532	115,6949.3883	119,3386.1370	123,1212.1284	125,0663.7564	65
66	111,4348.1374	116,7747.4196	118,6231.8781	122,4270.3944	126,3784.3507	128,4113.7018	66
67	114,1063.3594	119,6723.3152	121,6002.4094	125,5695.1263	129,6953.7305	131,8190.8337	67
68	116,8179.3098	122,6170.0690	124,6269.1163	128,7669.7910	133,0731.2155	135,2906.9118	68
69	119,5701.9995	125,5695.3327	127,7040.2682	132,0204.0124	136,5127.9545	138,8273.9164	69
70	122,3637.5295	128,6506.8818	130,8324.2727	135,3307.5826	140,0155.3003	142,4304.0524	70
71	125,1992.0924	131,7412.6186	134,0129.6772	138,6990.4653	143,5824.8142	146,1009.7533	71
72	128,0771.9738	134,8820.5737	137,2465.1718	142,1262.7984	147,2148.2691	149,8403.6862	72
73	130,9983.5534	138,0738.9080	140,5339.5914	145,6134.8974	150,9137.6540	153,6498.7553	73
74	133,9633.3067	141,3175.9153	143,8761.9179	149,1617.2581	154,6805.1777	157,5308.1070	74
75	136,9727.8063	144,6140.0239	147,2741.2832	152,7720.5601	158,5163.2726	161,4845.1340	75
76	140,0273.7234	147,9639.7992	150,7286.9712	156,4455.6699	162,4224.5993	165,5123.4803	76
77	143,1277.8292	151,3683.9460	154,2408.4208	160,1833.6441	166,4002.0503	169,6157.0455	77
78	146,2746.9967	154,8281.3102	157,8115.2278	163,9835.7329	170,4508.7545	173,7959.9901	78
79	149,4688.2016	158,3440.8814	161,4417.1482	167,8563.3832	174,5758.0817	178,0546.7399	79
80	152,7108.5247	161,9171.7958	165,1324.1007	171,7938.2424	178,7763.6465	182,3931.9913	80
81	156,0015.1525	165,5483.3374	168,8846.1691	175,8002.1617	183,0539.3134	186,8130.7162	81
82	159,3415.3798	169,2384.9417	172,6993.6052	179,8767.1995	187,4099.2008	191,3158.1671	82
83	162,7316.6105	172,9886.1970	176,5776.8320	184,0245.6255	191,8457.6861	195,9029.8827	83
84	166,1726.3597	176,7996.8477	180,5206.4458	188,2449.9239	196,3629.4104	200,5761.6930	84
85	169,6652.2551	180,6726.7965	184,5293.2199	192,5392.7976	200,9629.2829	205,3369.7248	85
86	173,2102.0389	184,6086.1069	188,6048.1069	196,9087.1716	205,6472.4864	210,1870.4071	86
87	176,8083.5695	188,6085.0061	192,7482.2420	201,3546.1971	210,4174.4820	215,1280.4772	87
88	180,4604.8230	192,6733.8875	196,9606.9461	205,8783.2555	215,2751.0142	220,1616.9862	88
89	184,1673.8954	196,8043.3132	201,2433.7285	210,4811.9625	220,2218.1161	225,2897.3047	89
90	187,9299.0038	201,0024.0170	205,5974.2907	215,1646.1718	225,2592.1149	230,5139.1291	90
91	191,7488.4889	205,2686.9073	210,0240.5288	219,9299.9798	230,3889.6370	235,8360.4878	91
92	195,6250.8162	209,6043.0695	214,5244.5376	224,7787.7295	235,6127.6137	241,2579.7469	92
93	199,5594.5784	214,0103.7694	219,0998.6133	229,7124.0148	240,9323.2866	246,7815.6172	93
94	203,5528.4971	218,4880.4557	223,7515.2568	234,7323.6850	246,3494.2135	252,4087.1600	94
95	207,6061.4246	223,0384.7631	228,4807.1778	239,8401.8495	251,8658.2741	258,1413.7943	95
96	211,7202.3459	227,6628.5155	233,2887.2974	245,0373.8819	257,4833.6758	263,9815.3029	96
97	215,8960.3811	232,3623.7288	238,1768.7524	250,3255.4248	263,2038.9598	269,9311.8398	97
98	220,1344.7868	237,1382.6144	243,1464.8982	255,7062.3947	269,0293.0074	275,9923.9368	98
99	224,4364.9586	241,9917.5819	248,1989.3132	261,1810.9866	274,9615.0459	282,1672.5107	99
100	228,8030.4330	246,9241.2426	253,3355.8018	266,7517.6789	281,0024.6551	288,4578.8702	100

TABLE II.

$$S = \frac{a}{i}(r^n - 1).$$

MONTANT DE 1 FRANC PLACÉ A LA FIN DE CHAQUE ANNÉE, APRÈS UN NOMBRE D'ANNÉES DONNÉ.

ANS.	2	2 1/8	2 1/6	2 1/4	2 1/3	2 3/8	ANS.
1	1,0000.0000	1,0000.0000	1,0000.0000	1,0000.0000	1,0000.0000	1,0000.0000	1
2	2,0200.0000	2,0212.5000	2,0216.6667	2,0225.0000	2,0233.3333	2,0237.5000	2
3	3,0604.0000	3,0642.0156	3,0654.6944	3,0680.0625	3,0705.4444	3,0718.1406	3
4	4,1216.0800	4,1293.1585	4,1318.8795	4,1370.3639	4,1421.9048	4,1447.6965	4
5	5,2040.4016	5,2170.6381	5,2214.1219	5,2301.1971	5,2388.4159	5,2432.0793	5
6	6,3081.2096	6,3279.2641	6,3345.4279	6,3477.9740	6,3610.8123	6,3677.3411	6
7	7,4342.8338	7,4623.9485	7,4717.9121	7,4906.2284	7,5095.0646	7,5189.6780	7
8	8,5829.6905	8,6209.7074	8,6336.8002	8,6591.6186	8,6847.2828	8,6975.4328	8
9	9,7546.2843	9,8041.6637	9,8207.4309	9,8539.9300	9,8873.7194	9,9041.0994	9
10	10,9497.2100	11,0125.0490	11,0335.2586	11,0757.0784	11,1180.7728	11,1393.3255	10
11	12,1687.1542	12,2465.2063	12,2725.8558	12,3249.1127	12,3774.9908	12,4038.9170	11
12	13,4120.8973	13,5067.5920	13,5384.9160	13,6022.2177	13,6663.0740	13,6984.8412	12
13	14,6803.3152	14,7937.7783	14,8318.2559	14,9082.7176	14,9851.8790	15,0238.2312	13
14	15,9739.3815	16,1081.4561	16,1531.8181	16,2437.0788	16,3348.4229	16,3806.3892	14
15	17,2934.1692	17,4504.4370	17,5031.6742	17,6091.9130	17,7159.8861	17,7696.7910	15
16	18,6392.8525	18,8212.6563	18,8824.0271	19,0053.9811	19,1293.6167	19,1917.0897	16
17	20,0120.7096	20,2212.1753	20,2915.2144	20,4330.1957	20,5757.1345	20,6475.1206	17
18	21,4123.1238	21,6509.1840	21,7311.7107	21,8927.6251	22,0558.1343	22,1378.9047	18
19	22,8405.5863	23,1110.0041	23,2020.1311	23,3853.4966	23,5704.4907	23,6636.6537	19
20	24,2973.6980	24,6021.0917	24,7047.2339	24,9115.2003	25,1204.2622	25,2256.7742	20
21	25,7833.1719	26,1249.0399	26,2399.9240	26,4720.2923	26,7065.6950	26,8247.8726	21
22	27,2989.8354	27,6800.5820	27,8085.2557	28,0676.4989	28,3297.2278	28,4618.7596	22
23	28,8449.6321	29,2682.5944	29,4110.4362	29,6991.7201	29,9907.4965	30,1378.4552	23
24	30,4218.6247	30,8902.0995	31,0482.8290	31,3674.0338	31,6905.3381	31,8536.1935	24
25	32,0302.9972	32,5466.2691	32,7209.9569	33,0731.6996	33,4299.7960	33,6101.4281	25
26	33,6709.0572	34,2382.4274	34,4299.5060	34,8173.1628	35,2100.1245	35,4083.8370	26
27	35,3443.2383	35,9658.0539	36,1759.3286	36,6007.0590	37,0315.7941	37,2493.3281	27
28	37,0512.1031	37,7300.7876	37,9597.4474	38,4242.2178	38,8956.4960	39,1340.0446	28
29	38,7922.3451	39,5318.4293	39,7822.0588	40,2887.6677	40,8032.1476	41,0634.3707	29
30	40,5680.7920	41,3718.9459	41,6441.5367	42,1952.6402	42,7552.8977	43,0386.9370	30
31	42,3794.4079	43,2510.4735	43,5464.4367	44,1446.5746	44,7529.1319	45,0608.6268	31
32	44,2270.2960	45,1701.3211	45,4899.4995	46,1379.1226	46,7971.4784	47,1310.5817	32
33	46,1115.7020	47,1299.9742	47,4755.6553	48,1760.1528	48,8890.8128	49,2504.2080	33
34	48,0338.0160	49,1315.0986	49,5042.0278	50,2599.7563	51,0298.2651	51,4201.1829	34
35	49,9944.7763	51,1755.5445	51,5767.9384	52,3908.2508	53,2205.2247	53,6413.4610	35
36	51,9943.6718	53,2630.3498	53,6942.9104	54,5696.1864	55,4623.3466	55,9153.2807	36
37	54,0342.5453	55,3948.7447	55,8576.6735	56,7974.3506	57,7564.5580	58,2433.1711	37
38	56,1149.3962	57,5720.1556	58,0679.1681	59,0753.7735	60,1041.0644	60,6265.9589	38
39	58,2372.3841	59,7954.2089	60,3260.5501	61,4045.7334	62,5065.3559	63,0664.7755	39
40	60,4019.8318	62,0660.7358	62,6331.1953	63,7861.7624	64,9650.2142	65,5643.0639	40
41	62,6100.2284	64,3849.7764	64,9901.7045	66,2213.6521	67,4808.7192	68,1214.5866	41
42	64,8622.2330	66,7531.5842	67,3982.9081	68,7113.4592	70,0554.2559	70,7393.4331	42
43	67,1594.6776	69,1716.6304	69,8585.8712	71,2573.5121	72,6900.5219	73,4194.0271	43
44	69,5026.5712	71,6415.6087	72,3721.8984	73,8606.4161	75,3861.5341	76,1631.1352	44
45	71,8927.1026	74,1639.4404	74,9402.5395	76,5225.0605	78,1451.6365	78,9719.8747	45
46	74,3305.6447	76,7399.2785	77,5639.5945	79,2442.6243	80,9685.5081	81,8475.7217	46
47	76,8171.7576	79,3706.5132	80,2445.1191	82,0272.5834	83,8578.1699	84,7914.5201	47
48	79,3535.1927	82,0572.7766	82,9831.4300	84,8728.7164	86,8144.9939	87,8952.4900	48
49	81,9405.8966	84,8009.9481	85,7811.1110	87,7825.1126	89,8401.7104	90,8906.2366	49
50	84,5794.0145	87,6030.1595	88,6397.0184	90,7576.1776	92,9364.4170	94,0492.7597	50

MONTANT DE 1 FRANC PLACÉ A LA FIN DE CHAQUE ANNÉE, APRÈS UN NOMBRE D'ANNÉES DONNÉ.

$$S = \frac{a}{i}\left(r^a - 1\right).$$

ANS.	2	2 $^1/_8$	2 $^1/_6$	2 $^1/_4$	2 $^1/_3$	2 $^3/_8$	ANS.
51	87,2709.8948	90,4645.8004	91,5602.2871	93,7996.6417	96,1049.5867	97,2829.4628	51
52	90,0164.0927	93,3869.5237	94,5440.3366	96,9101.5661	99,3474.0771	100,5934.1625	52
53	92,8167.3745	96,3714.2510	97,5924.8773	100,0906.3513	102,6655.1389	103,9825.0989	53
54	95,6730.7220	99,4193.1789	100,7069.9163	103,3426.7442	106,0610.4254	107,4520.9450	54
55	98,5865.3365	102,5319.7839	103,8889.7645	106,6678.8460	109,5358.0020	111,0040.8174	55
56	101,5582.6432	105,7107.8293	107,1399.0427	110,0679.1200	113,0916.3554	114,6404.2868	56
57	104,5894.2961	108,9571.3707	110,4612.6886	113,5444.4002	116,7304.4037	118,3631.3886	57
58	107,6812.1820	112,2724.7623	113,8545.9635	117,0991.8992	120,4541.5065	122,1742.6341	58
59	110,8348.4256	115,6582.6635	117,3214.4594	120,7339.2169	124,2647.4749	126,0759.0217	59
60	114,0515.3941	119,1160.0451	120,8634.1060	124,4504.3493	128,1642.5827	130,0702.0485	60
61	117,3325.7020	122,6472.1961	124,4821.1783	128,2505.6972	132,1547.5763	134,1593.7221	61
62	120,6792.2160	126,2534.7303	128,1792.3039	132,1362.0754	136,2383.6864	138,3456.5730	62
63	124,0928.0604	129,9363.5933	131,9564.4705	136,1092.7221	140,4172.6391	142,6313.6666	63
64	127,5746.6216	133,6975.0696	135,8155.0340	140,1717.3083	144,6936.6673	147,0188.6162	64
65	131,1261.5540	137,5385.7899	139,7581.7264	144,3255.9477	149,0698.5229	151,5105.5958	65
66	134,7486.7851	141,4612.7379	143,7862.6638	148,5729.2066	153,5481.4884	156,1089.3537	66
67	138,4436.5208	145,4673.2586	147,9016.3548	152,9158.1137	158,1309.3898	160,8165.2259	67
68	142,2125.2512	149,5585.0653	152,1061.7092	157,3564.1713	162,8206.6089	165,6359.1500	68
69	146,0567.7562	153,7366.2480	156,4018.0462	161,8969.3651	167,6198.0965	170,5697.6798	69
70	149,9779.1113	158,0035.2807	160,7905.1039	166,5396.1758	172,5309.3854	175,6207.9997	70
71	153,9774.6936	162,3611.0305	165,2743.0478	171,2867.5898	177,5566.6044	180,7917.9397	71
72	158,0570.1874	166,8112.7649	169,8552.4805	176,1407.1106	182,6996.4918	186,0855.9908	72
73	162,2181.5912	171,3560.1611	174,5354.4509	181,1038.7705	187,9626.4100	191,5051.3205	73
74	166,4625.2230	175,9973.3145	179,3170.4640	186,1787.1429	193,3484.3595	197,0533.7894	74
75	170,7917.7275	180,7372.7475	184,2022.4907	191,3677.3536	198,8598.9946	202,7333.9669	75
76	175,2076.0820	185,5779.4183	189,1932.9780	196,6735.0941	204,4999.6378	208,5483.1486	76
77	179,7117.6037	190,5214.7310	194,2924.8592	202,0986.6337	210,2716.2960	214,5013.3734	77
78	184,3059.9557	195,5700.5440	199,5021.5645	207,6458.8329	216,1779.6762	220,5957.4410	78
79	188,9921.1548	200,7259.1806	204,8247.0318	213,3179.1567	222,2221.2020	226,8348.9302	79
80	193,7719.5779	205,9913.4382	210,2625.7174	219,1175.6877	228,4073.0301	233,2222.2173	80
81	198,6473.9695	211,3686.5987	215,8182.6080	225,0477.1407	234,7368.0674	239,7612.4950	81
82	203,6203.4489	216,8602.4390	221,4943.2312	231,1112.8763	241,2139.9890	246,4555.7918	82
83	208,6927.5179	222,4685.2408	227,2933.6678	237,3112.9160	247,8423.2554	253,3088.9918	83
84	213,8666.0682	228,1959.8021	233,2180.5640	243,6507.9567	254,6253.1314	260,3249.8554	84
85	219,1439.3896	234,0451.4479	239,2711.1429	250,1329.3857	261,5665.7045	267,5077.0394	85
86	224,5268.1774	240,0186.0412	245,4553.2176	256,7609.2969	268,6697.9042	274,8610.1191	86
87	230,0173.5409	246,1189.9946	251,7735.2040	263,5380.5060	275,9387.5220	282,3889.6094	87
88	235,6177.0117	252,3490.2820	258,2286.1334	270,4676.5674	283,3773.2308	290,0956.9877	88
89	241,3300.5520	258,7114.4505	264,8235.6663	277,5531.7902	290,9894.6062	297,9854.7161	89
90	247,1566.5630	265,2090.6325	271,5614.1057	284,7981.2555	298,7792.1470	306,0626.2656	90
91	253,0697.8943	271,8447.5585	278,4452.4114	292,2060.8337	306,7507.2971	314,3316.1394	91
92	259,1617.8522	278,6214.5691	285,4782.2136	299,7807.2025	314,9082.4674	322,7969.8978	92
93	265,3450.2092	285,5421.6287	292,6635.8282	307,5257.8645	323,2561.0583	331,4634.1828	93
94	271,6519.2134	292,6099.3383	300,0046.2712	315,4451.1665	331,7987.4830	340,3356.7447	94
95	278,0849.5976	299,8278.9492	307,5047.2737	323,5426.3177	340,5407.1909	349,4186.4674	95
96	284,6466.5896	307,1992.3769	315,1673.2980	331,8223.4099	349,4866.6921	358,7173.3960	96
97	291,3395.9214	314,7272.2149	322,9959.5528	340,2883.4366	358,6413.5815	368,2368.7641	97
98	298,1663.8398	322,4151.7495	330,9942.0098	348,9448.3139	368,0096.5651	377,9825.0223	98
99	305,1297.1166	330,2664.9742	339,1657.4200	357,7960.9010	377,5965.4850	387,9595.8665	99
100	312,2323.0589	338,2846.6049	347,5143.3307	366,8465.0213	387,4071.3463	398,1736.2684	100

$$S = \frac{a}{i}(r^n - 1).$$

MONTANT DE 1 FRANC PLACÉ A LA FIN DE CHAQUE ANNÉE, APRÈS UN NOMBRE D'ANNÉES DONNÉ.

ANS.	$2\,^1/_2$	$2\,^5/_8$	$2\,^2/_3$	$2\,^3/_4$	$2\,^5/_6$	$2\,^7/_8$	ANS.
1	1,0000.0000	1,0000.0000	1,0000.0000	1,0000.0000	1,0000.0000	1,0000.0000	1
2	2,0250.0000	2,0262.5000	2,0266.6667	2,0275.0000	2,0283.3333	2,0287.5000	2
3	3,0756.2500	3,0794.3906	3,0807.1111	3,0832.5625	3,0858.0278	3,0870.7656	3
4	4,1525.1562	4,1602.7434	4,1628.6341	4,1680.4580	4,1732.3386	4,1758.3001	4
5	5,2563.2852	5,2694.8154	5,2738.7310	5,2826.6706	5,2914.7548	5,2958.8513	5
6	6,3877.3673	6,4078.0543	6,4145.0971	6,4279.4040	6,4414.0062	6,4481.4182	6
7	7,5474.3015	7,5760.1032	7,5855.6331	7,6047.0876	7,6239.0697	7,6335.2590	7
8	8,7361.1590	8,7748.8059	8,7878.4499	8,8138.3825	8,8399.1767	8,8529.8977	8
9	9,9545.1880	10,0052.2121	10,0221.8753	10,0562.1880	10,0903.8200	10,1075.1323	9
10	11,2033.8177	11,2678.5827	11,2894.4586	11,3327.6482	11,3762.7616	11,3981.0423	10
11	12,4834.6631	12,5636.3954	12,5904.9775	12,6444.1585	12,6986.0398	12,7257.9973	11
12	13,7955.5297	13,8934.3508	13,9262.4436	13,9921.3729	14,0583.9776	14,0916.6647	12
13	15,1404.4179	15,2581.3776	15,2976.1087	15,3769.2107	15,4567.1903	15,4968.0188	13
14	16,5189.5284	16,6586.6387	16,7055.4716	16,7997.8639	16,8946.5941	16,9423.3494	14
15	17,9319.2666	18,0959.5380	18,1510.2842	18,2617.8052	18,3733.4142	18,4294.2707	15
16	19,3802.2483	19,5709.7258	19,6350.5585	19,7639.7948	19,8939.1943	19,9592.7309	16
17	20,8647.3045	21,0847.1061	21,1586.5734	21,3074.8892	21,4575.8048	21,5331.0220	17
18	22,3863.4871	22,6381.8427	22,7228.8820	22,8934.4487	23,0655.4526	23,1521.7888	18
19	23,9460.0743	24,2324.3660	24,3288.3188	24,5230.1460	24,7190.6904	24,8178.0403	19
20	25,5446.5761	25,8685.3807	25,9776.0073	26,1973.9750	26,4194.4267	26,5313.1589	20
21	27,1832.7405	27,5475.8719	27,6703.3675	27,9178.2593	28,1679.9354	28,2940.9122	21
22	28,8628.5590	29,2707.1135	29,4082.1240	29,6855.6615	29,9660.8669	30,1075.4635	22
23	30,5844.2730	31,0390.6753	31,1924.3140	31,5019.1921	31,8151.2582	31,9731.3830	23
24	32,3490.3798	32,8538.4305	33,0242.2957	33,3682.2199	33,7165.5438	33,8923.6603	24
25	34,1577.6393	34,7162.5643	34,9048.7569	35,2858.4810	35,6718.5675	35,8667.7155	25
26	36,0117.0803	36,6275.5816	36,8356.7237	37,2562.0892	37,6825.5936	37,8979.4124	26
27	37,9120.0073	38,5890.3156	38,8179.5697	39,2807.5467	39,7502.3188	39,9875.0705	27
28	39,8598.0075	40,6019.9364	40,8531.0249	41,3609.7542	41,8764.8845	42,1371.4787	28
29	41,8562.9577	42,6677.9597	42,9425.1856	43,4984.0224	44,0629.8895	44,3485.9088	29
30	43,9027.0316	44,7878.2562	45,0876.5239	45,6946.0830	46,3114.4031	46,6236.1286	30
31	46,0002.7074	46,9635.0604	47,2899.8978	47,9512.1003	48,6235.9778	48,9640.4173	31
32	48,1502.7751	49,1962.9807	49,5510.5618	50,2698.6831	51,0012.6639	51,3717.5793	32
33	50,3540.3445	51,4877.0090	51,8724.1767	52,6522.8969	53,4463.0227	53,8486.9597	33
34	52,6128.8531	53,8392.5305	54,2556.8215	55,1002.2765	55,9606.1417	56,3968.4598	34
35	54,9282.0744	56,2525.3344	56,7025.0034	57,6154.8391	58,5461.6490	59,0182.5531	35
36	57,3014.1263	58,7291.6244	59,2145.6701	60,1999.0972	61,2049.7291	61,7150.3015	36
37	59,7339.4794	61,2708.0296	61,7936.2213	62,8554.0724	63,9391.1380	64,4893.3726	37
38	62,2272.9664	63,8791.6153	64,4414.5206	65,5839.3094	66,7507.2203	67,3434.0571	38
39	64,7829.7906	66,5559.8952	67,1598.9078	68,3874.8904	69,6419.9249	70,2795.2862	39
40	67,4025.5354	69,3030.8425	69,9508.2120	71,2681.4499	72,6151.8227	73,3000.6507	40
41	70,0876.1737	72,1222.9021	72,8161.7643	74,2280.1898	75,6726.1244	76,4074.4194	41
42	72,8398.0781	75,0155.0033	75,7579.4114	77,2692.8950	78,8166.6979	79,6041.5590	42
43	75,6608.0300	77,9846.5721	78,7781.5290	80,3941.9496	82,0498.0877	82,8927.7538	43
44	78,5523.2308	81,0317.5446	81,8789.0364	83,6050.3532	85,3745.5335	86,2759.4267	44
45	81,5161.3116	84,1588.3802	85,0623.4107	86,9041.7379	88,7934.9903	89,7563.7602	45
46	84,5540.3443	87,3680.0752	88,3306.7017	90,2940.3857	92,3093.1483	93,3368.7183	46
47	87,6678.8529	90,6614.1771	91,6861.5471	93,7771.2463	95,9247.4542	97,0203.0690	47
48	90,8595.8243	94,0412.7993	95,1311.1883	97,3559.9556	99,6426.1321	100,8096.4072	48
49	94,1310.7199	97,5098.6353	98,6679.4867	101,0332.8544	103,4658.2058	104,7079.1789	49
50	97,4843.4879	101,0694.9745	102,2990.9397	104,8117.0079	107,3973.5216	108,7182.7053	50

MONTANT DE 1 FRANC PLACÉ A LA FIN DE CHAQUE ANNÉE, APRÈS UN NOMBRE D'ANNÉES DONNÉ.

$$S = \frac{a}{t}\left(r^{n} - 1\right).$$

ANS.	$2\,{}^{1}/_{2}$	$2\,{}^{5}/_{8}$	$2\,{}^{2}/_{3}$	$2\,{}^{3}/_{4}$	$2\,{}^{5}/_{6}$	$2\,{}^{7}/_{8}$	ANS.
51	100,9214.5751	104,7225.7175	106,0270.6980	108,6940.2256	111,4402.7714	112,8439.2081	51
52	104,4444.9395	108,4715.3926	109,8544.5833	112,6831.0818	115,5977.5166	117,0881.8353	52
53	108,0556.0629	112,3189.1717	113,7839.1055	116,7818.9365	119,8730.2129	121,4544.6881	53
54	111,7569.9645	116,2672.8874	117,8181.4817	120,9933.9573	124,2694.2356	125,9462.8479	54
55	115,5509.2136	120,3193.0507	121,9599.6545	125,3207.1411	128,7903.9056	130,5672.4047	55
56	119,4396.9440	124,4776.8683	126,2122.3120	129,7670.3374	133,4394.5163	135,3210.4864	56
57	123,4256.8676	128,7452.2611	130,5778.9070	134,3356.2718	138,2202.3609	140,2115.2879	57
58	127,5113.2893	133,1247.8829	135,0599.6778	139,0298.5692	143,1364.7611	145,2426.1024	58
59	131,6991.1215	137,6193.1399	139,6615.6692	143,8531.7799	148,1920.0960	150,4183.3528	59
60	135,9915.8995	142,2318.2098	144,3858.7538	148,8091.4038	153,3907.8321	155,7428.6242	60
61	140,3913.7970	146,9654.0628	149,2361.6539	153,9013.9174	158,7368.5540	161,2204.6972	61
62	144,9011.6419	151,8232.4820	154,2157.9646	159,1336.8002	164,2343.9964	166,8555.5822	62
63	149,5236.9330	156,8086.0846	159,3282.1770	164,5098.5622	169,8877.0763	172,6526.5552	63
64	154,2617.8563	161,9248.3443	164,5769.7017	170,0338.7726	175,7011.9268	178,6164.1937	64
65	159,1183.3027	167,1753.6134	169,9656.8938	175,7098.0889	181,6793.9314	184,7516.4142	65
66	164,0962.8853	172,5637.1457	175,4981.0776	181,5418.2863	187,8269.7594	191,0632.5111	66
67	169,1986.9574	178,0935.1207	181,1780.5730	187,5342.2892	194,1487.4026	197,5563.1958	67
68	174,4286.6313	183,7684.6677	187,0094.7216	193,6914.2021	200,6496.2123	204,2360.6377	68
69	179,7893.7971	189,5923.8902	192,9963.9142	200,0179.3427	207,3346.9383	211,1078.5061	69
70	185,2841.1421	195,5691.8924	199,1429.6186	206,5184.2746	214,2091.7683	218,1772.0131	70
71	190,9162.1706	201,7028.8045	205,4534.4084	213,1976.8422	221,2784.3684	225,4497.9584	71
72	196,6891.2249	207,9975.8107	211,9321.9926	220,0606.2054	228,5479.9255	232,9314.7748	72
73	202,6063.5055	214,4575.1757	218,5837.2458	227,1122.8760	236,0235.1900	240,6282.5746	73
74	208,6715.0931	221,0870.2740	225,4126.2390	234,3578.7551	243,7108.5204	248,5463.1986	74
75	214,8882.9705	227,8905.6187	232,4236.2720	241,8027.1709	251,6159.9285	256,6920.2655	75
76	221,2605.0447	234,8726.8912	239,6215.9060	249,4522.9181	259,7451.1265	265,0719.2232	76
77	227,7920.1708	242,0380.9721	247,0114.9968	257,3122.2983	268,1045.5750	273,6927.4008	77
78	234,4868.1751	249,3915.9726	254,5984.7300	265,3883.1615	276,7008.5330	282,5614.0636	78
79	241,3489.8795	256,9381.2669	262,3877.6562	273,6864.9485	285,5407.1081	291,6850.4679	79
80	248,3827.1265	264,6827.5252	270,3847.7270	282,2128.7345	294,6310.3095	301,0709.9189	80
81	255,5922.8046	272,6306.7477	278,5950.3331	290,9737.2747	303,9789.1016	310,7267.8291	81
82	262,9820.8748	280,7872.2998	287,0242.3419	299,9755.0498	313,5916.4595	320,6601.7792	82
83	270,5566.3966	289,1578.9477	295,6782.1377	309,2248.3137	323,4767.4258	330,8791.5803	83
84	278,3205.5565	297,7482.8951	304,5629.6614	318,7285.1423	333,6419.1696	341,3919.3382	84
85	286,2785.6954	306,5641.8211	313,6846.4524	328,4935.4837	344,0951.0460	352,2069.5192	85
86	294,4355.3378	315,6114.9189	323,0495.6911	338,5271.2095	354,8444.6590	363,3329.0179	86
87	302,7964.2213	324,8962.9355	332,6642.2429	348,8366.1678	365,8983.9243	374,7787.2272	87
88	311,3663.3268	334,4248.2126	342,5352.7027	359,4296.2374	377,2655.1355	386,5536.1099	88
89	320,1504.9100	344,2034.7282	352,6695.4414	370,3139.3839	388,9547.0310	398,6670.2731	89
90	329,1542.5327	354,2388.1398	363,0740.6532	381,4975.7170	400,9750.8636	411,1287.0434	90
91	338,3831.0961	364,5375.8284	373,7560.4039	392,9887.5492	413,3360.4714	423,9486.5459	91
92	347,8426.8735	375,1066.9439	384,7228.6814	404,7959.4568	426,0472.3514	437,1371.7841	92
93	357,5387.5453	385,9532.4512	395,9821.4462	416,9278.3418	439,1185.7347	450,7048.7229	93
94	367,4772.2339	397,0845.1781	407,5416.6848	429,3933.4962	452,5602.6639	464,6626.3737	94
95	377,6641.5398	408,5079.8640	419,4094.4630	442,2016.6674	466,3828.0727	479,0216.8820	95
96	388,1057.5783	420,2313.2104	431,5936.9820	455,3622.1257	480,5969.8681	493,7935.6173	96
97	398,8084.0177	432,2623.9322	444,1028.6349	468,8846.7342	495,2139.0143	508,9901.2663	97
98	409,7786.1182	444,6092.8104	456,9456.0652	482,7790.0194	510,2449.6197	524,6235.9277	98
99	421,0230.7711	457,2802.7467	470,1308.2269	497,0554.2449	525,7019.0256	540,7065.2107	99
100	432,5486.5404	470,2838.8188	483,6676.4463	511,7244.4867	541,5967.8980	557,2518.3355	100

TABLE II.

$$S = \frac{a}{i}\left(r^n - 1\right).$$

**MONTANT DE 1 FRANC PLACÉ A LA FIN DE CHAQUE ANNÉE,
APRÈS UN NOMBRE D'ANNÉES DONNÉ.**

ANS.	3	3 ¹/₈	3 ¹/₆	3 ¹/₄	3 ¹/₃	3 ³/₈	ANS.
1	1,0000.0000	1,0000.0000	1,0000.0000	1,0000.0000	1,0000.0000	1,0000.0000	1
2	2,0300.0000	2,0312.5000	2,0316.6667	2,0325.0000	2,0333.3333	2,0337.5000	2
3	3,0909.0000	3,0947.2656	3,0960.0278	3,0985.5625	3,1011..1111	3,1023.8906	3
4	4,1836.2700	4,1914.3677	4,1940.4287	4,1992.5933	4,2044.8148	4,2070.9469	4
5	5,3091.3581	5,3224.1917	5,3268.5422	5,3357.3526	5,3446.3086	5,3490.8414	5
6	6,4684.0988	6,4887.4477	6,4955.3794	6,5091.4665	6,5227.8523	6,5296.1573	6
7	7,6624.6218	7,6915.1804	7,7012.2997	7,7206.9392	7,7402.1140	7,7499.9026	7
8	8,8923.3605	8,9318.7798	8,9451.0226	8,9716.1647	8,9982.1845	9,0115.5243	8
9	10,1591.0613	10,2109.9916	10,2283.6383	10,2631.9401	10,2981.5906	10,3156.9233	9
10	11,4638.7931	11,5300.9289	11,5522.6202	11,5967.4781	11,6414.3103	11,6638.4694	10
11	12,8077.9569	12,8904.0829	12,9180.8365	12,9736.4212	13,0294.7873	13,0575.0178	11
12	14,1920.2956	14,2932.3355	14,3271.5630	14,3952.8548	14,4637.9469	14,4981.9246	12
13	15,6177.9045	15,7398.9710	15,7808.4958	15,8631.3226	15,9459.2118	15,9875.0646	13
14	17,0863.2416	17,2317.6888	17,2805.7648	17,3786.8406	17,4774.5189	17,5270.8480	14
15	18,5989.1389	18,7702.6166	18,8277.9474	18,9434.9129	19,0600.3361	19,1186.2391	15
16	20,1568.8130	20,3568.3234	20,4240.0824	20,5591.5476	20,6953.6807	20,7638.7747	16
17	21,7615.8774	21,9929.8335	22,0707.6850	22,2273.2729	22,3852.1367	22,4646.5833	17
18	23,4144.3537	23,6802.6408	23,7696.7617	23,9497.1543	24,1313.8746	24,2228.4055	18
19	25,1168.6844	25,4202.7233	25,5223.8258	25,7280.8118	25,9357.6704	26,0403.6142	19
20	26,8703.7449	27,2146.5584	27,3305.9136	27,5642.4382	27,8002.9261	27,9192.2362	20
21	28,6764.8572	29,0651.1384	29,1960.6009	29,4600.8174	29,7269.6903	29,8614.9742	21
22	30,5367.8030	30,9733.9864	31,1206.0199	31,4175.3440	31,7178.6800	31,8693.2295	22
23	32,4528.8370	32,9413.1735	33,1060.8772	33,4386.0426	33,7751.3026	33,9449.1260	23
24	34,4264.7022	34,9707.3352	35,1544.4716	35,5253.5890	35,9009.6794	36,0905.5340	24
25	36,4592.6432	37,0635.6894	37,2676.7132	37,6799.3307	38,0976.6687	38,3086.0958	25
26	38,5530.4225	39,2218.0547	39,4478.1425	39,9045.3089	40,3675.8910	40,6015.2515	26
27	40,7096.3352	41,4474.8689	41,6969.9503	42,2014.2815	42,7131.7540	42,9718.2663	27
28	42,9309.2252	43,7427.2086	44,0173.9988	44,5729.7456	45,1369.4792	45,4221.2578	28
29	45,2188.5020	46,1098.8088	46,4112.8421	47,0215.9623	47,6415.1285	47,9551.2252	29
30	47,5754.1571	48,5506.0841	48,8809.7487	49,5497.9811	50,2295.6328	50,5736.0791	30
31	50,0026.7818	51,0678.1492	51,4288.7241	52,1601.6655	52,9038.8205	53,2804.6717	31
32	52,5027.5852	53,6636.8414	54,0574.5337	54,8553.7196	55,6673.4479	56,0786.8294	32
33	55,0778.4128	56,3406.7427	56,7692.7273	57,6381.7155	58,5229.2295	58,9713.3849	33
34	57,7301.7652	59,1013.2034	59,5669.6636	60,5114.1213	61,4736.8704	61,9616.2116	34
35	60,4620.8181	61,9482.3660	62,4532.5363	63,4780.3302	64,5228.0995	65,0528.2588	35
36	63,2759.4427	64,8841.1899	65,4309.4000	66,5410.6909	67,6735.7028	68,2483.5875	36
37	66,1742.2259	67,9117.4771	68,5029.1976	69,7036.5384	70,9293.5595	71,5517.4086	37
38	69,1594.4927	71,0339.8983	71,6721.7889	72,9690.2259	74,2936.6782	74,9666.1211	38
39	72,2342.3275	74,2538.0201	74,9417.9789	76,3405.1582	77,7701.2341	78,4967.3527	39
40	75,4012.5973	77,5742.3332	78,3149.5482	79,8215.8259	81,3624.6086	82,1460.0009	40
41	78,6632.9753	80,9984.2812	81,7949.2839	83,4157.8402	85,0745.4289	85,9184.2759	41
42	82,0231.9645	84,5296.2899	85,3851.0112	87,1267.9700	88,9103.6099	89,8181.7452	42
43	85,4838.9234	88,1711.7990	89,0889.6266	90,9584.1791	92,8740.3968	93,8495.3791	43
44	89,0484.0911	91,9265.2927	92,9101.1314	94,9145.6649	96,9698.4101	98,0169.5982	44
45	92,7198.6139	95,7992.3331	96,8522.6673	98,9992.8990	101,2021.6904	102,3250.3221	45
46	96,5014.5723	99,7929.5935	100,9192.5517	103,2167.6682	105,5755.7468	106,7785.0205	46
47	100,3965.0095	103,9114.8933	105,1150.3159	107,5713.1174	110,0947.6050	111,3822.7649	47
48	104,4083.9598	108,1587.2337	109,4436.7425	112,0673.7937	114,7645.8585	116,1414.2832	48
49	108,5406.4785	112,5386.8348	113,9093.9060	116,7095.6920	119,5900.7204	121,0612.0153	49
50	112,7968.6729	117,0555.1734	118,5165.2131	121,5026.3020	124,5764.0778	126,1470.1708	50

TABLE II.

MONTANT DE 1 FRANC PLACÉ A LA FIN DE CHAQUE ANNÉE, APRÈS UN NOMBRE D'ANNÉES DONNÉ.

$$S = \frac{a}{i}\left(r^{n}-1\right).$$

ANS.	3	3 $\frac{1}{8}$	3 $\frac{1}{16}$	3 $\frac{1}{4}$	3 $\frac{1}{3}$	3 $\frac{3}{8}$	ANS.
51	117,1807.7331	121,7135.0226	123,2695.4448	126,4514.6568	129,7289.5470	131,4044.7891	51
52	121,6961.9651	126,5170.4920	128,1730.8006	131,5611.3832	135,0532.5319	136,8393.8007	52
53	126,3470.8240	131,4707.0699	133,2318.9426	136,8368.7531	140,5550.2830	142,4577.0915	53
54	131,1374.9488	136,5791.6658	138,4509.0424	142,2840.7376	146,2401.9591	148,2656.5683	54
55	136,0716.1972	141,8472.6554	143,8351.8288	147,9083.0616	152,1148.6911	154,2696.2275	55
56	141,1537.6831	147,2799.9259	149,3899.6367	153,7153.2611	158,1853.6474	160,4762.2252	56
57	146,3883.8136	152,8824.9235	155,1206.4585	159,7110.7420	164,4582.1024	166,8922.9503	57
58	151,7800.3280	158,6600.7024	161,0327.9964	165,9016.8412	170,9401.5058	173,5249.0998	58
59	157,3334.3379	164,6181.9744	167,1321.7162	172,2934.8885	177,6381.5560	180,3813.7570	59
60	163,0534.3680	170,7625.1611	173,4246.9039	178,8930.2724	184,5594.2745	187,4692.4712	60
61	168,9450.3991	177,0988.4473	179,9164.7225	185,7070.5063	191,7114.0836	194,7963.3422	61
62	175,0133.9110	183,6331.8363	186,6138.2721	192,7425.2977	199,1017.8864	202,3707.1050	62
63	181,2637.9284	190,3717.2062	193,5232.6507	200,0066.6199	206,7385.1493	210,2007.2197	63
64	187,7017.0662	197,3208.3689	200,6515.0180	207,5068.7850	214,6297.9876	218,2949.9634	64
65	194,3327.5782	204,4871.1304	208,0054.6602	215,2508.5205	222,7841.2539	226,6624.5247	65
66	201,1627.4055	211,8773.3552	215,5923.0578	223,2465.0475	231,2102.6290	235,3123.1024	66
67	208,1976.2277	219,4985.0205	223,4193.9546	231,5020.1615	239,9172.7166	244,2541.0071	67
68	215,4435.5145	227,3578.3024	231,4943.4299	240,0258.3168	248,9145.1405	253,4976.7661	68
69	222,9068.5800	235,4627.6244	239,8249.9718	248,8266.7120	258,2116.6452	263,0532.2319	69
70	230,5940.6374	243,8209.7376	248,4194.5542	257,9135.3802	267,8187.2000	272,9312.6948	70
71	238,5118.8565	252,4403.7919	257,2860.7151	267,2957.2800	277,7460.1067	283,1426.9982	71
72	246,6672.4222	261,3291.4104	266,4334.6378	276,9828.3916	288,0042.1103	293,6987.6594	72
73	255,0672.5948	270,4956.7670	275,8705.2346	286,9847.8144	298,6043.5139	304,6110.9929	73
74	263,7192.7727	279,9486.6660	285,6064.2337	297,3117.8683	309,5578.2977	315,8917.2389	74
75	272,6308.5559	289,6970.6243	295,6506.2678	307,9744.1991	320,8764.2410	327,5530.6957	75
76	281,8097.8126	299,7500.9563	306,0128.9663	318,9835.8855	332,5723.0490	339,6079.8567	76
77	291,2640.7469	310,1172.8612	316,7033.0502	330,3505.5518	344,6580.4840	352,0697.5519	77
78	301,0019.9693	320,8084.5131	327,7322.4301	342,0869.4822	357,1466.5001	364,9521.0942	78
79	311,0320.5684	331,8337.1541	339,1104.3071	354,2047.7404	370,0515.3835	378,2692.4312	79
80	321,3630.1855	343,2035.1902	350,8489.2768	366,7164.2919	383,3865.8963	392,0358.3007	80
81	332,0039.0910	354,9286.2899	362,9591.4372	379,6347.1315	397,1661.4261	406,2670.3934	81
82	342,9640.2638	367,0201.4865	375,4528.4994	392,9728.4132	411,4050.1403	420,9785.5192	82
83	354,2529.4717	379,4895.2829	388,3421.9019	406,7444.5867	426,1185.1450	436,1865.7804	83
84	365,8805.3558	392,3485.7605	401,6396.9288	420,9636.5357	441,3224.6499	451,9078.7505	84
85	377,8569.5165	405,6094.6905	415,3582.8315	435,6449.7232	457,0332.1382	468,1597.6584	85
86	390,1926.6020	419,2847.6496	429,5112.9545	450,8034.3392	473,2676.5428	484,9601.5793	86
87	402,8984.4001	433,3874.1386	444,1124.8648	466,4545.4552	490,0432.4276	502,3275.6326	87
88	415,9853.9321	447,9307.7055	459,1760.4855	482,6143.1825	507,3780.1751	520,2811.1852	88
89	429,4649.5500	462,9286.0713	474,7166.2342	499,2992.8359	525,2906.1810	538,8406.0627	89
90	443,3489.0365	478,3951.2610	490,7493.1649	516,5265.1031	543,8003.0537	558,0264.7673	90
91	457,6493.7076	494,3449.7379	507,2897.1152	534,3136.2189	562,9269.8221	577,8598.7032	91
92	472,3788.5188	510,7932.5422	524,3538.8572	552,6788.1460	582,6912.1495	598,3626.4095	92
93	487,5502.1744	527,7555.4342	541,9584.2543	571,6408.7608	603,1142.5545	619,5573.8008	93
94	503,1767.2396	545,2479.0415	560,1204.4223	591,2192.0455	624,2180.6397	641,4674.4166	94
95	519,2720.2568	563,2869.0115	578,8575.8957	611,4338.2870	646,0253.3277	664,1169.6781	95
96	535,8501.8645	581,8896.1681	598,1880.7991	632,3054.2813	668,5595.1052	687,5309.1548	96
97	552,9256.9205	601,0736.6734	618,1307.0244	653,8553.5455	691,8448.2754	711,7350.8387	97
98	570,5134.6281	620,8572.1944	638,7048.4135	676,1056.5357	715,9063.2179	736,7561.4295	98
99	588,6288.6669	641,2590.0755	659,9304.9466	699,0790.8731	740,7698.6585	762,6216.6278	99
100	607,2877.3269	662,2983.5154	681,8282.9366	722,7991.5765	766,4621.9472	789,3601.4390	100

TABLE II.

$S = \frac{a}{i}(r^n - 1).$

MONTANT DE 1 FRANC PLACÉ A LA FIN DE CHAQUE ANNÉE, APRÈS UN NOMBRE D'ANNÉES DONNÉ.

ANS.	$3\,^1/_2$	$3\,^5/_8$	$3\,^2/_3$	$3\,^3/_4$	$3\,^5/_6$	$3\,^7/_8$	ANS.
1	1,0000.0000	1,0000.0000	1,0000.0000	1,0000.0000	1,0000.0000	1,0000.0000	1
2	2,0350.0000	2,0362.5000	2,0366.6667	2,0375.0000	2,0383.3333	2,0387.5000	2
3	3,1062.2500	3,1100.6406	3,1113.4444	3,1139.0625	3,1164.6944	3,1177.5156	3
4	4,2149.4287	4,2228.0388	4,2254.2707	4,2306.7773	4,2359.3411	4,2385.6444	4
5	5,3624.6588	5,3758.8053	5,3803.5940	5,3893.2815	5,3983.1158	5,4028.0881	5
6	6,5501.5218	6,5707.5619	6,5776.3924	6,5914.2796	6,6052.4686	6,6121.6765	6
7	7,7794.0751	7,8089.4611	7,8188.1935	7,8386.0650	7,8584.4799	7,8683.8915	7
8	9,0516.8677	9,0920.2040	9,1055.0939	9,1325.5425	9,1596.8849	9,1732.8922	8
9	10,3684.9581	10,4216.0614	10,4393.7807	10,4750.2503	10,5108.0989	10,5287.5418	9
10	11,7313.9316	11,7993.8937	11,8221.5527	11,8678.3847	11,9137.2426	11,9367.4341	10
11	13,1419.9192	13,2271.1723	13,2556.3429	13,3128.8241	13,3704.1703	13,3992.9221	11
12	14,6019.6164	14,7066.0023	14,7416.7422	14,8121.1550	14,8829.4968	14,9185.1479	12
13	16,1130.3030	16,2397.1449	16,2822.0227	16,3675.6983	16,4534.6275	16,4966.0723	13
14	17,6769.8636	17,8284.0413	17,8792.1635	17,9813.5370	18,0841.7882	18,1358.5077	14
15	19,2956.8088	19,4746.8379	19,5347.8762	19,6556.5447	19,7774.0568	19,8386.1498	15
16	20,9710.2971	21,1806.4108	21,2510.6317	21,3927.4151	21,5355.3956	21,6073.6131	16
17	22,7050.1575	22,9484.3931	23,0302.6882	23,1949.6932	23,3610.6858	23,4446.4656	17
18	24,4996.9130	24,7803.2024	24,8747.1201	25,0647.8067	25,2565.7621	25,3531.2662	18
19	26,3571.8050	26,6780.0685	26,7867.8478	27,0047.0994	27,2247.4496	27,3355.6027	19
20	28,2796.8181	28,6457.0635	28,7689.6689	29,0173.8656	29,2683.6019	29,3948.1324	20
21	30,2694.7068	30,6841.1320	30,8238.2901	31,1055.3856	31,3903.1399	31,5338.6225	21
22	32,3289.0215	32,7964.1231	32,9540.3607	33,2719.9626	33,5936.0936	33,7557.9941	22
23	34,4604.1373	34,9852.8225	35,1623.5073	35,5196.9612	35,8813.6439	36,0638.3664	23
24	36,6665.2821	37,2534.9873	37,4516.3692	37,8516.8472	38,2568.1669	38,4613.1031	24
25	38,9498.5669	39,6039.3806	39,8248.6361	40,2711.2290	40,7233.2800	40,9516.8608	25
26	41,3131.0168	42,0395.8082	42,2851.0861	42,7812.9001	43,2843.8890	43,5385.6392	26
27	43,7590.6024	44,5635.1562	44,8355.6259	45,3855.8838	45,9436.2381	46,2256.8327	27
28	46,2906.2734	47,1789.4306	47,4795.3322	48,0875.4794	48,7047.9606	49,0169.2850	28
29	48,9107.9930	49,8891.7975	50,2204.4944	50,8908.3099	51,5718.1324	51,9163.3447	29
30	51,6226.7728	52,6976.6251	53,0618.6592	53,7992.3715	54,5487.3275	54,9280.9244	30
31	54,4294.7098	55,6079.5278	56,0074.6767	56,8167.0855	57,6397.6750	58,0565.5602	31
32	57,3345.0247	58,6237.4107	59,0610.7481	59,9473.3512	60,8492.9193	61,3062.4756	32
33	60,3412.1005	61,7488.5168	62,2266.4756	63,1953.6019	64,1818.4812	64,6818.6466	33
34	63,4531.5240	64,9872.4756	65,5082.9130	66,5651.8619	67,6421.5229	68,1882.8691	34
35	66,6740.1274	68,3430.3528	68,9102.6198	70,0613.8067	71,2351.0146	71,8305.8303	35
36	70,0076.0318	71,8204.7031	72,4369.7159	73,6886.8245	74,9657.8035	75,6140.1812	36
37	73,4578.6930	75,4239.6236	76,0929.9388	77,4520.0804	78,8394.6860	79,5440.6132	37
38	77,0288.9472	79,1580.8099	79,8830.7032	81,3564.5834	82,8616.4823	83,6263.9370	38
39	80,7249.0604	83,0275.6143	83,8121.1623	85,4073.2553	87,0380.1141	87,8669.1646	39
40	84,5502.7775	87,0373.1053	87,8852.2716	89,6101.0024	91,3744.6852	92,2717.5947	40
41	88,5095.3747	91,1924.1304	92,1076.8549	93,9704.7900	95,8771.5648	96,8472.9015	41
42	92,6073.7128	95,4981.3801	96,4849.6729	98,4943.7196	100,5524.4748	101,6001.2264	42
43	96,8486.2928	99,9599.4551	101,0227.4943	103,1879.1091	105,4069.5796	106,5371.2739	43
44	101,2383.3130	104,5834.9354	105,7269.1691	108,0574.5757	110,4475.5802	111,6654.4108	44
45	105,7816.7290	109,3746.4518	110,6035.7053	113,1096.1223	115,6813.8107	116,9924.7692	45
46	110,4840.3145	114,3394.7607	115,6590.3478	118,3512.2269	121,1158.3402	122,5259.3540	46
47	115,3509.7255	119,4842.8207	120,8998.6605	123,7893.9354	126,7586.0765	128,2738.1540	47
48	120,3882.5659	124,8155.8730	126,3328.6114	129,4314.9579	132,6176.8761	134,2444.2575	48
49	125,6018.4557	130,3401.5234	131,9650.6605	135,2851.7689	138,7013.6564	140,4463.9724	49
50	130,9979.1016	136,0649.8286	137,8037.8514	141,3583.7102	145,0182.5132	146,8886.9514	50

MONTANT DE 1 FRANC PLACÉ A LA FIN DE CHAQUE ANNÉE, APRÈS UN NOMBRE D'ANNÉES DONNÉ.

$$S = \frac{a}{i}\,(r^n - 1).$$

ANS	3 1/2	3 5/8	3 2/3	3 3/4	3 5/6	3 7/8	ANS
51	136,5828.3702	141,9973.3849	143,8565.9059	147,6593.0993	151,5772.8429	153,5806.3207	51
52	142,3632.3631	148,1447.4201	150,1313.3225	154,1965.3405	158,3877.4685	160,5318.8157	52
53	148,3459.4958	154,5149.8891	156,6361.4777	160,9789.0408	165,4592.7715	167,7524.9198	53
54	154,5380.5782	161,1161.5725	163,3794.7318	168,0156.1298	172,8018.8277	175,2529.0104	54
55	160,9468.8984	167,9566.1796	170,3700.5387	175,3161.9847	180,4259.5494	183,0439.5096	55
56	167,5800.3099	175,0450.4536	177,6169.5584	182,8905.5591	188,3422.8322	191,1369.0406	56
57	174,4453.3207	182,3904.2825	185,1295.7756	190,7489.5176	196,5620.7074	199,5434.5909	57
58	181,5509.1869	190,0020.8127	192,9176.6207	198,9020.3745	205,0969.5012	208,2757.6813	58
59	188,9052.0085	197,8896.5672	200,9913.0968	207,3608.6386	213,9589.9987	217,3464.5414	59
60	196,5168.8288	206,0631.5678	209,3609.9103	216,1368.9625	223,1607.6154	226,7686.2924	60
61	204,3949.7378	214,5329.4621	218,0375.6070	225,2420.2986	232,7152.5739	236,5559.1362	61
62	212,5487.9786	223,3097.6551	227,0322.7126	234,6886.0598	242,6360.0893	246,7224.5528	62
63	220,9880.0579	232,4047.4451	236,3567.8787	244,4894.2870	252,9370.5594	257,2829.5042	63
64	229,7225.8599	241,8294.1650	246,0232.0343	254,6577.8228	263,6329.7641	268,2526.6475	64
65	238,7628.7650	251,5957.3285	256,0440.5422	265,2074.4912	274,7389.0718	279,6474.5541	65
66	248,1195.7718	261,7160.7816	266,4323.3621	276,1527.2846	286,2705.6529	291,4837.9431	66
67	257,8037.6238	272,2032.8600	277,2015.2187	287,5084.5578	298,2442.7029	303,7787.9134	67
68	267,8268.9406	283,0706.5511	288,3655.7767	299,2900.2287	310,6769.6732	316,5502.1951	68
69	278,2008.3535	294,3319.6636	299,9389.8219	311,5133.9872	323,5862.5106	329,8165.4052	69
70	288,9378.6459	306,0015.0014	311,9367.4487	324,1951.5118	336,9903.9069	343,5969.3157	70
71	300,0506.8985	318,0940.5452	324,3744.2551	337,3524.6935	350,9083.5566	357,9113.1267	71
72	311,5524.6399	330,6249.6400	337,2681.5445	351,0031.8695	365,3598.4263	372,7803.7603	72
73	323,4568.0023	343,6101.1894	350,6346.5344	365,1658.0646	380,3653.0327	388,2256.1560	73
74	335,7777.8824	357,0659.8575	364,4912.5740	379,8595.2420	395,9459.7322	404,2693.5821	74
75	348,5300.1083	371,0096.2774	378,8559.3684	395,1042.5636	412,1239.0220	420,9347.9584	75
76	361,7285.6121	385,4587.2674	393,7473.2119	410,9206.6597	428,9219.8511	438,2460.1918	76
77	375,3890.6685	400,4316.0559	409,1847.2297	427,3301.9094	446,3639.9454	456,2280.5242	77
78	389,5276.7798	415,9472.5129	425,1881.6281	444,3550.7310	464,4746.1434	474,9068.8945	78
79	404,1611.4671	432,0253.3915	441,7783.9545	462,0183.8835	483,2794.7455	494,3095.3142	79
80	419,3067.8685	448,6862.5769	458,9769.3662	480,3440.7791	502,8051.8774	514,4640.2576	80
81	434,9825.2439	465,9511.3453	476,8060.9096	499,3569.8083	523,0793.8661	535,3995.0676	81
82	451,2069.1274	483,8418.6316	495,2889.8096	519,0828.6761	544,1307.6309	557,1462.3765	82
83	467,9991.5469	502,3811.3070	514,4495.7693	539,5484.7515	565,9891.0901	579,7356.5436	83
84	485,3791.2510	521,5924.4669	534,3127.2808	560,7815.4296	588,6853.5819	603,2004.1096	84
85	503,3673.9448	544,5001.7288	554,9041.9478	582,8108.5083	612,2516.3025	627,5744.2689	85
86	521,9852.5328	562,1295.5415	576,2506.8192	605,6662.5773	636,7212.7608	652,8929.3593	86
87	541,2547.3715	583,5067.5049	598,3798.7359	629,3787.4240	662,1289.2500	679,1925.3720	87
88	561,1986.5295	605,6588.7019	621,3204.6896	653,9804.4524	688,5105.3379	706,5112.4801	88
89	581,8406.0580	628,6140.0424	645,1022.1948	679,5047.1193	715,9034.3758	734,8885.5887	89
90	603,2050.2701	652,4012.6189	669,7559.6753	705,9861.3863	744,3464.0269	764,3654.9053	90
91	625,3172.0295	677,0508.0763	695,3136.8634	733,4606.1882	773,8796.8146	794,9846.5329	91
92	648,2033.0505	702,5938.9941	721,8085.2151	761,9653.9204	804,5450.6925	826,7903.0860	92
93	671,8904.2073	729,0629.2826	749,2748.3396	791,5390.9424	836,3859.6357	859,8284.3306	93
94	696,4065.8546	756,4914.5941	777,7482.4454	822,2218.1027	869,4474.2551	894,1467.8484	94
95	721,7808.1595	784,9142.7482	807,2656.8018	854,0551.2816	903,7762.4349	929,7949.7275	95
96	748,0431.4451	814,3674.1728	837,8654.2178	887,0821.9546	939,4209.9949	966,8245.2795	96
97	775,2246.5456	844,8882.3616	869,5871.5391	921,3477.7779	976,4321.3780	1005,2889.7841	97
98	803,3575.1747	876,5154.3472	902,4720.1622	956,8983.1946	1014,8620.3642	1045,2439.2632	98
99	832,4750.3059	909,2891.1922	936,5626.5682	993,7820.0644	1054,7650.8114	1086,7471.2846	99
100	862,6116.5666	943,2508.4980	971,9032.8757	1032,0488.3168	1096,1977.4259	1129,8585.7969	100

$$S = \frac{a}{i}(r^n - 1).$$

MONTANT DE 1 FRANC PLACÉ A LA FIN DE CHAQUE ANNÉE, APRÈS UN NOMBRE D'ANNÉES DONNÉ.

ANS.	4	4 $\frac{1}{8}$	4 $\frac{1}{6}$	4 $\frac{1}{4}$	4 $\frac{1}{3}$	4 $\frac{3}{8}$	ANS.
1	1,0000.0000	1,0000.0000	1,0000.0000	1,0000.0000	1,0000.0000	1,0000.0000	1
2	2,0400.0000	2,0412.5000	2,0416.6667	2,0425.0000	2,0433.3333	2,0437.5000	2
3	3,1216.0000	3,1254.5156	3,1267.3611	3,1293.0625	3,1318.7778	3,1331.6406	3
4	4,2464.6400	4,2543.7644	4,2570.1678	4,2623.0177	4,2675.9248	4,2702.3999	4
5	5,4163.2256	5,4298.6947	5,4343.9248	5,4434.4959	5,4525.2149	5,4570.6299	5
6	6,6329.7546	6,6538.5158	6,6608.2550	6,6747.9620	6,6887.9742	6,6958.0950	6
7	7,8982.9448	7,9283.2296	7,9383.5990	7,9584.7504	7,9786.4531	7,9887.5116	7
8	9,2142.2626	9,2553.6628	9,2691.2489	9,2967.1023	9,3243.8661	9,3382.5902	8
9	10,5827.9531	10,6371.5014	10,6553.3843	10,6918.2041	10,7284.4336	10,7468.0786	9
10	12,0061.0712	12,0759.3259	12,0993.1087	12,1462.2278	12,1933.4257	12,2169.8070	10
11	13,4863.5141	13,5740.6480	13,6034.4882	13,6624.3725	13,7217.2075	13,7514.7361	11
12	15,0258.0546	15,1339.9498	15,1702.5919	15,2430.9083	15,3163.2865	15,3531.0058	12
13	16,6268.3768	16,7582.7227	16,8023.5332	16,8909.2219	16,9800.3622	17,0247.9873	13
14	18,2919.1119	18,4495.5100	18,5024.5137	18,6087.8638	18,7158.3779	18,7696.3367	14
15	20,0235.8764	20,2105.9498	20,2733.8685	20,3996.5980	20,5268.5743	20,5908.0514	15
16	21,8245.3114	22,0442.8202	22,1181.1130	22,2666.4534	22,4163.5458	22,4916.5287	16
17	23,6975.1239	23,9536.0866	24,0396.9927	24,2129.7777	24,3877.2995	24,4756.6268	17
18	25,6454.1288	25,9416.9501	26,0413.5341	26,2420.2933	26,4445.3158	26,5464.7292	18
19	27,6712.2940	28,0117.8993	28,1264.0980	28,3573.1557	28,5904.6128	28,7078.8111	19
20	29,7780.7858	30,1672.7627	30,2983.4354	30,5625.0149	30,8293.8127	30,9638.5091	20
21	31,9692.0172	32,4116.7641	32,5607.7452	32,8614.0780	33,1653.2113	33,3185.1939	21
22	34,2479.6979	34,7486.5807	34,9174.7346	35,2580.1763	35,6024.8504	35,7762.0461	22
23	36,6178.8858	37,1820.4021	37,3723.6819	37,7564.8338	38,1452.5939	38,3414.1356	23
24	39,0826.0412	39,7157.9937	39,9295.5019	40,3611.3392	40,7982.2063	41,0188.5041	24
25	41,6459.0829	42,3540.7609	42,5932.8145	43,0764.8211	43,5661.4353	43,8134.2512	25
26	44,3117.4462	45,1011.8173	45,3680.0151	45,9072.3260	46,4540.0975	46,7302.6246	26
27	47,0842.1440	47,9616.0548	48,2583.3490	48,8582.8999	49,4670.1684	49,7747.1145	27
28	49,9675.8298	50,9400.2171	51,2690.9886	51,9347.6732	52,6105.8757	52,9523.5507	28
29	52,9662.8630	54,0412.9760	54,4053.1132	55,1419.9493	55,8903.7970	56,2690.2061	29
30	56,0849.3775	57,2705.0113	57,6721.9929	58,4855.2971	59,3122.9615	59,7307.9026	30
31	59,3283.3526	60,6329.0930	61,0752.0759	61,9711.6472	62,8824.9565	63,3440.1233	31
32	62,7014.6867	64,1340.1681	64,6200.0791	65,6049.3922	66,6074.0379	67,1153.1287	32
33	66,2095.2742	67,7795.4500	68,3125.0824	69,3931.4914	70,4937.2462	71,0516.0781	33
34	69,8579.0851	71,5754.5123	72,1588.6275	73,3423.5798	74,5484.5269	75,1601.1565	34
35	73,6522.2486	75,5279.3860	76,1654.8203	77,4594.0819	78,7788.8564	79,4483.7071	35
36	77,5983.1385	79,6434.6606	80,3390.4378	81,7514.3304	83,1926.3735	83,9242.3693	36
37	81,7022.4640	83,9287.5904	84,6865.0394	86,2258.6895	87,7976.5164	88,5959.2230	37
38	85,9703.3626	88,3908.2035	89,2151.0827	90,8904.6838	92,6022.1654	93,4719.9390	38
39	90,4091.4971	93,0369.4169	93,9324.0444	95,7533.1328	97,6149.7926	98,5613.9363	39
40	95,0255.1570	97,8747.1553	98,8462.5463	100,8228.2910	102,8449.6169	103,8734.5460	40
41	99,8265.3633	102,9120.4755	103,9648.4857	106,1077.9933	108,3015.7670	109,4179.1824	41
42	104,8195.9778	108,1571.6951	109,2967.1726	111,6173.8080	113,9946.4502	115,2049.5216	42
43	110,0123.8169	113,6186.5275	114,8507.4715	117,3611.1949	119,9344.1297	121,2451.6882	43
44	115,4128.7696	119,3054.2218	120,6361.9495	123,3489.6707	126,1315.7087	127,5496.4496	44
45	121,0293.9204	125,2267.7084	126,6627.0307	129,5912.9817	132,5972.7227	134,1299.4192	45
46	126,8705.6772	131,3923.7514	132,9403.1570	136,0989.2834	139,3431.5407	140,9981.2688	46
47	132,9453.9043	137,8123.1061	139,4794.9552	142,8831.3279	146,3813.5742	148,1667.9493	47
48	139,2632.0604	144,4970.6843	146,2911.4117	149,9556.6594	153,7245.4957	155,6490.9221	48
49	145,8337.3429	151,4575.7250	153,3866.0538	157,3287.8174	161,3859.4672	163,4587.3999	49
50	152,6670.8366	158,7051.9736	166,7777.1394	165,0152.5496	169,3793.3774	171,6100.5987	50

MONTANT DE 1 FRANC PLACÉ A LA FIN DE CHAQUE ANNÉE, APRÈS UN NOMBRE D'ANNÉES DONNÉ.

$$S = \frac{a}{t}\left(r^{n} - 1\right).$$

ANS	4	$4\,{}^{1}/_{8}$	$4\,{}^{1}/_{6}$	$4\,{}^{1}/_{4}$	$4\,{}^{1}/_{3}$	$4\,{}^{3}/_{8}$	ANS
51	159,7737.6700	166,2517.8676	168,4767.8535	173,0284.0330	177,7191.0905	180,1179.9999	51
52	167,1647.1768	174,1096.7296	176,4966.5141	181,3821.1044	186,4202.7044	188,9981.6249	52
53	174,8513.0639	182,2916.9697	184,8506.7855	190,0908.5013	195,4984.8216	198,2668.3210	53
54	182,8453.5865	190,8112.2947	193,5527.9016	199,1697.1127	204,9700.8305	207,9410.0600	54
55	191,1591.7299	199,6821.9269	202,6174.8975	208,6344.2399	214,8521.1998	218,0384.2501	55
56	199,8055.3991	208,9190.8313	212,0598.8515	218,5013.8701	225,1623.7851	228,5776.0611	56
57	208,7977.6151	218,5369.9531	221,8957.1370	228,7876.9596	235,9194.1492	239,5778.7638	57
58	218,1496.7197	228,5516.4637	232,1413.6844	239,5111.7304	247,1425.8956	251,0594.0847	58
59	227,8756.5885	238,9794.0178	242,8139.2546	250,6903.9789	258,8521.0178	263,0432.5759	59
60	237,9906.8520	249,8373.0211	253,9311.7235	262,3447.3980	271,0690.2619	275,5514.0011	60
61	248,5103.1261	261,1430.9082	265,5116.3786	274,4943.9125	283,8153.5066	288,6067.7386	61
62	259,4507.2511	272,9152.4331	277,5746.2278	287,1604.0287	297,1140.1585	302,2333.2022	62
63	270,8287.5412	285,1729.9710	290,1402.3206	300,3647.2000	310,9889.5654	316,4560.2798	63
64	282,6619.0428	297,9363.8323	303,2294.0839	314,1302.2060	325,4651.4466	331,3009.7920	64
65	294,9683.8045	311,2262.5904	316,8639.6708	328,4807.5497	340,5686.3426	346,7953.9704	65
66	307,7671.1567	325,0643.4222	331,0666.3237	343,4411.8706	356,3266.0841	362,9676.9566	66
67	321,0778.0030	339,4732.4634	345,8610.7539	359,0374.3751	372,7674.2811	379,8475.3235	67
68	334,9209.1231	354,4765.1775	361,2719.5353	375,2965.2860	389,9206.8332	397,4658.6189	68
69	349,3177.4880	370,0986.7411	377,3249.5159	392,2466.3107	407,8172.4627	415,8549.9334	69
70	364,2904.5876	386,3652.4442	394,0468.2458	409,9171.1289	426,4893.2694	435,0486.4930	70
71	379,8620.7711	403,3028.1075	411,4654.4227	428,3385.9019	445,9705.3111	455,0820.2771	71
72	396,0565.6019	420,9390.5169	429,6098.3569	447,5429.8027	466,2959.2079	475,9918.6642	72
73	412,8988.2260	439,3027.8757	448,5102.4551	467,5635.5693	487,5020.7736	497,8165.1058	73
74	430,4147.7550	458,4240.2756	468,1981.7241	488,4350.0810	509,6271.6737	520,5959.8292	74
75	448,6313.6652	478,3340.1870	488,7064.2959	510,1934.9594	532,7110.1129	544,3720.5717	75
76	467,5766.2118	499,0652.9697	510,0691.9749	532,8767.1952	556,7951.5512	569,1883.3467	76
77	487,2796.8603	520,6517.4047	532,3220.8072	556,5239.8010	581,9229.4517	595,0903.2431	77
78	507,7708.7347	543,1286.2476	555,5021.6742	581,1762.4926	608,1396.0613	622,1255.2600	78
79	529,0817.0841	566,5326.8054	579,6480.9106	606,8762.3985	635,4923.2239	650,3435.1776	79
80	551,2449.7675	590,9021.5361	604,8000.9486	633,6684.8004	664,0303.2303	679,7960.4667	80
81	574,2947.7582	616,2768.6744	631,0000.9881	661,5993.9044	693,8049.7036	710,5371.2371	81
82	598,2665.6685	642,6982.8823	658,2917.6959	690,7173.6454	724,8698.5241	742,6231.2287	82
83	623,1972.2952	670,2095.9262	686,7205.9333	721,0728.5253	757,2808.7935	776,1128.8449	83
84	649,1251.1870	698,8557.3831	716,3339.5138	752,7184.4876	791,0963.8412	811,0678.2319	84
85	676,0901.2345	728,6835.3752	747,1811.9936	785,7089.8284	826,3772.2743	847,5520.4046	85
86	704,1337.2839	759,7417.3344	779,3137.4933	820,1016.1461	863,1869.0729	885,6324.4223	86
87	733,2990.7753	792,0810.7994	812,7851.5555	855,9559.3323	901,5916.7327	925,3788.6157	87
88	763,6310.4063	825,7544.2449	847,6512.0370	893,3340.6039	941,6606.4578	966,8641.8677	88
89	795,1762.8225	860,8167.9450	883,9700.0385	932,3007.5796	983,4659.4043	1010,1644.9494	89
90	827,9833.3354	897,3254.8728	921,8020.8735	972,9235.4017	1027,0827.9785	1055,3591.9159	90
91	862,1026.6688	935,3401.6363	961,2105.0765	1015,2727.9063	1072,5897.1909	1102,5311.5622	91
92	897,5867.7356	974,9229.4537	1002,2609.4547	1059,4218.8423	1120,0686.0692	1151,7668.9431	92
93	934,4902.4450	1016,1385.1687	1045,0218.1820	1105,4473.1431	1169,6049.1322	1203,1566.9593	93
94	972,8698.5428	1059,0542.3069	1089,5643.9396	1153,4288.2517	1221,2877.9279	1256,7948.0138	94
95	1012,7846.4845	1103,7402.1771	1135,9629.1037	1203,4495.5024	1275,2102.6381	1312,7795.7394	95
96	1054,2960.3439	1150,2695.0169	1184,2946.9830	1255,5961.5612	1331,4693.7524	1371,2136.8030	96
97	1097,4678.7577	1198,7181.1863	1234,6403.1073	1309,9589.9276	1390,1663.8150	1432,2042.7882	97
98	1142,3665.9080	1249,1652.4103	1287,0836.5701	1366,6322.4995	1451,4069.2470	1495,8632.1601	98
99	1189,0612.5443	1301,6933.0722	1341,7121.4272	1425,7141.2057	1515,3012.2477	1562,3072.3171	99
100	1237,6237.0461	1356,3881.5614	1398,6168.1534	1487,3069.7069	1581,9642.7784	1631,6581.7310	100

TABLE II.

$$S = \frac{a}{t}(r^n - 1).$$

MONTANT DE 1 FRANC PLACÉ A LA FIN DE CHAQUE ANNÉE, APRÈS UN NOMBRE D'ANNÉES DONNÉ.

ANS.	$4\,^1/_2$	$4\,^5/_8$	$4\,^2/_3$	$4\,^3/_4$	$4\,^5/_6$	$4\,^7/_8$	ANS.
1	1,0000.0000	1,0000.0000	1,0000.0000	1,0000.0000	1,0000.0000	1,0000.0000	1
2	2,0450.0000	2,0462.5000	2,0466.6667	2,0475.0000	2,0483.3333	2,0487.5000	2
3	3,1370.2500	3,1408.8906	3,1421.7778	3,1447.5625	3,1473.3611	3,1486.2656	3
4	4,2781.9112	4,2861.5518	4,2888.1274	4,2941.3217	4,2994.5736	4,3021.2211	4
5	5,4707.0973	5,4843.8986	5,4889.5734	5,4981.0345	5,5072.6446	5,5118.5056	5
6	6,7168.9166	6,7380.4289	6,7451.0867	6,7592.6336	6,7734.4891	6,7805.5327	6
7	8,0191.5179	8,0496.7737	8,0598.8042	8,0803.2837	8,1008.3228	8,1111.0525	7
8	9,3800.1362	9,4219.7495	9,4360.0817	9,4641.4397	9,4923.7250	9,5065.2163	8
9	10,8021.1423	10,8577.4129	10,8763.5522	10,9136.9081	10,9511.7051	10,9699.6456	9
10	12,2882.0937	12,3599.1183	12,3839.1846	12,4320.9112	12,4804.7708	12,5047.5033	10
11	13,8411.7879	13,9315.5775	13,9618.3465	14,0226.1545	14,0837.0014	14,1143.5691	11
12	15,4640.3184	15,5758.9230	15,6133.8694	15,6886.8969	15,7644.1231	15,8024.3181	12
13	17,1599.1327	17,2962.7731	17,3420.1166	17,4339.0245	17,5263.5891	17,5728.0036	13
14	18,9321.0937	19,0962.3014	19,1513.0554	19,2620.1281	19,3734.6626	19,4294.7438	14
15	20,7840.5429	20,9794.3078	21,0450.3313	21,1769.5842	21,3098.5046	21,3766.6125	15
16	22,7193.3673	22,9497.2946	23,0271.3468	23,1828.6395	23,3398.2656	23,4187.7349	16
17	24,7417.0689	25,0111.5445	25,1017.3430	25,2840.4998	25,4679.1818	25,5604.3869	17
18	26,8550.8370	27,1679.2034	27,2731.4856	27,4850.4236	27,6988.6756	27,8065.1008	18
19	29,0635.6246	29,4244.3665	29,5458.9550	29,7905.8187	30,0376.4616	30,1620.7745	19
20	31,3714.2277	31,7853.1685	31,9247.0395	32,2056.3451	32,4894.6572	32,6324.7872	20
21	33,7831.3680	34,2553.8775	34,4145.2347	34,7354.0215	35,0597.8990	35,2233.1206	21
22	36,3033.7795	36,8396.9944	37,0205.3457	37,3853.3375	37,7543.4641	37,9404.4852	22
23	38,9370.2996	39,5435.3554	39,7481.5951	40,1611.3710	40,5791.3982	40,7900.4539	23
24	41,6891.9631	42,3724.2406	42,6030.7362	43,0687.9111	43,5404.6491	43,7785.6010	24
25	44,5652.1014	45,3321.4867	45,5912.1706	46,1145.5869	46,6449.2071	46,9127.6491	25
26	47,5706.4460	48,4287.6054	48,7188.0719	49,3050.0023	49,8994.2522	50,1997.6220	26
27	50,7113.2361	51,6685.9072	51,9923.5152	52,6469.8774	53,3112.3077	53,6470.0060	27
28	53,9933.3317	55,0582.6304	55,4186.6126	56,1477.1966	56,8879.4025	57,2622.9188	28
29	57,4230.3316	58,6047.0771	59,0048.6545	59,8147.3634	60,6375.2403	61,0538.2861	29
30	61,0070.6966	62,3151.7544	62,7584.2584	63,6559.3632	64,5683.3770	65,0302.0276	30
31	64,7523.8779	66,1972.5230	66,6871.5238	67,6795.9329	68,6891.4068	69,2004.2514	31
32	68,6662.4524	70,2588.7522	70,7992.1949	71,8943.7398	73,0091.1582	73,5739.4587	32
33	72,7562.2628	74,5083.4820	75,1031.8307	76,3093.5674	77,5378.8975	78,1606.7573	33
34	77,0302.5646	78,9543.5930	79,6079.9828	80,9340.5119	82,2855.5442	82,9710.0867	34
35	81,4966.1800	83,6059.9842	84,3230.3820	85,7784.1862	87,2626.8955	88,0158.4534	35
36	86,1639.6581	88,4727.7585	89,2581.1331	90,8528.9350	92,4803.8621	93,3066.1780	36
37	91,0413.4427	93,5646.4173	94,4234.9193	96,1684.0594	97,9502.7155	98,8553.1542	37
38	96,1382.0476	98,8920.0641	99,8299.2156	101,7364.0522	103,6845.3467	104,6745.1205	38
39	101,4644.2398	104,4657.6171	105,4886.5123	107,5688.8447	109,6959.5385	110,7773.9451	39
40	107,0303.2306	110,2973.0319	111,4114.5496	113,6784.0648	115,9979.2495	117,1777.9249	40
41	112,8466.8759	116,3985.5346	117,6106.5619	120,0781.3079	122,6044.9132	123,8902.0988	41
42	118,9247.8854	122,7819.8656	124,0991.5348	126,7818.4201	129,5303.7507	130,9298.5761	42
43	125,2764.0402	129,4606.5343	130,8904.4730	133,8039.7950	136,7910.0986	138,3126.8817	43
44	131,9138.4220	136,4482.0866	137,9986.6818	141,1596.6853	144,4025.7534	146,0554.3171	44
45	138,8499.6510	143,7589.3831	145,4386.0603	148,8647.5278	152,3820.3315	154,1756.3401	45
46	146,0982.1353	151,4077.8920	153,2257.4097	156,9358.2854	160,7471.6475	162,6916.9617	46
47	153,6726.3314	159,4103.9945	161,3762.7555	165,3902.8039	169,5166.1105	171,6229.1636	47
48	161,5879.0163	167,7831.3043	169,5071.6841	174,2463.1871	178,7099.1391	180,9895.3353	48
49	169,8593.5720	176,5431.0021	178,8361.6961	183,5230.1885	188,3475.5975	190,8127.7329	49
50	178,5030.2828	185,7082.1860	188,1818.5752	193,2403.6225	198,4510.2514	201,1148.9599	50

MONTANT DE 1 FRANC PLACÉ A LA FIN DE CHAQUE ANNÉE,
APRÈS UN NOMBRE D'ANNÉES DONNÉ.

$$S = \frac{a}{\ell}\,(r^n - 1).$$

ANS	$4\,^1/_2$	$4\,^5/_8$	$4\,^2/_3$	$4\,^3/_4$	$4\,^5/_6$	$4\,^7/_8$	ANS
51	187,5356.6455	195,2972.2371	197,9636.7754	203,4192.7945	209,0428.2469	211,9192.4716	51
52	196,9747.6946	205,3297.2030	208,2019.8249	214,0816.9523	220,1465.6122	223,2503.1046	52
53	206,8386.3408	215,8262.1987	218,9180.7501	225,2505.7575	231,7869.7834	235,1337.6310	53
54	217,1463.7261	226,8081.8253	230,1342.5184	236,9499.7810	243,9900.1563	247,5965.3405	54
55	227,9179.5938	238,2980.6098	241,8738.5026	249,2051.0206	256,7828.6638	260,6668.6509	55
56	239,1742.6755	250,3193.4630	254,1612.9660	262,0423.4441	270,1940.3826	274,3743.7476	56
57	250,9371.0959	262,8966.1606	267,0221.5711	275,4893.5577	284,2534.1678	288,7501.2553	57
58	263,2292.7953	276,0555.8456	280,4831.9111	289,5751.0017	298,9923.3192	303,8266.9415	58
59	276,0745.9710	289,8231.5534	294,5724.0670	304,3299.1742	314,4436.2796	319,6382.4549	59
60	289,4979.5397	304,2274.7628	309,3191.1901	319,7855.8850	330,6417.3665	336,2206.0995	60
61	303,5253.6190	319,2979.9705	324,7540.1123	335,9754.0396	347,6227.5392	353,6113.6469	61
62	318,1840.0319	335,0655.2942	340,9091.9842	352,9342.3564	365,4245.2036	371,8499.1872	62
63	333,5022.8333	351,5623.1015	357,8182.9435	370,6986.1184	384,0867.0551	390,9776.0226	63
64	349,5098.8608	368,8220.6700	375,5164.8141	389,3067.9590	403,6508.9627	411,0377.6037	64
65	366,2378.3096	386,8800.8760	394,0405.8388	408,7988.6870	424,1606.8959	432,0758.5118	65
66	383,7185.3335	405,7732.9165	413,4291.4446	429,2168.1497	445,6617.8959	454,1395.4893	66
67	401,9858.6735	425,5403.0639	433,7225.0454	450,6046.1368	468,2021.0942	477,2788.5194	67
68	421,0752.3138	446,2215.4556	454,9628.8808	473,0083.3283	491,8318.7804	501,5461.9597	68
69	441,0236.1679	467,8592.9204	477,1944.8953	496,4762.2864	516,6037.5215	526,9965.7302	69
70	461,8696.7955	490,4977.8430	500,4635.6570	521,0588.4950	542,5729.3350	553,6876.5596	70
71	483,6538.1513	514,1833.0682	524,8185.3210	546,8091.4485	569,7972.9196	581,6799.2919	71
72	506,4182.3681	538,9642.8476	550,3100.6360	573,7825.7923	598,3374.9440	611,0368.2573	72
73	530,2070.5746	564,8913.8293	576,9911.9990	602,0372.5174	628,2571.3996	641,8248.7099	73
74	555,0663.7505	592,0176.0939	604,9174.5590	631,6340.2120	659,6229.0173	674,1138.3345	74
75	581,0443.6193	620,3984.2383	634,1469.3717	662,6366.3721	692,5046.7531	707,9768.8283	75
76	608,1913.5821	650,0918.5093	664,7404.6091	695,1118.7747	726,9757.3462	743,4907.5587	76
77	636,5599.6933	681,1585.9903	696,7616.8242	729,1296.9165	763,1128.9512	780,7359.3022	77
78	666,2051.6795	713,6621.8424	730,2772.2760	764,7633.5201	800,9966.8506	819,7968.0682	78
79	697,1844.0051	747,6690.6026	765,3568.3155	802,0896.1123	840,7115.2483	860,7619.0115	79
80	729,5576.9853	783,2487.5430	802,0734.8369	841,1888.6776	882,3459.1520	903,7240.4383	80
81	763,3877.9497	820,4740.0918	840,5035.7960	882,1453.3898	925,9926.3444	948,7805.9097	81
82	798,7402.4574	859,4209.3211	880,7270.7998	925,0472.4258	971,7489.4510	996,0336.4478	82
83	835,6835.5680	900,1691.5022	922,8276.7704	969,9869.8661	1019,7168.1078	1045,5902.8496	83
84	874,2893.1686	942,8019.7341	966,8929.6864	1017,0613.6847	1070,0031.2330	1097,5628.1135	84
85	914,6323.3611	987,4065.6468	1013,0146.4051	1066,3717.8347	1122,7199.4093	1152,0689.9840	85
86	956,7907.9124	1034,0741.1830	1061,2886.5706	1118,0244.4319	1177,9847.3807	1209,2323.6207	86
87	1000,8463.7685	1082,9000.4627	1111,8154.6106	1172,1306.0424	1235,9206.6708	1269,1824.3973	87
88	1046,8844.6380	1133,9841.7341	1164,7001.8258	1228,8068.0794	1296,6568.3265	1332,0550.8366	88
89	1094,9942.6467	1187,4309.4143	1220,0528.5776	1288,1751.3132	1360,3285.7957	1397,9927.6899	89
90	1145,2690.0658	1243,3496.2247	1277,9886.5778	1350,3634.5005	1427,0777.9424	1467,1449.1648	90
91	1197,8061.1188	1301,8545.4251	1338,6281.2849	1415,5057.1393	1497,0532.2097	1539,6682.3116	91
92	1252,7073.8692	1363,0653.1510	1402,0974.4115	1483,7422.3534	1570,4107.9331	1615,7270.5743	92
93	1310,0792.1933	1427,1070.8593	1468,5286.5507	1555,2199.9152	1647,3139.8166	1695,4937.5148	93
94	1370,0327.8420	1494,1107.8865	1538,0599.9231	1630,0929.4112	1727,9341.5744	1779,1490.7186	94
95	1432,6842.5949	1564,2134.1263	1610,8361.2528	1708,5223.5582	1812,4509.7505	1866,8825.8911	95
96	1498,1550.5116	1637,5582.8296	1687,0084.7780	1790,6771.6772	1901,0527.7217	1958,8931.1533	96
97	1566,5720.2846	1714,2953.5355	1766,7355.4010	1876,7343.3319	1993,9369.8949	2055,3891.5471	97
98	1638,0677.6974	1794,5815.1365	1850,1831.9863	1966,8792.1402	2091,3106.1065	2166,5893.7600	98
99	1712,7808.1938	1878,5809.0866	1937,5250.8124	2061,3059.7668	2193,3906.2350	2262,7231.0808	99
100	1790,8559.5626	1966,4652.7568	2028,9429.1836	2160,2180.1057	2300,4045.0364	2374,0308.5960	100

TABLE II.

$$S = \frac{a}{i}\left(r^{n} - 1\right).$$

MONTANT DE 1 FRANC PLACÉ A LA FIN DE CHAQUE ANNÉE, APRÈS UN NOMBRE D'ANNÉES DONNÉ.

ANS.	5	5 $^1/_8$	5 $^1/_6$	5 $^1/_4$	5 $^1/_3$	5 $^3/_8$	ANS.
1	1,0000.0000	1,0000.0000	1,0000.0000	1,0000.0000	1,0000.0000	1,0000.0000	1
2	2,0500.0000	2,0512.5000	2,0516.6667	2,0525.0000	2,0533.3333	2,0537.5000	2
3	3,1525.0000	3,1563.7656	3,1576.6944	3,1602.5625	3,1628.4444	3,1641.3906	3
4	4,3101.2500	4,3181.4086	4,3208.1570	4,3261.6970	4,3315.2948	4,3342.1154	4
5	5,5256.3125	5,5394.4558	5,5440.5784	5,5532.9361	5,5625.4439	5,5671.7541	5
6	6,8019.1281	6,8233.4217	6,8305.0083	6,8448.4153	6,8592.1342	6,8664.1109	6
7	8,1420.0845	8,1730.3845	8,1834.1004	8,2041.9571	8,2250.3814	8,2354.8068	7
8	9,5491.0888	9,5919.0667	9,6062.1956	9,6349.1598	9,6637.0684	9,6781.3777	8
9	11,0265.6432	11,0834.9189	11,1025.4090	11,1407.4907	11,1791.0454	11,1983.3767	9
10	12,5778.9254	12,6515.2085	12,6761.7218	12,7256.3840	12,7753.2344	12,8002.4832	10
11	14,2067.8716	14,2999.1129	14,3311.0775	14,3937.3441	14,4566.7403	14,4882.6167	11
12	15,9171.2652	16,0327.8175	16,0715.4831	16,1494.0547	16,2276.9664	16,2670.0573	12
13	17,7129.8285	17,8544.6181	17,9019.1164	17,9972.4926	18,0931.7380	18,1413.5729	13
14	19,5986.3199	19,7695.0298	19,8268.4375	19,9421.0484	20,0581.4307	20,1164.5525	14
15	21,5785.6359	21,7826.8901	21,8512.3067	21,9890.6535	22,1279.1070	22,1977.1472	15
16	23,6574.9177	23,8990.5287	23,9802.1092	24,1434.9128	24,3080.6593	24,3908.4188	16
17	25,8403.6636	26,1238.7933	26,2191.8849	26,4110.2457	26,6044.9612	26,7018.4963	17
18	28,1323.8467	28,4627.2814	28,5738.4656	28,7976.0336	29,0234.0258	29,1370.7405	18
19	30,5390.0391	30,9214.4296	31,0501.6197	31,3094.7754	31,5713.1738	31,7031.9178	19
20	33,0659.5410	33,5061.6691	33,6544.2033	33,9532.2511	34,2551.2097	34,4072.3834	20
21	35,7192.5181	36,2233.5797	36,3932.3205	36,7357.6943	37,0820.6076	37,2566.2740	21
22	38,5052.1440	39,0798.0506	39,2735.4904	39,6643.9732	40,0597.7067	40,2591.7112	22
23	41,4304.7512	42,0826.4507	42,3026.8241	42,7467.7818	43,1962.9177	43,4231.0157	23
24	44,5019.9887	45,2393.8063	45,4883.2100	45,9909.8403	46,5000.9400	46,7570.9328	24
25	47,7270.9882	48,5578.9889	48,8385.5092	49,4055.1670	49,9800.9901	50,2702.8705	25
26	51,1134.5376	52,0464.9121	52,3618.7605	52,9993.0001	53,6457.0429	53,9723.1497	26
27	54,6691.2645	55,7138.7388	56,0672.3964	56,7817.6326	57,5068.0852	57,8733.2690	27
28	58,4025.8277	59,5692.0992	59,9640.4703	60,7628.0583	61,5738.3831	61,9840.1823	28
29	62,3227.1191	63,6221.3193	64,0621.8945	64,9528.5313	65,8577.7635	66,3156.5921	29
30	66,4388.4750	67,8827.6619	68,3720.6924	69,3628.7792	70,3701.9109	70,8801.2589	30
31	70,7607.8988	72,3617.5796	72,9046.2615	74,0044.2901	75,1232.6795	75,6899.3265	31
32	75,2988.2936	77,0702.9805	77,6713.6517	78,8896.6154	80,1298.4224	80,7582.6653	32
33	80,0637.7083	82,0201.5083	82,6843.8571	84,0313.6877	85,4034.3382	86,0990.2336	33
34	85,0669.5937	87,2236.8356	87,9564.1230	89,4430.1563	90,9582.8363	91,7268.4587	34
35	90,3203.0734	92,6938.9734	93,5008.2694	95,1387.7395	96,8093.9209	97,6571.6383	35
36	95,8363.2271	98,4444.5958	99,3317.0299	101,1335.5958	102,9725.5966	103,9062.3639	36
37	101,6281.3884	104,4897.3813	105,4638.4098	107,4430.7146	109,4644.2951	110,4911.9659	37
38	107,7095.4579	110,8448.3721	111,9128.0610	114,0838.3271	116,3025.3242	117,4300.9841	38
39	114,0950.2308	117,5256.3512	118,6949.6775	121,0732.3393	123,5053.3415	124,7419.6620	39
40	120,7997.7423	124,5488.2392	125,8275.4108	128,4295.7871	131,0922.8530	132,4468.4688	40
41	127,8397.6294	131,9319.5115	133,3286.3071	136,1721.3159	139,0838.7385	140,5658.6490	41
42	135,2317.5109	139,6934.6364	141,2172.7662	144,3211.6850	147,5016.8046	149,1212.8014	42
43	142,9933.3864	147,8527.5365	149,5135.0258	152,8980.2985	156,3684.3675	158,1365.4895	43
44	151,1430.0558	156,4302.0728	158,2383.6688	161,9251.7641	165,7080.8671	167,6363.8845	44
45	159,7001.5586	165,4472.5540	167,4140.1584	171,4262.4818	175,5458.5133	177,6468.4433	45
46	168,6851.6365	174,9264.2724	177,0637.3999	181,4261.2621	185,9082.9674	188,1953.6222	46
47	178,1194.2183	184,8914.0664	187,2120.3322	191,9509.9783	196,8234.0590	199,3108.6293	47
48	188,0253.9292	195,3670.9123	197,8846.5494	203,0284.2522	208,3206.5421	211,0238.2182	48
49	198,4266.6257	206,3796.5465	209,1086.9545	214,6874.1754	220,4310.8910	223,3663.5224	49
50	209,3479.9570	217,9566.1195	220,9126.4471	226,9585.0696	233,1874.1386	236,3722.9367	50

TABLE II.

MONTANT DE 1 FRANC PLACÉ A LA FIN DE CHAQUE ANNÉE, APRÈS.UN NOMBRE D'ANNÉES DONNÉ.

$$S = \frac{a}{i}\left(r^n - 1\right).$$

ANS	5	5 $^1/_8$	5 $^1/_6$	5 $^1/_4$	5 $^1/_3$	5 $^3/_8$	ANS
51	220,8153.9548	230,1268.8831	233,3264.6469	239,8738.2858	246,6240.7593	250,0773.0446	51
52	232,8561.6526	242,9208.9134	246,3816.6536	253,4672.0458	260,7773.5998	264,5189.5957	52
53	245,4989.7352	256,3705.8702	260,1113.8474	267,7742.3282	275,6854.8584	279,7368.5365	53
54	258,7739.2220	270,5095.7961	274,5504.7295	282,8323.8004	291,3887.1176	295,7727.0954	54
55	272,7126.1831	285,3731.9556	289,7355.8072	298,6810.7999	307,9294.4305	312,6704.9267	55
56	287,3482.4922	300,9985.7183	305,7052.5239	315,3618.3669	325,3523.4668	330,4765.3165	56
57	302,7156.6168	317,4247.4864	322,5000.2377	332,9183.3312	343,7044.7183	349,2396.4523	57
58	318,8514.4477	334,6927.6701	340,1625.2499	351,3965.4561	363,0353.7700	369,0112.7616	58
59	335,7940.1700	352,8457.7132	358,7375.8878	370,8448.6425	383,3972.6377	389,8456.3226	59
60	353,5837.1785	371,9291.1710	378,2723.6420	391,3142.1963	404,8451.1784	411,7998.3499	60
61	372,2629.0375	391,9904.8435	398,8164.3636	412,8582.1616	427,4368.5746	434,9340.7612	61
62	391,8760.4893	413,0799.9667	420,4219.5223	435,5332.7251	451,2334.8986	459,3117.8271	62
63	412,4698.5138	435,2503.4650	443,1437.5310	459,3987.6931	476,2992.7598	484,9997.9103	63
64	434,0933.4395	458,5569.2676	467,0395.1368	484,5172.0470	502,7019.0403	512,0685.2980	64
65	456,7980.1115	483,0579.6926	492,1698.8855	510,9543.5795	530,5126.7225	540,5922.1328	65
66	480,6379.1170	508,8146.9018	518,5986.6612	538,7794.6174	559,8066.8144	570,6490.4474	66
67	505,6698.0729	535,8914.4305	546,3929.3054	568,0653.8348	590,6630.3778	602,3214.3089	67
68	531,9532.9765	564,3558.7951	575,6232.3195	598,8888.1611	623,1650.6646	635,6962.0781	68
69	559,5509.6254	594,2791.1833	606,3637.6560	631,3304.7896	657,4005.3667	670,8648.7898	69
70	588,5285.1066	625,7359.2315	638,6925.6016	665,4753.2911	693,4618.9863	707,9238.6622	70
71	618,9549.3620	658,8048.8921	672,6916.7577	701,4127.8388	731,4465.3322	746,9747.7403	71
72	650,9026.8301	693,5686.3978	708,4474.1235	739,2369.5504	771,4570.1499	788,1246.6813	72
73	684,4478.1716	730,1140.3257	746,0505.2865	779,0468.9518	813,6013.8913	831,4863.6905	73
74	719,6702.0802	768,5323.7674	785,5964.7263	820,9468.5717	857,9934.6321	877,1787.6138	74
75	756,6537.1842	808,9196.6105	827,1856.2372	865,0465.6718	904,7531.1458	925,3271.1981	75
76	795,4864.0434	851,3767.9368	870,9235.4761	911,4615.1195	954,0066.1403	976,0634.5250	76
77	836,2607.2455	896,0098.5435	916,9212.6424	960,3132.4133	1005,8869.6678	1029,5268.6307	77
78	879,0737.6078	942,9303.5939	965,2955.2956	1011,7296.8650	1060,5342.7167	1085,8639.3196	78
79	924,0274.4882	992,2555.4031	1016,1691.3192	1065,8454.9504	1118,0960.9949	1145,2291.1830	79
80	971,2288.2126	1044,1086.3675	1069,6712.0373	1122,8023.8353	1178,7278.9147	1207,7851.8341	80
81	1020,7902.6232	1098,6192.0438	1125,9375.4926	1182,7495.0867	1242,5933.7901	1273,7036.3702	81
82	1072,8297.7544	1155,9234.3861	1185,1109.8930	1245,8438.5787	1309,8650.2589	1343,1652.0751	82
83	1127,4712.6421	1216,1645.1483	1247,3417.2375	1312,2506.6041	1380,7244.9394	1416,3603.3741	83
84	1184,8448.2742	1279,4929.4622	1312,7877.1281	1382,1438.2008	1455,3631.3362	1493,4897.0555	84
85	1245,0870.6879	1346,0669.5971	1381,6150.7797	1455,7063.7064	1533,9825.0074	1574,7647.7722	85
86	1308,3414.2223	1416,0528.9140	1453,9985.2367	1533,1309.5509	1616,7949.0078	1660,4083.8400	86
87	1374,7584.9335	1489,6256.0208	1530,1217.8073	1614,6203.3024	1704,0239.6216	1750,6553.3464	87
88	1444,4964.1801	1566,9689.1419	1610,1780.7273	1700,3878.9757	1795,9052.4014	1845,7530.5887	88
89	1517,7212.3891	1648,2760.7104	1694,3706.0649	1790,6582.6220	1892,6868.5295	1945,9622.8579	89
90	1594,6073.0086	1733,7502.1968	1782,9130.8782	1885,6678.2096	1994,6301.5177	2051,5577.5865	90
91	1675,3376.6590	1823,6049.1844	1876,0302.6403	1985,6653.8156	2102,0104.2653	2162,8289.8818	91
92	1760,1045.4920	1918,0646.7051	1973,9584.9434	2090,9128.1410	2215,1176.4928	2280,0810.4629	92
93	1849,1097.7666	2017,3654.8488	2076,9463.4988	2201,6857.3684	2334,2572.5724	2403,6354.0253	93
94	1942,5652.6549	2121,7554.6598	2185,2552.4462	2318,2742.3802	2459,7509.7763	2533,8308.0541	94
95	2040,6935.2876	2231,4954.3361	2299,1600.9893	2440,9836.3552	2591,9376.9643	2671,0242.1121	95
96	2143,7282.0520	2346,8595.7458	2418,9500.3737	2570,1352.7638	2731,1743.7358	2815,5917.6256	96
97	2251,9146.1546	2568,1361.2778	2544,9291.2263	2706,0673.7839	2877,8370.0683	2967,9298.1980	97
98	2365,5103.4623	2695,6281.0432	2677,4171.2730	2849,1359.1576	3032,3216.4720	3128,4560.4761	98
99	2484,7858.6355	2829,6540.4467	2816,7503.4555	2999,7155.5133	3195,0454.6838	3297,6105.6017	99
100	2610,0251.5672	2970,5488.1446	2963,2824.4673	3158,2006.1778	3366,4478.9336	3475,8571.2778	100

TABLE II.

$$S = \frac{a}{i}\left(r^{n} - 1\right).$$

MONTANT DE 1 FRANC PLACÉ A LA FIN DE CHAQUE ANNÉE, APRÈS UN NOMBRE D'ANNÉES DONNÉ.

ANS.	$5\,^{1}/_{2}$	$5\,^{5}/_{8}$	$5\,^{2}/_{3}$	$5\,^{3}/_{4}$	$5\,^{5}/_{6}$	$5\,^{7}/_{8}$	ANS.
1	1,0000.0000	1,0000.0000	1,0000.0000	1,0000.0000	1,0000.0000	1,0000.0000	1
2	2,0550.0000	2,0562.5000	2,0566.6667	2,0575.0000	2,0583.3333	2,0587.5000	2
3	3,1680.2500	3,1719.1406	3,1732.1111	3,1758.0625	3,1784.0278	3,1797.0156	3
4	4,3422.6637	4,3503.3423	4,3530.2641	4,3584.1511	4,3638.0961	4,3665.0903	4
5	5,5810.9103	5,5950.4053	5,5996.9790	5,6090.2398	5,6183.6517	5,6230.4143	5
6	6,8880.5103	6,9097.6156	6,9170.1412	6,9315.4286	6,9461.0313	6,9433.9512	6
7	8,2668.9384	8,2984.3565	8,3089.7825	8,3301.0657	8,3512.9248	8,3619.0708	7
8	9,7215.7300	9,7652.2265	9,7798.2035	9,8090.8770	9,8384.5121	9,8531.6912	8
9	11,2562.5951	11,3145.1643	11,3340.1017	11,3731.1024	11,4123.6087	11,4320.4281	9
10	12,8753.5379	12,9509.5797	12,9762.7075	13,0270.6408	13,0780.8192	13,1036.7532	10
11	14,5834.9825	14,6794.4936	14,7115.9276	14,7761.2027	14,8409.7003	14,8735.1625	11
12	16,3855.9065	16,5051.6839	16,5452.4968	16,6257.4718	16,7066.9328	16,7473.3533	12
13	18,2867.9814	18,4335.8411	18,4828.1383	18,5817.2764	18,6812.5039	18,7312.4128	13
14	20,2925.7203	20,4704.7322	20,5301.7328	20,6501.7698	20,7709.8999	20,8317.0171	14
15	22,4086.6350	22,6219.3733	22,6935.4977	22,8375.6216	22,9826.3108	23,0555.6418	15
16	24,6411.3999	24,8944.2131	24,9795.1759	25,1507.2198	25,3232.8456	25,4100.7858	16
17	26,9964.0269	27,2947.3251	27,3950.2358	27,5968.8850	27,8004.7616	27,9029.2069	17
18	29,4812.0483	29,8300.6121	29,9474.0825	30,1837.0959	30,4221.7060	30,5422.1728	18
19	32,1026.7110	32,5080.0215	32,6444.2805	32,9192.7289	33,1967.9722	33,3365.7255	19
20	34,8683.1801	35,3365.7727	35,4942.7898	35,8121.3108	36,1332.7706	36,2950.9619	20
21	37,7860.7550	38,3242.5975	38,5056.2146	38,8713.2862	39,2410.5155	39,4274.3309	21
22	40,8643.0965	41,4799.9936	41,6876.0667	42,1064.3001	42,5301.1289	42,7437.9478	22
23	44,1118.4669	44,8132.4932	45,0499.0438	45,5275.4974	46,0110.3614	46,2549.9272	23
24	47,5379.9825	48,3339.9460	48,6027.3229	49,1453.8385	49,6950.1325	49,9724.7355	24
25	51,1525.8816	52,0527.8179	52,3568.8712	52,9712.4342	53,5938.8902	53,9083.5637	25
26	54,9659.8051	55,9807.5077	56,3237.7739	57,0170.8991	57,7201.9922	58,0754.7230	26
27	58,9891.0943	60,1296.6800	60,5154.5811	61,2955.7258	62,0872.1084	62,4874.0630	27
28	63,2335.1045	64,5119.6182	64,9446.6741	65,8200.6801	66,7089.6480	67,1585.4142	28
29	67,7113.5353	69,1407.5967	69,6248.6522	70,6047.2192	71,6003.2108	72,1041.0573	29
30	72,4354.7797	74,0299.2741	74,5702.7425	75,6644.9343	76,7770.0648	77,3402.2194	30
31	77,4194.2926	79,1941.1082	79,7959.2313	81,0152.0180	82,2556.6519	82,8839.5998	31
32	82,6774.9787	84,6487.7956	85,3176.9211	86,6735.7590	88,0539.1233	88,7533.9263	32
33	88,2247.6025	90,4102.7341	91,1523.6133	92,6573.0652	94,1903.9055	94,9676.5445	33
34	94,0771.2207	96,4958.5129	97,3176.6180	98,9851.0164	100,6848.3000	101,5470.0415	34
35	100,2513.6378	102,9237.4292	103,8323.2930	105,6767.4499	107,5581.1174	108,5128.9064	35
36	106,7651.8879	109,7132.0346	110,7161.6130	112,7531.5782	114,8323.3493	115,8880.2296	36
37	113,6372.7417	116,8845.7116	117,9900.7710	120,2364.6440	122,5308.8780	123,6964.4431	37
38	120,8873.2425	124,4593.2828	125,6761.8147	128,1500.6110	130,6785.2292	131,9636.1042	38
39	128,5361.2708	132,4601.6550	133,7978.3176	136,5186.8962	139,3014.3676	140,7164.7253	39
40	136,6056.1407	140,9110.498!	142,3797.0889	145,3685.1427	148,4273.5390	149,9835.6529	40
41	145,1189.2285	149,8372.9636	151,4478.9239	154,7272.0384	158,0856.1622	159,7950.9975	41
42	154,1004.6360	159,2656.4428	161,0299.3963	164,6240.1806	168,3072.7716	170,1830.6186	42
43	163,5759.8910	169,2243.3677	171,1549.6954	175,0898.9910	179,1252.0166	181,1813.1675	43
44	173,5726.6850	179,7432.0571	181,8537.5115	186,1575.6830	190,5741.7176	192,8257.1910	44
45	184,1191.6527	190,8537.6104	193,1587.9705	197,8616.2847	202,6909.9845	205,1542.3010	45
46	195,2457.1936	202,5892.8509	205,1044.6221	210,2386.7211	215,5146.4002	218,2070.4112	46
47	206,9842.3392	214,9849.3238	217,7270.4840	223,3273.9576	229,0863.2736	232,0267.0479	47
48	219,3683.6679	228,0778.3483	231,0649.1448	237,1687.2101	243,4496.9645	246,6582.7369	48
49	232,4336.2696	241,9072.1304	245,1585.9297	251,8059.2247	258,6509.2874	262,1494.4727	49
50	246,2174.7645	256,5144.9377	260,0509.1324	267,2847.6301	274,7388.9959	278,5507.2730	50

MONTANT DE 1 FRANC PLACÉ A LA FIN DE CHAQUE ANNÉE,
APRÈS UN NOMBRE D'ANNÉES DONNÉ.

$$S = \frac{a}{i}\left(r^n - 1\right).$$

ANS	$5\ ^1/_2$	$5\ ^3/_8$	$5\ ^2/_3$	$5\ ^3/_4$	$5\ ^5/_6$	$5\ ^7/_8$	ANS
51	260,7594.3765	271,9434.3404	275,7871.3165	283,6536.3689	291,7653.3540	295,9155.8253	51
52	276,1012.0672	288,2402.5221	292,4150.6911	300,9637.2101	309,7849.7996	314,3006.2300	52
53	292,2867.7309	305,4537.6639	309,9852.5636	319,2691.3497	328,8557.7046	333,7657.8460	53
54	309,3625.4561	323,6355.4075	328,5510.8756	338,6271.1023	349,0390.2374	354,3745.2445	54
55	327,3774.8562	342,8400.3992	348,1689.8252	359,0981.6906	370,3996.3345	376,1940.2776	55
56	346,3832.4733	363,1247.9217	368,8985.5819	380,7463.1379	393,0062.7874	399,2954.2689	56
57	366,4343.2593	384,5505.6173	390,8028.0982	403,6392.2683	416,9316.4500	423,7540.3322	57
58	387,5882.1386	407,1815.3082	413,9483.0238	427,8484.8237	442,2526.5762	449,6495.8267	58
59	409,9055.6562	431,0854.9193	438,4053.7285	453,4497.7011	469,0507.2932	477,0664.9565	59
60	433,4503.7173	456,3340.5085	464,2483.4398	480,5231.3189	497,4120.2186	506,0941.5227	60
61	458,2901.4217	483,0028.4121	491,5557.5014	509,1532.1197	527,4277.2314	536,8271.8372	61
62	484,4960.9999	511,1717.5103	520,4105.7598	539,4295.2166	559,1943.4032	569,3657.8076	62
63	512,1433.8549	540,9251.6203	550,9005.0862	571,4467.1916	592,8140.1017	603,8160.2038	63
64	541,3112.7170	572,3522.0239	583,1182.0410	605,3049.0551	628,3948.2743	640,2902.1158	64
65	572,0833.9164	605,5470.1378	617,1615.6900	641,1099.3757	666,0511 9237	678,9072.6151	65
66	604,5479.7818	640,6090.3330	653,1340.5791	678,9737.5898	705,9041.7859	719,7930.6312	66
67	638,7981.1698	677,6432.9143	691,1449.8786	719,0147.5013	748,0819.2234	763,0809.0558	67
68	674,9320.1341	716,7607.2657	731,3098.7051	761,3580.9826	792,7200.3448	808,9119.0878	68
69	713,0532.7415	758,0785.1744	773,7507.6317	806,1361.8891	839,9620.3649	857,4354.8343	69
70	753,2712.0423	801,7204.3404	818,5966.3975	853,4890.1977	889,9598.2195	908,8098.1808	70
71	795,7011.2046	847,8172.0846	865,9837.8267	923,5646.3841	942,8741.4490	963,2023.9489	71
72	840,4646.8209	896,5069.2643	916,0561.9702	956,5196.0512	998,8751.3668	1020,7905.3559	72
73	887,6902.3960	947,9354.4105	968,9660.4818	1012,5194.8241	1058,1428.5299	1081,7619.7955	73
74	937,5132.0278	1002,2568.0960	1024,8741.2425	1071,7393.5265	1120,8678.5275	1146,3154.9585	74
75	990,0764.2893	1059,6337.5514	1083,9503.2462	1134,3643.6543	1187,2518.1082	1214,6615.3123	75
76	1045,5306.3252	1120,2381.5387	1146,3741.7635	1200,5903.1644	1257,5081.6645	1287,0228.9619	76
77	1104,0348.1731	1184,2515.5003	1212,3353.7968	1270,6242.5963	1331,8628.0950	1363,6354.9135	77
78	1165,7567.3226	1251,8656.9972	1282,0343.8453	1344,6851.5456	1410,5548.0672	1444,7490.7646	78
79	1230,8733.5254	1323,2831.4533	1355,6829.9965	1423,0045.5095	1493,8371.7044	1530,6280.8470	79
80	1299,5713.8693	1398,7178.2225	1433,5050.3630	1505,8273.1263	1581,9776.7205	1621,5524.8468	80
81	1372,0478.1321	1478,3956.9975	1515,7369.8835	1593,4123.8311	1675,2597.0292	1717,8186.9316	81
82	1448,5104.4294	1562,5554.5786	1602,6287.5103	1686,0335.9513	1773,9831.8559	1819,7405.4138	82
83	1529,1785.1730	1651,4492.0237	1694,4443.8025	1783,9805.2685	1878,4655.3808	1927,6502.9818	83
84	1614,2833.3575	1745,3432.2000	1791,4628.9513	1887,5594.0715	1989,0426.9447	2041,8997.5320	84
85	1704,0689.1921	1844,5187.7613	1893,9791.2586	1997,0940.7306	2106,0701.8498	2162,8613.6370	85
86	1798,7927.0977	1949,2729.5728	2002,3046.0965	2112,9269.8226	2229,9242.7911	2290,9294.6882	86
87	1898,7263.0881	2059,9195.6113	2116,7685.3753	2235,4202.8374	2361,0031.9539	2426,5215.7511	87
88	2004,1562.5579	2176,7900.3644	2237,7187.5466	2364,9569.5006	2499,7283.8179	2570,0797.1765	88
89	2115,3848.4986	2300,2344.7599	2365,5228.1743	2501,9419.7468	2646,5458.7072	2722,0719.0106	89
90	2232,7310.1660	2430,6226.6527	2500,5691.1041	2646,8036.3823	2801,9277.1318	2882,9936.2525	90
91	2356,5312.2252	2568,3451.9019	2643,2680.2667	2799,9948.4743	2966,3734.9645	3053,3695.0073	91
92	2487,1404.3976	2713,8146.0714	2794,0532.1485	2961,9945.5115	3140,4119.5041	3233,7549.5890	92
93	2624,9331.6394	2867,4666.7879	2953,3828.9702	3133,3092.3784	3324,6026.4752	3424,7380.6274	93
94	2770,3044.8796	3029,7616.7947	3121,7412.6119	3314,4745.1902	3519,5378.0196	3626,9414.2392	94
95	2923,6712.3480	3201,1857.7394	3299,6399.3265	3506,0568.0386	3725,8441.7374	3841,0242.3258	95
96	3085,4731.5271	3382,2524.7372	3487,6195.2884	3708,6550.7009	3944,1850.8387	4067,6844.0624	96
97	3256,1741.7611	3573,5041.7537	3686,2513.0214	3922,9027.3662	4175,2625.4710	4307,6608.6511	97
98	3436,2637.5580	3775,5137.8524	3896,1388.7593	4149,4696.4397	4419,8195.2901	4561,7359.4094	98
99	3626,2582.6237	3988,8864.3566	4117,9200.7890	4389,0641.4850	4678,6423.3487	4830,7379.2747	99
100	3826,7024.6680	4214,2612.9766	4352,2688.8337	4642,4353.3704	4952,5631.3774	5115,5437.8070	100

TABLE II.

$$S = \frac{a}{i}\left(r^{n} - 1\right).$$

MONTANT DE 1 FRANC PLACÉ A LA FIN DE CHAQUE ANNÉE, APRÈS UN NOMBRE D'ANNÉES DONNÉ.

ANS.	6	6 1/4	6 1/3	6 1/2	6 2/3	6 3/4	ANS.
1	1,0000.0000	1,0000.0000	1,0000.0000	1,0000.0000	1,0000.0000	1,0000.0000	1
2	2,0600.0000	2,0625.0000	2,0633.3333	2,0650.0000	2,0666.6667	2,0675.0000	2
3	3,1836.0000	3,1914.0625	3,1940.1111	3,1992.2500	3,2044.4444	3,2070.5625	3
4	4,3746.1600	4,3908.6914	4,3962.9848	4,4071.7463	4,4180.7407	4,4235.3255	4
5	5,6370.9296	5,6652.9846	5,6747.3072	5,6936.4098	5,7126.1235	5,7221.2099	5
6	6,9753.1854	7,0193.7962	7,0341.3033	7,0637.2764	7,0934.5317	7,1083.6416	6
7	8,3938.3765	8,4580.9084	8,4796.2525	8,5228.6994	8,5663.5005	8,5881.7874	7
8	9,8974.6791	9,9867.2152	10,0166.6818	10,0768.5648	10,1374.4005	10,1678.8081	8
9	11,4913.1598	11,6108.9161	11,6510.5717	11,7318.5215	11,8132.6939	11,8542.1276	9
10	13,1807.9494	13,3365.7234	13,3889.5746	13,4944.2254	13,6008.2068	13,6543.7212	10
11	14,9716.4264	15,1701.0811	15,2369.2476	15,3715.6001	15,5075.4206	15,5760.4224	11
12	16,8699.4120	17,1182.3987	17,2019.3000	17,3707.1141	17,5413.7819	17,6274.2509	12
13	18,8821.3767	19,1881.2986	19,2913.8556	19,4998.0765	19,7108.0341	19,8172.7629	13
14	21,0150.6593	21,3873.8798	21,5131.7332	21,7672.9515	22,0248.5697	22,1549.4244	14
15	23,2759.6988	23,7240.9973	23,8756.7429	24,1821.6933	24,4931.8077	24,6504.0105	15
16	25,6725.2808	26,2068.5596	26,3878.0033	26,7540.1034	27,1260.5948	27,3143.0312	16
17	28,2128.7976	28,8447.8446	29,0590.2769	29,4930.2101	29,9344.6345	30,1580.1858	17
18	30,9056.5255	31,6475.8348	31,8994.3277	32,4100.6738	32,9300.9435	33,1936.8484	18
19	33,7599.9170	34,6255.5745	34,9197.3018	35,5167.2176	36,1254.3397	36,4342.5856	19
20	36,7855.9120	37,7896.5479	38,1313.1309	38,8253.0867	39,5337.9623	39,8935.7101	20
21	39,9927.2668	41,1515.0822	41,5462.9626	42,3489.5373	43,1693.8265	43,5863.8706	21
22	43,3922.9028	44,7234.7748	45,1775.6169	46,1016.3573	47,0473.4149	47,5284.6818	22
23	46,9958.2769	48,5186.9482	49,0388.0726	50,0982.4205	51,1838.3093	51,7366.3979	23
24	50,8155.7735	52,5511.1325	53,1445.9838	54,3546.2778	55,5960.8632	56,2288.6297	24
25	54,8645.1200	56,8355.5783	57,5104.2295	58,8876.7859	60,3024.9207	61,0243.1122	25
26	59,1563.8272	61,3877.8019	62,1527.4974	63,7153.7769	65,3226.5821	66,1434.5223	26
27	63,7057.6568	66,2245.1645	67,0890.9055	68,8568.7725	70,6775.0209	71,6081.3526	27
28	68,5281.1162	71,3635.4873	72,3380.6629	74,3325.7427	76,3893.3557	77,4416.8439	28
29	73,6397.9832	76,8237.7053	77,9194.7715	80,1641.9159	82,4819.5794	83,6689.9808	29
30	79,0581.8622	82,6252.5619	83,8543.7737	86,3748.6405	88,9807.5513	90,3166.5545	30
31	84,8016.7739	88,7893.3470	90,1651.5461	92,9892.3021	95,9128.0548	97,4130.2970	31
32	90,8897.7803	95,3386.6812	96,8756.1440	100,0335.3017	103,3069.9251	104,9884.0920	32
33	97,3431.6471	102,2973.3487	104,0110.6998	107,5357.0963	111,1941.2534	113,0751.2682	33
34	104,1837.5460	109,6909.1830	111,5984.3774	115,5255.3076	119,6070.6703	121,7076.9788	34
35	111,4347.7987	117,5466.0070	119,6663.3880	124,0346.9026	128,5808.7150	130,9229.6749	35
36	119,1208.6666	125,8932.6324	128,2452.0692	133,0969.4513	138,1529.2960	140,7602.6779	36
37	127,2681.1866	134,7615.9219	137,3674.0336	142,7482.4656	148,3631.2491	151,2615.8587	37
38	135,9042.0578	144,1841.9170	147,0673.3891	153,0268.8259	159,2539.9990	162,4717.4292	38
39	145,0584.5813	154,1957.0369	157,3816.0370	163,9736.2995	170,8709.3323	174,4385.8556	39
40	154,7619.6562	164,8329.3517	168,3491.0527	175,6319.1590	183,2623.2878	187,2131.9009	40
41	165,0476.8356	176,1349.9361	180,0112.1527	188,0479.9044	196,4798.1736	200,8500.8042	41
42	175,9505.4457	188,1434.3071	192,4119.2557	201,2711.0981	210,5784.7185	215,4074.6085	42
43	187,5075.7724	200,9023.9513	205,5980.1419	215,3537.3195	225,6170.3664	230,9474.6446	43
44	199,7580.3188	214,4587.9483	219,6192.2176	230,3517.2453	241,6581.7242	247,5364.1831	44
45	212,7435.1379	228,8624.6951	234,5284.3914	246,3245.8662	258,7687.1725	265,2451.2654	45
46	226,5081.2462	244,1663.7385	250,3819.0695	263,3356.8475	277,0199.6506	284,1491.7258	46
47	241,0986.1209	260,4267.7222	267,2394.2772	281,4525.0426	296,4879.6273	304,3292.4173	47
48	256,5645.2882	277,7034.4548	285,1645.9148	300,7469.1704	317,2538.2691	325,8714.6555	48
49	272,9584.0055	296,0599.1082	304,2250.1560	321,2954.6665	339,4140.8204	348,8677.8947	49
50	290,3359.0458	315,5636.5525	324,4925.9993	343,1796.7198	363,0310.2085	373,4163.6526	50

MONTANT DE 1 FRANC PLACÉ A LA FIN DE CHAQUE ANNÉE, APRÈS UN NOMBRE D'ANNÉES DONNÉ.

$$S = \frac{a}{i}(r^n - 1).$$

ANS	6	6 ¹/₄	6 ¹/₃	6 ¹/₂	6 ²/₃	6 ³/₄	ANS
51	308,7560.5886	336,2863.8370	346,0437.9792	366,4863.5066	388,2330.8890	399,6219.6992	51
52	328,2814.2239	358,3042.8268	368,9599.0512	391,3079.6345	415,1152.9483	427,5964.5289	52
53	348,9783.0773	381,6983.0035	393,3273.6578	417,7429.8108	443,7896.4782	457,4592.1346	53
54	370,9170.0620	406,5544.4412	419,2380.9895	445,8962.7485	474,3756.2434	489,3377.1037	54
55	394,1720.2657	432,9640.9688	446,7898.4521	475,8795.3271	507,0006.6596	523,3680.0582	55
56	418,8223.4816	461,0243.5294	476,0865.3541	507,8117.0234	541,8007.1036	559,6953.4621	56
57	444,9516.8905	490,8383.7500	507,2386.8265	541,8194.6299	578,9207.5772	598,4747.8208	57
58	472,6487.9039	522,5157.7343	540,3637.9922	578,0377.2808	618,5154.7490	639,8718.2987	58
59	502,0077.1782	556,1730.0927	575,5868.3984	616,6102.8041	660,7498.3989	684,0631.7839	59
60	533,1281.8089	591,9338.2235	613,0406.7303	657,6898.4214	705,7998.2922	731,2374.4293	60
61	566,1158.7174	629,9296.8625	652,8665.8232	701,4396.8187	753,8531.5116	781,5959.7032	61
62	601,0828.2404	670,3002.9164	695,2147.9920	748,0332.6120	805,1100.2791	835,3536.9832	62
63	638,1477.9349	713,1940.5987	740,2450.6981	797,6554.2317	859,7840.2977	892,7400.7296	63
64	677,4366.6110	758,7686.8861	788,1272.5757	850,5030.2568	918,1029.6509	954,0000.2788	64
65	719,0828.6076	807,1917.3165	839,0419.8388	906,7857.2235	980,3098.2942	1019,3950.2976	65
66	763,2278.3241	858,6412.1487	893,1813.0953	966,7267.9430	1046,6638.1805	1089,2041.9427	66
67	810,0215.0235	913,3062.9080	950,7494.5913	1030,5640.3593	1117,4414.0592	1163,7254.7739	67
68	859,6227.9249	971,3879.3398	1011,9635.9154	1098,5506.9827	1192,9374.9965	1243,2769.4711	68
69	912,2001.6004	1033,0996.7985	1077,0546.1901	1170,9564.9365	1273,4666.6629	1328,1981.4104	69
70	967,9321.6964	1098,6684.0984	1146,2680.7821	1248,0686.6574	1359,3644.4405	1418,8515.1556	70
71	1027,0080.9982	1168,3351.8546	1219,8650.5650	1330,1931.2901	1450,9887.4032	1515,6239.9286	71
72	1089,6285.8581	1242,3561.3455	1298,1231.7674	1417,6556.8240	1548,7213.2301	1618,9286.1238	72
73	1156,0063.0096	1321,0033.9296	1381,3376.4460	1510,8033.0176	1652,9694.1121	1729,2062.9372	73
74	1226,3666.7901	1404,5661.0502	1469,8223.6209	1610,0055.1637	1764,1673.7195	1846,9277.1854	74
75	1300,9486.7976	1493,3514.8658	1563,9111.1169	1715,6558.7493	1882,7785.3008	1972,5953.3954	75
76	1380,0056.0055	1587,6859.5449	1663,9588.1543	1828,1735.0681	2009,2970.9876	2106,7455.2496	76
77	1463,8059.3658	1687,9163.2665	1770,3428.7375	1948,0047.8475	2144,2502.3867	2249,9508.4790	77
78	1552,6342.9277	1794,4110.9707	1883,4645.8908	2075,6250.9576	2288,2002.5458	2402,8225.3013	78
79	1646,7923.5034	1907,5617.9063	2003,7506.7972	2211,5407.2698	2441,7469.3822	2566,0130.5091	79
80	1746,5998.9136	2027,7844.0255	2131,6548.8944	2356,2908.7423	2605,5300.6744	2740,2189.3185	80
81	1852,3958.8484	2155,5209.2771	2267,6596.9911	2510,4497.8106	2780,2320.7193	2926,1837.0975	81
82	1964,5396.3793	2291,2409.8569	2412,2781.4672	2674,6290.1683	2966,5808.7673	3124,7011.1016	82
83	2083,4120.1621	2435,4435.4729	2566,0557.6267	2849,4799.0292	3165,3529.3518	3336,6184.3509	83
84	2209,4167.3718	2588,6587.6900	2729,5726.2764	3035,6960.9661	3377,3764.6419	3562,8401.7946	84
85	2342,9817.4141	2751,4499.4206	2903,4455.6073	3234,0163.4289	3603,5348.9514	3804,3318.9158	85
86	2484,5606.4589	2924,4155.6344	3088,3304.4624	3445,2274.0518	3844,7705.5481	4062,1242.9426	86
87	2634,6342.8465	3108,1915.3616	3284,9247.0784	3670,1671.8652	4102,0885.9180	4337,3176.8412	87
88	2793,7123.4173	3303,4535.0717	3493,9699.3933	3909,7280.5364	4376,5611.6458	4631,0866.2780	88
89	2962,3350.8223	3510,9193.5136	3716,2547.0216	4164,8603.7713	4669,3319.0889	4944,6849.7517	89
90	3141,0751.8716	3731,3518.1082	3952,6174.9996	4436,5763.0164	4981,6207.0282	5279,4512.1100	90
91	3330,5396.9839	3965,5612.9900	4203,9499.4162	4725,9537.6125	5314,7287.4967	5636,8141.6774	91
92	3531,3720.8030	4214,4088.8019	4471,2001.0459	5034,1407.5573	5670,0439.9965	6018,2991.2406	92
93	3744,2544.0512	4478,8094.3520	4755,3761.1122	5362,3599.0485	6049,0469.3296	6425,5343.1494	93
94	3969,9096.6942	4759,7350.2490	5057,5499.3159	5711,9132.9867	6455,3167.2849	6860,2578.8120	94
95	4209,1042.4959	5058,2184.6396	5378,8614.2726	6084,1876.6308	6884,5378.4372	7324,3252.8818	95
96	4462,6505.0456	5375,3571.1795	5720,5226.5099	6480,6598.6118	7344,5070.3330	7819,7172.4513	96
97	4731,4095.3484	5712,3169.3782	6083,8224.1888	6902,9027.5216	7835,1408.3552	8348,5481.5917	97
98	5016,2941.0693	6070,3367.4644	6470,1311.7208	7352,5914.3105	8358,4835.5789	8913,0751.5992	98
99	5318,2717.5334	6450,7327.9309	6880,9061.4631	7831,5098.7406	8916,7157.9509	9515,7077.3321	99
100	5638,3680.5854	6854,9035.9266	7317,6968.6891	8341,5580.1588	9512,1635.1476	10159,0180.0521	100

TABLE II.

$S = \frac{a}{i}\left(r^{u}-1\right).$

MONTANT DE 1 FRANC PLACÉ A LA FIN DE CHAQUE ANNÉE, APRÈS UN NOMBRE D'ANNÉES DONNÉ.

ANS.	7	7 ¹/₄	7 ¹/₃	7 ¹/₂	7 ²/₃	ANS.
1	1,0000.0000	1,0000.0000	1,0000.0000	1,0000.0000	1,0000.0000	1
2	2,0700.0000	2,0725.0000	2,0733.3333	2,0750.0000	2,0766.6667	2
3	3,2149.0000	3,2227.5625	3,2253.7778	3,2306.2500	3,2358.7778	3
4	4,4399.4300	4,4564.0608	4,4619.0548	4,4729.2188	4,4839.6174	4
5	5,7507.3901	5,7794.9552	5,7891.1188	5,8083.9102	5,8277.3214	5
6	7,1532.9074	7,1985.0894	7,2136.4675	7,2440.2034	7,2745.2494	6
7	8,6540.2109	8,7204.0084	8,7426.4752	8,7873.2187	8,8322.3852	7
8	10,2598.0257	10,3526.2990	10,3837.7500	10,4463.7101	10,5093.7680	8
9	11,9779.8875	12,1031.9557	12,1452.5183	12,2298.4883	12,3150.9569	9
10	13,8164.4796	13,9806.7725	14,0359.0364	14,1470.8750	14,2592.5303	10
11	15,7835.9932	15,9942.7635	16,0652.0324	16,2081.1906	16,3524.6243	11
12	17,8884.5127	18,1538.6139	18,2433.1814	18,4237.2799	18,6061.5121	12
13	20,1406.4286	20,4700.1634	20,5811.6147	20,8055.0759	21,0326.2281	13
14	22,5504.8786	22,9540.9252	23,0904.4664	23,3659.2065	23,6451.2389	14
15	25,1290.2201	25,6182.6423	25,7837.4607	26,1183.6470	26,4579.1672	15
16	27,8880.5355	28,4755.8839	28,6745.5411	29,0772.4206	29,4863.5700	16
17	30,8402.1730	31,5400.6854	31,7773.5475	32,2580.3521	32,7469.7770	17
18	33,9990.3251	34,8267.2351	35,1076.9409	35,6773.8785	36,2575.7933	18
19	37,3789.6479	38,3516.6097	38,6822.5833	39,3531.9194	40,0373.2708	19
20	40,9954.9232	42,1321.5639	42,5189.5727	43,3046.8134	44,1068.5549	20
21	44,8651.7678	46,1867.3773	46,6370.1414	47,5525.3244	48,4883.8107	21
22	49,0057.3916	50,5352.7621	51,0570.6184	52,1189.7237	53,2058.2362	22
23	53,4361.4090	55,1990.8374	55,8012.4638	57,0278.9530	58,2849.3677	23
24	58,1766.7076	60,2010.1731	60,8933.3778	62,3049.8744	63,7534.4858	24
25	63,2490.3772	65,5655.9106	66,3588.4921	67,9778.6150	69,6412.1298	25
26	68,6764.7036	71,3190.9641	72,2251.6482	74,0762.0112	75,9803.7264	26
27	74,4838.2328	77,4897.3090	78,5216.7691	80,6319.1620	82,8055.3454	27
28	80,6976.9091	84,1077.3639	85,2799.3322	87,6793.0991	90,1539.5885	28
29	87,3465.2927	91,2055.4728	92,5337.9498	95,2552.5816	98,0657.6237	29
30	94,4607.8632	98,8179.4946	100,3196.0662	103,3994.0252	106,5841.3748	30
31	102,0730.4137	106,9822.5080	108,6763.7777	112,1543.5771	115,7555.8802	31
32	110,2181.5426	115,7384.6398	117,6459.7881	121,5659.3454	125,6301.8310	32
33	118,9334.2506	125,1295.0262	127,2733.5058	131,6833.7963	136,2618.3047	33
34	128,2587.6481	135,2013.9156	137,6067.2963	142,5596.3310	147,7085.7081	34
35	138,2368.7835	146,0034.9245	148,6978.8980	154,2516.0558	160,0328.9457	35
36	148,9134.5984	157,5887.4565	160,6024.0172	166,8204.7600	173,3020.8316	36
37	160,3374.0202	170,0139.2971	173,3799.1118	180,3320.1170	187,5885.7620	37
38	172,5610.2017	183,3399.3961	187,0944.3800	194,8569.1258	202,9703.6704	38
39	185,6402.9158	197,6320.8523	201,8146.9678	210,4711.8102	219,5314.2851	39
40	199,6351.1199	212,9604.1141	217,6144.4122	227,2565.1960	237,3621.7137	40
41	214,6095.6983	229,4000.4124	234,5728.3357	245,3007.5857	256,5599,3784	41
42	230,6322.3971	247,0315.4423	252,7748.4137	264,6983.1546	277,2295.3307	42
43	247,7764.9649	265,9413.3119	272,3116.6307	285,5506.8912	299,4837.9728	43
44	266,1208.5125	286,2220.7770	293,2811.8502	307,9669.9080	323,4442.2173	44
45	285,7493.1084	307,9731.7833	315,7884.7193	332,0645.1511	349,2416.1207	45
46	306,7517.6260	331,3012.3376	339,9462.9320	357,9693.5375	377,0168.0232	46
47	329,2243.8598	356,3205.7321	365,8756.8804	385,8170.5528	406,9214.2384	47
48	353,2700.9300	383,1538.1477	393,7065.7183	415,7533.3442	439,1187.3300	48
49	378,9989.9950	411,9324.6634	423,5783.8709	447,9348.3451	473,7845.0253	49
50	406,5289.2947	442,7975.7015	455,6408.0215	482,5299.4709	511,1079.8105	50

MONTANT DE 1 FRANC PLACÉ A LA FIN DE CHAQUE ANNÉE,
APRÈS UN NOMBRE D'ANNÉES DONNÉ.

$$S = \frac{a}{i}\left(r^{n} - 1\right).$$

ANS.	7	7 $^{1}/_{4}$	7 $^{1}/_{3}$	7 $^{1}/_{2}$	7 $^{2}/_{3}$	ANS.
51	435,9859.5453	475,9003.9398	490,0544.6097	519,7196.9313	551,2929.2627	51
52	467,5049.7135	511,4031.7255	526,9917.8811	559,6986.7011	594,5587.1728	52
53	501,2303.1934	549,4799.0256	566,6378.5257	602,6760.7037	641,1415.5227	53
54	537,3164.4170	590,3171.9549	609,1912.9509	648,8767.7565	691,2957.3795	54
55	575,9285.9262	634,1151.9217	654,8653.2340	698,5425.3382	745,2950.7786	55
56	617,2435.9410	681,0885.4360	703,8887.8045	751,9332.2386	803,4343.6716	56
57	661,4506.4569	731,4674.6301	756,5072.9101	809,3282.1564	866,0310.0198	57
58	708,7521.9089	785,4988.5408	812,9844.9235	871,0278.3182	933,4267.1213	58
59	759,3648.4425	843,4475.2100	873,6033.5513	937,3549.1920	1005,9894.2672	59
60	813,5203.8335	905,5974.6627	938,6676.0117	1008,6565.3814	1084,1152.8277	60
61	871,4668.1018	972,2532.8257	1008,5032.2525	1085,3057.7851	1168,2307.8778	61
62	933,4694.8689	1043,7416.4556	1083,4601.2844	1167,7037.1189	1258,7351.4818	62
63	999,8123.5097	1120,4129.1486	1163,9138.7119	1256,2814.9029	1356,3027.7621	63
64	1070,7992.1554	1202,6428.5119	1250,2675.5508	1351,5026.0206	1461,2859.8905	64
65	1146,7551.6063	1290,8344.5790	1342,9538.4245	1453,8652.9721	1574,3179.1488	65
66	1228,0280.2187	1385,4199.5610	1442,4371.2423	1563,9051.9450	1696,0156.2169	66
67	1314,9899.8341	1486,8629.0292	1549,2158.4667	1682,1980.8409	1827,0434.8601	67
68	1408,0392.8224	1595,6604.6338	1663,8250.0876	1809,3629.4040	1968,1168.1994	68
69	1507,6020.3200	1712,3458.4697	1786,8388.4274	1946,0651.6093	2120,0057.7614	69
70	1614,1341.7424	1837,4909.2088	1918,8736.9121	2093,0200.4800	2283,5395.5231	70
71	1728,1235.6644	1971,7090.1264	2060,5910.9523	2250,9965.5160	2459,6109.1799	71
72	1850,0922.1609	2115,6579.1606	2212,7011.0888	2420,8212.9296	2649,1810.8836	72
73	1980,5986.7122	2270,0431.1498	2375,9658.5686	2603,3828.8994	2853,2849.7181	73
74	2120,2405.7820	2435,6212.4081	2551,2033.5303	2799,6366.0668	3073,0368.1964	74
75	2269,6574.1867	2613,2037.8077	2739,2915.9892	3010,6093.5218	3309,6363.0915	75
76	2429,5334.3798	2803,6610.5488	2941,1729.8285	3237,4050.5360	3564,3750.9285	76
77	2600,6007.7864	3007,9264.8135	3157,8590.0159	3481,2104.3262	3838,6438.4997	77
78	2783,6428.3315	3227,0011.5125	3390,4353.2837	3743,3012.1506	4133,9398.7847	78
79	2979,4978.3147	3461,9587.3472	3640,0672.5245	4025,0488.0619	4451,8752.6915	79
80	3189,0626.7967	3713,9507.4299	3908,0055.1763	4327,9274.6666	4794,1857.0645	80
81	3413,2970.6724	3984,2121.7185	4195,5925.8892	4653,5220.2666	5162,7399.4395	81
82	3653,2278.6195	4274,0675.5431	4504,2693.7878	5003,5361.7866	5559,5500.0632	82
83	3909,9538.1229	4584,9374.5200	4835,5824.6655	5379,8013.9206	5986,7821.7347	83
84	4184,6505.7915	4918,3454.1727	5191,1918.4744	5784,2864.9646	6446,7688.0677	84
85	4478,5761.1969	5275,9254.6002	5572,8792.4958	6219,1079.8369	6942,0210.8195	85
86	4793,0764.4807	5659,4300.5587	5982,5570.6122	6686,5410.8247	7475,2426.9823	86
87	5129,5917.9943	6070,7387.3492	6422,2779.1237	7189,0316.6366	8049,3446.3843	87
88	5489,6632.2539	6511,8672.9321	6894,2449.5928	7729,2090.3843	8667,4610.6071	88
89	5874,9396.5117	6984,9776.7196	7400,8229.2296	8309,8997.1631	9332,9664.0870	89
90	6287,1854.2675	7492,3885.5318	7944,5499.3731	8934,1421.9504	10049,4938.3337	90
91	6728,2884.0662	8036,5867.2329	8528,1502.6605	9605,2028.5966	10820,9550.2726	91
92	7200,2685.9509	8620,2392.6072	9154,5479.5222	10326,5930.7414	11651,5615.7935	92
93	7705,2873.9674	9246,2066.0713	9826,8814.6872	11102,0875.5470	12545,8479.6710	93
94	8245,6575.1452	9917,5565.8614	10548,5194.4309	11935,7441.2130	13508,6963.1125	94
95	8823,8535.4053	10637,5794.3864	11323,0775.3559	12831,9249.3040	14545,3630.2844	95
96	9442,5232.8837	11409,8039.4794	12154,4365.5486	13795,3193.0018	15661,5075.2729	96
97	10104,4999.1856	12238,0147.3417	13046,7619.0222	14830,9682.4769	16863,2231.0438	97
98	10812,8149.1285	13126,2708.0239	14004,5244.4172	15944,2908.6627	18157,0702.0905	98
99	11570,7119.5676	14078,9254.3557	15032,5229.0078	17141,1126.8124	19550,1122.5841	99
100	12381,6617.9373	15100,6475.2964	16135,9079.1350	18427,6961.3233	21040,9541.9822	100

TABLE II.

$$S = \frac{a}{i}(r'' - 1).$$

MONTANT DE 1 FRANC PLACÉ A LA FIN DE CHAQUE ANNÉE,
APRÈS UN NOMBRE D'ANNÉES DONNÉ.

ANS.	$7\,^3/_4$	8	$8\,^1/_4$	$8\,^1/_3$	$8\,^1/_2$	ANS.
1	1,0000.0000	1,0000.0000	1,0000.0000	1,0000.0000	1,0000.0000	1
2	2,0775.0000	2,0800.0000	2,0825.0000	2,0833.3333	2,0850.0000	2
3	3,2385.0625	3,2464.0000	3,2543.0625	3,2569.4444	3,2622.2500	3
4	4,4894.9048	4,5061.1200	4,5227.8652	4,5283.5648	4,5395.1413	4
5	5,8374.2600	5,8666.0096	5,8959.1640	5,9057.1952	5,9253.7283	5
6	7,2898.2651	7,3359.2904	7,3823.2951	7,3978.6282	7,4290.2952	6
7	8,8547.8807	8,9228.0336	8,9913.7169	9,0143.5138	9,0604.9702	7
8	10,5410.3414	10,6366.2763	10,7331.5986	10,7655.4733	10,8306.3927	8
9	12,3579.6429	12,4875.5784	12,6186.4554	12,6626.7628	12,7512.4361	9
10	14,3157.0652	14,4865.6247	14,6596.8380	14,7178.9930	14,8350.9932	10
11	16,4251.7377	16,6454.8746	16,8691.0771	16,9443.9091	17,0960.8276	11
12	18,6981.2474	18,9771.2646	19,2608.0910	19,3564.2348	19,5492.4979	12
13	21,1472.2941	21,4952.9658	21,8498.2585	21,9694.5877	22,2109.3603	13
14	23,7861.3969	24,2149.2030	24,6524.3648	24,8002.4700	25,0988.6559	14
15	26,6295.6552	27,1521.1393	27,6862.6249	27,8669.3425	28,2322.6916	15
16	29,6933.5684	30,3242.8304	30,9703.7915	31,1891.7878	31,6320.1204	16
17	32,9945.9200	33,7502.2568	34,5254.3543	34,7882.7701	35,3207.3306	17
18	36,5516.7288	37,4502.4374	38,3737.8385	38,6873.0009	39,3229.9538	18
19	40,3844.2753	41,4462.6324	42,5396.2102	42,9112.4176	43,6654.4998	19
20	44,5142.2065	45,7619.5430	47,0491.3975	47,4871.7858	48,3770.1323	20
21	48,9640.7276	50,4229.2144	51,9306.9378	52,4444.4346	53,4890.5936	21
22	53,7587.8840	55,4567.5516	57,2149.7602	57,8148.1375	59,0356.2940	22
23	58,9250.9450	60,8932.9557	62,9352.1154	63,6327.1489	65,0536.5790	23
24	64,4917.8932	66,7647.5922	69,1273.6650	69,9354.4114	71,5832.1882	24
25	70,4899.0300	73,1059.3995	75,8303.7423	76,7633.9456	78,6677.9242	25
26	76,9528.7048	79,9544.1515	83,0863.8011	84,1603.4411	86,3545.5478	26
27	83,9167.1794	87,3507.6836	90,9410.0646	92,1737.0612	94,6946.9193	27
28	91,4202.6358	95,3388.2983	99,4436.3950	100,8548.4830	103,7437.4075	28
29	99,5053.3401	103,9659.3622	108,6477.3976	110,2594.1899	113,5619.5871	29
30	108,2169.9739	113,2832.1111	118,6111.7829	120,4477.0390	124,2147.2520	30
31	117,6038.1469	123,3458.6800	129,3966.0049	131,4850.1256	135,7729.7684	31
32	127,7181.1033	134,2135.3744	141,0718.2004	143,4420.9694	148,3136.7987	32
33	138,6162.6388	145,9506.2044	153,7102.4519	156,3956.0502	161,9203.4266	33
34	150,3590.2433	158,6266.7007	167,3913.4042	170,4285.7211	176,6835.7179	34
35	163,0118.4872	172,3168.0368	182,2011.2600	185,6309.5311	192,7016.7539	35
36	176,6452.6699	187,1021.4797	198,2327.1890	202,1001.9921	210,0813.1780	36
37	191,3352.7519	203,0703.1981	215,5869.1820	219,9418.8247	228,9382.2981	37
38	207,1637.5901	220,3159.4540	234,3728.3896	239,2703.7268	249,3979.7935	38
39	224,2189.5034	238,9412.2103	254,7085.9817	260,2095.7040	271,5968.0759	39
40	242,5959.1899	259,0565.1871	276,7220.5752	282,8937.0127	295,6825.3624	40
41	262,3971.0271	280,7810.4021	300,5516.2726	307,4681.7638	321,8155.5182	41
42	283,7328.7817	304,2435.2342	326,3471.3651	334,0905.2441	350,1698.7372	42
43	306,7221.7623	329,5830.0530	354,2707.7528	362,9314.0144	380,9343.1299	43
44	331,4931.4489	356,9496.4572	384,4981.1424	394,1756.8490	414,3137.2959	44
45	358,1838.6361	386,5056.1738	417,2192.0866	428,0236.5864	450,5303.9661	45
46	386,9431.1304	418,4260.6677	452,6397.9338	464,6922.9686	489,8254.8032	46
47	417,9312.0430	452,9001.5211	490,9825.7633	504,4166.5493	532,4606.4615	47
48	451,3208.7264	490,1321.6428	532,4886.3888	547,4513.7617	578,7198.0107	48
49	487,2982.4027	530,3427.3742	577,4189.5158	594,0723.2419	628,9109.8416	49
50	526,0638.5389	573,7701.5641	626,0560.1509	644,5783.5120	683,3684.1782	50

MONTANT DE 1 FRANC PLACÉ A LA FIN DE CHAQUE ANNÉE,
APRÈS UN NOMBRE D'ANNÉES DONNÉ.

$$S = \frac{a}{i}\left(r^{n} - 1\right).$$

ANS.	$7\,^{3}/_{4}$	8	$8\,^{1}/_{4}$	$8\,^{1}/_{3}$	$8\,^{1}/_{2}$	ANS.
51	567,8338.0257	620,6717.6892	678,7056.3633	699,2932.1380	742,4547.3333	51
52	612,8409.2226	671,3255.1044	735,6988.5133	758,5676.4829	806,5633.8566	52
53	661,3360.9374	726,0315.5127	797,3940.0657	822,7816.1898	876,1212.7345	53
54	713,5896.4100	785,1140.7538	864,1790.1211	892,3467.5389	951,5915.8169	54
55	769,8928.3818	·848,9232.0141	936,4737.8061	967,7089.8338	1033,4768.6613	55
56	830,5595.3314	917,8370.5752	1014,7328.6751	1049,3513.9866	1122,3223.9975	56
57	895,9278.9696	992,2640.2212	1099,4483.2908	1137,7973.4855	1218,7198.0373	57
58	966,3623.0897	1072,6451.4389	1191,1528.1623	1233,6137.9427	1323,3109.8705	58
59	1042,2553.8792	1159,4567.5540	1290,4229.2357	1337,4149.4379	1436,7924.2095	59
60	1124,0301.8048	1253,2132.9583	1397,8828.1476	1449,8661.8910	1559,9197.7673	60
61	1212,1425.1947	1354,4703.5950	1514,2081.4698	1571,6883.7153	1693,5129.5775	61
62	1307,0835.6473	1463,8279.8826	1640,1303.1910	1703,6624.0249	1838,4615.5916	62
63	1409,3825.4100	1581,9342.2732	1776,4410.7043	1846,6342.6936	1995,7307.9169	63
64	1519,6096.8792	1709,4889.6550	1923,9974.5874	2001,5204.5848	2166,3679.0898	64
65	1638,3794.3874	1847,2480.8274	2083,7272.4909	2169,3138.3002	2351,5091.8125	65
66	1766,3538.4524	1996,0279.2936	2256,6347.4713	2351,0899.8252	2552,3874.6165	66
67	1904,2462.6824	2156,7101.6371	2443,8071.1377	2548,0141.4773	2770,3403.9589	67
68	2052,8253.5403	2330,2469.7681	2646,4212.0066	2761,3486.6004	3006,8193.2954	68
69	2212,9193.1897	2517,6667.3496	2865,7509.4971	2992,4610.4838	3263,3989.7255	69
70	2385,4205.6619	2720,0800.7375	3103,1754.0307	3242,8328.0241	3541,7878.8522	70
71	2571,2906.6007	2938,6864.7965	3360,1873.7382	3514,0688.6927	3843,8398.5546	71
72	2771,5656.8623	3174,7813.9802	3638,4028.3216	3807,9079.4171	4171,5662.4318	72
73	2987,3620.2691	3429,7639.0987	3939,5710.6581	4126,2336.0352	4527,1493.7385	73
74	3219,8825.8400	3705,1450.2266	4265,5856.7874	4471,0864.0382	4912,9570.7063	74
75	3470,4234.8425	4002,5566.2447	4618,4964.9724	4844,6769.3747	5331,5584.2163	75
76	3740,3813.0428	4323,7611.5442	5000,5224.5826	5249,4000.1559	5785,7408.8747	76
77	4031,2608.5537	4670,6620.4678	5414,0655.6107	5687,8500.1689	6278,5288.6290	77
78	4344,6835.7166	5045,3150.1052	5861,7259.6985	6162,8375.1830	6813,2038.1625	78
79	4682,3965.4846	5449,9402.1136	6346,3183.6237	6677,4073.1149	7393,3261.4063	79
80	5046,2822.8097	5886,9354.2827	6870,8896.2726	7234,8579.2078	8022,7588.6259	80
81	5438,3691.5774	6358,8902.6253	7438,7380.2151	7838,7627.4751	8705,6933.6591	81
82	5860,8427.6747	6868,6014.8354	8053,4339.0829	8492,9929.7647	9446,6773.0201	82
83	6316,0580.8195	7419,0896.0222	8718,8422.0572	9201,7423.9118	10250,6448.7268	83
84	6806,5525.8330	8013,6167.7040	9439,1466.8769	9969,5542.5711	11122,9496.8686	84
85	7335,0604.0850	8655,7061.1203	10218,8762.8943	10801,3504.4520	12069,4004.1024	85
86	7904,5275.9016	9349,1626.0099	11062,9335.8330	11702,4629.8230	13096,2994.4511	86
87	8518,1284.7840	10098,0956.0907	11976,6256.0393	12678,6682.3083	14210,4848.9794	87
88	9179,2834.3547	10906,9432.5780	12965,6972.1625	13736,2239.1673	15419,3761.1427	88
89	9891,6779.0172	11780,4987.1842	14036,3672.3659	14881,9092.4312	16731,0230.8398	89
90	10659,2829.3911	12723,9386.1589	15195,3675.3361	16123,0683.4672	18154,1600.4612	90
91	11486,3773.6689	13742,8537.0516	16449,9853.5513	17467,6573.7561	19698,2636.5004	91
92	12377,5716.1282	14843,2820.0158	17808,1091.4693	18924,2954.9024	21373,6160.6029	92
93	13337,8334.1282	16031,7445.6170	19278,2781.5155	20502,3201.1443	23191,3734.2542	93
94	14372,5155.0231	17315,2841.2664	20869,7360.9905	22211,8467.9063	25163,6401.6658	94
95	15487,3854.5374	18701,5068.5677	22592,4893.2723	24063,8340.2319	27303,5495.8074	95
96	16688,6578.2640	20198,6274.0531	24457,3696.9672	26070,1535.2512	29625,3512.9510	96
97	17983,0288.0795	21815,5175.9774	26476,1026.9670	28243,6663.1888	32144,5061.5518	97
98	19377,7135.4056	23561,7590.0555	28661,3811.6918	30598,3051.7879	34877,7891.7837	98
99	20880,4863.3996	25447,6997.2600	31026,9451.1564	33149,1639.4368	37843,4012.5853	99
100	22499,7240.3131	27484,5157.0408	33587,6680.8768	35912,5942.7233	41061,0903.6551	100

TABLE II.

$$S = \frac{a}{t}.(r^n - 1).$$

MONTANT DE 1 FRANC PLACÉ A LA FIN DE CHAQUE ANNÉE, APRÈS UN NOMBRE D'ANNÉES DONNÉ.

ANS.	$8\,^2/_3$	$8\,^3/_4$	9	$9\,^1/_4$	$9\,^1/_3$	ANS.
1	1,0000.0000	1,0000.0000	1,0000.0000	1,0000.0000	1,0000.0000	1
2	2,0866.6667	2,0875.0000	2,0900.0000	2,0925.0000	2,0933.3333	2
3	3,2675.1111	3,2701.5625	3,2781.0000	3,2860.5625	3,2887.1111	3
4	4,5506.9541	4,5562.9492	4,5731.2900	4,5900.1645	4,5956.5748	4
5	5,9450.8901	5,9549.7073	5,9847.1061	6,0145.9297	6,0245.8551	5
6	7,4603.3006	7,4760.3067	7,5233.3456	7,5709.4283	7,5868.8016	6
7	9,1068.9200	9,1301.8335	9,2004.3468	9,2712.5504	9,2949.8898	7
8	10,8961.5597	10,9290.7439	11,0284.7380	11,1288.4613	11,1625.2128	8
9	12,8404.8949	12,8853.6840	13,0210.3644	13,1582.6439	13,2043.5660	9
10	14,9533.3191	15,0128.3814	15,1929.2972	15,3754.0385	15,4367.6322	10
11	17,2492.8734	17,3264.6147	17,5602.9339	17,7976.2871	17,8775.2778	11
12	19,7442.2558	19,8425.2685	20,1407.1980	20,4439.0936	20,5460.9704	12
13	22,4553.9179	22,5787.4795	22,9533.8458	23,3349.7098	23,4637.3277	13
14	25,4015.2575	25,5543.8840	26,0191.8919	26,4934.5579	26,6536.8116	14
15	28,6029.9131	28,7903.9738	29,3609.1622	29,9441.0045	30,1413.5807	15
16	32,0819.1723	32,3095.5715	33,0033.9868	33,7139.2975	33,9545.5149	16
17	35,8623.5005	36,1366.4341	36,9737.0456	37,8324.6825	38,1236.4296	17
18	39,9704.2039	40,2985.9970	41,3013.3797	42,3319.7156	42,6818.4963	18
19	44,4345.2349	44,8247.2718	46,0184.5839	47,2476.7893	47,6654.8893	19
20	49,2855.1553	49,7468.9081	51,1601.1964	52,6180.8923	53,1142.6790	20
21	54,5569.2687	55,0997.4375	56,7645.3041	58,4852.6249	59,0715.9957	21
22	60,2851.9387	60,9209.7133	62,8733.3815	64,8951.4927	65,5849.4886	22
23	66,5099.1067	67,2515.5632	69,5319.3858	71,8979.5057	72,7062.1076	23
24	73,2741.0293	74,1360.6750	76,7898.1305	79,5485.1100	80,4921.2376	24
25	80,6245.2518	81,6229.7340	84,7008.9623	87,9067.4827	89,0047.2198	25
26	88,6119.8403	89,7649.8358	93,3239.7689	97,0381.2248	98,3118.2936	26
27	97,2916.8931	98,6194.1964	102,7231.3481	107,0141.4881	108,4876.0010	27
28	106,7236.3572	108,2486.1886	112,9682.1694	117,9129.5758	119,6131.0945	28
29	116,9730.1748	118,7203.7301	124,1353.5646	129,8199.0615	131,7769.9966	29
30	128,1106.7900	130,1084.0565	136,3075.3855	142,8282.4747	145,0761.8630	30
31	140,2136.0451	142,4928.9114	149,5752.1701	157,0398.6036	159,6166.3035	31
32	153,3654.5023	155,9610.1912	164,0369.8655	172,5660.4745	175,5141.8252	32
33	167,6571.2259	170,6076.0829	179,8003.1533	189,5284.0684	192,8955.0622	33
34	183,1874.0654	186,5357.7402	196,9823.4372	208,0597.8447	211,8990.8680	34
35	200,0636.4845	203,8576.5424	215,7107.5465	228,3053.1453	232,6763.3490	35
36	218,4024.9798	222,6951.9899	236,1247.2257	250,4235.5613	255,3927.9283	36
37	238,3307.1447	243,1810.2890	258,3759.4760	274,5877.3507	280,2294.5349	37
38	259,9860.4306	265,4593.6893	282,6297.8288	300,9871.0056	307,3842.0248	38
39	283,5181.6679	289,6870.6371	309,0664.6334	329,8284.0736	337,0733.9471	39
40	309,0897.4124	316,0346.8178	337,8824.4504	361,3375.3505	369,5335.7822	40
41	336,8775.1882	344,6877.1644	369,2918.6510	395,7612.5704	405,0233.7886	41
42	367,0735.7045	375,8478.9163	403,5281.3296	433,3691.7331	443,8255.6088	42
43	399,8866.1322	409,7345.8215	440,8456.6492	474,4558.2185	486,2492.7990	43
44	435,5434.5303	446,5863.5808	481,5217.7477	519,3429.8537	532,6325.4602	44
45	474,2905.5229	486,6626.6442	525,8587.3449	568,3822.1151	583,3449.1698	45
46	516,3957.3349	530,2456.4755	574,1860.2060	621,9575.6608	638,7904.4257	46
47	562,1500.3040	577,6421.4171	626,8627.6245	680,4886.4094	699,4108.8388	47
48	611,8696.9970	629,1858.2911	684,2804.1107	744,4338.4023	765,6892.3304	48
49	665,8984.0700	685,2395.8916	746,8656.4807	814,2939.7045	838,1535.6145	49
50	724,6096.0228	746,1980.5321	815,0835.5640	890,6161.6271	917,3812.2719	50

MONTANT DE 1 FRANC PLACÉ A LA FIN DE CHAQUE ANNÉE, APRÈS UN NOMBRE D'ANNÉES DONNÉ.

$$S = \frac{a}{i}(r^n - 1).$$

ANS.	$8\,^2/_3$	$8\,^3/_4$	9	$9\,^1/_4$	$9\,^1/_3$	ANS.
51	788,4091.0114	812,4903.8287	889,4410.7647	973,9981.5777	1004,0034.7506	51
52	857,7378.8991	884,5832.9137	970,4907.7335	1065,0929.8736	1098,7104.6607	52
53	933,0751.7370	962,9843.2936	1058,8349.4296	1164,6140.8869	1202,2567.7623	53
54	1014,9416.8875	1048,2454.5818	1155,1300.8782	1273,3408.9189	1315,4674.0868	54
55	1103,9033.0178	1140,9669.3577	1260,0917.9573	1392,1249.2439	1439,2443.6682	55
56	1200,5749.2127	1241,8015.4265	1374,5000.5734	1521,8964.7990	1574,5738.4106	56
57	1305,6247.4778	1351,4591.7763	1499,2050.6250	1663,6719.0429	1722,5340.6623	57
58	1419,7788.9258	1470,7118.5568	1635,1335.1813	1818,5615.5544	1884,3039.1241	58
59	1543.8263.9661	1600,3991.4305	1783,2955.3476	1987,7784.9932	2061,1722.7757	59
60	1678,6246.8431	1741,4340.6807	1944,7921.3289	2172,6480.1050	2254,5483.5681	60
61	1825,1054.9029	1894,8095.4902	2120,8234.2485	2374,6179.5147	2465,9728.7011	61
62	1984,2812.9945	2061,6053.8456	2312,6975.3308	2595,2701.1199	2697,1303.3799	62
63	2157,2523.4540	2242,9958.5571	2521,8403.1106	2836,3325.9734	2949,8625.0286	63
64	2345,2142.1533	2440,2579.9308	2749,8059.3906	3099,6933.6260	3226,1830.0313	64
65	2549,4661.1399	2654,7805.6748	2998,2884.7357	3387,4149.9864	3528,2934.1676	65
66	2771,4198.4387	2888,0738.6713	3269,1344.3619	3701,7508.8601	3858,6008.0232	66
67	3012,6095.6368	3141,7803.3051	3564,3565.3545	4045,1628.4297	4219,7368.7720	67
68	3274,7023.9253	3417,6861.0943	3886,1486.2364	4420,3404.0594	4614,5789.8574	68
69	3559,5099.3321	3717,7336.4400	4236,9019.9977	4830,2218.9349	5046,2730.2441	69
70	3869,0007.9409	4044,0353.3785	4619,2231.7975	5278,0174.1864	5518,2585.0669	70
71	4205,3141.9625	4398,8884.2992	5035,9532.6593	5767,2340.2987	6034,2959.6732	71
72	4570,7747.5992	4784,7911.6753	5490,1890.5986	6301,7031.7763	6598,4969.2427	72
73	4967,9085.7245	5204,4603.9469	5985,3060.7525	6885,6107.2156	7215,3566.3720	73
74	5399,4606.4873	5660,8506.7923	6524,9836.2202	7523,5297.1330	7889,7899.2334	74
75	5868,4139.0495	6157,1751.1366	7113,2321.4800	8220,4562.1178	8627,1703.1618	75
76	6378,0097.7671	6696,9279.3611	7754,4230.4132	8981,8484.1137	9433,3728.7902	76
77	6931,7706.2403	7283,9091.3051	8453,3211.1504	9813,6693.8943	10314,8210.1440	77
78	7533,5240.7811	7922,2511.7943	9215,1200.1539	10722,4338.0795	11278,5376.4241	78
79	8187,4294.9821	8616,4481.5764	10045,4808.1678	11715,2589.3518	12332,2011.5570	79
80	8898,0067.2139	9371,3873.7143	10950,5740.9029	12799,9203.8669	13484,2065.9690	80
81	9670,1673.0391	10192,3837.6643	11937,1257.5842	13984,9130.2246	14743,7325.4594	81
82	10509,2484.7025	11085,2173.4599	13012,4670.7667	15279,5174.7703	16120,8142.5023	82
83	11421,0500.0434	12056,1738.6377	14184,5891.1357	16693,8728.4366	17626,4235.8025	83
84	12411,8743.3805	13112,0890.7684	15462,2021.3379	18239,0560.8170	19272,5564.4774	84
85	13488,5701.1402	14260,3968.7107	16854,8003.2584	19927,1687.6925	21072,3283.8287	85
86	14658,5795.2390	15509,1815.9729	18372,7323.5516	21771,4318.8041	23040,0790.3193	86
87	15929,9897.4930	16867,2349.8705	20027,2782.6713	23786,2893.2935	25191,4864.0825	87
88	17311,5888.6091	18344,1180.4842	21820,7333.1117	25987,5210.9231	27543,6918.0635	88
89	18812,9265.6219	19950,2283.7765	23796,4993.0917	28392,3667.9335	30115,4363.7494	89
90	20444,3801.9757	21696,8733.6070	25939,1842.4700	31019,6607.2174	32927,2104.3660	90
91	22217,2264.8136	23596,3497.7976	28274,7108.2923	33889,9793.3850	36001,4167.4402	91
92	24143,7194.4308	25662,0303.8549	30820,4348.0386	37025,8024.2731	39362,5489.7346	92
93	26237,1751.2815	27908,4580.4422	33595,2739.3621	40451,6891.5183	43037,3868.7765	93
94	28512,0636.3926	30351,4481.2309	36619,8485.9046	44194,4703.9838	47055,2096.5290	94
95	30984,1091.5466	33008,1998.3386	39916,6349.6361	48283,4589.1023	51448,0292.2050	95
96	33670,3986.1473	35897,4173.1932	43510,1321.1033	52750,6788.5943	56250,8452.8108	96
97	36589,4998.2801	39039,4413.3476	47427,0440.0026	57631,1166.5392	61501,9241.7399	97
98	39761,5898.1310	42456,3924.5155	51696,4779.6028	62962,9949.4441	67243,1037.6356	98
99	43208,5942.6357	46172,3267.9106	56350,1609.7671	68788,0719.7677	73520,1267.8149	99
100	46954,3390.9974	50213,4053.8528	61422,6754.6461	75151,9686.3462	80383,0052.8110	100

TABLE II.

$$S = \frac{a}{t}(r^n - 1).$$

MONTANT DE 1 FRANC PLACÉ A LA FIN DE CHAQUE ANNÉE, APRÈS UN NOMBRE D'ANNÉES DONNÉ.

ANS.	9 $^1/_2$	9 $^2/_3$	9 $^3/_4$	10	ANS.
1	1,0000.0000	1,0000.0000	1,0000.0000	1,0000.0000	1
2	2,0950.0000	2,0966.6667	2,0975.0000	2,1000.0000	2
3	3,2940.2500	3,2993.4444	3,3020.0625	3,3100.0000	3
4	4,6069.5738	4,6182.8107	4,6239.5186	4,6410.0000	4
5	6,0446.1833	6,0647.1491	6,0747.8717	6,1051.0000	5
6	7,6188.5707	7,6509.7069	7,6670.7891	7,7156.1000	6
7	9,3426.4849	9,3905.6452	9,4146.1911	9,4871.7100	7
8	11,2302.0009	11,2983.1909	11,3325.4447	11,4358.8810	8
9	13,2970.6910	13,3904.8993	13,4374.6756	13,5794.7691	9
10	15,5602.9067	15,6849.0396	15,7476.2064	15,9374.2460	10
11	18,0385.1828	18,2011.1134	18,2830.1366	18,5311.6706	11
12	20,7521.7752	20,9605.5211	21,0656.0749	21,3842.8377	12
13	23,7236.3438	23,9867.3881	24,1195.0422	24,5227.1214	13
14	26,9773.7965	27,3054.5690	27,4711.5588	27,9749.8336	14
15	30,5402.3072	30,9449.8440	31,1495.9358	31,7724.8169	15
16	34,4415.5263	34,9363.3289	35,1866.7895	35,9497.2986	16
17	38,7135.0013	39,3135.1173	39,6173.8015	40,5447.0285	17
18	43,3912.8265	44,1138.1787	44,4800.7472	45,5991.7313	18
19	48,5134.5450	49,3781.5360	49,8168.8200	51,1590.9045	19
20	54,1222.3267	55,1513.7511	55,6740.2799	57,2749.9949	20
21	60,2638.4478	61,4826.7470	62,1022.4572	64,0024.9944	21
22	66,9889.1003	68,4259.9993	69,1572.1468	71,4027.4939	22
23	74,3528.5649	76,0405.1325	76,9000.4311	79,5430.2433	23
24	82,4163.7785	84,3910.9620	85,3977.9732	88,4973.2676	24
25	91,2459.3375	93,5489.0216	94,7240.8256	98,3470.5943	25
26	100,9142.9745	103,5919.6271	104,9596.8061	109,1817.6538	26
27	111,5011.5571	114,6058.5244	116,1932.4946	121,0999.4191	27
28	123,0937.6550	126,6844.1817	128,5220.9129	134,2099.3611	28
29	135,7876.7323	139,9305.7859	142,0529.9519	148,6309.2972	29
30	149,6875.0218	154,4572.0119	156,9031.6222	164,4940.2269	30
31	164,9078.1489	170,3880.6397	173,2012.2053	181,9434.2496	31
32	181,5740.5731	187,8589.1016	191,0883.3954	201,1377.6745	32
33	199,8235.9275	207,0186.0481	210,7194.5264	222,2515.4420	33
34	219,8068.3406	228,0304.0327	232,2645.9927	245,4766.9862	34
35	241,6884.8330	251,0733.4225	255,9103.9770	271,0243.6848	35
36	265,6488.8921	276,3437.6534	281,8616.6148	299,1268.0533	36
37	291,8855.3369	304,0569.9599	310,3431.7347	330,0394.8586	37
38	320,6146.5939	334,4491.7227	341,6016.3289	364,0434.3445	38
39	352,0730.5203	367,7792.5892	375,9077.9209	401,4477.7789	39
40	386,5199.9197	404,3312.5395	413,5588.0182	442,5925.5568	40
41	424,2393.9121	444,4166.0850	454,8807.8500	487,8518.1125	41
42	465,5421.3337	488,3768.8065	500,2316.6154	537,6369.9238	42
43	510,7686.3604	536,5866.4578	550,0042.4854	592,4006.9161	43
44	560,2916.5647	589,4566.8821	604,6296.6277	652,6407.6077	44
45	614,5193.6383	647,4375.0140	664,5810.5489	718,9048.3685	45
46	673,8987.0340	711,0231.2653	730,3777.0774	791,7953.2054	46
47	738,9190.8022	780,7553.6210	802,5895.3425	871,9748.5259	47
48	810,1163.9284	857,2283.8043	881,8420.1334	960,1723.3785	48
49	888,0774.5016	941,0937.9054	968,8216.1018	1057,1895.7163	49
50	973,4448.0793	1033,0661.9030	1064,2817.1718	1163,9085.2880	50

TABLE II.

MONTANT DE 1 FRANC PLACÉ A LA FIN DE CHAQUE ANNÉE, APRÈS UN NOMBRE D'ANNÉES DONNÉ.

$$S = \frac{a}{i}(r^n - 1).$$

ANS.	$9\,^1/_2$	$9\,^2/_3$	$9\,^3/_4$	10	ANS.
51	1066,9220.6468	1133,9292.5536	1169,0491.8460	1281,2993.8168	51
52	1169,2796.6082	1244,5424.1671	1284,0314.8010	1410,4293.1984	52
53	1281,3612.2860	1365,8481.8366	1410,2245.4941	1552,4722.5183	53
54	1404,0905.4532	1498,8801.7474	1548,7214.4298	1708,7194.7701	54
55	1538,4791.4713	1644,7719.2497	1700,7217.8367	1880,5915.2471	55
56	1685,6346.6610	1804,7665.4438	1867,5421.5758	2069,6505.6718	56
57	1846,7699.5938	1980,2273.1034	2050,6275.1794	2277,6156.2390	57
58	2023,2131.0552	2172,6492.8367	2251,5637.0094	2506,3771.8629	58
59	2216,4183.5055	2383,6720.4776	2472,0911.6178	2758,0149.0491	59
60	2427,9780.9385	2615,0936.7905	2714,1200.5006	3034,8163.9541	60
61	2659,6360.1277	2868,8860.6802	2979,7467.5494	3339,2980.3496	61
62	2913,3014.3398	3147,2117.2126	3271,2720.6354	3674,2278.3845	62
63	3191,0650.7021	3452,4421.8765	3591,2210.8974	4042,6506.2230	63
64	3495,2162.5188	3787,1782.6579	3942,3651.4599	4447,9156.8453	64
65	3828,2617.9580	4154,2721.6482	4327,7457.4772	4893,7072.5298	65
66	4192,9466.6641	4556,8518.0742	4750,7009.5812	5384,0779.7828	66
67	4592,2765.9971	4998,3474.8213	5214,8943.0154	5923,4857.7611	67
68	5029,5428.7669	5482,5210.7207	5724,3464.9594	6516,8343.5371	68
69	5508,3494.4997	6013,4981.0904	6283,4702.7929	7169,5177.8909	69
70	6032,6426.4772	6595,8029.2625	6897,1086.3153	7887,4695.6800	70
71	6606,7436.9925	7234,3972.0912	7570,5767.2310	8677,2165.2480	71
72	7235,3843.5068	7934,7222.7266	8309,7079.5360	9545,9381.7728	72
73	7923,7458.6400	8702,7454.2569	9120,9044.7908	10501,5319.9500	73
74	8677,5017.2108	9545,0108.1684	10011,1926.6579	11552,6851.9450	74
75	9502,8643.8458	10468,6951.9580	10988,2839.5070	12708,9537.1395	75
76	10406,6365.0111	11481,6690.6473	12060,6416.3590	13980,8490.8535	76
77	11396,2669.6872	12592,5637.4098	13237,5541.9540	15379,9339.9388	77
78	12479,9123.3075	13810,8449.0261	14529,2157.2945	16918,9273.9327	78
79	13666,5040.0217	15146,8932.4320	15946,8142.6307	18611,8201.3260	79
80	14965,8218.8238	16612,0929.2338	17502,6286.5372	20474,0021.4586	80
81	16388,5749.6120	18218,9285.7263	19210,1349.4745	22522,4023.6045	81
82	17946,4895.8251	19981,0916.6799	21084,1231.0483	24775,6425.9649	82
83	19652,4060.9285	21913,5971.9590	23140,8251.0755	27254,2068.5614	83
84	21520,3846.7167	24032,9115.9150	25398,0555.5554	29980,6275.4175	84
85	23565,8212.1548	26357,0930.4534	27875,3659.7220	32979,6902.9593	85
86	25805,5742.3095	28905,9453.7306	30594,2141.5449	36278,6593.2552	86
87	28258,1037.8290	31701,1867.5912	33578,1500.3456	39907,5252.5807	87
88	30943,6236.4227	34766,6348.1250	36853,0196.6293	43899,2777.8388	88
89	33884,2678.8829	38128,4095.1105	40447,1890.8006	48290,2055.6227	89
90	37104,2733.3767	41815,1557.6378	44391,7900.1537	53120,2261.1850	90
91	40630,1793.0475	45858,2874.8761	48720,9895.4187	58433,2487.3035	91
92	44491,0463.3870	50292,2552.7808	53472,2860.2220	64277,5736.0338	92
93	48718,6957.4088	55154,8399.5496	58686,8339.0937	70706,3309.6372	93
94	53347,9718.3626	60487,4744.8394	64409,8002.1552	77777,9640.6009	94
95	58417,0291.6071	66335,5970.1739	70690,7557.3654	85556,7604.6610	95
96	63967,6469.3098	72749,0380.6241	77584,1044.2085	94113,4365.1271	96
97	70045,5733.8942	79782,4450.7510	85149,5546.0188	103525,7801.6398	97
98	76700,9028.6142	87495,7480.9903	93452,6361.7557	113879,3581.8038	98
99	83988,4886.3325	95954,6704.1527	102565,2682.0269	125268,2939.9842	99
100	91968,3950.5341	105231,2885.5541	112566,3818.5245	137796,1233.9826	100

TABLE II.

$$S = \frac{a}{t}(r^n - 1).$$

**MONTANT DE 1 FRANC PLACÉ A LA FIN DE CHAQUE ANNÉE,
APRÈS UN NOMBRE D'ANNÉES DONNÉ.**

ANS.	10 ¹/₂	11	11 ¹/₂	12	ANS.
1	1,0000.0000	1,0000.0000	1,0000.0000	1,0000.0000	1
2	2,1050.0000	2,1100.0000	2,1150.0000	2,1200.0000	2
3	3,3260.2500	3,3421.0000	3,3582.2500	3,3744.0000	3
4	4,6752.5763	4,7097.3100	4,7444.2088	4,7793.2800	4
5	6,1661.5968	6,2278.0141	6,2900.2928	6,3528.4736	5
6	7,8136.0644	7,9128.5957	8,0133.8264	8,1151.8904	6
7	9,6340.3512	9,7832.7412	9,9349.2165	10,0890.1173	7
8	11,6456.0881	11,8594.3427	12,0774.3764	12,2996.9314	8
9	13,8683.9773	14,1639.7204	14,4663.4296	14,7756.5631	9
10	16,3245.7949	16,7220.0896	17,1299.7240	17,5487.3507	10
11	19,0386.6034	19,5614.2995	20,0999.1923	20,6545.8328	11
12	22,0377.1967	22,7131.8724	23,4114.0994	24,1331.3327	12
13	25,3516.8024	26,2116.3784	27,1037.2209	28,0291.0926	13
14	29,0136.0666	30,0949.1800	31,2206.5013	32,3926.0238	14
15	33,0600.3536	34,4053.5898	35,8110.2489	37,2797.1466	15
16	37,5313.3908	39,1899.4847	40,9292.9275	42,7532.8042	16
17	42,4721.2968	44,5008.4281	46,6361.6142	48,8836.7407	17
18	47,9317.0330	50,3959.3551	52,9993.1998	55,7497.1496	18
19	53,9645.3214	56,9394.8842	60,0942.4178	63,4396.8075	19
20	60,6308.0802	64,2028.3215	68,0050.7958	72,0524.4244	20
21	67,9970.4286	72,2651.4368	76,8256.6374	81,6987.3554	21
22	76,1367.3236	81,2143.0949	86,6606.1507	92,5025.8380	22
23	85,1310.8926	91,1478.8353	97,6265.8580	104,6028.9386	23
24	95,0698.5363	102,1741.5072	109,8536.4317	118,1552.4112	24
25	106,0521.8826	114,4133.0730	123,4868.1213	133,3338.7006	25
26	118,1876.6803	127,9987.7110	138,6877.9553	150,3339.3446	26
27	131,5973.7317	143,0786.3592	155,6368.9201	169,3740.0660	27
28	146,4150.9736	159,8172.8587	174,5351.3459	190,6988.8739	28
29	162,7886.8258	178,3971.8732	195,6066.7507	214,5827.5388	29
30	180,8814.9425	199,0208.7793	219,1014.4270	241,3326.8434	30
31	200,8740.5114	221,9131.7450	245,2981.0861	271,2926.0646	31
32	222,9658.2651	247,3236.2369	274,5073.9111	304,8477.1924	32
33	247,3772.3830	275,5292.2230	307,0757.4108	342,4294.4555	33
34	274,3518.4832	306,8374.3675	343,3894.5131	384,5209.7901	34
35	304,1587.9239	341,5895.5480	383,8792.3821	431,6634.9649	35
36	337,0954.6560	380,1644.0582	429,0253.5060	484,4631.1607	36
37	373,4904.8948	422,9824.9046	479,3632.6592	543,5986.9000	37
38	413,7069.9088	470,5105.6441	535,4900.4150	609,8305.3280	38
39	458,1462.2492	523,2667.2650	598,0713.9627	684,0101.9674	39
40	507,2515.7854	581,8260.6641	667,8496.0685	767,0914.2034	40
41	561,5129.9428	646,8269.3372	745,6523.1163	860,1423.9079	41
42	621,4718.5868	718,9778.9643	832,4023.2747	964,3594.7768	42
43	687,7264.0385	799,0654.6504	929,1285.9513	1081,0826.1500	43
44	760,9376.7625	887,9626.6619	1036,9783.8357	1211,8125.2880	44
45	841,8361.3225	986,6385.5947	1157,2308.9768	1358,2300.3226	45
46	931,2289.2614	1096,1688.0101	1291,3124.5091	1522,2176.3613	46
47	1030,0079.6339	1217,7473.6912	1440,8133.8277	1705,8837.5247	47
48	1139,1587.9954	1352,6995.7973	1607,5069.2179	1911,5898.0276	48
49	1259,7704.7349	1502,4965.3350	1793,3702.1779	2141,9805.7909	49
50	1393,0463.7321	1668,7711.5218	2000,6077.9284	2400,0182.4858	50

MONTANT DE 1 FRANC PLACÉ A LA FIN DE CHAQUE ANNÉE,
APRÈS UN NOMBRE D'ANNÉES DONNÉ.

$$S = \frac{a}{i}\left(r^{n} - 1\right).$$

ANS.	10 $\frac{1}{2}$	11	11 $\frac{1}{2}$	12	ANS.
51	1540,3162.4240	1853,3359.7892	2231,6776.8902	2689,0204.3841	51
52	1703,0494.4785	2058,2029.3661	2489,3206.2325	3012,7028.9102	52
53	1882,8696.3987	2285,6052.5963	2776,5924.9493	3375,2272.3795	53
54	2081,5709.5206	2538,0218.3819	3096,9906.3184	3781,2545.0650	54
55	2301,1359.0203	2818,2042.4039	3454,0442.0450	4236,0050.4728	55
56	2543,7551.7174	3129,2067.0684	3852,2592.8802	4745,3256.5295	56
57	2811,8494.6477	3474,4194.4459	4296,2691.0615	5315,7647.3131	57
58	3108,0936.5857	3857,6055.8349	4791,3400.5335	5954,6564.9906	58
59	3435,4434.9272	4282,9421.9768	5343,3441.5949	6670,2152.7895	59
60	3797,1650.5946	4755,0658.3942	5958,8287.3783	7471,6411.1243	60
61	4196,8673.9070	5279,1230.8176	6645,0940.4268	8369,2380.4592	61
62	4638,5384.6673	5860,8266.2075	7410,2798.5759	9374,5466.1143	62
63	5126,5850.0573	6506,5175.4903	8263,4620.4121	10500,4922.0480	63
64	5665,8764.3134	7223,2344.7943	9214,7601.7595	11761,5512.6937	64
65	6261,7934.5663	8018,7902.7216	10275,4575.9618	13173,9374.2170	65
66	6920,2817.6957	8901,8572.0210	11458,1352.1974	14755,8099.1230	66
67	7647,9113.5538	9882,0614.9433	12776,8207.7002	16527,5071.0178	67
68	8451,9420.4769	10970,0882.5871	14247,1551.5857	18511,8079.5399	68
69	9340,3959.6270	12177,7979.6717	15886,5780.0180	20734,2249.0847	69
70	10322,1375.3878	13518,3557.4356	17714,5344.7201	23223,3318.9749	70
71	11406,9619.8035	15006,3748.7535	19752,7059.3629	26011,1317.2519	71
72	12605,6929.8829	16658,0761.1164	22025,2671.1896	29133,4675.3221	72
73	13930,2907.5206	18491,4644.8392	24559,1728.3764	32630,4836.3607	73
74	15393,9712.8103	20526,5255.7715	27384,4777.1397	36547,1416.7240	74
75	17011,3382.6554	22785,4433.9063	30534,6926.5108	40933,7986.7309	75
76	18798,5287.8342	25292,8421.6360	34047,1823.0596	45846,8545.1386	76
77	20773,3743.0568	28076,0548.0160	37963,6082.7114	51349,4770.5552	77
78	22955,5786.0777	31165,4208.2978	42330,4232.2232	57512,4143.0219	78
79	25366,9143.6159	34594,6171.2105	47199,4218.9289	64414,9040.1845	79
80	28031,4403.6956	38401,0250.0437	52628,3554.1057	72145,6925.0066	80
81	30975,7416.0836	42626,1377.5485	58681,6162.8279	80804,1756.0074	81
82	34229,1944.7724	47316,0129.0788	65431,0021.5531	90501,6766.7283	82
83	37824,2598.9735	52521,7743.2775	72956,5674.0317	101362,8778.7357	83
84	41796,8071.8657	58300,1695.0380	81347,5721.5453	113527,4232.1840	84
85	46186,4719.4116	64714,1881.4922	90703,5435.0980	127151,7140.0461	85
86	51037,0514.9498	71833,7488.4563	101135,4510.1343	142410,9196.8516	86
87	56396,9419.0196	79736,4612.1865	112767,0278.7997	159501,2300.4738	87
88	62319,6208.0166	88508,4719.5270	125736,2360.8617	178642,3776.5307	88
89	68864,1809.8584	98245,4038.6750	140196,9032.3608	200080,4629.7143	89
90	76095,9199.8935	109053,3982.9292	156320,5471.0823	224091,1185.2801	90
91	84086,9915.8823	121050,2721.0515	174298,4100.2568	250983,0527.5137	91
92	92917,1257.0499	134366,8020.3671	194343,7271.7863	281102,0190.8153	92
93	102674,4239.0402	149148,1502.6075	216694,2558.0417	314835,2613.7131	93
94	113456,2384.1394	165555,4467.8943	241615,0952.2165	352616,4927.3587	94
95	125370,1434.4740	183767,5459.3627	269401,8311.7214	394931,4718.6418	95
96	138535,0085.0938	203982,9759.8926	300384,0417.5694	442324,2484.8788	96
97	153082,1844.0287	226422,1033.4808	334929,2065.5898	495404,1583.0642	97
98	169156,8137.6517	251329,5347.1637	373447,0653.1327	554853,6573.0319	98
99	186919,2792.1051	278976,7835.3517	416394,4778.2429	621437,0961.7958	99
100	206546,8035.2761	309665,2297.2404	464280,8427.7409	696010,5477.2113	100

TABLE II.

$$S = \frac{a}{t}(r^n - 1).$$

MONTANT DE 1 FRANC PLACÉ A LA FIN DE CHAQUE ANNÈE, APRÈS UN NOMBRE D'ANNÉES DONNÉ.

ANS.	12 ¹/₂	13	13 ¹/₂	14	ANS.
1	1,0000.0000	1,0000.0000	1,0000.0000	1,0000.0000	1
2	2,1250.0000	2,1300.0000	2,1350.0000	2,1400.0000	2
3	3,3906.2500	3,4069.0000	3,4232.2500	3,4396.0000	3
4	4,8144.5313	4,8497.9700	4,8853.6038	4,9211.4400	4
5	6,4162.5977	6,4802.7061	6,5448.8403	6,6101.0416	5
6	8,2182.9224	8,3227.0579	8,4284.4337	8,5355.1874	6
7	10,2455.7877	10,4046.5754	10,5662.8322	10,7304.9137	7
8	12,5262.7611	12,7572.6302	12,9927.3146	13,2327.6016	8
9	15,0920.6063	15,4157.0722	15,7467.5021	16,0853.4658	9
10	17,9785.6820	18,4197.4915	18,8725.6148	19,3372.9510	10
11	21,2258.8923	21,8143.1654	22,4203.5728	23,0445.1641	11
12	24,8791.2538	25,6501.7769	26,4471.0552	27,2707.4871	12
13	28,9890.1606	29,9847.0079	31,0174.6476	32,0886.5353	13
14	33,6126.4306	34,8827.1190	36,2048.2251	37,5810.6503	14
15	38,8142.2345	40,4174.6444	42,0924.7354	43,8424.1413	15
16	44,6660.0138	46,6717.3482	48,7749.5747	50,9803.5211	16
17	51,2492.5155	53,7390.6035	56,3595.7673	59,1176.0141	17
18	58,6554.0799	61,7251.3819	64,9681.1959	68,3940.6560	18
19	66,9873.3399	70,7494.0616	74,7388.1573	78,9692.3479	19
20	76,3607.5074	80,9468.2896	85,8285.5586	91,0249.2766	20
21	86,9058.4458	92,4699.1672	98,4154.1090	104,7684.1753	21
22	98,7690.7515	105,4910.0590	112,7014.9137	120,4359.9598	22
23	112,1152.0955	120,2048.3667	128,9161.9271	138,2970.3542	23
24	127,1296.1074	136,8314.6543	147,3198.7872	158,6586.2038	24
25	144,0208.1209	155,6195.5594	168,2080.6235	181,8708.2723	25
26	163,0234.1360	176,8500.9821	191,9161.5077	208,3327.4304	26
27	184,4013.4030	200,8406.1098	218,8248.3112	238,4993.2707	27
28	208,4515.0783	227,9498.9040	249,3661.8332	272,8892.3286	28
29	235,5079.4631	258,5833.7616	284,0306.1807	312,0937.2546	29
30	265,9464.3960	293,1992.1506	323,3747.5151	356,7868.4702	30
31	300,1897.4455	332,3151.1301	368,0303.4296	407,7370.0561	31
32	338,7134.6262	376,5160.7771	418,7144.3926	465,8201.8639	32
33	382,0526.4545	426,4631.6781	476,2408.8856	532,0350.1249	33
34	430,8092.2613	482,9033.7962	541,5334.0851	607,5199.1423	34
35	485,6603.7939	546,6808.1897	615,6404.1866	693,5727.0223	35
36	547,3679.2682	618,7493.2544	699,7518.7518	791,6728.8054	36
37	616,7889.1767	700,1867.3775	795,2183.7833	903,5070.8382	37
38	694,8875.3238	792,2110.1365	903,5728.5941	1030,9980.7555	38
39	782,7484.7393	896,1984.4543	1026,5551.9543	1176,3378.0613	39
40	881,5920.3317	1013,7042.4333	1166,1401.4681	1342,0250.9898	40
41	992,7910.3731	1146,4857.9497	1324,5690.6663	1530,9086.1284	41
42	1117,8899.1698	1296,5289.4831	1504,3858.9063	1746,2358.1864	42
43	1258,6261.5660	1466,0777.1159	1708,4779.8586	1991,7088.3325	43
44	1416,9544.2618	1657,6678.1410	1940,1225.1395	2271,5480.6990	44
45	1595,0737.2945	1874,1646.2994	2203,0390.5334	2590,5647.9969	45
46	1795,4579.4563	2118,8060.3183	2501,4493.2554	2954,2438.7165	46
47	2020,8901.8883	2395,2508.1596	2840,1449.8448	3368,8380.1368	47
48	2274,5014.6244	2707,6334.2204	3224,5645.5739	3841,4753.3559	48
49	2559,8141.4524	3060,6257.6691	3660,8807.7264	4380,2818.8258	49
50	2880,7909.1340	3459,5071.1660	4156,0996.7694	4994,5213.4614	50

TABLE II.

MONTANT DE 1 FRANC PLACÉ A LA FIN DE CHAQUE ANNÉE,
APRÈS UN NOMBRE D'ANNÉES DONNÉ.

$$S = \frac{a}{t}\left(r^{n}-1\right).$$

ANS.	12 ¹/₂	13	13 ¹/₂	14	ANS.
51	3241,8897.7757	3910,2430.4176	4718,1731.3333	5694,7543.3460	51
52	3648,1259.9977	4419,5746.3719	5356,1265.0633	6493,0199.4144	52
53	4105,1417.4974	4995,1193.4003	6080,2035.8469	7403,0427.3324	53
54	4619,2844.6846	5645,4848.5423	6902,0310.6862	8440,4687.1589	54
55	5197,6950.2701	6380,3978.8528	7834,8052.6288	9623,1343.3612	55
56	5848,4069.0539	7210,8496.1036	8893,5039.7337	10971,3731.4318	56
57	6580,4577.6856	8149,2600.5971	10095,1270.0978	12508,3653.8322	57
58	7404,0149.8964	9209,6638.6747	11458,9691.5610	14260,5365.3687	58
59	8330,5168.6334	10407,9201.7025	13006,9299.9217	16258,0116.5204	59
60	9372,8814.7126	11761,9497.9238	14763,8655.4111	18535,1332.8332	60
61	10545,4354.0516	13292,0032.6539	16757,9873.8916	21131,0519.4298	61
62	11864,6148.3081	15020,9636.8989	19021,3156.8670	24090,3992.1500	62
63	13348,6916.8466	16974,6889.6957	21590,1933.0440	27464,0551.0510	63
64	15018,2781.4524	19182,3985.3562	24505,8694.0050	31310,0228.1982	64
65	16896,5629.1340	21677,1103.4525	27815,1617.6957	35694,4260.1459	65
66	19009,6332.7757	24496,1346.9013	31571,2086.0846	40692,6456.5663	66
67	21386,8374.3727	27681,6321.9985	35834,3217.7060	46390,6160.4856	67
68	24061,1921.1693	31281,2443.8583	40672,9552.0963	52886,3022.9536	68
69	27069,8411.3154	35348,8061.5598	46164,8041.6293	60291,3846.1671	69
70	30454,5712.7299	39945,1509.5626	52398,0527.2493	68333,1784.6305	70
71	34262,3926.8211	45139,0205.8058	59472,7898.4279	78356,8234.4788	71
72	38546,1917.6738	51008,0932.5605	67502,6164.7157	89327,7787.3058	72
73	43365,4657.3830	57640,1453.7934	76616,4696.9523	101834,6677.5287	73
74	48787,1489.5558	65134,3642.7865	86960,6931.0409	116092,5212.3827	74
75	54886,5425.7503	73602,8316.3488	98701,3866.7314	132346,4742.1162	75
76	61748,3603.9691	83172,1997.4741	112027,0738.7401	150875,9806.0125	76
77	69467,9054.4653	93985,5857.1458	127151,7288.4700	171999,6178.8543	77
78	78152,3936.2734	106204,7118.5747	144318,2122.4135	196080,5643.8939	78
79	87922,4428.3076	120012,3243.9894	163802,1708.9393	223532,8434.0390	79
80	98913,7481.8460	135614,9265.7080	185916,4639.6461	254828,4414.8045	80
81	111278,9667.0768	153245,8670.2501	211016,1865.9983	290505,4232.8771	81
82	125189,8375.4614	173168,8297.3826	239504,3717.9081	331177,1825.4799	82
83	140839,5672.3941	195681,7776.0423	271838,4619.8257	377542,9881.0471	83
84	158445,5131.4433	221121,4086.9278	308537,6543.5022	430400,0064.3936	84
85	178252,2022.8737	249868,1918.2285	350191,2376.8750	490657,0073.4088	85
86	200534,7275.7330	282352,0567.5981	397468,0547.7531	559349,9883.6860	86
87	225602,5685.1996	319058,8241.3859	451127,2421.6998	637659,9867.4020	87
88	253803,8895.8495	360537,4712.7661	512030,4198.6292	726933,3848.8383	88
89	285530,3757.8307	407408,3425.4257	581155,5265.4442	828705,0587.6757	89
90	321222,6727.5596	460372,4270.7310	659612,5226.2792	944724,7669.9503	90
91	361376,5068.5045	520221,8425.9260	748661,2131.8268	1076987,2343.7433	91
92	406549,5702.0676	587851,6821.2964	849731,4769.6235	1227766,4471.8674	92
93	457369,2664.8260	664273,4008.0650	964446,2263.5226	1399654,7497.9288	93
94	514541,4247.9293	750629,9429.1134	1094647,4669.0982	1595607,4147.6388	94
95	578860,1028.9204	848212,8354.8981	1242425,8749.4264	1818993,4528.3083	95
96	651218,6157.5355	958481,5041.0349	1410154,3680.5990	2073653,5362.2714	96
97	732621,9427.2274	1083085,0996.3694	1600526,2077.4799	2363966,0312.9894	97
98	824200,6855.6308	1223887,1625.8975	1816598,2457.9397	2694922,2756.8079	98
99	927226,7712.5847	1382993,4937.2641	2061840,0089.7615	3072212,3942.7610	99
100	1043131,1176.6578	1562783,6479.1085	2340189,4101.8793	3502323,1294.7476	100

TABLE II.

MONTANT DE 1 FRANC PLACÉ A LA FIN DE CHAQUE ANNÉE,
APRÈS UN NOMBRE D'ANNÉES DONNÉ.

$$S = \frac{a}{t}(r^n - 1).$$

ANS.	14 ¹/₂	15	14 ¹/₂	15	ANS.
1	1,0000.0000	1,0000.0000	6875,0582.8544	8301,3737.1881	51
2	2,1450.0000	2,1500.0000	7872,9417.3683	9547,5797.7663	52
3	3,4560.2500	3,4725.0000	9015,5182.8867	10980,7167.4313	53
4	4,9571.4863	4,9933.7500	10323,7684.4053	12628,8242.5460	54
5	6,6759.3518	6,7423.8125	11821,7148.6440	14524,1478.9279	55
6	8,6439.4578	8,7537.3844	13536,8635.1974	16703,7700.7670	56
7	10,8973.1791	11,0667.9920	15500,7087.3010	19210,3355.8821	57
8	13,4774.2901	13,7268.1908	17749,3114.9597	22092,8859.2644	58
9	16,4316.5622	16,7858.4195	20323,9616.6288	25407,8180.1541	59
10	19,8142.4637	20,3037.1824	23271,9361.0400	29219,9916.3772	60
11	23,6873.1209	24,3492.7597	26647,3668.3908	33603,9903.8337	61
12	28,1219.7235	29,0016.6737	30512,2350.3075	38645,5889.4088	62
13	33,1996.5834	34,3519.1748	34937,5091.1021	44443,4272.8201	63
14	39,0136.0880	40,5047.0510	40004,4479.3119	51110,9413.7431	64
15	45,6705.8207	47,5804.1086	45806,0928.8121	58778,5825.8046	65
16	53,2928.1647	55,7174.7249	52448,9763.4898	67596,3699.6753	66
17	62,0202.7486	65,0750.9336	60055,0779.1959	77736,8254.6266	67
18	72,0132.1471	75,8363.5737	68764,0642.1793	89398,3492.8206	68
19	83,4551.3085	88,2118.1097	78735,8535.2953	102809,1016.7437	69
20	96,5561.2482	102,4435.8262	90153,5522.9131	118231,4669.2552	70
21	111,5567.6292	118,8101.2001	103226,8173.7355	135967,1869.6435	71
22	128,7324.9354	137,6316.3801	118195,7058.9271	156363,2650.0900	72
23	148,3987.0511	159,2763.8372	135335,0832.4716	179818,7547.6035	73
24	170,9165.1735	184,1678.4127	154959,6703.1799	206792,5679.7440	74
25	196,6994.1236	212,7930.1747	177429,8225.1410	237812,4531.7057	75
26	226,2208.2715	245,7119.7009	203158,1467.7865	273485,3211.4615	76
27	260,0228.4709	283,5687.6560	232617,0780.6155	314509,1193.1807	77
28	298,7261.5992	327,1040.8044	266347,5543.8048	361686,4872.1578	78
29	343,0414.5311	377,1696.9250	304968,9497.6565	415940,4602.9815	79
30	393,7824.6381	434,7451.4638	349190,4474.8166	478332,5293.4287	80
31	451,8809.2106	500,9569.1834	399824,0623.6651	550083,4087.4430	81
32	518,4036.5461	577,1004.5609	457799,5514.0965	632596,9200.5595	82
33	594,5721.8453	664,6655.2450	524181,4863.6405	727487,4580.6434	83
34	681,7851.5129	765,3653.5317	600188,8018.8683	836611,5767.7399	84
35	781,6439.9823	881,1701.5615	687217,1781.6043	962104,3132.9009	85
36	895,9823.7797	1014,3456.7957	786864,6689.9369	1106420,9602.8361	86
37	1026,8998.2278	1167,4975.3151	900961,0459.9777	1272385,1043.2615	87
38	1176,8002.9708	1343,6221.6123	1031601,3976.6745	1463243,8699.7507	88
39	1348,4363.4015	1546,1654.8542	1181184,6003.2923	1682731,4504.7133	89
40	1544,9596.0948	1779,0903.0823	1352457,3673.7697	1935142,1680.4203	90
41	1769,9787.5285	2046,9538.5447	1548564,6856.4663	2225414,4932.4834	91
42	2027,6256.7201	2354,9969.3264	1773107,5650.6539	2559227,6672.3559	92
43	2322,6313.9446	2709,2464.7253	2030209,1619.9987	2943112,8173.2093	93
44	2660,4129.4665	3116,6334.4341	2324590,4904.8985	3384580,7399.1906	94
45	3047,1728.2392	3585,1284.5992	2661657,1116.1088	3892268,8509.0692	95
46	3400,0128.8339	4123,8977.2891	3047598,3927.9445	4476110,1785.4296	96
47	3997,0647.5148	4743,4823.8825	3489501,1597.4965	5147527,7053.2441	97
48	4577,6391.4044	5456,0047.4648	3995479,8279.1335	5919657,8611.2307	98
49	5242,3968.1580	6275,4054.5846	4574825,4029.6079	6807607,5402.9153	99
50	6003,5443.5410	7217,7162.7723	5238176,0863.9010	7828749,6713.3526	100

TABLE III.

(Pages 86 à 121.)

$$a = \frac{V t r^n}{r^n - 1} = \frac{V t}{1 - r^{-n}};$$

$$\frac{a}{r^n} = \frac{V t}{r^n - 1} = s = \text{l'amortissement.}$$

ANNUITÉ OU SOMME A PAYER A LA FIN DE CHAQUE ANNÉE POUR AMORTIR, EN UN TEMPS DONNÉ, UN CAPITAL DE 1 FRANC EMPRUNTÉ A UN DES TAUX INDIQUÉS EN HAUT DE CHAQUE COLONNE.

$a =$ l'annuité de 1 franc ;

$$V = \frac{a(1 - r^{-n})}{t} = \text{la valeur actuelle de l'annuité ou le capital emprunté } (voir \text{ Table V});$$

$t =$ le taux de 1 franc pour l'unité de temps :

$r = 1 + t$;

$n =$ le nombre d'années ;

$$r^{-n} = \frac{1}{r^n};$$

$$\frac{t}{1 - r^{-n}} = \frac{a}{V}.$$

(*Voir* ci-après page 122.)

TABLE III.

$$a = \frac{Vr}{1 - r^{-a}}.$$

SOMMES A PAYER A LA FIN DE CHAQUE ANNÉE, POUR AMORTIR, EN UN TEMPS DONNÉ, UN CAPITAL DE 1 FRANC.

ANS.	$\frac{1}{8}$	$\frac{1}{6}$	$\frac{1}{4}$	$\frac{1}{3}$	$\frac{3}{8}$	ANS.
1	1,0012.5000	1,0016.6667	1,0025.0000	1,0033.3333	1,0037.5000	1
2	0,5009.3770	0,5012.5035	0,5018.7578	0,5025.0139	0,5028.1425	2
3	0,3341.6701	0,3344.4506	0,3350.0139	0,3355.5802	0,3358.3645	3
4	0,2507.8174	0,2510.4253	0,2515.6445	0,2520.8680	0,2523.4814	4
5	0,2007.5062	0,2010.0111	0,2015.0250	0,2020.0444	0,2022.5561	5
6	0,1673.9659	0,1676.4024	0,1681.2803	0,1686.1650	0,1688.6099	6
7	0,1435.7232	0,1438.1111	0,1442.8928	0,1447.6824	0,1450.0802	7
8	0,1257.0415	0,1259.3932	0,1264.1035	0,1268.8228	0,1271.1859	8
9	0,1118.0671	0,1120.3909	0,1125.0462	0,1129.7118	0,1132.0484	9
10	0,1006.8879	0,1009.1896	0,1013.8015	0,1018.4248	0,1020.7408	10
11	0,0915.9233	0,0918.2070	0,0922.7840	0,0927.3736	0,0929.6731	11
12	0,0840.1197	0,0842.3887	0,0846.9370	0,0851.4990	0,0853.7852	12
13	0,0775.9784	0,0778.2350	0,0782.7595	0,0787.2989	0,0789.5742	13
14	0,0721.0003	0,0723.2465	0,0727.7510	0,0732.2716	0,0734.5379	14
15	0,0673.3528	0,0675.5901	0,0680.0777	0,0684.5825	0,0686.8413	15
16	0,0631.6614	0,0633.8910	0,0638.3642	0,0642.8557	0,0645.1083	16
17	0,0594.8750	0,0597.0980	0,0601.5587	0,0606.0389	0,0608.2864	17
18	0,0562.1761	0,0564.3934	0,0568.8433	0,0573.3140	0,0575.5571	18
19	0,0532.9194	0,0535.1315	0,0539.5722	0,0544.0348	0,0546.2742	19
20	0,0506.5885	0,0508.7961	0,0513.2288	0,0517.6844	0,0519.9208	20
21	0,0482.7654	0,0484.9691	0,0489.3947	0,0493.8445	0,0496.0784	21
22	0,0461.1081	0,0463.3084	0,0467.7278	0,0472.1726	0,0474.4045	22
23	0,0441.3342	0,0443.5314	0,0447.9455	0,0452.3861	0,0454.6163	23
24	0,0423.2083	0,0425.4026	0,0429.8121	0,0434.2492	0,0436.4781	24
25	0,0406.5325	0,0408.7244	0,0413.1298	0,0417.5640	0,0419.7919	25
26	0,0391.1396	0,0393.3293	0,0397.7312	0,0402.1630	0,0404.3902	26
27	0,0376.8869	0,0379.0747	0,0383.4736	0,0387.9035	0,0390.1301	27
28	0,0363.6525	0,0365.8385	0,0370.2347	0,0374.6632	0,0376.8895	28
29	0,0351.3308	0,0353.5153	0,0357.9093	0,0362.3367	0,0364.5629	29
30	0,0339.8307	0,0342.0138	0,0346.4059	0,0350.8325	0,0353.0588	30
31	0,0329.0726	0,0331.2544	0,0335.6449	0,0340.0712	0,0342.2976	31
32	0,0318.9869	0,0321.1677	0,0325.5569	0,0329.9830	0,0332.2098	32
33	0,0309.5126	0,0311.6924	0,0316.0806	0,0320.5067	0,0322.7340	33
34	0,0300.5957	0,0302.7746	0,0307.1620	0,0311.5885	0,0313.8164	34
35	0,0292.1884	0,0294.3666	0,0298.7533	0,0303.1803	0,0305.4089	35
36	0,0284.2482	0,0286.4258	0,0290.8121	0,0295.2399	0,0297.4692	36
37	0,0276.7373	0,0278.9143	0,0283.3004	0,0287.7291	0,0289.9594	37
38	0,0269.6218	0,0271.7983	0,0276.1843	0,0280.6141	0,0282.8453	38
39	0,0262.8712	0,0265.0474	0,0269.4335	0,0273.8644	0,0276.0967	39
40	0,0256.4583	0,0258.6341	0,0263.0204	0,0267.4527	0,0269.6862	40
41	0,0250.3582	0,0252.5338	0,0256.9204	0,0261.3543	0,0263.5889	41
42	0,0244.5487	0,0246.7241	0,0251.1112	0,0255.5466	0,0257.7825	42
43	0,0239.0094	0,0241.1847	0,0245.5724	0,0250.0095	0,0252.2467	43
44	0,0233.7220	0,0235.8972	0,0240.2855	0,0244.7246	0,0246.9630	44
45	0,0228.6696	0,0230.8448	0,0235.2339	0,0239.6749	0,0241.9147	45
46	0,0223.8370	0,0226.0121	0,0230.4022	0,0234.8451	0,0237.0864	46
47	0,0219.2101	0,0221.3852	0,0225.7762	0,0230.2213	0,0232.4641	47
48	0,0214.7760	0,0216.9512	0,0221.3433	0,0225.7905	0,0228.0349	48
49	0,0210.5229	0,0212.6983	0,0217.0915	0,0221.5410	0,0223.7869	49
50	0,0206.4400	0,0208.6156	0,0213.0099	0,0217.4618	0,0219.7093	50

SOMMES A PAYER A LA FIN DE CHAQUE ANNÉE, POUR AMORTIR, EN UN TEMPS DONNÉ, UN CAPITAL DE 1 FRANC.

$$a = \frac{Vt}{1 - r^{-n}}.$$

ANS.	$^1/_8$	$^1/_6$	$^1/_4$	$^1/_3$	$^3/_8$	ANS.
51	0,0202.5173	0,0204.6931	0,0209.0886	0,0213.5429	0,0215.7920	51
52	0,0198.7455	0,0200.9215	0,0205.3184	0,0209.7751	0,0212.0259	52
53	0,0195.1161	0,0197.2923	0,0201.6906	0,0206.1499	0,0208.4023	53
54	0,0191.6212	0,0193.7977	0,0198.1974	0,0202.6592	0,0204.9134	54
55	0,0188.2534	0,0190.4302	0,0194.8314	0,0199.2958	0,0201.5517	55
56	0,0185.0059	0,0187.1830	0,0191.5858	0,0196.0529	0,0198.3106	56
57	0,0181.8724	0,0184.0499	0,0188.4542	0,0192.9241	0,0195.1836	57
58	0,0178.8470	0,0181.0249	0,0185.4308	0,0189.9035	0,0192.1648	58
59	0,0175.9242	0,0178.1025	0,0182.5101	0,0186.9856	0,0189.2487	59
60	0,0173.0989	0,0175.2776	0,0179.6869	0,0184.1652	0,0186.4302	60
61	0,0170.3662	0,0172.5454	0,0176.9564	0,0181.4377	0,0183.7045	61
62	0,0167.7218	0,0169.9014	0,0174.3142	0,0178.7984	0,0181.0671	62
63	0,0165.1613	0,0167.3414	0,0171.7561	0,0176.2432	0,0178.5138	63
64	0,0162.6809	0,0164.8615	0,0169.2780	0,0173.7681	0,0176.0407	64
65	0,0160.2769	0,0162.4580	0,0166.8764	0,0171.3695	0,0173.6440	65
66	0,0157.9457	0,0160.1273	0,0164.5476	0,0169.0438	0,0171.3203	66
67	0,0155.6842	0,0157.8663	0,0162.2886	0,0166.7878	0,0169.0663	67
68	0,0153.4892	0,0155.6719	0,0160.0961	0,0164.5985	0,0166.8789	68
69	0,0151.3579	0,0153.5412	0,0157.9674	0,0162.4729	0,0164.7553	69
70	0,0149.2875	0,0151.4714	0,0155.8996	0,0160.4083	0,0162.6927	70
71	0,0147.2755	0,0149.4599	0,0153.8902	0,0158.4021	0,0160.6885	71
72	0,0145.3194	0,0147.5044	0,0151.9368	0,0156.4518	0,0158.7403	72
73	0,0143.4169	0,0145.6026	0,0150.0370	0,0154.5553	0,0156.8458	73
74	0,0141.5659	0,0143.7522	0,0148.1887	0,0152.7103	0,0155.0028	74
75	0,0139.7642	0,0141.9512	0,0146.3898	0,0150.9147	0,0153.2093	75
76	0,0138.0100	0,0140.1976	0,0144.6385	0,0149.1666	0,0151.4633	76
77	0,0136.3015	0,0138.4897	0,0142.9327	0,0147.4641	0,0149.7629	77
78	0,0134.6367	0,0136.8256	0,0141.2708	0,0145.8056	0,0148.1064	78
79	0,0133.0142	0,0135.2037	0,0139.6511	0,0144.1892	0,0146.4922	79
80	0,0131.4322	0,0133.6224	0,0138.0721	0,0142.6135	0,0144.9186	80
81	0,0129.8893	0,0132.0803	0,0136.5321	0,0141.0770	0,0143.3841	81
82	0,0128.3841	0,0130.5757	0,0135.0298	0,0139.5781	0,0141.8874	82
83	0,0126.9152	0,0129.1075	0,0133.5639	0,0138.1156	0,0140.4270	83
84	0,0125.4813	0,0127.6744	0,0132.1330	0,0136.6881	0,0139.0016	84
85	0,0124.0812	0,0126.2749	0,0130.7359	0,0135.2944	0,0137.6101	85
86	0,0122.7136	0,0124.9081	0,0129.3714	0,0133.9333	0,0136.2512	86
87	0,0121.3775	0,0123.5728	0,0128.0384	0,0132.6038	0,0134.9237	87
88	0,0120.0719	0,0122.2678	0,0126.7357	0,0131.3046	0,0133.6268	88
89	0,0118.7956	0,0120.9923	0,0125.4625	0,0130.0349	0,0132.3592	89
90	0,0117.5476	0,0119.7451	0,0124.2177	0,0128.7936	0,0131.1200	90
91	0,0116.3272	0,0118.5254	0,0123.0004	0,0127.5797	0,0129.9084	91
92	0,0115.1333	0,0117.3322	0,0121.8096	0,0126.3925	0,0128.7233	92
93	0,0113.9651	0,0116.1648	0,0120.6446	0,0125.2310	0,0127.5640	93
94	0,0112.8217	0,0115.0223	0,0119.5044	0,0124.0944	0,0126.4296	94
95	0,0111.7025	0,0113.9038	0,0118.3884	0,0122.9819	0,0125.3193	95
96	0,0110.6066	0,0112.8087	0,0117.2957	0,0121.8928	0,0124.2323	96
97	0,0109.5334	0,0111.7363	0,0116.2257	0,0120.8263	0,0123.1681	97
98	0,0108.4821	0,0110.6857	0,0115.1776	0,0119.7818	0,0122.1258	98
99	0,0107.4520	0,0109.6565	0,0114.1508	0,0118.7585	0,0121.1047	99
100	0,0106.4426	0,0108.6478	0,0113.1446	0,0117.7559	0,0120.1043	100

TABLE III.

$$a = \frac{V\,t}{1 - r^{-n}}$$

SOMMES A PAYER A LA FIN DE CHAQUE ANNÉE, POUR AMORTIR, EN UN TEMPS DONNÉ, UN CAPITAL DE 1 FRANC.

ANS.	$\frac{1}{2}$	$\frac{5}{8}$	$\frac{2}{3}$	$\frac{3}{4}$	$\frac{5}{6}$	$\frac{7}{8}$	ANS.
1	1,0050.0000	1,0062.5000	1,0066.6667	1,0075.0000	1,0083.3333	1,0087.5000	1
2	0,5037.5312	0,5046.9237	0,5050.0554	0,5056.3200	0,5062.5864	0,5065.7203	2
3	0,3366.7221	0,3375.0865	0,3377.8762	0,3383.4579	0,3389.0426	0,3391.8361	3
4	0,2531.3279	0,2539.1842	0,2541.8051	0,2547.0501	0,2552.2994	0,2554.9257	4
5	0,2030.0997	0,2037.6558	0,2040.1772	0,2045.2242	0,2050.2766	0,2052.8049	5
6	0,1695.9546	0,1703.3143	0,1705.7709	0,1710.6891	0,1715.6139	0,1718.0789	6
7	0,1457.2854	0,1464.5082	0,1466.9198	0,1471.7488	0,1476.5856	0,1479.0070	7
8	0,1278.2886	0,1285.4118	0,1287.7907	0,1292.5552	0,1297.3288	0,1299.7190	8
9	0,1139.0736	0,1146.1218	0,1148.4763	0,1153.1929	0,1157.9196	0,1160.2868	9
10	0,1027.7057	0,1034.6962	0,1037.0321	0,1041.7123	0,1046.4038	0,1048.7538	10
11	0,0936.5903	0,0943.5358	0,0945.8572	0,0950.5094	0,0955.1741	0,0957.5111	11
12	0,0860.6643	0,0867.5742	0,0869.8843	0,0874.5148	0,0879.1589	0,0881.4860	12
13	0,0796.4224	0,0803.3039	0,0805.6052	0,0810.2188	0,0814.8472	0,0817.1669	13
14	0,0741.3609	0,0748.2198	0,0750.5141	0,0755.1146	0,0759.7311	0,0762.0453	14
15	0,0693.6436	0,0700.4845	0,0702.7734	0,0707.3639	0,0711.9715	0,0714.2817	15
16	0,0651.8937	0,0658.7202	0,0661.0049	0,0665.5879	0,0670.1890	0,0672.4965	16
17	0,0615.0579	0,0621.8732	0,0624.1546	0,0628.7321	0,0633.3289	0,0635.6346	17
18	0,0582.3173	0,0589.1239	0,0591.4030	0,0595.9766	0,0600.5708	0,0602.8756	18
19	0,0553.0253	0,0559.8252	0,0562.1027	0,0566.6740	0,0571.2669	0,0573.5715	19
20	0,0526.6645	0,0533.4597	0,0535.7362	0,0540.3063	0,0544.8992	0,0547.2042	20
21	0,0502.8163	0,0509.6083	0,0511.8843	0,0516.4543	0,0521.0482	0,0523.3541	21
22	0,0481.1380	0,0487.9281	0,0490.2041	0,0494.7748	0,0499.3706	0,0501.6779	22
23	0,0461.3465	0,0468.1360	0,0470.4123	0,0474.9846	0,0479.5831	0,0481.8921	23
24	0,0443.2061	0,0449.9959	0,0452.2729	0,0456.8474	0,0461.4493	0,0463.7604	24
25	0,0426.5186	0,0433.3096	0,0435.5876	0,0440.1650	0,0444.7708	0,0447.0843	25
26	0,0411.1163	0,0417.9094	0,0420.1886	0,0424.7693	0,0429.3796	0,0431.6959	26
27	0,0396.8565	0,0403.6523	0,0405.9331	0,0410.5176	0,0415.1328	0,0417.4520	27
28	0,0383.6167	0,0390.4159	0,0392.6983	0,0397.2871	0,0401.9078	0,0404.2300	28
29	0,0371.2914	0,0378.0946	0,0380.3789	0,0384.9723	0,0389.5987	0,0391.9243	29
30	0,0359.7892	0,0366.5969	0,0368.8832	0,0373.4816	0,0378.1141	0,0380.4431	30
31	0,0349.0304	0,0355.8430	0,0358.1316	0,0362.7352	0,0367.3741	0,0369.7068	31
32	0,0338.9453	0,0345.7633	0,0348.0542	0,0352.6634	0,0357.3090	0,0359.6454	32
33	0,0329.4727	0,0336.2964	0,0338.5898	0,0343.2048	0,0347.8573	0,0350.1976	33
34	0,0320.5586	0,0327.3883	0,0329.6843	0,0334.3053	0,0338.9650	0,0341.3092	34
35	0,0312.1550	0,0318.9911	0,0321.2898	0,0325.9170	0,0330.5840	0,0332.9324	35
36	0,0304.2194	0,0311.0622	0,0313.3637	0,0317.9973	0,0322.6719	0,0325.0244	36
37	0,0296.7139	0,0303.5636	0,0305.8680	0,0310.5082	0,0315.1905	0,0317.5473	37
38	0,0289.6045	0,0296.4614	0,0298.7687	0,0303.4157	0,0308.1059	0,0310.4671	38
39	0,0282.8607	0,0289.7250	0,0292.0354	0,0296.6893	0,0301.3875	0,0303.7531	39
40	0,0276.4552	0,0283.3271	0,0285.6406	0,0290.3016	0,0295.0079	0,0297.3780	40
41	0,0270.3631	0,0277.2429	0,0279.5595	0,0284.2276	0,0288.9423	0,0291.3169	41
42	0,0264.5622	0,0271.4499	0,0273.7697	0,0278.4452	0,0283.1682	0,0285.5475	42
43	0,0259.0320	0,0265.9278	0,0268.2509	0,0272.9338	0,0277.6653	0,0280.0493	43
44	0,0253.7541	0,0260.6583	0,0262.9847	0,0267.6751	0,0272.4152	0,0274.8039	44
45	0,0248.7117	0,0255.6243	0,0257.9541	0,0262.6521	0,0267.4009	0,0269.7943	45
46	0,0243.8894	0,0250.8106	0,0253.1439	0,0257.8495	0,0262.6071	0,0265.0053	46
47	0,0239.2733	0,0246.2032	0,0248.5399	0,0253.2532	0,0258.0197	0,0260.4228	47
48	0,0234.8503	0,0241.7890	0,0244.1292	0,0248.8504	0,0253.6258	0,0256.0338	48
49	0,0230.6087	0,0237.5563	0,0239.9001	0,0244.6292	0,0249.4136	0,0251.8265	49
50	0,0226.5376	0,0233.4943	0,0235.8416	0,0240.5787	0,0245.3721	0,0247.7900	50

TABLE III.

SOMMES A PAYER A LA FIN DE CHAQUE ANNÉE, POUR AMORTIR, EN UN TEMPS DONNÉ, UN CAPITAL DE 1 FRANC.

$$a = \frac{V\iota}{1 - r^{-a}}.$$

ANS.	$\frac{1}{2}$	$\frac{5}{8}$	$\frac{2}{3}$	$\frac{3}{4}$	$\frac{5}{6}$	$\frac{7}{8}$	ANS.
51	0,0222.6269	0,0229.5928	0,0231.9437	0,0236.6888	0,0241.4914	0,0243.9142	51
52	0,0218.8675	0,0225.8425	0,0228.1971	0,0232.9503	0,0237.7621	0,0240.1899	52
53	0,0215.2507	0,0222.2350	0,0224.5932	0,0229.3546	0,0234.1756	0,0236.6084	53
54	0,0211.7686	0,0218.7623	0,0221.1242	0,0225.8938	0,0230.7241	0,0233.1619	54
55	0,0208.4139	0,0215.4171	0,0217.7827	0,0222.5605	0,0227.4001	0,0229.8430	55
56	0,0205.1797	0,0212.1925	0,0214.5618	0,0219.3478	0,0224.1969	0,0226.6449	56
57	0,0202.0598	0,0209.0821	0,0211.4552	0,0216.2496	0,0221.1080	0,0223.5611	57
58	0,0199.0481	0,0206.0801	0,0208.4569	0,0213.2597	0,0218.1276	0,0220.5858	58
59	0,0196.1392	0,0203.1809	0,0205.5616	0,0210.3727	0,0215.2501	0,0217.7135	59
60	0,0193.3280	0,0200.3795	0,0202.7639	0,0207.5836	0,0212.4704	0,0214.9390	60
61	0,0190.6096	0,0197.6709	0,0200.0592	0,0204.8873	0,0209.7837	0,0212.2575	61
62	0,0187.9796	0,0195.0508	0,0197.4429	0,0202.2795	0,0207.1855	0,0209.6644	62
63	0,0185.4337	0,0192.5148	0,0194.9108	0,0199.7560	0,0204.6716	0,0207.1557	63
64	0,0182.9681	0,0190.0591	0,0192.4590	0,0197.3127	0,0202.2379	0,0204.7273	64
65	0,0180.5789	0,0187.6800	0,0190.0837	0,0194.9460	0,0199.8809	0,0202.3754	65
66	0,0178.2627	0,0185.3739	0,0187.7815	0,0192.6524	0,0197.5970	0,0200.0968	66
67	0,0176.0163	0,0183.1376	0,0185.5491	0,0190.4286	0,0195.3829	0,0197.8879	67
68	0,0173.8366	0,0180.9680	0,0183.3835	0,0188.2716	0,0193.2356	0,0195.7459	68
69	0,0171.7206	0,0178.8622	0,0181.2816	0,0186.1785	0,0191.1522	0,0193.6677	69
70	0,0169.6657	0,0176.8175	0,0179.2409	0,0184.1464	0,0189.1299	0,0191.6506	70
71	0,0167.6693	0,0174.8313	0,0177.2586	0,0182.1728	0,0187.1661	0,0189.6921	71
72	0,0165.7289	0,0172.9011	0,0175.3324	0,0180.2554	0,0185.2584	0,0187.7897	72
73	0,0163.8422	0,0171.0247	0,0173.4600	0,0178.3917	0,0183.4045	0,0185.9411	73
74	0,0162.0070	0,0169.1999	0,0171.6391	0,0176.5796	0,0181.6022	0,0184.1441	74
75	0,0160.2214	0,0167.4246	0,0169.8678	0,0174.8170	0,0179.8494	0,0182.3966	75
76	0,0158.4832	0,0165.6968	0,0168.1440	0,0173.1020	0,0178.1443	0,0180.6967	76
77	0,0156.7908	0,0164.0147	0,0166.4659	0,0171.4328	0,0176.4848	0,0179.0426	77
78	0,0155.1423	0,0162.3766	0,0164.8318	0,0169.8074	0,0174.8693	0,0177.4324	78
79	0,0153.5360	0,0160.7808	0,0163.2400	0,0168.2244	0,0173.2962	0,0175.8645	79
80	0,0151.9704	0,0159.2256	0,0161.6889	0,0166.6821	0,0171.7637	0,0174.3374	80
81	0,0150.4439	0,0157.7096	0,0160.1769	0,0165.1790	0,0170.2704	0,0172.8494	81
82	0,0148.9552	0,0156.2314	0,0158.7027	0,0163.7136	0,0168.8149	0,0171.3992	82
83	0,0147.5028	0,0154.7895	0,0157.2649	0,0162.2847	0,0167.3958	0,0169.9854	83
84	0,0146.0855	0,0153.3828	0,0155.8621	0,0160.8908	0,0166.0118	0,0168.6067	84
85	0,0144.7021	0,0152.0098	0,0154.4933	0,0159.5308	0,0164.6617	0,0167.2619	85
86	0,0143.3513	0,0150.6696	0,0153.1570	0,0158.2034	0,0163.3442	0,0165.9497	86
87	0,0142.0320	0,0149.3608	0,0151.8524	0,0156.9076	0,0162.0583	0,0164.6691	87
88	0,0140.7431	0,0148.0826	0,0150.5781	0,0155.6423	0,0160.8028	0,0163.4190	88
89	0,0139.4837	0,0146.8337	0,0149.3334	0,0154.4064	0,0159.5768	0,0162.1982	89
90	0,0138.2527	0,0145.6134	0,0148.1170	0,0153.1989	0,0158.3793	0,0161.0060	90
91	0,0137.0493	0,0144.4205	0,0146.9282	0,0152.0190	0,0157.2092	0,0159.8413	91
92	0,0135.8724	0,0143.2542	0,0145.7660	0,0150.8657	0,0156.0658	0,0158.7031	92
93	0,0134.7213	0,0142.1137	0,0144.6296	0,0149.7382	0,0154.9481	0,0157.5908	93
94	0,0133.5950	0,0140.9982	0,0143.5181	0,0148.6356	0,0153.8554	0,0156.5033	94
95	0,0132.4930	0,0139.9067	0,0142.4308	0,0147.5571	0,0152.7868	0,0155.4401	95
96	0,0131.4143	0,0138.8387	0,0141.3668	0,0146.5020	0,0151.7416	0,0154.4002	96
97	0,0130.3583	0,0137.7933	0,0140.3255	0,0145.4696	0,0150.7191	0,0153.3829	97
98	0,0129.3242	0,0136.7700	0,0139.3062	0,0144.4592	0,0149.7186	0,0152.3877	98
99	0,0128.3115	0,0135.7679	0,0138.3082	0,0143.4701	0,0148.7393	0,0151.4137	99
100	0,0127.3194	0,0134.7865	0,0137.3308	0,0142.5017	0,0147.7807	0,0150.4604	100

TABLE III.

| $a = \dfrac{Vt}{1 - r^{-n}}$. | SOMMES A PAYER A LA FIN DE CHAQUE ANNÉE, POUR AMORTIR, EN UN TEMPS DONNÉ, UN CAPITAL DE 1 FRANC. | | | | | |

ANS.	1	1 $^1/_8$	1 $^1/_6$	1 $^1/_4$	1 $^1/_3$	1 $^3/_8$	ANS.
1	1,0100.0000	1,0112.5000	1,0116.6667	1,0125.0000	1,0133.3333	1,0137.5000	1
2	0,5075.1244	0,5084.5323	0,5087.6692	0,5093.9441	0,5100.2208	0,5103.3597	2
3	0,3400.2211	0,3408.6130	0,3411.4118	0,3417.0118	0,3422.6146	0,3425.4173	3
4	0,2562.8109	0,2570.7058	0,2573.3395	0,2578.6102	0,2583.8852	0,2586.5243	4
5	0,2060.3980	0,2068.0034	0,2070.5413	0,2075.6211	0,2080.7063	0,2083.2510	5
6	0,1725.4837	0,1732.9034	0,1735.3800	0,1740.3381	0,1745.3028	0,1747.7878	6
7	0,1486.2828	0,1493.5763	0,1496.0113	0,1500.8872	0,1505.7709	0,1508.2157	7
8	0,1306.9029	0,1314.1071	0,1316.5129	0,1321.3314	0,1326.1587	0,1328.5758	8
9	0,1167.4037	0,1174.5432	0,1176.9281	0,1181.7055	0,1186.4930	0,1188.8906	9
10	0,1055.8208	0,1062.9131	0,1065.2830	0,1070.0307	0,1074.7899	0,1077.1737	10
11	0,0964.5408	0,0971.5984	0,0973.9571	0,0978.6839	0,0983.4231	0,0985.7973	11
12	0,0888.4879	0,0895.5203	0,0897.8712	0,0902.5831	0,0907.3086	0,0909.6765	12
13	0,0824.1482	0,0831.1626	0,0833.5080	0,0838.2100	0,0842.9266	0,0845.2903	13
14	0,0769.0117	0,0776.0138	0,0778.3557	0,0783.0515	0,0787.7630	0,0790.1246	14
15	0,0721.2378	0,0728.2321	0,0730.5721	0,0735.2646	0,0739.9741	0,0742.3351	15
16	0,0679.4460	0,0686.4363	0,0688.7754	0,0693.4672	0,0698.1771	0,0700.5389	16
17	0,0642.5806	0,0649.5698	0,0651.9092	0,0656.6023	0,0661.3146	0,0663.6780	17
18	0,0609.8205	0,0616.8113	0,0619.1517	0,0623.8479	0,0628.5642	0,0630.9301	18
19	0,0580.5175	0,0587.5120	0,0589.8542	0,0594.5548	0,0599.2767	0,0601.6457	19
20	0,0554.1532	0,0561.1531	0,0563.4977	0,0568.2039	0,0572.9326	0,0575.3053	20
21	0,0530.3075	0,0537.3145	0,0539.6620	0,0544.3748	0,0549.1113	0,0551.4884	21
22	0,0508.6371	0,0515.6525	0,0518.0034	0,0522.7238	0,0527.4689	0,0529.8507	22
23	0,0488.8584	0,0495.8833	0,0498.2379	0,0502.9666	0,0507.7211	0,0510.1080	23
24	0,0470.7347	0,0477.7701	0,0480.1288	0,0484.8664	0,0489.6311	0,0492.0235	24
25	0,0454.0675	0,0461.1144	0,0463.4774	0,0468.2246	0,0472.9999	0,0475.3982	25
26	0,0438.6888	0,0445.7479	0,0448.1156	0,0452.8729	0,0457.6593	0,0460.0635	26
27	0,0424.4553	0,0431.5273	0,0433.8998	0,0438.6678	0,0443.4658	0,0445.8762	27
28	0,0411.2444	0,0418.3299	0,0420.7075	0,0425.4863	0,0430.2965	0,0432.7134	28
29	0,0398.9502	0,0406.0498	0,0408.4327	0,0413.2228	0,0418.0455	0,0420.4690	29
30	0,0387.4811	0,0394.5953	0,0396.9836	0,0401.7854	0,0406.6208	0,0409.0511	30
31	0,0376.7573	0,0383.8866	0,0386.2804	0,0391.0941	0,0395.9425	0,0398.3797	31
32	0,0366.7089	0,0373.8535	0,0376.2531	0,0381.0790	0,0385.9408	0,0388.3850	32
33	0,0357.2744	0,0364.4349	0,0366.8402	0,0371.6786	0,0376.5540	0,0379.0053	33
34	0,0348.3997	0,0355.5763	0,0357.9876	0,0362.8386	0,0367.7277	0,0370.1863	34
35	0,0340.0368	0,0347.2299	0,0349.6472	0,0354.5111	0,0359.4141	0,0361.8801	35
36	0,0332.1431	0,0339.3529	0,0341.7763	0,0346.6533	0,0351.5703	0,0354.0438	36
37	0,0324.6805	0,0331.9072	0,0334.3368	0,0339.2270	0,0344.1583	0,0346.6394	37
38	0,0317.6150	0,0324.8589	0,0327.2948	0,0332.1983	0,0337.1440	0,0339.6327	38
39	0,0310.9160	0,0318.1773	0,0320.6195	0,0325.5365	0,0330.4968	0,0332.9931	39
40	0,0304.5560	0,0311.8349	0,0314.2835	0,0319.2141	0,0324.1891	0,0326.6931	40
41	0,0298.5102	0,0305.8069	0,0308.2620	0,0313.2063	0,0318.1960	0,0320.7078	41
42	0,0292.7563	0,0300.0709	0,0302.5325	0,0307.4906	0,0312.4952	0,0315.0148	42
43	0,0287.2737	0,0294.6063	0,0297.0745	0,0302.0466	0,0307.0661	0,0309.5936	43
44	0,0282.0441	0,0289.3949	0,0291.8697	0,0296.8558	0,0301.8903	0,0304.4257	44
45	0,0277.0505	0,0284.4197	0,0286.9011	0,0291.9012	0,0296.9508	0,0299.4941	45
46	0,0272.2775	0,0279.6652	0,0282.1532	0,0287.1675	0,0292.2323	0,0294.7836	46
47	0,0267.7111	0,0275.1173	0,0277.6121	0,0282.6406	0,0287.7206	0,0290.2799	47
48	0,0263.3384	0,0270.7632	0,0273.2648	0,0278.3074	0,0283.4028	0,0285.9701	48
49	0,0259.1474	0,0266.5910	0,0269.0993	0,0274.1563	0,0279.2670	0,0281.8424	49
50	0,0255.1273	0,0262.5898	0,0265.1048	0,0270.1762	0,0275.3023	0,0277.8857	50

TABLE III.

SOMMES A PAYER A LA FIN DE CHAQUE ANNÉE, POUR AMORTIR, EN UN TEMPS DONNÉ, UN CAPITAL DE 1 FRANC.

$$a = \frac{Vt}{1 - r^{-n}}.$$

ANS.	1	$1\,^1/_8$	$1\,^1/_6$	$1\,^1/_4$	$1\,^1/_3$	$1\,^3/_8$	ANS.
51	0,0251.2680	0,0258.7494	0,0261.2713	0,0266.3571	0,0271.4986	0,0274.0900	51
52	0,0247.5603	0,0255.0606	0,0257.5894	0,0262.6896	0,0267.8465	0,0270.4461	52
53	0,0243.9956	0,0251.5149	0,0254.0506	0,0259.1652	0,0264.3376	0,0266.9453	53
54	0,0240.5658	0,0248.1043	0,0250.6468	0,0255.7760	0,0260.9639	0,0263.5797	54
55	0,0237.2637	0,0244.8213	0,0247.3707	0,0252.5145	0,0257.7179	0,0260.3418	55
56	0,0234.0823	0,0241.6592	0,0244.2155	0,0249.3739	0,0254.5928	0,0257.2249	56
57	0,0231.0156	0,0238.6116	0,0241.1748	0,0246.3478	0,0251.5823	0,0254.2225	57
58	0,0228.0573	0,0235.6726	0,0238.2427	0,0243.4303	0,0248.6804	0,0251.3287	58
59	0,0225.2020	0,0232.8366	0,0235.4137	0,0240.6158	0,0245.8815	0,0248.5380	59
60	0,0222.4445	0,0230.0985	0,0232.6825	0,0237.8993	0,0243.1806	0,0245.8452	60
61	0,0219.7800	0,0227.4534	0,0230.0444	0,0235.2759	0,0240.5727	0,0243.2455	61
62	0,0217.2041	0,0224.8969	0,0227.4949	0,0232.7410	0,0238.0534	0,0240.7344	62
63	0,0214.7125	0,0222.4247	0,0225.0297	0,0230.2904	0,0235.6185	0,0238.3076	63
64	0,0212.3013	0,0220.0329	0,0222.6448	0,0227.9202	0,0233.2640	0,0235.9612	64
65	0,0209.9667	0,0217.7178	0,0220.3367	0,0225.6268	0,0230.9861	0,0233.6915	65
66	0,0207.7052	0,0215.4758	0,0218.1017	0,0223.4064	0,0228.7813	0,0231.4949	66
67	0,0205.5136	0,0213.3037	0,0215.9366	0,0221.2560	0,0226.6465	0,0229.3682	67
68	0,0203.3888	0,0211.1985	0,0213.8383	0,0219.1724	0,0224.5785	0,0227.3081	68
69	0,0201.3280	0,0209.1571	0,0211.8039	0,0217.1527	0,0222.5744	0,0225.3122	69
70	0,0199.3282	0,0207.1769	0,0209.8307	0,0215.1941	0,0220.6313	0,0223.3773	70
71	0,0197.3870	0,0205.2552	0,0207.9160	0,0213.2941	0,0218.7468	0,0221.5009	71
72	0,0195.5019	0,0203.3896	0,0206.0574	0,0211.4501	0,0216.9184	0,0219.6806	72
73	0,0193.6706	0,0201.5778	0,0204.2526	0,0209.6600	0,0215.1438	0,0217.9140	73
74	0,0191.8910	0,0199.8177	0,0202.4995	0,0207.9215	0,0213.4208	0,0216.1991	74
75	0,0190.1609	0,0198.1071	0,0200.7959	0,0206.2325	0,0211.7472	0,0214.5336	75
76	0,0188.4784	0,0196.4441	0,0199.1398	0,0204.5910	0,0210.1212	0,0212.9157	76
77	0,0186.8416	0,0194.8268	0,0197.5295	0,0202.9953	0,0208.5410	0,0211.3435	77
78	0,0185.2488	0,0193.2536	0,0195.9632	0,0201.4435	0,0207.0047	0,0209.8151	78
79	0,0183.6984	0,0191.7227	0,0194.4392	0,0199.9341	0,0205.5106	0,0208.3290	79
80	0,0182.1885	0,0190.2323	0,0192.9558	0,0198.4652	0,0204.0571	0,0206.8835	80
81	0,0180.7180	0,0188.7812	0,0191.5116	0,0197.0356	0,0202.6428	0,0205.4772	81
82	0,0179.2851	0,0187.3678	0,0190.1051	0,0195.6436	0,0201.2662	0,0204.1085	82
83	0,0177.8886	0,0185.9909	0,0188.7352	0,0194.2881	0,0199.9259	0,0202.7762	83
84	0,0176.5273	0,0184.6489	0,0187.4002	0,0192.9675	0,0198.6206	0,0201.4789	84
85	0,0175.1998	0,0183.3408	0,0186.0990	0,0191.6808	0,0197.3491	0,0200.2153	85
86	0,0173.9050	0,0182.0654	0,0184.8304	0,0190.4267	0,0196.1102	0,0198.9843	86
87	0,0172.6417	0,0180.8215	0,0183.5934	0,0189.2041	0,0194.9028	0,0197.7847	87
88	0,0171.4089	0,0179.6081	0,0182.3869	0,0188.0119	0,0193.7258	0,0196.6155	88
89	0,0170.2056	0,0178.4240	0,0181.2097	0,0186.8490	0,0192.5780	0,0195.4756	89
90	0,0169.0306	0,0177.2684	0,0180.0609	0,0185.7146	0,0191.4586	0,0194.3641	90
91	0,0167.8832	0,0176.1403	0,0178.9396	0,0184.6076	0,0190.3667	0,0193.2799	91
92	0,0166.7624	0,0175.0387	0,0177.8449	0,0183.5271	0,0189.3013	0,0192.2222	92
93	0,0165.6673	0,0173.9629	0,0176.7759	0,0182.4724	0,0188.2615	0,0191.1902	93
94	0,0164.5971	0,0172.9119	0,0175.7317	0,0181.4425	0,0187.2465	0,0190.1829	94
95	0,0163.5511	0,0171.8851	0,0174.7117	0,0180.4366	0,0186.2555	0,0189.1997	95
96	0,0162.5284	0,0170.8816	0,0173.7150	0,0179.4540	0,0185.2878	0,0188.2397	96
97	0,0161.5284	0,0169.9007	0,0172.7409	0,0178.4940	0,0184.3427	0,0187.3022	97
98	0,0160.5503	0,0168.9417	0,0171.7887	0,0177.5560	0,0183.4195	0,0186.3866	98
99	0,0159.5936	0,0168.0041	0,0170.8578	0,0176.6392	0,0182.5174	0,0185.4921	99
100	0,0158.6574	0,0167.0870	0,0169.9474	0,0175.7428	0,0181.6357	0,0184.6181	100

TABLE III.

$$a = \frac{Vt}{1 - r^{-n}}$$

SOMMES A PAYER A LA FIN DE CHAQUE ANNÉE, POUR AMORTIR,
EN UN TEMPS DONNÉ, UN CAPITAL DE 1 FRANC.

ANS.	$1\,^1/_2$	$1\,^3/_8$	$1\,^2/_3$	$1\,^3/_4$	$1\,^5/_6$	$1\,^7/_8$	ANS.
1	1,0150.0000	1,0162.5000	1,0166.6667	1,0175.0000	1,0183.3333	1,0187.5000	1
2	0,5112.7792	0,5122.2024	0,5125.3444	0,5131.6295	0,5137.9163	0,5141.0604	2
3	0,3433.8296	0,3442.2488	0,3445.0566	0,3450.6747	0,3456.2955	0,3459.1073	3
4	0,2594.4478	0,2602.3810	0,2605.0275	0,2610.3237	0,2615.6241	0,2618.2758	4
5	0,2090.8932	0,2098.5476	0,2101.1018	0,2106.2142	0,2111.3321	0,2113.8930	5
6	0,1755.2521	0,1762.7314	0,1765.2278	0,1770.2256	0,1775.2298	0,1777.7345	6
7	0,1515.5617	0,1522.9251	0,1525.3834	0,1530.3059	0,1535.2360	0,1537.7040	7
8	0,1335.8402	0,1343.1247	0,1345.5574	0,1350.4292	0,1355.3100	0,1357.7537	8
9	0,1196.0982	0,1203.3285	0,1205.7436	0,1210.5813	0,1215.4290	0,1217.8566	9
10	0,1084.3418	0,1091.5351	0,1093.9384	0,1098.7535	0,1103.5796	0,1105.9969	10
11	0,0992.9384	0,1000.1073	0,1002.5030	0,1007.3038	0,1012.1168	0,1014.5278	11
12	0,0916.7999	0,0923.9537	0,0926.3451	0,0931.1377	0,0935.9438	0,0938.3518	12
13	0,0852.4036	0,0859.5496	0,0861.9389	0,0866.7283	0,0871.5322	0,0873.9396	13
14	0,0797.2332	0,0804.3771	0,0806.7662	0,0811.5562	0,0816.3618	0,0818.7704	14
15	0,0749.4436	0,0756.5898	0,0758.9802	0,0763.7739	0,0768.5841	0,0770.9955	15
16	0,0707.6508	0,0714.8031	0,0717.1962	0,0721.9958	0,0726.8132	0,0729.2285	16
17	0,0670.7965	0,0677.9580	0,0680.3547	0,0685.1623	0,0689.9888	0,0692.4091	17
18	0,0638.0578	0,0645.2309	0,0647.6320	0,0652.4493	0,0657.2865	0,0659.7127	18
19	0,0608.7847	0,0615.9715	0,0618.3777	0,0623.2061	0,0628.0555	0,0630.4882	19
20	0,0582.4574	0,0589.6597	0,0592.0716	0,0596.9122	0,0601.7751	0,0604.2148	20
21	0,0558.6550	0,0565.8744	0,0568.2925	0,0573.1464	0,0578.0236	0,0580.4709	21
22	0,0537.0331	0,0544.2709	0,0546.6957	0,0551.5638	0,0556.4562	0,0558.9116	22
23	0,0517.3075	0,0524.5648	0,0526.9967	0,0531.8795	0,0536.7880	0,0539.2517	23
24	0,0499.2410	0,0506.5188	0,0508.9580	0,0513.8565	0,0518.7815	0,0521.2540	24
25	0,0482.6345	0,0489.9336	0,0492.3805	0,0497.2952	0,0502.2374	0,0504.7188	25
26	0,0467.3196	0,0474.6408	0,0477.0956	0,0482.0269	0,0486.9868	0,0489.4775	26
27	0,0453.1527	0,0460.4967	0,0462.9596	0,0467.9079	0,0472.8860	0,0475.3861	27
28	0,0440.0108	0,0447.3781	0,0449.8494	0,0454.8151	0,0459.8117	0,0462.3215	28
29	0,0427.7878	0,0435.1790	0,0437.6588	0,0442.6423	0,0447.6577	0,0450.1773	29
30	0,0416.3919	0,0423.8075	0,0426.2959	0,0431.2975	0,0436.3320	0,0438.8616	30
31	0,0405.7430	0,0413.1834	0,0415.6806	0,0420.7005	0,0425.7544	0,0428.2941	31
32	0,0395.7710	0,0403.2366	0,0405.7427	0,0410.7812	0,0415.8547	0,0418.4046	32
33	0,0386.4144	0,0393.9055	0,0396.4206	0,0401.4779	0,0406.5713	0,0409.1314	33
34	0,0377.6189	0,0385.1357	0,0387.6599	0,0392.7363	0,0397.8497	0,0400.4202	34
35	0,0369.3363	0,0376.8791	0,0379.4125	0,0384.5081	0,0389.6417	0,0392.2227	35
36	0,0361.5240	0,0369.0931	0,0371.6358	0,0376.7507	0,0381.9046	0,0384.4961	36
37	0,0354.1437	0,0361.7393	0,0364.2914	0,0369.4257	0,0374.6000	0,0377.2021	37
38	0,0347.1614	0,0354.7837	0,0357.3452	0,0362.4990	0,0367.6938	0,0370.3066	38
39	0,0340.5463	0,0348.1955	0,0350.7664	0,0355.9399	0,0361.1554	0,0363.7788	39
40	0,0334.2710	0,0341.9472	0,0344.5276	0,0349.7209	0,0354.9571	0,0357.5914	40
41	0,0328.3106	0,0336.0139	0,0338.6039	0,0343.8170	0,0349.0740	0,0351.7190	41
42	0,0322.6427	0,0330.3732	0,0332.9728	0,0338.2058	0,0343.4836	0,0346.1393	42
43	0,0317.2465	0,0325.0045	0,0327.6137	0,0332.8666	0,0338.1654	0,0340.8318	43
44	0,0312.1038	0,0319.8893	0,0322.5081	0,0327.7810	0,0333.1008	0,0335.7781	44
45	0,0307.1976	0,0315.0106	0,0317.6391	0,0322.9321	0,0328.2729	0,0330.9611	45
46	0,0302.5124	0,0310.3530	0,0312.9912	0,0318.3043	0,0323.6661	0,0326.3651	46
47	0,0298.0342	0,0305.9025	0,0308.5504	0,0313.8836	0,0319.2664	0,0321.9763	47
48	0,0293.7500	0,0301.6460	0,0304.3036	0,0309.6569	0,0315.0608	0,0317.7815	48
49	0,0289.6479	0,0297.5716	0,0300.2390	0,0305.6124	0,0311.0374	0,0313.7689	49
50	0,0285.7168	0,0293.6684	0,0296.3455	0,0301.7391	0,0307.1851	0,0309.9275	50

SOMMES A PAYER A LA FIN DE CHAQUE ANNÈE, POUR AMORTIR, EN UN TEMPS DONNÉ, UN CAPITAL DE 1 FRANC.

$$a = \frac{V\iota}{1 - r^{\,n}}.$$

ANS.	$1\,^1/_2$	$1\,^5/_8$	$1\,^2/_3$	$1\,^3/_4$	$1\,^5/_6$	$1\,^7/_8$	ANS.
51	0,0281.9468	0,0289.9263	0,0292.6131	0,0298.0269	0,0303.4939	0,0306.2472	51
52	0,0278.3287	0,0286.3360	0,0289.0325	0,0294.4665	0,0299.9545	0,0302.7187	52
53	0,0274.8537	0,0282.8888	0,0285.5951	0,0291.0492	0,0296.5583	0,0299.3333	53
54	0,0271.5138	0,0279.5768	0,0282.2929	0,0287.7671	0,0293.2972	0,0296.0830	54
55	0,0268.3017	0,0276.3926	0,0279.1185	0,0284.6130	0,0290.1639	0,0292.9605	55
56	0,0265.2106	0,0273.3294	0,0276.0650	0,0281.5796	0,0287.1515	0,0289.9589	56
57	0,0262.2340	0,0270.3807	0,0273.1260	0,0278.6606	0,0284.2535	0,0287.0717	57
58	0,0259.3661	0,0267.5406	0,0270.2956	0,0275.8502	0,0281.4641	0,0284.2930	58
59	0,0256.6012	0,0264.8036	0,0267.5683	0,0273.1430	0,0278.7777	0,0281.6173	59
60	0,0253.9343	0,0262.1645	0,0264.9388	0,0270.5336	0,0276.1891	0,0279.0395	60
61	0,0251.3604	0,0259.6184	0,0262.4023	0,0268.0171	0,0273.6934	0,0276.5545	61
62	0,0248.8751	0,0257.1608	0,0259.9545	0,0265.5892	0,0271.2862	0,0274.1579	62
63	0,0246.4741	0,0254.7875	0,0257.5909	0,0263.2455	0,0268.9632	0,0271.8455	63
64	0,0244.1534	0,0252.4945	0,0255.3076	0,0260.9821	0,0266.7204	0,0269.6133	64
65	0,0241.9094	0,0250.2782	0,0253.1009	0,0258.7952	0,0264.5541	0,0267.4575	65
66	0,0239.7385	0,0248.1349	0,0250.9672	0,0256.6813	0,0262.4608	0,0265.3747	66
67	0,0237.6376	0,0246.0615	0,0248.9034	0,0254.6372	0,0260.4371	0,0263.3615	67
68	0,0235.6033	0,0244.0547	0,0246.9061	0,0252.6596	0,0258.4800	0,0261.4149	68
69	0,0233.6329	0,0242.1118	0,0244.9727	0,0250.7458	0,0256.5866	0,0259.5319	69
70	0,0231.7235	0,0240.2298	0,0243.1003	0,0248.8929	0,0254.7540	0,0257.7097	70
71	0,0229.8727	0,0238.4064	0,0241.2863	0,0247.0985	0,0252.9798	0,0255.9458	71
72	0,0228.0779	0,0236.6389	0,0239.5282	0,0245.3599	0,0251.2613	0,0254.2377	72
73	0,0226.3369	0,0234.9250	0,0237.8238	0,0243.6749	0,0249.5963	0,0252.5830	73
74	0,0224.6473	0,0233.2626	0,0236.1708	0,0242.0413	0,0247.9827	0,0250.9796	74
75	0,0223.0072	0,0231.6496	0,0234.5672	0,0240.4570	0,0246.4183	0,0249.4254	75
76	0,0221.4146	0,0230.0840	0,0233.0110	0,0238.9200	0,0244.9012	0,0247.9184	76
77	0,0219.8676	0,0228.5640	0,0231.5003	0,0237.4284	0,0243.4294	0,0246.4568	77
78	0,0218.3645	0,0227.0877	0,0230.0333	0,0235.9806	0,0242.0012	0,0245.0387	78
79	0,0216.9036	0,0225.6536	0,0228.6085	0,0234.5748	0,0240.6150	0,0243.6625	79
80	0,0215.4832	0,0224.2600	0,0227.2241	0,0233.2093	0,0239.2691	0,0242.3266	80
81	0,0214.1019	0,0222.9053	0,0225.8787	0,0231.8827	0,0237.9620	0,0241.0295	81
82	0,0212.7583	0,0221.5882	0,0224.5708	0,0230.5936	0,0236.6923	0,0239.7696	82
83	0,0211.4509	0,0220.3073	0,0223.2990	0,0229.3406	0,0235.4585	0,0238.5457	83
84	0,0210.1784	0,0219.0612	0,0222.0620	0,0228.1223	0,0234.2594	0,0237.3564	84
85	0,0208.9396	0,0217.8487	0,0220.8586	0,0226.9375	0,0233.0937	0,0236.2004	85
86	0,0207.7333	0,0216.6687	0,0219.6876	0,0225.7849	0,0231.9603	0,0235.0767	86
87	0,0206.5584	0,0215.5199	0,0218.5478	0,0224.6636	0,0230.8579	0,0233.9839	87
88	0,0205.4138	0,0214.4013	0,0217.4382	0,0223.5724	0,0229.7855	0,0232.9211	88
89	0,0204.2984	0,0213.3119	0,0216.3577	0,0222.5102	0,0228.7421	0,0231.8873	89
90	0,0203.2113	0,0212.2506	0,0215.3054	0,0221.4760	0,0227.7266	0,0230.8813	90
91	0,0202.1515	0,0211.2166	0,0214.2803	0,0220.4690	0,0226.7381	0,0229.9023	91
92	0,0201.1182	0,0210.2089	0,0213.2814	0,0219.4882	0,0225.7758	0,0228.9494	92
93	0,0200.1104	0,0209.2267	0,0212.3079	0,0218.5327	0,0224.8388	0,0228.0217	93
94	0,0199.1273	0,0208.2691	0,0211.3591	0,0217.6017	0,0223.9261	0,0227.1183	94
95	0,0198.1682	0,0207.3354	0,0210.4340	0,0216.6944	0,0223.0370	0,0226.2385	95
96	0,0197.2322	0,0206.4246	0,0209.5320	0,0215.8101	0,0222.1708	0,0225.3815	96
97	0,0196.3186	0,0205.5362	0,0208.6523	0,0214.9480	0,0221.3267	0,0224.5465	97
98	0,0195.4268	0,0204.6695	0,0207.7942	0,0214.1075	0,0220.5040	0,0223.7329	98
99	0,0194.5560	0,0203.8237	0,0206.9569	0,0213.2876	0,0219.7020	0,0222.9400	99
100	0,0193.7057	0,0202.9982	0,0206.1400	0,0212.4879	0,0218.9202	0,0222.1671	100

$$a = \frac{V\,t}{1 - r^{-n}}.$$

SOMMES A PAYER A LA FIN DE CHAQUE ANNÉE, POUR AMORTIR, EN UN TEMPS DONNÉ, UN CAPITAL DE 1 FRANC.

ANS.	2	$2\,{}^{1}/_{8}$	$2\,{}^{1}/_{6}$	$2\,{}^{1}/_{4}$	$2\,{}^{1}/_{3}$	$2\,{}^{3}/_{8}$	ANS.
1	1,0200.0000	1,0212.5000	1,0216.6667	1,0225.0000	1,0233.3333	1,0237.5000	1
2	0,5150.4950	0,5159.9335	0,5163.0805	0,5169.3758	0,5175.6727	0,5178.8218	2
3	0,3467.5467	0,3475.9929	0,3478.8098	0,3484.4458	0,3490.0848	0,3492.9054	3
4	0,2626.2375	0,2634.2087	0,2636.8678	0,2642.1893	0,2647.5149	0,2650.1793	4
5	0,2121.5839	0,2129.2870	0,2131.8574	0,2137.0022	0,2142.1524	0,2144.7294	5
6	0,1785.2581	0,1792.7965	0,1795.3126	0,1800.3496	0,1805.3931	0,1807.9173	6
7	0,1545.1195	0,1552.5524	0,1555.0338	0,1560.0025	0,1564.9787	0,1567.4698	7
8	0,1365.0980	0,1372.4622	0,1374.9213	0,1379.8462	0,1384.7798	0,1387.2500	8
9	0,1225.1544	0,1232.4745	0,1234.9196	0,1239.8170	0,1244.7244	0,1247.1818	9
10	0,1113.2653	0,1120.5586	0,1122.9953	0,1127.8768	0,1132.7694	0,1135.2199	10
11	0,1021.7794	0,1029.0585	0,1031.4909	0,1036.3649	0,1041.2510	0,1043.6986	11
12	0,0945.5960	0,0952.8701	0,0955.3014	0,0960.1740	0,0965.0599	0,0967.5078	12
13	0,0881.1835	0,0888.4599	0,0890.8925	0,0895.7686	0,0900.6590	0,0903.1095	13
14	0,0826.0197	0,0833.3039	0,0835.7397	0,0840.6230	0,0845.5217	0,0847.9768	14
15	0,0778.2547	0,0785.5513	0,0787.9918	0,0792.8852	0,0797.7952	0,0800.2564	15
16	0,0736.5013	0,0743.8139	0,0746.2603	0,0751.1663	0,0756.0899	0,0758.5583	16
17	0,0699.6984	0,0707.0301	0,0709.4833	0,0714.4039	0,0719.3432	0,0721.8199	17
18	0,0667.0210	0,0674.3742	0,0676.8351	0,0681.7720	0,0686.7285	0,0689.2142	18
19	0,0637.8177	0,0645.1944	0,0647.6638	0,0652.6182	0,0657.5934	0,0660.0888	19
20	0,0611.5672	0,0618.9692	0,0621.4476	0,0626.4207	0,0631.4157	0,0633.9215	20
21	0,0587.8477	0,0595.2766	0,0597.7643	0,0602.7572	0,0607.7730	0,0610.2895	21
22	0,0566.3140	0,0573.7709	0,0576.2686	0,0581.2821	0,0586.3195	0,0588.8472	22
23	0,0546.6810	0,0554.1671	0,0556.6750	0,0561.7097	0,0566.7695	0,0569.3087	23
24	0,0528.7110	0,0536.2272	0,0538.7457	0,0543.8023	0,0548.8850	0,0551.4361	24
25	0,0512.2044	0,0519.7515	0,0522.2808	0,0527.3599	0,0532.4660	0,0535.0292	25
26	0,0496.9923	0,0504.5711	0,0507.1115	0,0512.2134	0,0517.3435	0,0519.9190	26
27	0,0482.9309	0,0490.5419	0,0493.0935	0,0498.2188	0,0503.3731	0,0505.9612	27
28	0,0469.8967	0,0477.5405	0,0480.1036	0,0485.2525	0,0490.4315	0,0493.0323	28
29	0,0457.7835	0,0465.4606	0,0468.0353	0,0473.2081	0,0478.4121	0,0481.0256	29
30	0,0446.4992	0,0454.2100	0,0456.7964	0,0461.9934	0,0467.2225	0,0469.8491	30
31	0,0435.9635	0,0443.7083	0,0446.3065	0,0451.5280	0,0456.7825	0,0459.4221	31
32	0,0426.1061	0,0433.8852	0,0436.4954	0,0441.7415	0,0447.0216	0,0449.6743	32
33	0,0416.8653	0,0424.6791	0,0427.3013	0,0432.5722	0,0437.8780	0,0440.5440	33
34	0,0408.1867	0,0416.0354	0,0418.6697	0,0423.9655	0,0429.2972	0,0431.9764	34
35	0,0400.0221	0,0407.9058	0,0410.5523	0,0415.8731	0,0421.2308	0,0423.9234	35
36	0,0392.3285	0,0400.2475	0,0402.9062	0,0408.2522	0,0413.6359	0,0416.3418	36
37	0,0385.0678	0,0393.0221	0,0395.6931	0,0401.0643	0,0406.4741	0,0409.1935	37
38	0,0378.2057	0,0386.1955	0,0388.8788	0,0394.2753	0,0399.7113	0,0402.4441	38
39	0,0371.7114	0,0379.7369	0,0382.4325	0,0387.8543	0,0393.3166	0,0396.0628	39
40	0,0365.5575	0,0373.6186	0,0376.3266	0,0381.7738	0,0387.2623	0,0390.0220	40
41	0,0359.7188	0,0367.8157	0,0370.5361	0,0376.0087	0,0381.5235	0,0384.2966	41
42	0,0354.1729	0,0362.3056	0,0365.0384	0,0370.5364	0,0376.0774	0,0378.8640	42
43	0,0348.8993	0,0357.0679	0,0359.8130	0,0365.3364	0,0370.9037	0,0373.7037	43
44	0,0343.8794	0,0352.0838	0,0354.8413	0,0360.3901	0,0365.9837	0,0368.7972	44
45	0,0339.0962	0,0347.3364	0,0350.1063	0,0355.6805	0,0361.3003	0,0364.1272	45
46	0,0334.5342	0,0342.8103	0,0345.5925	0,0351.1921	0,0356.8381	0,0359.6784	46
47	0,0330.1792	0,0338.4912	0,0341.2858	0,0346.9107	0,0352.5828	0,0355.4364	47
48	0,0326.0184	0,0334.3661	0,0337.1731	0,0342.8233	0,0348.5215	0,0351.3884	48
49	0,0322.0396	0,0330.4231	0,0333.2424	0,0338.9179	0,0344.6421	0,0347.5224	49
50	0,0318.2321	0,0326.6513	0,0329.4830	0,0335.1836	0,0340.9338	0,0343.8272	50

SOMMES A PAYER A LA FIN DE CHAQUE ANNÉE, POUR AMORTIR, EN UN TEMPS DONNÉ, UN CAPITAL DE 1 FRANC.

$$a = \frac{V t}{1 - r^{-n}}.$$

ANS.	2	$2\,^1/_8$	$2\,^1/_6$	$2\,^1/_4$	$2\,^1/_3$	$2\,^3/_8$	ANS.
51	0,0314.5856	0,0323.0404	0,0325.8844	0,0331.6102	0,0337.3862	0,0340.2929	51
52	0,0311.0909	0,0319.5813	0,0322.4375	0,0328.1884	0,0333.9902	0,0336.9101	52
53	0,0307.7392	0,0316.2652	0,0319.1336	0,0324.9094	0,0330.7370	0,0333.6700	53
54	0,0304.5226	0,0313.0841	0,0315.9646	0,0321.7654	0,0327.6187	0,0330.5647	54
55	0,0301.4337	0,0310.0305	0,0312.9233	0,0318.7489	0,0324.6277	0,0327.5868	55
56	0,0298.4657	0,0307.0977	0,0310.0026	0,0315.8530	0,0321.7572	0,0324.7293	56
57	0,0295.6120	0,0304.2792	0,0307.1961	0,0313.0712	0,0319.0008	0,0321.9858	57
58	0,0292.8667	0,0301.5690	0,0304.4980	0,0310.3977	0,0316.3525	0,0319.3503	58
59	0,0290.2243	0,0298.9616	0,0301.9026	0,0307.8268	0,0313.8067	0,0316.8173	59
60	0,0287.6797	0,0296.4518	0,0299.4047	0,0305.3533	0,0311.3582	0,0314.3816	60
61	0,0285.2278	0,0294.0347	0,0296.9995	0,0302.9724	0,0309.0022	0,0312.0382	61
62	0,0282.8643	0,0291.7057	0,0294.6824	0,0300.6795	0,0306.7341	0,0309.7827	62
63	0,0280.5848	0,0289.4608	0,0292.4492	0,0298.4704	0,0304.5496	0,0307.6108	63
64	0,0278.3855	0,0287.2957	0,0290.2960	0,0296.3411	0,0302.4449	0,0305.5185	64
65	0,0276.2624	0,0285.2069	0,0288.2188	0,0294.2878	0,0300.4160	0,0303.5020	65
66	0,0274.2122	0,0283.1907	0,0286.2143	0,0292.3070	0,0298.4595	0,0301.5578	66
67	0,0272.2316	0,0281.2440	0,0284.2792	0,0290.3955	0,0296.5721	0,0299.6827	67
68	0,0270.3173	0,0279.3635	0,0282.4102	0,0288.5500	0,0294.7506	0,0297.8734	68
69	0,0268.4665	0,0277.5463	0,0280.6045	0,0286.7677	0,0292.9922	0,0296.1270	69
70	0,0266.6765	0,0275.7897	0,0278.8594	0,0285.0458	0,0291.2940	0,0294.4409	70
71	0,0264.9446	0,0274.0911	0,0277.1721	0,0283.3816	0,0289.6534	0,0292.8122	71
72	0,0263.2683	0,0272.4480	0,0275.5403	0,0281.7728	0,0288.0680	0,0291.2387	72
73	0,0261.6454	0,0270.8580	0,0273.9616	0,0280.2169	0,0286.5354	0,0289.7179	73
74	0,0260.0736	0,0269.3190	0,0272.4338	0,0278.7118	0,0285.0534	0,0288.2477	74
75	0,0258.5508	0,0267.8289	0,0270.9548	0,0277.2554	0,0283.6200	0,0286.8259	75
76	0,0257.0751	0,0266.3857	0,0269.5227	0,0275.8457	0,0282.2331	0,0285.4505	76
77	0,0255.6447	0,0264.9875	0,0268.1355	0,0274.4808	0,0280.8908	0,0284.1198	77
78	0,0254.2576	0,0263.6326	0,0266.7914	0,0273.1589	0,0279.5915	0,0282.8318	78
79	0,0252.9123	0,0262.3192	0,0265.4889	0,0271.8784·	0,0278.3334	0,0281.5849	79
80	0,0251.6071	0,0261.0457	0,0264.2262	0,0270.6376	0,0277.1148	0,0280.3776	80
81	0,0250.3405	0,0259.8107	0,0263.0019	0,0269.4350	0,0275.9343	0,0279.2082	81
82	0,0249.1110	0,0258.6126	0,0261.8146	0,0268.2692	0,0274.7903	0,0278.0753	82
83	0,0247.9173	0,0257.4502	0,0260.6627	0,0267.1387	0,0273.6816	0,0276.9775	83
84	0,0246.7581	0,0256.3220	0,0259.5450	0,0266.0423	0,0272.6067	0,0275.9135	84
85	0,0245.6321	0,0255.2268	0,0258.4603	0,0264.9787	0,0271.5645	0,0274.8821	85
86	0,0244.5381	0,0254.1634	0,0257.4073	0,0263.9467	0,0270.5538	0,0273.8820	86
87	0,0243.4750	0,0253.1308	0,0256.3849	0,0262.9452	0,0269.5733	0,0272.9122	87
88	0,0242.4416	0,0252.1277	0,0255.3920	0,0261.9730	0,0268.6220	0,0271.9714	88
89	0,0241.4370	0,0251.1531	0,0254.4277	0,0261.0291	0,0267.6988	0,0271.0587	89
90	0,0240.4602	0,0250.2061	0,0253.4907	0,0260.1126	0,0266.8029	0,0270.1731	90
91	0,0239.5101	0,0249.2857	0,0252.5804	0,0259.2224	0,0265.9331	0,0269.3135	91
92	0,0238.5859	0,0248.3910	0,0251.6956	0,0258.3577	0,0265.0886	0,0268.4792	92
93	0,0237.6868	0,0247.5211	0,0250.8356	0,0257.5176	0,0264.2686	0,0267.6693	93
94	0,0236.8118	0,0246.6752	0,0249.9995	0,0256.7012	0,0263.4721	0,0266.8828	94
95	0,0235.9602	0,0245.8525	0,0249.1865	0,0255.9078	0,0262.6983	0,0266.1190	95
96	0,0235.1313	0,0245.0522	0,0248.3958	0,0255.1366	0,0261.9467	0,0265.3771	96
97	0,0234.3242	0,0244.2735	0,0247.6268	0,0254.3868	0,0261.2163	0,0264.6564	97
98	0,0233.5383	0,0243.5159	0,0246.8787	0,0253.6578	0,0260.5065	0,0263.9563	98
99	0,0232.7730	0,0242.7786	0,0246.1508	0,0252.9489	0,0259.8166	0,0263.2759	99
100	0,0232.0274	0,0242.0609	0,0245.4425	0,0252.2594	0,0259.1460	0,0262.6147	100

TABLE III.

$$a = \frac{Vt}{1 - r^{-a}}.$$

SOMMES A PAYER À LA FIN DE CHAQUE ANNÉE, POUR AMORTIR, EN UN TEMPS DONNÉ, UN CAPITAL DE 1 FRANC.

ANS.	$2\,^1/_2$	$2\,^5/_8$	$2\,^2/_3$	$2\,^3/_4$	$2\,^5/_6$	$2\,^7/_8$	ANS.
1	1,0250.0000	1,0262.5000	1,0266.6667	1,0275.0000	1,0283.3333	1,0287.5000	1
2	0,5188.2716	0,5197.7252	0,5200.8772	0,5207.1825	0,5213.4895	0,5216.6436	2
3	0,3501.3717	0,3509.8447	0,3512.6705	0,3518.3243	0,3523.9811	0,3526.8107	3
4	0,2658.1788	0,2666.1876	0,2668.8593	0,2674.2059	0,2679.5566	0,2682.2335	4
5	0,2152.4686	0,2160.2199	0,2162.8063	0,2167.9832	0,2173.1654	0,2175.7585	5
6	0,1815.4997	0,1823.0967	0,1825.6323	0,1830.7083	0,1835.7907	0,1838.3344	6
7	0,1574.9543	0,1582.4560	0,1584.9603	0,1589.9748	0,1594.9968	0,1597.5106	7
8	0,1394.6735	0,1402.1166	0,1404.6021	0,1409.5795	0,1414.5656	0,1417.0620	8
9	0,1254.5689	0,1261.9781	0,1264.4528	0,1269.4095	0,1274.3761	0,1276.8630	9
10	0,1142.5877	0,1149.9801	0,1152.4497	0,1157.3972	0,1162.3556	0,1164.8389	10
11	0,1051.0596	0,1058.4477	0,1060.9164	0,1065.8629	0,1070.8214	0,1073.3052	11
12	0,0974.8713	0,0982.2644	0,0984.7354	0,0989.6871	0,0994.6520	0,0997.1393	12
13	0,0910.4827	0,0917.8880	0,0920.3635	0,0925.3252	0,0930.3012	0,0932.7944	13
14	0,0855.3653	0,0862.7882	0,0865.2702	0,0870.2457	0,0875.2364	0,0877.7375	14
15	0,0807.6646	0,0815.1097	0,0817.5996	0,0822.5917	0,0827.6001	0,0830.1105	15
16	0,0765.9899	0,0773.4608	0,0775.9598	0,0780.9709	0,0785.9995	0,0788.5203	16
17	0,0729.2777	0,0736.7773	0,0739.2864	0,0744.3186	0,0749.3691	0,0751.9013	17
18	0,0696.7008	0,0704.2315	0,0706.7516	0,0711.8063	0,0716.8804	0,0719.4248	18
19	0,0667.6062	0,0675.1700	0,0677.7016	0,0682.7802	0,0687.8793	0,0690.4365	19
20	0,0641.4713	0,0649.0700	0,0651.6137	0,0656.7173	0,0661.8424	0,0664.4131	20
21	0,0617.8733	0,0625.5082	0,0628.0645	0,0633.1941	0,0638.3462	0,0640.9307	21
22	0,0596.4660	0,0604.1384	0,0606.7077	0,0611.8640	0,0617.0439	0,0619.6426	22
23	0,0576.9638	0,0584.6746	0,0587.2573	0,0592.4410	0,0597.6492	0,0600.2626	23
24	0,0559.1282	0,0566.8784	0,0569.4746	0,0574.6863	0,0579.9235	0,0582.5517	24
25	0,0542.7592	0,0550.5495	0,0553.1596	0,0558.3997	0,0563.6664	0,0566.3096	25
26	0,0527.6875	0,0535.5185	0,0538.1426	0,0543.4116	0,0548.7081	0,0551.3666	26
27	0,0513.7687	0,0521.6410	0,0524.2794	0,0529.5776	0,0534.9042	0,0537.5781	27
28	0,0500.8793	0,0508.7933	0,0511.4461	0,0516.7738	0,0522.1308	0,0524.8203	28
29	0,0488.9127	0,0496.8688	0,0499.5361	0,0504.8935	0,0510.2812	0,0512.9863	29
30	0,0477.7764	0,0485.7750	0,0488.4569	0,0493.8442	0,0499.2627	0,0501.9836	30
31	0,0467.3900	0,0475.4313	0,0478.1279	0,0483.5453	0,0488.9948	0,0491.7315	31
32	0,0457.6831	0,0465.7673	0,0468.4787	0,0473.9263	0,0479.4069	0,0482.1595	32
33	0,0448.5938	0,0456.7211	0,0459.4473	0,0464.9253	0,0470.4370	0,0473.2055	33
34	0,0440.0675	0,0448.2381	0,0450.9792	0,0456.4875	0,0462.0304	0,0464.8149	34
35	0,0432.0558	0,0440.2697	0,0443.0257	0,0448.5645	0,0454.1387	0,0456.9391	35
36	0,0424.5158	0,0432.7732	0,0435.5440	0,0441.1132	0,0446.7187	0,0449.5351	36
37	0,0417.4090	0,0425.7099	0,0428.4957	0,0434.0953	0,0439.7321	0,0442.5644	37
38	0,0410.7012	0,0419.0456	0,0421.8463	0,0427.4764	0,0433.1445	0,0435.9926	38
39	0,0404.3615	0,0412.7494	0,0415.5651	0,0421.2256	0,0426.9249	0,0429.7889	39
40	0,0398.3623	0,0406.7937	0,0409.6242	0,0415.3151	0,0421.0456	0,0423.9255	40
41	0,0392.6786	0,0401.1534	0,0403.9988	0,0409.7200	0,0415.4815	0,0418.3773	41
42	0,0387.2876	0,0395.8058	0,0398.6660	0,0404.4175	0,0410.2100	0,0413.1216	42
43	0,0382.1688	0,0390.7304	0,0393.6054	0,0399.3871	0,0405.2105	0,0408.1378	43
44	0,0377.3037	0,0385.9084	0,0388.7982	0,0394.6100	0,0400.4642	0,0403.4071	44
45	0,0372.6752	0,0381.3229	0,0384.2275	0,0390.0693	0,0395.9542	0,0398.9127	45
46	0,0368.2676	0,0376.9584	0,0379.8776	0,0385.7493	0,0391.6648	0,0394.6388	46
47	0,0364.0669	0,0372.8005	0,0375.7344	0,0381.6358	0,0387.5818	0,0390.5712	47
48	0,0360.0599	0,0368.8363	0,0371.7847	0,0377.7158	0,0383.6920	0,0386.6968	48
49	0,0356.2348	0,0365.0537	0,0368.0167	0,0373.9773	0,0379.9836	0,0383.0038	49
50	0,0352.5806	0,0361.4418	0,0364.4192	0,0370.4092	0,0376.4455	0,0379.4809	50

SOMMES A PAYER A LA FIN DE CHAQUE ANNÉE, POUR AMORTIR, EN UN TEMPS DONNÉ, UN CAPITAL DE 1 FRANC.

$$a = \frac{Vt}{1 - r^{-n}}.$$

ANS.	$2\,{}^1/_2$	$2\,{}^5/_8$	$2\,{}^2/_3$	$2\,{}^3/_4$	$2\,{}^5/_6$	$2\,{}^7/_8$	ANS.
51	0,0349.0870	0,0357.9904	0,0360.9822	0,0367.0014	0,0373.0675	0,0376.1180	51
52	0,0345.7446	0,0354.6901	0,0357.6962	0,0363.7444	0,0369.8402	0,0372.9057	52
53	0,0342.5449	0,0351.5322	0,0354.5526	0,0360.6297	0,0366.7550	0,0369.8354	53
54	0,0339.4799	0,0348.5087	0,0351.5432	0,0357.6491	0,0363.8037	0,0366.8989	54
55	0,0336.5419	0,0345.6122	0,0348.6608	0,0354.7953	0,0360.9789	0,0364.0889	55
56	0,0333.7243	0,0342.8357	0,0345.8983	0,0352.0612	0,0358.2737	0,0361.3983	56
57	0,0331.0204	0,0340.1728	0,0343.2493	0,0349.4404	0,0355.6816	0,0358.8208	57
58	0,0328.4244	0,0337.6175	0,0340.7079	0,0346.9270	0,0353.1967	0,0356.3503	58
59	0,0325.9307	0,0335.1642	0,0338.2683	0,0344.5153	0,0350.8134	0,0353.9813	59
60	0,0323.5340	0,0332.8078	0,0335.9255	0,0342.2002	0,0248.5263	0,0351.7084	60
61	0,0321.2294	0,0330.5432	0,0333.6746	0,0339.9767	0,0346.3307	0,0349.5269	61
62	0,0319.0126	0,0328.3661	0,0331.5109	0,0337.8403	0,0344.2219	0,0347.4321	62
63	0,0316.8790	0,0326.2720	0,0329.4302	0,0335.7866	0,0342.1957	0,0345.4197	63
64	0,0314.8249	0,0324.2570	0,0327.4285	0,0333.8118	0,0340.2481	0,0343.4859	64
65	0,0312.8463	0,0322.3174	0,0325.5021	0,0331.9120	0,0338.3753	0,0341.6267	65
66	0,0310.9398	0,0320.4496	0,0323.6473	0,0330.0837	0,0336.5738	0,0339.8387	66
67	0,0309.1021	0,0318.6503	0,0321.8610	0,0328.3236	0,0334.8402	0,0338.1185	67
68	0,0307.3300	0,0316.9163	0,0320.1399	0,0326.6285	0,0333.1714	0,0336.4629	68
69	0,0305.6206	0,0315.2447	0,0318.4811	0,0324.9955	0,0331.5645	0,0334.8692	69
70	0,0303.9712	0,0313.6328	0,0316.8818	0,0323.4218	0,0330.0167	0,0333.3343	70
71	0,0302.3790	0,0312.0779	0,0315.3395	0,0321.9048	0,0328.5253	0,0331.8558	71
72	0,0300.8417	0,0310.5775	0,0313.8516	0,0320.4420	0,0327.0878	0,0330.4311	72
73	0,0299.3568	0,0309.1293	0,0312.4157	0,0319.0311	0,0325.7020	0,0329.0579	73
74	0,0297.9222	0,0307.7311	0,0311.0298	0,0317.6698	0,0324.3656	0,0327.7339	74
75	0,0296.5358	0,0306.3807	0,0309.6916	0,0316.3560	0,0323.0764	0,0326.4572	75
76	0,0295.1956	0,0305.0763	0,0308.3991	0,0315.0878	0,0321.8326	0,0325.2256	76
77	0,0293.8997	0,0303.8158	0,0307.1506	0,0313.8633	0,0320.6322	0,0324.0373	77
78	0,0292.6463	0,0302.5976	0,0305.9442	0,0312.6806	0,0319.4734	0,0322.8905	78
79	0,0291.4338	0,0301.4199	0,0304.7782	0,0311.5382	0,0318.3546	0,0321.7835	79
80	0,0290.2605	0,0300.2811	0,0303.6510	0,0310.4342	0,0317.2741	0,0320.7148	80
81	0,0289.1248	0,0299.1797	0,0302.5611	0,0309.3674	0,0316.2304	0,0319.6826	81
82	0,0288.0254	0,0298.1142	0,0301.5069	0,0308.3361	0,0315.2219	0,0318.6857	82
83	0,0286.9608	0,0297.0832	0,0300.4872	0,0307.3389	0,0314.2475	0,0317.7225	83
84	0,0285.9298	0,0296.0854	0,0299.5006	0,0306.3747	0,0313.3056	0,0316.7919	84
85	0,0284.9310	0,0295.1196	0,0298.5458	0,0305.4420	0,0312.3951	0,0315.8924	85
86	0,0283.9633	0,0294.1845	0,0297.6217	0,0304.5397	0,0311.5147	0,0315.0230	86
87	0,0283.0255	0,0293.2791	0,0296.7270	0,0303.6667	0,0310.6633	0,0314.1824	87
88	0,0282.1165	0,0292.4021	0,0295.8607	0,0302.8219	0,0309.8399	0,0313.3696	88
89	0,0281.2353	0,0291.5526	0,0295.0218	0,0302.0041	0,0309.0433	0,0312.5836	89
90	0,0280.3809	0,0290.7295	0,0294.2093	0,0301.2125	0,0308.2725	0,0311.8233	90
91	0,0279.5523	0,0289.9320	0,0293.4221	0,0300.4460	0,0307.5267	0,0311.0878	91
92	0,0278.7486	0,0289.1591	0,0292.6594	0,0299.7038	0,0306.8049	0,0310.3761	92
93	0,0277.9690	0,0288.4099	0,0291.9203	0,0298.9850	0,0306.1062	0,0309.6874	93
94	0,0277.2126	0,0287.6836	0,0291.2040	0,0298.2887	0,0305.4298	0,0309.0210	94
95	0,0276.4786	0,0286.9793	0,0290.5097	0,0297.6141	0,0304.7749	0,0308.3759	95
96	0,0275.7662	0,0286.2964	0,0289.8366	0,0296.9605	0,0304.1408	0,0307.7514	96
97	0,0275.0747	0,0285.6341	0,0289.1840	0,0296.3272	0,0303.5266	0,0307.1467	97
98	0,0274.4034	0,0284.9917	0,0288.5511	0,0295.7134	0,0302.9318	0,0306.5613	98
99	0,0273.7517	0,0284.3684	0,0287.9373	0,0295.1185	0,0302.3555	0,0305.9943	99
100	0,0273.1188	0,0283.7638	0,0287.3420	0,0294.5418	0,0301.7973	0,0305.4452	100

TABLE III.

$$a = \frac{V\,t}{1 - r^{-n}}.$$

SOMMES A PAYER A LA FIN DE CHAQUE ANNÉE, POUR AMORTIR, EN UN TEMPS DONNÉ, UN CAPITAL DE 1 FRANC.

ANS.	3	3 $^1/_8$	3 $^1/_6$	3 $^1/_4$	3 $^1/_3$	3 $^3/_8$	ANS.
1	1,0300.0000	1,0312.5000	1,0316.6667	1,0325.0000	1,0333.3333	1,0337.5000	1
2	0,5226.1084	0,5235.5769	0,5238.7339	0,5245.0492	0,5251.3661	0,5254.5252	2
3	0,3535.3036	0,3543.8033	0,3546.6379	0,3552.3095	0,3557.9840	0,3560.8223	3
4	0,2690.2705	0,2698.3168	0,2701.0009	0,2706.3724	0,2711.7479	0,2714.4373	4
5	0,2183.5457	0,2191.3449	0,2193.9472	0,2199.1560	0,2204.3699	0,2206.9789	5
6	0,1845.9750	0,1853.6301	0,1856.1850	0,1861.2997	0,1866.4207	0,1868.9837	6
7	0,1605.0635	0,1612.6335	0,1615.1605	0,1620.2204	0,1625.2877	0,1627.8242	7
8	0,1424.5639	0,1432.0854	0,1434.5969	0,1439.6263	0,1444.6644	0,1447.1867	8
9	0,1284.3386	0,1291.8361	0,1294.3401	0,1299.3555	0,1304.3806	0,1306.8969	9
10	0,1172.3051	0,1179.7957	0,1182.2980	0,1187.3107	0,1192.3342	0,1194.8501	10
11	0,1080.7745	0,1088.2706	0,1090.7753	0,1095.7936	0,1100.8237	0,1103.3433	11
12	0,1004.6209	0,1012.1318	0,1014.6419	0,1019.6719	0,1024.7148	0,1027.2412	12
13	0,0940.2954	0,0947.8282	0,0950.3461	0,0955.3925	0,0960.4529	0,0962.9884	13
14	0,0885.2634	0,0892.8235	0,0895.3511	0,0900.4176	0,0905.4991	0,0908.0455	14
15	0,0837.6658	0,0845.2576	0,0847.7963	0,0852.8858	0,0857.9914	0,0860.5502	15
16	0,0796.1085	0,0803.7356	0,0806.2865	0,0811.4013	0,0816.5333	0,0819.1056	16
17	0,0759.5253	0,0767.1905	0,0769.7546	0,0774.8966	0,0780.0568	0,0782.6436	17
18	0,0727.0870	0,0734.7926	0,0737.3708	0,0742.5415	0,0747.7314	0,0750.3335	18
19	0,0698.1388	0,0705.8868	0,0708.4796	0,0713.6804	0,0718.9013	0,0721.5193	19
20	0,0672.1571	0,0679.9491	0,0682.5570	0,0687.7889	0,0693.0418	0,0695.6762	20
21	0,0648.7178	0,0656.5551	0,0659.1786	0,0664.4424	0,0669.7282	0,0672.3794	21
22	0,0627.4739	0,0635.3577	0,0637.9971	0,0643.2936	0,0648.6130	0,0651.2814	22
23	0,0608.1390	0,0616.0701	0,0618.7258	0,0624.0555	0,0629.4091	0,0632.0950	23
24	0,0590.4742	0,0598.4534	0,0601.1257	0,0606.4891	0,0611.8773	0,0614.5809	24
25	0,0574.2787	0,0582.3067	0,0584.9957	0,0590.3933	0,0595.8166	0,0598.5379	25
26	0,0559.3829	0,0567.4602	0,0570.1661	0,0575.5981	0,0581.0568	0,0583.7962	26
27	0,0545.6421	0,0553.7692	0,0556.4921	0,0561.9588	0,0567.4531	0,0570.2106	27
28	0,0532.9323	0,0541.1095	0,0543.8495	0,0549.3512	0,0554.8813	0,0557.6570	28
29	0,0521.1467	0,0529.3742	0,0532.1315	0,0537.6683	0,0543.2343	0,0546.0283	29
30	0,0510.1926	0,0518.4706	0,0521.2452	0,0526.8172	0,0532.4193	0,0535.2316	30
31	0,0499.9893	0,0508.3180	0,0511.1099	0,0516.7172	0,0522.3554	0,0525.1861	31
32	0,0490.4662	0,0498.8458	0,0501.6550	0,0507.2976	0,0512.9719	0,0515.8209	32
33	0,0481.5612	0,0489.9917	0,0492.8183	0,0498.4961	0,0504.2065	0,0507.0739	33
34	0,0473.2196	0,0481.7010	0,0484.5450	0,0490.2581	0,0496.0046	0,0498.8903	34
35	0,0465.3929	0,0473.9251	0,0476.7865	0,0482.5348	0,0488.3173	0,0491.2213	35
36	0,0458.0379	0,0466.6209	0,0469.4996	0,0475.2831	0,0481.1015	0,0484.0237	36
37	0,0451.1162	0,0459.7499	0,0462.6458	0,0468.4645	0,0474.3186	0,0477.2590	37
38	0,0444.5934	0,0453.2777	0,0456.1908	0,0462.0445	0,0467.9343	0,0470.8927	38
39	0,0438.4385	0,0447.1732	0,0450.1035	0,0455.9920	0,0461.9174	0,0464.8938	39
40	0,0432.6238	0,0441.4088	0,0444.3562	0,0450.2794	0,0456.2401	0,0459.2345	40
41	0,0427.1241	0,0435.9592	0,0438.9236	0,0444.8814	0,0450.8773	0,0453.8895	41
42	0,0421.9168	0,0430.8018	0,0433.7831	0,0439.7753	0,0445.8062	0,0448.8360	42
43	0,0416.9811	0,0425.9158	0,0428.9140	0,0434.9403	0,0441.0061	0,0444.0535	43
44	0,0412.2985	0,0421.2825	0,0424.2976	0,0430.3579	0,0436.4583	0,0439.5232	44
45	0,0407.8518	0,0416.8850	0,0419.9168	0,0426.0109	0,0432.1454	0,0435.2279	45
46	0,0403.6254	0,0412.7074	0,0415.7558	0,0421.8835	0,0428.0522	0,0431.1519	46
47	0,0399.6051	0,0408.7357	0,0411.8005	0,0417.9616	0,0424.1642	0,0427.2809	47
48	0,0395.7777	0,0404.9567	0,0408.0378	0,0414.2320	0,0420.4682	0,0423.6019	48
49	0,0392.1314	0,0401.3583	0,0404.4557	0,0410.6828	0,0416.9523	0,0420.1028	49
50	0,0388.6550	0,0397.9295	0,0401.0431	0,0407.3028	0,0413.6054	0,0416.7726	50

TABLE III.

SOMMES A PAYER A LA FIN DE CHAQUE ANNÉE, POUR AMORTIR, EN UN TEMPS DONNÉ, UN CAPITAL DE 1 FRANC.

$$a = \frac{V\,t}{1 - r^{-n}}.$$

ANS.	3	3 ¹/₈	3 ¹/₆	3 ¹/₄	3 ¹/₃	3 ³/₈	ANS.
51	0,0385.3382	0,0394.6602	0,0397.7897	0,0404.0817	0,0410.4173	0,0413.6009	51
52	0,0382.1718	0,0391.5407	0,0394.6861	0,0401.0103	0,0407.3782	0,0410.5784	52
53	0,0379.1471	0,0388.5626	0,0391.7238	0,0398.0797	0,0404.4798	0,0407.6963	53
54	0,0376.2558	0,0385.7176	0,0388.8944	0,0395.2819	0,0401.7139	0,0404.9465	54
55	0,0373.4907	0,0382.9984	0,0386.1906	0,0392.6095	0,0399.0731	0,0402.3216	55
56	0,0370.8447	0,0380.3979	0,0383.6055	0,0390.0553	0,0396.5503	0,0399.8145	56
57	0,0368.3114	0,0377.9097	0,0381.1326	0,0387.6131	0,0394.1390	0,0397.4189	57
58	0,0365.8848	0,0375.5278	0,0378.7658	0,0385.2767	0,0391.8333	0,0395.1286	58
59	0,0363.5593	0,0373.2466	0,0376.4995	0,0383.0405	0,0389.6275	0,0392.9381	59
60	0,0361.3296	0,0371.0609	0,0374.3286	0,0380.8993	0,0387.5164	0,0390.8421	60
61	0,0359.1908	0,0368.9656	0,0372.2480	0,0378.8482	0,0385.4951	0,0388.8357	61
62	0,0357.1385	0,0366.9564	0,0370.2533	0,0376.8827	0,0383.5589	0,0386.9143	62
63	0,0355.1682	0,0365.0288	0,0368.3400	0,0374.9983	0,0381.7036	0,0385.0735	63
64	0,0353.2760	0,0363.1789	0,0366.5043	0,0373.1912	0,0379.9252	0,0383.3096	64
65	0,0351.4581	0,0361.4028	0,0364.7423	0,0371.4574	0,0378.2198	0,0381.6185	65
66	0,0349.7110	0,0359.6971	0,0363.0505	0,0369.7936	0,0376.5840	0,0379.9967	66
67	0,0348.0313	0,0358.0584	0,0361.4256	0,0368.1962	0,0375.0144	0,0378.4410	67
68	0,0346.4159	0,0356.4835	0,0359.8643	0,0366.6622	0,0373.5078	0,0376.9481	68
69	0,0344.8618	0,0354.9696	0,0358.3637	0,0365.1886	0,0372.0613	0,0375.5152	69
70	0,0343.3663	0,0353.5137	0,0356.9212	0,0363.7727	0,0370.6720	0,0374.1393	70
71	0,0341.9266	0,0352.1133	0,0355.5339	0,0362.4118	0,0369.3375	0,0372.8179	71
72	0,0340.5404	0,0350.7659	0,0354.1994	0,0361.1033	0,0368.0550	0,0371.5485	72
73	0,0339.2053	0,0349.4692	0,0352.9155	0,0359.8451	0,0366.8224	0,0370.3287	73
74	0,0337.9191	0,0348.2208	0,0351.6799	0,0358.6347	0,0365.6375	0,0369.1564	74
75	0,0336.6796	0,0347.0188	0,0350.4904	0,0357.4702	0,0364.4980	0,0368.0294	75
76	0,0335.4849	0,0345.8611	0,0349.3450	0,0356.3496	0,0363.4020	0,0366.9457	76
77	0,0334.3331	0,0344.7459	0,0348.2420	0,0355.2709	0,0362.3477	0,0365.9034	77
78	0,0333.2224	0,0343.6713	0,0347.1794	0,0354.2323	0,0361.3330	0,0364.9009	78
79	0,0332.1510	0,0342.6356	0,0346.1555	0,0353.2322	0,0360.3565	0,0363.9362	79
80	0,0331.1175	0,0341.6373	0,0345.1689	0,0352.2690	0,0359.4167	0,0363.0079	80
81	0,0330.1201	0,0340.6747	0,0344.2179	0,0351.3411	0,0358.5117	0,0362.1144	81
82	0,0329.1576	0,0339.7465	0,0343.3012	0,0350.4471	0,0357.6403	0,0361.2542	82
83	0,0328.2284	0,0338.8512	0,0342.4171	0,0349.5855	0,0356.8010	0,0360.4260	83
84	0,0327.3313	0,0337.9875	0,0341.5646	0,0348.7550	0,0355.9925	0,0359.6284	84
85	0,0326.4650	0,0337.1542	0,0340.7422	0,0347.9545	0,0355.2136	0,0358.8602	85
86	0,0325.6284	0,0336.3501	0,0339.9489	0,0347.1826	0,0354.4630	0,0358.1202	86
87	0,0324.8202	0,0335.5740	0,0339.1835	0,0346.4383	0,0353.7397	0,0357.4073	87
88	0,0324.0393	0,0334.8248	0,0338.4448	0,0345.7205	0,0353.0425	0,0356.7204	88
89	0,0323.2848	0,0334.1016	0,0337.7319	0,0345.0281	0,0352.3704	0,0356.0584	89
90	0,0322.5556	0,0333.4032	0,0337.0437	0,0344.3601	0,0351.7224	0,0355.4203	90
91	0,0321.8508	0,0332.7287	0,0336.3792	0,0343.7156	0,0351.0976	0,0354.8052	91
92	0,0321.1694	0,0332.0774	0,0335.7378	0,0343.0937	0,0350.4951	0,0354.2122	92
93	0,0320.5107	0,0331.4482	0,0335.1183	0,0342.4935	0,0349.9139	0,0353.6405	93
94	0,0319.8737	0,0330.8403	0,0334.5200	0,0341.9142	0,0349.3534	0,0353.0892	94
95	0,0319.2577	0,0330.2529	0,0333.9421	0,0341.3550	0,0348.8128	0,0352.5576	95
96	0,0318.6619	0,0329.6854	0,0333.3838	0,0340.8151	0,0348.2912	0,0352.0448	96
97	0,0318.0856	0,0329.1369	0,0332.8445	0,0340.2939	0,0347.7874	0,0351.5502	97
98	0,0317.5281	0,0328.6068	0,0332.3234	0,0339.7906	0,0347.3016	0,0351.0730	98
99	0,0316.9886	0,0328.0943	0,0331.8197	0,0339.3045	0,0346.8328	0,0350.6127	99
100	0,0316.4667	0,0327.5989	0,0331.3331	0,0338.8351	0,0346.3803	0,0350.1685	100

TABLE III.

$$a = \frac{Vt}{1 - r^{-n}}.$$ SOMMES A PAYER A LA FIN DE CHAQUE ANNÉE, POUR AMORTIR, EN UN TEMPS DONNÉ, UN CAPITAL DE 1 FRANC.

ANS.	$3\,^1/_2$	$3\,^5/_8$	$3\,^2/_3$	$3\,^3/_4$	$3\,^5/_6$	$3\,^7/_8$	ANS.
1	1,0350.0000	1,0362.5000	1,0366.6667	1,0375.0000	1,0383.3333	1,0387.5000	1
2	0,5264.0049	0,5273.4883	0,5276.6503	0,5282.9755	0,5289.3023	0,5292.4663	2
3	0,3569.3418	0,3577.8678	0,3580.7113	0,3586.4005	0,3592.0925	0,3594.9397	3
4	0,2722.5114	0,2730.5948	0,2733.2914	0,2738.6875	0,2744.0877	0,2746.7894	4
5	0,2214.8137	0,2222.6604	0,2225.2785	0,2230.5188	0,2235.7644	0,2238.3891	5
6	0,1876.6821	0,1884.3949	0,1886.9690	0,1892.1220	0,1897.2813	0,1899.8634	6
7	0,1635.4449	0,1643.0825	0,1645.6321	0,1650.7370	0,1655.8492	0,1658.4082	7
8	0,1454.7665	0,1462.3656	0,1464.9030	0,1469.9839	0,1475.0737	0,1477.6215	8
9	0,1314.4601	0,1322.0450	0,1324.5782	0,1329.6517	0,1334.7348	0,1337.2800	9
10	0,1202.4137	0,1210.0015	0,1212.5362	0,1217.6134	0,1222.7014	0,1225.2494	10
11	0,1110.9197	0,1118.5226	0,1121.0629	0,1126.1522	0,1131.2532	0,1133.8081	11
12	0,1034.8395	0,1042.4668	0,1045.0157	0,1050.1231	0,1055.2431	0,1057.8080	12
13	0,0970.6157	0,0978.2744	0,0980.8342	0,0985.9642	0,0991.1081	0,0993.6852	13
14	0,0915.7073	0,0923.4027	0,0925.9753	0,0931.1317	0,0936.3029	0,0938.8940	14
15	0,0868.2507	0,0875.9871	0,0878.5739	0,0883.7595	0,0888.9608	0,0891.5675	15
16	0,0826.8483	0,0834.6292	0,0837.2313	0,0842.4483	0,0847.6820	0,0850.3053	16
17	0,0790.4313	0,0798.2595	0,0800.8778	0,0806.1280	0,0811.3959	0,0814.0366	17
18	0,0758.1684	0,0766.0461	0,0768.6813	0,0773.9662	0,0779.2698	0,0781.9287	18
19	0,0729.4033	0,0737.3322	0,0739.9851	0,0745.3057	0,0750.6462	0,0753.3239	19
20	0,0703.6108	0,0711.5924	0,0714.2634	0,0719.6208	0,0724.9991	0,0727.6961	20
21	0,0680.3659	0,0688.4015	0,0691.0910	0,0696.4861	0,0701.9029	0,0704.6195	21
22	0,0659.3207	0,0667.4113	0,0670.1196	0,0675.5530	0,0681.0090	0,0683.7454	22
23	0,0640.1880	0,0648.3345	0,0651.0617	0,0656.5340	0,0662.0295	0,0664.7861	23
24	0,0622.7283	0,0630.9312	0,0633.6777	0,0639.1890	0,0644.7246	0,0647.5015	24
25	0,0606.7404	0,0615.0001	0,0617.7661	0,0623.3169	0,0628.8928	0,0631.6902	25
26	0,0592.0540	0,0600.3710	0,0603.1565	0,0608.7470	0,0614.3635	0,0617.1815	26
27	0,0578.5241	0,0586.8988	0,0589.7039	0,0595.3342	0,0600.9914	0,0603.8300	27
28	0,0566.0265	0,0574.4590	0,0577.2837	0,0582.9540	0,0588.6519	0,0591.5111	28
29	0,0554.4538	0,0562.9444	0,0565.7887	0,0571.4991	0,0577.2377	0,0580.1176	29
30	0,0543.7133	0,0552.2618	0,0555.1259	0,0560.8763	0,0566.6556	0,0569.5562	30
31	0,0533.7240	0,0542.3304	0,0545.2143	0,0551.0046	0,0556.8246	0,0559.7458	31
32	0,0524.4150	0,0533.0793	0,0535.9829	0,0541.8131	0,0547.6738	0,0550.6155	32
33	0,0515.7242	0,0524.4463	0,0527.3695	0,0533.2395	0,0539.1406	0,0542.1028	33
34	0,0507.5966	0,0516.3763	0,0519.3191	0,0525.2287	0,0531.1701	0,0534.1527	34
35	0,0499.9835	0,0508.8207	0,0511.7830	0,0517.7320	0,0523.7135	0,0526.7165	35
36	0,0492.8416	0,0501.7361	0,0504.7177	0,0510.7060	0,0516.7275	0,0519.7506	36
37	0,0486.1325	0,0495.0840	0,0498.0848	0,0504.1122	0,0510.1734	0,0513.2165	37
38	0,0479.8214	0,0488.8295	0,0491.8496	0,0497.9159	0,0504.0164	0,0507.0795	38
39	0,0473.8775	0,0482.9419	0,0485.9812	0,0492.0860	0,0498.2257	0,0501.3086	39
40	0,0468.2728	0,0477.3932	0,0480.4514	0,0486.5946	0,0492.7731	0,0495.8755	40
41	0,0462.9822	0,0472.1582	0,0475.2352	0,0481.4165	0,0487.6335	0,0490.7553	41
42	0,0457.9828	0,0467.2141	0,0470.3097	0,0476.5287	0,0482.7839	0,0485.9251	42
43	0,0453.2539	0,0462.5401	0,0465.6543	0,0471.9106	0,0478.2037	0,0481.3640	43
44	0,0448.7768	0,0458.1174	0,0461.2500	0,0467.5434	0,0473.8740	0,0477.0532	44
45	0,0444.5343	0,0453.9289	0,0457.0797	0,0463.4098	0,0469.7776	0,0472.9756	45
46	0,0440.5108	0,0449.9589	0,0453.1277	0,0459.4943	0,0465.8989	0,0469.1154	46
47	0,0436.6919	0,0446.1930	0,0449.3797	0,0455.7824	0,0462.2234	0,0465.4582	47
48	0,0433.0646	0,0442.6182	0,0445.8226	0,0452.2610	0,0458.7380	0,0461.9909	48
49	0,0429.6167	0,0439.2223	0,0442.4443	0,0448.9179	0,0455.4307	0,0458.7015	49
50	0,0426.3371	0,0435.9943	0,0439.2336	0,0445.7422	0,0452.2900	0,0455.5787	50

SOMMES A PAYER A LA FIN DE CHAQUE ANNÉE, POUR AMORTIR, EN UN TEMPS DONNÉ, UN CAPITAL DE 1 FRANC.

$$a = \frac{Vt}{1 - r^{-n}}.$$

ANS.	$3\,^1/_2$	$3\,^5/_8$	$3\,^2/_3$	$3\,^3/_4$	$3\,^5/_6$	$3\,^7/_8$	ANS.
51	0,0423.2156	0,0432.9239	0,0436.1803	0,0442.7235	0,0449.3062	0,0452.6124	51
52	0,0420.2428	0,0430.0016	0,0433.2750	0,0439.8523	0,0446.4695	0,0449.7929	52
53	0,0417.4100	0,0427.2186	0,0430.5089	0,0437.1199	0,0443.7712	0,0447.1116	53
54	0,0414.7090	0,0424.5670	0,0427.8739	0,0434.5183	0,0441.2031	0,0444.5604	54
55	0,0412.1323	0,0422.0391	0,0425.3624	0,0432.0398	0,0438.7577	0,0442.1317	55
56	0,0409.6730	0,0419.6281	0,0422.9676	0,0429.6775	0,0436.4281	0,0439.8185	56
57	0,0407.3245	0,0417.3274	0,0420.6828	0,0427.4249	0,0434.2078	0,0437.6144	57
58	0,0405.0810	0,0415.1310	0,0418.5022	0,0425.2760	0,0432.0907	0,0435.5133	58
59	0,0402.9366	0,0413.0332	0,0416.4200	0,0423.2251	0,0430.0712	0,0433.5095	59
60	0,0400.8862	0,0411.0288	0,0414.4310	0,0421.2670	0,0428.1441	0,0431.5978	60
61	0,0398.9249	0,0409.1129	0,0412.5303	0,0419.3968	0,0426.3044	0,0429.7733	61
62	0,0397.0480	0,0407.2808	0,0410.7132	0,0417.6097	0,0424.5475	0,0428.0314	62
63	0,0395.2513	0,0405.5284	0,0408.9756	0,0415.9016	0,0422.8689	0,0426.3677	63
64	0,0393.5308	0,0403.8515	0,0407.3132	0,0414.2684	0,0421.2649	0,0424.7783	64
65	0,0391.8826	0,0402.2463	0,0405.7224	0,0412.7063	0,0419.7315	0,0423.2593	65
66	0,0390.3031	0,0400.7093	0,0404.1996	0,0411.2118	0,0418.2653	0,0421.8072	66
67	0,0388.7892	0,0399.2373	0,0402.7415	0,0409.7816	0,0416.8629	0,0420.4187	67
68	0,0387.3375	0,0397.8269	0,0401.3449	0,0408.4124	0,0415.5211	0,0419.0906	68
69	0,0385.9453	0,0396.4753	0,0400.0068	0,0407.1013	0,0414.2370	0,0417.8199	69
70	0,0384.6095	0,0395.1796	0,0398.7244	0,0405.8456	0,0413.0078	0,0416.6039	70
71	0,0383.3277	0,0393.9373	0,0397.4952	0,0404.6426	0,0411.8308	0,0415.4399	71
72	0,0382.0973	0,0392.7458	0,0396.3167	0,0403.4898	0,0410.7036	0,0414.3255	72
73	0,0380.9160	0,0391.6027	0,0395.1864	0,0402.3848	0,0409.6238	0,0413.2582	73
74	0,0379.7816	0,0390.5060	0,0394.1022	0,0401.3255	0,0408.5893	0,0412.2360	74
75	0,0378.6919	0,0389.4535	0,0393.0620	0,0400.3098	0,0407.5979	0,0411.2567	75
76	0,0377.6450	0,0388.4431	0,0392.0637	0,0399.3356	0,0406.6476	0,0410.3182	76
77	0,0376.6390	0,0387.4730	0,0391.1055	0,0398.4011	0,0405.7366	0,0409.4189	77
78	0,0375.6721	0,0386.5415	0,0390.1856	0,0397.5045	0,0404.8630	0,0408.5568	78
79	0,0374.7426	0,0385.6468	0,0389.3024	0,0396.6442	0,0404.0253	0,0407.7302	79
80	0,0373.8489	0,0384.7873	0,0388.4542	0,0395.8184	0,0403.2217	0,0406.9377	80
81	0,0372.9894	0,0383.9615	0,0387.6395	0,0395.0257	0,0402.4509	0,0406.1776	81
82	0,0372.1628	0,0383.1679	0,0386.8569	0,0394.2647	0,0401.7113	0,0405.4486	82
83	0,0371.3676	0,0382.4052	0,0386.1049	0,0393.5340	0,0401.0015	0,0404.7492	83
84	0,0370.6025	0,0381.6721	0,0385.3823	0,0392.8323	0,0400.3203	0,0404.0782	84
85	0,0369.8662	0,0380.9672	0,0384.6878	0,0392.1582	0,0399.6664	0,0403.4343	85
86	0,0369.1576	0,0380.2895	0,0384.0202	0,0391.5107	0,0399.0388	0,0402.8164	86
87	0,0368.4756	0,0379.6378	0,0383.3784	0,0390.8887	0,0398.4361	0,0402.2234	87
88	0,0367.8190	0,0379.0110	0,0382.7614	0,0390.2910	0,0397.8574	0,0401.6541	88
89	0,0367.1868	0,0378.4080	0,0382.1681	0,0389.7166	0,0397.3017	0,0401.1075	89
90	0,0366.5781	0,0377.8280	0,0381.5975	0,0389.1646	0,0396.7679	0,0400.5827	90
91	0,0365.9919	0,0377.2700	0,0381.0487	0,0388.6340	0,0396.2552	0,0400.0788	91
92	0,0365.4273	0,0376.7330	0,0380.5207	0,0388.1239	0,0395.7627	0,0399.5950	92
93	0,0364.8834	0,0376.2162	0,0380.0129	0,0387.6336	0,0395.2895	0,0399.1302	93
94	0,0364.3594	0,0375.7189	0,0379.5243	0,0387.1622	0,0394.8348	0,0398.6838	94
95	0,0363.8546	0,0375.2402	0,0379.0541	0,0386.7089	0,0394.3980	0,0398.2551	95
96	0,0363.3682	0,0374.7794	0,0378.6017	0,0386.2729	0,0393.9782	0,0397.8431	96
97	0,0362.8995	0,0374.3359	0,0378.1664	0,0385.8537	0,0393.5747	0,0397.4474	97
98	0,0362.4478	0,0373.9088	0,0377.7474	0,0385.4505	0,0393.1869	0,0397.0672	98
99	0,0362.0124	0,0373.4976	0,0377.3440	0,0385.0626	0,0392.8141	0,0396.7018	99
100	0,0361.5927	0,0373.1016	0,0376.9557	0,0384.6895	0,0392.4558	0,0396.3508	100

TABLE III.

$$a = \frac{Vt}{1 - r^{-n}}$$

SOMMES A PAYER A LA FIN DE CHAQUE ANNÉE, POUR AMORTIR, EN UN TEMPS DONNÉ, UN CAPITAL DE 1 FRANC.

ANS.	4	4 $^1/_8$	4 $^1/_6$	4 $^1/_4$	4 $^1/_3$	4 $^3/_8$	ANS.
1	1,0400.0000	1,0412.5000	1,0416.6667	1,0425.0000	1,0433.3333	1,0437.5000	1
2	0,5301.9608	0,5311.4590	0,5314.6258	0,5320.9608	0,5327.2974	0,5330.4664	2
3	0,3603.4854	0,3612.0377	0,3614.8899	0,3620.5965	0,3626.3059	0,3629.1618	3
4	0,2754.9005	0,2763.0207	0,2765.7295	0,2771.1502	0,2776.5749	0,2779.2888	4
5	0,2246.2711	0,2254.1649	0,2256.7988	0,2262.0704	0,2267.3472	0,2269.9876	5
6	0,1907.6190	0,1915.3889	0,1917.9821	0,1923.1731	0,1928.3704	0,1930.9714	6
7	0,1666.0961	0,1673.8008	0,1676.3727	0,1681.5221	0,1686.6789	0,1689.2601	7
8	0,1485.2783	0,1492.9543	0,1495.5172	0,1500.6493	0,1505.7899	0,1508.3634	8
9	0,1344.9299	0,1352.6014	0,1355.1634	0,1360.2944	0,1365.4350	0,1368.0089	9
10	0,1232.9094	0,1240.5934	0,1243.1600	0,1248.3012	0,1253.4530	0,1256.0328	10
11	0,1141.4904	0,1149.1990	0,1151.7743	0,1156.9338	0,1162.1049	0,1164.6948	11
12	0,1065.5217	0,1073.2641	0,1075.8512	0,1081.0349	0,1086.2313	0,1088.8342	12
13	0,1001.4373	0,1009.2203	0,1011.8214	0,1017.0340	0,1022.2602	0,1024.8784	13
14	0,0946.6897	0,0954.5186	0,0957.1356	0,0962.3806	0,0967.6402	0,0970.2754	14
15	0,0899.4110	0,0907.2900	0,0909.9242	0,0915.2043	0,0920.5000	0,0923.1536	15
16	0,0858.2000	0,0866.1324	0,0868.7848	0,0874.1022	0,0879.4362	0,0882.1094	16
17	0,0821.9852	0,0829.9736	0,0832.6452	0,0838.0016	0,0843.3755	0,0846.0691	17
18	0,0789.9333	0,0797.9798	0,0800.6713	0,0806.0681	0,0811.4833	0,0814.1979	18
19	0,0761.3862	0,0769.4925	0,0772.2045	0,0777.6427	0,0783.1003	0,0785.8364	19
20	0,0735.8175	0,0743.9850	0,0746.7178	0,0752.1983	0,0757.6992	0,0760.4572	20
21	0,0712.8011	0,0721.0308	0,0723.7847	0,0729.3083	0,0734.8531	0,0737.6334	21
22	0,0691.9881	0,0700.2809	0,0703.0562	0,0708.6234	0,0714.2126	0,0717.0154	22
23	0,0673.0906	0,0681.4470	0,0684.2440	0,0689.8552	0,0695.4891	0,0698.3146	23
24	0,0655.8683	0,0664.2889	0,0667.1077	0,0672.7631	0,0678.4421	0,0681.2904	24
25	0,0640.1196	0,0648.6048	0,0651.4455	0,0657.1452	0,0662.8694	0,0665.7405	25
26	0,0625.6738	0,0634.2237	0,0637.0863	0,0642.8306	0,0648.6000	0,0651.4941	26
27	0,0612.3854	0,0621.0001	0,0623.8847	0,0629.6736	0,0635.4882	0,0638.4052	27
28	0,0600.1298	0,0608.8093	0,0611.7159	0,0617.5493	0,0623.4091	0,0626.3490	28
29	0,0588.7993	0,0597.5437	0,0600.4722	0,0606.3500	0,0612.2550	0,0615.2177	29
30	0,0578.3010	0,0587.1100	0,0590.0604	0,0595.9825	0,0601.9324	0,0604.9179	30
31	0,0568.5535	0,0577.4269	0,0580.3992	0,0586.3654	0,0592.3601	0,0595.3681	31
32	0,0559.4859	0,0568.4235	0,0571.4175	0,0577.4276	0,0583.4668	0,0586.4973	32
33	0,0551.0357	0,0560.0371	0,0563.0527	0,0569.1065	0,0575.1899	0,0578.2468	33
34	0,0543.1477	0,0552.2127	0,0555.2498	0,0561.3469	0,0567.4743	0,0570.5493	34
35	0,0535.7732	0,0544.9013	0,0547.9597	0,0554.0999	0,0560.2709	0,0563.3679	35
36	0,0528.8688	0,0538.0596	0,0541.1391	0,0547.3221	0,0553.5363	0,0556.6551	36
37	0,0522.3956	0,0531.6487	0,0534.7492	0,0540.9745	0,0547.2316	0,0550.3720	37
38	0,0516.3192	0,0525.6340	0,0528.7553	0,0535.0226	0,0541.3221	0,0544.4839	38
39	0,0510.6083	0,0519.9842	0,0523.1262	0,0529.4350	0,0535.7766	0,0538.9596	39
40	0,0505.2349	0,0514.6714	0,0517.8339	0,0524.1838	0,0530.5671	0,0533.7710	40
41	0,0500.1738	0,0509.6703	0,0512.8530	0,0519.2437	0,0525.6681	0,0528.8927	41
42	0,0495.4020	0,0504.9580	0,0508.1607	0,0514.5918	0,0521.0567	0,0524.3018	42
43	0,0490.8989	0,0500.5137	0,0503.7362	0,0510.2071	0,0516.7122	0,0519.9775	43
44	0,0486.6454	0,0496.3184	0,0499.5605	0,0506.0708	0,0512.6156	0,0515.9008	44
45	0,0482.6246	0,0492.3551	0,0495.6165	0,0502.1657	0,0508.7497	0,0512.0546	45
46	0,0478.8205	0,0488.6079	0,0491.8884	0,0498.4760	0,0505.0986	0,0508.4229	46
47	0,0475.2189	0,0485.0625	0,0488.3618	0,0494.9873	0,0501.6480	0,0504.9915	47
48	0,0471.8065	0,0481.7056	0,0485.0235	0,0491.6864	0,0498.3847	0,0501.7471	48
49	0,0468.5712	0,0478.5251	0,0481.8614	0,0488.5611	0,0495.2966	0,0498.6775	49
50	0,0465.5020	0,0475.5099	0,0478.8643	0,0485.6005	0,0492.3724	0,0495.7717	50

SOMMES A PAYER A LA FIN DE CHAQUE ANNÉE, POUR AMORTIR, EN UN TEMPS DONNÉ, UN CAPITAL DE 1 FRANC.

$$a = \frac{V\iota}{1 - r^{-\kappa}}.$$

ANS.	4	$4\,{}^1\!/_8$	$4\,{}^1\!/_6$	$4\,{}^1\!/_4$	$4\,{}^1\!/_3$	$4\,{}^3\!/_8$	ANS.
51	0,0462.5885	0,0472.6497	0,0476.0220	0,0482.7940	0,0489.6019	0,0493.0192	51
52	0,0459.8212	0,0469.9350	0,0473.3249	0,0480.1322	0,0486.9756	0,0490.4106	52
53	0,0457.1915	0,0467.3571	0,0470.7643	0,0477.6064	0,0484.4846	0,0487.9371	53
54	0,0454.6910	0,0464.9078	0,0468.3321	0,0475.2084	0,0482.1209	0,0485.5906	54
55	0,0452.3124	0,0462.5796	0,0466.0207	0,0472.9307	0,0479.8770	0,0483.3635	55
56	0,0450.0487	0,0460.3654	0,0463.8232	0,0470.7663	0,0477.7457	0,0481.2488	56
57	0,0447.8932	0,0458.2588	0,0461.7329	0,0468.7086	0,0475.7207	0,0479.2399	57
58	0,0445.8401	0,0456.2538	0,0459.7439	0,0466.7517	0,0473.7958	0,0477.3312	58
59	0,0443.8836	0,0454.3446	0,0457.8505	0,0464.8899	0,0471.9654	0,0475.5166	59
60	0,0442.0185	0,0452.5260	0,0456.0474	0,0463.1178	0,0470.2243	0,0473.7909	60
61	0,0440.2398	0,0450.7931	0,0454.3298	0,0461.4306	0,0468.5675	0,0472.1492	61
62	0,0438.5430	0,0449.1414	0,0452.6930	0,0459.8237	0,0466.9904	0,0470.5870	62
63	0,0436.9237	0,0447.5664	0,0451.1327	0,0458.2929	0,0465.4888	0,0469.1000	63
64	0,0435.3780	0,0446.0642	0,0449.6450	0,0456.8340	0,0464.0586	0,0467.6840	64
65	0,0433.9019	0,0444.6310	0,0448.2259	0,0455.4432	0,0462.6960	0,0466.3354	65
66	0,0432.4921	0,0443.2632	0,0446.8721	0,0454.1171	0,0461.3975	0,0465.0507	66
67	0,0431.1451	0,0441.9574	0,0445.5800	0,0452.8523	0,0460.1597	0,0463.8264	67
68	0,0429.8578	0,0440.7106	0,0444.3466	0,0451.6456	0,0458.9796	0,0462.6594	68
69	0,0428.6272	0,0439.5198	0,0443.1691	0,0450.4942	0,0457.8541	0,0461.5468	69
70	0,0427.4506	0,0438.3822	0,0442.0444	0,0449.3952	0,0456.7806	0,0460.4859	70
71	0,0426.3253	0,0437.2953	0,0440.9701	0,0448.3460	0,0455.7564	0,0459.4741	71
72	0,0425.2489	0,0436.2564	0,0439.9436	0,0447.3442	0,0454.7789	0,0458.5088	72
73	0,0424.2190	0,0435.2633	0,0438.9627	0,0446.3875	0,0453.8460	0,0457.5877	73
74	0,0423.2334	0,0434.3138	0,0438.0251	0,0445.4736	0,0452.9555	0,0456.7088	74
75	0,0422.2900	0,0433.4058	0,0437.1288	0,0444.6004	0,0452.1052	0,0455.8698	75
76	0,0421.3869	0,0432.5375	0,0436.2718	0,0443.7660	0,0451.2932	0,0455.0689	76
77	0,0420.5221	0,0431.7067	0,0435.4523	0,0442.9687	0,0450.5177	0,0454.3042	77
78	0,0419.6939	0,0430.9118	0,0434.6684	0,0442.2065	0,0449.7769	0,0453.5739	78
79	0,0418.9007	0,0430.1512	0,0433.9185	0,0441.4778	0,0449.0692	0,0452.8765	79
80	0,0418.1408	0,0429.4233	0,0433.2011	0,0440.7811	0,0448.3929	0,0452.2103	80
81	0,0417.4127	0,0428.7265	0,0432.5145	0,0440.1149	0,0447.7466	0,0451.5739	81
82	0,0416.7150	0,0428.0594	0,0431.8575	0,0439.4777	0,0447.1289	0,0450.9658	82
83	0,0416.0463	0,0427.4207	0,0431.2286	0,0438.8682	0,0446.5385	0,0450.3847	83
84	0,0415.4054	0,0426.8091	0,0430.6266	0,0438.2852	0,0445.9740	0,0449.8294	84
85	0,0414.7909	0,0426.2234	0,0430.0503	0,0437.7274	0,0445.4343	0,0449.2987	85
86	0,0414.2018	0,0425.6624	0,0429.4985	0,0437.1936	0,0444.9183	0,0448.7915	86
87	0,0413.6370	0,0425.1250	0,0428.9701	0,0436.6828	0,0444.4248	0,0448.3065	87
88	0,0413.0953	0,0424.6102	0,0428.4640	0,0436.1940	0,0443.9529	0,0447.8427	88
89	0,0412.5758	0,0424.1169	0,0427.9793	0,0435.7261	0,0443.5014	0,0447.3994	89
90	0,0412.0775	0,0423.6442	0,0427.5150	0,0435.2783	0,0443.0696	0,0446.9754	90
91	0,0411.5995	0,0423.1913	0,0427.0702	0,0434.8496	0,0442.6566	0,0446.5700	91
92	0,0411.1410	0,0422.7572	0,0426.6441	0,0434.4391	0,0442.2614	0,0446.1823	92
93	0,0410.7010	0,0422.3412	0,0426.2358	0,0434.0461	0,0441.8832	0,0445.8115	93
94	0,0410.2789	0,0421.9424	0,0425.8446	0,0433.6698	0,0441.5214	0,0445.4568	94
95	0,0409.8738	0,0421.5601	0,0425.4698	0,0433.3094	0,0441.1752	0,0445.1174	95
96	0,0409.4850	0,0421.1936	0,0425.1105	0,0432.9643	0,0440.8438	0,0444.7928	96
97	0,0409.1119	0,0420.8422	0,0424.7662	0,0432.6338	0,0440.5267	0,0444.4822	97
98	0,0408.7538	0,0420.5053	0,0424.4362	0,0432.3173	0,0440.2232	0,0444.1851	98
99	0,0408.4100	0,0420.1822	0,0424.1198	0,0432.0140	0,0439.9327	0,0443.9008	99
100	0,0408.0800	0,0419.8725	0,0423.8166	0,0431.7236	0,0439.6546	0,0443.6287	100

TABLE III.

$$a = \frac{V\,t}{1 - r^{-n}}$$

SOMMES A PAYER A LA FIN DE CHAQUE ANNÉE, POUR AMORTIR, EN UN TEMPS DONNÉ, UN CAPITAL DE 1 FRANC.

ANS.	$4\,^1/_2$	$4\,^5/_8$	$4\,^2/_3$	$4\,^3/_4$	$4\,^5/_6$	$4\,^7/_8$	ANS.
1	1,0450.0000	1,0462.5000	1,0466.6667	1,0475.0000	1,0483.3333	1,0487.5000	1
2	0,5339.9756	0,5349.4884	0,5352.6602	0,5359.0049	0,5365.3512	0,5368.5250	2
3	0,3637.7336	0,3646.3119	0,3649.1728	0,3654.8967	0,3660.6235	0,3663.4879	3
4	0,2787.4365	0,2795.5933	0,2798.3143	0,2803.7592	0,2809.2082	0,2811.9343	4
5	0,2277.9164	0,2285.8569	0,2288.5063	0,2293.8090	0,2299.1168	0,2301.7727	5
6	0,1938.7839	0,1946.6105	0,1949.2225	0,1954.4512	0,1959.6861	0,1962.3059	6
7	0,1697.0147	0,1704.7858	0,1707.3799	0,1712.5735	0,1717.7744	0,1720.3776	7
8	0,1516.0965	0,1523.8486	0,1526.4368	0,1531.6196	0,1536.8107	0,1539.4095	8
9	0,1375.7447	0,1383.5019	0,1386.0923	0,1391.2803	0,1396.4777	0,1399.0800	9
10	0,1263.7882	0,1271.5673	0,1274.1655	0,1279.3700	0,1284.5847	0,1287.1961	10
11	0,1172.4818	0,1180.2948	0,1182.9049	0,1188.1337	0,1193.3740	0,1195.9985	11
12	0,1096.6619	0,1104.5178	0,1107.1427	0,1112.4018	0,1117.6735	0,1120.3140	12
13	0,1032.7535	0,1040.6591	0,1043.3010	0,1048.5950	0,1053.9025	0,1056.5613	13
14	0,0978.2032	0,0986.1636	0,0988.8243	0,0994.1565	0,0999.5032	0,1002.1820	14
15	0,0931.1381	0,0939.1573	0,0941.8382	0,0947.2113	0,0952.5999	0,0955.2999	15
16	0,0890.1537	0,0898.2349	0,0900.9369	0,0906.3531	0,0911.7855	0,0914.5079	16
17	0,0854.1758	0,0862.3216	0,0865.0455	0,0870.5063	0,0875.9842	0,0878.7296	17
18	0,0822.3690	0,0830.5812	0,0833.3277	0,0838.8343	0,0844.3589	0,0847.1280	18
19	0,0794.0734	0,0802.3536	0,0805.1231	0,0810.6766	0,0816.2489	0,0819.0422	19
20	0,0768.7614	0,0777.1107	0,0779.9037	0,0785.5047	0,0791.1254	0,0793.9432	20
21	0,0746.0057	0,0754.4249	0,0757.2417	0,0762.8907	0,0768.5604	0,0771.4030	21
22	0,0725.4565	0,0733.9463	0,0736.7870	0,0742.4846	0,0748.2035	0,0751.0710	22
23	0,0706.8249	0,0715.3858	0,0718.2506	0,0723.9969	0,0729.7652	0,0732.6578	23
24	0,0689.8703	0,0698.5025	0,0701.3915	0,0707.1867	0,0713.0047	0,0715.9223	24
25	0,0674.3903	0,0683.0940	0,0686.0072	0,0691.8513	0,0697.7190	0,0700.6616	25
26	0,0660.2137	0,0668.9887	0,0671.9262	0,0677.8192	0,0683.7365	0,0686.7041	26
27	0,0647.1946	0,0656.0412	0,0659.0027	0,0664.9444	0,0670.9111	0,0673.9037	27
28	0,0635.2081	0,0644.1258	0,0647.1113	0,0653.1016	0,0659.1175	0,0662.1350	28
29	0,0624.1461	0,0633.1348	0,0636.1442	0,0642.1829	0,0648.2477	0,0651.2900	29
30	0,0613.9154	0,0622.9746	0,0626.0078	0,0632.0945	0,0638.2079	0,0641.2747	30
31	0,0604.4345	0,0613.5637	0,0616.6206	0,0622.7550	0,0628.9167	0,0632.0078	31
32	0,0595.6320	0,0604.8308	0,0607.9112	0,0614.0929	0,0620.3025	0,0623.4177	32
33	0,0587.4453	0,0596.7132	0,0599.8168	0,0606.0455	0,0612.3025	0,0615.4416	33
34	0,0579.8191	0,0589.1554	0,0592.2822	0,0598.5574	0,0604.8613	0,0608.0240	34
35	0,0572.7045	0,0582.1086	0,0585.2582	0,0591.5794	0,0597.9298	0,0601.1159	35
36	0,0566.0578	0,0575.5291	0,0578.7013	0,0585.0680	0,0591.4643	0,0594.6735	36
37	0,0559.8402	0,0569.3780	0,0572.5725	0,0578.9843	0,0585.4260	0,0588.6580	37
38	0,0554.0169	0,0563.6204	0,0566.8370	0,0573.2932	0,0579.7797	0,0583.0342	38
39	0,0548.5567	0,0558.2251	0,0561.4636	0,0567.9637	0,0574.4945	0,0577.7711	39
40	0,0543.4315	0,0553.1640	0,0556.4241	0,0562.9675	0,0569.5418	0,0572.8404	40
41	0,0538.6158	0,0548.4117	0,0551.6930	0,0558.2791	0,0564.8964	0,0568.2166	41
42	0,0534.0868	0,0543.9452	0,0547.2474	0,0553.8756	0,0560.5353	0,0563.8768	42
43	0,0529.8235	0,0539.7435	0,0543.0664	0,0549.7362	0,0556.4376	0,0559.8000	43
44	0,0525.8071	0,0535.7879	0,0539.1312	0,0545.8417	0,0552.5843	0,0555.9671	44
45	0,0522.0202	0,0532.0609	0,0535.4242	0,0542.1750	0,0548.9579	0,0552.3611	45
46	0,0518.4471	0,0528.5468	0,0531.9299	0,0538.7203	0,0545.5428	0,0548.9660	46
47	0,0515.0734	0,0525.2311	0,0528.6336	0,0535.4630	0,0542.3246	0,0545.7673	47
48	0,0511.8858	0,0522.1007	0,0525.5223	0,0532.3900	0,0539.2899	0,0542.7518	48
49	0,0508.8722	0,0519.1434	0,0522.5837	0,0529.4891	0,0536.4266	0,0539.9074	49
50	0,0506.0215	0,0516.3480	0,0519.8067	0,0526.7490	0,0533.7236	0,0537.2228	50

SOMMES A PAYER A LA FIN DE CHAQUE ANNÉE, POUR AMORTIR, EN UN TEMPS DONNÉ, UN CAPITAL DE 1 FRANC.

$$a = \frac{V\,t}{1 - r^{-n}}.$$

ANS.	$4\,^{1}/_{2}$	$4\,^{5}/_{8}$	$4\,^{2}/_{3}$	$4\,^{3}/_{4}$	$4\,^{5}/_{6}$	$4\,^{7}/_{8}$	ANS.
51	0,0503.3232	0,0513.7040	0,0517.1809	0,0524.1595	0,0531.1704	0,0534.6878	51
52	0,0500.7679	0,0511.2021	0,0514.6969	0,0521.7111	0,0528.7576	0,0532.2928	52
53	0,0498.3469	0,0508.8336	0,0512.3459	0,0519.3950	0,0526.4764	0,0530.0290	53
54	0,0496.0519	0,0506.5901	0,0510.1196	0,0517.2030	0,0524.3186	0,0527.8883	54
55	0,0493.8754	0,0504.4642	0,0508.0105	0,0515.1276	0,0522.2767	0,0525.8631	55
56	0,0491.8105	0,0502.4490	0,0506.0117	0,0513.1618	0,0520.3438	0,0523.9465	56
57	0,0489.8506	0,0500.5378	0,0504.1167	0,0511.2991	0,0518.5132	0,0522.1320	57
58	0,0487.9897	0,0498.7246	0,0502.3194	0,0509.5334	0,0516.7790	0,0520.4135	58
59	0,0486.2221	0,0497.0038	0,0500.6142	0,0507.8591	0,0515.1355	0,0518.7854	59
60	0,0484.5426	0,0495.3701	0,0498.9957	0,0506.2709	0,0513.5775	0,0517.2424	60
61	0,0482.9462	0,0493.8187	0,0497.4593	0,0504.7641	0,0512.1001	0,0515.7796	61
62	0,0481.4284	0,0492.3449	0,0496.0000	0,0503.3339	0,0510.6987	0,0514.3926	62
63	0,0479.9848	0,0490.9444	0,0494.6138	0,0501.9761	0,0509.3691	0,0513.0769	63
64	0,0478.6115	0,0489.6133	0,0493.2967	0,0500.6867	0,0508.1073	0,0511.8287	64
65	0,0477.3047	0,0488.3478	0,0492.0448	0,0499.4619	0,0506.9093	0,0510.6441	65
66	0,0476.0608	0,0487.1443	0,0490.8546	0,0498.2983	0,0505.7719	0,0509.5197	66
67	0,0474.8765	0,0485.9995	0,0489.7229	0,0497.1924	0,0504.6916	0,0508.4521	67
68	0,0473.7487	0,0484.9104	0,0488.6465	0,0496.1413	0,0503.6655	0,0507.4383	68
69	0,0472.6745	0,0483.8740	0,0487.6225	0,0495.1420	0,0502.6905	0,0506.4754	69
70	0,0471.6511	0,0482.8875	0,0486.6481	0,0494.1917	0,0501.7640	0,0505.5607	70
71	0,0470.6759	0,0481.9483	0,0485.7209	0,0493.2879	0,0500.8834	0,0504.6916	71
72	0,0469.7465	0,0481.0541	0,0484.8382	0,0492.4282	0,0500.0463	0,0503.8656	72
73	0,0468.8606	0,0480.2025	0,0483.9979	0,0491.6103	0,0499.2504	0,0503.0806	73
74	0,0468.0159	0,0479.3914	0,0483.1979	0,0490.8320	0,0498.4935	0,0502.3343	74
75	0,0467.2104	0,0478.6186	0,0482.4359	0,0490.0912	0,0497.7737	0,0501.6248	75
76	0,0466.4422	0,0477.8824	0,0481.7101	0,0489.3862	0,0497.0890	0,0500.9501	76
77	0,0465.7094	0,0477.1809	0,0481.0188	0,0488.7150	0,0496.4376	0,0500.3084	77
78	0,0465.0104	0,0476.5122	0,0480.3601	0,0488.0759	0,0495.8178	0,0499.6981	78
79	0,0464.3434	0,0475.8749	0,0479.7325	0,0487.4674	0,0495.2280	0,0499.1176	79
80	0,0463.7069	0,0475.2673	0,0479.1343	0,0486.8879	0,0494.6667	0,0498.5653	80
81	0,0463.0995	0,0474.6881	0,0478.5643	0,0486.3360	0,0494.1324	0,0498.0398	81
82	0,0462.5197	0,0474.1358	0,0478.0209	0,0485.8103	0,0493.6240	0,0497.5398	82
83	0,0461.9662	0,0473.6090	0,0477.5029	0,0485.3094	0,0493.1400	0,0497.0640	83
84	0,0461.4379	0,0473.1067	0,0477.0091	0,0484.8322	0,0492.6791	0,0496.6111	84
85	0,0460.9331	0,0472.6275	0,0476.5382	0,0484.3775	0,0492.2403	0,0496.1800	85
86	0,0460.4516	0,0472.1705	0,0476.0892	0,0483.9445	0,0491.8225	0,0495.7697	86
87	0,0459.9915	0,0471.7345	0,0475.6610	0,0483.5315	0,0491.4245	0,0495.3790	87
88	0,0459.5522	0,0471.3185	0,0475.2526	0,0483.1380	0,0491.0456	0,0495.0072	88
89	0,0459.1325	0,0470.9215	0,0474.8630	0,0482.7629	0,0490.6845	0,0494.6531	89
90	0,0458.7316	0,0470.5428	0,0474.4914	0,0482.4054	0,0490.3407	0,0494.3160	90
91	0,0458.3486	0,0470.1813	0,0474.1370	0,0482.0646	0,0490.0131	0,0493.9949	91
92	0,0457.9827	0,0469.8364	0,0473.7988	0,0481.7397	0,0489.7011	0,0493.6892	92
93	0,0457.6331	0,0469.5072	0,0473.4762	0,0481.4299	0,0489.4038	0,0493.3980	93
94	0,0457.2991	0,0469.1930	0,0473.1684	0,0481.1346	0,0489.1206	0,0493.1207	94
95	0,0456.9799	0,0468.8930	0,0472.8746	0,0480.8530	0,0488.8507	0,0492.8565	95
96	0,0456.6749	0,0468.6067	0,0472.5943	0,0480.5845	0,0488.5936	0,0492.6049	96
97	0,0456.3834	0,0468.3333	0,0472.3268	0,0480.3284	0,0488.3486	0,0492.3653	97
98	0,0456.1048	0,0468.0723	0,0472.0715	0,0480.0842	0,0488.1150	0,0492.1370	98
99	0,0455.8385	0,0467.8232	0,0471.8279	0,0479.8513	0,0487.8925	0,0491.9195	99
100	0,0455.5839	0,0467.5853	0,0471.5953	0,0479.6292	0,0487.6804	0,0491.7123	100

TABLE III.

$$a = \frac{\mathrm{V}\,t}{1 - r^{-a}}.$$ SOMMES A PAYER A LA FIN DE CHAQUE ANNÉE, POUR AMORTIR, EN UN TEMPS DONNÉ, UN CAPITAL DE 1 FRANC.

ANS.	5	$5\,{}^{1}\!/_{8}$	$5\,{}^{1}\!/_{6}$	$5\,{}^{1}\!/_{4}$	$5\,{}^{1}\!/_{3}$	$5\,{}^{3}\!/_{8}$	ANS.
1	1,0500.0000	1,0512.5000	1,0516.6667	1,0525.0000	1,0533.3333	1,0537.5000	1
2	0,5378.0488	0,5387.5762	0,5390.7528	0,5397.1072	0,5403.4632	0,5406.6418	2
3	0,3672.0856	0,3680.6898	0,3683.5593	0,3689.3004	0,3695.0443	0,3697.9174	3
4	0,2820.1183	0,2828.3114	0,2831.0445	0,2836.5136	0,2841.9867	0,2844.7247	4
5	0,2309.7480	0,2317.7349	0,2320.3997	0,2325.7332	0,2331.0718	0,2333.7430	5
6	0,1970.1747	0,1978.0575	0,1980.6882	0,1985.9542	0,1991.2265	0,1993.8649	6
7	0,1728.1982	0,1736.0352	0,1738.6511	0,1743.8885	0,1749.1331	0,1751.7582	7
8	0,1547.2181	0,1555.0455	0,1557.6589	0,1562.8917	0,1568.1329	0,1570.7566	8
9	0,1406.9008	0,1414.7427	0,1417.3614	0,1422.6057	0,1427.8594	0,1430.4897	9
10	0,1295.0458	0,1302.9188	0,1305.5484	0,1310.8152	0,1316.0924	0,1318.7348	10
11	0,1203.8889	0,1211.8050	0,1214.4494	0,1219.7467	0,1225.0554	0,1227.7139	11
12	0,1128.2541	0,1136.2221	0,1138.8842	0,1144.2178	0,1149.5638	0,1152.2413	12
13	0,1064.5577	0,1072.5841	0,1075.2662	0,1080.6405	0,1086.0280	0,1088.7267	13
14	0,1010.2397	0,1018.3296	0,1021.0334	0,1026.4516	0,1031.8840	0,1034.6055	14
15	0,0963.4229	0,0971.5801	0,0974.3068	0,0979.7715	0,0985.2513	0,0987.9968	15
16	0,0922.6991	0,0930.9266	0,0933.6772	0,0939.1903	0,0944.7194	0,0947.4899	16
17	0,0886.9914	0,0895.2915	0,0898.0667	0,0903.6297	0,0909.2096	0,0912.0058	17
18	0,0855.4622	0,0863.8367	0,0866.6370	0,0872.2511	0,0877.8829	0,0880.7054	18
19	0,0827.4501	0,0835.9002	0,0838.7262	0,0844.3921	0,0850.0765	0,0852.9256	19
20	0,0802.4259	0,0810.9525	0,0813.8045	0,0819.5228	0,0825.2605	0,0828.1365	20
21	0,0779.9611	0,0788.5650	0,0791.4430	0,0797.2142	0,0803.0055	0,0805.9086	21
22	0,0759.7051	0,0768.3866	0,0771.2909	0,0777.1153	0,0782.9603	0,0785.8906	22
23	0,0741.3682	0,0750.1276	0,0753.0583	0,0758.9358	0,0764.8347	0,0767.7922	23
24	0,0724.7090	0,0733.5463	0,0736.5033	0,0742.4339	0,0748.3867	0,0751.3713	24
25	0,0709.5246	0,0718.4397	0,0721.4229	0,0727.4066	0,0733.4130	0,0736.4247	25
26	0,0695.6432	0,0704.6359	0,0717.6453	0,0713.6817	0,0719.7415	0,0722.7802	26
27	0,0682.9186	0,0691.9885	0,0695.0240	0,0701.1129	0,0707.2258	0,0710.2912	27
28	0,0671.2253	0,0680.3719	0,0683.4333	0,0689.5744	0,0695.7400	0,0698.8319	28
29	0,0660.4551	0,0669.6780	0,0672.7650	0,0678.9578	0,0685.1757	0,0688.2939	29
30	0,0650.5144	0,0659.8129	0,0662.9253	0,0669.1693	0,0675.4390	0,0678.5833	30
31	0,0641.3212	0,0650.6945	0,0653.8322	0,0660.1270	0,0666.4479	0,0669.6180	31
32	0,0632.8042	0,0642.2517	0,0645.4142	0,0651.7593	0,0658.1308	0,0661.3263	32
33	0,0624.9004	0,0634.4213	0,0637.6085	0,0644.0032	0,0650.4246	0,0653.6453	33
34	0,0617.5545	0,0627.1477	0,0630.3593	0,0636.8030	0,0643.2738	0,0646.5193	34
35	0,0610.7171	0,0620.3820	0,0623.6177	0,0630.1096	0,0636.6291	0,0639.8990	35
36	0,0604.3446	0,0614.0801	0,0617.3395	0,0623.8791	0,0630.4466	0,0633.7406	36
37	0,0598.3979	0,0608.2032	0,0611.4859	0,0618.0725	0,0624.6872	0,0628.0049	37
38	0,0592.8423	0,0602.7162	0,0606.0219	0,0612.6548	0,0619.3160	0,0622.6570	38
39	0,0587.6462	0,0597.5878	0,0600.9162	0,0607.5946	0,0614.3015	0,0617.6655	39
40	0,0582.7816	0,0592.7898	0,0596.1405	0,0602.8636	0,0609.6154	0,0613.0020	40
41	0,0578.2229	0,0688.2966	0,0591.6693	0,0598.4365	0,0605.2324	0,0608.6410	41
42	0,0573.9471	0,0584.0853	0,0587.4795	0,0594.2899	0,0601.1293	0,0604.5595	42
43	0,0569.9333	0,0580.1349	0,0583.5503	0,0590.4030	0,0597.2850	0,0600.7365	43
44	0,0566.1625	0,0576.4263	0,0579.8625	0,0586.7569	0,0593.6804	0,0597.1529	44
45	0,0562.6173	0,0572.9422	0,0576.3988	0,0583.3341	0,0590.2985	0,0593.7914	45
46	0,0559.2820	0,0569.6669	0,0573.1435	0,0580.1188	0,0587.1233	0,0590.6363	46
47	0,0556.1421	0,0566.5858	0,0570.0820	0,0577.0966	0,0584.1403	0,0587.6729	47
48	0,0553.1843	0,0563.6857	0,0567.2011	0,0574.2542	0,0581.3362	0,0584.8880	48
49	0,0550.3965	0,0560.9544	0,0564.4886	0,0571.5794	0,0578.6990	0,0582.2695	49
50	0,0547.7674	0,0558.3807	0,0561.9334	0,0569.0609	0,0576.2173	0,0579.8062	50

SOMMES A PAYER A LA FIN DE CHAQUE ANNÉE, POUR AMORTIR, EN UN TEMPS DONNÉ, UN CAPITAL DE 1 FRANC.

$$a = \frac{V\ell}{1 - r^{-n}}.$$

ANS.	5	5 $^{1}/_{8}$	5 $^{1}/_{6}$	5 $^{1}/_{4}$	5 $^{1}/_{3}$	5 $^{3}/_{8}$	ANS.
31	0,0545.2867	0,0555.9543	0,0559.5251	0,0566.6886	0,0573.8809	0,0577.4877	31
52	0,0542.9450	0,0553.6656	0,0557.2541	0,0564.4528	0,0571.6802	0,0575.3045	52
53	0,0540.7334	0,0551.5060	0,0555.1117	0,0562.3449	0,0569.6065	0,0573.2479	53
54	0,0538.6438	0,0549.4673	0,0553.0899	0,0560.3566	0,0567.6517	0,0571.3098	54
55	0,0536.6686	0,0547.5418	0,0551.1809	0,0558.4805	0,0565.8083	0,0569.4826	55
56	0,0534.8010	0,0545.7227	0,0549.3779	0,0556.7096	0,0564.0692	0,0567.7593	56
57	0,0533.0343	0,0544.0035	0,0547.6744	0,0555.0374	0,0562.4281	0,0566.1336	57
58	0,0531.3626	0,0542.3781	0,0546.0644	0,0553.4579	0,0560.8788	0,0564.5994	58
59	0,0529.7802	0,0540.8410	0,0544.5422	0,0551.9655	0,0559.4159	0,0563.1512	59
60	0,0528.2818	0,0539.3868	0,0543.1026	0,0550.5549	0,0558.0341	0,0561.7836	60
61	0,0526.8627	0,0538.0108	0,0541.7408	0,0549.2214	0,0556.7286	0,0560.4920	61
62	0,0525.5183	0,0536.7084	0,0540.4523	0,0547.9604	0,0555.4948	0,0559.2717	62
63	0,0524.2442	0,0535.4753	0,0539.2327	0,0546.7676	0,0554.3285	0,0558.1186	63
64	0,0523.0365	0,0534.3075	0,0538.0781	0,0545.6391	0,0553.2258	0,0557.0286	64
65	0,0521.8915	0,0533.2014	0,0536.9848	0,0544.5712	0,0552.1830	0,0555.9982	65
66	0,0520.8057	0,0532.1535	0,0535.9494	0,0543.5605	0,0551.1966	0,0555.0239	66
67	0,0519.7757	0,0531.1605	0,0534.9685	0,0542.6036	0,0550.2634	0,0554.1024	67
68	0,0518.7986	0,0530.2193	0,0534.0391	0,0541.6976	0,0549.3804	0,0553.2308	68
69	0,0517.8715	0,0529.3271	0,0533.1584	0,0540.8396	0,0548.5448	0,0552.4062	69
70	0,0516.9915	0,0528.4811	0,0532.3236	0,0540.0268	0,0547.7537	0,0551.6258	70
71	0,0516.1563	0,0527.6790	0,0531.5323	0,0539.2569	0,0547.0049	0,0550.8873	71
72	0,0515.3633	0,0526.9182	0,0530.7820	0,0538.5274	0,0546.2958	0,0550.1883	72
73	0,0514.6103	0,0526.1965	0,0530.0705	0,0537.8362	0,0545.6244	0,0549.5267	73
74	0,0513.8953	0,0525.5119	0,0529.3958	0,0537.1811	0,0544.9884	0,0548.9002	74
75	0,0513.2161	0,0524.8622	0,0528.7558	0,0536.5601	0,0544.3861	0,0548.3070	75
76	0,0512.5709	0,0524.2457	0,0528.1487	0,0535.9714	0,0543.8154	0,0547.7452	76
77	0,0511.9580	0,0523.6606	0,0527.5727	0,0535.4133	0,0543.2748	0,0547.2132	77
78	0,0511.3756	0,0523.1052	0,0527.0262	0,0534.8841	0,0542.7625	0,0546.7093	78
79	0,0510.8222	0,0522.5780	0,0526.5075	0,0534.3822	0,0542.2771	0,0546.2319	79
80	0,0510.2962	0,0522.0775	0,0526.0153	0,0533.9063	0,0541.8171	0,0545.7797	80
81	0,0509.7963	0,0521.6023	0,0525.5481	0,0533.4549	0,0541.3810	0,0545.3511	81
82	0,0509.3211	0,0521.1511	0,0525.1047	0,0533.0267	0,0540.9677	0,0544.9451	82
83	0,0508.8694	0,0520.7226	0,0524.6837	0,0532.6205	0,0540.5759	0,0544.5604	83
84	0,0508.4399	0,0520.3159	0,0524.2840	0,0532.2351	0,0540.2045	0,0544.1957	84
85	0,0508.0316	0,0519.9291	0,0523.9046	0,0531.8695	0,0539.8523	0,0543.8501	85
86	0,0507.6433	0,0519.5619	0,0523.5443	0,0531.5226	0,0539.5184	0,0543.5226	86
87	0,0507.2740	0,0519.2131	0,0523.2021	0,0531.1934	0,0539.2018	0,0543.2121	87
88	0,0506.9228	0,0518.8817	0,0522.8772	0,0530.8810	0,0538.9015	0,0542.9178	88
89	0,0506.5888	0,0518.5669	0,0522.5686	0,0530.5845	0,0538.6168	0,0542.6388	89
90	0,0506.2711	0,0518.2678	0,0522.2755	0,0530.3031	0,0538.3468	0,0542.3743	90
91	0,0505.9689	0,0517.9836	0,0521.9971	0,0530.0361	0,0538.0907	0,0542.1236	91
92	0,0505.6815	0,0517.7136	0,0521.7326	0,0529.7826	0,0537.8477	0,0541.8858	92
93	0,0505.4080	0,0517.4570	0,0521.4814	0,0529.5420	0,0537.6173	0,0541.6604	93
94	0,0505.1478	0,0517.2131	0,0521.2428	0,0529.3136	0,0537.3988	0,0541.4466	94
95	0,0504.9003	0,0516.9813	0,0521.0160	0,0529.0967	0,0537.1915	0,0541.2439	95
96	0,0504.6648	0,0516.7610	0,0520.8006	0,0528.8908	0,0536.9948	0,0541.0516	96
97	0,0504.4407	0,0516.5516	0,0520.5960	0,0528.6954	0,0536.8082	0,0540.8694	97
98	0,0504.2274	0,0516.3526	0,0520.4016	0,0528.5098	0,0536.6311	0,0540.6965	98
99	0,0504.0245	0,0516.1635	0,0520.2169	0,0528.3337	0,0536.4632	0,0540.5326	99
100	0,0503.8314	0,0515.9837	0,0520.0413	0,0528.1664	0,0536.3038	0,0540.3770	100

TABLE III.

$$a = \frac{V\,t}{1 - r^{-n}}$$

SOMMES A PAYER A LA FIN DE CHAQUE ANNÉE, POUR AMORTIR, EN UN TEMPS DONNÉ, UN CAPITAL DE 1 FRANC.

ANS.	$5\,^1/_2$	$5\,^5/_8$	$5\,^2/_3$	$5\,^3/_4$	$5\,^5/_6$	$5\,^7/_8$	ANS.
1	1,0550.0000	1,0562.5000	1,0566.6667	1,0575.0000	1,0583.3333	1,0587.5000	1
2	0,5416.1800	0,5425.7219	0,5428.9033	0,5435.2673	0,5441.6329	0,5444.8163	2
3	0,3706.5407	0,3715.1705	0,3718.0486	0,3723.8067	0,3729.5677	0,3732.4492	3
4	0,2852.9449	0,2861.1739	0,2863.9190	0,2869.4120	0,2874.9090	0,2877.6590	4
5	0,2341.7644	0,2349.7972	0,2352.4773	0,2357.8414	0,2363.2105	0,2365.8970	5
6	0,2001.7895	0,2009.7279	0,2012.3772	0,2017.6802	0,2022.9895	0,2025.6463	6
7	0,1759.6442	0,1767.5464	0,1770.1842	0,1775.4648	0,1780.7529	0,1783.3994	7
8	0,1578.6401	0,1586.5422	0,1589.1803	0,1594.4628	0,1599.7535	0,1602.4019	8
9	0,1438.3946	0,1446.3204	0,1448.9669	0,1454.2670	0,1459.5762	0,1462.2343	9
10	0,1326.6777	0,1334.6437	0,1337.3041	0,1342.6327	0,1347.9714	0,1350.6447	10
11	0,1235.7065	0,1243.7245	0,1246.4027	0,1251.7676	0,1257.1437	0,1259.8360	11
12	0,1160.2923	0,1168.3708	0,1171.0697	0,1176.4767	0,1181.8958	0,1184.6099	12
13	0,1096.8426	0,1104.9881	0,1107.7098	0,1113.1631	0,1118.6294	0,1121.3674	13
14	0,1042.7912	0,1051.0085	0,1053.7546	0,1059.2574	0,1064.7740	0,1067.5376	14
15	0,0996.2560	0,1004.5488	0,1007.3205	0,1012.8751	0,1018.4445	0,1021.2348	15
16	0,0955.8254	0,0964.1964	0,0966.9946	0,0972.6029	0,0978.2268	0,0981.0446	16
17	0,0920.4197	0,0928.8710	0,0931.6964	0,0937.3597	0,0943.0394	0,0945.8854	17
18	0,0889.1992	0,0897.7323	0,0900.5855	0,0906.3046	0,0912.0410	0,0914.9157	18
19	0,0861.5005	0,0870.1165	0,0872.9977	0,0878.7734	0,0884.5672	0,0887.4708	19
20	0,0836.7933	0,0845.4929	0,0848.4022	0,0854.2350	0,0860.0865	0,0863.0193	20
21	0,0814.6477	0,0823.4313	0,0826.3690	0,0832.2590	0,0838.1685	0,0841.1305	21
22	0,0794.7123	0,0803.5800	0,0806.5461	0,0812.4934	0,0818.4608	0,0821.4521	22
23	0,0776.6965	0,0785.6483	0,0788.6427	0,0794.6472	0,0800.6725	0,0803.6929	23
24	0,0760.3580	0,0769.3938	0,0772.4164	0,0778.4780	0,0784.5608	0,0787.6102	24
25	0,0745.4935	0,0754.6127	0,0757.6635	0,0763.7817	0,0769.9218	0,0773.0000	25
26	0,0731.9307	0,0741.1328	0,0744.2117	0,0750.3860	0,0756.5829	0,0759.6897	26
27	0,0719.5229	0,0728.8072	0,0731.9139	0,0738.1439	0,0744.3971	0,0747.5322	27
28	0,0708.1440	0,0717.5100	0,0720.6439	0,0726.9293	0,0733.2382	0,0736.4014	28
29	0,0697.6857	0,0707.1325	0,0710.2935	0,0716.6335	0,0722.9975	0,0726.1884	29
30	0,0688.0539	0,0697.5805	0,0700.7683	0,0707.1623	0,0713.5806	0,0716.7989	30
31	0,0679.1665	0,0688.7720	0,0691.9863	0,0698.4336	0,0704.9055	0,0708.1507	31
32	0,0670.9519	0,0680.6352	0,0683.8756	0,0690.3754	0,0696.9001	0,0700.1718	32
33	0,0663.3469	0,0673.1069	0,0676.3731	0,0682.9246	0,0689.5013	0,0692.7990	33
34	0,0656.2958	0,0666.1314	0,0669.4229	0,0676.0254	0,0682.6532	0,0685.9766	34
35	0,0649.7493	0,0659.6593	0,0662.9758	0,0669.6283	0,0676.3063	0,0679.6550	35
36	0,0643.6635	0,0653.6467	0,0656.9877	0,0663.6893	0,0670.4168	0,0673.7902	36
37	0,0637.9993	0,0648.0545	0,0651.4196	0,0658.1694	0,0664.9454	0,0668.3431	37
38	0,0632.7216	0,0642.8475	0,0646.2362	0,0653.0335	0,0659.8570	0,0663.2785	38
39	0,0627.7991	0,0637.9944	0,0641.4063	0,0648.2500	0,0655.1201	0,0658.5649	39
40	0,0623.2034	0,0633.4667	0,0636.9014	0,0643.7907	0,0650.7063	0,0654.1740	40
41	0,0618.9090	0,0629.2390	0,0632.6960	0,0639.6299	0,0646.5901	0,0650.0801	41
42	0,0614.8927	0,0625.2881	0,0628.7669	0,0635.7445	0,0642.7484	0,0646.2602	42
43	0,0611.1337	0,0621.5932	0,0625.0932	0,0632.1135	0,0639.1602	0,0642.6933	43
44	0,0607.6128	0,0618.1349	0,0621.6559	0,0628.7179	0,0635.8063	0,0639.3603	44
45	0,0604.3127	0,0614.8961	0,0618.4375	0,0625.5404	0,0632.6695	0,0636.2438	45
46	0,0601.2175	0,0611.8609	0,0615.4222	0,0622.5650	0,0629.7339	0,0633.3280	46
47	0,0598.3129	0,0609.0149	0,0612.5957	0,0619.7773	0,0626.9850	0,0630.5985	47
48	0,0595.5854	0,0606.3447	0,0609.9445	0,0617.1641	0,0624.4096	0,0628.0420	48
49	0,0593.0230	0,0603.8382	0,0607.4566	0,0614.7131	0,0621.9955	0,0625.6462	49
50	0,0590.6145	0,0601.4842	0,0605.1207	0,0612.4133	0,0619.7315	0,0623.4001	50

SOMMES A PAYER A LA FIN DE CHAQUE ANNÉE, POUR AMORTIR, EN UN TEMPS DONNÉ, UN CAPITAL DE 1 FRANC.

$$a = \frac{Vt}{1 - r^{-t}}$$

ANS.	$5\,^1/_2$	$5\,^5/_8$	$5\,^2/_3$	$5\,^3/_4$	$5\,^5/_6$	$5\,^7/_8$	ANS.
51	0,0588.3495	0,0599.2724	0,0602.9265	0,0610.2543	0,0617.6074	0,0621.2934	51
52	0,0586.2186	0,0597.1933	0,0600.8647	0,0608.2266	0,0615.6138	0,0619.3167	52
53	0,0584.2130	0,0595.2382	0,0598.9263	0,0606.3216	0,0613.7418	0,0617.4611	53
54	0,0582.3245	0,0593.3989	0,0597.1033	0,0604.5310	0,0611.9834	0,0615.7187	54
55	0,0580.5458	0,0591.6681	0,0595.3883	0,0602.8475	0,0610.3312	0,0614.0820	55
56	0,0578.8697	0,0590.0387	0,0593.7744	0,0601.2642	0,0608.7782	0,0612.5441	56
57	0,0577.2900	0,0588.5044	0,0592.2550	0,0599.7746	0,0607.3181	0,0611.0986	57
58	0,0575.8006	0,0587.0591	0,0590.8243	0,0598.3727	0,0605.9448	0,0609.7395	58
59	0,0574.3959	0,0585.6973	0,0589.4766	0,0597.0532	0,0604.6530	0,0608.4614	59
60	0,0573.0707	0,0584.4138	0,0588.2069	0,0595.8106	0,0603.4374	0,0607.2592	60
61	0,0571.8202	0,0583.2038	0,0587.0102	0,0594.6405	0,0602.2933	0,0606.1280	61
62	0,0570.6400	0,0582.0629	0,0585.8823	0,0593.5381	0,0601.2162	0,0605.0634	62
63	0,0569.5258	0,0580.9868	0,0584.8188	0,0592.4995	0,0600.2020	0,0604.0613	63
64	0,0568.4737	0,0579.9718	0,0583.8159	0,0591.5206	0,0599.2468	0,0603.1179	64
65	0,0567.4800	0,0579.0140	0,0582.8699	0,0590.5979	0,0598.3472	0,0602.2295	65
66	0,0566.5413	0,0578.1101	0,0581.9774	0,0589.7281	0,0597.4996	0,0601.3929	66
67	0,0565.6544	0,0577.2570	0,0581.1354	0,0588.9079	0,0596.7008	0,0600.6048	67
68	0,0564.8163	0,0576.4516	0,0580.3408	0,0588.1344	0,0595.9481	0,0599.8623	68
69	0,0564.0242	0,0575.6913	0,0579.5907	0,0587.4048	0,0595.2386	0,0599.1627	69
70	0,0563.2754	0,0574.9732	0,0578.8827	0,0586.7166	0,0594.5698	0,0598.5034	70
71	0,0562.5675	0,0574.2950	0,0578.2142	0,0586.0673	0,0593.9392	0,0597.8820	71
72	0,0561.8982	0,0573.6544	0,0577.5830	0,0585.4546	0,0593.3446	0,0597.2953	72
73	0,0561.2652	0,0573.0492	0,0576.9889	0,0584.8764	0,0592.7839	0,0596.7442	73
74	0,0560.6665	0,0572.4775	0,0576.4239	0,0584.3306	0,0592.2550	0,0596.2236	74
75	0,0560.1002	0,0571.9372	0,0575.8921	0,0583.8155	0,0591.7562	0,0595.7327	75
76	0,0559.5645	0,0571.4267	0,0575.3898	0,0583.3292	0,0591.2856	0,0595.2699	76
77	0,0559.0577	0,0570.9442	0,0574.9152	0,0582.8701	0,0590.8416	0,0594.8334	77
78	0,0558.5781	0,0570.4881	0,0574.4668	0,0582.4366	0,0590.4227	0,0594.4216	78
79	0,0558.1243	0,0570.0570	0,0574.0430	0,0582.0274	0,0590.0275	0,0594.0333	79
80	0,0557.6949	0,0569.6495	0,0573.6426	0,0581.6409	0,0589.6545	0,0593.6669	80
81	0,0557.2884	0,0569.2641	0,0573.2641	0,0581.2758	0,0589.3025	0,0593.3213	81
82	0,0556.9036	0,0568.8998	0,0572.9063	0,0580.9311	0,0588.9704	0,0592.9953	82
83	0,0556.5395	0,0568.5553	0,0572.5683	0,0580.6054	0,0588.6568	0,0592.6877	83
84	0,0556.1947	0,0568.2295	0,0572.2487	0,0580.2978	0,0588.3608	0,0592.3974	84
85	0,0555.8683	0,0567.9215	0,0571.9466	0,0580.0073	0,0588.0815	0,0592.1235	85
86	0,0555.5593	0,0567.6301	0,0571.6609	0,0579.7328	0,0587.8178	0,0591.8650	86
87	0,0555.2667	0,0567.3546	0,0571.3908	0,0579.4734	0,0587.5689	0,0591.6211	87
88	0,0554.9896	0,0567.0939	0,0571.1355	0,0579.2284	0,0587.3338	0,0591.3909	88
89	0,0554.7273	0,0566.8474	0,0570.8941	0,0578.9969	0,0587.1119	0,0591.1737	89
90	0,0554.4788	0,0566.6142	0,0570.6657	0,0578.7781	0,0586.9023	0,0590.9686	90
91	0,0554.2435	0,0566.3936	0,0570.4498	0,0578.5714	0,0586.7045	0,0590.7751	91
92	0,0554.0207	0,0566.1848	0,0570.2456	0,0578.3761	0,0586.5176	0,0590.5924	92
93	0,0553.8096	0,0565.9874	0,0570.0525	0,0578.1915	0,0586.3412	0,0590.4199	93
94	0,0553.6097	0,0565.8006	0,0569.8700	0,0578.0171	0,0586.1746	0,0590.2571	94
95	0,0553.4204	0,0565.6238	0,0569.6973	0,0577.8522	0,0586.0173	0,0590.1034	95
96	0,0553.2410	0,0565.4566	0,0569.5339	0,0577.6964	0,0585.8687	0,0589.9584	96
97	0,0553.0711	0,0565.2984	0,0569.3794	0,0577.5492	0,0585.7284	0,0589.8215	97
98	0,0552.9101	0,0565.1486	0,0569.2333	0,0577.4100	0,0585.5958	0,0589.6922	98
99	0,0552.7577	0,0565.0070	0,0569.0951	0,0577.2784	0,0585.4707	0,0589.5701	99
100	0,0552.6132	0,0564.8729	0,0568.9643	0,0577.1540	0,0585.3525	0,0589.4548	100

SOMMES A PAYER A LA FIN DE CHAQUE ANNÉE, POUR AMORTIR,
EN UN TEMPS DONNÉ, UN CAPITAL DE 1 FRANC.

$$a = \frac{Vt}{1 - r^{-n}}$$

ANS.	6	$6\,^1/_4$	$6\,^1/_3$	$6\,^1/_2$	$6\,^2/_3$	$6\,^3/_4$	ANS.
1	1,0600.0000	1,0625.0000	1,0633.3333	1,0650.0000	1,0666.6667	1,0675.0000	1
2	0,5454.3689	0,5473.4848	0,5479.8600	0,5492.6150	0,5505.3763	0,5511.7594	2
3	0,3741.0981	0,3758.4149	0,3764.1928	0,3775.7570	0,3787.3324	0,3793.1243	3
4	0,2885.9149	0,2902.4534	0,2907.9741	0,2919.0274	0,2930.0963	0,2935.6367	4
5	0,2373.9640	0,2390.1321	0,2395.5315	0,2406.3454	0,2417.1793	0,2422.6037	5
6	0,2033.6263	0,2049.6273	0,2054.9732	0,2065.6831	0,2076.4173	0,2081.7934	6
7	0,1791.3502	0,1807.2999	0,1812.6307	0,1823.3137	0,1834.0250	0,1839.3912	7
8	0,1610.3594	0,1626.3296	0,1631.6693	0,1642.3730	0,1653.1090	0,1658.4891	8
9	0,1470.2224	0,1486.2603	0,1491.6246	0,1502.3803	0,1513.1724	0,1518.5820	9
10	0,1358.6796	0,1374.8180	0,1380.2175	0,1391.0469	0,1401.9164	0,1407.3662	10
11	0,1267.9294	0,1284.1911	0,1289.6337	0,1300.5521	0,1311.5142	0,1317.0116	11
12	0,1192.7703	0,1209.1722	0,1214.6634	0,1225.6817	0,1236.7473	0,1242.2979	12
13	0,1129.6011	0,1146.1555	0,1151.6994	0,1162.8256	0,1174.0026	0,1179.6102	13
14	0,1075.8491	0,1092.5653	0,1098.1648	0,1109.4048	0,1120.6991	0,1126.3666	14
15	0,1029.6276	0,1046.5123	0,1052.1697	0,1063.5278	0,1074.9436	0,1080.6729	15
16	0,0989.5214	0,1006.5795	0,1012.2963	0,1023.7757	0,1035.3159	0,1041.1085	16
17	0,0954.4480	0,0971.6833	0,0977.4604	0,0989.0633	0,1000.7297	0,1006.5867	17
18	0,0923.5654	0,0940.9799	0,0946.8185	0,0958.5461	0,0970.3402	0,0976.2621	18
19	0,0896.2086	0,0913.8040	0,0919.7044	0,0931.5575	0,0943.4799	0,0949.4669	19
20	0,0871.8456	0,0889.6227	0,0895.5850	0,0907.5640	0,0919.6148	0,0925.6669	20
21	0,0850.0455	0,0868.0045	0,0874.0287	0,0886.1333	0,0898.3123	0,0904.4294	21
22	0,0830.4557	0,0848.5962	0,0854.6822	0,0866.9120	0,0879.2185	0,0885.4002	22
23	0,0812.7848	0,0831.1061	0,0837.2535	0,0849.6078	0,0862.0409	0,0868.2866	23
24	0,0796.7900	0,0815.2909	0,0821.4992	0,0833.9770	0,0846.5354	0,0852.8446	24
25	0,0782.2672	0,0800.9462	0,0807.2148	0,0819.8148	0,0832.4973	0,0838.8691	25
26	0,0769.0435	0,0787.8989	0,0794.2272	0,0806.9480	0,0819.7529	0,0826.1865	26
27	0,0756.9717	0,0776.0014	0,0782.3888	0,0795.2288	0,0808.1544	0,0814.6489	27
28	0,0745.9255	0,0765.1275	0,0771.5731	0,0784.5305	0,0797.5750	0,0804.1291	28
29	0,0735.7961	0,0755.1680	0,0761.6709	0,0774.7440	0,0787.9053	0,0794.5186	29
30	0,0726.4891	0,0746.0284	0,0752.5877	0,0765.7744	0,0779.0505	0,0785.7215	30
31	0,0717.9222	0,0737.6261	0,0744.2409	0,0757.5393	0,0770.9280	0,0777.6557	31
32	0,0710.0234	0,0729.8892	0,0736.5585	0,0749.9664	0,0763.4655	0,0770.2486	32
33	0,0702.7293	0,0722.7543	0,0729.4769	0,0742.9924	0,0756.5995	0,0763.4368	33
34	0,0695.9843	0,0716.1656	0,0722.9403	0,0736.5610	0,0750.2738	0,0757.1641	34
35	0,0689.7386	0,0710.0729	0,0716.8990	0,0730.6226	0,0744.4387	0,0751.3808	35
36	0,0683.9483	0,0704.4324	0,0711.3090	0,0725.1332	0,0739.0502	0,0746.0428	36
37	0,0678.5743	0,0699.2051	0,0706.1308	0,0720.0534	0,0734.0689	0,0741.1106	37
38	0,0673.5812	0,0694.3557	0,0701.3294	0,0715.3480	0,0729.4594	0,0736.5492	38
39	0,0668.9377	0,0689.8526	0,0696.8732	0,0710.9854	0,0725.1903	0,0732.3268	39
40	0,0664.6154	0,0685.6675	0,0692.7337	0,0706.9373	0,0721.2332	0,0728.4151	40
41	0,0660.5886	0,0681.7746	0,0688.8854	0,0703.1779	0,0717.5625	0,0724.7884	41
42	0,0656.8342	0,0678.1507	0,0685.3052	0,0699.6842	0,0714.1549	0,0721.4237	42
43	0,0653.3312	0,0674.7754	0,0681.9719	0,0696.4353	0,0710.9896	0,0718.2999	43
44	0,0650.0606	0,0671.6290	0,0678.8667	0,0693.4119	0,0708.0474	0,0715.3981	44
45	0,0647.0050	0,0668.6944	0,0675.9721	0,0690.5968	0,0705.3112	0,0712.7010	45
46	0,0644.1485	0,0665.9557	0,0673.2723	0,0687.9743	0,0702.7651	0,0710.1928	46
47	0,0641.4768	0,0663.3985	0,0670.7530	0,0685.5300	0,0700.3949	0,0707.8591	47
48	0,0638.9766	0,0661.0096	0,0668.4008	0,0683.2506	0,0698.1872	0,0705.6869	48
49	0,0636.6356	0,0658.7770	0,0666.2037	0,0681.1240	0,0696.1301	0,0703.6641	49
50	0,0634.4429	0,0656.6894	0,0664.1507	0,0679.1393	0,0694.2125	0,0701.7798	50

SOMMES A PAYER A LA FIN DE CHAQUE ANNÉE, POUR AMORTIR,
EN UN TEMPS DONNÉ, UN CAPITAL DE 1 FRANC.

$$a = \frac{Vt}{1 - r^{-n}}.$$

ANS.	6	6 $^1/_4$	6 $^1/_3$	6 $^1/_2$	6 $^2/_3$	6 $^3/_4$	ANS.
51	0,0632.3880	0,0654.7366	0,0662.2314	0,0677.2861	0,0692.4244	0,0700.0236	51
52	0,0630.4617	0,0652.9092	0,0660.4365	0,0675.5553	0,0690.7564	0,0698.3865	52
53	0,0628.6551	0,0651.1986	0,0658.7574	0,0673.9382	0,0689.1999	0,0696.8599	53
54	0,0626.9602	0,0649.5969	0,0657.1861	0,0672.4267	0,0687.7470	0,0695.4358	54
55	0,0625.3696	0,0648.0966	0,0655.7152	0,0671.0137	0,0686.3905	0,0694.1070	55
56	0,0623.8765	0,0646.6908	0,0654.3379	0,0669.6923	0,0685.1236	0,0692.8669	56
57	0,0622.4744	0,0645.3733	0,0653.0479	0,0668.4563	0,0683.9402	0,0691.7091	57
58	0,0621.1574	0,0644.1382	0,0651.8394	0,0667.2999	0,0682.8344	0,0690.6281	58
59	0,0619.9200	0,0642.9800	0,0650.7069	0,0666.2177	0,0681.8010	0,0689.6185	59
60	0,0618.7572	0,0641.8938	0,0649.6455	0,0665.2047	0,0680.8350	0,0688.6754	60
61	0,0617.6642	0,0640.8748	0,0648.6504	0,0664.2564	0,0679.9319	0,0687.7943	61
62	0,0616.6366	0,0639.9187	0,0647.7174	0,0663.3684	0,0679.0873	0,0686.9710	62
63	0,0615.6704	0,0639.0214	0,0646.8424	0,0662.5367	0,0678.2975	0,0686.2015	63
64	0,0614.7615	0,0638.1792	0,0646.0216	0,0661.7577	0,0677.5587	0,0685.4822	64
65	0,0613.9066	0,0637.3886	0,0645.2517	0,0661.0280	0,0676.8675	0,0684.8098	65
66	0,0613.1022	0,0636.6463	0,0644.5293	0,0660.3442	0,0676.2208	0,0684.1810	66
67	0,0612.3454	0,0635.9492	0,0643.8514	0,0659.7034	0,0675.6157	0,0683.5931	67
68	0,0611.6330	0,0635.2945	0,0643.2151	0,0659.1029	0,0675.0494	0,0683.0433	68
69	0,0610.9625	0,0634.6796	0,0642.6179	0,0658.5400	0,0674.5192	0,0682.5290	69
70	0,0610.3313	0,0634.1019	0,0642.0573	0,0658.0124	0,0674.0230	0,0682.0480	70
71	0,0609.7370	0,0633.5592	0,0641.5310	0,0657.5177	0,0673.5585	0,0681.5979	71
72	0,0609.1774	0,0633.0492	0,0641.0368	0,0657.0539	0,0673.1236	0,0681.1769	72
73	0,0608.6505	0,0632.5700	0,0640.5727	0,0656.6190	0,0672.7164	0,0680.7830	73
74	0,0608.1542	0,0632.1196	0,0640.1369	0,0656.2112	0,0672.3351	0,0680.4144	74
75	0,0607.6867	0,0631.6963	0,0639.7276	0,0655.8287	0,0671.9780	0,0680.0695	75
76	0,0607.2463	0,0631.2984	0,0639.3431	0,0655.4699	0,0671.6435	0,0679.7467	76
77	0,0606.8315	0,0630.9245	0,0638.9820	0,0655.1335	0,0671.3303	0,0679.4445	77
78	0,0606.4407	0,0630.5729	0,0638.6427	0,0654.8178	0,0671.0369	0,0679.1618	78
79	0,0606.0724	0,0630.2423	0,0638.3240	0,0654.5217	0,0670.7620	0,0678.8971	79
80	0,0605.7254	0,0629.9315	0,0638.0245	0,0654.2440	0,0670.5046	0,0678.6493	80
81	0,0605.3984	0,0629.6392	0,0637.7432	0,0653.9834	0,0670.2635	0,0678.4174	81
82	0,0605.0903	0,0629.3644	0,0637.4788	0,0653.7388	0,0670.0375	0,0678.2003	82
83	0,0604.7998	0,0629.1060	0,0637.2304	0,0653.5094	0,0669.8259	0,0677.9971	83
84	0,0604.5261	0,0628.8630	0,0636.9969	0,0653.2941	0,0669.6275	0,0677.8067	84
85	0,0604.2681	0,0628.6345	0,0636.7775	0,0653.0921	0,0669.4417	0,0677.6286	85
86	0,0604.0249	0,0628.4196	0,0636.5713	0,0652.9026	0,0669.2676	0,0677.4618	86
87	0,0603.7956	0,0628.2173	0,0636.3775	0,0652.7247	0,0669.1045	0,0677.3056	87
88	0,0603.5795	0,0628.0271	0,0636.1954	0,0652.5577	0,0668.9516	0,0677.1593	88
89	0,0603.3757	0,0627.8482	0,0636.0242	0,0652.4010	0,0668.8083	0,0677.0224	89
90	0,0603.1836	0,0627.6800	0,0635.8633	0,0652.2540	0,0668.6740	0,0676.8942	90
91	0,0603.0025	0,0627.5217	0,0635.7120	0,0652.1160	0,0668.5482	0,0676.7741	91
92	0,0602.8318	0,0627.3728	0,0635.5698	0,0651.9864	0,0668.4303	0,0676.6616	92
93	0,0602.6708	0,0627.2327	0,0635.4362	0,0651.8648	0,0668.3198	0,0676.5563	93
94	0,0602.5189	0,0627.1010	0,0635.3106	0,0651.7507	0,0668.2663	0,0676.4577	94
95	0,0602.3758	0,0626.9770	0,0635.1925	0,0651.6436	0,0668.1192	0,0676.3653	95
96	0,0602.2408	0,0626.8603	0,0635.0814	0,0651.5431	0,0668.0282	0,0676.2788	96
97	0,0602.1135	0,0626.7506	0,0634.9770	0,0651.4487	0,0667.9429	0,0676.1977	97
98	0,0601.9935	0,0626.6474	0,0634.8789	0,0651.3601	0,0667.8630	0,0676.1219	98
99	0,0601.8803	0,0626.5502	0,0634.7866	0,0651.2769	0,0667.7881	0,0676.0509	99
100	0,0601.7736	0,0626.4588	0,0634.6998	0,0651.1988	0,0667.7179	0,0675.9843	100

TABLE III.

$$a = \frac{Vt}{1 - r^{-n}}.$$

SOMMES A PAYER A LA FIN DE CHAQUE ANNÉE, POUR AMORTIR, EN UN TEMPS DONNÉ, UN CAPITAL DE 1 FRANC.

ANS.	7	$7\,^1/_4$	$7\,^1/_3$	$7\,^1/_2$	$7\,^2/_3$	$7\,^3/_4$	ANS.
1	1,0700.0000	1,0725.0000	1,0733.3333	1,0750.0000	1,0766.6667	1,0775.0000	1
2	0,5530.9179	0,5550.0905	0,5556.4845	0,5569.2771	0,5582.0760	0,5588.4777	2
3	0,3810.5166	0,3827.9340	0,3833.7453	0,3845.3763	0,3857.0182	0,3862.8435	3
4	0,2952.2812	0,2968.9607	0,2974.5283	0,2985.6751	0,2996.8373	0,3002.4242	4
5	0,2438.9069	0,2455.2548	0,2460.7140	0,2471.6472	0,2482.6000	0,2488.0838	5
6	0,2097.9580	0,2114.1766	0,2119.5947	0,2130.4489	0,2141.3269	0,2146.7747	6
7	0,1855.5322	0,1871.7363	0,1877.1516	0,1888.0032	0,1898.8825	0,1904.3325	7
8	0,1674.6776	0,1690.9381	0,1696.3742	0,1707.2702	0,1718.1979	0,1723.6735	8
9	0,1534.8647	0,1551.2281	0,1556.7004	0,1567.6716	0,1578.6782	0,1584.1948	9
10	0,1423.7750	0,1440.2729	0,1445.7919	0,1456.8593	0,1467.9657	0,1473.5335	10
11	0,1333.5690	0,1350.2237	0,1355.7967	0,1366.9747	0,1378.1954	0,1383.8216	11
12	0,1259.0199	0,1275.8470	0,1281.4792	0,1292.7783	0,1304.1233	0,1309.8130	12
13	0,1196.5085	0,1213.5194	0,1219.2146	0,1230.6420	0,1242.1185	0,1247.8752	13
14	0,1143.4494	0,1160.6522	0,1166.4129	0,1177.9738	0,1189.5868	0,1195.4129	14
15	0,1097.9462	0,1115.3465	0,1121.1746	0,1132.8724	0,1144.6254	0,1150.5225	15
16	0,1058.5765	0,1076.1780	0,1082.0746	0,1093.9116	0,1105.8066	0,1111.7757	16
17	0,1024.2519	0,1042.0570	0,1048.0228	0,1060.0003	0,1072.0384	0,1078.0800	17
18	0,0994.1260	0,1012.1358	0,1018.1712	0,1030.2896	0,1042.4711	0,1048.5853	18
19	0,0967.5302	0,0985.7449	0,0991.8498	0,1004.1090	0,1016.4336	0,1022.6202	19
20	0,0943.9293	0,0962.3484	0,0968.5225	0,0980.9219	0,0993.3888	0,0999.6473	20
21	0,0922.8900	0,0941.5124	0,0947.7553	0,0960.2938	0,0972.9016	0,0979.2314	21
22	0,0904.0577	0,0922.8816	0,0929.1926	0,0941.8687	0,0954.6160	0,0961.0161	22
23	0,0887.1393	0,0906.1625	0,0912.5408	0,0925.3528	0,0938.2376	0,0944.7071	23
24	0,0871.8902	0,0891.1102	0,0897.5549	0,0910.5008	0,0923.5209	0,0930.0585	24
25	0,0858.1052	0,0877.5190	0,0884.0291	0,0897.1067	0,0910.2598	0,0916.8643	25
26	0,0845.6103	0,0865.2149	0,0871.7892	0,0884.9961	0,0898.2796	0,0904.9497	26
27	0,0834.2573	0,0854.0494	0,0860.6867	0,0874.0203	0,0887.4315	0,0894.1658	27
28	0,0823.9193	0,0843.8951	0,0850.5942	0,0864.0520	0,0877.5880	0,0884.3849	28
29	0,0814.4865	0,0834.6425	0,0841.4020	0,0854.9811	0,0868.6391	0,0875.4971	29
30	0,0805.8640	0,0826.1961	0,0833.0146	0,0846.7124	0,0860.4893	0,0867.4069	30
31	0,0797.9691	0,0818.4734	0,0825.3496	0,0839.1629	0,0853.0556	0,0860.0312	31
32	0,0790.7292	0,0811.4017	0,0818.3341	0,0832.2599	0,0846.2654	0,0853.2974	32
33	0,0784.0807	0,0804.9172	0,0811.9044	0,0825.9397	0,0840.0548	0,0847.1416	33
34	0,0777.9674	0,0798.9637	0,0806.0042	0,0820.1461	0,0834.3676	0,0841.5075	34
35	0,0772.3396	0,0793.4915	0,0800.5838	0,0814.8291	0,0829.1538	0,0836.3452	35
36	0,0767.1531	0,0788.4563	0,0795.5989	0,0809.9446	0,0824.3694	0,0831.6106	36
37	0,0762.3685	0,0783.8187	0,0791.0101	0,0805.4533	0,0819.9748	0,0827.2643	37
38	0,0757.9505	0,0779.5435	0,0786.7823	0,0801.3197	0,0815.9350	0,0823.2710	38
39	0,0753.8676	0,0775.5991	0,0782.8837	0,0797.5124	0,0812.2182	0,0819.5993	39
40	0,0750.0914	0,0771.9571	0,0779.2862	0,0794.0031	0,0808.7964	0,0816.2208	40
41	0,0746.5962	0,0768.5920	0,0775.9640	0,0790.7663	0,0805.6439	0,0813.1102	41
42	0,0743.3591	0,0765.4808	0,0772.8942	0,0787.7789	0,0802.7378	0,0810.2445	42
43	0,0740.3590	0,0762.6023	0,0770.0560	0,0785.0201	0,0800.0575	0,0807.6028	43
44	0,0737.5769	0,0759.9379	0,0767.4303	0,0782.4710	0,0797.5839	0,0805.1665	44
45	0,0734.9957	0,0757.4704	0,0765.0001	0,0780.1146	0,0795.3001	0,0802.9186	45
46	0,0732.5996	0,0755.1840	0,0762.7497	0,0777.9353	0,0793.1907	0,0800.8436	46
47	0,0730.3744	0,0753.0646	0,0760.6650	0,0775.9190	0,0791.2414	0,0798.9274	47
48	0,0728.3070	0,0751.0992	0,0758.7330	0,0774.0527	0,0789.4395	0,0797.1572	48
49	0,0726.3853	0,0749.2758	0,0756.9417	0,0772.3247	0,0787.7733	0,0795.5213	49
50	0,0724.5985	0,0747.5837	0,0755.2804	0,0770.7241	0,0786.2320	0,0794.0091	50

SOMMES A PAYER A LA FIN DE CHAQUE ANNÉE, POUR AMORTIR, EN UN TEMPS DONNÉ, UN CAPITAL DE 1 FRANC.

$$a = \frac{Vt}{1 - r^{-a}}.$$

ANS.	7	$7\ ^1/_4$	$7\ ^1/_3$	$7\ ^1/_2$	$7\ ^2/_3$	$7\ ^3/_4$	ANS.
51	0,0722.9365	0,0746.0128	0,0753.7392	0,0769.2411	0,0784.8058	0,0792.6108	51
52	0,0721.3901	0,0744.5540	0,0752.3090	0,0767.8667	0,0783.4859	0,0791.3174	52
53	0,0719.9509	0,0743.1990	0,0750.9813	0,0766.5927	0,0782.2638	0,0790.1208	53
54	0,0718.6110	0,0741.9400	0,0749.7485	0,0765.4112	0,0781.1323	0,0789.0137	54
55	0,0717.3633	0,0740.7700	0,0748.6036	0,0764.3155	0,0780.0842	0,0787.9888	55
56	0,0716.2011	0,0739.6824	0,0747.5401	0,0763.2990	0,0779.1132	0,0787.0401	56
57	0,0715.1183	0,0738.6712	0,0746.5520	0,0762.3559	0,0778.2136	0,0786.1616	57
58	0,0714.1093	0,0737.7308	0,0745.6337	0,0761.4806	0,0777.3799	0,0785.3481	58
59	0,0713.1689	0,0736.8561	0,0744.7802	0,0760.6683	0,0776.6071	0,0784.5946	59
60	0,0712.2923	0,0736.0424	0,0743.9867	0,0759.9142	0,0775.8908	0,0783.8966	60
61	0,0711.4749	0,0735.2854	0,0743.2490	0,0759.2140	0,0775.2266	0,0783.2499	61
62	0,0710.7127	0,0734.5809	0,0742.5630	0,0758.5638	0,0774.6108	0,0782.6506	62
63	0,0710.0019	0,0733.9253	0,0741.9250	0,0757.9600	0,0774.0397	0,0782.0953	63
64	0,0709.3388	0,0733.3150	0,0741.3316	0,0757.3992	0,0773.5100	0,0781.5806	64
65	0,0708.7203	0,0732.7469	0,0740.7796	0,0756.8782	0,0773.0186	0,0781.1036	65
66	0,0708.1431	0,0732.2180	0,0740.2660	0,0756.3942	0,0772.5628	0,0780.6614	66
67	0,0707.6046	0,0731.7255	0,0739.7882	0,0755.9446	0,0772.1400	0,0780.2514	67
68	0,0707.1021	0,0731.2670	0,0739.3436	0,0755.5268	0,0771.7477	0,0779.8713	68
69	0,0706.6330	0,0730.8399	0,0738.9298	0,0755.1385	0,0771.3836	0,0779.5189	69
70	0,0706.1953	0,0730.4422	0,0738.5447	0,0754.7778	0,0771.0458	0,0779.1921	70
71	0,0705.7866	0,0730.0717	0,0738.1863	0,0754.4425	0,0770.7323	0,0778.8891	71
72	0,0705.4051	0,0729.7267	0,0737.8527	0,0754.1308	0,0770.4414	0,0778.6081	72
73	0,0705.0490	0,0729.4052	0,0737.5421	0,0753.8411	0,0770.1714	0,0778.3474	73
74	0,0704.7164	0,0729.1057	0,0737.2531	0,0753.5719	0,0769.9208	0,0778.1057	74
75	0,0704.4060	0,0728.8267	0,0736.9839	0,0753.3216	0,0769.6881	0,0777.8815	75
76	0,0704.1160	0,0728.5668	0,0736.7333	0,0753.0889	0,0769.4722	0,0777.6735	76
77	0,0703.8453	0,0728.3246	0,0736.5000	0,0752.8725	0,0769.2718	0,0777.4806	77
78	0,0703.5924	0,0728.0989	0,0736.2828	0,0752.6714	0,0769.0857	0,0777.3017	78
79	0,0703.3563	0,0727.8885	0,0736.0805	0,0752.4844	0,0769.9129	0,0777.1357	79
80	0,0703.1357	0,0727.6925	0,0735.8922	0,0752.3106	0,0768.7525	0,0776.9817	80
81	0,0702.9297	0,0727.5099	0,0735.7168	0,0752.1489	0,0768.6036	0,0776.8388	81
82	0,0702.7373	0,0727.3397	0,0735.5534	0,0751.9986	0,0768.4654	0,0776.7062	82
83	0,0702.5576	0,0727.1811	0,0735.4013	0,0751.8588	0,0768.3370	0,0776.5833	83
84	0,0702.3897	0,0727.0332	0,0735.2597	0,0751.7288	0,0768.2178	0,0776.4692	84
85	0,0702.2329	0,0726.8954	0,0735.1277	0,0751.6079	0,0768.1071	0,0776.3633	85
86	0,0702.0863	0,0726.7669	0,0735.0048	0,0751.4955	0,0768.0044	0,0776.2651	86
87	0,0701.9495	0,0726.6472	0,0734.8904	0,0751.3910	0,0767.9090	0,0776.1740	87
88	0,0701.8216	0,0726.5356	0,0734.7838	0,0751.2938	0,0767.8204	0,0776.0894	88
89	0,0701.7021	0,0726.4316	0,0734.6845	0,0751.2034	0,0767.7381	0,0776.0109	89
90	0,0701.5905	0,0726.3347	0,0734.5921	0,0751.1193	0,0767.6617	0,0775.9381	90
91	0,0701.4863	0,0726.2443	0,0734.5059	0,0751.0411	0,0767.5908	0,0775.8706	91
92	0,0701.3888	0,0726.1601	0,0734.4257	0,0750.9684	0,0767.5249	0,0775.8079	92
93	0,0701.2978	0,0726.0815	0,0734.3509	0,0750.9007	0,0767.4637	0,0775.7497	93
94	0,0701.2128	0,0726.0083	0,0734.2813	0,0750.8378	0,0767.4069	0,0775.6958	94
95	0,0701.1333	0,0725.9401	0,0734.2165	0,0750.7793	0,0767.3542	0,0775.6457	95
96	0,0701.0590	0,0725.8764	0,0734.1560	0,0750.7249	0,0767.3052	0,0775.5992	96
97	0,0700.9897	0,0725.8171	0,0734.0998	0,0750.6743	0,0767.2597	0,0775.5561	97
98	0,0700.9248	0,0725.7618	0,0734.0474	0,0750.6272	0,0767.2174	0,0775.5161	98
99	0,0700.8643	0,0725.7103	0,0733.9986	0,0750.5834	0,0767.1782	0,0775.4789	99
100	0,0700.8076	0,0725.6622	0,0733.9531	0,0750.5427	0,0767.1417	0,0775.4444	100

TABLE III.

$$a = \frac{V t}{1 - r^{-n}},$$ **SOMMES A PAYER A LA FIN DE CHAQUE ANNÉE, POUR AMORTIR, EN UN TEMPS DONNÉ, UN CAPITAL DE 1 FRANC.**

ANS.	8	8 $^1/_4$	8 $^1/_3$	8 $^1/_2$	8 $^2/_3$	8 $^3/_4$	ANS.
1	1,0800.0000	1,0825.0000	1,0833.3333	1,0850.0000	1,0866.6667	1,0875.0000	1
2	0,5607.6923	0,5626.9208	0,5633.3333	0,5646.1631	0,5658.9989	0,5665.4192	2
3	0,3880.3351	0,3897.8515	0,3903.6958	0,3915.3925	0,3927.1000	0,3932.9579	3
4	0,3019.2080	0,3036.0263	0,3041.6400	0,3052.8789	0,3064.1330	0,3069.7657	4
5	0,2504.5645	0,2521.0892	0,2526.6071	0,2537.6575	0,2548.7273	0,2554.2694	5
6	0,2163.1539	0,2179.5860	0,2185.0751	0,2196.0708	0,2207.0899	0,2212.6082	6
7	0,1920.7240	0,1937.1773	0,1942.6755	0,1953.6922	0,1964.7361	0,1970.2683	7
8	0,1740.1476	0,1756.6921	0,1762.2225	0,1773.3065	0,1784.4215	0,1789.9906	8
9	0,1600.7971	0,1617.4781	0,1623.0558	0,1634.2372	0,1645.4532	0,1651.0740	9
10	0,1490.2949	0,1507.1430	0,1512.7781	0,1524.0771	0,1535.4139	0,1541.0966	10
11	0,1400.7634	0,1417.7996	0,1423.4990	0,1434.9290	0,1446.4007	0,1452.1519	11
12	0,1326.9502	0,1344.1891	0,1349.9577	0,1361.5286	0,1373.1439	0,1378.9681	12
13	0,1265.2181	0,1282.6695	0,1288.5107	0,1300.2287	0,1311.9940	0,1317.8944	13
14	0,1212.9685	0,1230.6394	0,1236.5551	0,1248.4243	0,1260.3438	0,1266.3222	14
15	0,1168.2954	0,1186.1900	0,1192.1816	0,1204.2046	0,1216.2805	0,1222.3380	15
16	0,1129.7687	0,1147.8892	0,1153.9574	0,1166.1354	0,1178.3687	0,1184.5059	16
17	0,1096.2943	0,1114.6415	0,1120.7865	0,1133.1198	0,1145.5106	0,1151.7274	17
18	0,1067.0210	0,1085.5946	0,1091.8161	0,1104.3041	0,1116.8517	0,1123.1476	18
19	0,1041.2763	0,1060.0750	0,1066.3725	0,1079.0140	0,1091.7169	0,1098.0912	19
20	0,1018.5221	0,1037.5437	0,1043.9165	0,1056.7097	0,1069.5661	0,1076.0176	20
21	0,0998.3225	0,1017.5643	0,1024.0113	0,1036.9541	0,1049.9615	0,1056.4890	21
22	0,0980.3207	0,0999.7794	0,1006.2994	0,1019.3892	0,1032.5449	0,1039.1471	22
23	0,0964.2217	0,0983.8935	0,0990.4852	0,1003.7193	0,1017.0202	0,1023.6955	23
24	0,0949.7796	0,0969.6605	0,0976.3223	0,0989.6975	0,1003.1405	0,1009.8871	24
25	0,0936.7878	0,0956.8733	0,0963.6038	0,0977.1168	0,0990.6983	0,0997.5145	25
26	0,0925.0713	0,0945.3567	0,0952.1541	0,0965.8016	0,0979.5182	0,0986.4020	26
27	0,0914.4810	0,0934.9614	0,0941.8241	0,0955.6025	0,0969.4504	0,0976.3999	27
28	0,0904.8890	0,0925.5595	0,0932.4857	0,0946.3913	0,0960.3666	0,0967.3799	28
29	0,0896.1854	0,0917.0408	0,0924.0286	0,0938.0576	0,0952.1565	0,0959.2315	29
30	0,0888.2743	0,0909.3091	0,0916.3569	0,0930.5058	0,0944.7242	0,0951.8590	30
31	0,0881.0728	0,0902.2817	0,0909.3876	0,0923.6524	0,0937.9864	0,0945.1789	31
32	0,0874.5081	0,0895.8858	0,0903.0478	0,0917.4247	0,0931.8704	0,0939.1186	32
33	0,0868.5163	0,0890.0574	0,0897.2738	0,0911.7588	0,0926.3122	0,0933.6140	33
34	0,0863.0411	0,0884.7402	0,0892.0091	0,0906.5984	0,0921.2556	0,0928.6090	34
35	0,0858.0326	0,0879.8844	0,0887.2037	0,0901.8937	0,0916.6508	0,0924.0538	35
36	0,0853.4467	0,0875.4458	0,0882.8137	0,0897.6006	0,0912.4537	0,0919.9044	36
37	0,0849.2440	0,0871.3850	0,0878.7999	0,0893.6799	0,0908.6252	0,0916.1216	37
38	0,0845.3894	0,0867.6671	0,0875.1271	0,0890.0966	0,0905.1303	0,0912.6706	38
39	0,0841.8513	0,0864.2605	0,0871.7639	0,0886.8193	0,0901.9378	0,0909.5200	39
40	0,0838.6016	0,0861.1373	0,0868.6823	0,0883.8201	0,0899.0197	0,0906.6421	40
41	0,0835.6149	0,0858.2721	0,0865.8570	0,0881.0737	0,0896.3511	0,0904.0118	41
42	0,0832.8680	0,0855.6422	0,0863.2653	0,0878.5576	0,0893.9092	0,0901.6065	42
43	0,0830.3414	0,0853.2270	0,0860.8867	0,0876.2512	0,0891.6738	0,0899.4060	43
44	0,0828.0152	0,0851.0079	0,0858.7027	0,0874.1363	0,0889.6265	0,0897.3921	44
45	0,0825.8728	0,0848.9682	0,0856.6965	0,0872.1961	0,0887.7508	0,0895.5481	45
46	0,0823.8991	0,0847.0926	0,0854.8529	0,0870.4154	0,0886.0317	0,0893.8592	46
47	0,0822.0799	0,0845.3673	0,0853.1582	0,0868.7807	0,0884.4555	0,0892.3118	47
48	0,0820.4027	0,0843.7797	0,0851.5998	0,0867.2795	0,0883.0100	0,0890.8956	48
49	0,0818.8557	0,0842.3184	0,0850.1663	0,0865.9005	0,0881.6840	0,0889.5934	49
50	0,0817.4286	0,0840.9730	0,0848.8474	0,0864.6334	0,0880.4672	0,0888.4013	50

SOMMES A PAYER A LA FIN DE CHAQUE ANNÉE, POUR AMORTIR, EN UN TEMPS DONNÉ, UN CAPITAL DE 1 FRANC.

$$a = \frac{V\,t}{1 - r^{-n}}$$

ANS.	8	8 $^{1}/_{4}$	8 $^{1}/_{3}$	8 $^{1}/_{2}$	8 $^{2}/_{3}$	8 $^{3}/_{4}$	ANS.
51	0,0816.1116	0,0839.7339	0,0847.6335	0,0863.4688	0,0879.3504	0,0887.3078	51
52	0,0814.8959	0,0838.5925	0,0846.5161	0,0862.3983	0,0878.3252	0,0886.3047	52
53	0,0813.7735	0,0837.5407	0,0845.4872	0,0861.4139	0,0877.3839	0,0885.3844	53
54	0,0812.7370	0,0836.5717	0,0844.5397	0,0860.5087	0,0876.5194	0,0884.5398	54
55	0,0811.7796	0,0835.6784	0,0843.6670	0,0859.6761	0,0875.7254	0,0883.7645	55
56	0,0810.8952	0,0834.8548	0,0842.8631	0,0858.9101	0,0874.9960	0,0883.0529	56
57	0,0810.0780	0,0834.0955	0,0842.1222	0,0858.2053	0,0874.3258	0,0882.3994	57
58	0,0809.3228	0,0833.3952	0,0841.4396	0,0857.5568	0,0873.7100	0,0881.7994	58
59	0,0808.6247	0,0832.7494	0,0840.8104	0,0856.9600	0,0873.1441	0,0881.2484	59
60	0,0807.9795	0,0832.1537	0,0840.2305	0,0856.4106	0,0872.6239	0,0880.7424	60
61	0,0807.3830	0,0831.6041	0,0839.6959	0,0855.9049	0,0872.1458	0,0880.2776	61
62	0,0806.8314	0,0831.0971	0,0839.2030	0,0855.4393	0,0871.7063	0,0879.8506	62
63	0,0806.3214	0,0830.6292	0,0838.7486	0,0855.0107	0,0871.3022	0,0879.4583	63
64	0,0805.8497	0,0830.1975	0,0838.3295	0,0854.6160	0,0870.9307	0,0879.0979	64
65	0,0805.4135	0,0829.7991	0,0837.9431	0,0854.2526	0,0870.5891	0,0878.7668	65
66	0,0805.0100	0,0829.4314	0,0837.5867	0,0853.9179	0,0870.2749	0,0878.4625	66
67	0,0804.6367	0,0829.0920	0,0837.2580	0,0853.6097	0,0869.9860	0,0878.1829	67
68	0,0804.2914	0,0828.7787	0,0836.9548	0,0853.3258	0,0869.7204	0,0877.9259	68
69	0,0803.9719	0,0828.4895	0,0836.6751	0,0853.0643	0,0869.4760	0,0877.6898	69
70	0,0803.6764	0,0828.2225	0,0836.4171	0,0852.8234	0,0869.2513	0,0877.4728	70
71	0,0803.4029	0,0827.9760	0,0836.1790	0,0852.6016	0,0869.0446	0,0877.2733	71
72	0,0803.1498	0,0827.7485	0,0835.9594	0,0852.3972	0,0868.8545	0,0877.0899	72
73	0,0802.9156	0,0827.5383	0,0835.7568	0,0852.2089	0,0868.6796	0,0876.9214	73
74	0,0802.6990	0,0827.3443	0,0835.5699	0,0852.0354	0,0868.5187	0,0876.7665	74
75	0,0802.4984	0,0827.1652	0,0835.3974	0,0851.8756	0,0868.3707	0,0876.6241	75
76	0,0802.3128	0,0826.9998	0,0835.2383	0,0851.7284	0,0868.2346	0,0876.4932	76
77	0,0802.1410	0,0826.8470	0,0835.0915	0,0851.5927	0,0868.1093	0,0876.3729	77
78	0,0801.9820	0,0826.7060	0,0834.9560	0,0851.4677	0,0867.9941	0,0876.2623	78
79	0,0801.8349	0,0826.5757	0,0834.8309	0,0851.3526	0,0867.8880	0,0876.1606	79
80	0,0801.6987	0,0826.4554	0,0834.7155	0,0851.2465	0,0867.7904	0,0876.0671	80
81	0,0801.5726	0,0826.3443	0,0834.6090	0,0851.1487	0,0867.7008	0,0875.9811	81
82	0,0801.4559	0,0826.2417	0,0834.5108	0,0851.0586	0,0867.6182	0,0875.9021	82
83	0,0801.3479	0,0826.1469	0,0834.4201	0,0850.9756	0,0867.5422	0,0875.8295	83
84	0,0801.2479	0,0826.0594	0,0834.3364	0,0850.8990	0,0867.4723	0,0875.7627	84
85	0,0801.1553	0,0825.9786	0,0834.2591	0,0850.8285	0,0867.4080	0,0875.7012	85
86	0,0801.0696	0,0825.9040	0,0834.1879	0,0850.7636	0,0867.3489	0,0875.6448	86
87	0,0800.9902	0,0825.8350	0,0834.1221	0,0850.7037	0,0867.2944	0,0875.5929	87
88	0,0800.9168	0,0825.7713	0,0834.0613	0,0850.6486	0,0867.2443	0,0875.5452	88
89	0,0800.8489	0,0825.7124	0,0834.0053	0,0850.5977	0,0867.1982	0,0875.5013	89
90	0,0800.7860	0,0825.6581	0,0833.9536	0,0850.5508	0,0867.1558	0,0875.4609	90
91	0,0800.7277	0,0825.6079	0,0833.9058	0,0850.5077	0,0867.1168	0,0875.4238	91
92	0,0800.6737	0,0825.5615	0,0833.8618	0,0850.4679	0,0867.0809	0,0875.3896	92
93	0,0800.6238	0,0825.5187	0,0833.8211	0,0850.4312	0,0867.0478	0,0875.3583	93
94	0,0800.5775	0,0825.4791	0,0833.7835	0,0850.3974	0,0867.0174	0,0875.3295	94
95	0,0800.5347	0,0825.4426	0,0833.7489	0,0850.3663	0,0866.9894	0,0875.3029	95
96	0,0800.4951	0,0825.4089	0,0833.7169	0,0850.3376	0,0866.9637	0,0875.2785	96
97	0,0800.4584	0,0825.3777	0,0833.6874	0,0850.3111	0,0866.9400	0,0875.2561	97
98	0,0800.4244	0,0825.3489	0,0833.6601	0,0850.2867	0,0866.9182	0,0875.2355	98
99	0,0800.3930	0,0825.3223	0,0833.6350	0,0850.2642	0,0866.8981	0,0875.2166	99
100	0,0800.3638	0,0825.2977	0,0833.6118	0,0850.2435	0,0866.8796	0,0875.1992	100

TABLE III.

$$a = \frac{\mathrm{V}t}{1 - r^{-n}}$$

SOMMES A PAYER A LA FIN DE CHAQUE ANNÉE, POUR AMORTIR, EN UN TEMPS DONNÉ, UN CAPITAL DE 1 FRANC.

ANS.	9	9 ¼	9 ⅓	9 ½	9 ⅔	9 ¾	ANS.
1	1,0900.0000	1,0925.0000	1,0933.3333	1,0950.0000	1,0966.6667	1,0975.0000	1
2	0,5684.6890	0,5703.9725	0,5710.4034	0,5723.2697	0,5736.1420	0,5742.5805	2
3	0,3950.5476	0,3968.1615	0,3974.0382	0,3985.7997	0,3997.5718	0,4003.4619	3
4	0,3086.6866	0,3103.6414	0,3109.3005	0,3120.6300	0,3131.9745	0,3137.6523	4
5	0,2570.9246	0,2587.6229	0,2593.1986	0,2604.3642	0,2615.5488	0,2621.1482	5
6	0,2229.1978	0,2245.8395	0,2251.3982	0,2262.5330	0,2273.6905	0,2279.2777	6
7	0,1986.9052	0,2003.6026	0,2009.1819	0,2020.3603	0,2031.5664	0,2037.1779	7
8	0,1806.7438	0,1823.5658	0,1829.1883	0,1840.4561	0,1851.7541	0,1857.4144	8
9	0,1667.9880	0,1684.9786	0,1690.6591	0,1702.0454	0,1713.4653	0,1719.1878	9
10	0,1558.2009	0,1575.3894	0,1581.1375	0,1592.6615	0,1604.2224	0,1610.0166	10
11	0,1469.4666	0,1486.8726	0,1492.6948	0,1504.3692	0,1516.0837	0,1521.9558	11
12	0,1396.5066	0,1414.1432	0,1420.0438	0,1431.8771	0,1443.7533	0,1449.7074	12
13	0,1335.6656	0,1353.5414	0,1359.5230	0,1371.5206	0,1383.5637	0,1389.6022	13
14	0,1284.3317	0,1302.4517	0,1308.5160	0,1320.6809	0,1332.8938	0,1339.0182	14
15	0,1240.5888	0,1258.9556	0,1265.1034	0,1277.4370	0,1289.8208	0,1296.0314	15
16	0,1202.9991	0,1221.6133	0,1227.8447	0,1240.3469	0,1252.9016	0,1259.1985	16
17	0,1170.4625	0,1189.3232	0,1195.6378	0,1208.3078	0,1221.0321	0,1227.4145	17
18	0,1142.1229	0,1161.2281	0,1167.6250	0,1180.4610	0,1193.3530	0,1199.8198	18
19	0,1117.3041	0,1136.6506	0,1143.1287	0,1156.1284	0,1169.1854	0,1175.7352	19
20	0,1095.4648	0,1115.0487	0,1121.6064	0,1134.7670	0,1147.9856	0,1154.6170	20
21	0,1076.1663	0,1095.9833	0,1102.6194	0,1115.9370	0,1129.3141	0,1136.0248	21
22	0,1059.0499	0,1079.0947	0,1085.8073	0,1099.2784	0,1112.8099	0,1119.5981	22
23	0,1043.8188	0,1064.0860	0,1070.8732	0,1084.4938	0,1098.1755	0,1105.0389	23
24	0,1030.2256	0,1050.7094	0,1057.5691	0,1071.3351	0,1085.1626	0,1092.0991	24
25	0,1018.0625	0,1038.7570	0,1045.6869	0,1059.5939	0,1073.5626	0,1080.5698	25
26	0,1007.1536	0,1028.0523	0,1035.0505	0,1049.0940	0,1063.1992	0,1070.2747	26
27	0,0997.3491	0,1018.4456	0,1025.5098	0,1039.6852	0,1053.9222	0,1061.0635	27
28	0,0988.5205	0,1009.8083	0,1016.9362	0,1031.2389	0,1045.6030	0,1052.8076	28
29	0,0980.5572	0,1002.0298	0,1009.2191	0,1023.6444	0,1038.1307	0,1045.3962	29
30	0,0973.3635	0,0995.0142	0,1002.2626	0,1016.8058	0,1031.4095	0,1038.7335	30
31	0,0966.8560	0,0988.6782	0,0995.9834	0,1010.6399	0,1025.3562	0,1032.7363	31
32	0,0960.9619	0,0982.9488	0,0990.3089	0,1005.0739	0,1019.8981	0,1027.3318	32
33	0,0955.6173	0,0977.7625	0,0985.1751	0,1000.0441	0,1014.9715	0,1022.4565	33
34	0,0950.7660	0,0973.0631	0,0980.5256	0,0995.4945	0,1010.5205	0,1018.0543	34
35	0,0946.3584	0,0968.8010	0,0976.3115	0,0991.3756	0,1006.4957	0,1014.0762	35
36	0,0942.3505	0,0964.9323	0,0972.4887	0,0987.6437	0,1002.8535	0,1010.4784	36
37	0,0938.7033	0,0961.4182	0,0969.0184	0,0984.2600	0,0999.5552	0,1007.2224	37
38	0,0935.3820	0,0958.2240	0,0965.8659	0,0981.1901	0,0996.5666	0,1004.2739	38
39	0,0932.3554	0,0955.3188	0,0963.0005	0,0978.4032	0,0993.8569	0,1001.6023	39
40	0,0929.5961	0,0952.6750	0,0960.3945	0,0975.8719	0,0991.3989	0,0999.1803	40
41	0,0927.0789	0,0950.2678	0,0958.0233	0,0973.5716	0,0989.1681	0,0996.9837	41
42	0,0924.7814	0,0948.0750	0,0955.8647	0,0971.4803	0,0987.1426	0,0994.9907	42
43	0,0922.6837	0,0946.0768	0,0953.8989	0,0969.5783	0,0985.3029	0,0993.1817	43
44	0,0920.7675	0,0944.2551	0,0952.1080	0,0967.8478	0,0983.6314	0,0991.5391	44
45	0,0919.0165	0,0942.5938	0,0950.4758	0,0966.2728	0,0982.1122	0,0990.0471	45
46	0,0917.4160	0,0941.0783	0,0948.9879	0,0964.8390	0,0980.7309	0,0988.6916	46
47	0,0915.9525	0,0939.6953	0,0947.6311	0,0963.5333	0,0979.4747	0,0987.4597	47
48	0,0914.6139	0,0938.4330	0,0946.3935	0,0962.3439	0,0978.3321	0,0986.3399	48
49	0,0913.3893	0,0937.2806	0,0945.2643	0,0961.2603	0,0977.2926	0,0985.3218	49
50	0,0912.2687	0,0936.2282	0,0944.2339	0,0960.2728	0,0976.3465	0,0984.3960	50

SOMMES A PAYER A LA FIN DE CHAQUE ANNÉE, POUR AMORTIR, EN UN TEMPS DONNÉ, UN CAPITAL DE 1 FRANC.

$$a = \frac{Vt}{1 - r^{-n}}$$

ANS.	9	$9\frac{1}{4}$	$9\frac{1}{3}$	$9\frac{1}{2}$	$9\frac{2}{3}$	$9\frac{3}{4}$	ANS.
51	0,0911.2430	0,0935.2669	0,0943.2934	0,0959.3727	0,0975.4855	0,0983.5539	51
52	0,0910.3041	0,0934.3888	0,0942.4349	0,0958.5523	0,0974.7017	0,0982.7880	52
53	0,0909.4443	0,0933.5865	0,0941.6510	0,0957.8042	0,0973.9881	0,0982.0911	53
54	0,0908.6570	0,0932.8533	0,0940.9352	0,0957.1220	0,0973.3383	0,0981.4570	54
55	0,0907.9359	0,0932.1833	0,0940.2814	0,0956.4999	0,0972.7465	0,0980.8799	55
56	0,0907.2754	0,0931.5708	0,0939.6843	0,0955.9325	0,0972.2075	0,0980.3546	56
57	0,0906.6702	0,0931.0108	0,0939.1387	0,0955.4149	0,0971.7166	0,0979.8766	57
58	0,0906.1157	0,0930.4989	0,0938.6403	0,0954.9426	0,0971.2693	0,0979.4414	58
59	0,0905.6076	0,0930.0308	0,0938.1849	0,0954.5118	0,0970.8619	0,0979.0452	59
60	0,0905.1419	0,0929.6027	0,0937.7688	0,0954.1186	0,0970.4906	0,0978.6844	60
61	0,0904.7151	0,0929.2112	0,0937.3885	0,0953.7599	0,0970.1523	0,0978.3560	61
62	0,0904.3240	0,0928.8532	0,0937.0410	0,0953.4325	0,0969.8441	0,0978.0569	62
63	0,0903.9654	0,0928.5257	0,0936.7233	0,0953.1337	0,0969.5632	0,0977.7846	63
64	0,0903.6366	0,0928.2261	0,0936.4330	0,0952.8611	0,0969.3072	0,0977.5366	64
65	0,0903.3352	0,0927.9520	0,0936.1676	0,0952.6121	0,0969.0738	0,0977.3107	65
66	0,0903.0589	0,0927.7014	0,0935.9250	0,0952.3850	0,0968.8612	0,0977.1050	66
67	0,0902.8056	0,0927.4721	0,0935.7032	0,0952.1776	0,0968.6673	0,0976.9176	67
68	0,0902.5732	0,0927.2623	0,0935.5004	0,0951.9882	0,0968.4906	0,0976.7469	68
69	0,0902.3602	0,0927.0703	0,0935.3150	0,0951.8154	0,0968.3296	0,0976.5915	69
70	0,0902.1649	0,0926.8947	0,0935.1455	0,0951.6576	0,0968.1828	0,0976.4499	70
71	0,0901.9857	0,0926.7339	0,0934.9905	0,0951.5136	0,0968.0490	0,0976.3209	71
72	0,0901.8214	0,0926.5869	0,0934.8488	0,0951.3821	0,0967.9270	0,0976.2034	72
73	0,0901.6708	0,0926.4523	0,0934.7193	0,0951.2620	0,0967.8157	0,0976.0964	73
74	0,0901.5326	0,0926.3292	0,0934.6008	0,0951.1524	0,0967.7143	0,0975.9989	74
75	0,0901.4058	0,0926.2165	0,0934.4925	0,0951.0523	0,0967.6219	0,0975.9101	75
76	0,0901.2896	0,0926.1134	0,0934.3934	0,0950.9609	0,0967.5376	0,0975.8292	76
77	0,0901.1829	0,0926.0190	0,0934.3028	0,0950.8775	0,0967.4608	0,0975.7554	77
78	0,0901.0852	0,0925.9326	0,0934.2200	0,0950.8013	0,0967.3907	0,0975.6883	78
79	0,0900.9955	0,0925.8536	0,0934.1442	0,0950.7317	0,0967.3268	0,0975.6271	79
80	0,0900.9132	0,0925.7813	0,0934.0749	0,0950.6682	0,0967.2686	0,0975.5713	80
81	0,0900.8377	0,0925.7151	0,0934.0116	0,0950.6102	0,0967.2155	0,0975.5206	81
82	0,0900.7685	0,0925.6545	0,0933.9537	0,0950.5572	0,0967.1671	0,0975.4743	82
83	0,0900.7050	0,0925.5990	0,0933.9007	0,0950.5089	0,0967.1230	0,0975.4321	83
84	0,0900.6467	0,0925.5482	0,0933.8522	0,0950.4647	0,0967.0828	0,0975.3937	84
85	0,0900.5933	0,0925.5018	0,0933.8079	0,0950.4243	0,0967.0461	0,0975.3587	85
86	0,0900.5443	0,0925.4593	0,0933.7674	0,0950.3875	0,0967.0126	0,0975.3268	86
87	0,0900.4993	0,0925.4204	0,0933.7303	0,0950.3539	0,0966.9821	0,0975.2978	87
88	0,0900.4581	0,0925.3848	0,0933.6964	0,0950.3232	0,0966.9543	0,0975.2713	88
89	0,0900.4202	0,0925.3522	0,0933.6654	0,0950.2951	0,0966.9289	0,0975.2472	89
90	0,0900.3855	0,0925.3224	0,0933.6370	0,0950.2695	0,0966.9058	0,0975.2253	90
91	0,0900.3537	0,0925.2951	0,0933.6111	0,0950.2461	0,0966.8847	0,0975.2053	91
92	0,0900.3245	0,0925.2701	0,0933.5874	0,0950.2248	0,0966.8655	0,0975.1870	92
93	0,0900.2977	0,0925.2472	0,0933.5657	0,0950.2053	0,0966.8480	0,0975.1704	93
94	0,0900.2731	0,0925.2263	0,0933.5459	0,0950.1874	0,0966.8320	0,0975.1553	94
95	0,0900.2505	0,0925.2071	0,0933.5277	0,0950.1712	0,0966.8174	0,0975.1415	95
96	0,0900.2298	0,0925.1896	0,0933.5111	0,0950.1563	0,0966.8041	0,0975.1289	96
97	0,0900.2113	0,0925.1735	0,0933.4959	0,0950.1428	0,0966.7920	0,0975.1174	97
98	0,0900.1934	0,0925.1588	0,0933.4820	0,0950.1304	0,0966.7810	0,0975.1070	98
99	0,0900.1775	0,0925.1454	0,0933.4693	0,0950.1191	0,0966.7709	0,0975.0975	99
100	0,0900.1628	0,0925.1331	0,0933.4577	0,0950.1087	0,0966.7617	0,0975.0888	100

TABLE III.

$$a = \frac{Vt}{1 - r^{-n}}.$$

SOMMES A PAYER A LA FIN DE CHAQUE ANNÉE, POUR AMORTIR, EN UN TEMPS DONNÉ, UN CAPITAL DE 1 FRANC.

ANS.	10	10 ¹⁄₂	11	11 ¹⁄₂	12	12 ¹⁄₂	ANS.
1	1,1000.0000	1,1050.0000	1,1100.0000	1,1150.0000	1,1200.0000	1,1250.0000	1
2	0,5761.9048	0,5800.5938	0,5839.3365	0,5878.1324	0,5916.9811	0,5955.8824	2
3	0,4021.1480	0,4056.5920	0,4092.1307	0,4127.7636	0,4163.4898	0,4199.3088	3
4	0,3154.7080	0,3188.9196	0,3223.2635	0,3257.7388	0,3292.3444	0,3327.0791	4
5	0,2637.9748	0,2671.7550	0,2705.7031	0,2739.8177	0,2774.0973	0,2808.5404	5
6	0,2296.0738	0,2329.8187	0,2363.7656	0,2397.9125	0,2432.2572	0,2466.7978	6
7	0,2054.0550	0,2087.9867	0,2122.1527	0,2156.5505	0,2191.1774	0,2226.0308	7
8	0,1874.4402	0,1908.6928	0,1943.2105	0,1977.9902	0,2013.0284	0,2048.3219	8
9	0,1736.4054	0,1771.0638	0,1806.0166	0,1841.2597	0,1876.7889	0,1912.6000	9
10	0,1627.4539	0,1662.5732	0,1698.0143	0,1733.7721	0,1769.8416	0,1806.2178	10
11	0,1539.6314	0,1575.2470	0,1611.2101	0,1647.5144	0,1684.1540	0,1721.1228	11
12	0,1467.6332	0,1503.7675	0,1540.2729	0,1577.1422	0,1614.3681	0,1651.9434	12
13	0,1407.7852	0,1444.4512	0,1481.5099	0,1518.9530	0,1556.7720	0,1594.9582	13
14	0,1357.4622	0,1394.6659	0,1432.2820	0,1470.3008	0,1508.7125	0,1547.5071	14
15	0,1314.7378	0,1352.4800	0,1390.6524	0,1429.2436	0,1468.2424	0,1507.6375	15
16	0,1278.1662	0,1316.4440	0,1355.1675	0,1394.3238	0,1433.9002	0,1473.8839	16
17	0,1246.6413	0,1285.4485	0,1324.7148	0,1364.4259	0,1404.5673	0,1445.1248	17
18	0,1219.3022	0,1258.6302	0,1298.4287	0,1338.6817	0,1379.3731	0,1420.4873	18
19	0,1195.4687	0,1235.3069	0,1275.6250	0,1316.4053	0,1357.6300	0,1399.2820	19
20	0,1174.5962	0,1214.9327	0,1255.7564	0,1297.0478	0,1338.7878	0,1380.9573	20
21	0,1156.2439	0,1197.0652	0,1238.3793	0,1280.1648	0,1322.4009	0,1365.0671	21
22	0,1140.0506	0,1181.3426	0,1223.1310	0,1265.3927	0,1308.1051	0,1351.2463	22
23	0,1125.7181	0,1167.4659	0,1209.7118	0,1252.4311	0,1295.5996	0,1339.1940	23
24	0,1112.9978	0,1155.1858	0,1197.8721	0,1241.0302	0,1284.6344	0,1328.6599	24
25	0,1101.6807	0,1144.2932	0,1187.4024	0,1230.9803	0,1274.9997	0,1319.4344	25
26	0,1091.5904	0,1134.6112	0,1178.1258	0,1222.1044	0,1266.5186	0,1311.3409	26
27	0,1082.5764	0,1125.9894	0,1169.8916	0,1214.2521	0,1259.0409	0,1304.2295	27
28	0,1074.5101	0,1118.2983	0,1162.5715	0,1207.2951	0,1252.4387	0,1297.9728	28
29	0,1067.2807	0,1111.4293	0,1156.0547	0,1201.1230	0,1246.6021	0,1292.4614	29
30	0,1060.7925	0,1105.2848	0,1150.2460	0,1195.6410	0,1241.4366	0,1287.6016	30
31	0,1054.9621	0,1099.7824	0,1145.0627	0,1190.7667	0,1236.8606	0,1283.3123	31
32	0,1049.7172	0,1094.8499	0,1140.4329	0,1186.4289	0,1232.8033	0,1279.5235	32
33	0,1044.9941	0,1090.4241	0,1136.2938	0,1182.5653	0,1229.2031	0,1276.1744	33
34	0,1040.7371	0,1086.4495	0,1132.5905	0,1179.1215	0,1226.0064	0,1273.2121	34
35	0,1036.8971	0,1082.8776	0,1129.2749	0,1176.0499	0,1223.1662	0,1270.5905	35
36	0,1033.4306	0,1079.6652	0,1126.3044	0,1173.3086	0,1220.6414	0,1268.2692	36
37	0,1030.2994	0,1076.7744	0,1123.6416	0,1170.8610	0,1218.3959	0,1266.2130	37
38	0,1027.4692	0,1074.1717	0,1121.2535	0,1168.6745	0,1216.3980	0,1264.3908	38
39	0,1024.9098	0,1071.8271	0,1119.1107	0,1166.7204	0,1214.6197	0,1262.7755	39
40	0,1022.5941	0,1069.7141	0,1117.1873	0,1164.9734	0,1213.0363	0,1261.3431	40
41	0,1020.4980	0,1067.8090	0,1115.4601	0,1163.4111	0,1211.6260	0,1260.0726	41
42	0,1018.5999	0,1066.0908	0,1113.9086	0,1162.0134	0,1210.3696	0,1258.9454	42
43	0,1016.8805	0,1064.5407	0,1112.5146	0,1160.7628	0,1209.2500	0,1257.9452	43
44	0,1015.3224	0,1063.1417	0,1111.2617	0,1159.6434	0,1208.2521	0,1257.0574	44
45	0,1013.9100	0,1061.8788	0,1110.1354	0,1158.6413	0,1207.3625	0,1256.2693	45
46	0,1012.6295	0,1060.7385	0,1109.1227	0,1157.7441	0,1206.5694	0,1255.5696	46
47	0,1011.4682	0,1059.7087	0,1108.2119	0,1156.9405	0,1205.8621	0,1254.9483	47
48	0,1010.4148	0,1058.7784	0,1107.3926	0,1156.2208	0,1205.2312	0,1254.3966	48
49	0,1009.4590	0,1057.9380	0,1106.6556	0,1155.5761	0,1204.6686	0,1253.9065	49
50	0,1008.5917	0,1057.1785	0,1105.9924	0,1154.9985	0,1204.1666	0,1253.4713	50

SOMMES A PAYER A LA FIN DE CHAQUE ANNÉE, POUR AMORTIR, EN UN TEMPS DONNÉ, UN CAPITAL DE 1 FRANC.

$$a = \frac{v\prime}{1 - r^{-n}}$$

ANS.	10	10 ½	11	11 ½	12	12 ½	ANS.
51	0,1007.8046	0,1056.4922	0,1105.3957	0,1154.4809	0,1203.7188	0,1253.0846	51
52	0,1007.0900	0,1055.8718	0,1104.8586	0,1154.0172	0,1203.3193	0,1252.7411	52
53	0,1006.4413	0,1055.3110	0,1104.3752	0,1153.6015	0,1202.9628	0,1252.4360	53
54	0,1005.8523	0,1054.8041	0,1103.9401	0,1153.2290	0,1202.6446	0,1252.1648	54
55	0,1005.3175	0,1054.3457	0,1103.5484	0,1152.8952	0,1202.3607	0,1251.9239	55
56	0,1004.8317	0,1053.9312	0,1103.1957	0,1152.5959	0,1202.1073	0,1251.7099	56
57	0,1004.3906	0,1053.5564	0,1102.8782	0,1152.3276	0,1201.8812	0,1251.5197	57
58	0,1003.9898	0,1053.2174	0,1102.5923	0,1152.0871	0,1201.6794	0,1251.3506	58
59	0,1003.6258	0,1052.9108	0,1102.3348	0,1151.8715	0,1201.4992	0,1251.2004	59
60	0,1003.2951	0,1052.6335	0,1102.1030	0,1151.6782	0,1201.3384	0,1251.0669	60
61	0,1002.9946	0,1052.3827	0,1101.8943	0,1151.5049	0,1201.1949	0,1250.9483	61
62	0,1002.7217	0,1052.1559	0,1101.7062	0,1151.3495	0,1201.0667	0,1250.8428	62
63	0,1002.4736	0,1051.9506	0,1101.5369	0,1151.2101	0,1200.9523	0,1250.7491	63
64	0,1002.2482	0,1051.7650	0,1101.3844	0,1151.0852	0,1200.8502	0,1250.6659	64
65	0,1002.0434	0,1051.5970	0,1101.2471	0,1150.9732	0,1200.7591	0,1250.5918	65
66	0,1001.8573	0,1051.4450	0,1101.1234	0,1150.8727	0,1200.6777	0,1250.5260	66
67	0,1001.6882	0,1051.3075	0,1101.0119	0,1150.7827	0,1200.6051	0,1250.4676	67
68	0,1001.5345	0,1051.1832	0,1100.9116	0,1150.7019	0,1200.5402	0,1250.4156	68
69	0,1001.3948	0,1051.0706	0,1100.8212	0,1150.6295	0,1200.4823	0,1250.3694	69
70	0,1001.2678	0,1050.9688	0,1100.7397	0,1150.5645	0,1200.4306	0,1250.3284	70
71	0,1001.1524	0,1050.8767	0,1100.6664	0,1150.5063	0,1200.3845	0,1250.2919	71
72	0,1001.0476	0,1050.7933	0,1100.6003	0,1150.4540	0,1200.3432	0,1250.2594	72
73	0,1000.9522	0,1050.7179	0,1100.5408	0,1150.4072	0,1200.3065	0,1250.2306	73
74	0,1000.8656	0,1050.6496	0,1100.4872	0,1150.3652	0,1200.2736	0,1250.2050	74
75	0,1000.7868	0,1050.5878	0,1100.4389	0,1150.3275	0,1200.2443	0,1250.1822	75
76	0,1000.7153	0,1050.5320	0,1100.3954	0,1150.2937	0,1200.2181	0,1250.1619	76
77	0,1000.6502	0,1050.4814	0,1100.3562	0,1150.2634	0,1200.1947	0,1250.1440	77
78	0,1000.5911	0,1050.4356	0,1100.3209	0,1150.2362	0,1200.1739	0,1250.1280	78
79	0,1000.5373	0,1050.3942	0,1100.2891	0,1150.2119	0,1200.1552	0,1250.1137	79
80	0,1000.4884	0,1050.3567	0,1100.2604	0,1150.1900	0,1200.1386	0,1250.1011	80
81	0,1000.4440	0,1050.3228	0,1100.2346	0,1150.1704	0,1200.1238	0,1250.0899	81
82	0,1000.4036	0,1050.2921	0,1100.2113	0,1150.1528	0,1200.1105	0,1250.0799	82
83	0,1000.3669	0,1050.2644	0,1100.1904	0,1150.1371	0,1200.0987	0,1250.0710	83
84	0,1000.3335	0,1050.2393	0,1100.1715	0,1150.1229	0,1200.0881	0,1250.0631	84
85	0,1000.3032	0,1050.2165	0,1100.1545	0,1150.1102	0,1200.0786	0,1250.0561	85
86	0,1000.2756	0,1050.1959	0,1100.1392	0,1150.0989	0,1200.0702	0,1250.0499	86
87	0,1000.2506	0,1050.1773	0,1100.1254	0,1150.0887	0,1200.0627	0,1250.0443	87
88	0,1000.2278	0,1050.1605	0,1100.1130	0,1150.0795	0,1200.0560	0,1250.0395	88
89	0,1000.2071	0,1050.1452	0,1100.1018	0,1150.0713	0,1200.0500	0,1250.0350	89
90	0,1000.1883	0,1050.1314	0,1100.0917	0,1150.0640	0,1200.0446	0,1250.0311	90
91	0,1000.1711	0,1050.1189	0,1100.0826	0,1150.0574	0,1200.0398	0,1250.0277	91
92	0,1000.1556	0,1050.1076	0,1100.0744	0,1150.0515	0,1200.0356	0,1250.0246	92
93	0,1000.1414	0,1050.0974	0,1100.0670	0,1150.0461	0,1200.0318	0,1250.0219	93
94	0,1000.1286	0,1050.0881	0,1100.0604	0,1150.0414	0,1200.0284	0,1250.0194	94
95	0,1000.1169	0,1050.0798	0,1100.0544	0,1150.0371	0,1200.0253	0,1250.0173	95
96	0,1000.1063	0,1050.0722	0,1100.0490	0,1150.0333	0,1200.0226	0,1250.0154	96
97	0,1000.0966	0,1050.0653	0,1100.0442	0,1150.0299	0,1200.0202	0,1250.0136	97
98	0,1000.0878	0,1050.0591	0,1100.0398	0,1150.0268	0,1200.0180	0,1250.0121	98
99	0,1000.0798	0,1050.0535	0,1100.0358	0,1150.0240	0,1200.0161	0,1250.0108	99
100	0,1000.0726	0,1050.0484	0,1100.0323	0,1150.0215	0,1200.0144	0,1250.0096	100

$$a = \frac{V\,t}{1 - r^{-n}}.$$

SOMMES A PAYER A LA FIN DE CHAQUE ANNÉE, POUR AMORTIR, EN UN TEMPS DONNÉ, UN CAPITAL DE 1 FRANC.

ANS.	13	13 ½	14	14 ½	15	ANS.
1	1,1300.0000	1,1350.0000	1,1400.0000	1,1450.0000	1,1500.0000	1
2	0,5994.8357	0,6033.8407	0,6072.8972	0,6112.0047	0,6151.1628	2
3	0,4235.2197	0,4271.2219	0,4307.3148	0,4343.4976	0,4379.7696	3
4	0,3361.9420	0,3396.9319	0,3432.0478	0,3467.2887	0,3502.6535	4
5	0,2843.1454	0,2877.9110	0,2912.8355	0,2947.9175	0,2983.1555	5
6	0,2551.5323	0,2536.4587	0,2571.5750	0,2606.8791	0,2642.3691	6
7	0,2261.1080	0,2296.4066	0,2331.9238	0,2367.6570	0,2403.6036	7
8	0,2083.8672	0,2119.6611	0,2155.7002	0,2191.9813	0,2228.5009	8
9	0,1948.6890	0,1985.0517	0,2021.6838	0,2058.5814	0,2095.7402	9
10	0,1842.8956	0,1879.8698	0,1917.1354	0,1954.6874	0,1992.5206	10
11	0,1758.4145	0,1796.0232	0,1833.9427	0,1872.1669	0,1910.6898	11
12	0,1689.8608	0,1728.1132	0,1766.6933	0,1805.5938	0,1844.8078	12
13	0,1633.5034	0,1672.3990	0,1711.6366	0,1751.2079	0,1791.1046	13
14	0,1586.6750	0,1626.2063	0,1666.0914	0,1706.3208	0,1746.8849	14
15	0,1547.4178	0,1587.5722	0,1628.0896	0,1668.9593	0,1710.1705	15
16	0,1514.2624	0,1555.0232	0,1596.1540	0,1637.6426	0,1679.4769	16
17	0,1486.0844	0,1527.4321	0,1569.1544	0,1611.2376	0,1653.6686	17
18	0,1462.0085	0,1503.9216	0,1546.2115	0,1588.8634	0,1631.8629	18
19	0,1441.3439	0,1483.7993	0,1526.6316	0,1569.8249	0,1613.3635	19
20	0,1423.5379	0,1466.5113	0,1509.8600	0,1553.5667	0,1597.6147	20
21	0,1408.1433	0,1451.6101	0,1495.4486	0,1539.6405	0,1584.1679	21
22	0,1394.7948	0,1438.7300	0,1483.0317	0,1527.6805	0,1572.6577	22
23	0,1383.1913	0,1427.5698	0,1472.3081	0,1517.3860	0,1562.7839	23
24	0,1373.0826	0,1417.8795	0,1463.0284	0,1508.5081	0,1554.2983	24
25	0,1364.2593	0,1409.4502	0,1454.9841	0,1500.8390	0,1546.9940	25
26	0,1356.5451	0,1402.1061	0,1448.0001	0,1494.2046	0,1540.6981	26
27	0,1349.7907	0,1395.6987	0,1441.9288	0,1488.4582	0,1535.2648	27
28	0,1343.8693	0,1390.1017	0,1436.6449	0,1483.4755	0,1530.5713	28
29	0,1338.6722	0,1385.2075	0,1432.0417	0,1479.1510	0,1526.5133	29
30	0,1334.1065	0,1380.9239	0,1428.0279	0,1475.3947	0,1523.0020	30
31	0,1330.0919	0,1377.1717	0,1424.5256	0,1472.1297	0,1519.9618	31
32	0,1326.5593	0,1373.8826	0,1421.4675	0,1469.2900	0,1517.3280	32
33	0,1323.4487	0,1370.9978	0,1418.7958	0,1466.8188	0,1515.0452	33
34	0,1320.7081	0,1368.4661	0,1416.4604	0,1464.6674	0,1513.0657	34
35	0,1318.2922	0,1366.2432	0,1414.4181	0,1462.7935	0,1511.3485	35
36	0,1316.1616	0,1364.2908	0,1412.6315	0,1461.1609	0,1509.8586	36
37	0,1314.2819	0,1362.5752	0,1411.0680	0,1459.7380	0,1508.5653	37
38	0,1312.6229	0,1361.0672	0,1409.6993	0,1458.4976	0,1507.4426	38
39	0,1311.1582	0,1359.7413	0,1408.5010	0,1457.4160	0,1506.4676	39
40	0,1309.8648	0,1358.5753	0,1407.4514	0,1456.4727	0,1505.6209	40
41	0,1308.7223	0,1357.5496	0,1406.5321	0,1455.6498	0,1504.8853	41
42	0,1307.7129	0,1356.6472	0,1405.7266	0,1454.9319	0,1504.2463	42
43	0,1306.8209	0,1355.8532	0,1405.0208	0,1454.3055	0,1503.6911	43
44	0,1306.0326	0,1355.1543	0,1404.4023	0,1453.7588	0,1503.2086	44
45	0,1305.3357	0,1354.5392	0,1403.8602	0,1453.2817	0,1502.7893	45
46	0,1304.7196	0,1353.9977	0,1403.3850	0,1452.8653	0,1502.4249	46
47	0,1304.1749	0,1353.5209	0,1402.9684	0,1452.5018	0,1502.1082	47
48	0,1303.6933	0,1353.1012	0,1402.6032	0,1452.1845	0,1501.8328	48
49	0,1303.2673	0,1352.7316	0,1402.2830	0,1451.9075	0,1501.5935	49
50	0,1302.8906	0,1352.4061	0,1402.0022	0,1451.6657	0,1501.3855	50

TABLE III.

SOMMES A PAYER A LA FIN DE CHAQUE ANNÉE, POUR AMORTIR, EN UN TEMPS DONNÉ, UN CAPITAL DE 1 FRANC.

$$a = \frac{V t}{1 - r^{-n}}$$

ANS.	13	13 ¹/₂	14	14 ¹/₂	15	ANS.
51	0,1302.5574	0,1352.1195	0,1401.7560	0,1451.4545	0,1501.2046	51
52	0,1302.2627	0,1351.8670	0,1401.5401	0,1451.2702	0,1501.0474	52
53	0,1302.0020	0,1351.6447	0,1401.3508	0,1451.1092	0,1500.9107	53
54	0,1301.7713	0,1351.4488	0,1401.1848	0,1450.9686	0,1500.7918	54
55	0,1301.5673	0,1351.2764	0,1401.0392	0,1450.8459	0,1500.6885	55
56	0,1301.3868	0,1351.1244	0,1400.9115	0,1450.7387	0,1500.5987	56
57	0,1301.2271	0,1350.9906	0,1400.7995	0,1450.6451	0,1500.5206	57
58	0,1301.0858	0,1350.8727	0,1400.7012	0,1450.5634	0,1500.4526	58
59	0,1300.9608	0,1350.7688	0,1400.6151	0,1450.4920	0,1500.3936	59
60	0,1300.8502	0,1350.6773	0,1400.5395	0,1450.4297	0,1500.3422	60
61	0,1300.7523	0,1350.5967	0,1400.4732	0,1450.3753	0,1500.2976	61
62	0,1300.6657	0,1350.5257	0,1400.4151	0,1450.3277	0,1500.2588	62
63	0,1300.5891	0,1350.4632	0,1400.3641	0,1450.2862	0,1500.2250	63
64	0,1300.5213	0,1350.4081	0,1400.3194	0,1450.2500	0,1500.1957	64
65	0,1300.4613	0,1350.3595	0,1400.2802	0,1450.2183	0,1500.1701	65
66	0,1300.4082	0,1350.3167	0,1400.2457	0,1450.1907	0,1500.1479	66
67	0,1300.3613	0,1350.2791	0,1400.2156	0,1450.1665	0,1500.1286	67
68	0,1300.3197	0,1350.2459	0,1400.1891	0,1450.1454	0,1500.1119	68
69	0,1300.2829	0,1350.2166	0,1400.1659	0,1450.1270	0,1500.0973	69
70	0,1300.2503	0,1350.1908	0,1400.1455	0,1450.1109	0,1500.0846	70
71	0,1300.2215	0,1350.1681	0,1400.1377	0,1450.0969	0,1500.0735	71
72	0,1300.1960	0,1350.1481	0,1400.1119	0,1450.0846	0,1500.0640	72
73	0,1300.1735	0,1350.1305	0,1400.0982	0,1450.0739	0,1500.0556	73
74	0,1300.1535	0,1350.1150	0,1400.0861	0,1450.0645	0,1500.0484	74
75	0,1300.1359	0,1350.1013	0,1400.0756	0,1450.0564	0,1500.0420	75
76	0,1300.1202	0,1350.0893	0,1400.0663	0,1450.0492	0,1500.0366	76
77	0,1300.1064	0,1350.0786	0,1400.0581	0,1450.0430	0,1500.0318	77
78	0,1300.0942	0,1350.0693	0,1400.0510	0,1450.0375	0,1500.0276	78
79	0,1300.0833	0,1350.0610	0,1400.0447	0,1450.0328	0,1500.0240	79
80	0,1300.0737	0,1350.0538	0,1400.0392	0,1450.0286	0,1500.0209	80
81	0,1300.0653	0,1350.0474	0,1400.0344	0,1450.0250	0,1500.0182	81
82	0,1300.0577	0,1350.0418	0,1400.0302	0,1450.0218	0,1500.0158	82
83	0,1300.0511	0,1350.0368	0,1400.0265	0,1450.0191	0,1500.0137	83
84	0,1300.0452	0,1350.0324	0,1400.0232	0,1450.0167	0,1500.0120	84
85	0,1300.0400	0,1350.0286	0,1400.0204	0,1450.0146	0,1500.0104	85
86	0,1300.0354	0,1350.0252	0,1400.0179	0,1450.0127	0,1500.0090	86
87	0,1300.0314	0,1350.0222	0,1400.0157	0,1450.0111	0,1500.0079	87
88	0,1300.0277	0,1350.0195	0,1400.0138	0,1450.0097	0,1500.0068	88
89	0,1300.0245	0,1350.0172	0,1400.0121	0,1450.0085	0,1500.0059	89
90	0,1300.0217	0,1350.0152	0,1400.0106	0,1450.0074	0,1500.0052	90
91	0,1300.0192	0,1350.0134	0,1400.0093	0,1450.0065	0,1500.0045	91
92	0,1300.0170	0,1350.0118	0,1400.0081	0,1450.0056	0,1500.0039	92
93	0,1300.0151	0,1350.0104	0,1400.0071	0,1450.0049	0,1500.0034	93
94	0,1300.0133	0,1350.0091	0,1400.0063	0,1450.0043	0,1500.0030	94
95	0,1300.0118	0,1350.0080	0,1400.0055	0,1450.0038	0,1500.0026	95
96	0,1300.0104	0,1350.0071	0,1400.0048	0,1450.0033	0,1500.0022	96
97	0,1300.0092	0,1350.0062	0,1400.0042	0,1450.0029	0,1500.0019	97
98	0,1300.0082	0,1350.0055	0,1400.0037	0,1450.0025	0,1500.0017	98
99	0,1300.0072	0,1350.0049	0,1400.0033	0,1450.0022	0,1500.0015	99
100	0,1300.0064	0,1350.0043	0,1400.0029	0,1450.0019	0,1500.0013	100

NOTE SUR $n > 100$ ET < 200.

Si l'on a besoin de $n > 100$ et < 200, on obtiendra l'annuité de 1 franc avec la formule

$$a_{\frac{n}{2}} \times \frac{r^{\frac{n}{2}}}{r^{\frac{n}{2}} + 1} = a_n \qquad \text{ou} \qquad t\left[\frac{r^{\frac{n}{2}} \times r^{\frac{n}{2}}}{\left(r^{\frac{n}{2}} - 1\right)\left(r^{\frac{n}{2}} + 1\right)}\right] = \frac{tr^n}{r^n - 1},$$

parce que

$$a \times a = a^2, \qquad 7 \times 7 = 7^2 = 49, \qquad 3,5 \times 3,5 = 12,25,$$

et

$$(a - 1)(a + 1) = a^2 - 1, \qquad 6 \times 8 = 7^2 - 1 = 48, \qquad 2,5 \times 4,5 = 11,25.$$

Deux nombres pris dans la Table III en démontreront facilement l'exactitude.

Soient

$t = 4,$ $n = 56,$ $a_{\frac{n}{2}} = a_{28} = 0,0600\,1298.$

$t = 7,$ $n = 22,$ $a_{\frac{n}{2}} = a_{11} = 0,1333\,5690.$

Colonne de gauche ($t = 4,\ n = 56$) :

$$8921\,0060,0 \leftarrow$$

(Table I.) $r^{\frac{n}{2}} = r^{28} = 2,9987\,0332\,0$

```
1799 2219 9
  2998 7
   599 7
    269 9
     24 0
```

(Table I.) $r^{28} + 1 = 3,9987\,0332\,0$ Diviseur.

Produit à diviser : $0,1799\,6112\,2 = a_{28}\,r^{28}$

```
0200 1298 9
000 1947 2
  0347 7
   027 8
    03 8
     0 2
```

(Table III.) $a_{56} = 0,0450\,0486\,9 = \dfrac{a_{28}\,r^{28}}{r^{28} + 1}$

Colonne de droite ($t = 7,\ n = 22$) :

$$965\,3331,0 \leftarrow$$

(Table I.) $r^{\frac{n}{2}} = r^{11} = 2,1048\,5195\,0$

```
2104 8519 5
 631 4555 8
  63 1455 6
   6 3145 6
    1 0524 3
      1262 9
       189 4
```

(Table I.) $r^{11} + 1 = 3,1048\,5195\,0$ Diviseur.

Produit à diviser : $0,2806\,9653\,1 = a_{11}\,r^{11}$

```
0012 5985 6
00 1791 5
  0239 1
   021 8
    00 1
```

(Table III.) $a_{22} = 0,0904\,0577\,0 = \dfrac{a_{11}\,r^{11}}{r^{11} + 1}$

Donc, si $n = 112;\ 140;\ 160;\ 180;\ 200$ semestres, on trouve a correspondant avec $\frac{1}{2}\,n$, comme ci-dessus.

TABLE IV.

(Pages 124 et 125.)

$$C = \frac{M}{r^n}.$$

(Réciproques de la Table I pour les taux 3, 3 $\frac{1}{2}$, 4, 4 $\frac{1}{2}$, 5 et 6 p. 100.)

VALEUR ACTUELLE DE r^n OU SOMME A VERSER IMMÉDIATEMENT POUR RECEVOIR 1 FRANC APRÈS UN NOMBRE D'ANNÉES DONNÉ, A L'UN DES TAUX INDIQUÉS EN HAUT DE CHAQUE COLONNE.

TABLE V.

(Pages 126 et 127.)

$$V = a\,\frac{1 - r^{-n}}{t}.$$

(Réciproques de la Table III pour les taux 3, 3 $\frac{1}{2}$, 4, 4 $\frac{1}{2}$, 5 et 6 p. 100.)

VALEUR ACTUELLE DE L'ANNUITÉ $\left(\dfrac{t}{1 - r^{-n}}\right)$, OU CAPITAL QUE L'ON REMBOURSE PENDANT UN NOMBRE D'ANNÉES DONNÉ, PAR L'ANNUITÉ DE 1 FRANC A UN DES TAUX INDIQUÉS AU HAUT DE CHAQUE COLONNE.

TABLE IV.

$$C = M r^{-n}.$$

VALEUR ACTUELLE DE r^n OU SOMME A VERSER IMMÉDIATEMENT POUR RECEVOIR 1 FRANC APRÈS UN NOMBRE D'ANNÉES DONNÉ.

ANS.	3	3 ½	4	4 ½	5	6	ANS.
1	0,9708.7379	0,9661.8357	0,9615.3846	0,9569.3780	0,9523.8095	0,9433.9623	1
2	0,9425.9591	0,9335.1070	0,9245.5621	0,9157.2995	0,9070.2948	0,8899.9644	2
3	0,9151.4166	0,9019.4271	0,8889.9636	0,8762.9660	0,8638.3760	0,8396.1928	3
4	0,8884.8705	0,8714.4223	0,8548.0419	0,8385.6134	0,8227.0247	0,7920.9366	4
5	0,8626.0878	0,8419.7317	0,8219.2711	0,8024.5105	0,7835.2617	0,7472.5817	5
6	0,8374.8426	0,8135.0064	0,7903.1453	0,7678.9574	0,7462.1540	0,7049.6054	6
7	0,8130.9151	0,7859.9096	0,7599.1781	0,7348.2846	0,7106.8133	0,6650.5711	7
8	0,7894.0923	0,7594.1156	0,7306.9021	0,7031.8513	0,6768.3936	0,6274.1237	8
9	0,7664.1673	0,7337.3097	0,7025.8674	0,6729.0443	0,6446.0892	0,5918.9846	9
10	0,7440.9391	0,7089.1881	0,6755.6417	0,6439.2768	0,6139.1325	0,5583.9478	10
11	0,7224.2128	0,6849.4571	0,6495.8093	0,6161.9874	0,5846.7929	0,5267.8753	11
12	0,7013.7988	0,6617.8330	0,6245.9705	0,5896.6386	0,5568.3742	0,4969.6936	12
13	0,6809.5134	0,6394.0415	0,6005.7409	0,5642.7164	0,5303.2135	0,4688.3902	13
14	0,6611.1781	0,6177.8179	0,5774.7508	0,5399.7286	0,5050.6795	0,4423.0096	14
15	0,6418.6195	0,5968.9062	0,5552.6450	0,5167.2044	0,4810.1710	0,4172.6506	15
16	0,6231.6694	0,5767.0591	0,5339.0818	0,4944.6932	0,4581.1152	0,3936.4628	16
17	0,6050.1645	0,5572.0378	0,5133.7325	0,4731.7639	0,4362.9669	0,3713.6442	17
18	0,5873.9461	0,5383.6114	0,4936.2812	0,4528.0037	0,4155.2065	0,3503.4379	18
19	0,5702.8603	0,5201.5569	0,4746.4242	0,4333.0179	0,3957.3396	0,3305.1301	19
20	0,5536.7575	0,5025.6588	0,4563.8695	0,4146.4286	0,3768.8948	0,3118.0473	20
21	0,5375.4928	0,4855.7090	0,4388.3360	0,3967.8743	0,3589.4236	0,2941.5540	21
22	0,5218.9250	0,4691.5063	0,4219.5539	0,3797.0089	0,3418.4987	0,2775.0510	22
23	0,5066.9175	0,4532.8563	0,4057.2633	0,3633.5013	0,3255.7131	0,2617.9726	23
24	0,4919.3374	0,4379.5713	0,3901.2147	0,3477.0347	0,3100.6791	0,2469.7855	24
25	0,4776.0557	0,4231.4699	0,3751.1680	0,3327.3060	0,2953.0277	0,2329.9863	25
26	0,4C36.9473	0,4088.3767	0,3606.8923	0,3184.0248	0,2812.4073	0,2198.1003	26
27	0,4501.8906	0,3950.1224	0,3468.1657	0,3046.9137	0,2678.4832	0,2073.6795	27
28	0,4370.7675	0,3816.5434	0,3334.7747	0,2915.7069	0,2550.9364	0,1956.3014	28
29	0,4243.4636	0,3687.4815	0,3206.5141	0,2790.1502	0,2429.4632	0,1845.5674	29
30	0,4119.8676	0,3562.7841	0,3083.1867	0,2670.0002	0,2313.7745	0,1741.1013	30
31	0,3999.8715	0,3442.3035	0,2964.6026	0,2555.0241	0,2203.5947	0,1642.5484	31
32	0,3883.3703	0,3325.8971	0,2850.5794	0,2444.9991	0,2098.6617	0,1549.5740	32
33	0,3770.2625	0,3213.4271	0,2740.9417	0,2339.7121	0,1998.7254	0,1461.8622	33
34	0,3660.4490	0,3104.7605	0,2635.5209	0,2238.9589	0,1903.5480	0,1379.1153	34
35	0,3553.8340	0,2999.7686	0,2534.1547	0,2142.5444	0,1812.9029	0,1301.0522	35
36	0,3450.3243	0,2898.3272	0,2436.6872	0,2050.2817	0,1726.5741	0,1227.4077	36
37	0,3349.8294	0,2800.3161	0,2342.9685	0,1961.9921	0,1644.3563	0,1157.9318	37
38	0,3252.2615	0,2705.6194	0,2252.8543	0,1877.5044	0,1566.0536	0,1092.3885	38
39	0,3157.5355	0,2614.1250	0,2166.2061	0,1796.6549	0,1491.4797	0,1030.5552	39
40	0,3065.5684	0,2525.7247	0,2082.8904	0,1719.2870	0,1420.4568	0,0972.2219	40
41	0,2976.2800	0,2440.3137	0,2002.7793	0,1645.2507	0,1352.8160	0,0917.1905	41
42	0,2889.5922	0,2357.7910	0,1925.7493	0,1574.4026	0,1288.3962	0,0865.2740	42
43	0,2805.4294	0,2278.0590	0,1851.6820	0,1506.6054	0,1227.0440	0,0816.2962	43
44	0,2723.7178	0,2201.0231	0,1780.4635	0,1441.7276	0,1168.6133	0,0770.0908	44
45	0,2644.3862	0,2126.5924	0,1711.9841	0,1379.6437	0,1112.9651	0,0726.5007	45
46	0,2567.3653	0,2054.6787	0,1646.1386	0,1320.2332	0,1059.9668	0,0685.3781	46
47	0,2492.5876	0,1985.1968	0,1582.8256	0,1263.3810	0,1009.4921	0,0646.5831	47
48	0,2419.9880	0,1918.0645	0,1521.9476	0,1208.9771	0,0961.4211	0,0609.9840	48
49	0,2349.5029	0,1853.2024	0,1463.4112	0,1156.9158	0,0915.6391	0,0575.4566	49
50	0,2281.0708	0,1790.5337	0,1407.1262	0,1107.0965	0,0872.0373	0,0542.8836	50

VALEUR ACTUELLE DE r^{-n} OU SOMME A VERSER IMMÉDIATEMENT POUR RECEVOIR 1 FRANC APRÈS UN NOMBRE D'ANNÉES DONNÉ. $C = M\,r^{-n}$.

ANS.	3	3 ¹/₂	4	4 ¹/₂	5	6	ANS.
51	0,2214.6318	0,1729.9843	0,1353.0059	0,1059.4225	0,0830.5117	0,0512.1544	51
52	0,2150.1280	0,1671.4824	0,1300.9672	0,1013.8014	0,0790.9635	0,0483.1645	52
53	0,2087.5029	0,1614.9589	0,1250.9300	0,0970.1449	0,0753.2986	0,0455.8156	53
54	0,2026.7019	0,1560.3467	0,1202.8173	0,0928.3683	0,0717.4272	0,0430.0147	54
55	0,1967.6717	0,1507.5814	0,1156.5551	0,0888.3907	0,0683.2640	0,0405.6742	55
56	0,1910.3609	0,1456.6004	0,1112.0722	0,0850.1347	0,0650.7276	0,0382.7115	56
57	0,1854.7193	0,1407.3433	0,1069.3002	0,0813.5260	0,0619.7406	0,0361.0486	57
58	0,1800.6984	0,1359.7520	0,1028.1733	0,0778.4938	0,0590.2291	0,0340.6119	58
59	0,1748.2508	0,1313.7701	0,0988.6282	0,0744.9701	0,0562.1230	0,0321.3320	59
60	0,1697.3309	0,1269.3431	0,0950.6040	0,0712.8901	0,0535.3552	0,0303.1434	60
61	0,1647.8941	0,1226.4184	0,0914.0423	0,0682.1915	0,0509.8621	0,0285.9843	61
62	0,1599.8972	0,1184.9453	0,0878.8868	0,0652.8148	0,0485.5830	0,0269.7965	62
63	0,1553.2982	0,1144.8747	0,0845.0835	0,0624.7032	0,0462.4600	0,0254.5250	63
64	0,1508.0565	0,1106.1591	0,0812.5803	0,0597.8021	0,0440.4381	0,0240.1179	64
65	0,1464.1325	0,1068.7528	0,0781.3272	0,0572.0594	0,0419.4648	0,0226.5264	65
66	0,1421.4879	0,1032.6114	0,0751.2762	0,0547.4253	0,0399.4903	0,0213.7041	66
67	0,1380.0853	0,0997.6922	0,0722.3809	0,0523.8519	0,0380.4670	0,0201.6077	67
68	0,1339.8887	0,0963.9538	0,0694.5970	0,0501.2937	0,0362.3495	0,0190.1959	68
69	0,1300.8628	0,0931.3563	0,0667.8818	0,0479.7069	0,0345.0948	0,0179.4301	69
70	0,1262.9736	0,0899.8612	0,0642.1940	0,0459.0497	0,0328.6617	0,0169.2737	70
71	0,1226.1880	0,0869.4311	0,0617.4942	0,0439.2820	0,0313.0111	0,0159.6921	71
72	0,1190.4737	0,0840.0300	0,0593.7445	0,0420.3655	0,0298.1058	0,0150.6530	72
73	0,1155.7998	0,0811.6232	0,0570.9081	0,0402.2637	0,0283.9103	0,0142.1254	73
74	0,1122.1357	0,0784.1770	0,0548.9501	0,0384.9413	0,0270.3908	0,0134.0806	74
75	0,1089.4521	0,0757.6590	0,0527.8367	0,0368.3649	0,0257.5150	0,0126.4911	75
76	0,1057.7205	0,0732.0376	0,0507.5353	0,0352.5023	0,0245.2524	0,0119.3313	76
77	0,1026.9131	0,0707.2827	0,0488.0147	0,0337.3228	0,0233.5737	0,0112.5767	77
78	0,0997.0030	0,0683.3650	0,0469.2449	0,0322.7969	0,0222.4512	0,0106.2044	78
79	0,0967.9641	0,0660.2560	0,0451.1970	0,0308.8965	0,0211.8582	0,0100.1928	79
80	0,0939.7710	0,0637.9285	0,0433.8433	0,0295.5948	0,0201.7698	0,0094.5215	80
81	0,0912.3990	0,0616.3561	0,0417.1570	0,0282.8658	0,0192.1617	0,0089.1713	81
82	0,0885.8243	0,0595.5131	0,0401.1125	0,0270.6850	0,0183.0111	0,0084.1238	82
83	0,0860.0236	0,0575.3750	0,0385.6851	0,0259.0287	0,0174.2963	0,0079.3621	83
84	0,0834.9743	0,0555.9178	0,0370.8510	0,0247.8744	0,0165.9965	0,0074.8699	84
85	0,0810.6547	0,0537.1187	0,0356.5875	0,0237.2003	0,0158.0919	0,0070.6320	85
86	0,0787.0434	0,0518.9553	0,0342.8726	0,0226.9860	0,0150.5637	0,0066.6340	86
87	0,0764.1198	0,0501.4060	0,0329.6852	0,0217.2115	0,0143.3940	0,0062.8622	87
88	0,0741.8639	0,0484.4503	0,0317.0050	0,0207.8579	0,0136.5657	0,0059.3040	88
89	0,0720.2562	0,0468.0679	0,0304.8125	0,0198.9070	0,0130.0626	0,0055.9472	89
90	0,0699.2779	0,0452.2395	0,0293.0890	0,0190.3417	0,0123.8691	0,0052.7803	90
91	0,0678.9105	0,0436.9464	0,0281.8163	0,0182.1451	0,0117.9706	0,0049.7928	91
92	0,0659.1364	0,0422.1704	0,0270.9772	0,0174.3016	0,0112.3530	0,0046.9743	92
93	0,0639.9383	0,0407.8941	0,0260.5550	0,0166.7958	0,0107.0028	0,0044.3154	93
94	0,0621.2993	0,0394.1006	0,0250.5337	0,0159.6132	0,0101.9074	0,0041.8070	94
95	0,0603.2032	0,0380.7735	0,0240.8978	0,0152.7399	0,0097.0547	0,0039.4405	95
96	0,0585.6342	0,0367.8971	0,0231.6325	0,0146.1626	0,0092.4331	0,0037.2081	96
97	0,0568.5769	0,0355.4562	0,0222.7235	0,0139.8685	0,0088.0315	0,0035.1019	97
98	0,0552.0164	0,0343.4359	0,0214.1572	0,0133.8454	0,0083.8395	0,0033.1150	98
99	0,0535.9383	0,0331.8221	0,0205.9204	0,0128.0817	0,0079.8471	0,0031.2406	99
100	0,0520.3284	0,0320.6011	0,0198.0004	0,0122.5663	0,0076.0449	0,0029.4723	100

TABLE V.

$$V = a\frac{1 - r^{-n}}{i}.$$

VALEUR ACTUELLE DE L'ANNUITÉ DE 1 FRANC SERVIE PENDANT UN NOMBRE D'ANNÉES DONNÉ.

ANS.	3	3 ¹/₂	4	4 ¹/₂	5	6	ANS.
1	0,9708.7379	0,9661.8357	0,9615.3846	0,9569.3780	0,9523.8095	0,9433.9623	1
2	1,9134.6970	1,8996.9428	1,8860.9467	1,8726.6775	1,8594.1043	1,8333.9267	2
3	2,8286.1135	2,8016.3698	2,7750.9103	2,7489.6435	2,7232.4803	2,6730.1195	3
4	3,7170.9840	3,6730.7921	3,6298.9522	3,5875.2570	3,5459.5050	3,4651.0561	4
5	4,5797.0719	4,5150.5238	4,4518.2233	4,3899.7674	4,3294.7667	4,2123.6379	5
6	5,4171.9144	5,3285.5302	5,2421.3686	5,1578.7248	5,0756.9207	4,9173.2433	6
7	6,2302.8296	6,1145.4398	6,0020.5467	5,8927.0094	5,7863.7340	5,5823.8144	7
8	7,0196.9219	6,8739.5554	6,7327.4487	6,5958.8607	6,4632.1276	6,2097.9381	8
9	7,7861.0892	7,6076.8651	7,4353.3161	7,2687.9050	7,1078.2168	6,8016.9227	9
10	8,5302.0284	8,3166.0532	8,1108.9578	7,9127.1818	7,7217.3493	7,3600.8705	10
11	9,2526.2411	9,0015.5104	8,7604.7671	8,5289.1692	8,3064.1422	7,8868.7458	11
12	9,9540.0399	9,6633.3433	9,3850.7376	9,1185.8078	8,8632.5164	8,3838.4394	12
13	10,6349.5533	10,3027.3849	9,9856.4785	9,6828.5242	9,3935.7299	8,8526.8296	13
14	11,2960.7314	10,9205.2028	10,5631.2293	10,2228.2528	9,8986.4094	9,2949.8393	14
15	11,9379.3509	11,5174.1090	11,1183.8743	10,7395.4573	10,3796.5804	9,7122.4899	15
16	12,5611.0203	12,0941.1681	11,6522.9561	11,2340.1505	10,8377.6956	10,1058.9527	16
17	13,1661.1847	12,6513.2059	12,1656.6885	11,7071.9143	11,2740.6625	10,4772.5969	17
18	13,7535.1308	13,1896.8173	12,6592.9697	12,1599.9180	11,6895.8690	10,8276.0348	18
19	14,3237.9911	13,7098.3742	13,1339.3940	12,5932.9359	12,0853.2086	11,1581.1649	19
20	14,8774.7486	14,2124.0330	13,5903.2634	13,0079.3645	12,4622.1034	11,4699.2122	20
21	15,4150.2414	14,6979.7420	14,0291.5995	13,4047.2388	12,8211.5271	11,7640.7662	21
22	15,9369.1664	15,1671.2484	14,4511.1533	13,7844.2476	13,1630.0258	12,0415.8172	22
23	16,4436.0839	15,6204.1047	14,8568.4167	14,1477.7489	13,4885.7388	12,3033.7898	23
24	16,9355.4212	16,0583.6760	15,2469.6314	14,4954.7837	13,7986.4179	12,5503.5753	24
25	17,4131.4769	16,4815.1459	15,6220.7994	14,8282.0896	14,0939.4457	12,7833.5616	25
26	17,8768.4242	16,8903.5226	15,9827.6918	15,1466.1145	14,3751.8530	13,0031.6619	26
27	18,3270.3147	17,2853.6451	16,3295.8575	15,4513.0282	14,6430.3362	13,2105.3414	27
28	18,7641.0823	17,6670.1885	16,6630.6322	15,7428.7351	14,8981.2726	13,4061.6428	28
29	19,1884.5459	18,0357.6700	16,9837.1463	16,0218.8853	15,1410.7358	13,5907.2102	29
30	19,6004.4135	18,3920.4541	17,2920.3330	16,2888.8854	15,3724.5103	13,7648.3115	30
31	20,0004.2849	18,7362.7576	17,5884.9356	16,5443.9095	15,5928.1050	13,9290.8599	31
32	20,3887.6553	19,0688.6547	17,8735.5150	16,7888.9086	15,8026.7667	14,0840.4339	32
33	20,7657.9178	19,3902.0818	18,1476.4567	17,0228.6207	16,0025.4921	14,2302.2961	33
34	21,1318.3668	19,7006.8423	18,4111.9776	17,2467.5796	16,1929.0401	14,3681.4114	34
35	21,4872.2007	20,0006.6110	18,6646.1323	17,4610.1240	16,3741.9429	14,4982.4636	35
36	21,8322.5250	20,2904.9381	18,9082.8195	17,6660.4058	16,5468.5171	14,6209.8713	36
37	22,1672.3544	20,5705.2542	19,1425.7880	17,8622.3979	16,7112.8734	14,7367.8031	37
38	22,4924.6159	20,8410.8736	19,3678.6423	18,0499.9023	16,8678.9271	14,8460.1916	38
39	22,8082.1513	21,1024.9987	19,5844.8484	18,2296.5572	17,0170.4067	14,9490.7468	39
40	23,1147.7197	21,3550.7234	19,7927.7388	18,4015.8442	17,1590.8635	15,0462.9687	40
41	23,4123.9997	21,5991.0371	19,9930.5181	18,5661.0949	17,2943.6796	15,1380.1592	41
42	23,7013.5920	21,8348.8281	20,1856.2674	18,7235.4975	17,4232.0758	15,2245.4332	42
43	23,9819.0213	22,0626.8870	20,3707.9494	18,8742.1029	17,5459.1198	15,3061.7294	43
44	24,2542.7392	22,2827.9102	20,5488.4129	19,0183.8305	17,6627.7331	15,3831.8202	44
45	24,5187.1254	22,4954.5026	20,7200.3970	19,1563.4742	17,7740.6982	15,4558.3209	45
46	24,7754.4907	22,7009.1813	20,8846.5356	19,2883.7074	17,8800.6650	15,5243.6990	46
47	25,0247.0783	22,8994.3780	21,0429.3612	19,4147.0884	17,9810.1571	15,5890.2821	47
48	25,2667.0664	23,0912.4425	21,1951.3088	19,5356.0654	18,0771.5782	15,6500.2661	48
49	25,5016.5693	23,2765.6450	21,3414.7200	19,6512.9813	18,1687.2173	15,7075.7227	49
50	25,7297.6401	23,4556.1787	21,4821.8462	19,7620.0778	18,2559.2546	15,7618.6064	50

VALEUR ACTUELLE DE L'ANNUITÉ DE 1 FRANC SERVIE PENDANT UN NOMBRE D'ANNÉES DONNÉ.

$$V = a\,\frac{1 - r^{-n}}{t}.$$

ANS.	3	3 ½	4	4 ½	5	6	ANS.
51	25,9512.2719	23,6286.1630	21,6174.8521	19,8679.5003	18,3389.7663	15,8130.7607	51
52	26,1662.3999	23,7957.6454	21,7475.8193	19,9693.3017	18,4180.7298	15,2613.9252	52
53	26,3749.9028	23,9572.6043	21,8726.7493	20,0663.4466	18,4934.0284	15,9069.7408	53
54	26,5776.6047	24,1132.9510	21,9929.5667	20,1591.8149	18,5651.4556	15,9499.7554	54
55	26,7744.2764	24,2640.5323	22,1086.1218	20,2480.2057	18,6334.7196	15,9905.4297	55
56	26,9654.6373	24,4097.1327	22,2198.1940	20,3330.3404	18,6985.4473	16,0288.1412	56
57	27,1509.3566	24,5504.4760	22,3267.4943	20,4143.8664	18,7605.1879	16,0649.1898	57
58	27,3310.0549	24,6864.2281	22,4295.6676	20,4922.3602	18,8195.4170	16,0989.8017	58
59	27,5058.3058	24,8177.9981	22,5284.2957	20,5667.3303	18,8757.5400	16,1311.1337	59
60	27,6755.6367	24,9447.3412	22,6234.8997	20,6380.2204	18,9292.8953	16,1614.2771	60
61	27,8403.5307	25,0673.7596	22,7148.9421	20,7062.4118	18,9802.7574	16,1900.2614	61
62	28,0003.4279	25,1858.7049	22,8027.8289	20,7715.2266	19,0288.3404	16,2170.0579	62
63	28,1556.7261	25,3003.5796	22,8872.9124	20,8339.9298	19,0750.8003	16,2424.5829	63
64	28,3064.7826	25,4109.7388	22,9685.4927	20,8937.7319	19,1191.2384	16,2664.7009	64
65	28,4528.9152	25,5178.4916	23,0466.8199	20,9509.7913	19,1610.7033	16,2891.2272	65
66	28,5950.4031	25,6211.1030	23,1218.0961	21,0057.2165	19,2010.1936	16,3104.9314	66
67	28,7330.4884	25,7208.7951	23,1940.4770	21,0581.0684	19,2390.6606	16,3306.5390	67
68	28,8670.3771	25,8172.7489	23,2635.0740	21,1082.3621	19,2753.0101	16,3496.7349	68
69	28,9971.2399	25,9104.1052	23,3302.9558	21,1562.0690	19,3098.1048	16,3676.1650	69
70	29,1234.2135	26,0003.9664	23,3945.1498	21,2021.1187	19,3426.7665	16,3845.4387	70
71	29,2460.4015	26,0873.3975	23,4562.6440	21,2460.4007	19,3739.7776	16,4005.1308	71
72	29,3650.8752	26,1713.4275	23,5156.3885	21,2880.7662	19,4037.8834	16,4155.7838	72
73	29,4806.6750	26,2525.0508	23,5727.2966	21,3283.0298	19,4321.7937	16,4297.9093	73
74	29,5928.8107	26,3309.2278	23,6276.2468	21,3667.9711	19,4592.1845	16,4431.9899	74
75	29,7018.2628	26,4066.8868	23,6804.0834	21,4036.3360	19,4849.6995	16,4558.4810	75
76	29,8075.9833	26,4798.9244	23,7311.6187	21,4388.8383	19,5094.9519	16,4677.8123	76
77	29,9102.8964	26,5506.2072	23,7799.6333	21,4726.1611	19,5328.5257	16,4790.3889	77
78	30,0099.8994	26,6189.5721	23,8268.8782	21,5048.9579	19,5550.9768	16,4896.5933	78
79	30,1067.8635	26,6849.8281	23,8720.0752	21,5357.8545	19,5762.8351	16,4996.7862	79
80	30,2007.6345	26,7487.7567	23,9153.9185	21,5653.4493	19,5964.6048	16,5091.3077	80
81	30,2920.0335	26,8104.1127	23,9571.0755	21,5936.3151	19,6156.7665	16,5180.4790	81
82	30,3805.8577	26,8699.6258	23,9972.1879	21,6207.0001	19,6339.7776	16,5264.6028	82
83	30,4665.8813	26,9275.0008	24,0357.8730	21,6466.0288	19,6514.0739	16,5343.9649	83
84	30,5500.8556	26,9830.9186	24,0728.7241	21,6713.9032	19,6680.0704	16,5418.8348	84
85	30,6311.5103	27,0368.0373	24,1085.3116	21,6951.1035	19,6838.1623	16,5489.4668	85
86	30,7098.5537	27,0886.9926	24,1428.1842	21,7178.0895	19,6988.7260	16,5556.1008	86
87	30,7862.6735	27,1388.3986	24,1757.8694	21,7395.3009	19,7132.1200	16,5618.9630	87
88	30,8604.5374	27,1872.8489	24,2074.8745	21,7603.1588	19,7268.6857	16,5678.2670	88
89	30,9324.7936	27,2340.9168	24,2379.6870	21,7802.0658	19,7398.7483	16,5734.2141	89
90	31,0024.0714	27,2793.1564	24,2672.7759	21,7992.4075	19,7522.6174	16,5786.9944	90
91	31,0702.9820	27,3230.1028	24,2954.5923	21,8174.5526	19,7640.5880	16,5836.7872	91
92	31,1362.1184	27,3652.2732	24,3225.5695	21,8348.8542	19,7752.9410	16,5883.7615	92
93	31,2002.0567	27,4060.1673	24,3486.1245	21,8515.6499	19,7859.9438	16,5928.0769	93
94	31,2623.3560	27,4454.2680	24,3736.6582	21,8675.2631	19,7961.8512	16,5969.8839	94
95	31,3226.5592	27,4835.0415	24,3977.5559	21,8828.0030	19,8058.9059	16,6009.3244	95
96	31,3812.1934	27,5202.9387	24,4209.1884	21,8974.1655	19,8151.3390	16,6046.5325	96
97	31,4380.7703	27,5558.3948	24,4431.9119	21,9114.0340	19,8239.3705	16,6081.6344	97
98	31,4932.7867	27,5901.8308	24,4646.0692	21,9247.8794	19,8323.2100	16,6114.7494	98
99	31,5468.7250	27,6233.6529	24,4851.9896	21,9375.9612	19,8403.0571	16,6145.9900	99
100	31,5989.0534	27,6554.2540	24,5049.9900	21,9498.5274	19,8479.1020	16,6175.4623	100

TABLE A.

(Pages 130 et 131.)

$$M = C r^n.$$

SUITE DE LA TABLE I DE 101 A 200 ANS, POUR LES TAUX $1\,^1/_2$, $1\,^3/_4$, 2, $2\,^1/_4$, $2\,^1/_2$ ET 3 P. 100.

TABLE B.

(Pages 132 et 133.)

$$S = \frac{a}{t}\left(r^n - 1\right).$$

SUITE DE LA TABLE II DE 101 A 200 ANS, POUR LES TAUX $1\,^1/_2$, $1\,^3/_4$, 2, $2\,^1/_4$, $2\,^1/_2$ ET 3 P. 100.

TABLE C.

(Pages 134 et 135.)

$$a = \frac{V\,t}{1 - r^{-n}}.$$

SUITE DE LA TABLE III DE 101 A 200 ANS, POUR LES TAUX $1\,^1/_2$, $1\,^3/_4$, 2, $2\,^1/_4$, $2\,^1/_2$ ET 3 P. 100.

A.

M = Cr". **MONTANT DE 1 FRANC APRÈS UN NOMBRE D'ANNÉES DONNÉ.**

ANS.	$1\,^1/_2$	$1\,^3/_4$	2	$2\,^1/_4$	$2\,^1/_2$	3	ANS.
101	4,4985.2633	5,7673.4867	7,3895.3904	9,4622.6234	12,1090.5926	19,7951.9094	101
102	4,5660.0423	5,8682.7727	7,5373.2982	9,6751.6324	12,4117.8574	20,3890.4667	102
103	4,6344.9429	5,9709.7212	7,6880.7642	9,8928.5442	12,7220.8038	21,0007.1807	103
104	4,7040.1171	6,0754.6413	7,8418.3795	10,1154.4364	13,0401.3239	21,6307.3961	104
105	4,7745.7188	6,1817.8476	7,9986.7471	10,3430.4112	13,3661.3570	22,2796.6180	105
106	4,8461.9046	6,2899.6599	8,1586.4820	10,5757.5955	13,7002.8910	22,9480.5165	106
107	4,9188.8332	6,4000.4039	8,3218.2116	10,8137.1414	14,0427.9632	23,6364.9320	107
108	4,9926.6657	6,5120.4110	8,4882.5759	11,0570.2270	14,3938.6623	24,3455.8800	108
109	5,0675.5657	6,6260.0182	8,6580.2274	11,3058.0572	14,7537.1289	25,0759.5564	109
110	5,1435.6991	6,7419.5685	8,8311.8319	11,5601.8634	15,1225.5571	25,8282.3431	110
111	5,2207.2346	6,8599.4110	9,0078.0686	11,8202.9054	15,5006.1960	26,6030.8134	111
112	5,2990.3432	6,9799.9007	9,1879.6299	12,0862.4707	15,8881.3509	27,4011.7378	112
113	5,3785.1983	7,1021.3989	9,3717.2225	12,3581.8763	16,2853.3847	28,2232.0899	113
114	5,4591.9763	7,2264.2734	9,5591.5670	12,6362.4685	16,6924.7193	29,0699.0526	114
115	5,5410.8559	7,3528.8982	9,7503.3983	12,9205.6241	17,1097.8373	29,9420.0242	115
116	5,6242.0188	7,4815.6539	9,9453.4663	13,2112.7506	17,5375.2832	30,8402.6249	116
117	5,7085.6490	7,6124.9278	10,1442.5356	13,5085.2875	17,9759.6653	31,7654.7037	117
118	5,7941.9338	7,7457.1141	10,3471.3863	13,8124.7065	18,4253.6570	32,7184.3448	118
119	5,8811.0628	7,8812.6136	10,5540.8141	14,1232.5124	18,8859.9984	33,6999.8751	119
120	5,9693.2287	8,0191.8343	10,7651.6303	14,4410.2439	19,3581.4983	34,7109.8714	120
121	6,0588.6272	8,1595.1914	10,9804.6629	14,7659.4744	19,8421.0358	35,7523.1675	121
122	6,1497.4566	8,3023.1073	11,2000.7562	15,0981.8126	20,3381.5617	36,8248.8625	122
123	6,2419.9184	8,4476.0116	11,4240.7713	15,4378.9034	20,8466.1007	37,9296.3284	123
124	6,3356.2172	8,5954.3418	11,6525.5868	15,7852.4287	21,3677.7533	39,0675.2182	124
125	6,4306.5604	8,7458.5428	11,8856.0985	16,1404.1083	21,9019.6971	40,2395.4748	125
126	6,5271.1589	8,8989.0673	12,1233.2205	16,5035.7008	22,4495.1895	41,4467.3390	126
127	6,6250.2262	9,0546.3760	12,3657.8849	16,8749.0040	23,0107.5692	42,6901.3592	127
128	6,7243.9796	9,2130.9376	12,6131.0426	17,2545.8566	23,5860.2585	43,9708.4000	128
129	6,8252.6393	9,3743.2290	12,8653.6634	17,6428.1384	24,1756.7649	45,2899.6520	129
130	6,9276.4289	9,5383.7355	13,1226.7367	18,0397.7715	24,7800.6841	46,6486.6415	130
131	7,0315.5753	9,7052.9509	13,3851.2714	18,4456.7214	25,3995.7012	48,0481.2408	131
132	7,1370.3090	9,8751.3775	13,6528.2969	18,8606.9976	26,0345.5937	49,4895.6780	132
133	7,2440.8636	10,0479.5266	13,9258.8628	19,2850.6550	26,6854.2335	50,9742.5484	133
134	7,3527.4766	10,2237.9183	14,2044.0400	19,7189.7948	27,3525.5894	52,5034.8248	134
135	7,4630.3887	10,4027.0819	14,4884.9208	20,1626.5652	28,0363.7291	54,0785.8696	135
136	7,5749.8445	10,5847.5558	14,7782.6193	20,6163.1629	28,7372.8223	55,7009.4456	136
137	7,6886.0922	10,7699.8881	15,0738.2716	21,0801.8341	29,4557.1429	57,3719.7290	137
138	7,8039.3836	10,9584.6361	15,3753.0371	21,5544.8753	30,1921.0715	59,0931.3209	138
139	7,9209.9743	11,1502.3672	15,6828.0978	22,0394.6350	30,9469.0983	60,8659.2605	139
140	8,0398.1240	11,3453.6587	15,9964.6598	22,5353.5143	31,7205.8257	62,6919.0383	140
141	8,1604.0958	11,5439.0977	16,3163.9530	23,0423.9684	32,5135.9714	64,5726.6095	141
142	8,2828.1573	11,7459.2819	16,6427.2320	23,5608.5077	33,3264.3706	66,5098.4078	142
143	8,4070.5796	11,9514.8193	16,9755.7767	24,0909.6991	34,1595.9799	68,5051.3600	143
144	8,5331.6383	12,1606.3287	17,3150.8922	24,6330.1673	35,0135.8794	70,5602.9008	144
145	8,6611.6129	12,3734.4394	17,6613.9101	25,1872.5961	35,8889.2764	72,6770.9878	145
146	8,7910.7871	12,5899.7921	18,0146.1883	25,7539.7295	36,7861.5083	74,8574.1174	146
147	8,9229.4489	12,8103.0385	18,3749.1120	26,3334.3734	37,7058.0460	77,1031.3410	147
148	9,0567.8906	13,0344.8416	18,7424.0943	26,9259.3968	38,6484.4972	79,4162.2812	148
149	9,1926.4090	13,2625.8764	19,1172.5761	27,5317.7332	39,6146.6096	81,7987.1496	149
150	9,3305.3051	13,4946.8292	19,4996.0277	28,1512.3822	40,6050.2748	84,2526.7641	150

MONTANT DE 1 FRANC APRÈS UN NOMBRE D'ANNÉES DONNÉ. $M = Cr^n$.

ANS.	$1\,^1/_2$	$1\,^3/_4$	2	$2\,^1/_4$	$2\,^1/_2$	3	ANS.
151	9,4704.8847	13,7308.3987	19,8895.9482	28,7846.4108	41,6201.5317	86,7802.5670	151
152	9,6125.4580	13,9711.2957	20,2873.8672	29,4322.9551	42,6606.5700	89,3836.6441	152
153	9,7567.3398	14,2156.2434	20,6931.3445	30,0945.2216	43,7271.7342	92,0651.7434	153
154	9,9030.8499	14,4643.9776	21,1069.9714	30,7716.4890	44,8203.5276	94,8271.2957	154
155	10,0516.3127	14,7175.2472	21,5291.3708	31,4640.1101	45,9408.6158	97,6719.4346	155
156	10,2024.0574	14,9750.8141	21,9597.1983	32,1719.5125	47,0893.8312	100,6021.0176	156
157	10,3554.4182	15,2371.4533	22,3989.1422	32,8958.2016	48,2666.1770	103,6201.6481	157
158	10,5107.7345	15,5037.9538	22,8468.9251	33,6359.7611	49,4732.8314	106,7287.6976	158
159	10,6684.3505	15,7751.1179	23,3038.3036	34,3927.8557	50,7101.1522	109,9306.3285	159
160	10,8284.6158	16,0511.7625	23,7699.0696	35,1666.2325	51,9778.6810	113,2285.5183	160
161	10,9908.8850	16,3320.7184	24,2453.0510	35,9578.7227	53,2773.1480	116,6254.0839	161
162	11,1557.5183	16,6178.8309	24,7302.1121	36,7669.2440	54,6092.4767	120,1241.7064	162
163	11,3230.8811	16,9086.9605	25,2248.1543	37,5941.8020	55,9744.7886	123,7278.9576	163
164	11,4929.3443	17,2045.9823	25,7293.1174	38,4400.4925	57,3738.4083	127,4397.3263	164
165	11,6653.2844	17,5056.7870	26,2438.9797	39,3049.5036	58,8081.8685	131,2629.2461	165
166	11,8403.0837	17,8120.2807	26,7687.7593	40,1893.1174	60,2783.9152	135,2008.1235	166
167	12,0179.1300	18,1237.3856	27,3041.5145	41,0935.7126	61,7853.5131	139,2568.3672	167
168	12,1981.8169	18,4409.0399	27,8502.3448	42,0181.7661	63,3299.8510	143,4345.4182	168
169	12,3811.5442	18,7636.1981	28,4072.3917	42,9635.8558	64,9132.3472	147,7375.7808	169
170	12,5668.7173	19,0919.8316	28,9753.8395	43,9302.6626	66,5360.6559	152,1697.0542	170
171	12,7553.7481	19,4260.9286	29,5548.9163	44,9186.9725	68,1994.6723	156,7347.9658	171
172	12,9467.0543	19,7660.4949	30,1459.8947	45,9293.6794	69,9044.5391	161,4368.4048	172
173	13,1409.0601	20,1119.5535	30,7489.0925	46,9627.7871	71,6520.6526	166,2799.4569	173
174	13,3380.1960	20,4639.1457	31,3638.8744	48,0194.4124	73,4433.6689	171,2683.4406	174
175	13,5380.8990	20,8220.3308	31,9911.6519	49,0998.7866	75,2794.5106	176,4063.9439	175
176	13,7411.6125	21,1864.1865	32,6309.8849	50,2046.2593	77,1614.3734	181,6985.8622	176
177	13,9472.7866	21,5571.8098	33,2836.0826	51,3342.3002	79,0904.7327	187,1495.4380	177
178	14,1564.8784	21,9344.3165	33,9492.8043	52,4892.5019	81,0677.3510	192,7640.3012	178
179	14,3688.3516	22,3182.8420	34,6282.6604	53,6702.5832	83,0944.2848	198,5469.5102	179
180	14,5843.6769	22,7088.5418	35,3208.3136	54,8778.3913	85,1717.8919	204,5033.5955	180
181	14,8031.3320	23,1062.5912	36,0272.4798	56,1125.9051	87,3010.8392	210,6384.6034	181
182	15,0251.8020	23,5106.1866	36,7477.9294	57,3751.2380	89,4836.1102	216,9576.1415	182
183	15,2505.5791	23,9220.5448	37,4827.4880	58,6660.6409	91,7207.0130	223,4663.4257	183
184	15,4793.1627	24,3406.9044	38,2324.0378	59,9860.5053	94,0137.1883	230,1703.3285	184
185	15,7115.0602	24,7666.5252	38,9970.5185	61,3357.3667	96,3640.6180	237,0754.4284	185
186	15,9471.7861	25,2000.6894	39,7769.9289	62,7157.9074	98,7731.6335	244,1877.0612	186
187	16,1863.8629	25,6410.7015	40,5725.3275	64,1268.9603	101,2424.9243	251,5133.3731	187
188	16,4291.8208	26,0897.8887	41,3839.8340	65,5697.5119	103,7735.5474	259,0587.3742	188
189	16,6756.1981	26,5463.6018	42,2116.6307	67,0450.7060	106,3678.9361	266,8304.9955	189
190	16,9257.5411	27,0109.2148	43,0558.9633	68,5535.8468	109,0270.9095	274,8354.1453	190
191	17,1796.4042	27,4836.1261	43,9170.1426	70,0960.4034	111,7527.6822	283,0804.7697	191
192	17,4373.3503	27,9645.7583	44,7953.5455	71,6732.0125	114,5465.8743	291,5728.9128	192
193	17,6988.9505	28,4539.5591	45,6912.6164	73,2858.4827	117,4102.5211	300,3200.7802	193
194	17,9643.7848	28,9519.0013	46,6050.8687	74,9347.7986	120,3455.0842	309,3296.8036	194
195	18,2338.4416	29,4585.5839	47,5371.8861	76,6208.1241	123,3541.4613	318,6095.7077	195
196	18,5073.5182	29,9740.8316	48,4879.3238	78,3447.8069	126,4379.9978	328,1678.5789	196
197	18,7849.6210	30,4986.2961	49,4576.9103	80,1075.3825	129,5989.4978	338,0128.9363	197
198	19,0667.3653	31,0323.5563	50,4468.4485	81,9099.5786	132,8389.2352	348,1532.8044	198
199	19,3527.3758	31,5754.2186	51,4557.8174	83,7529.3191	136,1598.9661	358,5978.7885	199
200	19,6430.2864	32,1279.9174	52,4848.9738	85,6373.7288	139,5638.9402	369,3558.1522	200

B.

$S = \frac{a}{t}(r^n - 1).$	MONTANT DE 1 FRANC PLACÉ A LA FIN DE CHAQUE ANNÉE APRÈS UN NOMBRE D'ANNÉES DONNÉ.						
ANS	1 ¹/₂	1 ³/₄	2	2 ¹/₄	2 ¹/₂	3	ANS
101	233,2350.8895	272,4199.2383	319,4769.5203	376,1005.4842	444,3623.7039	626,5063.6468	101
102	237,7336.1529	278,1872.7250	326,8664.9107	385,5628.1076	456,4714.2965	646,3015.5562	102
103	242,2996.1951	284,0555.4976	334,4038.2089	395,2379.7401	468,8832.1539	666,6906.0228	103
104	246,9341.1381	290,0265.2188	342,0918.9731	405,1308.2842	481,6052.9578	687,6913.2035	104
105	251,6381.2551	296,1019.8602	349,9337.3526	415,2462.7206	494,6454.2817	709,3220.5996	105
106	256,4126.9740	302,2837.7077	357,9324.0996	425,5893.1318	508,0115.6388	731,6017.2176	106
107	261,2588.8786	308,5737.3676	366,0910.5816	436,1650.7273	521,7118.5298	754,5497.7342	107
108	266,1777.7118	314,9737.7716	374,4128.7932	446,9787.8687	535,7546.4930	778,1862.6662	108
109	271,1704.3774	321,4858.1826	382,9011.3691	458,0358.0957	550,1485.1553	802,5318.5462	109
110	276,2379.9431	328,1118.2007	391,5591.5965	469,3416.1529	564,9022.2842	827,6078.1026	110
111	281,3815.6422	334,8537.7693	400,3903.4284	480,9018.0163	580,0247.8413	853,4360.4456	111
112	286,6022.8769	341,7137.1802	409,3981.4970	492,7220.9217	595,5254.0373	880,0391.2590	112
113	291,9013.2200	348,6937.0809	418,5861.1269	504,8083.3924	611,4135.3883	907,4402.9968	113
114	297,2798.4183	355,7958.4798	427,9578.3495	517,1665.2687	627,6988.7730	935,6635.0867	114
115	302,7390.3946	363,0222.7532	437,5169.9165	529,8027.7373	644,3913.4923	964,7334.1393	115
116	308,2801.2505	370,3751.6514	447,2673.3148	542,7233.3614	661,5011.3296	994,6754.1634	116
117	313,9043.2693	377,8567.3053	457,2126.7811	555,9346.1120	679,0386.6129	1025,5156.7884	117
118	319,6128.9183	385,4692.2331	467,3569.3167	569,4431.3995	697,0146.2782	1057,2811.4920	118
119	325,4070.8521	393,2149.3472	477,7040.7030	583,2556.1060	715,4399.9351	1089,9995.8368	119
120	331,2881.9149	401,0961.9608	488,2581.5171	597,3788.6184	734,3259.9335	1123,6995.7119	120
121	337,2575.1436	409,1153.7951	499,0233.1474	611,8198.8623	753,6841.4318	1158,4105.5832	121
122	343,3163.7708	417,2748.9865	510,0037.8104	626,5858.3367	773,5262.4676	1194,1628.7507	122
123	349,4661.2273	425,5772.0938	521,2038.5666	641,6840.1493	793,8644.0293	1230,9877.6132	123
124	355,7081.1457	434,0248.1054	532,6279.3379	657,1219.0526	814,7110.1301	1268,9173.9416	124
125	362,0437.3629	442,6202.4472	544,2804.9247	672,9071.4813	836,0787.8833	1307,9849.1599	125
126	368,4743.9234	451,3660.9901	556,1661.0232	689,0475.5896	857,9807.5804	1348,2244.6347	126
127	375,0015.0822	460,2650.0574	568,2894.2436	705,5511.2904	880,4302.7699	1389,6711.9737	127
128	381,6265.3084	469,3196.4334	580,6552.1285	722,4260.2944	903,4410.3392	1432,3613.3329	128
129	388,3509.2881	478,5327.3710	593,2683.1711	739,6806.1511	927,0270.5976	1476,3321.7329	129
130	395,1761.9274	487,9070.6000	606,1336.8345	757,3234.2895	951,2027.3626	1521,6221.3849	130
131	402,1038.3563	497,4454.3355	619,2563.5712	775,3632.0610	975,9828.0466	1568,2708.0265	131
132	409,1353.9316	507,1507.2863	632,6414.8426	793,8088.7824	1001,3823.7478	1616,3189.2673	132
133	416,2724.2406	517,0258.6639	646,2943.1395	812,6695.7800	1027,4169.3415	1665,8084.9453	133
134	423,5165.1042	527,0738.1905	660,2202.0023	831,9546.4350	1054,1023.5750	1716,7827.4936	134
135	430,8692.5808	537,2976.1088	674,4246.0423	851,6736.2298	1081,4549.1644	1769,2862.3184	135
136	438,3322.9695	547,7003.1907	688,9130.9332	871,8362.7950	1109,4912.8935	1823,3648.1880	136
137	445,9072.8140	558,2850.7465	703,6913.5824	892,4525.9579	1138,2285.7159	1879,0657.6336	137
138	453,5958.9063	569,0550.6346	718,7651.8541	913,5327.7919	1167,6842.8588	1936,4377.3626	138
139	461,3998.2899	580,0135.2707	734,1404.8912	935,0872.6672	1197,8763.9302	1995,5308.6835	139
140	469,3208.2642	591,1637.6380	749,8232.9890	957,1267.3022	1228,8233.0285	2056,3967.9440	140
141	477,3606.3882	602,5091.2966	765,8197.6488	979,6620.8165	1260,5438.8542	2119,0886.9823	141
142	485,5210.4840	614,0530.3943	782,1361.6017	1002,7044.7849	1293,0574.8256	2183,6613.5918	142
143	493,8038.6412	625,7989.6762	798,7788.8338	1026,2653.2926	1326,3839.1962	2250,1711.9996	143
144	502,2109.2209	637,7504.4955	815,7544.6104	1050,3562.9917	1360,5435.1761	2318,6763.3596	144
145	510,7440.8592	649,9110.8242	833,0695.5027	1074,9893.1590	1395,5571.0555	2389,2366.2603	145
146	519,4052.4721	662,2845.2636	850,7309.4127	1100,1765.7550	1431,4460.3319	2461,9137.2482	146
147	528,1963.2591	674,8745.0558	868,7455.6010	1125,9305.4845	1468,2321.8402	2536,7711.3656	147
148	537,1192.7080	687,6848.0942	887,1204.7130	1152,2639.8579	1505,9379.8862	2613,8742.7066	148
149	546,1760.5987	700,7192.9359	905,8628.8072	1179,1899.2547	1544,5864.3834	2693,2904.9878	149
150	555,3687.0076	713,9818.8123	924,9801.3834	1206,7216.9880	1584,2010.9929	2775,0892.1374	150

MONTANT DE 1 FRANC PLACÉ A LA FIN DE CHAQUE ANNÉE APRÈS UN NOMBRE D'ANNÉES DONNÉ.

$$S = \frac{a}{t}\left(r^n - 1\right).$$

ANS	1 ½	1 ¾	2	2 ¼	2 ½	3	ANS
151	564,6992.3127	727,4765.6415	944,4797.4110	1234,8729.3702	1624,8061.2678	2859,3418.9015	151
152	574,1697.1974	741,2074.0402	964,3693.3593	1263,6575.7810	1666,4262.7995	2946,1221.4686	152
153	583,7822.6554	735,1785.3359	984,6567.2265	1293,0898.7361	1709,0869.3694	3035,5058.1126	153
154	593,5389.9952	769,3941.5793	1005,3498.5710	1323,1843.9577	1752,8141.1037	3127,5709.8560	154
155	603,4420.8452	783,8585.5569	1026,4568.5424	1353,9560.4467	1797,6344.6313	3222,3981.1517	155
156	613,4937.1578	798,5760.8042	1047,9859.9133	1385,4200.5568	1843,5753.2470	3320,0700.5862	156
157	623,6961.2152	813,5511.6182	1069,9457.1115	1417,5920.0693	1890,6647.0782	3420,6721.6038	157
158	634,0515.6334	828,7883.0716	1092,3446.2537	1450,4878.2708	1938,9313.2552	3524,2923.2519	158
159	644,5623.3679	844,2921.0253	1115,1915.1788	1484,1238.0319	1988,4046.0866	3631,0210.9495	159
160	655,2307.7185	860,0672.1433	1138,4953.4824	1518,5165.8877	2039,1147.2387	3740,9517.2780	160
161	666,0592.3342	876,1183.9058	1162,2652.5520	1553,6832.1201	2091,0925.9197	3854,1802.7963	161
162	677,0501.2192	892,4504.6241	1186,5105.6031	1589,6410.8428	2144,3699.0677	3970,8056.8802	162
163	688,2058.7375	909,0683.4550	1211,2407.7151	1626,4080.0868	2198,9791.5444	4090,9298.5866	163
164	699,5289.6186	925,9770.4155	1236,4655.8695	1664,0021.8887	2254,9536.3330	4214,6577.5442	164
165	711,0218.9629	943,1816.3978	1262,1948.9868	1702,4422.3812	2312,3274.7413	4342,0974.8705	165
166	722,6872.2473	960,6873.1847	1288,4387.9666	1741,7471.8848	2371,1356.6098	4473,3604.1167	166
167	734,5275.3310	978,4993.4655	1315,2075.7259	1781,9365.0022	2431,4140.5251	4608,5612.2402	167
168	746,5454.4610	996,6230.8511	1342,5117.2404	1823,0300.7148	2493,1994.0382	4747,8170.6074	168
169	758,7436.2779	1015,0639.8910	1370,3619.5852	1865,0482.4809	2556,5293.8892	4891,2526.0256	169
170	771,1247.8221	1033,8276.0891	1398,7691.9769	1908,0118.3367	2621,4426.2364	5038,9901.8063	170
171	783,6916.5394	1052,9195.9207	1427,7445.8165	1951,9420.9993	2687,9786.8923	5191,1598.8605	171
172	796,4470.2875	1072,3456.8493	1457,2994.7328	1996,8607.9717	2756,1781.5646	5347,8946.8263	172
173	809,3937.3418	1092,1117.3441	1487,4454.6275	2042,7901.6511	2826,0826.1037	5509,3315.2311	173
174	822,5346.4019	1112,2236.8976	1518,1943.7200	2089,7529.4383	2897,7346.7563	5675,6114.6881	174
175	835,8726.5980	1132,6876.0434	1549,5582.5944	2137,7723.8506	2971,1780.4252	5846,8798.1287	175
176	849,4107.4969	1153,5096.3741	1581,5494.2463	2186,8722.6373	3046,4574.9359	6023,2862.0726	176
177	863,1519.1094	1174,6960.5607	1614,1804.1312	2237,0768.8966	3123,6189.3093	6204,0847.9348	177
178	877,0991.8960	1196,2532.3705	1647,4640.2139	2288,4111.1968	3202,7094.0420	6392,1513.3728	178
179	891,2556.7745	1218,1876.6870	1681,4133.0181	2340,9003.6987	3283,7771.3930	6584,8983.6740	179
180	905,6245.1261	1240,5059.5290	1716,0415.6785	2394,5706.2819	3366,8715.6779	6783,4453.1842	180
181	920,2088.8030	1263,2148.0707	1751,3623.9921	2449,4484.6733	3452,0433.5698	6987,9486.7797	181
182	935,0120.1350	1286,3210.6620	1787,3896.4719	2505,5610.5784	3539,3444.4091	7198,5871.3831	182
183	950,0371.9370	1309,8316.8486	1824,1374.4013	2562,9361.8164	3628,8280.5193	7415,5447.5246	183
184	965,2877.5161	1333,7537.3934	1861,6201.8894	2621,6022.4573	3720,5487.5323	7639,0110.9503	184
185	980,7670.6788	1358,0944.2978	1899,8525.9272	2681,5882.9626	3814,5624.7206	7869,1814.2789	185
186	996,4785.7390	1382,8610.8230	1938,8496.4457	2742,9240.3292	3910,9265.3386	8106,2568.7072	186
187	1012,4257.5251	1408,0611.5124	1978,6266.3746	2805,6398.2366	4009,6996.9721	8350,4445.7684	187
188	1028,6121.3880	1433,7022.2139	2019,1991.7021	2869,7667.1970	4110,9421.8964	8601,9579.1415	188
189	1045,0413.2088	1459,7920.1026	2060,5831.5361	2935,3364.7089	4214,7157.4438	8861,0166.5157	189
190	1061,7169.4069	1486,3383.7044	2102,7948.1669	3002,3815.4149	4321,0836.3799	9127,8471.5112	190
191	1078,6426.9480	1513,3492.9192	2145,8507.1302	3070,9351.2617	4430,1107.2894	9402,6825.6565	191
192	1095,8223.3523	1540,8329.0453	2189,7677.2728	3141,0311.6651	4541,8634.9716	9685,7630.4262	192
193	1113,2596.7026	1568,7974.8036	2234,5630.8183	3212,7043.6775	4656,4100.8459	9977,3359.3390	193
194	1130,9585.6531	1597,2514.3627	2280,2543.4346	3285,9902.1603	4773,8203.3670	10277,6560.1192	194
195	1148,9229.4379	1626,2033.3640	2326,8594.3033	3360,9249.9589	4894,1658.4512	10586,9856.9228	195
196	1167,1567.8795	1655,6618.9479	2374,3966.1894	3437,5458.0830	5017,5199.9125	10905,5952.6305	196
197	1185,6641.3976	1685,6359.7795	2422,8845.5132	3515,8905.8898	5143,9579.9103	11233,7631.2094	197
198	1204,4490.9186	1716,1346.0756	2472,3422.4234	3595,9981.2724	5273,5569.4081	11571,7760.1457	198
199	1223,5158.2839	1747,1669.6320	2522,7890.8719	3677,9080.8510	5406,3958.6433	11919,9292.9500	199
200	1242,8685.6597	1778,7423.8505	2574,2448.6894	3761,6610.1701	5542,5557.6093	12278,5271.7385	200

C.

$$a = \frac{Vt}{1 - r^{-n}}.$$

SOMMES A PAYER, A LA FIN DE CHAQUE ANNÉE, POUR AMORTIR, EN UN TEMPS DONNÉ, UN CAPITAL DE 1 FRANC.

ANS.	1 1/2	1 3/4	2	2 1/4	2 1/2	3	ANS.
101	0,0192.8752	0,0211.7080	0,0231.3012	0,0251.5886	0,0272.5042	0,0315.9615	101
102	0,0192.0639	0,0210.9470	0,0230.5935	0,0250.9361	0,0271.9072	0,0315.4727	102
103	0,0191.2712	0,0210.2044	0,0229.9040	0,0250.3012	0,0271.3273	0,0314.9995	103
104	0,0190.4966	0,0209.4796	0,0229.2319	0,0249.6834	0,0270.7639	0,0314.5414	104
105	0,0189.7396	0,0208.7721	0,0228.5768	0,0249.0821	0,0270.2165	0,0314.0980	105
106	0,0188.9996	0,0208.0815	0,0227.9382	0,0248.4968	0,0269.6846	0,0313.6686	106
107	0,0188.2762	0,0207.4072	0,0227.3156	0,0247.9271	0,0269.1677	0,0313.2529	107
108	0,0187.5689	0,0206.7487	0,0226.7085	0,0247.3724	0,0268.6653	0,0312.8504	108
109	0,0186.8772	0,0206.1056	0,0226.1164	0,0246.8324	0,0268.1769	0,0312.4606	109
110	0,0186.2007	0,0205.4774	0,0225.5389	0,0246.3064	0,0267.7022	0,0312.0830	110
111	0,0185.5389	0,0204.8638	0,0224.9756	0,0245.7943	0,0267.2406	0,0311.7173	111
112	0,0184.8916	0,0204.2643	0,0224.4261	0,0245.2954	0,0266.7919	0,0311.3631	112
113	0,0184.2582	0,0203.6785	0,0223.8899	0,0244.8095	0,0266.3555	0,0311.0200	113
114	0,0183.6383	0,0203.1060	0,0223.3668	0,0244.3361	0,0265.9312	0,0310.6876	114
115	0,0183.0317	0,0202.5465	0,0222.8563	0,0243.8749	0,0265.5185	0,0310.3656	115
116	0,0182.4380	0,0201.9997	0,0222.3580	0,0243.4256	0,0265.1171	0,0310.0535	116
117	0,0181.8568	0,0201.4651	0,0221.8717	0,0242.9877	0,0264.7267	0,0309.7512	117
118	0,0181.2878	0,0200.9424	0,0221.3969	0,0242.5610	0,0264.3469	0,0309.4582	118
119	0,0180.7307	0,0200.4314	0,0220.9335	0,0242.1451	0,0263.9774	0,0309.1743	119
120	0,0180.1852	0,0199.9317	0,0220.4810	0,0241.7398	0,0263.6179	0,0308.8992	120
121	0,0179.6509	0,0199.4430	0,0220.0391	0,0241.3447	0,0263.2682	0,0308.6325	121
122	0,0179.1277	0,0198.9650	0,0219.6077	0,0240.9595	0,0262.9278	0,0308.3741	122
123	0,0178.6151	0,0198.4975	0,0219.1864	0,0240.5840	0,0262.5966	0,0308.1236	123
124	0,0178.1129	0,0198.0402	0,0218.7748	0,0240.2179	0,0262.2743	0,0307.8807	124
125	0,0177.6210	0,0197.5927	0,0218.3729	0,0239.8609	0,0261.9606	0,0307.6453	125
126	0,0177.1389	0,0197.1550	0,0217.9802	0,0239.5128	0,0261.6553	0,0307.4172	126
127	0,0176.6666	0,0196.7266	0,0217.5967	0,0239.1733	0,0261.3581	0,0307.1959	127
128	0,0176.2036	0,0196.3074	0,0217.2219	0,0238.8422	0,0261.0688	0,0306.9815	128
129	0,0175.7499	0,0195.8972	0,0216.8558	0,0238.5193	0,0260.7872	0,0306.7735	129
130	0,0175.3052	0,0195.4957	0,0216.4980	0,0238.2044	0,0260.5130	0,0306.5719	130
131	0,0174.8692	0,0195.1027	0,0216.1484	0,0237.8972	0,0260.2461	0,0306.3764	131
132	0,0174.4418	0,0194.7180	0,0215.8067	0,0237.5975	0,0259.9862	0,0306.1869	132
133	0,0174.0227	0,0194.3414	0,0215.4728	0,0237.3051	0,0259.7331	0,0306.0031	133
134	0,0173.6118	0,0193.9727	0,0215.1465	0,0237.0199	0,0259.4867	0,0305.8248	134
135	0,0173.2089	0,0193.6117	0,0214.8275	0,0236.7416	0,0259.2468	0,0305.6520	135
136	0,0172.8137	0,0193.2582	0,0214.5156	0,0236.4700	0,0259.0131	0,0305.4844	136
137	0,0172.4262	0,0192.9120	0,0214.2108	0,0236.2051	0,0258.7856	0,0305.3218	137
138	0,0172.0461	0,0192.5730	0,0213.9127	0,0235.9465	0,0258.5640	0,0305.1641	138
139	0,0171.6732	0,0192.2410	0,0213.6214	0,0235.6942	0,0258.3481	0,0305.0112	139
140	0,0171.3074	0,0191.9158	0,0213.3365	0,0235.4479	0,0258.1379	0,0304.8629	140
141	0,0170.9485	0,0191.5973	0,0213.0579	0,0235.2076	0,0257.9331	0,0304.7190	141
142	0,0170.5964	0,0191.2852	0,0212.7855	0,0234.9730	0,0257.7336	0,0304.5795	142
143	0,0170.2510	0,0190.9796	0,0212.5191	0,0234.7441	0,0257.5393	0,0304.4441	143
144	0,0169.9120	0,0190.6801	0,0212.2586	0,0234.5206	0,0257.3500	0,0304.3128	144
145	0,0169.5793	0,0190.3867	0,0212.0038	0,0234.3024	0,0257.1656	0,0304.1854	145
146	0,0169.2528	0,0190.0993	0,0211.7546	0,0234.0895	0,0256.9859	0,0304.0619	146
147	0,0168.9324	0,0189.8176	0,0211.5109	0,0233.8815	0,0256.8109	0,0303.9420	147
148	0,0168.6178	0,0189.5415	0,0211.2724	0,0233.6786	0,0256.6404	0,0303.8257	148
149	0,0168.3091	0,0189.2710	0,0211.0392	0,0233.4804	0,0256.4742	0,0303.7129	149
150	0,0168.0061	0,0189.0060	0,0210.8110	0,0233.2869	0,0256.3123	0,0303.6035	150

SOMMES A PAYER, A LA FIN DE CHAQUE ANNÉE, POUR AMORTIR, EN UN TEMPS DONNÉ, UN CAPITAL DE 1 FRANC.

$$a = \frac{Vt}{1 - r^{-n}}.$$

ANS.	$1\,^1/_2$	$1\,^3/_4$	2	$2\,^1/_4$	$2\,^1/_2$	3	ANS.
151	0,0167.7085	0,0188.7461	0,0210.5878	0,0233.0980	0,0256.1546	0,0303.4973	151
152	0,0167.4165	0,0188.4915	0,0210.3695	0,0232.9135	0,0256.0009	0,0303.3943	152
153	0,0167.1297	0,0188.2419	0,0210.1558	0,0232.7334	0,0255.8511	0,0303.2943	153
154	0,0166.8481	0,0187.9992	0,0209.9468	0,0232.5575	0,0255.7051	0,0303.1974	154
155	0,0166.5716	0,0187.7574	0,0209.7423	0,0232.3858	0,0255.5629	0,0303.1033	155
156	0,0166.3001	0,0187.5223	0,0209.5421	0,0232.2180	0,0255.4242	0,0303.0120	156
157	0,0166.0334	0,0187.2918	0,0209.3463	0,0232.0542	0,0255.2891	0,0302.9234	157
158	0,0165.7716	0,0187.0658	0,0209.1546	0,0231.8942	0,0255.1575	0,0302.8374	158
159	0,0165.5144	0,0186.8442	0,0208.9671	0,0231.9380	0,0255.0292	0,0302.7540	159
160	0,0165.2618	0,0186.6270	0,0208.7835	0,0231.5854	0,0254.9041	0,0302.6731	160
161	0,0165.0137	0,0186.4140	0,0208.6039	0,0231.4363	0,0254.7822	0,0302.5946	161
162	0,0164.7700	0,0186.2051	0,0208.4281	0,0231.2907	0,0254.6634	0,0302.5184	162
163	0,0164.5305	0,0186.0003	0,0208.2560	0,0231.1485	0,0254.5476	0,0302.4444	163
164	0,0164.2953	0,0185.7994	0,0208.0876	0,0231.0096	0,0254.4347	0,0302.3727	164
165	0,0164.0643	0,0185.6024	0,0207.9227	0,0230.8739	0,0254.3246	0,0302.3030	165
166	0,0163.8372	0,0185.4092	0,0207.7613	0,0230.7414	0,0254.2174	0,0302.2355	166
167	0,0163.6142	0,0185.2197	0,0207.6034	0,0230.6119	0,0254.1128	0,0302.1699	167
168	0,0163.3950	0,0185.0339	0,0207.4487	0,0230.4854	0,0254.0109	0,0302.1062	168
169	0,0163.1797	0,0184.8516	0,0207.2973	0,0230.3618	0,0253.9116	0,0302.0445	169
170	0,0162.9681	0,0184.6728	0,0207.1491	0,0230.2411	0,0253.8147	0,0301.9845	170
171	0,0162.7601	0,0184.4974	0,0207.0041	0,0230.1231	0,0253.7203	0,0301.9264	171
172	0,0162.5558	0,0184.3254	0,0206.8620	0,0230.0079	0,0253.6282	0,0301.8699	172
173	0,0162.3549	0,0184.1566	0,0206.7229	0,0229.8953	0,0253.5385	0,0301.8151	173
174	0,0162.1575	0,0183.9910	0,0206.5868	0,0229.7853	0,0253.4510	0,0301.7619	174
175	0,0161.9635	0,0183.8286	0,0206.4535	0,0229.6778	0,0253.3657	0,0301.7103	175
176	0,0161.7729	0,0183.6692	0,0206.3229	0,0229.5727	0,0253.2825	0,0301.6602	176
177	0,0161.5854	0,0183.5128	0,0206.1951	0,0229.4701	0,0253.2014	0,0301.6116	177
178	0,0161.4012	0,0183.3594	0,0206.0699	0,0229.3698	0,0253.1224	0,0301.5644	178
179	0,0161.2201	0,0183.2089	0,0205.9474	0,0229.2719	0,0253.0453	0,0301.5186	179
180	0,0161.0421	0,0183.0612	0,0205.8274	0,0229.1761	0,0252.9701	0,0301.4742	180
181	0,0160.8671	0,0182.9163	0,0205.7098	0,0229.0826	0,0252.8968	0,0301.4310	181
182	0,0160.6950	0,0182.7741	0,0205.5948	0,0228.9911	0,0252.8254	0,0301.3892	182
183	0,0160.5259	0,0182.6346	0,0205.4820	0,0228.9018	0,0252.7557	0,0301.3485	183
184	0,0160.3596	0,0182.4976	0,0205.3717	0,0228.8145	0,0252.6878	0,0301.3091	184
185	0,0160.1961	0,0182.3633	0,0205.2636	0,0228.7291	0,0252.6215	0,0301.2708	185
186	0,0160.0353	0,0182.2314	0,0205.1577	0,0228.6457	0,0252.5569	0,0301.2336	186
187	0,0159.8773	0,0182.1020	0,0205.0540	0,0228.5642	0,0252.4940	0,0301.1975	187
188	0,0159.7218	0,0181.9749	0,0204.9525	0,0228.4846	0,0252.4325	0,0301.1625	188
189	0,0159.5690	0,0181.8503	0,0204.8530	0,0228.4068	0,0252.3726	0,0301.1285	189
190	0,0159.4187	0,0181.7279	0,0204.7556	0,0228.3307	0,0252.3142	0,0301.0955	190
191	0,0159.2709	0,0181.6079	0,0204.6602	0,0228.2563	0,0252.2573	0,0301.0635	191
192	0,0159.1256	0,0181.4900	0,0204.5667	0,0228.1837	0,0252.2017	0,0301.0324	192
193	0,0158.9826	0,0181.3743	0,0204.4751	0,0228.1126	0,0252.1476	0,0301.0023	193
194	0,0158.8421	0,0181.2608	0,0204.3855	0,0228.0432	0,0252.0948	0,0300.9730	194
195	0,0158.7038	0,0181.1493	0,0204.2976	0,0227.9754	0,0252.0432	0,0300.9446	195
196	0,0158.5678	0,0181.0399	0,0204.2116	0,0227.9091	0,0251.9930	0,0300.9170	196
197	0,0158.4341	0,0180.9325	0,0204.1273	0,0227.8442	0,0251.9440	0,0300.8902	197
198	0,0158.3026	0,0180.8270	0,0204.0447	0,0227.7809	0,0251.8963	0,0300.8642	198
199	0,0158.1732	0,0180.7236	0,0203.9639	0,0227.7189	0,0251.8497	0,0300.8389	199
200	0,0158.0459	0,0180.6219	0,0203.8846	0,0227.6584	0,0251.8042	0,0300.8144	200

NOTE SUR L'EMPLOI DES TABLES DE LOGARITHMES DE FÉDOR THOMAN
pour les calculs de précision dans les questions où les données ne se trouvent point dans les Tables qui précèdent.

Les Tables de logarithmes de Fédor Thoman offrent cet avantage, que, sans le secours d'aucune formule, elles permettent d'avoir la quantité de chiffres dont on peut avoir besoin, soit pour le logarithme, soit pour le nombre correspondant.

Il est toujours bon d'opérer avec trois ou quatre chiffres de plus que l'on en veut avoir au résultat final.

EXEMPLE. *Quel est l'amortissement ou l'annuité à payer pendant* 120 *semestres pour rembourser* 100 fr. *en payant* $2^f,255$ p. 100 *d'intérêt semestriel?*

Les données sont :

$$n = 120, \quad C \text{ ou } V = 100\,\text{fr.}, \quad t = 0,02255 \quad \text{et} \quad r = 1,02255.$$

Les formules étant pour l'amortissement $s = \dfrac{Vt}{r^n - 1}$, et pour l'annuité $a = \dfrac{Vt}{1 - r^{-n}}$, il s'agit de déterminer les valeurs de r^n et de r^{-n} avec une très-grande approximation. Pour répondre à la question avec certitude, on peut opérer comme il suit, avec les Tables en question :

1°.

```
          r = 1,0 2 2 5 5.0 0 0 0 0,0 0
      ×1,02  =    . . . 0 9 9 0 0 0,0 0 0
     ×1,0²2  =    . . . . . 4 8,0 2 0 0 0
     ×1,0⁴9  =    . . . . . . 7 9 3 4 6 8
     ×1,0⁸4  =  1,0⁸   7 9 3 4 4 9   [1]
                      ¹3 4 3 0 9 2 6
                         1 4 7 6 6
                             2 1 3
                      3 4 4 5.9 1     [3]
                    1 7 3 7 1 8 1     [4]
                  3.9 0 8 8 2 6 2
                  8 6 9 4 5 8 7 1 3
                8 7 7 3 9 2 4 3 0 8
  log r = 0,0 0 9 6 8.4 5 5 3 0.5 5 0
```

PREUVE.

```
  log r = 0,0 0 9 6 8.4 5 5 3 0.5 5 0
  -log 1,02  =   . . 1 0 8 4 3 8 1 2 9 3 1   [5]
  -log 1,0²2 =   . . . 2 1 6 6 5 9 7 6 1 9
  -log 1,0⁸4 =   . . . . 4 2 9 7 6 7 0 3 4
  -log 1,0⁴9 =   . . . . . 3 8 9 1 9 5 8 8
  -log 1,0⁸8 =   0,0⁸   4 1 7 6 1 6 8        [6]
                      ¹9 4 4 0 5 9 8 9
                        1 7 4 9 9 6 5
                             3 6 8 4
                               1 8 4
  1,0 0 0 0 0.0 9,6,1 5.9 8 2            [7]
       2 4 9 8        6 0 5 9
          2,4 1 2 4
            9 0 0 1 9,9 7 4
            5 0 0 0 0 0 0,1 4
  r = 1,0 2 2 5 5.0 0 0 0 0.1 4
```

2°.

```
  log r  = 0,0 0 9 6 8.4 5 5 3 0.5 4
      × 120         1 9 3 6 9 1 0 6 1 0 8
  log rⁿ = 1,1 6 2 1 4.6 3 6 6 4.8
  -log 14   =   . 1 6 0 1 8 3 3 0 8 0      [8]
  -log 1,03 =   . . 3 1 8 1 1 0 6 0 9      [8]
  -log 1,0⁷7 =  . . . 1 5 1 6 3 5 5        [4]
  -log 1,0⁸3 =  . . . . 2 1 3 6 6 7 3
  -log 1,0⁸4 =  . . . . . 3 9 9 5 3 0
  -log 1,0⁸9 =  0,0⁷     8 6 6 7           [6]
                     ¹1 9 8 0 2 2
                        1 5 4 3
  1,0 0 0 0 0,0 1,9 9 5 7               [6]
       3 7 3 4 9          9 4
             2 1,4 7 0
           5 1 6 5 9,2 0
           5 7 2 2 0 8 9,8
  rⁿ = 14,5 2 6 0 1.0 9 2 5 7.2
```

PREUVE.

```
  2.7 5 2 9 0.1 0 6 2 5,4 1  ←
  0,6 8 8 4.2 0 2 4 4 9.7 6
  2 7 5 3 6 8 0 9 7 9 9 0
  3 4 4 2 1 0 1 2 2 4 9
  1 3 7 6 8 4 0 4 9 0
  4 1 3 0 5 2 1 4 7
      6 8 8 4 2 0
      6 1 9 5 8
        1 3 7 7
          3 4 4
            4 8
             1
  rⁿ × r⁻ⁿ = 1,0 0 0 0 0.0 0 0 0 0.0 0
```

3°.

```
  log rⁿ  = 1,1 6 2 1 4.6 3 6 6 4.8
  log r⁻ⁿ = 8,8 3 7 8 5.3 6 3 3 5.2
  -log 0,068 =  . . 5 3 4 4 7 2 0 8 1   [10]
  -log 1,01  =  . . 1 0 2 3 3 4 7 0 3   [8]
  -log 1,0²2 =  . . . 1 5 5 6 2 5 5 0
  -log 1,0⁸3 =  . . . . 2 5 3 5 6 6 9
  -log 1,0⁴5 =  . . . . . 3 6 4 2 5 1
  -log 1,0⁸8 =  0,0⁸     1 6 8 1 7      [6]
                    ¹3 6 8 4 1 4
                      1 8 6 5 1
                          1 6 1
  1,0 0 0 0 0,0,3,8 7 2.3
     1 2 3 5 8          6 5
            4 0,5 1 7
          9 1 2 1,9 8
          8 2 7 1 3 2,0,0 0
          8 0 9.9 0 6 1 7.0 5 6
          6 0 7 4 2 9 6 2 7 9 2 0
  r⁻ⁿ = 0,0 6 8 8 4.2 0 2 4 4.9 7 6
```

Ces deux valeurs étant déterminées donnent pour l'amortissement :

$$0,16671.58197.93 = \frac{Vt}{r^n - 1} = s,$$

et pour l'annuité :

$$2,42171.58197.92 = \frac{Vt}{1 - r^{-n}} = a,$$

avec lesquels on a dressé le tableau II (pages 151, 152 et 153).

---

[1] $= 1 + \theta$. [2] III, p. 46, $= \theta k$. [3] $= \log(1 + \theta)$. [4] II, p. 44, $= C' \log\left(1 - \dfrac{a}{10^n}\right)$. [5] IV, p. 48, $= \log\left(1 + \dfrac{a}{10^n}\right)$

[6] $= \theta = \log\left(1 + \dfrac{\theta}{k}\right)$. [7] III, p. 47, $= \dfrac{\theta}{k}$. [8] $= 1 + \dfrac{\theta}{k}$. [9] V, p. 50, $= \log a$. [10] V, p. 51, $= \log a$.

TABLE VI.

(Page 138.)

TEMPS NÉCESSAIRE POUR DOUBLER, TRIPLER, QUINTUPLER UN CAPITAL.

TABLE VII.

(Page 139.)

CENT TERMES DE LA PROGRESSION GÉOMÉTRIQUE DONT LE PREMIER TERME EST 1 ET LA RAISON 2.

TABLE VIII.

(Page 140.)

PLACEMENTS VIAGERS BASÉS SUR LA VIE PROBABLE.

TABLE IX.

(Page 141.)

PARTIES DÉCIMALES DE L'ANNÉE DIVISÉE EN 360 JOURS.

TABLE X.

(Page 142.)

PARTIES DÉCIMALES DE L'ANNÉE DIVISÉE EN 365 JOURS.

TABLE XI.

(Page 143.)

DONNANT LE NOMBRE DE JOURS QU'IL Y A DEPUIS UN JOUR DU MOIS JUSQU'AU MÊME JOUR DANS UN AUTRE MOIS, ET, PAR SUITE, LE NOMBRE DE JOURS D'UNE DATE A UNE AUTRE.

TABLE XII.

(Pages 144 et 145.)

TAUX DE L'ARGENT LORSQUE LES DIFFÉRENTES NATURES DE RENTES INDIQUÉES EN TÊTE SONT AUX COURS DONNÉS DANS LA TABLE.

TABLE XIII.

(Pages 146 et 147.)

VALEUR ACQUISE SUR UNE RENTE 3, 4, 4 $\frac{1}{2}$, ET 5 P. 100 ACHETÉE DANS LE COURS D'UN TRIMESTRE.

TABLE XIV.

(Page 148.)

POUR CONVERTIR LES FRACTIONS DÉCIMALES EN FRACTIONS ORDINAIRES, ET RÉCIPROQUEMENT.

TABLE VI.

$$n = \frac{\log k}{\log b}.$$

TABLE INDIQUANT APRÈS QUEL TEMPS UNE SOMME
est doublée, triplée, quadruplée et quintuplée, lorsqu'elle est placée,
à intérêts composés, à un des taux de la première colonne.

TAUX de l'intérêt.	TEMPS NÉCESSAIRE pour qu'une somme soit — DOUBLÉE.			TRIPLÉE.			QUINTUPLÉE.		
	Ans.	Mois.	Jours.	Ans.	Mois.	Jours.	Ans.	Mois.	Jours.
1	69	7	28	110	4	27	161	8	29
1 1/8	61	11	15	98	2	13	143	10	11
1 1/6	59	9	3	94	8	18	138	9	2
1 1/4	55	9	17	88	5	7	129	6	21
1 1/3	52	3	29	82	11	10	121	6	4
1 3/8	50	9	2	80	5	11	117	10	7
1 1/2	46	6	20	73	9	14	108	1	5
1 5/8	43	0	0	68	1	26	99	10	4
1 2/3	41	11	6	66	5	17	97	4	13
1 3/4	39	11	13	63	3	27	92	9	7
1 5/6	38	1	25	62	5	20	88	7	2
1 7/8	37	3	23	59	1	20	86	7	20
2	35	0	1	55	5	22	81	3	9
2 1/8	32	11	17	52	2	29	76	6	14
2 1/6	32	4	1	51	3	1	75	1	0
2 1/4	31	1	25	49	4	15	72	4	0
2 1/3	30	0	19	47	7	17	69	9	10
2 3/8	29	6	11	46	9	20	68	6	24
2 1/2	28	0	26	44	5	27	65	2	4
2 5/8	26	9	0	42	4	24	62	1	11
2 2/3	26	4	2	41	8	28	61	1	26
2 3/4	25	6	18	40	5	29	59	3	27
2 5/6	24	9	21	39	3	26	57	7	8
2 7/8	24	5	14	38	9	3	56	9	11
3	23	5	12	37	2	0	54	5	12
3 1/8	22	6	10	35	8	13	52	3	19
3 1/6	22	2	24	35	2	26	51	7	15
3 1/4	21	8	2	34	4	6	50	3	26
3 1/3	21	1	20	33	6	2	49	1	0
3 3/8	20	10	18	33	1	5	48	5	25
3 1/2	20	1	24	31	11	7	46	9	12
3 5/8	19	5	18	30	10	7	45	2	11
3 2/3	19	2	29	30	6	3	44	8	10
3 3/4	18	9	28	29	10	3	43	8	19
3 5/6	18	5	4	29	2	14	42	9	13
3 7/8	18	2	24	28	10	23	42	4	0
4	17	8	2	28	0	4	41	0	13
4 1/8	17	1	23	27	2	4	39	9	24
4 1/6	16	11	23	26	10	28	39	5	3
4 1/4	16	7	25	26	4	22	38	8	1
4 1/3	16	4	2	25	10	23	37	11	8
4 3/8	16	2	7	25	7	26	37	7	1
4 1/2	15	8	29	24	11	15	36	6	23
4 5/8	15	3	29	24	3	18	35	7	5
4 2/3	15	2	11	24	1	1	35	3	13

TAUX de l'intérêt.	TEMPS NÉCESSAIRE pour qu'une somme soit — DOUBLÉE.			TRIPLÉE.			QUINTUPLÉE.		
	Ans.	Mois.	Jours.	Ans.	Mois.	Jours.	Ans.	Mois.	Jours.
4 3/4	14	11	7	23	8	3	34	8	5
4 5/6	14	8	7	23	3	9	34	1	5
4 7/8	14	6	22	23	0	29	33	9	22
5	14	2	14	22	6	6	32	11	25
5 1/8	13	10	13	21	11	23	32	2	13
5 1/6	13	9	3	21	9	21	31	11	11
5 1/4	13	6	17	21	5	19	31	5	13
5 1/3	13	4	2	21	1	22	30	11	21
5 3/8	13	2	26	20	11	24	30	8	27
5 1/2	12	11	11	20	6	7	30	0	22
5 5/8	12	8	0	20	0	27	29	4	27
5 2/3	12	6	27	19	11	5	29	2	11
5 3/4	12	4	23	19	7	24	28	9	14
5 5/6	12	2	21	19	4	16	28	4	19
5 7/8	12	1	21	19	2	28	28	2	9
6	11	10	22	18	10	7	27	7	13
6 1/4	11	5	6	18	1	14	26	6	17
6 1/3	11	3	13	17	10	20	26	2	15
6 1/2	11	0	2	17	5	10	25	6	20
6 2/3	10	8	26	17	0	8	24	11	8
6 3/4	10	7	10	16	9	25	24	7	20
7	10	2	28	16	2	26	23	9	14
7 1/4	9	10	25	15	8	11	22	11	28
7 1/3	9	9	16	15	6	9	22	8	27
7 1/2	9	7	0	15	2	9	22	3	2
7 2/3	9	4	18	14	10	14	21	9	13
7 3/4	9	3	13	14	8	19	21	6	22
8	9	0	2	14	3	9	20	10	28
8 1/4	8	8	28	13	10	9	20	3	19
8 1/3	8	7	28	13	8	21	20	1	9
8 1/2	8	5	29	13	5	18	19	8	22
8 2/3	8	4	2	13	2	18	19	4	11
8 3/4	8	3	5	13	1	5	19	2	7
9	8	0	16	12	8	29	18	8	3
9 1/4	7	10	1	12	5	1	18	2	9
9 1/3	7	9	6	12	3	22	18	0	13
9 1/2	7	7	20	12	1	8	17	8	24
9 2/3	7	6	4	11	10	26	17	5	9
9 3/4	7	5	12	11	9	21	17	3	18
10	7	3	8	11	6	10	16	10	19

On obtiendra le temps après lequel une somme est quadruplée, en doublant le temps après lequel elle est doublée. Il n'en est pas de même des autres multiples.

CENT TERMES DE LA PROGRESSION GÉOMÉTRIQUE DONT LE PREMIER TERME EST L'UNITÉ ET DONT LA RAISON EST DEUX.

1	0	2251.799813.685248	51
2	1	4503.599627.370496	52
4	2	9007.199254.740992	53
8	3	18014.398509.481984	54
16	4	36028.797018.963968	55
32	5	72057.594037.927936	56
64	6	144115.188075.855872	57
128	7	288230.376151.711744	58
256	8	576460.752303.423488	59
512	9	1.152921.504606.846976	60
1024	10	2.305843.009213.693952	61
2048	11	4.611686.018427.387904	62
4096	12	9.223372.036854.775808	63
8192	13	18.446744.073709.551616	64
16384	14	36.893488.147419.103232	65
32768	15	73.786976.294838.206464	66
65536	16	147.573952.589676.412928	67
131072	17	295.147905.179352.825856	68
262144	18	590.295810.358705.651712	69
524288	19	1180.591620.717411.303424	70
1.048576	20	2361.183241.434822.606848	71
2.097152	21	4722.366482.869645.213696	72
4.194304	22	9444.732965.739290.427392	73
8.388608	23	18889.465931.478580.854784	74
16.777216	24	37778.931862.957161.709568	75
33.554432	25	75557.863725.914323.419136	76
67.108864	26	151115.727451.828646.838272	77
134.217728	27	302231.454903.657293.676544	78
268.435456	28	604462.909807.314587.353088	79
536.870912	29	1.208925.819614.629174.706176	80
1073.741824	30	2.417851.639229.258349.412352	81
2147.483648	31	4.835703.278458.516698.824704	82
4294.967296	32	9.671406.556917.033397.649408	83
8589.934592	33	19.342813.113834.066795.298816	84
17179.869184	34	38.685626.227668.133590.597632	85
34359.738368	35	77.371252.455336.267181.195264	86
68719.476736	36	154.742504.910672.534362.390528	87
137438.953472	37	309.485009.821345.068724.781056	88
274877.906944	38	618.970019.642690.137449.562112	89
549755.813888	39	1237.940039.285380.274899.124224	90
1.099511.627776	40	2475.880078.570760.549798.248448	91
2.199023.255552	41	4951.760157.141521.099596.496896	92
4.398046.511104	42	9903.520314.283042.199192.993792	93
8.796093.022208	43	19807.040628.566084.398385.987584	94
17.592186.044416	44	39614.081257.132168.796771.975168	95
35.184372.088832	45	79228.162514.264337.593543.950336	96
70.368744.177664	46	158456.325028.528675.187087.900672	97
140.737488.355328	47	316912.650057.057350.374175.801344	98
281.474976.710656	48	633825.300114.114700.748351.602688	99
562.949953.421312	49	1.267650.600228.229401.496703.205376	100
1125.899906.842624	50		

SOMME TOTALE.... 2.535301.200456.458802.993406.410751

TABLE VIII.

PLACEMENTS VIAGERS.

AGE.	VIE probable	TAUX POUR 100 que l'on doit payer au rentier viager, pour qu'il y ait amortissement, lorsque l'argent vaut :				AGE.	VIE probable	TAUX POUR 100 que l'on doit payer au rentier viager, pour qu'il y ait amortissement, lorsque l'argent vaut :			
		3	4	5	6			3	4	5	6
1	37	4,51	5,22	5,98	6,79	51	16	-,96	8,58	9,23	9,90
2	43	4,17	4,91	5,70	6,53	52	»				
3	45	4,08	4,83	5,63	6,47	53	15	8,38	8,99	9,63	10,30
4	46	4,04	4,79	5,59	6,44	54	14	8,85	9,47	10,10	10,76
5	»					55	»				
6	45	4,08	4,83	5,63	6,47	56	13	9,40	10,01	10,65	11,30
7	»					57	»				
8	44	4,12	4,87	5,66	6,50	58	12	10,05	10,66	11,28	11,93
9	»					59	»				
10	43	4,17	4,91	5,70	6,53	60	11	10,81	11,41	12,04	12,68
11	42	4,22	4,95	5,74	6,57	61	»				
12	41	4,27	5,00	5,78	6,61	62	10	11,72	12,33	12,95	13,59
13	»					63	»				
14	40	4,33	5,05	5,83	6,65	64	9	12,84	13,45	14,07	14,70
15	39	4,38	5,11	5,88	6,69	65	»				
16	38	4,45	5,16	5,93	6,74	66	8	14,25	14,85	15,47	16,10
17	»					67	»				
18	37	4,51	5,22	5,98	6,79	68	7	16,05	16,66	17,28	17,91
19	36	4,58	5,29	6,04	6,84	69	»				
20	»					70	»				
21	35	4,65	5,36	6,11	6,90	71	6	18,46	19,08	19,70	20,34
22	34	4,73	5,43	6,18	6,96	72	»				
23	»					73	5	21,84	22,46	23,10	23,74
24	33	4,82	5,51	6,25	7,03	74	»				
25	»					75	»				
26	32	4,90	5,59	6,33	7,10	76	»				
27	31	5,00	5,69	6,41	7,18	77	4	26,90	27,55	28,20	28,86
28	»					78	»				
29	30	5,10	5,78	6,51	7,26	79	»				
30	29	5,21	5,89	6,60	7,36	80	3	35,35	36,03	36,72	37,41
31	»					81	»				
32	28	5,33	6,00	6,71	7,46	82	»				
33	»					83	»				
34	27	5,46	6,12	6,83	7,57	84	»				
35	26	5,59	6,26	6,96	7,69	85	»				
36	»					86	»				
37	25	5,74	6,40	7,10	7,82	87	»				
38	24	5,90	6,56	7,25	7,97	88	»				
39	»					89	»				
40	23	6,08	6,73	7,41	8,13	90	»				
41	22	6,27	6,92	7,60	8,30	91	»				
42	»					92	»				
43	21	6,49	7,13	7,80	8,50	93	»				
44	»					94	2	52,26	53,02	53,78	54,54
45	20	6,72	7,36	8,02	8,72	95	»				
46	19	6,98	7,61	8,27	8,96	96	»				
47	»					97	»				
48	18	7,27	7,90	8,55	9,24	98	»				
49	17	7,60	8,22	8,87	9,54	99	»				
50	»					100	»				

PARTIES DÉCIMALES DE L'ANNÉE DIVISÉE EN 360 JOURS.

$$\frac{n}{360}.$$

JOURS.	PARTIES DÉCIMALES.	JOURS.	PARTIES DÉCIMALES.	JOURS.	PARTIES DÉCIMALES.	JOURS.	PARTIES DÉCIMALES.	JOURS.	PARTIES DÉCIMALES.	JOURS.	PARTIES DÉCIMALES.	JOURS.	PARTIES DÉCIMALES.	JOURS.	PARTIES DÉCIMALES.
1	0,00278	51	0,14167	101	0,28056	151	0,41944	201	0,55833	251	0,69722	301	0,83611	351	0,97500
2	0,00556	52	0,14444	102	0,28333	152	0,42222	202	0,56111	252	0,70000	302	0,83889	352	0,97778
3	0,00833	53	0,14722	103	0,28611	153	0,42500	203	0,56389	253	0,70278	303	0,84167	353	0,98056
4	0,01111	54	0,15000	104	0,28889	154	0,42778	204	0,56667	254	0,70556	304	0,84444	354	0,98333
5	0,01389	55	0,15278	105	0,29167	155	0,43056	205	0,56944	255	0,70833	305	0,84722	355	0,98611
6	0,01667	56	0,15556	106	0,29444	156	0,43333	206	0,57222	256	0,71111	306	0,85000	356	0,98889
7	0,01944	57	0,15833	107	0,29722	157	0,43611	207	0,57500	257	0,71389	307	0,85278	357	0,99167
8	0,02222	58	0,16111	108	0,30000	158	0,43889	208	0,57778	258	0,71667	308	0,85556	358	0,99444
9	0,02500	59	0,16389	109	0,30278	159	0,44167	209	0,58056	259	0,71944	309	0,85833	359	0,99722
10	0,02778	60	0,16667	110	0,30556	160	0,44444	210	0,58333	260	0,72222	310	0,86111	360	1,00000
11	0,03056	61	0,16944	111	0,30833	161	0,44722	211	0,58611	261	0,72500	311	0,86389		
12	0,03333	62	0,17222	112	0,31111	162	0,45000	212	0,58889	262	0,72778	312	0,86667		
13	0,03611	63	0,17500	113	0,31389	163	0,45278	213	0,59167	263	0,73056	313	0,86944		
14	0,03889	64	0,17778	114	0,31667	164	0,45556	214	0,59444	264	0,73333	314	0,87222		
15	0,04167	65	0,18056	115	0,31944	165	0,45833	215	0,59722	265	0,73611	315	0,87500		
16	0,04444	66	0,18333	116	0,32222	166	0,46111	216	0,60000	266	0,73889	316	0,87778		
17	0,04722	67	0,18611	117	0,32500	167	0,46389	217	0,60278	267	0,74167	317	0,88056		
18	0,05000	68	0,18889	118	0,32778	168	0,46667	218	0,60556	268	0,74444	318	0,88333		
19	0,05278	69	0,19167	119	0,33056	169	0,46944	219	0,60833	269	0,74722	319	0,88611		
20	0,05556	70	0,19444	120	0,33333	170	0,47222	220	0,61111	270	0,75000	320	0,88889		
21	0,05833	71	0,19722	121	0,33611	171	0,47500	221	0,61389	271	0,75278	321	0,89167		
22	0,06111	72	0,20000	122	0,33889	172	0,47778	222	0,61667	272	0,75556	322	0,89444		
23	0,06389	73	0,20278	123	0,34167	173	0,48056	223	0,61944	273	0,75833	323	0,89722		
24	0,06667	74	0,20556	124	0,34444	174	0,48333	224	0,62222	274	0,76111	324	0,90000		
25	0,06944	75	0,20833	125	0,34722	175	0,48611	225	0,62500	275	0,76389	325	0,90278		
26	0,07222	76	0,21111	126	0,35000	176	0,48889	226	0,62778	276	0,76667	326	0,90556		
27	0,07500	77	0,21389	127	0,35278	177	0,49167	227	0,63056	277	0,76944	327	0,90833		
28	0,07778	78	0,21667	128	0,35556	178	0,49444	228	0,63333	278	0,77222	328	0,91111		
29	0,08056	79	0,21944	129	0,35833	179	0,49722	229	0,63611	279	0,77500	329	0,91389		
30	0,08333	80	0,22222	130	0,36111	180	0,50000	230	0,63889	280	0,77778	330	0,91667		
31	0,08611	81	0,22500	131	0,36389	181	0,50278	231	0,64167	281	0,78056	331	0,91944		
32	0,08889	82	0,22778	132	0,36667	182	0,50556	232	0,64444	282	0,78333	332	0,92222		
33	0,09167	83	0,23056	133	0,36944	183	0,50833	233	0,64722	283	0,78611	333	0,92500		
34	0,09444	84	0,23333	134	0,37222	184	0,51111	234	0,65000	284	0,78889	334	0,92778		
35	0,09722	85	0,23611	135	0,37500	185	0,51389	235	0,65278	285	0,79167	335	0,93056		
36	0,10000	86	0,23889	136	0,37778	186	0,51667	236	0,65556	286	0,79444	336	0,93333		
37	0,10278	87	0,24167	137	0,38056	187	0,51944	237	0,65833	287	0,79722	337	0,93611		
38	0,10556	88	0,24444	138	0,38333	188	0,52222	238	0,66111	288	0,80000	338	0,93889		
39	0,10833	89	0,24722	139	0,38611	189	0,52500	239	0,66389	289	0,80278	339	0,94167		
40	0,11111	90	0,25000	140	0,38889	190	0,52778	240	0,66667	290	0,80556	340	0,94444		
41	0,11389	91	0,25278	141	0,39167	191	0,53056	241	0,66944	291	0,80833	341	0,94722		
42	0,11667	92	0,25556	142	0,39444	192	0,53333	242	0,67222	292	0,81111	342	0,95000		
43	0,11944	93	0,25833	143	0,39722	193	0,53611	243	0,67500	293	0,81389	343	0,95278		
44	0,12222	94	0,26111	144	0,40000	194	0,53889	244	0,67778	294	0,81667	344	0,95556		
45	0,12500	95	0,26389	145	0,40278	195	0,54167	245	0,68056	295	0,81944	345	0,95833		
46	0,12778	96	0,26667	146	0,40556	196	0,54444	246	0,68333	296	0,82222	346	0,96111		
47	0,13056	97	0,26944	147	0,40833	197	0,54722	247	0,68611	297	0,82500	347	0,96389		
48	0,13333	98	0,27222	148	0,41111	198	0,55000	248	0,68889	298	0,82778	348	0,96667		
49	0,13611	99	0,27500	149	0,41389	199	0,55278	249	0,69167	299	0,83056	349	0,96944		
50	0,13889	100	0,27778	150	0,41667	200	0,55556	250	0,69444	300	0,83333	350	0,97222		

Si l'on a besoin de plus de 5 décimales, on n'a qu'à répéter la quatrième autant de fois que l'on voudra de chiffres de plus.

Pour les mois.

MOIS.	JOURS.	PARTIES DE L'ANNÉE.
1	30	0,08333
2	60	0,16667
3	90	0,25000
4	120	0,33333
5	150	0,41667
6	180	0,50000
7	210	0,58333
8	240	0,66667
9	270	0,75000
10	300	0,83333
11	330	0,91667

TABLE X.

$\dfrac{n}{365}.$ PARTIES DÉCIMALES DE L'ANNÉE DIVISÉE EN 365 JOURS.

JOURS.	PARTIES DÉCIMALES.	JOURS.	PARTIES DÉCIMALES.	JOURS.	PARTIES DÉCIMALES.	JOURS.	PARTIES DÉCIMALES.	JOURS.	PARTIES DÉCIMALES.	JOURS.	PARTIES DÉCIMALES.	JOURS.	PARTIES DÉCIMALES.	JOURS.	PARTIES DÉCIMALES.
1	0,00274	51	0,13973	101	0,27671	151	0,41370	201	0,55068	251	0,68767	301	0,82466	351	0,96164
2	0,00548	52	0,14247	102	0,27945	152	0,41644	202	0,55342	252	0,69041	302	0,82740	352	0,96438
3	0,00822	53	0,14521	103	0,28219	153	0,41918	203	0,55616	253	0,69315	303	0,83014	353	0,96712
4	0,01096	54	0,14795	104	0,28493	154	0,42192	204	0,55890	254	0,69589	304	0,83288	354	0,96968
5	0,01370	55	0,15068	105	0,28767	155	0,42466	205	0,56164	255	0,69863	305	0,83562	355	0,97260
6	0,01644	56	0,15342	106	0,29041	156	0,42740	206	0,56438	256	0,70137	306	0,83836	356	0,97534
7	0,01918	57	0,15616	107	0,29315	157	0,43014	207	0,56712	257	0,70411	307	0,84110	357	0,97808
8	0,02192	58	0,15890	108	0,29589	158	0,43288	208	0,56986	258	0,70685	308	0,84384	358	0,98082
9	0,02466	59	0,16164	109	0,29863	159	0,43562	209	0,57260	259	0,70959	309	0,84658	359	0,98356
10	0,02740	60	0,16438	110	0,30137	160	0,43836	210	0,57534	260	0,71233	310	0,84932	360	0,98630
11	0,03014	61	0,16712	111	0,30411	161	0,44110	211	0,57808	261	0,71507	311	0,85205	361	0,98904
12	0,03288	62	0,16986	112	0,30685	162	0,44384	212	0,58082	262	0,71781	312	0,85479	362	0,99178
13	0,03562	63	0,17260	113	0,30959	163	0,44658	213	0,58356	263	0,72055	313	0,85753	363	0,99452
14	0,03836	64	0,17534	114	0,31233	164	0,44932	214	0,58630	264	0,72329	314	0,86027	364	0,99726
15	0,04110	65	0,17808	115	0,31507	165	0,45205	215	0,58904	265	0,72603	315	0,86301	365	1,00000
16	0,04384	66	0,18082	116	0,31781	166	0,45479	216	0,59178	266	0,72877	316	0,86575		
17	0,04658	67	0,18356	117	0,32055	167	0,45753	217	0,59452	267	0,73151	317	0,86849		
18	0,04932	68	0,18630	118	0,32329	168	0,46027	218	0,59726	268	0,73425	318	0,87123		
19	0,05205	69	0,18904	119	0,32603	169	0,46301	219	0,60000	269	0,73699	319	0,87397		
20	0,05479	70	0,19178	120	0,32877	170	0,46575	220	0,60274	270	0,73973	320	0,87671		
21	0,05753	71	0,19452	121	0,33151	171	0,46849	221	0,60548	271	0,74247	321	0,87945		
22	0,06027	72	0,19726	122	0,33425	172	0,47123	222	0,60822	272	0,74521	322	0,88219		
23	0,06301	73	0,20000	123	0,33699	173	0,47397	223	0,61096	273	0,74795	323	0,88493		
24	0,06575	74	0,20274	124	0,33973	174	0,47671	224	0,61370	274	0,75068	324	0,88767		
25	0,06849	75	0,20548	125	0,34247	175	0,47945	225	0,61644	275	0,75342	325	0,89041		
26	0,07123	76	0,20822	126	0,34521	176	0,48219	226	0,61918	276	0,75616	326	0,89315		
27	0,07397	77	0,21096	127	0,34795	177	0,48493	227	0,62192	277	0,75890	327	0,89589		
28	0,07671	78	0,21370	128	0,35068	178	0,48767	228	0,62466	278	0,76164	328	0,89863		
29	0,07945	79	0,21644	129	0,35342	179	0,49041	229	0,62740	279	0,76438	329	0,90137		
30	0,08219	80	0,21918	130	0,35616	180	0,49315	230	0,63014	280	0,76712	330	0,90411		
31	0,08493	81	0,22192	131	0,35890	181	0,49589	231	0,63288	281	0,76986	331	0,90685		
32	0,08767	82	0,22466	132	0,36164	182	0,49863	232	0,63562	282	0,77260	332	0,90959		
33	0,09041	83	0,22740	133	0,36438	183	0,50137	233	0,63836	283	0,77534	333	0,91233		
34	0,09315	84	0,23014	134	0,36712	184	0,50411	234	0,64110	284	0,77808	334	0,91507		
35	0,09589	85	0,23288	135	0,36986	185	0,50685	235	0,64384	285	0,78082	335	0,91781		
36	0,09863	86	0,23562	136	0,37260	186	0,50959	236	0,64658	286	0,78356	336	0,92055		
37	0,10137	87	0,23836	137	0,37534	187	0,51233	237	0,64932	287	0,78630	337	0,92329		
38	0,10411	88	0,24110	138	0,37808	188	0,51507	238	0,65205	288	0,78904	338	0,92603		
39	0,10685	89	0,24384	139	0,38082	189	0,51781	239	0,65479	289	0,79178	339	0,92877		
40	0,10959	90	0,24658	140	0,38356	190	0,52055	240	0,65753	290	0,79452	340	0,93151		
41	0,11233	91	0,24932	141	0,38630	191	0,52329	241	0,66027	291	0,79726	341	0,93425		
42	0,11507	92	0,25205	142	0,38904	192	0,52603	242	0,66301	292	0,80000	342	0,93699		
43	0,11781	93	0,25479	143	0,39178	193	0,52877	243	0,66575	293	0,80274	343	0,93973		
44	0,12055	94	0,25753	144	0,39452	194	0,53151	244	0,66849	294	0,80548	344	0,94247		
45	0,12329	95	0,26027	145	0,39726	195	0,53425	245	0,67123	295	0,80822	345	0,94521		
46	0,12603	96	0,26301	146	0,40000	196	0,53699	246	0,67397	296	0,81096	346	0,94795		
47	0,12877	97	0,26575	147	0,40274	197	0,53973	247	0,67671	297	0,81370	347	0,95068		
48	0,13151	98	0,26849	148	0,40548	198	0,54247	248	0,67945	298	0,81644	348	0,95342		
49	0,13425	99	0,27123	149	0,40822	199	0,54521	249	0,68219	299	0,81918	349	0,95616		
50	0,13699	100	0,27397	150	0,41096	200	0,54795	250	0,68493	300	0,82192	350	0,95890		

DONNANT LE NOMBRE DE JOURS QU'IL Y A DEPUIS UN JOUR DU MOIS JUSQU'AU MÊME JOUR DANS UN AUTRE MOIS,

et par suite le nombre de jours d'une date à une autre date.

DE	JANVIER.	FÉVRIER.	MARS.	AVRIL.	MAI.	JUIN.
	Février... 31	Mars...... 28	Avril..... 31	Mai....... 30	Juin...... 31	Juillet.... 30
	Mars...... 59	Avril..... 59	Mai....... 61	Juin...... 61	Juillet.... 61	Août..... 61
	Avril..... 90	Mai....... 89	Juin...... 92	Juillet.... 91	Août..... 92	Septembre. 92
	Mai....... 120	Juin...... 120	Juillet.... 122	Août..... 122	Septembre. 123	Octobre... 122
	Juin...... 151	Juillet.... 150	Août...... 153	Septembre. 153	Octobre... 153	Novembre. 153
à	Juillet.... 181	Août...... 181	Septembre. 184	Octobre... 183	Novembre. 184	Décembre. 183
	Août...... 212	Septembre. 212	Octobre... 214	Novembre. 214	Décembre. 214	Janvier... 214
	Septembre. 243	Octobre... 242	Novembre. 245	Décembre. 244	Janvier... 245	Février... 245
	Octobre... 273	Novembre. 273	Décembre. 275	Janvier... 275	Février... 276	Mars..... 273
	Novembre. 304	Décembre. 303	Janvier... 306	Février... 306	Mars..... 304	Avril..... 304
	Décembre. 334	Janvier... 334	Février... 337	Mars..... 334	Avril..... 335	Mai....... 334
	Janvier... 365	Février... 365	Mars..... 365	Avril..... 365	Mai....... 365	Juin...... 365

DE	JUILLET.	AOUT.	SEPTEMBRE.	OCTOBRE.	NOVEMBRE.	DÉCEMBRE.
	Août...... 31	Septembre. 31	Octobre... 30	Novembre. 31	Décembre. 30	Janvier... 31
	Septembre. 62	Octobre... 61	Novembre. 61	Décembre. 61	Janvier... 61	Février... 62
	Octobre... 92	Novembre. 92	Décembre. 91	Janvier... 92	Février... 92	Mars...... 90
	Novembre. 123	Décembre. 122	Janvier... 122	Février... 123	Mars..... 120	Avril..... 121
	Décembre. 153	Janvier... 153	Février... 153	Mars...... 151	Avril..... 151	Mai....... 151
à	Janvier... 184	Février... 184	Mars...... 181	Avril..... 182	Mai....... 181	Juin...... 182
	Février... 215	Mars...... 212	Avril..... 212	Mai....... 212	Juin...... 212	Juillet.... 212
	Mars..... 243	Avril..... 243	Mai....... 242	Juin...... 243	Juillet.... 242	Août...... 243
	Avril..... 274	Mai....... 273	Juin...... 273	Juillet.... 273	Août...... 273	Septembre. 274
	Mai....... 304	Juin...... 304	Juillet.... 303	Août...... 304	Septembre. 304	Octobre... 304
	Juin...... 335	Juillet.... 334	Août...... 334	Septembre. 335	Octobre... 334	Novembre. 335
	Juillet.... 365	Août...... 365	Septembre. 365	Octobre... 365	Novembre. 365	Décembre. 365

Cette Table indique le nombre de jours qu'il y a d'un jour dans un mois au même jour dans un autre mois, c'est-à-dire des 1er, 5, 10, etc., d'un mois aux 1er, 5, 10, etc., d'un autre mois. Par exemple, pour avoir le nombre de jours depuis le 5 mai jusqu'au 5 novembre, dans la colonne de mai, je descends jusqu'à novembre et j'ai 184 jours pour le nombre demandé.

Mais si la question était du 5 mai au 10 novembre, comme le 10 tombe cinq jours après le 5, j'ajouterais cinq jours à 184, et j'aurais 189. Si, au contraire, on demandait du 5 mai au 2 novembre, comme le 2 tombe 3 jours avant le 5, je retrancherais 3 de 184, et j'aurais 181.

TABLE XII.

<table>
<tr><td>$\dfrac{100 \times \text{nature de la rente}}{\text{cours}}$</td><td colspan="9">TAUX DE L'ARGENT LORSQUE LES DIFFÉRENTES NATURES DE RENTES
INDIQUÉES EN TÊTE SONT AUX COURS DONNÉS DANS LA TABLE.</td></tr>
</table>

TAUX de L'ARGENT.	2	2½	3	3½	4	4½	5	5½	6
	fr	fr	fr	fr	fr	fr	fr	fr	fr
10	20 00	25 00	30 00	35 00	40 00	45 00	50 00	55 00	60 00
9¾	20 51	25 64	30 77	35 90	41 03	46 15	51 28	56 41	61 54
9⅔	20 69	25 86	31 03	36 21	41 38	46 55	51 72	56 90	62 07
9½	21 05	26 32	31 58	36 84	42 11	47 37	52 63	57 89	63 16
9⅓	21 43	26 79	32 14	37 50	42 86	48 21	53 57	58 93	64 29
9¼	21 62	27 03	32 43	37 84	43 24	48 65	54 05	59 46	64 86
9	22 22	27 78	33 33	38 89	44 44	50 00	55 56	61 11	66 67
8¾	22 86	28 57	34 29	40 00	45 71	51 43	57 14	62 86	68 57
8⅔	23 08	28 85	34 62	40 38	46 15	51 92	57 69	63 46	69 23
8½	23 53	29 41	35 29	41 18	47 06	52 94	58 82	64 71	70 59
8⅓	24 00	30 00	36 00	42 00	48 00	54 00	60 00	66 00	72 00
8¼	24 24	30 30	36 36	42 42	48 48	54 55	60 61	66 67	72 73
8	25 00	31 25	37 50	43 75	50 00	56 25	62 50	68 75	75 00
7¾	25 81	32 26	38 71	45 16	51 61	58 06	64 52	70 97	77 42
7⅔	26 09	32 61	39 13	45 65	52 17	58 70	65 22	71 74	78 26
7½	26 67	33 33	40 00	46 67	53 33	60 00	66 67	73 33	80 00
7⅓	27 27	34 09	40 91	47 73	54 55	61 37	68 19	75 00	81 82
7¼	27 59	34 48	41 38	48 28	55 17	62 07	68 97	75 86	82 76
7	28 57	35 71	42 86	50 00	57 14	64 29	71 43	78 57	85 71
6¾	29 63	37 04	44 44	51 85	59 26	66 67	74 07	81 48	88 89
6⅔	30 00	37 50	45 00	52 50	60 00	67 50	75 00	82 50	90 00
6½	30 77	38 46	46 15	53 85	61 54	69 23	76 92	84 62	92 31
6⅓	31 58	39 47	47 37	55 26	63 16	71 05	78 95	86 84	94 74
6¼	32 00	40 00	48 00	56 00	64 00	72 00	80 00	88 00	96 00
6	33 33	41 67	50 00	58 33	66 67	75 00	83 33	91 67	100 00
5⅞	34 04	42 55	51 06	59 57	68 08	76 60	85 11	93 62	102 13
5⅚	34 29	42 86	51 43	60 00	68 57	77 14	85 71	94 29	102 86
5¾	34 78	43 48	52 17	60 87	69 57	78 26	86 96	95 65	104 35
5⅔	35 29	44 12	52 94	61 76	70 59	79 41	88 24	97 06	105 88
5⅝	35 59	44 44	53 33	62 22	71 11	80 00	88 89	97 78	106 67
5½	36 36	45 45	54 55	63 64	72 73	81 82	90 91	100 00	109 09
5⅜	37 21	46 51	55 81	65 12	74 42	83 72	93 02	102 33	111 63
5⅓	37 50	46 88	56 25	65 62	75 00	84 38	93 75	103 13	112 50
5¼	38 09	47 62	57 14	66 67	76 19	85 71	95 24	104 76	114 29
5⅙	38 71	48 39	58 06	67 74	77 42	87 10	96 77	106 45	116 13
5⅛	39 02	48 78	58 54	68 29	78 05	87 80	97 56	107 32	117 07
5	40 00	50 00	60 00	70 00	80 00	90 00	100 00	110 00	120 00
4⅞	41 03	51 28	61 54	71 79	82 05	92 31	102 56	112 82	123 08
4⅚	41 38	51 72	62 07	72 41	82 76	93 10	103 45	113 79	124 14
4¾	42 11	52 63	63 16	73 68	84 21	94 74	105 26	115 79	126 32
4⅔	42 86	53 57	64 29	75 00	85 71	96 43	107 14	117 86	128 57
4⅝	43 24	54 05	64 86	75 68	86 49	97 30	108 11	118 92	129 73
4½	44 44	55 56	66 67	77 78	88 89	100 00	111 11	122 22	133 33
4⅜	45 71	57 14	68 58	80 00	91 43	102 86	114 29	125 71	137 14
4⅓	46 15	57 69	69 23	80 77	92 31	103 85	115 38	126 92	138 46

TABLE XII.

TAUX DE L'ARGENT LORSQUE LES DIFFÉRENTES NATURES DE RENTES INDIQUÉES EN TÊTE SONT AUX COURS DONNÉS DANS LA TABLE. $\dfrac{100 \times \text{nature de la rente}}{\text{cours}}$

TAUX de L'ARGENT.	2	2 1/2	3	3 1/2	4	4 1/2	5	5 1/2	6
	fr	fr	fr	fr	fr	fr	fr	fr	fr
4 1/4	47 06	58 82	70 59	82 35	94 12	105 88	117 65	129 41	141 18
4 1/6	48 00	60 00	72 00	84 00	96 00	108 00	120 00	132 00	144 00
4 1/8	48 48	60 61	72 73	84 85	96 97	109 09	121 21	133 33	145 45
4	50 00	62 50	75 00	87 50	100 00	112 50	125 00	137 50	150 00
3 7/8	51 61	64 52	77 42	90 32	103 23	116 13	129 03	141 94	154 84
3 5/6	52 17	65 22	78 26	91 30	104 35	117 39	130 44	143 48	156 52
3 3/4	53 33	66 67	80 00	93 33	106 67	120 00	133 33	146 67	160 00
3 2/3	54 55	68 18	81 82	95 45	109 09	122 73	136 36	150 00	163 64
3 5/8	55 17	68 96	82 76	96 55	110 34	124 14	137 93	151 72	165 52
3 1/2	57 14	71 43	85 71	100 00	114 29	128 57	142 86	157 14	171 43
3 3/8	59 26	74 07	88 89	103 70	118 52	133 33	148 15	162 96	177 78
3 1/3	60 00	75 00	90 00	105 00	120 00	135 00	150 00	165 00	180 00
3 1/4	61 54	76 92	92 31	107 69	123 08	138 46	153 85	169 23	184 62
3 1/6	63 16	78 95	94 74	110 53	126 32	142 11	157 89	173 68	189 47
3 1/8	64 00	80 00	96 00	112 00	128 00	144 00	160 00	176 00	192 00
3	66 67	83 33	100 00	116 67	133 33	150 00	166 67	183 33	200 00
2 7/8	69 57	86 96	104 35	121 74	139 13	156 52	173 91	191 30	208 70
2 5/6	70 59	88 24	105 88	123 53	141 18	158 82	176 47	194 12	211 76
2 3/4	72 73	90 91	109 09	127 27	145 45	163 64	181 82	200 00	218 18
2 2/3	75 00	93 75	112 50	131 25	150 00	168 75	187 50	206 25	225 00
2 5/8	76 19	95 24	114 29	133 33	152 38	171 43	190 48	209 52	228 57
2 1/2	80 00	100 00	120 00	140 00	160 00	180 00	200 00	220 00	240 00
2 3/8	84 21	105 26	126 32	147 37	168 42	189 47	210 53	231 58	252 63
2 1/3	85 71	107 14	128 57	150 00	171 43	192 86	214 29	235 71	257 14
2 1/4	88 89	111 11	133 33	155 56	177 78	200 00	222 22	244 44	266 67
2 1/6	92 31	115 38	138 46	161 54	184 62	207 69	230 77	253 85	276 92
2 1/8	94 12	117 65	141 18	164 71	188 24	211 76	235 29	258 82	282 35
2	100 00	125 00	150 00	175 00	200 00	225 00	250 00	275 00	300 00
1 7/8	106 67	133 33	160 00	186 67	213 33	240 00	266 67	293 33	320 00
1 5/6	109 09	136 36	163 64	190 91	218 18	245 46	272 73	300 00	327 27
1 3/4	114 29	142 86	171 43	200 00	228 57	257 14	285 71	314 29	342 86
1 2/3	120 00	150 00	180 00	210 00	240 00	270 00	300 00	330 00	360 00
1 5/8	123 08	153 85	184 62	215 38	246 15	276 92	307 69	338 46	369 23
1 1/2	133 33	166 67	200 00	233 33	266 67	300 00	333 33	366 67	400 00
1 3/8	145 45	181 82	218 18	254 55	290 91	327 27	363 64	400 00	436 36
1 1/3	150 00	187 50	225 00	262 50	300 00	337 50	375 00	412 50	450 00
1 1/4	160 00	200 00	240 00	280 00	320 00	360 00	400 00	440 00	480 00
1 1/6	171 43	214 29	257 14	300 00	342 86	385 71	428 57	471 43	514 29
1 1/8	177 78	222 22	266 67	311 11	355 56	400 00	444 44	488 89	533 33
1	200 00	250 00	300 00	350 00	400 00	450 00	500 00	550 00	600 00
3/4	266 67	333 33	400 00	466 67	533 33	600 00	666 67	733 33	800 00
2/3	300 00	375 00	450 00	525 00	600 00	675 00	750 00	825 00	900 00
1/2	400 00	500 00	600 00	700 00	800 00	900 00	1000 00	1100 00	1200 00
1/3	600 00	750 00	900 00	1050 00	1200 00	1350 00	1500 00	1650 00	1800 00
1/4	800 00	1000 00	1200 00	1400 00	1600 00	1800 00	2000 00	2200 00	2400 00

TABLE XIII.

VALEUR ACQUISE SUR UNE RENTE 3, 4, 4 ½, ET 5 POUR 100 ACHETÉE DANS LE COURS D'UN TRIMESTRE.

DATES.	3	4	4½	5
	fr	fr	fr	fr
Janvier 1	0,14	1,29	1,45	0,84
2	0,15	1,30	1,47	0,86
3	0,16	1,31	1,48	0,87
4	0,17	1,33	1,49	0,88
5	0,17	1,34	1,50	0,90
6	0,18	1,35	1,52	0,91
7	0,19	1,36	1,53	0,92
8	0,20	1,37	1,54	0,94
9	0,21	1,38	1,55	0,95
10	0,22	1,39	1,57	0,96
11	0,22	1,40	1,58	0,98
12	0,23	1,41	1,59	0,99
13	0,24	1,43	1,60	1,91
14	0,25	1,44	1,62	1,02
15	0,26	1,45	1,63	1,03
16	0,27	1,46	1,64	1,05
17	0,27	1,47	1,65	1,06
18	0,28	1,48	1,67	1,07
19	0,29	1,49	1,68	1,08
20	0,30	1,50	1,69	1,10
21	0,31	1,51	1,70	1,11
22	0,32	1,52	1,72	1,13
23	0,32	1,54	1,73	1,14
24	0,33	1,55	1,74	1,15
25	0,34	1,56	1,75	1,17
26	0,35	1,57	1,77	1,18
27	0,36	1,58	1,78	1,20
28	0,37	1,59	1,79	1,21
29	0,37	1,60	1,80	1,22
30	0,38	1,61	1,81	1,24
31	0,39	1,62	1,83	1,25
Février 1	0,40	1,64	1,84	0,01
2	0,41	1,65	1,85	0,03
3	0,42	1,66	1,86	0,04
4	0,42	1,67	1,88	0,06
5	0,43	1,68	1,89	0,07
6	0,44	1,69	1,90	0,08
7	0,45	1,70	1,91	0,10
8	0,46	1,71	1,93	0,11
9	0,47	1,72	1,94	0,13
10	0,47	1,73	1,95	0,14
11	0,48	1,75	1,96	0,15
12	0,49	1,76	1,98	0,17
13	0,50	1,77	1,99	0,18
14	0,51	1,78	2,00	0,20
15	0,52	1,79	2,01	0,21

DATES.	3	4	4½	5
	fr	fr	fr	fr
Février 16	0,52	1,80	2,03	0,22
17	0,53	1,81	2,04	0,24
18	0,54	1,82	2,05	0,25
19	0,55	1,83	2,06	0,27
20	0,56	1,85	2,08	0,28
21	0,57	1,86	2,09	0,29
22	0,57	1,87	2,10	0,31
23	0,58	1,88	2,11	0,32
24	0,59	1,89	2,13	0,34
25	0,60	1,90	2,14	0,35
26	0,61	1,91	2,15	0,37
27	0,62	1,92	2,16	0,38
28	0,62	1,93	2,18	0,39
Mars 1	0,63	1,94	2,19	0,41
2	0,64	1,96	2,20	0,42
3	0,65	1,97	2,21	0,44
4	0,66	1,98	2,23	0,45
5	0,67	1,99	2,24	0,46
6	0,67	2,00	2,25	0,48
7	0,68	0,01	0,01	0,49
8	0,69	0,02	0,02	0,51
9	0,70	0,03	0,04	0,52
10	0,71	0,04	0,05	0,53
11	0,72	0,05	0,06	0,55
12	0,72	0,07	0,07	0,56
13	0,73	0,07	0,09	0,58
14	0,74	0,09	0,10	0,59
15	0,75	0,10	0,11	0,60
16	0,01	0,11	0,12	0,62
17	0,02	0,12	0,13	0,63
18	0,02	0,13	0,15	0,65
19	0,03	0,14	0,16	0,66
20	0,04	0,15	0,17	0,67
21	0,05	0,16	0,18	0,69
22	0,06	0,17	0,20	0,70
23	0,07	0,18	0,21	0,72
24	0,07	0,20	0,22	0,73
25	0,08	0,21	0,23	0,74
26	0,09	0,22	0,25	0,76
27	0,10	0,23	0,26	0,77
28	0,11	0,24	0,27	0,79
29	0,11	0,25	0,28	0,80
30	0,12	0,26	0,29	0,81
31	0,13	0,27	0,31	0,83
Avril 1	0,14	0,28	0,32	0,84
2	0,15	0,29	0,33	0,86

DATES.	3	4	4½	5
	fr	fr	fr	fr
Avril 3	0,15	0,30	0,34	0,87
4	0,16	0,32	0,35	0,88
5	0,17	0,33	0,37	0,90
6	0,18	0,34	0,38	0,91
7	0,19	0,35	0,39	0,93
8	0,20	0,36	0,40	0,94
9	0,20	0,37	0,42	0,96
10	0,21	0,38	0,43	0,98
11	0,22	0,39	0,44	0,98
12	0,23	0,40	0,45	1,00
13	0,24	0,41	0,46	1,01
14	0,24	0,42	0,48	1,03
15	0,25	0,43	0,49	1,04
16	0,26	0,45	0,50	1,05
17	0,27	0,46	0,51	1,07
18	0,28	0,47	0,52	1,08
19	0,29	0,48	0,54	1,10
20	0,29	0,49	0,55	1,11
21	0,30	0,50	0,56	1,12
22	0,31	0,51	0,57	1,14
23	0,32	0,52	0,59	1,15
24	0,33	0,53	0,60	1,17
25	0,33	0,54	0,61	1,18
26	0,34	0,55	0,62	1,19
27	0,35	0,57	0,64	1,21
28	0,36	0,58	0,65	1,22
29	0,37	0,59	0,66	1,24
30	0,37	0,60	0,67	1,25
Mai 1	0,38	0,61	0,68	0,01
2	0,39	0,62	0,70	0,03
3	0,40	0,63	0,71	0,04
4	0,41	0,64	0,72	0,05
5	0,42	0,65	0,73	0,07
6	0,42	0,66	0,75	0,08
7	0,43	0,67	0,76	0,10
8	0,44	0,68	0,77	0,11
9	0,45	0,70	0,78	0,12
10	0,46	0,71	0,79	0,14
11	0,46	0,72	0,81	0,15
12	0,47	0,73	0,82	0,16
13	0,48	0,74	0,83	0,18
14	0,49	0,75	0,84	0,19
15	0,50	0,76	0,86	0,20
16	0,51	0,77	0,87	0,22
17	0,51	0,78	0,88	0,23
18	0,52	0,79	0,89	0,24

DATES.	3	4	4½	5
	fr	fr	fr	fr
Mai 19	0,53	0,80	0,90	0,26
20	0,54	0,82	0,92	0,27
21	0,55	0,83	0,93	0,29
22	0,55	0,84	0,94	0,30
23	0,56	0,85	0,95	0,31
24	0,57	0,86	0,97	0,33
25	0,58	0,87	0,98	0,34
26	0,59	0,88	0,99	0,35
27	0,60	0,89	1,00	0,37
28	0,60	0,90	1,01	0,38
29	0,61	0,91	1,03	0,39
30	0,62	0,92	1,04	0,41
31	0,63	0,93	1,05	0,42
Juin 1	0,64	0,95	1,06	0,43
2	0,64	0,96	1,08	0,45
3	0,65	0,97	1,09	0,46
4	0,66	0,98	1,10	0,48
5	0,67	0,99	1,11	0,49
6	0,68	1,00	1,13	0,50
7	0,68	1,01	1,14	0,52
8	0,69	1,02	1,15	0,53
9	0,70	1,03	1,16	0,54
10	0,71	1,04	1,17	0,56
11	0,72	1,05	1,19	0,57
12	0,73	1,07	1,20	0,58
13	0,73	1,08	1,21	0,60
14	0,74	1,09	1,22	0,61
15	0,75	1,10	1,24	0,62
16	0,01	1,11	1,25	0,64
17	0,02	1,12	1,26	0,65
18	0,02	1,13	1,27	0,67
19	0,03	1,14	1,28	0,68
20	0,04	1,15	1,30	0,69
21	0,05	1,16	1,31	0,71
22	0,06	1,17	1,32	0,72
23	0,07	1,18	1,33	0,73
24	0,07	1,20	1,35	0,75
25	0,08	1,21	1,36	0,76
26	0,09	1,22	1,37	0,77
27	0,10	1,23	1,38	0,79
28	0,11	1,24	1,39	0,80
29	0,11	1,25	1,41	0,82
30	0,12	1,26	1,42	0,83
Juillet 1	0,13	1,27	1,43	0,84
2	0,14	1,28	1,44	0,86
3	0,15	1,29	1,46	0,87

NOTA. — Les coupons de rente se détachent du titre, à la Bourse de Paris, une quinzaine de jours avant l'échéance; voilà pourquoi, dans cette Table, la jouissance commence..............................

VALEUR ACQUISE SUR UNE RENTE 3, 4, 4 ½ ET 5 POUR 100 ACHETÉE DANS LE COURS D'UN TRIMESTRE.

Mois	DATES.	3	4	4 ½	5
		fr	fr	fr	fr
Juillet.	4	0,15	1,30	1,47	0,88
	5	0,16	1,32	1,48	0,90
	6	0,17	1,33	1,49	0,91
	7	0,18	1,34	1,50	0,92
	8	0,19	1,35	1,52	0,94
	9	0,20	1,36	1,53	0,95
	10	0,20	1,37	1,54	0,96
	11	0,21	1,38	1,55	0,98
	12	0,22	1,39	1,57	0,99
	13	0,23	1,40	1,58	1,01
	14	0,24	1,41	1,59	1,02
	15	0,24	1,42	1,60	1,03
	16	0,25	1,43	1,61	1,05
	17	0,26	1,45	1,63	1,06
	18	0,27	1,46	1,64	1,07
	19	0,28	1,47	1,65	1,09
	20	0,29	1,48	1,66	1,10
	21	0,29	1,49	1,68	1,11
	22	0,30	1,50	1,69	1,13
	23	0,31	1,51	1,70	1,14
	24	0,32	1,52	1,71	1,15
	25	0,33	1,53	1,72	1,17
	26	0,33	1,54	1,74	1,18
	27	0,34	1,55	1,75	1,20
	28	0,35	1,57	1,76	1,21
	29	0,36	1,58	1,77	1,22
	30	0,37	1,59	1,79	1,24
	31	0,37	1,60	1,80	1,25
Août.	1	0,38	1,61	1,81	0,01
	2	0,39	1,62	1,82	0,03
	3	0,40	1,63	1,83	0,04
	4	0,41	1,64	1,85	0,05
	5	0,42	1,65	1,86	0,07
	6	0,42	1,66	1,87	0,08
	7	0,43	1,67	1,88	0,10
	8	0,44	1,68	1,90	0,11
	9	0,45	1,70	1,91	0,12
	10	0,46	1,71	1,92	0,14
	11	0,46	1,72	1,93	0,15
	12	0,47	1,73	1,94	0,16
	13	0,48	1,74	1,96	0,18
	14	0,49	1,75	1,97	0,19
	15	0,50	1,76	1,98	0,20
	16	0,51	1,77	1,99	0,22
	17	0,51	1,78	2,01	0,23
	18	0,52	1,79	2,02	0,24

Mois	DATES.	3	4	4 ½	5
		fr	fr	fr	fr
Août.	19	0,53	1,80	2,03	0,26
	20	0,54	1,82	2,04	0,27
	21	0,55	1,83	2,05	0,29
	22	0,55	1,84	2,07	0,30
	23	0,56	1,85	2,08	0,31
	24	0,57	1,86	2,09	0,33
	25	0,58	1,87	2,10	0,34
	26	0,59	1,88	2,12	0,35
	27	0,60	1,89	2,13	0,37
	28	0,60	1,90	2,14	0,38
	29	0,61	1,91	2,15	0,39
	30	0,62	1,92	2,16	0,41
	31	0,63	1,93	2,18	0,42
Septembre.	1	0,64	1,95	2,19	0,43
	2	0,64	1,96	2,20	0,45
	3	0,65	1,97	2,21	0,46
	4	0,66	1,98	2,23	0,48
	5	0,67	1,99	2,24	0,49
	6	0,68	2,00	2,25	0,50
	7	0,68	0,01	0,01	0,52
	8	0,69	0,02	0,02	0,53
	9	0,70	0,03	0,04	0,54
	10	0,71	0,04	0,05	0,56
	11	0,72	0,06	0,06	0,57
	12	0,73	0,07	0,07	0,58
	13	0,73	0,08	0,09	0,60
	14	0,74	0,09	0,10	0,61
	15	0,75	0,10	0,11	0,62
	16	0,01	0,11	0,12	0,64
	17	0,02	0,12	0,14	0,65
	18	0,02	0,13	0,15	0,67
	19	0,03	0,14	0,16	0,68
	20	0,04	0,15	0,17	0,69
	21	0,05	0,17	0,18	0,71
	22	0,06	0,18	0,20	0,72
	23	0,07	0,19	0,21	0,73
	24	0,07	0,20	0,22	0,75
	25	0,08	0,21	0,24	0,76
	26	0,09	0,22	0,25	0,77
	27	0,10	0,23	0,26	0,79
	28	0,11	0,24	0,27	0,80
	29	0,12	0,25	0,29	0,82
	30	0,12	0,26	0,30	0,83
Octobre.	1	0,13	0,28	0,31	0,84
	2	0,14	0,29	0,32	0,86
	3	0,15	0,30	0,33	0,87

Mois	DATES.	3	4	4 ½	5
		fr	fr	fr	fr
Octobre.	4	0,16	0,31	0,35	0,88
	5	0,16	0,32	0,36	0,90
	6	0,17	0,33	0,37	0,91
	7	0,18	0,34	0,39	0,92
	8	0,19	0,35	0,40	0,94
	9	0,20	0,36	0,41	0,95
	10	0,21	0,38	0,42	0,96
	11	0,21	0,39	0,44	0,98
	12	0,22	0,40	0,45	0,99
	13	0,23	0,41	0,46	1,01
	14	0,24	0,42	0,47	1,02
	15	0,25	0,43	0,48	1,03
	16	0,26	0,44	0,50	1,05
	17	0,26	0,45	0,51	1,06
	18	0,27	0,46	0,52	1,07
	19	0,28	0,48	0,53	1,09
	20	0,29	0,49	0,55	1,10
	21	0,30	0,50	0,56	1,11
	22	0,30	0,51	0,57	1,13
	23	0,31	0,52	0,58	1,14
	24	0,32	0,53	0,60	1,15
	25	0,33	0,54	0,61	1,17
	26	0,34	0,55	0,62	1,18
	27	0,35	0,56	0,63	1,20
	28	0,35	0,57	0,65	1,21
	29	0,36	0,59	0,66	1,22
	30	0,37	0,60	0,67	1,24
	31	0,38	0,61	0,68	1,25
Novembre.	1	0,39	0,62	0,70	0,01
	2	0,40	0,63	0,71	0,03
	3	0,40	0,64	0,72	0,04
	4	0,41	0,65	0,73	0,05
	5	0,42	0,66	0,75	0,07
	6	0,43	0,67	0,76	0,08
	7	0,44	0,69	0,77	0,10
	8	0,45	0,70	0,78	0,11
	9	0,45	0,71	0,80	0,12
	10	0,46	0,72	0,81	0,14
	11	0,47	0,73	0,82	0,15
	12	0,48	0,74	0,83	0,16
	13	0,49	0,75	0,85	0,18
	14	0,49	0,76	0,86	0,19
	15	0,50	0,77	0,87	0,20
	16	0,51	0,78	0,88	0,22
	17	0,52	0,80	0,90	0,23
	18	0,53	0,81	0,91	0,24

Mois	DATES.	3	4	4 ½	5
		fr	fr	fr	fr
Novembre.	19	0,54	0,82	0,92	0,26
	20	0,54	0,83	0,93	0,27
	21	0,55	0,84	0,94	0,29
	22	0,56	0,85	0,96	0,30
	23	0,57	0,86	0,97	0,31
	24	0,58	0,87	0,98	0,33
	25	0,59	0,88	0,99	0,34
	26	0,59	0,90	1,01	0,35
	27	0,60	0,91	1,02	0,37
	28	0,61	0,92	1,03	0,38
	29	0,62	0,93	1,04	0,39
	30	0,63	0,94	1,06	0,41
Décembre.	1	0,63	0,95	1,07	0,42
	2	0,64	0,96	1,08	0,43
	3	0,65	0,97	1,09	0,45
	4	0,66	0,98	1,11	0,46
	5	0,67	0,99	1,12	0,48
	6	0,68	1,01	1,13	0,49
	7	0,68	1,02	1,14	0,50
	8	0,69	1,03	1,16	0,52
	9	0,70	1,04	1,17	0,53
	10	0,71	1,05	1,18	0,54
	11	0,72	1,06	1,19	0,56
	12	0,73	1,07	1,21	0,57
	13	0,73	1,08	1,22	0,58
	14	0,74	1,09	1,23	0,60
	15	0,75	1,10	1,24	0,61
	16	0,01	1,12	1,26	0,62
	17	0,02	1,13	1,27	0,64
	18	0,02	1,14	1,28	0,65
	19	0,03	1,15	1,29	0,67
	20	0,04	1,16	1,31	0,68
	21	0,05	1,17	1,32	0,69
	22	0,06	1,18	1,33	0,71
	23	0,07	1,19	1,34	0,72
	24	0,07	1,20	1,35	0,73
	25	0,08	1,22	1,37	0,75
	26	0,09	1,23	1,38	0,76
	27	0,10	1,24	1,39	0,77
	28	0,11	1,25	1,40	0,79
	29	0,12	1,26	1,42	0,80
	30	0,12	1,27	1,43	0,82
	31	0,13	1,28	1,44	0,83

pour le
- 3 p. 100, les 16 déc., mars, juin et sept.
- 4 » les 7 mars et septembre.
- 4 ½ » les 7 mars et septembre.
- 5 » les 1ers février, mai, août et nov.

au lieu de commencer après l'échéance qui en réalité est pour le
- 3 p. 100, les 1ers janv., avril, juillet et oct.
- 4 » les 22 mars et septembre.
- 4 ½ » les 22 mars et septembre.
- 5 » les 16 février, mai, août et nov.

TABLE XIV.

CONVERSION DES FRACTIONS DÉCIMALES EN FRACTIONS VULGAIRES,
et réciproquement.

0,0000.0000	0/0	0,0000.0000	0/0	0,0000.0000	0/0	0,0000.0000	0/0	0,0000.0000	0/0	0,0000.0000	0/0
0,0312.5000	1/32	0,1739.1304	4/23	0,3448.2759	10/29	0,5161.2903	16/31	0,6666.6667	2/3	0,8333.3333	5/6
0322.5806	1/31	1764.7059	3/17	3461.5385	9/26	5172.4138	15/29	6774.1935	21/31	8387.0968	26/31
0333.3333	1/30	1785.7143	5/28	3478.2609	8/23	5185.1852	14/27	6785.7143	19/28	8400.0000	21/25
0344.8276	1/29	1818.1818	2/11	3500.0000	7/20	5200.0000	13/25	6800.0000	17/25	8421.0526	16/19
0357.1429	1/28	1851.8519	5/27	3529.4118	6/17	5217.3913	12/23	6818.1818	15/22	8437.5000	27/32
0370.3704	1/27	1875.0000	3/16	3548.3871	11/31	5238.0952	11/21	6842.1053	13/19	8461.5385	11/13
0384.6154	1/26	1904.7619	4/21	3571.4286	5/14	5263.1579	10/19	6875.0000	11/16	8500.0000	17/20
0400.0000	1/25	1923.0769	5/26	3600.0000	9/25	5294.1176	9/17	6896.5517	20/29	8518.5185	23/27
0416.6667	1/24	1935.4839	6/31	3636.3636	4/11	5312.5000	17/32	6923.0769	9/13	8571.4286	6/7
0434.7826	1/23	2000.0000	1/5	3666.6667	11/30	5333.3333	8/15	6956.5217	16/23	8620.6897	25/29
0454.5455	1/22	2068.9655	6/29	3684.2105	7/19	5357.1429	15/28	7000.0000	7/10	8636.3636	19/22
0476.1905	1/21	2083.3333	5/24	3703.7037	10/27	5384.6154	7/13	7037.0370	19/27	8666.6667	13/15
0500.0000	1/20	2105.2632	4/19	3750.0000	3/8	5416.6667	13/24	7058.8235	12/17	8695.6522	20/23
0526.3158	1/19	2142.8571	3/14	3793.1034	11/29	5454.5455	6/11	7083.3333	17/24	8709.6774	27/31
0555.5556	1/18	2173.9130	5/23	3809.5238	8/21	5483.8710	17/31	7096.7742	22/31	8750.0000	7/8
0588.2353	1/17	2187.5000	7/32	3846.1538	5/13	5500.0000	11/20	7142.8571	5/7	8800.0000	22/25
0625.0000	1/16	2222.2222	2/9	3870.9677	12/31	5517.2414	16/29	7187.5000	23/32	8823.5294	15/17
0645.1613	2/31	2258.0645	7/31	3888.8889	7/18	5555.5556	5/9	7200.0000	18/25	8846.1538	23/26
0666.6667	1/15	2272.7273	5/22	3913.0435	9/23	5600.0000	14/25	7222.2222	13/18	8888.8889	8/9
0689.6552	2/29	2307.6923	3/13	3928.5714	11/28	5625.0000	9/16	7241.3793	21/29	8928.5714	25/28
0714.2857	1/14	2333.3333	7/30	4000.0000	2/5	5652.1739	13/23	7272.7273	8/11	8947.3684	17/19
0740.7407	2/27	2352.9412	4/17	4062.5000	13/32	5666.6667	17/30	7307.6923	19/26	8965.5172	26/29
0769.2308	1/13	2380.9524	5/21	4074.0741	11/27	5714.2857	4/7	7333.3333	11/15	9000.0000	9/10
0800.0000	2/25	2400.0000	6/25	4090.9091	9/22	5769.2308	15/26	7368.4211	14/19	9032.2581	28/31
0833.3333	1/12	2413.7931	7/29	4117.6471	7/17	5789.4737	11/19	7391.3043	17/23	9047.6190	19/21
0869.5652	2/23	2500.0000	1/4	4137.9310	12/29	5806.4516	18/31	7407.4074	20/27	9062.5000	29/32
0909.0909	1/11	2580.6452	8/31	4166.6667	5/12	5833.3333	7/12	7419.3548	23/31	9090.9091	10/11
0937.5000	3/32	2592.5926	7/27	4193.5484	13/31	5862.0690	17/29	7500.0000	3/4	9130.4348	21/23
0952.3810	2/21	2608.6957	6/23	4210.5263	8/19	5882.3529	10/17	7586.2069	22/29	9166.6667	11/12
0967.7419	3/31	2631.5789	5/19	4230.7692	11/26	5909.0909	13/22	7600.0000	19/25	9200.0000	23/25
1000.0000	1/10	2666.6667	4/15	4285.7143	3/7	5925.9259	16/27	7619.0476	16/21	9230.7692	12/13
1034.4828	3/29	2692.3077	7/26	4333.3333	13/30	5937.5000	19/32	7647.0588	13/17	9259.2593	25/27
1052.6316	2/19	2727.2727	3/11	4347.8261	10/23	6000.0000	3/5	7666.6667	23/30	9285.7143	13/14
1071.4286	3/28	2758.6207	8/29	4375.0000	7/16	6071.4286	17/28	7692.3077	10/13	9310.3448	27/29
1111.1111	1/9	2777.7778	5/18	4400.0000	11/25	6086.9565	14/23	7727.2727	17/22	9333.3333	14/15
1153.8462	3/26	2800.0000	7/25	4444.4444	4/9	6111.1111	11/18	7741.9355	24/31	9354.8387	29/31
1176.4706	2/17	2812.5000	9/32	4482.7586	13/29	6129.0323	19/31	7777.7778	7/9	9375.0000	15/16
1200.0000	3/25	2857.1429	2/7	4500.0000	9/20	6153.8462	8/13	7812.5000	25/32	9411.7647	16/17
1250.0000	1/8	2903.2258	9/31	4516.1290	14/31	6190.4762	13/21	7826.0870	18/23	9444.4444	17/18
1290.3226	4/31	2916.6667	7/24	4545.4545	5/11	6206.8965	18/29	7857.1429	11/14	9473.6842	18/19
1304.3478	3/23	2941.1765	5/17	4583.3333	11/24	6250.0000	5/8	7894.7368	15/19	9500.0000	19/20
1333.3333	2/15	2962.9630	8/27	4615.4646	6/13	6296.2963	17/27	7916.6667	19/24	9523.8095	20/21
1363.6364	3/22	3000.0000	3/10	4642.8571	13/28	6315.7895	12/19	7931.0345	23/29	9545.4545	21/22
1379.3103	4/29	3043.4783	7/23	4666.6667	7/15	6333.3333	19/30	8000.0000	4/5	9565.2174	22/23
1428.5714	1/7	3076.9231	4/13	4687.5000	15/32	6363.6364	7/11	8064.5161	25/31	9583.3333	23/24
1481.4815	4/27	3103.4483	9/29	4705.8824	8/17	6400.0000	16/25	8076.9231	21/26	9600.0000	24/25
1500.0000	3/20	3125.0000	5/16	4736.8421	9/19	6428.5714	9/14	8095.2381	17/21	9615.3846	25/26
1538.4615	2/13	3157.8947	6/19	4761.9048	10/21	6451.6129	20/31	8125.0000	13/16	9629.6296	26/27
1562.5000	5/32	3181.8182	7/22	4782.6087	11/23	6470.5882	11/17	8148.1481	22/27	9642.8571	27/28
1578.9474	3/19	3200.0000	8/25	4800.0000	12/25	6500.0000	13/20	8181.8182	9/11	9655.1724	28/29
1600.0000	4/25	3214.2857	9/28	4814.8148	13/27	6521.7391	15/23	8214.2857	23/28	9666.6667	29/30
1612.9032	5/31	3225.8065	10/31	4827.5862	14/29	6538.4615	17/26	8235.2941	14/17	9677.4194	30/31
1666.6667	1/6	3333.3333	1/3	4838.7097	15/31	6551.7241	19/29	8260.8696	19/23	9687.5000	31/32
1724.1379	5/29	3437.5000	11/32	5000.0000	1/2	6562.5000	21/32	8275.8621	24/29	1,0000.0000	1

TABLEAUX D'AMORTISSEMENT.

I.

(Page 151.)

AMORTISSEMENT DE 100 FRANCS POUR 10, 20 ET 50 ANS A 6 P. 100.

II.

(Pages 152 à 154.)

AMORTISSEMENT DE 100 FRANCS EN 120 SEMESTRES, A 2,255 P. 100 PAR SEMESTRE, 4,51 P. 100 PAR AN.

III.

(Page 155.)

AMORTISSEMENT, EN 99 ANS, DE 100 000 OBLIGATIONS DE 500 FRANCS.

TABLEAU D'AMORTISSEMENT DE 100 FRANCS POUR 10, 20 ET 50 ANS,
à 6 p. 100.

ANS.	CAPITAL.	INTÉRÊT.	AMORTIS-SEMENT.	MONTANT du capital REMBOURSÉ.	ANNUITÉ.	ANS.	CAPITAL.	INTÉRÊT.	AMORTIS-SEMENT.	MONTANT du capital REMBOURSÉ.
	fr	fr	fr	fr	fr		fr	fr	fr	fr
1	100,00	6,00	7,59	7,59	13,5868	6	57,23	3,43	10,15	52,92
2	92,41	5,54	8,04	15,63		7	47,08	2,82	10,76	63,68
3	84,37	5,06	8,52	24,15		8	36,32	2,18	11,41	75,09
4	75,85	4,55	9,04	33,19		9	24,91	1,49	12,09	87,18
5	66,81	4,01	9,58	42,77		10	12,82	0,77	12,82	100,00

ANS.	CAPITAL.	INTÉRÊT.	AMORTIS-SEMENT.	MONTANT du capital REMBOURSÉ.	ANNUITÉ.	ANS.	CAPITAL.	INTÉRÊT.	AMORTIS-SEMENT.	MONTANT du capital REMBOURSÉ.
	fr	fr	fr	fr	fr		fr	fr	fr	fr
1	100,00	6,00	2,72	2,72	8,7185	11	64,17	3,85	4,87	40,70
2	97,28	5,84	2,88	5,60		12	59,30	3,56	5,16	45,86
3	94,40	5,66	3,05	8,65		13	54,14	3,25	5,47	51,33
4	91,35	5,48	3,24	11,89		14	48,67	2,92	5,80	57,13
5	88,11	5,29	3,43	15,32		15	42,87	2,57	6,15	63,27
6	84,68	5,08	3,64	18,96		16	36,73	2,20	6,51	69,79
7	81,04	4,86	3,86	22,82		17	30,21	1,81	6,91	76,70
8	77,18	4,63	4,09	26,91		18	23,30	1,40	7,32	84,02
9	73,09	4,39	4,33	31,24		19	15,98	0,96	7,76	91,78
10	68,76	4,13	4,59	35,83		20	8,22	0,49	8,22	100,00

ANS.	CAPITAL.	INTÉRÊT.	AMORTIS-SEMENT.	MONTANT du capital REMBOURSÉ.	ANNUITÉ.	ANS.	CAPITAL.	INTÉRÊT.	AMORTIS-SEMENT.	MONTANT du capital REMBOURSÉ.
	fr	fr	fr	fr	fr		fr	fr	fr	fr
1	100,00	6,00	0,34	0,34	6,3444	26	81,10	4,87	1,48	20,38
2	99,66	5,98	0,37	0,71		27	79,62	4,78	1,56	21,94
3	99,29	5,96	0,39	1,10		28	78,06	4,68	1,66	23,60
4	98,90	5,93	0,41	1,51		29	76,40	4,58	1,76	25,36
5	98,49	5,91	0,43	1,94		30	74,64	4,48	1,87	27,23
6	98,06	5,88	0,46	2,40		31	72,77	4,37	1,98	29,21
7	97,60	5,86	0,49	2,89		32	70,79	4,25	2,10	31,31
8	97,11	5,83	0,52	3,41		33	68,69	4,12	2,22	33,53
9	96,59	5,80	0,55	3,96		34	66,47	3,99	2,35	35,88
10	96,04	5,76	0,58	4,54		35	64,12	3,85	2,50	38,38
11	95,46	5,73	0,62	5,16		36	61,62	3,70	2,65	41,03
12	94,84	5,69	0,65	5,81		37	58,97	3,54	2,80	43,83
13	94,19	5,65	0,69	6,50		38	56,17	3,37	2,98	46,81
14	93,50	5,61	0,74	7,24		39	53,19	3,19	3,15	49,96
15	92,76	5,57	0,78	8,02		40	50,04	3,00	3,34	53,30
16	91,98	5,52	0,83	8,85		41	46,70	2,80	3,54	56,84
17	91,16	5,47	0,87	9,72		42	43,15	2,59	3,76	60,60
18	90,28	5,42	0,93	10,65		43	39,40	2,36	3,98	64,58
19	89,36	5,36	0,98	11,63		44	35,42	2,13	4,22	68,80
20	88,37	5,30	1,04	12,67		45	31,20	1,87	4,47	73,27
21	87,33	5,24	1,10	13,77		46	26,73	1,60	4,74	78,01
22	86,23	5,17	1,17	14,94		47	21,98	1,32	5,03	83,04
23	85,05	5,10	1,24	16,18		48	16,96	1,02	5,33	88,37
24	83,81	5,03	1,32	17,50		49	11,63	0,70	5,64	94,01
25	82,50	4,95	1,40	18,90		50	5,99	0,36	5,99	100,00

TABLEAU D'AMORTISSEMENT DE 100 FRANCS EN 120 SEMESTRES,

à 2,255 p. 100 par semestre; 4,51 p. 100 par an.

Annuité constante : 4,842.431.6 p. 100 par an.

ANNÉES.	SEMESTRES.	CAPITAL	PAIEMENT SEMESTRIEL.			MONTANT du capital REMBOURSÉ.
			INTÉRÊTS.	AMORTISSEMENT.	TOTAL.	
1	1	100,000.0000	2,255.0000	0,166.7158	2,421.7158	0,166.7158
	2	99,833.2842	2,251.2405	0,170.4753	2,421.7158	0,337.1911
2	3	99,662.8089	2,247.3963	0,174.3195	2,421.7158	0,511.5106
	4	99,488.4894	2,243.4654	0,178.2504	2,421.7158	0,689.7610
3	5	99,310.2390	2,239.4458	0,182.2700	2,421.7158	0,872.0310
	6	99,127.9690	2,235.3357	0,186.3801	2,421.7158	1,058.4111
4	7	98,941.5889	2,231.1328	0,190.5830	2,421.7158	1,248.9941
	8	98,751.0059	2,226.8351	0,194.8807	2,421.7158	1,443.8748
5	9	98,556.1252	2,222.4406	0,199.2752	2,421.7158	1,643.1500
	10	98,356.8503	2,217.9469	0,203.7689	2,421.7158	1,846.9189
6	11	98,153.0811	2,213.3519	0,208.3639	2,421.7158	2,055.2828
	12	97,944.7172	2,208.6533	0,213.0625	2,421.7158	2,268.3453
7	13	97,731.6547	2,203.8488	0,217.8670	2,421.7158	2,486.2123
	14	97,513.7877	2,198.9359	0,222.7799	2,421.7158	2,708.9922
8	15	97,291.0078	2,193.9122	0,227.8036	2,421.7158	2,936.7958
	16	97,063.2042	2,188.7752	0,232.9406	2,421.7158	3,169.7364
9	17	96,830.2636	2,183.5224	0,238.1934	2,421.7158	3,407.9298
	18	96,592.0702	2,178.1511	0,243.5647	2,421.7158	3,651.4945
10	19	96,348.5055	2,172.6587	0,249.0571	2,421.7158	3,900.5516
	20	96,099.4484	2,167.0425	0,254.6733	2,421.7158	4,155.2249
11	21	95,844.7751	2,161.2996	0,260.4162	2,421.7158	4,415.6411
	22	95,584.3589	2,155.4272	0,266.2886	2,421.7158	4,681.9297
12	23	95,318.0703	2,149.4224	0,272.2934	2,421.7158	4,954.4231
	24	95,045.7769	2,143.2822	0,278.4336	2,421.7158	5,232.6567
13	25	94,767.3433	2,137.0035	0,284.7123	2,421.7158	5,517.3690
	26	94,482.6310	2,130.5833	0,291.1325	2,421.7158	5,808.5015
14	27	94,191.4985	2,124.0182	0,297.6976	2,421.7158	6,106.1991
	28	93,893.8009	2,117.3052	0,304.4106	2,421.7158	6,410.6097
15	29	93,589.3903	2,110.4407	0,311.2751	2,421.7158	6,721.8848
	30	93,278.1152	2,103.4214	0,318.2944	2,421.7158	7,040.1792
16	31	92,959.8203	2,096.2439	0,325.4719	2,421.7158	7,365.6511
	32	92,634.3489	2,088.9046	0,332.8112	2,421.7158	7,698.4623
17	33	92,301.5377	2,081.3997	0,340.3161	2,421.7158	8,038.7784
	34	91,961.2216	2,073.7255	0,347.9903	2,421.7158	8,386.7687
18	35	91,613.2313	2,065.8784	0,355.8374	2,421.7158	8,742.6061
	36	91,257.3939	2,057.8542	0,363.8616	2,421.7158	9,106.4677
19	37	90,893.5323	2,049.6492	0,372.0666	2,421.7158	9,478.5343
	38	90,521.4657	2,041.2591	0,380.4567	2,421.7158	9,858.9910
20	39	90,141.0090	2,032.6798	0,389.0360	2,421.7158	10,248.0270
	40	89,751.9730	2,023.9070	0,397.8088	2,421.7158	10,645.8358
21	41	89,354.1642	2,014.9365	0,406.7793	2,421.7158	11,052.6151
	42	88,947.3849	2,005.7636	0,415.9522	2,421.7158	11,468.5673
22	43	88,531.4327	1,996.3839	0,425.3319	2,421.7158	11,893.8992
	44	88,106.1008	1,986.7926	0,434.9232	2,421.7158	12,328.8224
23	45	87,671.1776	1,976.9851	0,444.7307	2,421.7158	12,773.5531
	46	87,226.4469	1,966.9564	0,454.7594	2,421.7158	13,228.3125
24	47	86,771.6875	1,956.7016	0,465.0142	2,421.7158	13,693.3267
	48	86,306.6733	1,946.2155	0,475.5003	2,421.7158	14,168.8270
25	49	85,831.1730	1,935.4940	0,486.2218	2,421.7158	14,655.0488
	50	85,344.9512	1,924.5286	0,497.1872	2,421.7158	15,152.2360

TABLEAU D'AMORTISSEMENT DE 100 FRANCS EN 120 SEMESTRES,

à 2,255 p. 100 par semestre; 4,51 p. 100 par an.

Annuité constante : 4,843.431.6 p. 100 par an.

ANNÉES.	SEMESTRES.	CAPITAL.	PAYEMENT SEMESTRIEL.			MONTANT du capital REMBOURSÉ.
			INTÉRÊTS.	AMORTISSEMENT.	TOTAL.	
26	51	84,847.7640	1,913.3171	0,508.3987	2,421.7158	15,660.6347
	52	84,339.3653	1,901.8527	0,519.8631	2,421.7158	16,180.4978
27	53	83,819.5022	1,890.1298	0,531.5860	2,421.7158	16,712.0838
	54	83,287.9162	1,878.1425	0,543.5733	2,421.7158	17,255.6571
28	55	82,744.3429	1,865.8849	0,555.8309	2,421.7158	17,811.4880
	56	82,188.5120	1,853.3509	0,568.3649	2,421.7158	18,379.8529
29	57	81,620.1471	1,840.5343	0,581.1815	2,421.7158	18,961.0344
	58	81,038.9656	1,827.4287	0,594.2871	2,421.7158	19,555.3215
30	59	80,444.6785	1,814.0275	0,607.6883	2,421.7158	20,163.0098
	60	79,836.9902	1,800.3242	0,621.3916	2,421.7158	20,784.4014
31	61	79,215.5986	1,786.3117	0,635.4041	2,421.7158	21,419.8055
	62	78,580.1945	1,771.9834	0,649.7324	2,421.7158	22,069.5379
32	63	77,930.4621	1,757.3319	0,664.3839	2,421.7158	22,733.9218
	64	77,266.0782	1,742.3501	0,679.3657	2,421.7158	23,413.2875
33	65	76,586.7125	1,727.0304	0,694.6854	2,421.7158	24,107.9729
	66	75,892.0271	1,711.3652	0,710.3506	2,421.7158	24,818.3235
34	67	75,181.6765	1,695.3468	0,726.3690	2,421.7158	25,544.6925
	68	74,455.3075	1,678.9672	0,742.7486	2,421.7158	26,287.4411
35	69	73,712.5589	1,662.2182	0,759.4976	2,421.7158	27,046.9387
	70	72,953.0613	1,645.0916	0,776.6242	2,421.7158	27,823.5629
36	71	72,176.4371	1,627.5787	0,794.1371	2,421.7158	28,617.7000
	72	71,382.3000	1,609.6709	0,812.0449	2,421.7158	29,429.7449
37	73	70,570.2551	1,591.3592	0,830.3566	2,421.7158	30,260.1015
	74	69,739.8985	1,572.6347	0,849.0811	2,421.7158	31,109.1826
38	75	68,890.8174	1,553.4879	0,868.2279	2,421.7158	31,977.4105
	76	68,022.5895	1,533.9094	0,887.8064	2,421.7158	32,865.2169
39	77	67,134.7831	1,513.8894	0,907.8264	2,421.7158	33,773.0433
	78	66,226.9567	1,493.4179	0,928.2979	2,421.7158	34,701.3412
40	79	65,298.6588	1,472.4848	0,949.2310	2,421.7158	35,650.5722
	80	64,349.4278	1,451.0796	0,970.6362	2,421.7158	36,621.2084
41	81	63,378.7916	1,429.1917	0,992.5241	2,421.7158	37,613.7325
	82	62,386.2675	1,406.8103	1,014.9055	2,421.7158	38,628.6380
42	83	61,371.3620	1,383.9242	1,037.7916	2,421.7158	39,666.4296
	84	60,333.5704	1,360.5220	1,061.1938	2,421.7158	40,727.6234
43	85	59,272.3766	1,336.5921	1,085.1237	2,421.7158	41,812.7471
	86	58,187.2529	1,312.1226	1,109.5932	2,421.7158	42,922.3403
44	87	57,077.6597	1,287.1012	1,134.6146	2,421.7158	44,056.9549
	88	55,943.0451	1,261.5157	1,160.2001	2,421.7158	45,217.1550
45	89	54,782.8451	1,235.3531	1,186.3627	2,421.7158	46,403.5177
	90	53,596.4823	1,208.6007	1,213.1151	2,421.7158	47,616.6328
46	91	52 383.3672	1,181.2450	1,240.4708	2,421.7158	48,857.1036
	92	51,142.8964	1,153.2723	1,268.4435	2,421.7158	50,125.5471
47	93	49,874.4529	1,124.6689	1,297.0469	2,421.7158	51,422.5940
	94	48,577.4060	1,095.4205	1,326.2953	2,421.7158	52,748.8893
48	95	47,251.1107	1,065.5126	1,356.2032	2,421.7158	54,105.0925
	96	45,894.9075	1,034.9302	1,386.7856	2,421.7158	55,491.8781
49	97	44,508.1219	1,003.6581	1,418.0577	2,421.7158	56,909.9358
	98	43,090.0642	971.6809	1,450.0349	2,421.7158	58,359.9707
50	99	41,640.0293	938.9827	1,482.7331	2,421.7158	59,842.7038
	100	40,157.2962	905.5470	1,516.1688	2,421.7158	61,358.8726

TABLEAU D'AMORTISSEMENT DE 100 FRANCS EN 120 SEMESTRES,

à 2,255 p. 100 par semestre ; 4,51 p. 100 par an.

Annuité constante : 4,843.431.6 p. 100 par an.

ANNÉES.	SEMESTRES.	CAPITAL.	PAYEMENT SEMESTRIEL.			MONTANT du capital REMBOURSÉ.
			INTÉRÊTS.	AMORTISSEMENT.	TOTAL.	
51	101	38,641.1274	0,871.3574	1,550.3584	2,421.7158	62,909.2310
	102	37,090.7690	0,836.3968	1,585.3190	2,421.7158	64,494.5500
52	103	35,505.4500	0,800.6479	1,621.0679	2,421.7158	66,115.6179
	104	33,884.3821	0,764.0928	1,657.6230	2,421.7158	67,773.2409
53	105	32,226.7591	0,726.7134	1,695.0024	2,421.7158	69,468.2433
	106	30,531.7567	0,688.4911	1,733.2247	2,421.7158	71,201.4680
54	107	28,798.5320	0,649.4069	1,772.3089	2,421.7158	72,973.7769
	108	27,026.2231	0,609.4413	1,812.2745	2,421.7158	74,786.0514
55	109	25,213.9486	0,568.5445	1,853.1413	2,421.7158	76,639.1927
	110	23,360.8073	0,526.7862	1,894.9296	2,421.7158	78,534.1223
56	111	21,465.8777	0,484.0556	1,937.6602	2,421.7158	80,471.7825
	112	19,528.2175	0,440.3613	1,981.3545	2,421.7158	82,453.1370
57	113	17,546.8630	0,395.6818	2,026.0340	2,421.7158	84,479.1710
	114	15,520.8290	0,349.9947	2,071.7211	2,421.7158	86,550.8921
58	115	13,449.1079	0,303.2774	2,118.4384	2,421.7158	88,669.3305
	116	11,330.6695	0,255.5066	2,166.2092	2,421.7158	90,835.5397
59	117	9,164.4603	0,206.6586	2,215.0572	2,421.7158	93,050.5969
	118	6,949.4031	0,156.7090	2,265.0068	2,421.7158	95,315.6037
60	119	4,684.3963	0,105.6331	2,316.0827	2,421.7158	97,631.6864
	120	2,368.3136	0,053.4022	2,368.3136	2,421.7158	100,000.0000

CALCULS DE L'AMORTISSEMENT ET DE L'ANNUITÉ.

r^n et r^{-n} ayant été déterminés à la Note sur l'emploi des logarithmes de précision (page 136), il ne reste plus à faire ici que les calculs suivants pour déterminer l'amortissement et l'annuité qui ont servi à dresser ce tableau :

$$V = 100, \quad t = 0,02255. \qquad\qquad Vt = 2,255.$$

$$
\begin{aligned}
r^n &= 14,52601\ 09257\ 2 & r^{-n} &= 0,06884\ 20244\ 976 \\
r^n - 1 &= 13,52601\ 09257\ 3 & 1 - r^{-n} &= 0,93115\ 79755\ 024 \\
Vt &= 2,22500\ 00000\ 0 & Vt &= 2,22500\ 00000\ 000 \\
&\quad.\ 90239\ 89074\ 3 & &\quad.\ 39268\ 40489\ 952 \\
&\quad.9083\ 82518\ 9 & &\quad.2022\ 08587\ 942 \\
&\quad.968\ 21863\ 4 & &\quad.159\ 76992\ 842 \\
&\quad.21\ 39786\ 9 & &\quad.66\ 65413\ 087 \\
&\quad.7\ 87185\ 8 & &\quad.1\ 47307\ 258 \\
&\quad.1\ 10885\ 3 & &\quad.\ 54191\ 460 \\
&\quad..26772 & &\quad.7633\ 560 \\
&\quad.13246 & &\quad.184\ 296 \\
&\quad.1073 & &\quad.91\ 180 \\
&\quad.126 & &\quad.7\ 376 \\
&\quad..4 & &\quad.858 \\
& & &\quad.20
\end{aligned}
$$

$$\frac{Vt}{r^n - 1} = 0,16671\ 58197\ 93 = s \qquad\qquad \frac{Vt}{1 - r^{-n}} = 2,42171\ 58197\ 92 = a$$

Ajoutant l'intérêt.. $2,255 \qquad = Vt$

On a............ $2,42171\ 58197\ 93 = a$

Cette dernière preuve suffit lorsqu'on est très-sûr de ses calculs.

TABLEAU RÉSUMÉ DE L'AMORTISSEMENT, EN 99 ANS, DE 100 000 OBLIGATIONS DE 500 FRANCS.

ANNÉES	NOMBRE A AMORTIR	NOMBRE A REMBOURSER à la fin de l'année	ANNUITÉS INTÉRÊT	ANNUITÉS AMORTISSEMENT	ANNUITÉS TOTAL	ANNÉES	NOMBRE A AMORTIR	NOMBRE A REMBOURSER à la fin de l'année	ANNUITÉS INTÉRÊT	ANNUITÉS AMORTISSEMENT	ANNUITÉS TOTAL	ANNÉES	NOMBRE A AMORTIR	NOMBRE A REMBOURSER à la fin de l'année	ANNUITÉS INTÉRÊT	ANNUITÉS AMORTISSEMENT	ANNUITÉS TOTAL
								9.356						34.175			
1	100.000	170	1.500.000	85.000	1.585.000	34	90.644	451	1.359.660	225.500	1.585.160	67	65.825	1.195	987.375	597.500	1.584.875
2	99.830	175	1.497.450	87.500	1.584.950	35	90.193	464	1.352.895	232.000	1.584.895	68	64.630	1.231	969.450	615.500	1.584.950
3	99.655	180	1.494.825	90.000	1.584.825	36	89.729	478	1.345.935	239.000	1.584.935	69	63.399	1.268	950.985	634.000	1.584.985
4	99.475	186	1.492.125	93.000	1.585.125	37	89.251	492	1.338.765	246.000	1.584.765	70	62.131	1.306	931.965	653.000	1.584.965
5	99.289	191	1.489.335	95.500	1.584.835	38	88.759	507	1.331.385	253.500	1.584.885	71	60.825	1.345	912.375	672.500	1.584.875
6	99.098	197	1.486.470	98.500	1.584.970	39	88.252	523	1.323.780	261.500	1.585.280	72	59.480	1.385	892.200	692.500	1.584.700
7	98.901	203	1.483.515	101.500	1.585.015	40	87.729	538	1.315.935	269.000	1.584.935	73	58.095	1.427	871.425	713.500	1.584.925
8	98.698	209	1.480.470	104.500	1.584.970	41	87.191	554	1.307.865	277.000	1.584.865	74	56.668	1.470	850.020	735.000	1.585.020
9	98.489	215	1.477.335	107.500	1.584.835	42	86.637	571	1.299.555	285.500	1.585.055	75	55.198	1.514	827.970	757.000	1.584.970
10	98.274	222	1.474.110	111.000	1.585.110	43	86.066	588	1.290.990	294.000	1.584.990	76	53.684	1.559	805.260	779.500	1.584.760
11	98.052	228	1.470.780	114.000	1.584.780	44	85.478	606	1.282.170	303.000	1.585.170	77	52.125	1.606	781.875	803.000	1.584.875
12	97.824	235	1.467.360	117.500	1.584.860	45	84.872	624	1.273.080	312.000	1.585.080	78	50.519	1.654	757.785	827.000	1.584.785
13	97.589	242	1.463.835	121.000	1.584.835	46	84.248	642	1.263.720	321.000	1.584.720	79	48.865	1.704	732.975	852.000	1.584.975
14	97.347	249	1.460.205	124.500	1.584.705	47	83.603	662	1.254.090	331.000	1.585.090	80	47.161	1.755	707.415	877.500	1.584.915
15	97.098	257	1.456.470	128.500	1.584.970	48	82.944	682	1.244.160	341.000	1.585.160	81	45.406	1.808	681.090	904.000	1.585.090
16	96.841	265	1.452.615	132.500	1.585.115	49	82.262	702	1.233.930	351.000	1.584.930	82	43.598	1.862	653.970	931.000	1.584.970
17	96.576	273	1.448.640	136.500	1.585.140	50	81.560	723	1.223.400	361.500	1.584.900	83	41.736	1.918	626.040	959.000	1.585.040
18	96.303	281	1.444.545	140.500	1.585.045	51	80.837	745	1.212.555	372.500	1.585.055	84	39.818	1.976	597.270	988.000	1.585.270
19	96.022	289	1.440.330	144.500	1.584.830	52	80.092	767	1.201.380	383.500	1.584.880	85	37.842	2.035	567.630	1.017.500	1.585.130
20	95.733	298	1.435.995	149.000	1.584.995	53	79.325	790	1.189.875	395.000	1.584.875	86	35.807	2.096	537.105	1.048.000	1.585.105
21	95.435	307	1.431.525	153.500	1.585.025	54	78.535	814	1.178.025	407.000	1.585.025	87	33.711	2.159	505.665	1.079.500	1.585.165
22	95.128	316	1.426.920	158.000	1.584.920	55	77.721	838	1.165.815	419.000	1.584.815	88	31.552	2.223	473.280	1.111.500	1.584.780
23	94.812	326	1.422.180	163.000	1.585.180	56	76.883	863	1.153.245	431.500	1.584.745	89	29.329	2.290	439.935	1.145.000	1.584.935
24	94.486	335	1.417.290	167.500	1.584.790	57	76.020	889	1.140.300	444.500	1.584.800	90	27.039	2.359	405.585	1.179.500	1.585.085
25	94.151	345	1.412.265	172.500	1.584.765	58	75.131	916	1.126.965	458.000	1.584.965	91	24.680	2.429	370.200	1.214.500	1.584.700
26	93.806	356	1.407.090	178.000	1.585.090	59	74.215	943	1.113.225	471.500	1.584.725	92	22.251	2.502	333.765	1.251.000	1.584.765
27	93.450	366	1.401.750	183.000	1.584.750	60	73.272	972	1.099.080	486.000	1.585.080	93	19.749	2.577	296.235	1.288.500	1.584.735
28	93.084	377	1.396.260	188.500	1.584.760	61	72.300	1.001	1.084.500	500.500	1.585.000	94	17.172	2.655	257.580	1.327.500	1.585.080
29	92.707	389	1.390.605	194.500	1.585.105	62	71.299	1.031	1.069.485	515.500	1.584.985	95	14.517	2.734	217.755	1.367.000	1.584.755
30	92.318	400	1.384.770	200.000	1.584.770	63	70.268	1.062	1.054.020	531.000	1.585.020	96	11.783	2.816	176.745	1.408.000	1.584.745
31	91.918	412	1.378.770	206.000	1.584.770	64	69.206	1.094	1.038.090	547.000	1.585.090	97	8.967	2.901	134.505	1.450.500	1.585.005
32	91.506	425	1.372.590	212.500	1.585.090	65	68.112	1.127	1.021.680	563.500	1.585.180	98	6.066	2.988	90.990	1.494.000	1.584.990
33	91.081	437	1.366.215	218.500	1.584.715	66	66.985	1.160	1.004.775	580.000	1.584.775	99	3.078	3.078	46.170	1.539.000	1.585.170
		9.356						34.175						100.000			

TABLES.

363. — PARIS, IMPRIMERIE DE GAUTHIER-VILLARS, QUAI DES AUGUSTINS, 55.